MECKLENBURG-VORPOMMERN

SABINE BECHT | SVEN TALARON

Greifswald und Usedom

274

Die Mecklenburgische Seenplatte

321

Im Westen der Seenplatte und um die Müritz

322

Im Osten der Seenplatte _____ 388

Mecklenburgische Schweiz _____ 444

Fotonachweis

Sabine Becht: S. 16, 17, 25 (2x), 28/29, 31, 33, 40, 41, 48 (3x), 58, 67 (2x), 69, 72/73, 79, 100/101, 102, 110, 111, 115, 117, 119, 120, 121, 125, 155, 160, 164, 165, 166, 170/171, 174, 177, 179, 190, 196/197, 200, 204, 205, 208, 209, 210/211, 217, 219, 223, 224, 231, 232, 235, 237, 255, 256, 263, 267, 270, 271, 274, 280, 292/293, 293, 295, 301, 304, 308, 312, 314, 316, 317, 321, 330, 350, 353, 356, 357, 360, 366, 373, 377, 379 (4x), 380, 382, 385 (4x), 387, 388/389, 394, 397, 398, 401, 410, 414, 417, 433, 438, 439, 449, 450, 452, 453, 454, 457, 465 | Michael Bussmann: S. 104, 107, 131, 141, 150, 188, 393, 402, 440 | Dieter Damschen (www.dieterdamschen.de) S. 195 | Jana Dillner: S. 14, 14/15, 186, 191 | Steffen Fietze: S. 465 | Klaus Klemmer: S. 2 | Sven Talaron: S. 12, 12/13, 13, 15, 16/17, 18/19, 20, 21, 22, 23, 24, 25, 27, 28, 29, 39, 45, 46, 52, 55, 57, 60, 61, 63, 64, 65, 67 (2x), 70/71, 82, 83, 84, 85, 86, 89, 95, 96, 102/103, 108, 109, 118, 129, 132, 137, 139, 143, 144 (2x), 146, 152, 156, 160, 164, 173, 181, 182, 185, 194, 202, 203, 207, 210, 214, 239, 241, 242, 243, 245, 246, 248, 249, 250, 251, 259, 261 (4x), 272, 273, 274/275, 278, 279, 282, 284, 286, 290, 292, 295, 298, 311, 322, 323, 326, 329, 334, 336, 337, 338, 341, 345, 346, 348, 361, 368, 370, 374, 383, 403, 405, 409, 419, 421, 426, 430, 434, 441, 443, | Dirk Thomsen: S. 81, 330, 404 | Tourismusverband Mecklenburgische Seenplatte e.V.: S. 354/355 | Tourismuszentrale Rügen: S. 218, 220, 252 | Gabriele Tröger: S. 127, 135, 182 (2x) | Silke Winkler (Mecklenburgisches Staatstheater, Schwerin) 50, 75

Kartenverzeichnis

Zeichenerklärung für die Karten und Pläne

Autobahn	Camping	Information
Bundesstraße	Badestrand	Schloss/Burg
Hauptverkehrsstraße	Leuchtturm	Kirche
Nebenstraße	Hafenanlage	Torbogen
Eisenbahn	Allgem. Sehenswürdigkeit	Museum
Nationalparkgrenze	Aussichtspunkt	Parkplatz
	Golfplatz	Krankenhaus
	Fahrradverleih	Quelle

 Mit dem grünen Blatt haben unsere Autoren Betriebe hervorgehoben, die sich bemühen, regionalen und nachhaltig erzeugten Produkten den Vorzug zu geben.

Alles im Kasten

Wohin in Mecklenburg-Vorpommern?

① Schwerin und Westmecklenburg → S. 72

Die inoffiziellen Landesfarben Blau und Grün prägen auch Schwerin, die charmante Hauptstadt Mecklenburg-Vorpommerns mit ihrem prachtvollen Schloss und der beschaulichen Altstadt. Im Westen Mecklenburgs lockt die kaum minder prachtvolle Residenz Ludwigslust die Besucher in Scharen an, umgeben von einer eher unspektakulären, von Landwirtschaft geprägten Gegend.

② Die Ostseeküste bis Stralsund → S. 102

Zwischen Klützer Winkel und Stralsund erstreckt sich ein überwiegend ruhiges Stück Küste: Wiesen und Weiden und ab und zu ein Leuchtturm oder eine Windmühle. Beliebt bei Badeurlaubern sind die Insel Poel und Kühlungsborn, Highlights außerdem die altehrwürdigen Hansestädte Wismar und Stralsund, dazu das klassizistische Bad Doberan mit seinem berühmten Ableger Heiligendamm.

③ Rügen und Hiddensee → S. 210

Deutschlands größte Insel zeigt sich abwechslungsreich – von der Granitz mit ihren schicken Seebädern und dem vielgestaltigen Mönchgut bis zum Kap Arkona, vom stillen Ummanz bis hin zu den Buchenwäldern und der Kreideküste im Nationalpark Jasmund. Heimlicher Star ist der traumhafte und erfreulicherweise autofreie Nachbar Hiddensee, die Perle der Ostsee.

④ Greifswald und Usedom → S. 274

Unbedingt lohnend ist ein Besuch der alten Hansestadt Greifswald mit ihrem herrlichen backsteingotischen Ensemble am Markt und dem Pommerschen Landesmuseum. Schließlich Deutschlands Sonneninsel Usedom: 40 Kilometer Sandstrand an der Außenküste und traumhafte Landidyllen um das Achterwasser, Bäderherrlichkeit und das Museum (HTM) in Peenemünde.

Ostsee · Darß · Ahrenshoop · Wustrow · Fischland · Graal-Müritz · Ribnitz-Damgarten · Kühlungsborn · Heiligendamm · Warnemünde · Rostock · Rerik · Neubukow · Bad Doberan · Lübecker Bucht · Poel · Klützer Winkel · Klütz · Wismar · Bützow · Laage · Grevesmühlen · Warin · Güstrow · Teterow · Schweriner See · Sternberger Seenland · Krakow am See · Gadebusch · Sternberg · Biosphärenreservat Schaalsee · Schwerin · Dobbertin · Goldberger See · Zarrentin · Crivitz · Goldberg · Wittenburg · Plau am See · Malchow · Hagenow · Parchim · Lübz · Plauer See · Röbel · Neustadt-Glewe · Ludwigslust

3 Nationalpark Vorpommersche Boddenlandschaft

Kap Arkona
Wittow · Altenkirchen
Kloster · Lohme · Nationalpark Jasmund Königsstuhl
Vitte · Jasmund
Hiddensee · Schaprode
Zingst · Gingst
Rügen
Sassnitz
Barther Bodden · Bergen
Stralsund · Binz
Putbus · Sellin
Garz · Vilm · Göhren
Mönchgut
Greifswalder Bodden
Grimmen · Greifswald · Peenemünde · Usedom
Tribsees · Wolgast · Zinnowitz
7 · Jarmen · **4** · Bansin · Ahlbeck
Dargun · Demmin · Heringsdorf
Kummerower See · Anklam · Usedom
Malchin · **6** · Stettiner Haff
Stavenhagen · Friedland · Ueckermünde
Naturpark Mecklenburgische Schweiz
Waren · Neubrandenburg · Torgelow
Tollense-see · Strasburg · Pasewalk
Müritz · Penzlin
Müritz-Nationalpark · Naturpark Feldberger Seenlandschaft
Neustrelitz
Mirow
Wesenberg

5 Im Westen der Mecklenburgischen Seenplatte → S. 322

Kunsthistorisches Highlight ganz im dünn besiedelten Westen ist die Barlachstadt Güstrow. Je weiter man nach Osten kommt, umso größer die Attraktionen: Die Müritz, Deutschlands zweitgrößter Binnensee, und der angrenzende Nationalpark zählen zu den landschaftlich schönsten Gegenden Deutschlands. Touristisches Zentrum ist Waren an der Müritz.

6 Im Osten der Mecklenburgischen Seenplatte → S. 388

Unzählige kleine und größere Seen, oft durch Kanäle miteinander verbunden – die Gegend ist ein Eldorado für Paddler. Mirow mit seiner Schlossinsel lohnt ebenso einen Ausflug wie die Residenzstadt Neustrelitz. Eine der idyllischsten Gegenden liegt ganz im Osten: der wunderschöne Naturpark Feldberger Seenlandschaft.

7 Mecklenburgische Schweiz → S. 444

Stattliche Gutshäuser und Schlösser ohne Ende, das Ganze vor einer Bilderbuchlandschaft – eine echte Schweiz eben. Zur ländlichen Idylle passen die sanften Hügel, bunten Felder und Weiden – nur Seen gibt es nicht viele. Dafür aber beschauliche Dörfer mit uralten Backsteinkirchen und schicke Schlosshotels, in denen es sich gutsherrlich logieren lässt.

Geschützte Paradiese

Es gibt vor allem einen Grund, seinen Urlaub in Mecklenburg-Vorpommern zu verbringen – und das ist die herrliche Natur. Weite Teile dieser mannigfaltigen ökologischen Schatzkammern an Land, am Ufer oder im Wasser stehen unter Schutz: ob unzugängliche Moore oder die blendend weißen Kreidefelsen, von bizarren Windflüchtern gekrönte Dünen oder sumpfige Erlenbrüche, die märchenhaften Buchenwälder oder die von Schilf gesäumte Boddenküste und Seeufer.

Drei Nationalparks schützen Mecklenburg-Vorpommerns zauberhafte Naturparadiese: Der Müritz-Nationalpark im Herzen der Seenplatte, der Nationalpark Vorpommersche Boddenlandschaft mit seiner eindrucksvollen Küstenlandschaft auf dem Darß und dem größten Kranich-Rastplatz Europas sowie der Nationalpark Jasmund auf Rügen mit seinem herrlichen Buchenwald vor der schroffen Kreideküste. Darüber hinaus finden sich noch Biosphärenreservate, Naturparks und zahlreiche Naturschutzgebiete. Aber nicht nur dort, auch in den Kulturlandschaften oder den gepflegten Landschaftsgärten herrscht erstaunliche Artenvielfalt. Als Beispiel sei hier nur die Vogelwelt genannt: Die Kraniche machen zu Tausenden in Mecklenburg Rast auf ihren langen Flügen, majestätische See- und Fischadler beherrschen den Luftraum, Waldschnepfen und Rohrdommeln tapsen zeternd durch Unterholz und Schilf, Störche staksen über Felder und Untiefen, Strandläufer tippeln aufgeregt durch den nassen Sand, bunte Eisvögel und die seltenen Silberreiher, Schwarzstörche oder Schreiadler finden Orte zum Brüten ... Wo sonst sollte man sie noch zu Gesicht bekommen, wenn nicht in den zauberhaften Landschaften Mecklenburgs?

Schwerin und andere Residenzen

Dass die Landeshauptstadt Mecklenburg-Vorpommerns am Wasser liegt, erscheint unmittelbar einleuchtend, aber es war keine Hansestadt, auf die 1990 die Wahl fiel, sondern etwas überraschend die beschauliche Residenzstadt am Schweriner See. Schwerin besticht nicht allein durch die idyllische Lage zwischen Wasser und Wald, durch sein prächtiges Schloss im See samt schmuckem Schlossgarten und sein unbedingt sehenswertes Stadtbild. Es ist vor allem die angenehme und (für einen Regierungssitz) unaufgeregte Atmosphäre, die den Charme der kleinsten Landeshauptstadt der Republik ausmacht.

Aber Schwerin ist nicht die einzige prächtige Residenzstadt, die in Mecklenburgs wechselvoller Geschichte entstand. Ein eindrucksvolles Schloss findet sich auch in Güstrow, dem schmucken Städtchen, das sich dank des berühmten Künstlers Ernst Barlach als Barlachstadt einen Namen gemacht hat. Residenzstadt war auch Neustrelitz, das zwar seines Schlosses verlustig gegangen ist, nichtsdestotrotz aber über ein geschlossenes Stadtbild samt schönem Schlosspark verfügt.

Tore zur Welt

Häfen sind Orte des Reisens, der Ankunft und des Aufbruchs. An der Ostseeküste Mecklenburg-Vorpommerns sind die Hafenstädte – Rostock, die „Leuchte des Nordens", Stralsund und Wismar, gemeinsam UNESCO-Weltkulturerbe, und Greifswald, die stille Universitätsstadt im Osten – aber auch urbane Zentren, kulturelle Knotenpunkte von spröder Eleganz, traditionsreich und lebendig. Und sie sind Metropolen, die in Charakter und Aussehen an eine glorreiche Vergangenheit erinnern – an die Zeit der Hanse:

Bauchige Koggen bringen tonnenweise Waren in die Städte. Wachs, Teer und Felle aus dem Osten, Hering und Erz aus dem Norden, Wein und Tuche aus dem Westen füllen die Stapelplätze, werden umgeschlagen, machen ihre Händler reich. Mit dem Reichtum wächst die Macht der Kaufleute und Ratsherren. Sie lassen es sich nicht nehmen, ihrem bürgerlichen Selbstbewusstsein Ausdruck zu verleihen – in Backsteinrot. Die großen architektonischen Würfe dieser Zeit, großartige Monumente der Norddeutschen Backsteingotik, sind an der Ostseeküste aufgereiht wie Perlen an einer Kette – Silhouetten hanseatischer Macht: von der imposanten Kirche St. Nikolai in Wismar über das Doberaner Münster und St. Marien in Rostock bis zu St. Nikolai und St. Marien in Stralsund. Daneben ließen sich die Ratsherren auch stattliche Bürgerhäuser errichten und säkulare Repräsentativbauten wie das Stralsunder Rathaus mit seiner prächtigen Fassade. Bis heute haben sich die Ensembles gotischer Giebelhäuser entlang der mittelalterlichen Straßenzüge in Wismar, Stralsund und Greifswald eindrucksvoll erhalten.

Ostseestrände

Wer wollte auch nicht an den Strand, wenn die Sonne scheint und eine milde Brise vom Meer her weht? Weithin berühmt sind die Namen der beliebten Ostseebäder: Binz oder Sellin auf Rügen, die drei Kaiserbäder auf Usedom, Heiligendamm und Warnemünde. Sonnenhungrige bevölkern die mehr oder minder geordneten Reihen der Strandkörbe, über denen zuweilen der ein oder andere Lenkdrachen schwebt. Andere liegen auf bunten Badetüchern zwischen kunstvollen Sandburgen. Beachvolleyballer hechten sich in den feinen Sand. Surfer stemmen sich gegen den Wind …

Abseits des bäderherrlichen Trubels liegen noch zahlreiche ruhigere, oft über weite Strecken naturbelassene Strände, die gesamte Außenküste Hiddensees zum Beispiel oder die Tromper Wiek auf Rügen sowie die herrliche Westküste des Darß. Hier können sich Kinder austoben oder Hunde ihre Stöckchen aus der Ostsee retten. Und es findet sich immer ein abgelegenes Plätzchen für den eigenen Strandschirm und einen geruhsamen Sonnentag. Um die Badekleiderordnung – textil, halbtextil, textilfrei oder Fell – schert sich hier kaum jemand. Gemeinsam haben all diese Strände, dass sie kilometerlang sind, oft sehr breit, feinsandig und weitgehend steinfrei und fast überall flach in die Ostsee abfallen.

1000 Seen und ein kleines Meer

Abseits der Küste erstrecken sich die zauberhaften Landschaften rund um die Mecklenburgische Seenplatte: Vom Schweriner See im Westen bis zur Feldberger Seenlandschaft, von der gewundenen Warnow bis zur verzweigten Havel, vom weitläufigen Kummerower See am Rand der Mecklenburgischen Schweiz bis zur vielgestaltigen Kleinseenplatte an der Grenze zu Brandenburg – zahllose Flüsse und Kanäle verbinden die mecklenburgischen Seen zu einem dichten, vielgestaltigen Netz von Wasserwegen. In dessen Mitte erstreckt sich die Müritz, „das Kleine Meer", Deutschlands größter Binnensee mit dem herrlichen Müritz-Nationalpark. Entlang der gewundenen Flussläufe und der zergliederten Seen verstecken sich lauschige Badebuchten und unberührte Natur, lebhafte kleine Häfen und idyllische Anlegestellen, tiefe Wälder und sanfte Hügel, prächtige Schlösser und malerische Dörfer … Kurzum: In Mecklenburg findet man eine Seenlandschaft von faszinierender Schönheit, die in Deutschland ihresgleichen sucht.

Mecklenburg-Vorpommern: Die Vorschau

Sanddorn und Hering

Die Zitrone des Nordens, *Hippophae rhamnoides*, mit kleinen, leuchtend orangen Früchten an dornigen, silberblättrigen Sträuchern, gedeiht prächtig auf den sandigen Böden. Und in der Tat: Auch Sanddorn ist ordentlich sauer. Außerdem ist er eine wahre Vitamin-C-Bombe und vielseitig verwendbar. Es gibt ihn als Saft, Wein, Schnaps, Marmelade, Kompott, Tee ...

Ebenfalls eher säuerlich, zumindest eingelegt, kommt eine weitere landestypische Spezialität daher: der Hering. Ihn findet man in allen erdenklichen Variationen auf nahezu jeder Speisekarte zwischen Ahlbeck und Boltenhagen. Der sauer marinierte Klassiker, der Bismarckhering, kommt aus Stralsund und wird dort noch nach eben jenem Rezept eingelegt, das sich dereinst der Eiserne Kanzler hat schmecken lassen.

Kulinarisch hat Mecklenburg-Vorpommern natürlich mehr zu bieten als Sanddornmarmelade und Fischbrötchen. Im reichhaltigen Spektrum an Gaststätten finden sich die urige Hafentaverne, in der schon Störtebeker gebechert haben könnte, ebenso wie Gourmettempel, die von den Großmeistern der Haute Cuisine mehr und mehr in Mecklenburg-Vorpommern eröffnet werden. Dazwischen gibt es unzählige kleine Restaurants und Cafés, die mit viel Fantasie und Liebe zum Detail ihre Gäste verwöhnen und begeistern. Und alle öffnen den Weg zum gesunden Sanddorn: die Sanddornsahnetorte zum Kaffeepäuschen, das Menü krönende Sanddornsorbet mit Panna Cotta, ein Sanddorngeist als Digestif ...

Im Land der Schlösser

Man muss nicht unbedingt in die Residenzstädte reisen, um prächtige Behausungen zu besichtigen. Die Dichte an Schlössern und Gutshäusern in Mecklenburg-Vorpommern – von Wittow bis zur Kleinseenplatte und von

Usedom bis in den Klützer Winkel – ist bemerkenswert. Das Spektrum reicht vom eher schlichten Gutshaus über den klassizistisch erhabenen Herrensitz bis zum verspielt tudorgotischen Schloss. Viele der Schlösser beherbergen heute Hotels, in denen es sich komfortabel und ein wenig wie anno dazumal logieren lässt. Zumeist verfügen die noblen Herbergen auch über eine angemessen noble Küche, volle Weinkeller und großzügige Wellnessbereiche. Und wie es sich gehört, umgibt so manches Schloss ein herrlicher Landschaftspark, oft so alt wie das Gemäuer selbst und nach englischem Vorbild als romantisches Idyll gestaltet.

Strahlend weiße Bäderarchitektur

Im Schatten der Veranda, eine Hand auf dem reich verzierten, gusseisernen Geländer, der Blick schweift über das Meer. Ein Gläschen Port, eine gute Zigarre. Unten auf der Strandpromenade plappert und flaniert das mondäne Bäderleben entlang, Herren lupfen zum Gruß den weißen Hut, Damen kichern in ihr Spitzentaschentuch ...

So in etwa mag man sich den großbürgerlichen Sommerfrischler vorstellen, den es mit den Anfängen des Tourismus aus Berlin an die Ostsee zog. Die Kulisse für diese am Ende des 19. Jh. aufkommende Mode des Sommeraufenthalts am Meer sind die verspielten Fassaden der blütenweißen, ornamentfreudigen Bäderarchitektur: villengleiche Gästehäuser, geschmückt mit Balkonen, Veranden und Loggien, Ziergiebeln und Schmuckfriesen; Kurmuscheln am Strandabgang für das sonntägliche Kurkonzert; Kurhäuser mit weiten, parkettierten Tanzsälen; schickliche, da geschlechtergetrennte Badeanstalten, vor allem aber: Seebrücken. Teils prächtig bebaut, strecken sie sich mutig in die Ostsee und verlängern die Strandpromenaden ins Meer hinein.

Die Müritz bei Röbel

Hintergründe & Infos

Prominenter Zeuge der Eiszeit: der Dornbusch auf Hiddensee

Geografie und Landschaft

Täler und Hügel aus Grund- und Endmoränen, Seen, Niederungen und Senken aus Gletscherzungen, Tunneltälern und Söllen: Das Relief Mecklenburg-Vorpommerns wurde vom Eis geformt. Die Küste dagegen ist bis heute in Bewegung.

Die Landschaften Mecklenburg-Vorpommerns wurden von der letzten **Eiszeit** geschaffen, der sog. *Weichseleiszeit*, die vor etwa 115.000 Jahren begann und vor rund 10.000 Jahren endete. Gigantische Gletscher wanderten in mehreren Schüben über das Land und schmolzen wieder ab. Unter dem hohem Druck wurde das Relief des Landes geformt, geschabt, zermalmt, ausgespült und gepresst. Während ihres Vorstoßens rissen die Gletscher Sedimentschichten auf und transportierten gewaltige Geröllmassen, sog. Geschiebe. Zeugen dieses Vorgangs sind die großen Gesteinsbrocken, die sich bis heute verstreut über das Land finden: Die *Findlinge*, etwas pathetisch auch „Wanderer des Nordens" genannt, wurden vom Eis aus Skandinavien herangetragen und blieben nach dem Rückzug der Gletscher in Mecklenburg-Vorpommern liegen.

Das eigentliche Ergebnis dieser gewaltigen Bewegungen aber sind die Grund- und Endmoränen. **Grundmoränen** entstanden unter den Gletschern, sind meist eben und haben als Sediment den sog. Geschiebemergel, den der Gletscher mit sich führte und nach dem Abtauen zurückließ. **Endmoränen** nennt man die Hügelformationen, die sich am äußeren Rand der sich vor- und zurückschiebenden Gletscher bildeten. Eine typische Endmoränenlandschaft ist die Mecklenburgische Schweiz ebenso wie die Hügelkette, die sich von Hiddensees Dornbusch quer über Rügen bis Putbus verfolgen lässt.

Auch die **Seenvielfalt** Mecklenburgs bildete sich unter dem Eis. Grob gesprochen unterscheidet man drei Entstehungsarten: durch *Gletscherzungen*, die Vertiefungen ins Land schabten; durch Schmelzwasser, das in *subglazialen Tunneltälern* (riesige

Abflusskanäle unter dem Gletscher) tiefe Rinnen ausspülte, und durch sog. *Toteis*, gewaltige Eisblöcke, die, vom Gletscher getrennt, später abtauten und absackten. Mischformen sind dabei durchaus möglich. So entstand die *Müritz*, der größte See Mecklenburg-Vorpommerns, sowohl durch Toteislöcher als auch durch Rinnenbildung. Ein eindrucksvolles Beispiel für eine glaziale Rinne ist auch der *Schmale Luzin* bei Feldberg, hier hat das Schmelzwasser unter dem Druck des gigantischen Gletschers ein steiles Relief in den Grund gegraben. Das Achterwasser bei Usedom dagegen ist das Ergebnis einer Gletscherzunge.

Eine Folge von Toteis-Ablagerungen sich zurückziehender Gletscher sind auch die **Sölle** (Singular: *das Soll*), die man in Mecklenburg-Vorpommern vielerorts vorfindet: Wo sich z. B. inmitten eines Feldes eine Mulde absenkt, deren Vegetation auf einen sumpfigen oder zumindest feuchten Untergrund schließen lässt oder in der sich gar ein kleiner, oft kreisrunder See befindet, ist davon auszugehen, dass es sich um ein Soll handelt. Diese eiszeitlichen Hinterlassenschaften sind nicht nur als Biotope und Rückzugsräume für Vögel von großem Nutzen; den Bauern dienen sie bis heute als Wasserspeicher, die auf den umliegenden Feldern für einen höheren Ertrag sorgen. Das geschieht auch dadurch, dass die Sölle als Feuchtigkeitsspeicher die Taubildung verstärken und in einer niederschlagsarmen Gegend wie Mecklenburg für den nötigen Bewässerungsausgleich sorgen.

Auch die **Küstenlinie** entstand nach dem Rückzug der Gletscher, unterliegt aber bis heute ständiger Veränderung. Das schmelzende Eis füllte die Ostsee, wobei der Wasserstand bis zu 100 m über dem heutigen gelegen haben dürfte. Mit dem allmählichen Absinken des Meeresspiegels begann sich die Küstenlinie auszubilden. Aus dem Wasser lugte da und dort ein Stück Land – die Kerne der heutigen Inseln Rügen und Usedom. Fischland-Darß-Zingst, heute Halbinsel, lag als Inselkette vor dem Festland.

Was die Gletscher aus tiefen Erdschichten gekratzt und hervorgehoben haben, wird seither von Wind, Wetter und Strömung umgeformt. Schwerer Sturm aus Nordost und eventuell folgende Sturmfluten beschleunigen die Entwicklung. Regenerosion,

Auch ein eiszeitliches Erbe: die Müritz bei Waren

Die berühmte Kreideküste Rügens: im Nationalpark Jamsund

Frostbrüche und Sturmfluten nagen an den **Steilufern** und tragen Kalk, Lehm und Sand ab. Das Material wird von der Strömung mitgenommen und andernorts angelandet. An den „Rändern" der Strömung, im Strömungsschatten, bereichert das Material die Sandstrände oder bildet Bänke und **Sandhaken**, die vom Ufer hervorspringen können (schönstes Beispiel: Alt- und Neubessin im Norden Hiddensees). Festigt sich ein Sandhaken, vor allem durch genügsame Vegetation, bilden sich aus den Ablagerungen sog. **Nehrungen**, die Buchten vom Meer abschließen, Inseln verbinden und damit die typische vielgestaltige **Boddenküste** formen. Auf diese Art und Weise ist z. B. die Schaabe auf Rügen entstanden, eine geologisch sehr junge Landbrücke, welche die Halbinsel Wittow (ehemals gänzlich vom Meer umschlungen) mit der Halbinsel Jasmund verbindet und damit gleichzeitig den Großen Jasmunder Bodden von der Ostsee abtrennt.

Da **Bodden** und Meer meist nur durch kleine Wasserstraßen miteinander verbunden und die Gezeiten in der Ostsee nur schwach ausgeprägt sind, gelangt kaum Meerwasser in die Wasserzirkulation der Bodden. Dank der Regenwasserzufuhr in die ohnehin recht seichten Bodden sinkt der Salzgehalt stetig ab. Das wiederum hat zur Folge, dass eine Vegetation Fuß fassen kann, die einerseits an das Brackwasser angepasst ist und die sich andererseits durch die Nehrungen vor Strömung und schwerem Wetter geschützt entfalten kann. Die vor allem mit Schilf bewachsenen, vielgliedrigen Ränder der Bodden sind typisch für die Ostseeküste Mecklenburg-Vorpommerns.

Beim obligatorischen Strandspaziergang lässt sich das ein oder andere geologische Fundstück entdecken. Der **Bernstein**, das „Gold der Ostsee", stammt aus urzeitlichen subtropischen Wäldern, die sich vor ca. 50 Mio. Jahren hier ausbreiteten; genauer gesagt entstand er aus Baumharz, das aus den Stämmen quoll, sich verfestigte und im Sediment vor Jahrmillionen zu einem honiggelben bis dunkelbraunen Stein gepresst wurde. Bereits in der Bronzezeit wurde Bernstein zu Schmuck verarbeitet. Auch heute noch gibt es kaum einen Souvenirladen, in dessen Sortiment Bernsteinschmuck fehlt. Besonders gefragt und wertvoll sind Steine mit Inklusen (Einschlüssen): kleine Luftbläschen, subtropische Pflanzenstücke oder urzeitliche Insekten, die vom noch zähflüssigen Harz umschlossen worden waren und so über Millionen Jahre konserviert wurden. Wer sich ernsthaft auf die Suche nach Bernstein machen will, geht am besten nach schwerer See an den Strand. Gewarnt werden **Bernsteinsammler** an den Ostseestränden jedoch vor der schmerzhaften Berührung mit *Phosphor*, das als Überbleibsel von Brandbomben aus dem Zweiten Weltkrieg nach schwerer See manchmal noch heute an Land gespült wird. Die Wahrscheinlichkeit, auf Phosphor zu stoßen, ist zwar gering, die Ähnlichkeit mit Bernstein ist jedoch groß, vor allem im feuchten Zustand. Im trockenen Zustand entzündet sich Phosphor selbst. Die gesammelten Schätze daher nie am Körper, sondern immer in einer Tasche tragen, die man im Notfall auch von sich werfen kann!

Weitere beliebte Fundstücke an der Ostseeküste sind Feuersteine, Hühnergötter und Donnerkeile. **Feuersteine** sind fossile Kieselalgen, die sich heute vor allem in Bändern durch die Kreideabhänge ziehen. Traditionelle Glücksbringer sind die **Hühnergötter**, Feuersteine mit oft kreisrunden Löchern, die durch die allmähliche Auflösung von Einschlüssen entstanden sind. Früher wurden die Hühnergötter mit einer Schnur zusammengebunden und an Hühnerställe gehängt, um – so der Volksglaube – das Federvieh vor Krankheiten zu bewahren.

Ostseegold

Donnerkeile werden die Fossilien von Belemniten genannt, urzeitlichen Kopffüßern. Der Name der länglichen, kegelförmigen Fossilien geht auf *Thor*, den germanischen Donnergott, zurück. Wo die von ihm geschleuderten Blitze einschlugen, blieben die Donnerkeile zurück.

Fossiliensammler sollten sich übrigens keinesfalls der Versuchung hingeben, auf jüngst abgegangenen Küstenabbrüchen herumzuklettern. Auch wenn sie reiche Beute versprechen, auf einen Kreide- oder Lehmrutsch kann ohne Vorwarnung ein zweiter folgen und dann besteht Lebensgefahr.

Mecklenburg-Vorpommern: ein wenig Statistik

Fläche: 23.185 km^2.

Landeshauptstadt: Schwerin.

Bevölkerung (2017): 1,6 Mio. Das sind 69 Einw. pro km^2 (zum Vergleich: in ganz Deutschland sind es durchschnittlich 230 pro km^2), damit ist Mecklenburg-Vorpommern das mit Abstand am dünnsten besiedelte Bundesland der Republik (gefolgt von Brandenburg mit 84 Einw./km^2).

Größte Städte: Rostock (206.000 Einw.), Schwerin (97.000 Einw.), Neubrandenburg (63.500 Einw.), Stralsund (58.000 Einw.), Greifswald (57.000 Einw.), Wismar (42.500 Einw.).

Landesfläche: etwa 65 % werden landwirtschaftlich genutzt, ca. 7 % sind Siedlungs- und Verkehrsflächen, 20 % Wald und über 5 % Gewässer (über 20 % der Gesamtfläche stehen unter Naturschutz). Trotz optischer Präsenz beträgt die als Windparks genutzte Landesfläche laut Ministeriumsangaben weniger als 1 % (Stand 2015).

Küstengesamtlänge: 1712 km, davon 381 km Außenküste, 1331 km Bodden- und Haffküste.

Binnengewässer: ca. 2000 Seen und mehr als 20.000 km Fluss.

Längste Flüsse: Elde (208 km), Warnow (155 km), Peene (145 km).

Größte Seen: Müritz 117 km^2 (damit der zweitgrößte See Deutschlands), Schweriner See 63 km^2, Plauer See 38 km^2.

Höchste Erhebung: Helpter Berge 179 m (auf Rügen der Piekberg/Jasmund mit 161 m und auf Usedom der Golm mit 69 m).

Flora und Fauna

Das dünn besiedelte Mecklenburg-Vorpommern ist in weiten Teilen ein wahres Naturparadies, nicht zuletzt dank der drei Nationalparks und zahlreicher weiterer Schutzgebiete zwischen Ostsee und Seenplatte, die vor allem für Wasservögel einen idealen Rückzugsraum bieten.

Flora: Mecklenburg-Vorpommern ist weitgehend landwirtschaftlich geprägt. Weite Wiesen und Felder, Letztere oft bunt gesprenkelt mit wildem Mohn und Kornblumen oder im Frühsommer knallgelb als Rapsfelder, sind im Wechsel mit teilweise ausgedehnten Waldgebieten überall zu finden. Speziell an der Mecklenburgischen Seenplatte wechseln sie sich häufig mit weit verzweigten Seen, Feuchtgebieten und Mooren ab. Direkt an der Küste findet sich eine recht genügsame Vegetation, die sich in die kargen, nährstoffarmen Böden der Felsabbrüche krallt oder sich auf sandigem Boden zu *Dünenheide* entwickelt oder aber sich als sog. *Trocken-* oder *Magerrasen* über sanfte Hügel erstreckt. Kennzeichnend für Letzteren sind niedrig wachsende Gräser, Kräuter und Blumen wie wilder Thymian, Strohblumen oder Silbergras. Zum anderen findet man beispielsweise auf Rügen einen Naturraum, der weder Land noch Meer ist, die sog. *Salzwiesen*. Sie entstehen im Marschland zwischen Land und Meer. Regelmäßig vom Meerwasser überflutet, entfaltet sich auf dem salzreichen, sumpfigen Boden und an Brackwassertümpeln eine ganz eigene Vegetation wie z. B. die Salzbinse. Außerdem dient das Feuchtgebiet als Rückzugsraum für zahlreiche Vogelarten.

Ausgedehnte Waldgebiete (meist Buchen, aber auch Kiefern) finden sich an der Küste unter anderem in der Rostocker Heide (→ S. 161), auf dem Darß (→ S. 183) sowie auf der Insel Rügen im Nationalpark Jasmund (→ S. 246) und in der Granitz (→ S. 224). Im Binnenland ist es natürlich in erster Linie der Müritz-Nationalpark, der mit großen Waldgebieten aufwartet – teilweise Kiefern und schnell wachsende, anspruchslose Birken, aber auch uralte Buchenwälder, Eichen und im Feuchtgebieten Erlen. Die *Heiligen Hallen*, der vermutlich älteste Buchenwald Deutschlands, liegt bei Feldberg (→ S. 415) östlich von Neustrelitz und wird auf etwa 350 Jahre geschätzt. Das ist jedoch nichts im Vergleich zu den berühmten *Ivenacker Eichen* (S. 443), mächtige Bäume, die es auf ein stolzes Alter von bis zu 1000 Jahren bringen. Nicht ganz so alt, aber UNESCO-Weltnaturerbe (seit 2011) ist der *Serrahner Buchenwald* im Müritz-Nationalpark (→ S. 409). Zu den Besonderheiten in den Wäldern der Mecklenburgischen Seenplatte zählen neben den (Kessel-)Mooren mit ihrer ganz eigenen Vegetation vor allem die Sumpf- und Bruchwälder (z. B. Erlenbrüche) mit unzähligen Flechten-, Moos- und Pilzarten. Torfmoos und Wollgräser sind die typischen Pflanzen dieser Feuchtgebiete, an den verwachsenen Seeufern außerdem Röhricht und Schilf, Weiße Seerose und Teichrose. In den Wäldern breitet sich besonders im Frühjahr ein

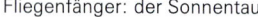
Fliegenfänger: der Sonnentau

wahrer Blütenteppich schönster Wald-
blumen aus, auf den Feuchtwiesen
blüht dann ein knappes Dutzend verschiedener Orchideenarten.

Berühmt ist ganz Mecklenburg-Vorpommern für die große Anzahl an **Alleen**, die sich an den Feldern entlang
von Dorf zu Dorf oder von Hof zu Hof
ziehen. Überwiegend im 19. Jh. gepflanzt, spannen sich Linden, Buchen,
Kastanien, Pappeln, Ulmen usw. über
die teils kopfsteingepflasterten Straßen
und formen im Sommer ein schatten-
spendendes grünes Dach.

Fauna: Die gängigen deutschen Wild-
tiere wie Rehe, Rot- und Damwild,
Wildschweine, Füchse und Marder,
Feldhasen, Dachse oder auch die umtriebigen Mäusewiesel finden sich flächendeckend auch in Mecklenburg-Vorpommern, doch ist die besondere Fauna
der Region vor allem von einem geprägt: dem Wasser. Entlang der Außenküste wurde zuletzt vermehrt von See-
hund- und sogar Kegelrobben-Sichtun-
gen berichtet und es besteht die
Hoffnung, dass sich diese sensiblen
Meeressäuger im Schutz der großflä-
chigen Nationalparks und Biosphärenreservate an der Ostsee wieder ansiedeln.
Auch Fischotter und Biber sind mittlerweile wieder in ganz Mecklenburg-Vorpommern vertreten (besonders an der
Mecklenburgischen Seenplatte mit ihren
weit verzweigten Wasserwegen), zu sehen wird man die scheuen bzw. nacht-
aktiven Tiere aber kaum bekommen.

Die zahllosen Seen, die unzugänglichen
Moore und die Bruchwälder im Landesinneren ermöglichen vielen seltenen
Arten das Überleben, sei es ganzjährig
oder auf der Durchreise. Allein die Vielfalt an Schmetterlingen und Libellen in
den Feuchtgebieten ist beachtlich, über
800 verschiedene Arten leben hier. Bei
den Schlangen ist vor allem die Ringel-
natter verbreitet (in den Heidelandschaf-
ten entlang der Küste auch die Kreuz-
otter!), bei den Lurchen dominieren die

Lebensräume in Mecklenburg-
Vorpommern : Dünenheide,
Waldsee und Boddenküste

Erdkröte sowie der eher seltene Laubfrosch. Eine Besonderheit ist der Moorfrosch, dessen männliche Exemplare sich zur Paarungszeit leuchtend blau verfärben.

Besondere Aufmerksamkeit gilt im Wasserland Mecklenburg-Vorpommern den unzähligen **Vogelarten**, die hier – sei es auf der Durchreise wie beispielsweise die Kraniche oder aber dauerhaft wie die mächtigen Seeadler – einen optimalen Lebensraum vorfinden. So bieten die Feuchtgebiete entlang der Boddenküste zahlreichen, teils sehr seltenen Vogelarten ein ideales Rückzugs- und Brutgebiet, u. a. diversen Möwen- und Schwalbenarten, Rohrammern oder Haubentauchern. An der Küste und im Binnenland sind außerdem Kormorane sowie Bläss-, Saat- und Graugänse, Graureiher und die seltenen Silberreiher zu sehen. Darüber hinaus trifft man auf Blässhühner, seltene Schwarzstörche und weit verbreitete Weißstörche sowie auf jede Menge Schwäne und Enten (u. a. Pfeifenten). In den Laubwäldern sind u. a. Specht, Zaunkönig, Kleiber, Waldschnepfe und Wendehals zuhause, in den Feuchtgebieten und Bruchwäldern auch der kleinste Fische jagende Eisvogel, der seltene Flussregenpfeifer und die ebenso seltene Große Rohrdommel; Letztere ist sehr scheu und, auch aufgrund ihrer perfekten Tarnung im Schilf, kaum je zu sehen (dafür aber eindrücklich mit ihrem ganz eigentümlichen Ruf zu hören).

Besonders spektakulär sind die großen Raubvögel, die in fast allen Gebieten zumindest vereinzelt vorkommen, in den Schutzgebieten auch häufiger. Allen voran ist hier der *Seeadler* zu nennen, mit einer Spannweite von bis zu 2,50 m der größte Greifvogel Mitteleuropas, von dem in Mecklenburg-Vorpommern zuletzt über 350 Brutpaare gezählt wurden. Er ist ganzjährig sowohl an der Küste als auch (häufiger) an den Binnengewässern anzutreffen, der *Fischadler* dagegen nur im Sommer und an den Binnengewässern, wenn auch weit verbreitet – zuletzt zählte man etwa 180 Brutpaare (v. a. im Müritz-Nationalpark). Die Chancen, einen der beiden imposanten Greifvögel tatsächlich zu Gesicht zu bekommen, stehen hier gar nicht mal so schlecht. Deutlich seltener ist der *Schreiadler* (auch Pommernadler genannt), von ähnlicher Größe wie der Fischadler und wie dieser ebenfalls in Afrika überwinternd. Er lebt in Wäldern in der Nähe von Wiesen und Feuchtgebieten. Häufiger ist da schon die *Rohrweihe*, die sich in den Sommermonaten ebenfalls in der Nähe von Gewässern niederlässt.

Den größten Besucherandrang in ganz Mecklenburg-Vorpommern verzeichnen jedoch die majestätischen *Kraniche*, die hier im Frühjahr und Herbst auf ihrer Reise zwischen Winterquartier (Südfrankreich oder Spanien bis Nordafrika) und Sommerquartier (meist Schweden) zu Tausenden „zwischenlanden" – Zehntausende von ihnen rasten alljährlich allein im Flachwasserbereich der „Rügen-Bock-Region" (östlich von Zingst, → S. 187) des *Nationalparks Vorpommersche Boddenlandschaft* sowie im *Müritz-Nationalpark* (→ S. 366). Zu nahe kommen darf man den Tieren nicht, dann flüchten sie, aber mit dem Fernglas vom Beobachtungsstand oder vom Auto aus lassen sich wunderbare Szenen im Kranichleben verfolgen. Das Interesse an den Kranichen ist mittlerweile so groß, dass Besucher zu den Stoßzeiten im Frühjahr und Herbst nur noch nach Voranmeldung zu den Beobachtungsplätzen im Müritz-Nationalpark kommen können (→ S. 369). Detaillierte Informationen zu den Kranichen → S. 194, vor Ort informiert das Kranichzentrum Groß Mohrdorf (→ S. 193) ausführlich über den größten Vogel Deutschlands.

Last but not least: Ernährer der Region – für Mensch wie auch für diverse Vogelarten – sind natürlich die vielen verschiedenen **Fische**, die sich zuhauf in der Ostsee, den Boddengewässern und der Mecklenburgischen Seenplatte tummeln. Dazu zählen u.a. Aal, Barsch, Dorsch, Flunder, Hecht, Hering, Meerforelle, Müritz-Maräne und Müritz-Zander, Wels, Zander sowie jede Menge Klein- und Kleinstfische.

Herbstzeitstimmung im Naturpark Feldberger Seenlandschaft

Natur- und Umweltschutz

Drei Nationalparks, sieben Naturparks, drei Biosphärenreservate, dazu diverse kleinere Naturschutzgebiete (NSG) und Landschaftsschutzgebiete – rund ein Fünftel Mecklenburg-Vorpommerns steht unter Naturschutz!

Das schafft in Deutschland kein anderes Bundesland. Zu verdanken hat Mecklenburg-Vorpommern den Schutz seiner bezaubernden Landschaften einem umweltpolitischen Husarenstück: In den letzten Tagen der DDR gelang es Michael Succow, dem stellvertretenden Umweltminister der DDR, sowie Hannes Knapp, Lebrecht Jeschke und Matthias Freude quasi im Handstreich, zahlreiche Landstriche unter verschärften Naturschutz zu stellen. Auf der letzten Ministerratssitzung der DDR am 12. September 1990 beschlossen sie, ein Dutzend Schutzgebiete zu schaffen, die meisten davon an der Ostsee, aber auch den heutigen Müritz-Nationalpark. Unterstützt wurden sie dabei von Klaus Töpfer, dem damaligen Umweltminister der Bundesrepublik, der das Unternehmen später das „Tafelsilber der deutschen Einheit" nannte. Zu Recht: Succow und seine Mitstreiter hatten in wenigen Monaten erreicht, wozu im vereinigten Deutschland Jahre, wenn nicht Jahrzehnte nötig gewesen wären. Heute stehen über 20 % des Bundeslandes Mecklenburg-Vorpommern unter Naturschutz.

Im Zuge oben beschriebener Schutzmaßnahmen wurden 1990 die **Nationalparks** Vorpommersche Boddenlandschaft (805 km²), Jasmund (30 km²) und Müritz (322 km²) gegründet. Der *Nationalpark Vorpommersche Boddenlandschaft* umfasst den Darß, weite Teile der Halbinsel Zingst, die Insel Hiddensee, Teile von Ummanz (Rügen), die Küsten Westrügens und die dazwischen liegenden Gewässer. Im Nordosten von Rügen befindet sich der kleinste Nationalpark Deutschlands, der *Nationalpark Jasmund*, der die Kreidefelsen, die Stubnitz und den Küstenstreifen umfasst. Der im Binnenland gelegene *Müritz-Nationalpark* erstreckt sich in weiten

Die Ostsee

Noch in den 1970er-Jahren galt die Ostsee als das schmutzigste Meer der Welt. Um sie vor dem Kollaps zu bewahren, taten sich 1974 die Anrainerstaaten über alle ideologischen Grenzen hinweg in der Helsinki-Kommission zusammen und vereinbarten den Schutz der Ostsee. Seither ist viel geschehen: Städte, Mülldeponien, Raffinerien, Fabriken und Metallhütten leiten ihre Abwässer nicht mehr ungeklärt ins Meer. Ein Anzeichen für die Erholung der angeschlagenen Ostsee (mit praktischem Nutzen) ist, dass das Wasser der meisten Küstenabschnitte zumindest Badequalität hat. Aber es ist längst nicht alles im Reinen, denn die Ostsee ist ein höchst sensibler Meeresraum. Grund dafür ist ihr Tiefenrelief. Das Becken der Ostsee fällt zwar auf etwa 250 m (Gotlandtief) und stellenweise sogar bis zu 450 m ab, die Wasserstraßen aber, die die Nord- mit der Ostsee verbinden, sind verhältnismäßig flach (v. a. an der Darßer Schwelle), sodass kaum Wasseraustausch stattfinden kann. Das wird deutlich am durchschnittlichen Salzgehalt: 3,5 % in der Nordsee stehen 1,6 % bis 0,2 % in der Ostsee gegenüber. Das eigentliche Problem aber, das ebenfalls mit dem Salzgehalt zusammenhängt, ist der Mangel an Sauerstoffzufuhr aufgrund der unzureichenden Wasserbewegungen. Lediglich spezifische Wetterkonstellationen (starker Ostwind, der das Wasser aus der Ostsee bläst, gefolgt von einem Sturm aus West, der große Wassermassen zurückbefördert) bringen frisches, sauerstoff- und salzreiches Meerwasser in die Ostsee, zuletzt geschehen in den Jahren 2014 und 2015 mit relativ großen Salzwassereinströmen.

Teilen entlang dem Ostufer der Müritz, dem zweitgrößten See Deutschlands; ein von dichtem Wald bestandenes Teilgebiet liegt weiter östlich bei Neustrelitz. Die Nationalparks bestehen zum Teil aus *Kernzonen*, in deren natürliche Abläufe der Mensch nicht mehr aktiv eingreift. Über das restliche Gebiet verteilen sich die *Pflegezonen*, in denen Pflanzenbestände aktiv bewahrt werden.

Nationalparks in Mecklenburg-Vorpommern: Jasmund, Müritz ...

In den 1990er-Jahren wurden die Schutzgebiete in Mecklenburg-Vorpommern um sieben **Naturparks** erweitert: 1994 wurde der Naturpark *Nossentiner/Schwinzer Heide* (365 km²) im Westen der Mecklenburgischen Seenplatte eingerichtet, es folgten 1997 die *Feldberger Seenlandschaft* (360 km²) und die *Mecklenburgische Schweiz und Kummerower See* (673,5 km²), beide ebenfalls im Binnenland an der Mecklenburgischen Seenplatte gelegen. Der mit Abstand größte Naturpark des Bundeslandes, das *Mecklenburgische Elbetal* (3428 km²), wurde 1998 gegründet und erstreckt sich ganz im Südwesten entlang der Grenze zu Niedersachsen. 1999 kam im Nordosten der Naturpark *Insel Usedom* (720 km²) hinzu, im Jahr 2004 das *Sternberger Seenland* (540 km²) im Westen der Mecklenburgischen Seenplatte und zuletzt, im Jahr 2005, der Naturpark *Am Stettiner Haff* (538 km²) ganz im Osten an der Grenze zu Polen. Im Gegensatz zu den Nationalparks, in deren Kernzonen der Mensch nicht mehr eingreift, steht beim Naturpark mehr die Pflege und Nutzung der Kulturlandschaft sowie deren touristische Bedeutung im Vordergrund.

Erstes der drei **Biosphärenreservate** Mecklenburg-Vorpommerns war das 1990 gegründete Biosphärenreservat *Südost-Rügen* (229 km²), das auf der Insel Rügen die Granitz bis hinüber nach Putbus und das Mönchgut unter Schutz stellt. 1994 folgte das Biosphärenreservat *Schaalsee* (309 km²) ganz im Westen Mecklenburgs an der Grenze zu Schleswig-Holstein (ab 1990 bereits Naturpark); das 1997 etablierte Biosphärenreservat *Flusslandschaft Elbe* (3428 km²) deckt sich flächenmäßig mit dem *Naturpark Mecklenburgisches Elbetal* (→ oben). Wie in den Nationalparks gibt es auch in den Biosphärenreservaten *Kernzonen*, doch fallen diese deutlich kleiner aus. In den weniger streng geschützten *Pflegezonen* steht der Erhalt der Kulturlandschaft im Vordergrund – also nachhaltige ökologische Landwirtschaft, Fischerei, Tourismus etc., in den *Entwicklungszonen* sollen „alle Nutzungs- und Wirtschaftsformen umwelt-, natur- und sozialverträglich umgesetzt werden", so zumindest steht es in den allgemeinen Grundlagen deutscher Biosphärenreservate.

Hinzu kommen diverse *Naturschutzgebiete* (NSG) und *Landschaftsschutzgebiete*, flächenmäßig meist recht klein, für die deutlich strengere Schutzbestimmungen gelten als für die Naturparks (teilweise auch Biosphärenreservate), in denen sie liegen.

... und Vorpommersche Boddenlandschaft (hier der Darßer Weststrand)

Berühmte Mecklenburger, berühmte (Vor-)Pommern

Ernst Moritz Arndt, geb. 26. Dez. 1769 in Groß Schoritz auf Rügen, gest. 29. Jan. 1860 in Bonn, Schriftsteller.

Ernst Barlach, geb. 2. Jan. 1870 in Wedel (Holstein), gest. 24. Okt. 1938 in Rostock, Bildhauer, Zeichner, Schriftsteller und Wanderer im Wind.

Gebhard Leberecht von Blücher, Fürst von Wahlstatt, geb. 16. Dez. 1742 in Rostock, gest. 12. Sept. 1819 in Krieblowitz, preußischer Generalfeldmarschall, „Marschall Vorwärts".

Georg Adolph Demmler, geb. 22. Dez. 1804 in Berlin, gest. 2. Jan. 1886 in Schwerin, einer der großen Architekten Mecklenburgs.

Hans Fallada, eigentlich Rudolf Wilhelm Friedrich Ditzen, geb. 21. Juli 1893 in Greifswald, gest. 5. Feb. 1947 in Berlin, Schriftsteller (*Kleiner Mann, was nun?*).

Caspar David Friedrich, geb. 5. Sept. 1774 in Greifswald, gest. 7. Mai 1840 in Dresden, der absolute Maler der Romantik: *Kreidefelsen auf Rügen*, *Der Wanderer über dem Nebelmeer*.

Joachim Gauck, geb. 24. Jan. 1940 in Rostock, evang. Pfarrer, Bürgerrechtler, 1991–2000 erster Bundesbeauftragter für die Unterlagen des Staatssicherheitdienstes der ehem. DDR („Gauck-Behörde") und 2012–2107 deutscher Bundespräsident.

Charly Hübner, geb. 4. Dez. 1972 in Neustrelitz, Schauspieler.

Uwe Johnson, geb. 20. Juli 1934 in Cammin, gest. 24. Febr. 1984 in Sheerness on Sea, Schriftsteller (*Jahrestage*).

Rudolph Karstadt, geb. 16. Feb. 1856 in Grevesmühlen, gest. 19. Dez. 1944 in Schwerin, Kaufmann und Kaufhausgründer (in Wismar).

Walter Kempowski, geb. 29. April 1929 in Rostock, gest. 5. Okt. 2007 in Rotenburg/Wümme, Schriftsteller (*Tadellöser und Wolff*, *Echolot*).

Wolfgang Arthur Reinhold Koeppen, geb. 23. Juni 1906 in Greifswald, gest. 14. März 1996 in München, Schriftsteller (*Tauben im Gras*, *Das Treibhaus*, *Der Tod in Rom*).

Ludwig Gotthard (zeitweilig Theobul) Kosegarten, geb. 1. Febr. 1758 in Grevesmühlen, gest. 26. Okt. 1818 in Greifswald, Pastor und Dichter.

Toni Kroos, geb. 4. Jan. 1990 in Greifswald, Fußballer, spielt für Real Madrid.

Karl Wilhelm Otto Lilienthal, geb. 23. Mai 1848 in Anklam, gest. 10. Aug. 1896 in Berlin, Flugpionier.

(Heinrich Ludwig Christian Friedrich) Fritz Reuter, geb. 7. Nov. 1810 in Stavenhagen, gest. 12. Juli 1874 in Eisenach, Mecklenburgs Schriftsteller (*Ut mine Festungstid*, *Dörchläuchting*).

Philipp Otto Runge, geb. 23. Juli 1777 in Wolgast, gest. 2. Dez. 1810 in Hamburg, Maler (*Die Hülsenbeckschen Kinder*).

Katrin Sass, geb. 23. Okt. 1956 in Schwerin, Schauspielerin.

Günter Schabowski, geb. 4. Jan. 1929 in Anklam, gest. 1. Nov. 2015 in Berlin, SED-Sekretär und Grenzöffner.

Johann Ludwig Heinrich Julius Schliemann, geb. 6. Jan. 1822 in Neubukow, gest. 26. Dez. 1890 in Neapel, Archäologe, Entdecker Trojas.

Max Schmeling, geb. 28. Sept. 1905 in Klein Luckow, gest. 2. Febr. 2005 in Wenzendorf (bei Hamburg), deutscher Schwergewichtsboxer und Weltmeister (1930 und 1932).

Matthias Schweighöfer, geb. 11. März 1981 in Anklam, Schauspieler.

Klaus Störtebeker, geb. ?, gest. ca. 1401 in Hamburg, hingerichtet, Pirat.

Luise von Mecklenburg-Strelitz, geb. 10. März 1776, gest. 19. Juli 1810, mecklenburgische Prinzessin, früh verstorbene, mythostaugliche preußische Königin der Herzen.

Devid Striesow, geb. 1. Okt. 1973 in Bergen auf Rügen, Schauspieler.

Nadja Uhl, geb. 23. Mai 1972 in Stralsund, Schauspielerin.

Jan Ullrich, geb. 2. Dez. 1973 in Rostock, ehemaliger Profi-Radsportler und Tour de France-Gesamtsieger von 1997.

Johann Heinrich Voß, geb. 20. Febr. 1751 in Sommersdorf bei Waren, gest. 29. März 1826 in Heidelberg, Dichter und Homer-Übersetzer.

Ehm Welk, geb. 29. Aug. 1884 in Biesenbrow bei Angermünde (heute Brandenburg), gest. 19. Dez. 1966 in Bad Doberan, Schriftsteller und Journalist.

Steinalt: die Großsteingräber bei Lancken-Granitz (Rügen)

Geschichte

um 8000 v. Chr. Mit dem Ende der letzten **Eiszeit** ziehen sich die gewaltigen Inlandsgletscher langsam zurück. Durch den Anstieg des Meeresspiegels bilden sich die Küstenlinien der Ostsee heraus. Erste Nomaden kommen aus dem Süden an die Binnenseen und die Ostsee.

ab 4000 v. Chr. In der **Jungsteinzeit** werden aus Jägern und Sammlern sesshafte Bauern, die Ackerbau und Viehzucht betreiben. In bemerkenswerter Zahl sind Relikte steinzeitlicher Grabanlagen (Großstein- oder Hünengräber aus meist tonnenschweren Findlingen, teils aufrecht stehend in einem Trapez angeordnet, teils mit Deckstein als Dolmen) erhalten geblieben. Bemerkenswerte Großsteingräber finden sich im Everstorfer Forst (im Klützer Winkel), bei Rerik oder bei Lancken-Granitz auf Rügen.

ab 1600 v. Chr. Aus der **Bronzezeit** ist ein reger Handel im Ostseeraum nachweisbar. Die Toten werden nun in Hügelgräbern bestattet.

ab 600 v. Chr. **Germanische Völker** siedeln auf dem Gebiet des heutigen Mecklenburg-Vorpommerns. Die Handelsbeziehungen reichen schließlich bis ins Römische Reich, vor allem dank des Bernsteins.

um 400 n. Chr. Im Zuge der **Völkerwanderung** verlassen große Verbände der germanischen Stämme den Ostseeraum.

ab dem 6. Jh. In dem dünn besiedelten Gebiet lassen sich **slawische Stämme** nieder, auch *Wenden* genannt: Im Westen findet sich der Stammesverband der *Obotriten*, darunter die *Warnower*, die, wie der Name verrät, an der Warnow leben, sowie die namensgebenden *Obotriten*, die um den Schweriner See siedeln. Auf Rügen lassen sich die *Ranen* oder *Rugier* nieder, an den Ufern der Müritz, des „kleinen Meeres", siedeln die *Müritzer* und im Osten der Stammesverband der *Wilzen* (die wenige Jahrhunderte später als *Lutizen* bekannt wurden), denen u. a. die *Tollenser* (am gleichnamigen Tollensee) angehören.

ab dem 9. Jh.   Skandinavische Händler befahren den Ostseeraum. Entgegen ihrem Ruf waren die **Wikinger** keineswegs nur brandschatzende Räuber, sondern zuallererst Händler, die auch Handelsniederlassungen gründeten.

Versunken in der Ostsee: Vineta

Reicher als die reichste Stadt Europas, die Dächer waren mit Gold und Silber gedeckt, die Kinder spielten mit Perlen und sogar die Schweine sollen aus goldenen Trögen gefressen haben. Vinetas Glanz strahlte weit über die Stadtgrenzen hinaus. Doch Pracht und Reichtum verleiteten zu Hochmut und Selbstherrlichkeit – und dazu, alle Warnungen vor dem drohenden Untergang in den Wind zu schlagen. So kam es, wie es kommen musste: Ein göttlicher Fluch traf die Stadt und eine riesige Flutwelle versenkte sie mit all ihren Bewohnern im Meer. So jedenfalls will es die Legende.

Zuverlässigere Quellen wie die Schriften des Geschichtsschreibers *Adam von Bremen* (11. Jh.) lassen vermuten, dass es diese große Stadt an der Ostsee tatsächlich gegeben hat. Vineta war demnach eine mächtige Handelsstadt der Wenden, die (späteren Quellen zufolge) im 12. Jh. von den Dänen zerstört wurde. Gründlich zerstört, denn bis heute ist die Stadt verschwunden. Mehrere Theorien nehmen für sich in Anspruch, ihren ehemaligen Standort benennen zu können. Eine Theorie besagt, dass Vineta bei Koserow auf Usedom gelegen habe. Dort findet sich unterhalb des Streckelsbergs in der Ostsee das sog. Vineta-Riff, die vermeintlichen Ruinen der Stadt. Lange war die polnische Insel Wollin der Favorit, denn hier hatte man tatsächlich Überreste einer reichen slawischen Siedlung ausgegraben. 1998 traten der Historiker *Klaus Goldmann* und der Sprachwissenschaftler *Günter Wermusch* mit der These an die Öffentlichkeit, dass Vineta sich weit entfernt von der Pommerschen Bucht beim heutigen Barther Bodden befunden habe (*Vineta. Die Wiederentdeckung einer versunkenen Stadt*, 3. Aufl. 2004). Schließlich befasst sich eine weitere Theorie mit der Art des Untergangs: Demnach waren es weder die Dänen noch eine Welle, die Vineta zerstörten, verantwortlich war vielmehr die Beschaffenheit des Untergrunds. Die Stadt habe auf Pfählen über sumpfigem Grund geruht und sei darin versunken: Vineta, eine Mischung aus einem Venedig und einem Atlantis der Ostsee.

Möglicherweise werden sich irgendwann stichhaltige Beweise für den Standort Vinetas finden, bis dahin schmücken sich Barth, Koserow und Wollin gemeinsam mit der sagenhaften Wendenstadt. Der Legende zufolge warten die Bewohner Vinetas bis heute darauf, von ihrem Fluch befreit zu werden. Nur am Ostermontag erhebe sich die Stadt aus den Fluten und hoffe darauf, dass ein Montagskind sich in die Straßen Vinetas wage, um von einem Händler irgendetwas zu kaufen – erst dann sei die Stadt erlöst.

Vorchristliche Behausung: im Archäologischen Landesmuseum Groß Raden

ab dem 10. Jh.   Beginnende Christianisierung im Westen des wendischen Gebietes. Franken, Sachsen, Dänen und Polen rücken näher an die slawischen Stämme heran und erhöhen den Siedlungsdruck. Mit
dem *Lutizenaufstand* 983 wehren sich slawische Stammesverbän-
de gegen die militärische und missionarische Einflussnahme und
verzögern die christlich-deutsche Expansion um weitere 150 Jahre.

11. Jh.   **Blütezeit** der slawischen Siedlungen. Zentren sind die *Mickelen-
burg* (beim heutigen Dorf Mecklenburg bei Wismar), die dem
Land seinen Namen geben sollte, die Tempelburg bei *Groß Raden*,
das sagenumwobene (und unauffindbare) Heiligtum *Rethra*, von
dem angenommen wird, dass es sich am Südufer des Tollensesees
befand, die *Burg Werle* im Warnowtal, *Garz* und *Arkona* auf Rügen und *Usedom* (Stadt) .

12. Jh.   **Christianisierung**: Zwei Missionsreisen führen den Bischof *Otto
von Bamberg* 1124 und 1128 nach Pommern. Auf Betreiben *War-
tislaws I.*, des ersten nachweisbaren Pommernherrschers aus dem
Haus der Greifen, treffen sich die slawischen Fürsten in Uznam
(Usedom), um im Beisein Ottos zum Christentum überzutreten.
Die Obotriten werden in der Folge des Wendenkreuzzugs unter
dem streitbaren sächsischen Herzog *Heinrich dem Löwen* gewalt-
sam christianisiert und 1160 endgültig unterworfen. Heinrich gibt
Pribislaw, dem Sohn des letzten *obtritischen* Fürsten Niklot, einen
Großteil des eroberten Landes zum Lehen und dessen Sohn und
Thronfolger *Heinrich Borwin I.* die eigene (wenngleich unehneli-
che) Tochter Mathilde zur Frau. Damit ist nicht nur das Fürstentum Mecklenburg geschaffen, sondern auch eine Fürstendynastie
begründet, die bis 1918 bestehen sollte.

Zuletzt besiegt eine dänische Armee unter der Führung *Absalons*, Bischof von Roskilde, 1168 die Ranen und setzt das Christentum auch auf *Rügen* durch, die Insel wird dänisches Lehen.

Im Windschatten der Christianisierung beginnt der verstärkte **Zuzug** *deutscher* **Siedler** an die Ostsee.

13. Jh.   Die großen Häfen an der Ostsee erhalten das **Stadtrecht**: 1218 Rostock, spätestens 1229 Wismar, 1234 Stralsund und 1250 Greifswald. Die Hanse formiert sich. 1259 erste Handelsvereinbarung zwischen Lübeck, Wismar und Rostock. 1264/65 wird auf dem ersten Hansetag in Wismar ein Bündnis zwischen Lübeck, Wismar, Rostock, Stralsund und Greifswald geschlossen.

Nach dem Tod Heinrich Borwins 1227 erben gleich vier seiner Enkel das junge **Fürstentum Mecklenburg** – das nun zerfällt: Nach der **Ersten Hauptlandesteilung** 1229 gibt es neben der Herrschaft Mecklenburg einen Landesteil um die aufstrebende Stadt Rostock, einen um die alte Slawenburg Werle sowie einen um Parchim – daneben existiert die Grafschaft Schwerin und auch das Bistum Ratzeburg verfügt über mecklenburgisches Stiftsland.

Auch das **Herzogtum Pommern** wird geteilt: Nach dem Tod *Barnims I.* werden seine Söhne *Bogislaw IV.* Herzog von Wolgast und *Otto I.* Herzog von Stettin. Usedom ist Teil des Herzogtums Wolgast. Die Stadt wird zur Residenz Bogislaws und seiner Nachfolger.

14. Jh.   Nach einer kriegerischen Auseinandersetzung mit dem Königreich Dänemark befindet sich die **Hanse** mit dem *Frieden von Stralsund* (1370) auf dem Höhepunkt ihrer Macht.

Während sich das Herzogtum Pommern-Stettin in lang anhaltenden Streitigkeiten vor allem mit den Brandenburgern ergeht und auch Pommern-Wolgast Territorien verliert, bleibt die Insel Usedom – noch immer das Kerngebiet von Pommern-Wolgast – von kriegerischen Auseinandersetzungen weitgehend verschont. 1325 wird Rügen ein Teil des Herzogtums Pommern-Wolgast.

In Mecklenburg regiert *Albrecht II.* (1318–1379), der vielleicht bedeutendste Herrscher der Linie. Albrecht erwirbt unter anderem die Grafschaft Schwerin und stabilisiert seine Herrschaft. Albrecht aber muss die Macht in Mecklenburg teilen – mit seinem Bruder *Johann*: Albrecht steht der Linie Schwerin vor, sein Bruder der Linie Stargard (woraus sich später die Linie Güstrow entwickeln sollte). Mecklenburg wird aus der Lehnspflicht gegenüber Sachsen entlassen und die Brüder zu Herzögen erhoben (1348).

15. Jh.   Die Hanse erlebt ihre Blütezeit. Die Städte erlangen eine relative Unabhängigkeit von ihren Territorialherren. Das wachsende hanseatische Selbstbewusstsein in den Städten spiegelt sich in einer regen Bautätigkeit wider, es entstehen die beeindruckenden Bauten der **Norddeutschen Backsteingotik**, die mächtigen Kirchen in Schwerin, Wismar, Rostock, Stralsund und Greifswald, die repräsentativen Rathäuser von Stralsund und Rostock sowie zahllose prachtvolle Bürgerhäuser.

Herrin des Mare Balticum: die Hanse

Charakterisiert man die Hanse als Städtebündnis, wird man dem Phänomen nicht gerecht. Sie als Händlergemeinschaft zu beschreiben, greift ebenfalls zu kurz. Die Hanse war beides: ein wirtschaftliches *und* ein politisches Bündnis zwischen Städten *und* zwischen Kaufleuten. Alles begann mit einer Fahrgemeinschaft. Fernhandel treibende Kaufleute taten sich im 12. Jh. zusammen, um ihre ebenso kostenintensiven wie gefährlichen Handelsreisen im Verbund zu unternehmen. Mit der Zeit entstanden dadurch feste Kooperationen, von Außenstehenden *Hansen* („Schar", „Bund") genannt. Diese „Bünde" erwarben die teuren Privilegien, die ihnen überhaupt erst erlaubten, Handel zu treiben, und gründeten in den fernen Häfen Kontore. Mit wachsendem Reichtum der Kaufleute stieg auch ihr politischer Einfluss. Die Zahl Handel treibender Ratsherrn in jeder Stadt an der deutschsprachigen Ostseeküste war endlos und so wurde aus der Zusammenarbeit von Händlern auch ein Städtebündnis.

Die technische Voraussetzung für den Aufschwung war die Kogge (eigentlich: *der Koggen*), ein neuer, bauchiger Schiffstyp mit enormem Fassungsvermögen. Der Handel basierte auf folgendem Grundprinzip: Rohstoffe wurden aus dem Ostseeraum in den Westen, Fertigprodukte in entgegengesetzter Richtung gehandelt. Die Nowgorod-Fahrer brachten Holz, Pelz, Teer, Asche, Hanf, die Schonen-Fahrer Hering und Erz etc. Im Gegenzug kamen Tuche, Wein und Metallwaren aus dem Westen (z. B. aus Flandern) in den Ostseeraum. Profit machten die Städte an der deutschen Ostseeküste aber nicht nur als Zwischenhändler beim West-Ost-Warenaustausch, sondern auch durch den Handel mit heimischen Produkten. Wismar beispielsweise exportierte lange Zeit Getreide, bis ausgerechnet Lübeck die Nachbarstadt vom Markt drängte. Daraufhin begannen die Bürger von Wismar den Rohstoff zu veredeln, exportierten Bier und erzielten dadurch stattliche Gewinne.

Das Städtebündnis, die politische Dimension hanseatischer Macht, war Ergebnis eines 1259 abgeschlossenen Vertrags zwischen Lübeck, Rostock und Wismar, der die Handelswege zwischen den aufstrebenden Städten sichern sollte. Als das Bündnis 1264/65 um Stralsund und Greifswald erweitert wurde, tagte der Prototyp des später traditionell in Lübeck stattfindenden Hansetages in Wismar. 1310 kam es zu einem Konflikt der Städte mit dem dänischen König. Rostock und Wismar wurden geschlagen, während aus Lübeck, getreu der Maxime „Eigennutz vor Gemeinnutz", nichts als Beileidsbekundungen kamen. 1316 wurde Stralsund von den Dänen belagert, konnte die feindliche Armee aber zurückdrängen. Die Interessengemeinschaft Hanse hatte zwar Schaden genommen, war aber letztendlich allein von Stralsund gerettet worden. Eine Generation später waren es wieder die Dänen, die den Aufschwung der Hansestädte bedrohten. Dieses Mal aber hielt das Bündnis. 1368 musste sich Kopenhagen der hanseatischen Flotte ergeben. Der geschlagene Dänenfürst musste alle Handelsprivilegien der Hanse bestätigen und enorme Zahlungen leisten. Der am 24. Mai 1370 geschlossene *Friede von Stralsund* markiert den politischen Höhepunkt der Hanse. Es folgte ein Jahrhundert, das als *Blütezeit der Hanse* bezeichnet wird.

Der Dreißigjährige Krieg brachte auch das Ende der Hanse, der Niedergang hingegen hatte bereits im 16. Jh. begonnen. Längst hatten sich die Handelszentren im Zuge der Entdeckung und Kolonialisierung Amerikas von Ostsee und Mittelmeer in den Westen an die Atlantikküste und in die Niederlande verlagert. Die Ostsee war zum Binnenhandelsweg einer neuen Großmacht geworden: Schweden.

1419 wird in Rostock die erste Universität Nordeuropas gegründet, 1456 folgt die zweite in Greifswald.

Nachdem diverse Seitenlinien ausgestorben sind oder sich im Erbrechtsstreit nicht haben durchsetzen können, vereint *Bogislaw X.* Pommern unter seiner Regentschaft und macht Stettin 1491 zu seiner Residenzstadt.

16. Jh.

1532 kommt es zur **erneuten Teilung Pommerns.**

Die **Reformation** setzt sich durch, bedeutendster Reformator an der Ostsee ist *Johannes Bugenhagen.* Die **Klöster** werden säkularisiert, beide Pommern treten in den *Schmalkaldischen Bund* ein, ein Bündnis protestantischer Städte und Landesfürsten gegen den katholischen Kaiser, nehmen aber nicht aktiv an Kämpfen mit dessen Truppen teil. Auch Mecklenburg wird protestantisch, offiziell mit dem Sternberger Landtag (1549).

Auf politischer Ebene prägt sich das Feudalsystem immer weiter aus, das *Bauernlegen* beginnt sich abzuzeichnen: Kleinere Höfe werden wachsenden Rittergütern einverleibt, aus freien Kleinbauern werden Leibeigene.In den Hanse- und Residenzstädten dagegen hält die Renaissance Einzug: in Schwerin und Güstrow entstehen prächtige Schlösser, in Wismar der Fürstenhof.

17. Jh.

In Mecklenburg wird mit der **Zweiten Hauptlandesteilung** 1621 festgesetzt, was sich schon seit Jahrzehnten abgezeichnet hatte: Es gibt zwei mecklenburgische Linien – auf der einen Seite Mecklenburg-Schwerin, auf der anderen Mecklenburg-Güstrow.

Der **Dreißigjährige Krieg** erreicht 1626/27 die mecklenburgischen und pommerschen Herzogtümer und trifft sie mit voller Wucht. Zuerst kommen mit *Albrecht von Wallenstein* kaiserliche Truppen, dann landen schwedische Truppen (etwa 15.000 Soldaten) unter *Gustav II. Adolf* 1630 bei Peenemünde auf Usedom. Mecklenburg und Pommern werden zum Durchzugs- und Aufmarschgebiet. Die Städte werden belagert, das Land verwüstet und geplündert, im Windschatten des Krieges wüten Pest und Hungersnot. In manchen Gebieten wird die Bevölkerung um zwei Drittel dezimiert. Mecklenburg und Pommernland sind abgebrannt.

Im *Frieden von Osnabrück*, der „schwedischen Hälfte" des Westfälischen Friedens, wird der westliche Teil Pommerns samt Rügen und Usedom sowie Wismar den Schweden zugeschlagen. Bis 1815 bleibt der Kern dieses Gebiets unter der Herrschaft der Drei Kronen und wird in die kriegerischen Auseinandersetzungen der neuen Großmacht an der Ostsee hineingezogen, so im Schwedisch-Polnischen (1654–1660) und im Schwedisch-Brandenburgischen Krieg (1675–1679).

18. Jh.

Einen Erbfolgestreit in Mecklenburg beendet 1701 der *Hamburger Vergleich*, der die **Dritte Hauptlandesteilung** fixiert: Wieder gibt es zwei Mecklenburgs: Mecklenburg-Schwerin und Mecklenburg-Strelitz. Diese Zweiteilung Mecklenburgs samt ihrer fürstlichen Dynastien sollte auch über die deutsche Reichseinigung bis 1918 bestehen bleiben.

Im **Großen Nordischen Krieg** (1700–1721) erleidet der schwedische König *Karl XII.*, der „letzte Ritter Europas", 1709 eine schwere Niederlage. 1711 marschieren alliierte Truppen (Sachsen, Russen und Polen) in Vorpommern ein. Mit der legendären Rückkehr des Schwedenkönigs aus dem türkischen Exil 1714 – für den Ritt aus der Türkei bis nach Stralsund benötigt er keine 14 Tage – flammen die Kampfhandlungen wieder auf. Daraufhin besetzt Preußen 1715 Usedom. Mit dem Friedensvertrag von Stockholm (1720) wird Usedom Preußen zugesprochen, während die Gebiete im nördlichen Vorpommern, darunter die Insel Rügen, die Hansestadt Stralsund sowie Wismar, bei Schweden verbleiben.

1763 hebt *Friedrich II.* in Preußen die Leibeigenschaft auf, in Schwedisch-Pommern wird sie noch bis 1806 bestehen bleiben.

19. Jh.   Nach der Niederlage Preußens bei der Doppelschlacht von Jena und Auerstedt 1806 im 4. Koalitionskrieg werden nicht nur die preußischen Gebiete, sondern auch Mecklenburg, das schwedische Wismar und Schwedisch-Pommern von napoleonischen Truppen besetzt.

Nach dem Zusammenbruch des napoleonischen Reiches wird auf dem **Wiener Kongress** die Karte Europas neu gezeichnet, für die Ostseeküste heißt das: Schwedisch-Pommern (und damit Rügen) geht an Preußen, Wismar an Mecklenburg.

Land unter 1872

Am 12./13. November 1872 erlebte die deutsche Ostseeküste ein unvergleichliches Sturmhochwasser. Keine Schlechtwetter-Chronik wusste bis dato von einer ähnlichen Katastrophe an der Küste zu berichten. Der Wasserstand lag zeitweilig bis zu knapp 3 m über NN, während gleichzeitig ein Orkan die Küste entlang zog. Bereits bei 1,50 m über NN spricht man von einem Sturmhochwasser, kürzer und geläufiger: von einer Sturmflut. Sie entsteht in der Ostsee aufgrund einer seltenen Wetterkonstellation: Bei anhaltend starken (Nord-)West-Winden werden Wassermassen in den östlichen Teil der Ostsee gedrückt, gleichzeitig fließt Wasser durch den Skagerrak aus der Nordsee nach. Wenn dann der Wind umschlägt, aus Nordost bläst und sich zu Orkanstärke aufbaut, drängen die Wassermassen mit hoher Geschwindigkeit zurück an die westliche Ostseeküste, ohne dass das Wasser durch die Meerenge zwischen Ost- und Nordsee abfließen kann.

Was 1872 der Orkan nicht niederriss, erledigte schließlich das Wasser. Die Inseln Hiddensee und Usedom wurden praktisch entzweigerissen, der Darß vom Festland abgetrennt. Neuendorf und Vitte auf Hiddensee wurden komplett überflutet, die Lehmhäuser fielen in sich zusammen, die meisten Fischerboote wurden zerstört. Auf Usedom versank das an der engsten Stelle der Insel gelegene Fischerdorf Damerow in den Fluten. Auch auf Fischland-Darß-Zingst drängten die Wassermassen in die Fischerdörfer. Entlang der gesamten Ostseeküste ließen Menschen und Vieh ihr Leben in den Fluten, Deiche brachen, Fischerkaten fielen in sich zusammen, Boote und Schiffe wurden an den Strand geworfen und zerstört.

Langsam beginnt sich der Badetourismus durchzusetzen, anfangs noch als adlige **Kur**, später als bürgerliches Vergnügen: bereits Ende des 18. Jh. in Heiligendamm, ab 1824 auf Usedom, dann in den 1840ern in Putbus und bald darauf in Binz. Auch die Industrialisierung erreicht die Ostseeküste – sichtbar v. a. an den Dampfschiffflotten, die in den Werften der Hafenstädte gebaut werden, und an der Eisenbahn, die einerseits dem Schiffsbau, andererseits dem wachsenden Tourismus von Nutzen ist.

20. Jh.   Der **Erste Weltkrieg** hemmt den Tourismus nur kurz. In den „goldenen Zwanzigern" blühen auch die Urlaubszentren an der Ostseeküste, Hiddensee wird zum beliebten Künstler-Domizil.

Unter den **Nationalsozialisten** soll auf Prora (Rügen) ein gigantisches Urlaubszentrum entstehen, während in Peenemünde (Usedom) die berühmt-berüchtigten V1- und V2-Raketen produziert werden – unter Beteiligung zahlloser Zwangsarbeiter, die unter menschenunwürdigen Bedingungen ihr Werk verrichten müssen (→ S. 297). Auch in Wismar und Rostock siedelt sich Rüstungsindustrie an, was die Städte zu Zielen alliierter Bomberstaffeln macht. Weite Teile der alten Hansestädte werden zerstört.

Nach dem Zusammenbruch des Dritten Reiches besetzen sowjetische Truppen das Land, es kommt zu Plünderungen und Vergewaltigungen. Die Einwohnerzahl des heutigen Mecklenburg-Vorpommerns steigt bis Ende 1945 durch fast eine Million Flüchtlinge und Vertriebene stark an. Das Kriegsgefangenenlager Fünfeichen bei Neubrandenburg wird 1945–1948 als sowjetisches „Speziallager Nr. 9" geführt, in dem neben den 2000 Kriegsgefangenen vor Mai 1945 nach Kriegsende etwa 5000 politische Gefangene ums Leben kommen.

Aus Mecklenburg und dem bei der noch zu gründenden **DDR** verbliebenen Rest Pommerns entsteht das Land Mecklenburg-Vorpommern, das 1952 in die Bezirke Schwerin, Rostock und Neubrandenburg eingeteilt wird. Die landwirtschaftliche Produktion wird kollektiviert (sog. Bodenreform im September 1945), die Industrie demontiert. Neue Industrie entsteht vor allem im Schiffsbau – die Warnow-Werft wird der größte Betrieb Mecklenburg-Vorpommerns, 1960 wird der Rostocker Überseehafen in Betrieb genommen. 1953 enteignet die DDR im Zuge der sog. *Aktion Rose* Hotel- und Pensionsbesitzer an der Ostseeküste und verstaatlicht die Urlaubseinrichtungen, vielen ehemaligen Eigentümern wird als vermeintlichen Wirtschaftsverbrechern der Prozess gemacht.

In den 1960er-Jahren wandelt sich der noch immer agrarisch geprägte Norden der DDR zu einem industriellen und agrar-industriellen Gebiet, es entstehen riesige Produktionsbetriebe. Nach Schließung der innerdeutschen Grenze 1961 wird die rund 600 km lange Ostseeküste nicht nur zum beliebten Urlaubsziel, sondern auch zur scharf bewachten Grenze mit einer 5 km breiten Sperrzone. 1974 wird das Kernkraftwerk Greifswald-Lubmin in Betrieb genommen. In den 1970er-Jahren entstehen die großen Plattenbauviertel der Bezirksstädte Schwerin, Rostock und Neubrandenburg.

In den 1980er-Jahren formiert sich aus der Friedens- und der Umweltbewegung Widerstand gegen die Staatsgewalt. So veranstaltet der

Pfarrer Markus Meckel (gemeinsam mit Martin Gutzeit und Heiko Lietz) 1982 in seiner Gemeinde Vipperow/Müritz ein erstes „Mobiles Friedensseminar"; Jahre später, am 7. Oktober 1989, gehört er zu den Gründungsmitgliedern der SPD in der DDR. Am 16. Oktober 1989 findet die erste Montagsdemonstration im Norden der DDR in Waren an der Müritz statt, am 18. Oktober folgen Neubrandenburg und Greifswald, einen Tag später treffen sich in Rostock 10.000 Menschen zu einer Großdemonstration. Zusammen mit dem Rückenwind aus Moskau führen die Demonstrationen den Fall der Mauer am 9. November 1989 herbei.

Am 18. März 1990 erfolgt im Zuge des Zusammenbruchs der DDR die erste freie Wahl. Mit der **Wiedervereinigung** wird das Bundesland Mecklenburg-Vorpommern gegründet, Regierungssitz ist nicht Rostock, sondern Schwerin.

21. Jh. Der Tourismus in Mecklenburg-Vorpommern boomt auch im 21. Jh. unverändert weiter. Die Zahl der Gästebetten hat sich seit Anfang der 1990er mehr als verdreifacht, mindestens jeder sechste Erwerbstätige ist im Tourismus beschäftigt – das Geschäft mit den Gästen ist ein enorm wichtiger Wirtschaftsfaktor im ganzen Land, allen voran an der Küste.

Über Jahre wird Mecklenburg-Vorpommern von einer rot-roten Koalition regiert, ab 2006 dann von einer großen Koalition aus SPD und CDU, was sich 2011 und 2016 bestätigt. Dabei beschert die 2016er-Wahl den Regierungsparteien große Verluste, die CDU fällt sogar hinter die AfD zurück, die bei 20,8 % der abgegebenen Stimmen landet. Nach dem krankheitsbedingten Rückzug von Erwin Sellering (SPD) im Sommer 2017 wurde Manuela Schwesig (SPD) Mecklenburg-Vorpommerns erste Ministerpräsidentin.

Der Filmpalast beherbergt heute ein DDR-Museum – in Malchow

Ein architektonisches Kleinod: das Taubenhaus im Blücherhof

Architektur

Die im wahrsten Sinne des Wortes überragende Bauform in Mecklenburg-Vorpommern ist die der Norddeutschen Backsteingotik. Charakteristisch für die Ostseebäder ist die verspielte Bäderarchitektur. Zahlreiche Schlösser und Herrenhäuser aus unterschiedlichen Epochen sind über das Land verstreut, die großen Residenzstädte sind Schwerin, Güstrow, Ludwigslust und Neustrelitz.

Im Zuge der Blütezeit der Hanse entstanden auch in den Städten des Küstenhinterlands und mithin in weiten Teilen Mecklenburgs prächtige Gebäude als Ausdruck kaufmännischen Selbstbewusstseins. Allen voran waren das natürlich Kirchen, aber auch Kaufmannshäuser und mittelalterliche städtische Wehrbauten (zur Norddeutschen Backsteingotik, → S. 42). Die gotischen Giebelhäuser prägen die **städtische Architektur** bis heute. Da diese im Laufe der Jahrhunderte umgestaltet und modernisiert wurden, bieten die Fassaden entlang der Straßen oft einen kleinen Überblick über die Architekturgeschichte. Das vielfältigste Stadtbild findet man in Wismar, hier stehen ursprünglich gotische, farbig barocke und klassizistisch strenge Stufengiebel nebeneinander. Wismar ist auch ein passendes Beispiel für nichtgotische städtische Architektur, vor allem dank des aufwendig gestalteten Fürstenhofs oder der *Wasserkunst*, beides Repräsentativbauten aus der Renaissance. Repräsentativ sind auch die beiden verbliebenen gotischen Rathäuser in Stralsund und Rostock. Während Ersteres mit seiner prächtigen Schaufassade ein Highlight der Backsteingotik darstellt, wurde Letzterem ein von Säulen getragener barocker Vorbau vorgesetzt, über den die gotischen Giebel noch hinausragen.

Auch von einer einst regen mittelalterlichen **Klosterkultur** hat einiges die Jahrhunderte überdauert, allen voran die teilweise noch erhaltenen Klosteranlagen von *Bad Doberan* mit dem prächtigen Münster, *Dobbertin* und *Neukloster* oder das später zum Schloss säkularisierte Kloster *Dargun*. Die berühmteste Klosterruine Deutschlands liegt in der Nähe von Greifswald: *Eldena*, nachhaltig in Szene gesetzt durch den Maler *Caspar David Friedrich*. Für den städtischen Bereich zu erwähnen sind das *Johanniskloster* und das *Katharinenkloster* in Stralsund sowie das *Kloster zum Heiligen Kreuz* in Rostock, die allesamt heute sehenswerte Museen beherbergen. Dabei ist die Norddeutsche Backsteingotik keineswegs eine rein urbane oder klösterliche Erscheinungsform, auch in den Kirchen kleiner Dörfer finden sich immer wieder derartige Zeugnisse.

Eine Sonderstellung nimmt die herrliche Landeshauptstadt *Schwerin* ein. Hier erhebt sich mit dem Dom ein herausragendes Beispiel der Norddeutschen Backsteingotik. Das Bild der Stadt ist aber vor allem durch die Umgestaltung zu einer repräsentativen **Residenzstadt** in der ersten Hälfte des 19. Jh. geprägt. Verantwortlich dafür war der Architekt *Georg Adolph Demmler*, dessen Meisterstück, das von Wasser umgebene prächtige Schweriner Schloss (im Kern ein Renaissancebau), bis heute Glanzpunkte setzt. Außergewöhnlich und sehenswert ist auch die Residenzstadt *Neustrelitz*, obschon ihr das repräsentative Schloss abhandengekommen ist. Die Residenz der Herzöge von Mecklenburg-Strelitz ist eine nach der Landesteilung 1701 entstandene barocke Planstadt, die weitgehend auf die Pläne des Architekten *Christian Julius Löwe* zurückgeht, mit vornehmlich klassizistischer Ausarbeitung, für die der Schinkel-Schüler *Friedrich Wilhelm Buttel* verantwortlich zeichnete. Eine bemerkenswerte barocke Planstadt mit prächtigem Schloss und einem der schönsten Landschaftsparks der Republik findet sich in *Ludwigslust*. Die vierte Residenzstadt schließlich ist die Barlachstadt *Güstrow* mit ihrem wuchtigen Renaissanceschloss.

Schwerins Märchenschloss

Abseits der Städte ist eine bemerkenswerte Vielzahl von **Schlössern** und **Herrenhäusern** erhalten geblieben. Sie stammen aus den unterschiedlichsten Epochen, von der Renaissance im 16. Jh. bis zur Neo-Renaissance Ende des 19. Jh. und vereinen oftmals ein Sammelsurium an architektonischen Stilen. Viele Schlösser beherbergen heute meist schicke Hotels. Zu den schönsten Schlosshotels gehören in der

Gebrannte Pracht: die Norddeutsche Backsteingotik

Die Stil prägenden Elemente der Norddeutschen Backsteingotik erklären sich bereits aus dem Namen. Im Windschatten des rasanten Aufstiegs der Hanse im 13. und 14. Jh. erblühte vor allem in den deutschen Ostseehäfen die Bautätigkeit, denn das erstarkte Bürgertum wollte sich mit repräsentativen Gebäuden schmücken. In Ermangelung von natürlichem Baumaterial wie Sandstein musste aber notgedrungen auf „gebrannten Stein" zurückgegriffen werden. Genau genommen handelt es sich um Tonerde, die bei gut 1000 °C in handlicher Form gebrannt wurde und dabei auch ihre charakteristische rote Farbe erhielt. Statt aber den Mangel an Naturstein hinter dicker Tünche zu verbergen (wie z. B. in Teilen des süddeutschen Raums), erzielte man dank der Gleichförmigkeit der gebrannten Steine und durch den Kontrast mit den hellen Fugen streng strukturierte Flächen und Fassaden. Gleichzeitig ließen sich die Gemäuer durch die einfache Formbarkeit des Backsteins mit Friesen, Blenden, Giebeln und anderen Schmuckelementen aufwendig verzieren.

Trotz des Zierrats beeindrucken die Bauten vor allem durch erhabene, geradlinige Schlichtheit und karge Eleganz. Als prachtvollster Ausdruck bürgerlichen Selbstbewusstseins entstanden die großen Kirchen der Hansestädte – die Ratsherren Wismars beispielsweise fühlten sich im Laufe des 14. Jh. derart kraftvoll, dass sie meinten, der Stadthaushalt könne gleich drei Großbaustellen stemmen. Aber auch nichtsakrale Bauten spiegelten den Stolz der Bürger, ob in der prunkvollen Gestaltung eines Kaufmannshauses oder der des Rathauses. Schönste Beispiele sind das Rathaus in Stralsund mit seiner prächtigen Schaufassade, das direkt gegenüberliegende Wulflamhaus, der Alte Schwede in Wismar, das Kerkhoff-Haus in Rostock oder das Haus mit der Nummer 11 in Greifswald – die Liste ließe sich beliebig fortsetzen.

Im Kirchbau war das gotische Maß aller Dinge Lübeck, das seine Inspiration wiederum aus den französischen Kathedralen schöpfte. Die Baugeschichte der meisten älteren Gotteshäuser folgte dem gleichen Schema: War ein romanischer, meist basilikaler Vorgängerbau vorhanden, wurde dieser Mitte des 13. Jh. entweder ersetzt oder zu einer gotischen Hallenkirche umgebaut. Eine Hallenkirche zeichnet im Gegensatz zu einer Basilika aus, dass die Seitenschiffe auf die gleiche Höhe gebracht wurden wie das Mittelschiff, sodass der Innenraum zu einer nur von den Pfeilern strukturierten großen Halle wurde. Mit dem (erneuten) Umbau der Hallenkirche wurde in manchen Fällen, wie bei St. Nikolai in Stralsund, kurz nach der Fertigstellung begonnen. Die Erweiterung umfasste meist den Neu- oder Umbau des Chores, oft mit umlaufendem Kapellenkranz, vor allem aber die Aufstockung des Langhauses, wodurch erneut eine basilikale Bauform hergestellt wurde. Ziel war eine – im wahrsten Sinne des Wortes – erhebende Raumwirkung, der Kirchenbesucher sollte meinen, ins „himmlische Jerusalem" einzutreten. Die Raumwirkung entsteht dabei nicht nur durch die Höhe des Mittelschiffs, das dank der über die Seitenschiffe hinausragenden Obergadenfenster von Licht durchflutet wird, sondern vielmehr durch das Verhältnis von Höhe zu Breite. So hat die Lübecker Marienkirche zwar mit 38 m das höchste Mittelschiff, da dessen Breite aber über 14 m beträgt, ist das Verhältnis „nur" 1:2,6. Bei späteren Bauten wird die Proportion immer steiler und die Raumwirkung damit gewaltiger. Wismars Nikolaikirche erreicht z. B. ein Verhältnis von 1:3,5 – bei einer Breite von gerade einmal 10,5 m schließt das Gewölbe auf einer Höhe von 37 m ab.

Mecklenburgischen Schweiz das malerische Schloss *Ulrichshusen*, die klassizistische *Burg Schlitz* und das dreiflügelige Schloss *Schorssow*, des Weiteren das Schloss *Kaarz* mit einem herrlichen Park, das neobarocke Herrenhaus *Basthorst* und das klassizistische Gutshaus *Karow*; an der Müritz liegen das die französische Renaissance imitierende Schloss *Klink*, das Gutshaus *Ludorf* aus dem späten 17. Jh. und das idyllische Gutshaus *Woldzegarten* sowie Richtung Neubrandenburg das neobarocke Schloss *Groß Plasten* und das verspielt tudorgotische Schloss *Kittendorf*. Auf der Insel Rügen sind vor allem die Schlösser *Ralswiek* aus dem 19. Jh. und *Spyker* aus schwedischer Zeit erwähnenswert sowie das *Herrenhaus Bohlendorf* auf der Halbinsel Wittow. Auf Usedom befindet sich das schöne Renaissance-Wasserschloss *Mellenthin* und im Peenetal das noble *Gutshaus Stolpe*. Keine Hotels, aber unbedingt einen Besuch wert sind das vielgestaltige Schloss *Basedow* in der Mecklenburgischen Schweiz, das Schloss *Hohenzieritz* am Tollensesee, Sterbeort der Königin Luise und heute Sitz des Nationalparkamtes, das Jagdschloss *Gelbensande* in der Rostocker Heide und auf Rügen das Jagdschloss *Granitz*, dem *Karl Friedrich Schinkel* den Panoramaturm in die Mitte stellte.

Rund um die Schlösser wurde in fast allen Fällen eine weitflächigere Architektur geschaffen: Parks und Gärten als **Landschaftsarchitektur**. Auch der große *Peter Joseph Lenné*, das preußische Genie der Gartenanlage, wirkte in Mecklenburg. Unter anderem war er an dem fantastischen Landschaftspark in Ludwigslust sowie dem schönen Park des Schlosses Basedow maßgeblich beteiligt. Bemerkenswert ist des Weiteren der große Landschaftspark der Burg Schlitz mit seinen vielen Denkmälern. Einen sehr gepflegten und einer Landeshauptstadt angemessenen Park hat Schwerin mit seinem barocken Schlossgarten. Kein Schloss mehr, aber ein sehr schöner Schlossgarten mit zahlreichen Denkmälern findet sich mitten in Neustrelitz, an dessen Gestaltung auch Lenné mitgewirkt hatte. Nicht nur für Biologen einen Besuch wert sind die dendrologischen Parkanlagen des Blücherhofes und des Schlosses Kaarz, in denen sich viele verschiedene heimische und exotische Gehölze bewundern lassen.

Das **Hallenhaus** ist eine bäuerliche Hausform, die von niederdeutschen Siedlern an die Ostseeküste gebracht wurde. Es zeichnet sich vor allem dadurch aus, dass Mensch und Tier, Gerätschaft, Ernte und Vorrat unter einem Dach versammelt waren. Ursprünglich gingen Stall und Wohnstube sogar ohne jede Trennwand ineinander über. Meist aus Lehmfachwerk errichtet, zuweilen mit Backstein ummantelt, fehlte es dem Hallenhaus oft an einem Schornstein. Der von einer offenen Feuerstelle aufsteigende Rauch zog unter das Rohrdach und von dort aus nur zögerlich ab. Diese Häuser nannte man deshalb *Rökerkate* oder auch *Rookhus*. Diese Beispiele ländlicher Architektur stehen konzentriert in den Freilichtmuseen von Klockenhagen in der Rostocker Heide und in Schwerin-Mueß. Ein paar schöne Einzelexemplare finden sich u. a. im Mönchgut (Rügen), so z. B. das *Rookhus* in Göhren oder das *Pfarrwitwenhaus* in Groß Zicker.

Auch ländliche mittelalterliche Militärarchitektur hat sich in Mecklenburg erhalten. Die wehrhaftesten **Burgen** erheben sich in Wesenberg (ursprünglich 13. Jh.), Penzlin (im Kern 16. Jh.) und Burg Stargard. Vor allem Letztere ist bemerkens- und besuchenswert, die alte malerische Burg wurde in Teilen im 13. Jh. errichtet und ist die am nördlichsten gelegene Höhenburg Deutschlands.

Der Begriff **Bäderarchitektur** bezeichnet keine exakt definierbare Stilrichtung oder gar eine architektonische Gattung. Vielmehr besteht das verbindende Element der unter diesem Sammelbegriff gebündelten Gebäude darin, dass der Architekt alle Freiheit hatte, sich diverser Stile und Formelemente zu bedienen. Mit dem Auf-

Wiedererrichtet: Sellins Seebrücke, ein Highlight der Bäderarchitektur

kommen des Badetourismus im 19. Jh. entstanden dabei nicht nur noble Herbergen, die ein anspruchsvolles, v. a. großbürgerlich-städtisches Publikum zufriedenstellen mussten, sondern auch Kurhäuser, Veranstaltungspavillons, später Seebrücken und natürlich Badeanstalten. Was die Bauten der Bäderarchitektur verband, war also vor allem die touristische Nutzung und die ornamentfreudig gestalteten Fassaden. Hinzu kam noch eine besondere architektonische Mode der Zeit: die Vorliebe für Schatten spendende Veranden und Loggien, denn das Sonnenbaden galt es zu meiden, schick oder vielmehr standesgemäß war die noble Blässe. Besonders eindrucksvoll gestalten sich die drei Kaiserbäder auf Usedom und die beiden bedeutendsten Ostseebäder Rügens: Sellin mit seiner nach historischem Vorbild wiedererrichteten Seebrücke und Binz samt prächtiger Strandpromenade.

Sonderfälle an der Grenze zwischen Bäderarchitektur und (sommerfrischer) Residenz bilden *Putbus* auf Rügen und *Bad Doberan/Heiligendamm*. Klassizistischen Gesamtkunstwerken gleich, wurden sie errichtet, um den ersten, vornehmlich adligen Badegästen das angemessene Ambiente zu bieten. Es entstanden quasi auf der grünen Wiese homogene Gebäudeensembles in schneeweißer Pracht.

Die Architektur der DDR – abseits von industriegerechtem Zweckdesign und dem viel gescholtenen Plattenbau – soll nicht unerwähnt bleiben: An dieser Stelle sei besonders auf die formvollendeten Werke des Rügener Bauingenieurs Ulrich Müther hingewiesen, der mit seinen Schalenbauten eine ganz besondere Architektur hervorgebracht hat: u. a. den Teepott in Warnemünde (→ S. 160) und den Rettungsturm in Binz (→ S. 225).

Abschließend seien noch zwei architektonische Highlights aus jüngster Zeit genannt, beide bereichern Stralsunds ohnehin schon prächtiges Stadtbild: die **Zweite Strelasundquerung** und das **Ozeaneum**. Der 2831 m lange Brückenzug über den Strelasund – ein Teil davon 42 m über dem Wasser als Schrägseilbrücke mit markantem, 126 m hohem Pylon – ergänzt den alten Rügendamm zwischen Stralsund und die Insel. Das Ozeaneum ist ein architektonisch gelungener Museumskomplex des Deutschen Meeresmuseums, der sich kontrastreich in die historische Hafenfront der Stadt einpasst.

Baywatch in Bansin

Reisepraktisches von A bis Z

Baden → „Mecklenburg-Vorpommern aktiv" S. 64

Barrierefrei

Das Angebot an barrierefreien Unterkünften, gastronomischen Einrichtungen und Freizeitmöglichkeiten ist sicher ausbaufähig, aber immerhin: Es gibt sie. Wer Unterkunft, Restaurant etc. suchen bzw. buchen möchte, kann es unter folgender Webseite versuchen: www.barrierefrei.m-vp.de. Darüber hinaus helfen natürlich auch die Touristinformationen vor Ort.

Ermäßigungen

In den meisten Museen, bei Veranstaltungen, auf Ausflugsdampfern usw. gelten die üblichen Ermäßigungen für Schüler, Jugendliche, Studenten u. ä. sowie Rentner. In der Regel zahlen diese Gruppen bei Vorlage eines Ausweises die Hälfte des regulären Preises.

Darüber hinaus gibt es einige Ermäßigungspakete: z. B. das *Schwerin Ticket*, die *RostockCard*, das *Müritz-Nationalpark-Ticket*, und die *1000SeenCard*. Erhältlich sind sie bei den Touristinformationen vor Ort, die auch über die gewährten Vergünstigungen und die Preise der einzelnen Karten im Detail Auskunft geben.

Essen und Trinken

Die regionale Küche Mecklenburg-Vorpommerns zeigt sich vielfältig – bei so viel intakter Natur und ertragreicher Landwirtschaft kann man schließlich aus dem Vollen schöpfen, sei es bei Fisch, Fleisch, Getreide, Gemüse oder einfach nur den frischen Kräutern. Was vielerorts bodenständig und recht schlicht daherkommt, wird andernorts mit Raffinesse zubereitet, entsprechend hat man bei der Wahl des Restaurants oft die Qual derselben. Auch die traditionellen Gerichte der „einfachen Leute" erleben hier oft eine Renaissance und erscheinen in verfeinerter Form auf den Speisekarten gehobener Restaurants. Kurzum: Mecklenburg-Vorpommern bietet für jeden Gaumen etwas – für Gourmets wie für Freunde der einfacheren Tafel, und das immer öfter aus ökologischem Anbau, beim nahe gelegenen Biohof gewachsen und auch für Vegetarier zunehmend geeignet.

Im wasserreichsten Land der Republik dominiert natürlich vor allem eins die Speisekarte: **Fisch**. Von Aal bis Zander kommt alles auf den Tisch, was Meer, Bodden, Seen und Flüsse hergeben – ob gebraten, gegrillt, gebacken, frittiert, gedünstet, gekocht, geräuchert oder roh als Saurer Hering. Von den Ostseefischen sind Hering, Dorsch oder Scholle fast überall zu finden, auch Aal wird flächendeckend angeboten, meist geräuchert, gelegentlich aber auch etwas raffinierter in Salbei gebacken. Zu den Besonderheiten an der Mecklenburgischen Seenplatte zählen Maräne und Müritz-Zander, als Delikatesse gelten die heimischen Flusskrebse. Eines der Nationalgerichte Mecklenburg-Vorpommerns ist die *Fischsuppe*, die in regional verschiedenen Varianten überall angeboten wird. Apropos **Suppe**: Fast überall gibt es auch *Soljanka*, eine russische, sauer-scharfe Gemüsesuppe mit Wurst- oder Fischeinlage; die *Mecklenburger Linsensuppe* mit Essig und Zucker ist süß-sauer, ebenso weit verbreitet ist die *Mecklenburgische Kartoffelsuppe* – mit Pflaumen und Speck. Auch das typisch norddeutsche Fastfood, das **Fischbrötchen**, erfreut sich großer Beliebtheit, vor allem an der Küste findet sich fast an jeder Ecke eine Fisch- bzw. Räucherbude für den kleineren Hunger zwischendurch. Übrigens: oft ist das Ostsee-Fastfood vom Feinsten, die diversen Variationen des Fischbrötchens sind in aller Regel frisch und oft auch mit traditionell zubereitetem Räucherfisch belegt.

Sanddorn

In dichten, dornigen Hecken wächst die „Zitrone des Nordens" bevorzugt auf sandigem Boden (wodurch sich auch der Name erklärt), wild oder in Plantagen. Den kleinen, orangefarbenen Früchten werden sagenhafte Wirkungen zugeschrieben: Nicht nur, dass sie weit mehr Vitamin C haben als Zitronen (hinzu kommen die Vitamine E, K und A), sie sollen außerdem den Cholesterinspiegel senken, Entzündungen hemmen usw. Kurz und gut: Wellness von innen, nur der Geschmack ist gewöhnungsbedürftig, da mächtig sauer. Der vor 200 Jahren aus Schweden importierte Sanddorn lässt sich im Übrigen vielfältig verarbeiten: Saft und Marmelade sind gängig, Tee und Likör verbreitet. Destilliert gibt es den Sanddorn auch als Schnaps. Oder man genießt ihn als Heißgetränk zur Erkältungsvorsorge. Schließlich wird sogar ein (zugegebenermaßen eigenwilliger) Wein aus Sanddorn gekeltert.

Auch in Sachen **Fleisch** bietet sich dem Gast eine immense Vielfalt: Neben Rind, Kalb, Schwein und Lamm werden saisonal die unterschiedlichsten Wildgerichte serviert: Hirschgulasch und Rehrücken, Hasenbraten und Entenbrust wie auch Kaninchen und Wildschwein. *Hamburger Schnitzel* entspricht der Wiener Variante, allerdings mit einem Spiegelei obendrauf, *Sauerfleisch* ist lange in saurer Brühe mit Gemüse eingekochtes Schweinefleisch mit Ähnlichkeit zur Sülze, das kalt und üblicherweise mit Bratkartoffeln serviert wird. Die regionale Fleisch-Spezialität

... vor allem auf dem Land

Bei Ritters in der Küche

Mecklenburgischer Rippenbraten

schlechthin ist übrigens der *Mecklenburger Rippenbraten*, ein mit Backobst, Äpfeln und Rosinen gefüllter Schweinebraten, der traditionell mit Kartoffelklößen und Rotkohl serviert wird – er fehlt auf fast keiner Speisekarte; ähnlich zubereitet mit einer Füllung aus Backpflaumen, Äpfeln und Speck wird der *Mecklenburger Gänsebraten* serviert. Weiter östlich kommt der *Pommersche Wickelbraten* auf den Tisch. Gelegentlich ist auch das norddeutsche Traditionsgericht *Himmel und Erde* zu finden (Kartoffel-/Apfelpüree mit gebratenen Zwiebeln und Speck sowie gebratener Blut- und/oder Leberwurst). Eine weitere Spezialität der Region ist *Kloppschinken*, ein in gewürzter Milch marinierter, gebratener Schinken mit süßsaurer Soße. Das typische Gemüse *Grünkohl* kommt mit Braten und Würsten auf den Teller, gängige Beilage sind natürlich überall *Kartoffeln*, die hier auch „Tüften" heißen. Im Herbst werden *Pilze* aus den hiesigen Wäldern serviert.

Bei den **Desserts** macht sich die Einfachheit der Bauernküche Mecklenburg-Vorpommerns durch und durch bemerkbar: *Schwarzbrotpudding* und *Arme Ritter* wurden traditionell aus Brotresten mit Milch, Eiern und Zucker gekocht bzw. gebraten und sind bis heute – neben der ebenfalls sehr norddeutschen *Roten Grütze* – einige der beliebtesten Nachspeisen, die auf kaum einer Speisekarte fehlen.

Auch die gehobene Küche hat in Mecklenburg-Vorpommern Einzug gehalten, vor allem in den Schlossrestaurants und in den noblen Hotels an der Küste wird heute vielfach sehr ambitioniert und auf höchstem Niveau gekocht. Erster Sternekoch Mecklenburgs (und der neuen Bundesländer überhaupt) war *Michael Laumen* mit seinem Restaurant „Ich weiß ein Haus am See" in Krakow am See (→ S. 339), dessen Michelin-Stern seit 1996 bislang jedes Jahr erfolgreich verteidigt wird. Mittlerweile sind sieben weitere Restaurants in

Mecklenburg-Vorpommern mit einem Stern gekrönt worden (Stand Ende 2017): das *Friedrich Franz* im Grand Hotel Heiligendamm (→ S. 142), *Der Butt* in der Yachthafenresidenz Hohe Düne in Warnemünde (→ S. 159), das *Gutshaus Stolpe* an der Peene nahe Anklam (S. 285), das Restaurant *The O'Room* von Tom Wickboldt in Heringsdorf auf Usedom (→ S. 310), die *Ostseelounge* im Strandhotel Fischland in Dierhagen auf dem Fischland (→ S. 170), die Restaurants *freustil* in Binz (→ S. 226) sowie die *Alte Schule* in Fürstenhagen in der Feldberger Seenlandschaft (→ S. 420).

Mit Ausnahme diverser (auch hochprozentiger) Sanddorn-Produkte (→ Kasten „Sanddorn") finden sich keine ostseetypischen **Getränke**. Getrunken wird vor allem Bier. Empfehlenswert ist die *Stralsunder Brauerei*, deren norddeutsch herbes Pils zu Recht vielfach prämiert wurde. Das gilt auch für die *Störtebeker-Reihe* der Brauerei: Schwarzbier, Pils oder Bernstein-Weizen, zusammengefasst unter dem griffigen Slogan *Störtebeker – das Bier der Gerechten*. Gutes Bier kommt aber auch aus den kleineren Gasthof-Brauereien, die in den letzten Jahren den Braubetrieb (wieder) aufgenommen haben (z. B. in Schwerin, Wismar, Kühlungsborn, Rambin/Rügen und Heringsdorf/Usedom; Näheres im Reiseteil). Überall präsent ist das norddeutsch-herbe *Lübzer Pils* aus der gleichnamigen Stadt westlich des Plauer Sees.

In Mecklenburg wird aber nicht nur gebrannt und gebraut, sondern auch gekeltert: Das *Weingut Rattey*, ca. 30 km östlich von Neubrandenburg (→ S. 421), ist das größte Norddeutschlands.

Feste und Veranstaltungen

Das Spektrum reicht von klassischen Festspielen über Segelregatten und Strandfußball-Turniere bis hin zu Hafenfesten, Mittelaltermärkten (sehr atmosphärisch auf Burg Stargard), Kurkonzerten (überall), Schwedenfesten (das berühmteste in Wismar), Shantychortreffen (Zingst) sowie zahllosen Musik-, Kleinkunst- und Kabarettfestivals. Ein Grund zum Feiern findet sich immer: sei er skurril (Pferdefasching), gängig (Osterfeuer), bodenständig (Spargelfest), traditionsbewusst (Tonnenabschlagen), nostalgisch (Wallensteintage) oder fotokünstlerisch(in Zingst). Die Ostseebäder, die eine Seebrücke besitzen, lassen es sich selbstverständlich nicht nehmen, ein Seebrückenfest zu feiern. Hinzu kommen meist noch Frühlings-, Sommer- und/oder Herbstfeste, gänzlich Unerschrockene treffen sich schon an Neujahr zum „Anbaden" – richtig, in der Ostsee. Detaillierte Infos zu regionalen Veranstaltungshighlights finden Sie in den jeweiligen Ortskapiteln.

Eines der Top-Events ist sicherlich die **Hanse Sail** in Rostock, Anfang August treffen sich Windjammer und Schoner, Traditionssegler und Museumsschiffe zum größten maritimen Fest an der Ostseeküste (www.hansesail.com).

Auch die **Festspiele Mecklenburg-Vorpommern** sind ein Ereignis von internationalem Rang (www.festspiele-mv.de). Über 100 Konzerte namhafter Künstler, Chöre und Orchester finden an ausgewählten, zumeist malerischen und teils abgelegenen Spielorten in Mecklenburg-Vorpommern statt. Die Saison läuft üblicherweise von Juni bis Mitte September (vereinzelt auch Konzerte außerhalb dieser Zeitspanne).

Fünf Tage Ende Juni treffen sich bis zu 70.000 Menschen beim **Fusion Festival** auf dem ehemaligen Militärflughafen Rechlin-Lärz (Seenplatte nahe Müritz) zum gemeinsamen Feiern – von Techno bis Ethno (www.fusion-festival.de). Ein wenig kleiner ist das **3000 Grad Festival**, Mitte August (Fr–So) auf dem Gelände der Kiesgrube am Ortsrand von Feldberg: etwa 4000 Partygäste bei Electro-Dance-Club-World-Reggae-Dub-und-sonstigem (www.3000-festival.de).

Große (Open-Air-)Opern gibt es von Ende Juni bis Anfang August auch in *Schwerin* bei den **Schlossfestspielen** im Alten Garten. Für die Schlossfestspiele zeichnet das *Mecklenburgische Staatstheater Schwerin* (www.mecklenburgisches-staatstheater.de) verantwortlich, das auch die **Theater**bühne der Hauptstadt mit Leben füllt. Die anderen großen Ensembles sind das *Volkstheater Rostock* (www.volkstheater-rostock.de), das *Theater Vorpommern* (Stralsund, Greifswald und Putbus; www.theater-vorpommern.de) und das *Theater und Orchester Neubrandenburg/Strelitz* (Neubrandenburg und Neustrelitz; www.theater-und-orchester.de).

Ein Highlight des Bühnenjahres: die Schlossfestspiele der Landeshauptstadt

Operettenfreunde treffen sich bei den **Schlossgartenfestspielen** der Residenzstadt *Neustrelitz* (www.theater-und-orchester.de), die Jahr für Jahr im Juli hier im Schlossgarten stattfinden.

Robuster geht es bei den sommerlichen **Open-Air-Theateraufführungen** zu, die sich beim heimischen wie urlaubenden Publikum großer Beliebtheit erfreuen. Allen voran ist da die Mutter aller historisierenden Freiluftspektakel zu nennen: die *Störtebeker-Festspiele* rund um den legendären Freibeuter, die von Ende Juni bis Anfang September in Ralswiek auf Rügen mit dem Großen Jasmunder Bodden als Kulisse über die Bühne gehen (www.stoertebeker.de). Um die sagenhafte versunkene Stadt drehen sich Juli bis Anfang September die *Vineta-Festspiele* in Zinnowitz/Usedom (www.vineta-festspiele.de), und mit der *Müritz-Saga* findet jährlich im Juli und August ein lebhaftes Mantel- und-Degen-Spektakel auf der Naturbühne in Waren an der Müritz statt (www.mueritz-saga.de). In Grevesmühlen kommt von Ende Juni bis Anfang September mit den *Piraten* ein bisschen Karibik nach Mecklenburg (www.piratenopenair.de). Und schließlich heißt es in Anklam Jahr um Jahr im September *Die Peene brennt* (www.peenespektakel.de).

Ein (kleineres) Binnengewässer-Pendant zur Hanse-Sail stellt die Mitte Mai in Waren stattfindende **Müritz-Sail** dar (www.mueritzsail.net), während auf dem Schweriner Pfaffenteich Mitte/Ende August die beliebten **Drachenbootrennen** ausgetragen werden (www.drachenbootfestival.de).

Ein weiteres Highlight der Region ist das **Ostsee-Meeting**, das traditionsreiche Pferderennen auf der Galopprennbahn von Bad Doberan Mitte August (www.galopprennbahn-doberan.de). An gleicher Stelle wird im Sommer (meist Ende Juli) auch die **Zappanale** veranstaltet, ein großes Musikfestival zu Ehren Frank Zappas (www.zappanale.de).

Literaturfreunde finden bei den **Usedomer Literaturtagen** Ende April – oft mit hochkarätiger Besetzung und Podiumsdiskussionen sowie abschließender Preisverleihung – diverse Leseempfehlungen (www.usedomerliteraturtage.de).

Abschließend: In Rostock erfreut sich der größte **Weihnachtsmarkt** in Norddeutschland, der alljährlich ab Ende November stattfindet, besonderer Beliebtheit. Aktuelle Veranstaltungskalender gibt es in den Touristinformationen bzw. Kurverwaltungen der Urlaubsorte (Infos im Reiseteil bei den jeweiligen Orten). Gezielt suchen und sich umfassend informieren kann man auch unter www.mvtermine.de.

Hunde

Für Hundebesitzer ist Mecklenburg-Vorpommern ein ideales Urlaubsziel – an der Ostsee gibt es an beliebten und entsprechend gut besuchten Stränden immer auch Abschnitte, die für Hunde und ihre Halter ausgeschrieben sind. An den Badestellen der Seen trifft man zwar häufiger auf Hundeverbote, an den abseitigen Ufern aber, ob Ostsee, Binnensee oder Boddenküste, stört sich kaum jemand an den Vierbeinern – vor allem in der Nebensaison. In fast allen gastronomischen Betrieben, von der Bierkneipe bis zum Gourmettempel, wird der Hund mit einer Schale Wasser versorgt. Die meisten Hotels, Pensionen, Appartements etc. erlauben Hunde in den Zimmern, in der Regel für einen Aufpreis von 5–15 €/Tag. Wichtig dabei: Der Hund muss bei Buchung unbedingt mit angemeldet werden. Auf Campingplätzen (hier kostet der Hund etwa 2–4 €/Tag) gilt natürlich Leinenzwang. An die Leine müssen Hunde auch in den Nationalparks und in ausgewiesenen Naturschutzgebieten, oftmals auch flächendeckend in einigen Ostseebädern (hier auch teilweise Kurtaxe für den Hund: 1–1,50 €/Tag in der Hochsaison).

Informationen

Die Landeshauptstadt Schwerin, die größeren Städte, die Hansestädte und die Ostseebäder sind in Sachen Touristinformation bestens organisiert. Neben den Info-Broschüren, Gastgeberverzeichnissen und Veranstaltungskalendern werden häufig auch Land- und Postkarten sowie Bücher und Souvenirs zum Verkauf angeboten. Darüber hinaus unterhalten einige Büros eine Zimmervermittlung, einen Ticketverkauf und einen Fahrradverleih und organisieren Stadtführungen und/oder geführte Wanderungen. Schwieriger ist die Lage in den ländlichen Gebieten: Manch kleines Büro liegt sehr versteckt, andere scheinen ihre Öffnungszeiten geheim halten zu wollen. Angaben zu den örtlichen Touristinformationen bei den jeweiligen Ortskapiteln. Außerdem die wichtigsten regionalen Verbände:

www.auf-nach-mv.de: offizielle Seite des Tourismusverbandes Mecklenburg-Vorpommern. Platz der Freundschaft 1, 18059 Rostock, ✆ 0381-4030550.

Tourismuszentrale Rügen, Circus 16, 18581 Putbus, ✆ 03838-80770, www.ruegen.de.

Usedom Tourismus GmbH, Hauptstr. 42, 17459 Koserow, ✆ 038375-244244, www.usedom.de.

Tourismusverband Fischland-Darß-Zingst, Barther Str. 31, 18314 Löbnitz, ✆ 038324-6400, www.fischland-darss-zingst.de.

Tourismusverband Mecklenburgische Seenplatte, Turnplatz 2, 17207 Röbel/Müritz, ✆ 039931-5380, www.mecklenburgische-seenplatte.de.

Tourismusverband Mecklenburgische Schweiz, c/o Tourismusverband Mecklenburgische Seenplatte, Turnplatz 2, 17207 Röbel/Müritz, ✆ 039931-5380, www.mecklenburgische-schweiz.com.

Müritz Nationalpark – Nationalparkamt, Schlossplatz 3, 17237 Hohenzieritz, ✆ 039824-2520, www.mueritz-nationalpark.de.

Nationalpark Vorpommersche Boddenlandschaft, Im Forst 5, 18375 Born, ✆ 038234-5020, www.nationalpark-vorpommersche-boddenlandschaft.de.

Nationalpark Jasmund, Stubbenkammer 2a, 18546 Sassnitz, ✆ 038392-3501122, www.nationalpark-jasmund.de.

Kartenstudium vor der nächsten Etappe

Karten

Man hat die Wahl aus gleich mehreren Reihen hochwertiger Wander- und Fahrrad-karten, die meisten im Maßstab 1:50.000 oder 1:25.000 – das Angebot deckt auch kleinste Gebiete ab. Dazu kommen noch diverse Wasserwanderkarten. Wir empfehlen die Publikationen aus dem in Waren an der Müritz ansässigen Klemmer Verlag (www.klemmer-verlag.de).

Wer das gesamte Gebiet im Blick haben will, dem sei die Auto- und Freizeitkarte *Mecklenburg-Vorpommern* (Blatt 13, 1:200.000) von Freytag & Berndt empfohlen.

Kinder

Mecklenburg-Vorpommern ist wie geschaffen für einen Urlaub mit Kindern in jedem Alter, bei schönem Wetter am Strand oder an der Seenplatte und mit entsprechend kindgerechter Animation sowieso. Doch auch abseits von Sandburg, Eisdiele und Trampolinspringen am Meer oder Kanutour in der Wildnis ist das Angebot riesig. Im Folgenden ein paar Anregungen:

Tiere: Neben den obligatorischen Zoos und Tierparks – Schwerin, Wismar, Rostock, Stralsund, Wolgast – lohnt unbedingt ein Ausflug ins Ozeaneum in Stralsund: Fischschwärme im Riesenbecken und die großzügige Pinguinanlage auf dem Dach, dazu die Kinder-Erlebnisausstellung Kindermeer. In Warnemünde können angehende Meeresbiologen den Seehunden beim Training zusehen. Die etwas größeren Vertreter der ursprünglichen heimischen Fauna kann man in Usedoms Süden beobachten: Wisente hautnah. An der Mecklenburgischen Seenplatte warten der Bärenwald am Plauer See und der Naturpark Güstrow, zwischen Seen und Meer ist der Vogelpark Marlow bei Bad Sülze ein echter Familienmagnet (nicht nur Vögel – auch Känguruhs, Alpakas, Erdmännchen u. a.).

Anschauen: Im nachgebauten Steinzeitdorf in Kussow im Klützer Winkel und im Freilichtmuseum Klockenhagen bei Graal-Müritz oder im Freilichtmuseum Mueß bei Schwerin alte Welten bestaunen; in Warnemünde, am Darßer Ort, am Kap Arkona (Rügen) oder auf Hiddensee auf den Leuchtturm steigen oder doch mal ins Museum, z. B. ins Schiffbau- und Schifffahrtsmuseum in Rostock. In Sassnitz (Rügen) und in Peenemünde (Usedom) können echte U-Boote erkundet werden. Von den unzähligen neueren Kinder-Attraktionen, die in den letzten Jahren vor allem auf den Inseln wie Pilze aus dem Boden geschossen sind, sollen hier nur die beiden „Häuser auf dem Kopf" (in Putbus/Rügen und Trassenheide/Usedom) sowie die Miniaturwelt bei Bergen/Rügen exemplarisch genannt werden. In Zingst gibt es an der Seebrücke eine Tauchgondel, hier kann es aber bei nicht ganz ruhiger See zu eher trüben Aussichten kommen – man sollte also nicht zuviel erwarten.

Fortbewegen: An der Ostsee gibt es gleich drei alte Eisenbahnen: der Kaffeebrenner im Klützer Winkel, der Molli in Bad Doberan und der Rasende Roland auf Rügen. Noch langsamer, aber auch leiser ist eine Kremserfahrt mit zwei Pferdestärken von Prerow zum Darßer Ort oder auf der Insel Hiddensee. Ein besonderes Erlebnis bietet auch die Fahrt mit einem alten Zeesenboot auf dem Bodden. In der Seenplatte bewegt man sich mit eigener Muskelkraft: Gleich drei stillgelegte Bahnstrecken werden heute als Draisinenstrecken genutzt: bei Damerow, bei Waren und bei Dargun. Ebenfalls mit Muskelkraft (und oft auch -kater) ist man im Kanu/Kajak auf den unzähligen Gewässern der Seenplatte oder auf der Peene unterwegs, die Möglichkeiten reichen vom gemütlichen zweistündigen Ausflug bis zur Mehrtagestour mit Biwakieren am Wasserwanderrastplatz.

Sportlich: Spaßbäder gibt es in Wismar, Ribnitz-Damgarten, Stralsund, Zinnowitz und Ahlbeck auf Usedom; an der Seenplatte springt man natürlich in den See. Darüber hinaus warten im ganzen Land Kletterwälder auf Mutige: u. a. in Schwerin, Kühlungsborn, Born u. Darß, Prora/Rügen und Pudagla/Usedom. Auf der Swingolfanlage bei Redewisch/Klützer Winkel können auch Kinder golfen. Über 30 Reiterhöfe gibt es in Mecklenburg-Vorpommern, die Bandbreite reicht vom Ponyhof für erste Erfahrungen über Wanderreiten bis hin zur Dressurausbildung. Einen Überblick bietet: www.auf-nach-mv.de/reiten.

Lehrreich: Museen zum Anfassen (und Lernen, vor allem im Fach Physik!) sind das phanTechnikum in Wismar und die Phänomenta in Peenemünde/Usedom. Biologie wird dagegen eher im Müritzeum in Waren anschaulich gemacht, ebenso im Nationalpark-Zentrum Königstuhl auf Rügen. Und natürlich Geschichte: Schlossbesichtigungen in Schwerin, Güstrow oder Ludwigslust sind auch für Kinder (da z. T. auch kindgerecht aufbereitet) interessant.

Nähere Infos zu den genannten Tipps bei den jeweiligen Ortskapiteln.

Klima und Reisezeit

Klima: In kaum einer anderen Gegend in Deutschland scheint die Sonne öfter als auf Rügen, Hiddensee und Usedom, im Schnitt über 1800 Stunden im Jahr, Spitzenreiter war zuletzt Zinnowitz auf Usedom mit über 1900 Sonnenstunden im Jahr. Dabei fällt gleichmäßig über das Jahr verteilt relativ wenig Regen. An der Ostseeküste ist die Luftfeuchtigkeit sehr hoch, die zusammen mit dem hohen Salzgehalt der Luft und den stetigen Winden (meist aus West) ein gemäßigtes Reizklima schafft. Auch im Binnenland herrscht ein gemäßigtes Klima, wobei die Sommer aber etwas wärmer, die Winter etwas kälter und die Niederschlagsmengen etwas geringer sind als an der Ostsee. Gleichzeitig nehmen die Niederschläge nach Osten hin ab (Jahresmittel im Westen bis zu 625 mm, im Osten bei unter 575 mm, vereinzelt auch nur 550 mm), da Mecklenburg-Vorpommern an der Grenze von westlich-ozeanischen und östlich-kontinentalen Einflüssen liegt. So ist die Region vergleichsweise regenarm, ein beträchtlicher Teil der Niederschläge geht dank der zahlreichen Seen, Moore und Sölle in Form von Tau nieder. Die durchschnittliche Tageshöchsttemperatur beträgt im Sommer über 20 °C, Temperaturen über 30 °C sind aber keine Seltenheit. Im Winter liegt die mittlere Temperatur (Tag und Nacht) knapp unter dem Gefrierpunkt. Die Ostsee ist im Sommer im Schnitt 18 °C warm, an geschützten, flachen Buchten auch bis 20 °C und in den Bodden bis 22 °C. Die Wassertemperatur der Seen ist natürlich von Größe und Tiefe der Gewässer abhängig, wärmer als die Ostsee sind die Seen aber allemal. Zum meernahen Klima gehört natürlich auch der plötzliche Wetterwechsel, der am Morgen verhangene Himmel kann mittags strahlend blau sein (leider auch umgekehrt). Verantwortlich dafür sind die oft launischen Ostseewinde.

Reisezeit: Mecklenburg-Vorpommern ist zu jeder Jahreszeit eine Reise wert. Auf den Inseln wird es im Frühling etwas langsamer warm als auf dem Festland und mit der ersten Blüte schwankt das Wetter zwischen Frühjahrsstürmen und milden Tagen. Hauptsaison ist natürlich die Badezeit und damit der Sommer. Im Herbst fallen mit den Temperaturen auch die Zimmerpreise, die ideale Reisezeit für teils stürmische Spaziergänge. Besonders schön präsentieren sich die Alleen und Buchenwälder, wenn sich das Laub verfärbt. Im Winter wird es ruhiger, einige Hotels haben geschlossen, die wenigen Urlauber suchen die Wellnessangebote auf – oder ihre Ruhe. Aber Achtung: Zwischen Weihnachten und der ersten Januarwoche kehrt die Hauptsaison (inklusive Andrang und Preissteigerung) zurück. Abschließend noch eine griffige Bauernregel, die vor allem Badeurlauber interessieren wird: Schaltjahr ist Kaltjahr – selbstverständlich ohne Gewähr …

Kurtaxe

Die Erhebung der Kurtaxe ist Sache der Städte und Gemeinden, die offiziell als Ostsee(heil-)bad ausgezeichnet sind oder als Kur- oder Erholungsorte gelten, wie fast alle größeren Orte entlang der Ostseeküste sowie z. B. Plau am See, Krakow am See oder Feldberg. Deswegen fällt der pro Tag zu entrichtende Betrag von Ort zu Ort unterschiedlich aus (z. B. Erwachsene in der Hochsaison 1,50–2,80 €/Tag). Oftmals schließt die Kurkarte einige Angebote ein: ermäßigter Eintritt zu Museen, freie Fahrt mit dem Stadtbähnchen oder aber eine kostenlose Ortsführung. Normalerweise kassiert der Vermieter den Betrag und gibt ihn dann an die Gemeinde weiter. An manchen Orten müssen Externe (also alle Gäste, die nicht am Ort wohnen) sich eine Tageskurkarte kaufen. Am Zugang zum Strand sind dann Automaten aufgestellt, an dem man das Tagesticket ziehen muss.

Literaturtipps

Allgemeines Lexikon Mecklenburg-Vorpommern, Rostock 2007 (Hinstorff). *Das Nachschlagewerk* zu Mecklenburg Vorpommern, 1483 Stichworte kenntnisreich und prägnant über 764 Seiten verteilt, wird dem Anspruch, ein umfassendes Lexikon zu sein, gerecht.

Pfotenhauer, Angela (Text); *Lixenfeld, Elmar* (Fotos): **Backsteingotik**. Bonn 2005 (Monumente Edition). Informative, vorzüglich bebilderte und großformatige Publikation der Deutschen Stiftung Denkmalschutz.

Kiesow, Gottfried: **Wege zur Backsteingotik. Eine Einführung**. Bonn 2011 (Monumen-

In sich ruhende Literaturgewalt: Fritz Reuter vor seinem Museum (Stavenhagen)

te Edition). Ein Muss für jeden, der sich in die Materie einarbeiten will, kenntnisreich, hochinformativ und gut lesbar. Noch umfangreicher und vom gleichen Autor (mit Thomas Grundner): **Backsteingotik in Mecklenburg-Vorpommern**, Rostock 2004 (Hinstorff).

Schmied, Hartmut: **Mecklenburg-Vorpommern**. Freiburg 2001 (Eulen). Aus der Reihe *Die schwarzen Führer*, Mysteriöses, Historisches, Sagenhaftes. Nur noch antiquarisch erhältlich. Zuletzt auch erschienen unter: *Schmied, Hartmut*: **Geister, Götter, Teufelssteine**. Rostock 2005 (Hinstorff).

Schwerin *Findeisen, Jörg-Peter*: **Kleine Schweriner Stadtgeschichte.** Fundierte Stadtgeschichte des renommierten Historikers. Regensburg 2009 (Verlag Friedrich Pustet).

Krempien, Margot: **Der Schweriner Schloßbaumeister G. A. Demmler. 1804–1886**. Schwerin 1991 (Demmler). Eine Biografie über den Architekten Schwerins, dessen soziales Engagement ihn den Job kostete. Nur noch antiquarisch erhältlich.

Wismar *Borchert, Jürgen*: **Was ich von Wismar weiß: Notizen und Bilder**. Rostock 2000 (Hinstorff). Historische Notizen über die ehrwürdige Hansestadt.

Pfotenhauer, Angela (Text); *Lixenfeld, Elmar* (Fotos): **Wismar und Stralsund**. Bonn

2004 (Monumente Edition). Die informative und hervorragend bebilderte Publikation der Deutschen Stiftung Denkmalschutz erschien anlässlich der Anerkennung der beiden Hansestädte als UNESCO-Welterbe 2002.

Rostock und Warnemünde *Schümann, Matthias* (Text); *Mnich, Reiner* (Fotos): **Kunstwege. Spaziergänge durch Rostock und Warnemünde**. Rostock 2006 (Hinstorff). Schön aufgemachter kleiner Band über die Kunstwerke an den Straßen und Plätzen Rostocks und Warnemündes.

Stralsund *Pfotenhauer, Angela* (Text); *Lixenfeld, Elmar* (Fotos): **Wismar und Stralsund**. Bonn 2004 (Monumente Edition). → oben unter Wismar.

Matuschat, Jörg: **Stralsunder Geschichte von A bis Z**. Stralsund 2004 (Eigenverlag). Vom Alten Markt bis zur Zuckerfabrik, kaum ein Gebäude, eine historische Begebenheit oder bedeutende Persönlichkeit bleibt ausgespart, der Schwerpunkt liegt auf den baulichen Monumenten, gut bebildert und mit zahlreichen Skizzen versehen. Nur noch antiquarisch erhältlich.

Volksdorf, Dietmar u. a.: **Das Scharfrichterhaus von Stralsund. Mit einem Exkurs zur Geschichte des Scharfrichters in Stralsund**. Stralsund 2004 (Schriftenreihe Stralsunder Denkmale, Heft 1). Ein spannendes Stück Architektur- und Sozialgeschichte, informativ und gut geschrieben. Nur noch antiquarisch erhältlich.

Rügen und Hiddensee *Laube, Heinrich*: **Eine Fahrt nach Pommern und der Insel Rügen**. Nebst 20 Abbildungen. Nach einer Ausgabe von 1837 neu herausgegeben, erläutert und mit einem Nachwort versehen von Michael Huesmann. Bremen 2008 (Edition Temmen).

Rellstab, Johann Carl Friedrich: **Ausflucht nach der Insel Rügen durch Meklenburg [sic!] und Pommern. Nebst achtzehn Kupfern und fünf Zeilen Musik**. Nach einer Ausgabe Berlin 1797 neu herausgegeben, erläutert und mit einem Nachwort versehen von Wolfgang Griep. Bremen 2008 (Edition Temmen).

Usedom *Bauer, Hans-Ulrich*: **Badegäste mit Anzug und Weste**, Usedom 2006 (Igel Insel Geschichte). Zwei Bände zur Entwicklung der Seebäder auf Usedom.

Richter, Egon: **Ahlbeck, Heringsdorf, Bansin. Die Usedomer Kaiserbäder**. Schwerin 2005 (Demmler). Schön aufgemacht und hübsch bebildert, auch mit historischen Aufnahmen.

Roscher, Achim: **Otto Niemeyer-Holstein. Lebensbild mit Landschaft und Figuren**. Berlin 2001 (Aufbau). Informative Biografie des Malers und Bildhauers, der über 50 Jahre auf Usedom gelebt und gewirkt hat. Im gleichen Verlag und vom gleichen Autor: **Lüttenort: Geschichten aus dem Leben Otto Niemeyer-Holsteins**, Berlin 2006.

Schleinert, Dirk: **Die Geschichte der Insel Usedom**. Rostock 2005 (Hinstorff). Gelungene und erschöpfende Darstellung.

Güstrow *Barlach, Ernst*: **Ein selbsterzähltes Leben**. München 2008 (Piper). Schön zu lesende Autobiografie (bis Anfang des 20. Jh.) des großen Bildhauers.

Mecklenburgische Seenplatte *Nenz, Cornelia*: **Fritz Reuter. Leben, Werk und Wirkung**. Rostock 2001 (Hinstorff).

Williams, Jenny: **Mehr Leben als eins. Hans Fallada**. Berlin 2011 (Aufbau). Ausführliche Biografie des Schriftstellers.

Hillmann, Carola; *Kettler, Thomas*: **Kanu Kompass Mecklenburg-Vorpommern**. Umfassendes Paddel-Kompendium. Hamburg 2013 (Thomas Kettler Verlag). Vom gleichen Verlag und den gleichen Autoren gibt es spiralgebunden auch den empfehlenswerten Kanu Kompakt-Führer **Mecklenburgische Kleinseen** in zwei Bänden. Kompetent, ausführlich und kurzweilig.

Belletristik *Andersch, Alfred*: **Sansibar oder der letzte Grund**. 2006 (Diogenes).

Johnson, Uwe: **Jahrestage**. Frankfurt/Main 1970–1983 (Suhrkamp).

Kempowski, Walter: **Tadellöser & Wolff**. 1996 (btb).

Meinhold, Wilhelm: **Die Bernsteinhexe**. Berlin o. J. Nur noch antiquarisch erhältlich.

Die Werke von *Fritz Reuter* erscheinen vornehmlich bei Hinstorff, Rostock.

Richter, Hans Werner: **Geschichten aus Bansin**. 2008 (Wagenbach).

Lutz Seiler: **Kruso**. Berlin 2014 (Suhrkamp). Seilers erster Roman gewann sogleich den Deutschen Buchpreis (2015). Schauplatz ist die Insel Hiddensee zur Endzeit der DDR. Unbedingt mitnehmen!

Sport → „Mecklenburg-Vorpommern aktiv" S. 69

Übernachten

Das Angebot ist groß und deckt vom Fünf-Sterne-Hotel im Schloss bis zur einfachen Landpension das gesamte Spektrum ab. Hinzu kommen ungezählte Ferienappartements und Wohnungen, Ferienhäuser, 25 Jugendherbergen und jede Menge Campingplätze. Die größte Dichte an Unterkünften findet sich natürlich an der Küste und auf den Inseln, gefolgt von den größeren Städten (sofern sie nicht ohnehin an der Küste liegen) und den touristisch gut erschlossenen Gebieten der Mecklenburgischen Seenplatte und der Mecklenburgischen Schweiz. In ländlichen Gebieten ohne besondere touristische Attraktionen ist das Angebot eher dünn.

Hotels und Pensionen: Luxuriöse Herbergen finden sich vielfach in den prachtvollen Bädervillen an der Ostseeküste, in restaurierten Schlössern oder Gutshäusern, alten Mühlen oder sonstigen historischen Gebäuden, die in aller Regel mit viel Liebe zum Detail restauriert wurden. Oft ist es aber auch die idyllische Lage direkt am Strand und/oder inmitten der Natur, die ein besonderes Hotel ausmacht. Eine eigene Wellnessabteilung ist für die meisten Hotels mittlerweile fast schon obligatorisch, hier reicht das Spektrum von der Kellersauna mit kalter Dusche bis hin zum noblen *SPA* über mehrere Tausend Quadratmeter; auch Fahrradverleih und – bei entsprechender Lage – Bootsverleih gehört für viele Häuser dazu. Gehobene Hotels bieten

Eines der vielen Schlosshotels in Mecklenburg-Vorpommern:
Schloss Schorssow in der Mecklenburgischen Schweiz

Sich betten nach Gutsherrenart

Wohl nirgendwo in Deutschland dürfte es so erschwinglich sein, sich als Schlossherr respektive Gutsherr zu fühlen, wie in Mecklenburg-Vorpommern. Insgesamt fast 2000 Schlösser, Burgen und Gutshäuser zählt das Bundesland, knapp 300 der historischen Gemäuer werden heute touristisch genutzt – ein guter Teil davon in der Mecklenburgischen Seenplatte und der Mecklenburgischen Schweiz. Die erstaunliche Schlösser-Dichte hat einen Grund: Vom 16. bis ins 19. Jh. hinein ließen sich viele mecklenburgische und preußische Adelige in dieser malerischen Gegend auf stattlichen Landsitzen nieder und wollten es dabei an Repräsentation nicht fehlen lassen.

Die Bandbreite der Unterkünfte reicht von der eher schlichten – aber günstigen – Ferienwohnung im Gutshof bis zur Turmsuite mit Ahnengalerie im traditionsreichen Schlosshotel. Dabei ist eine Nacht nach Gutsherrenart bei weitem nicht so teuer wie befürchtet, in manchem Schloss kann man schon für um die 120 € pro Nacht unterkommen (für das DZ und inkl. Frühstück). Im Reiseteil dieses Buches beschreiben wir im Detail einige Schlosshotels, Burgen und Gutshäuser/-höfe. So unterschiedlich sie in Ausstattung und Preis auch sind, gemeinsam ist allen die wunderschöne, ruhige Lage, oft in einem Park, mindestens aber von weiten Wiesen und Feldern umgeben.

fast ausnahmslos auch ein Restaurant (nicht selten im gehobenen Gourmet-Bereich angesiedelt) und auch den Mittelklasse-Stadthotels ist oft eine Gaststätte angeschlossen, in den unteren Hotelkategorien meist jedoch nicht, ebenso nicht in Garni-Pensionen.

Die im Buch angegebenen **Übernachtungspreise** gelten pro Zimmer (bzw. pro Appartement/Ferienwohnung) und pro Tag für die **Hochsaison**, in der Regel ist das in etwa der Zeitraum von Juni bis September, Weihnachten/Silvester und Ostern. Außerhalb dieser Zeiten können die Preise bis zu 30 % günstiger sein. Frühzeitige Buchung ist für die Sommerferien sowie Weihnachten/Silvester ratsam!

Ferienwohnungen/Ferienhäuser, Appartements: auch hier ein breites Spektrum vom noblen Domizil in der Strandvilla oder im herrschaftlichen Schlossgemäuer bis hin zum schwedisch inspirierten Holzhaus im Ferienpark. Für die Sommerferien (Schulferien) gilt: möglichst frühzeitig buchen, besonders die größeren Wohnungen und Ferienhäuser für vier bis sechs Personen sind bei Familien mit Kindern sehr beliebt und entsprechend schnell ausgebucht. In der Hochsaison im Sommer ist z. T. nur eine wochenweise Belegung möglich. Zum Mietpreis kommen oft noch Nebenkosten wie Strom/Gas und Wasser oder auch Endreinigung hinzu, Letztere in der Regel um 25–40 €. Hunde sind in vielen Ferienwohnungen und -häusern erlaubt, meist mit festem Wochenpreis für das Tier, manchmal wird auch eine erhöhte Endreinigung veranschlagt.

Jugendherbergen: Von den 25 Jugendherbergen in Mecklenburg-Vorpommern befinden sich zehn auf dem Gebiet der Mecklenburgischen Seenplatte und der Mecklenburgischen Schweiz, der Rest verteilt sich auf die Inseln (drei Jugendherbergen auf Rügen, eine auf Usedom), die Halbinsel Fischland-Darß-Zingst mit zwei Häusern und auf die größeren Städte wie Schwerin, Wismar, Rostock und Warnemünde, Stralsund und Greifswald.

In Sachen Service und Komfort sind die Jugendherbergen meist deutlich besser, als es das übliche Klischee vom kargen Schullandheim mit Hagebuttentee aus der Isolierkanne erwarten lässt. Neben den obligatorischen Tischtennisplatten gibt es fast

überall auch einen Fahrrad- und Bootsverleih sowie Freizeitprogramm. Die meisten Herbergen richten sich auch explizit an Familien, gemeinsame Unterbringung im Mehrbettzimmer ist üblich, wer ein Doppelzimmer möchte, sollte rechtzeitig bei Buchung Bescheid geben. Der Preis für die Übernachtung im Mehrbettzimmer liegt für Jugendliche bis 26 Jahre bei etwa 20–25 € (inkl. Frühstück), Senioren über 27 zahlen etwa 5 € mehr pro Nacht, ebenso kostet die Übernachtung im DZ etwa 5 € Aufpreis pro Person. Die Mahlzeiten (Mittag-/Abendessen) kommen ebenfalls auf je ca. 5 €.

> Wer in einer Jugendherberge übernachten will, muss Mitglied im Deutschen Jugendherbergswerk (DJH) sein. Für Junioren kostet dies 7 €/Jahr, Senioren ab 27 Jahre zahlen 22,50 €, Familien ebenfalls 22,50 €. Die Mitgliedschaft kann auch in den Jugendherbergen vor Ort abgeschlossen werden. Details unter www.jugendherbergen-mv.de.

Camping: Etwa 170 Campingplätze zählt das Bundesland Mecklenburg-Vorpommern. Größere, bestens organisierte Anlagen finden sich – zumeist in optimaler Strandlage – entlang der Ostseeküste und auf den Inseln, in allem etwas kleiner (und oft auch ein wenig beschaulicher) geht es auf den Plätzen an der Seenplatte zu. Letztere bestechen oft mit idyllischer Alleinlage im Wald und am See gleichermaßen sowie mit eigenem Badestrand – Natur pur also. Die Ausstattung der Plätze variiert, sanitäre Anlagen und ein Kiosk sind immer vorhanden, oft auch ein Restaurant, Mini-Markt, Boots- und/oder Fahrradverleih sowie Spielplatz, Liegewiese, Tischtennis, Volleyball etc. Der Preis für einen Stellplatz (Zelt/Wohnwagen/Wohnmobil) und zwei Personen liegt im Sommer etwa bei ca. 20–28 €/Nacht, in Campingparks an der Ostsee kann es teilweise etwas teurer werden. Einige Plätze bieten auch sog. Familienbadezimmer an: für ca. 8–10 € pro Tag kann man für die Dauer des Aufenthaltes ein Bad für den alleinigen Gebrauch mieten. Im Reiseteil dieses Buches beschreiben wir die empfehlenswertesten Campingplätze ausführlich und mit Preisangaben.

Wohnmobil: Viele Campingplätze bieten neben den üblichen Stellplätzen auch einige Wohnmobil-Plätze außerhalb der Schranke des Geländes am Parkplatz vor der Rezeption an. Der Vorteil: Man kann später am Abend kommen und trotzdem alle Einrichtungen des Platzes (Strom, Sanitäranlagen, Entsorgung gegen Aufpreis) in Anspruch nehmen; Preis pro Nacht um 10–15 €.

Übernachten im Hausboot → „Mecklenburg-Vorpommern aktiv", S. 69.

Unterwegs in Mecklenburg-Vorpommern

Mit dem Auto: Das beliebteste und natürlich auch bequemste Fortbewegungsmittel, viele der abgelegenen Orte bleiben ohne Auto unerreichbar, es sei denn, man nimmt eine lange Bus-, Bahn- und/oder Fahrradfahrt auf sich. Das Straßennetz ist relativ dicht und überwiegend gut ausgebaut (vor allem die großen Bundesstraßen),

> **Achtung Tiere!**
> Das Naturparadies Mecklenburg-Vorpommern bedeutet in vielen Gebieten auch, dass man Tieren begegnet, besonders nachts sind Rehe, Füchse etc. auf der Straße keine Seltenheit! Vor allem auf sehr abgelegenen, wenig befahrenen Landstraßen sollte man besonders vorsichtig sein.

Mit der Glewitzer Fähre auf die Insel Rügen

in entlegenen Gegenden kann der Weg schon mal kilometerlang über Kopfsteinpflaster, Betonplatte oder um Schlaglöcher herum führen. Berühmt ist Mecklenburg-Vorpommern auch für seine malerischen Alleenstraßen, die es abseits der
großen Verbindungsstraßen noch immer zahlreich gibt. Ein Teilstück der **Deutschen Alleenstraße** verläuft vom Kap Arkona auf Rügen über Stralsund, Grimmen,
Demmin und Neustrelitz nach Rheinsberg in Brandenburg.

Fähren und Brücken: Mit Ausnahme von Hiddensee sind die größeren Inseln entlang der Mecklenburg-Vorpommerschen Ostseeküste über Dämme und/oder Brücken zu erreichen. Darüber hinaus gibt es einige Personen- und Autofähren, die
größere Umwege ersparen, u. a. auf Rügen (Wittower Fähre, → S. 258) und vom
Festland nach Rügen (Glewitzer Fähre, → S. 215). Die Insel Hiddensee kann nur zu
Fuß bzw. mit dem Fahrrad besucht werden (→ S. 269ff.). Zu beachten sind außerdem die Brückenöffnungszeiten der beiden Usedom-Brücken: Diese werden mehrmals am Tag für ca. 20 Minuten geöffnet und für den Schiffsverkehr passierbar gemacht, Autos müssen warten. Näheres hierzu → S. 283 und S. 285.

Entfernungen

Schwerin – Wismar	32 km	Rostock – Stralsund	73 km
Schwerin – Rostock	100 km	Rostock – Greifswald	97 km
Schwerin – Stralsund	184 km	Rostock – Waren (Müritz)	92 km
Schwerin – Greifswald	173 km	Stralsund – Binz (Rügen)	46 km
Schwerin – Binz (Rügen)	226 km	Stralsund – Greifswald	36 km
Schwerin – Ahlbeck (Usedom)	239 km	Stralsund – Waren (Müritz)	115 km
Schwerin – Waren (Müritz)	116 km	Greifswald – Ahlbeck (Usedom)	66 km
Schwerin – Neubrandenburg	146 km	Greifswald – Waren (Müritz)	97 km
Wismar – Rostock	73 km	Greifswald – Neubrandenburg	74 km
Wismar – Greifswald	146 km	Usedom/Stadt – Rostock	148 km

Die Kerngebiete des *Müritz-Nationalparks*, des *Nationalparks Vorpommersche Boddenlandschaft* (sofern sie nicht ohnehin im Bodden liegen) und des *Nationalparks Jasmund* sind **für Autos gesperrt**. Die Zufahrt ist mit dem Fahrrad oder einem der Nationalpark-Busse möglich.

Umweltzonen gibt es in Mecklenburg-Vorpommern bislang nicht (Stand Herbst 2017), man kann also auch mit älterem Wohnmobil oder älterem Diesel-Pkw noch in die Innenstädte fahren. Natürlich kann sich das auch schnell ändern, aktuelle Infos findet man unter: www.umweltbundesamt.de.

Der Molli fährt mitten durch Bad Doberans Fußgängerzone

Mit der Bahn: Das Schienennetz an der Küste und unmittelbar dahinter ist recht gut ausgebaut, im Binnenland dagegen eher dünn, zudem wurden einige wenig rentable Strecken stillgelegt. Die *Deutsche Bahn* bedient die gängigen Städteverbindungen, im Gebiet der Mecklenburgischen Seenplatte kommt außerdem die private *Ostdeutsche Eisenbahn (ODEG)* zum Einsatz: je mehrmals täglich auf der Strecke Wismar – Schwerin – Ludwigslust (und weiter Berlin und Cottbus); außerdem von Parchim nach Schwerin (und Rehna). Weitere Infos unter www.odeg.de. Auf der Insel Usedom ist die *Usedomer Bäderbahn (UBB)* unterwegs, die Usedom auch mit Stralsund und Greifswald sowie mit Świnoujście (Swinemünde) in Polen verbindet, weitere Infos unter www.ubb-online.de. **Fahrradmitnahme** ist in den

Freunde **historischer Eisenbahnen** sollten sich die Fahrt mit dem *Kaffeebrenner* durch den Klützer Winkel (→ S. 104), dem *Molli* (zwischen Kühlungsborn, Heiligendamm und Bad Doberan, → S. 132) und dem *Rasenden Roland* von Putbus nach Göhren auf Rügen (→ S. 221) nicht entgehen lassen! An der Mecklenburgischen Seenplatte werden drei der stillgelegten Bahnstrecken heute als **Draisinenstrecken** genutzt: zwischen Damerow, Goldberg und Borkow (→ S. 342), zwischen Waren und Schwinkendorf (→ S. 356) sowie zwischen Dargun und Salem (→ S. 449).

Regionalexpress-Zügen (RE) und Regionalbahnen (RB) der Deutschen Bahn sowie in den Zügen der ODEG und der UBB möglich.

Mit dem Bus: Auch das Busnetz entlang der Küste ist gut ausgebaut, vor allem zwischen den größeren Orten und Städten. Am Wochenende muss man insbesondere auf dem platten Land jedoch mit stark eingeschränktem Busverkehr rechnen, besonders wenn die Fahrt in kleinere Orte führen soll. Gleiches gilt für Dörfer an der Mecklenburgischen Seenplatte und deren Hinterland: Zwar wird fast jedes Dorf von einem Linienbus angefahren, auf manchen Strecken passiert das allerdings nur ein- bis zweimal pro Tag (und am Wochenende gar nicht). Auch muss man sich auf bestimmten Strecken auf Umsteigen samt längerer Wartezeit gefasst machen. Detaillierte Busfahrpläne für die Umgebung werden in der Regel von den jeweiligen Touristinformationen bereitgehalten, die wichtigsten Verbindungen sind auch in diesem Buch bei den jeweiligen Orten zu finden.

Mit dem Schiff: Detaillierte Angaben zu den Ausflugs- und Linienschiffen entlang der Küste und auf den größeren Seen finden sich in den Infoteilen der jeweiligen Orte.

Mit der Kutsche: Die Kremserfahrten (Kutschfahrten mit bis zu 20 Fahrgästen) erfreuen sich größter Beliebtheit, angeboten werden sie u. a. von Prerow aus zum Darßer Weststrand (→ S. 184) und auf Hiddensee (→ S. 267). Pro Person und Fahrt muss man mit etwa 10 € rechnen. Nähere Infos unter den jeweiligen Orten.

Mit dem Fahrrad → „Mecklenburg-Vorpommern aktiv" → S. 65.

Unterwegs mit dem Hausboot → „Mecklenburg-Vorpommern aktiv" → S. 69.

Wellness und Kuren

Mecklenburg-Vorpommerns Wohlfühlangebot ist so mannigfaltig wie kosmopolitisch – den internationalen Gesundheitstrends steht man hier in nichts nach: ob chinesische Akupunktur, orientalisches Dampfbad, fernöstliche Massage und Meditation oder die gute alte Kneippkur; dazu gibt es diverse Packungen – Fango, Algen, Kreide. Unerschöpflicher Wellnessrohstoff ist zudem die etwas altmodische, aber kostenlose „gesunde Seeluft" (in Fachkreisen auch als „Klimatherapie" bekannt) – kein Wunder, dass sich zahlreiche Kurkliniken an der Ostseeküste Mecklenburg-Vorpommerns angesiedelt haben. Die ärztlich verordnete, mehrwöchige und von der Krankenversicherung bezahlte Kur richtet sich demnach besonders an Patienten mit Atemwegserkrankungen, aber auch zahlreiche Reha-Einrichtungen und Mutter-Kind-Kliniken sind hier oben an der Küste anzutreffen.

Jüngerer, aber anhaltender Trend in Sachen Wohlbefinden ist *Medical Wellness*: Die Vermischung von Wellness und medizinischer Kur wird in einigen gehobenen und darauf spezialisierten Hotels angeboten, auch hier steht alles unter ärztlicher Aufsicht, zu den diversen Kuranwendungen gibt es auch Fernöstliches. Günstig ist das Ganze jedoch nicht, wenn überhaupt, werden Teile nur von den privaten Krankenversicherungen übernommen.

Viele der großen Hotels bieten ein sehr umfangreiches Wellnessprogramm. Pool, Dampfbäder und Saunalandschaft werden ergänzt durch verschiedenste exotische Anwendungen, Kosmetikbehandlungen, Badezusätze und Massagen. Die Angebote stehen in aller Regel und nach vorheriger Anmeldung auch Nichthotelgästen zur Verfügung. Daneben gibt es die üblichen Erlebnisbäder, alle mit einem ähnlichen Repertoire, wenn auch nicht ganz so edel wie die der großen Hotels (Näheres unter den jeweiligen Orten).

Beliebte Segel- und Kite-Reviere, hier auf der Insel Ummanz (bei Rügen)

Mecklenburg-Vorpommern aktiv

Über 1700 km Küste (davon fast drei Viertel Boddenküste) und 2000 Seen machen aus Mecklenburg-Vorpommern vor allem eines: ein Wassersportparadies!

Natürlich gibt es auch an Land ausreichend Möglichkeit zur aktiven Entspannung, vor allem bei Radwanderern erfreut sich das fast überall angenehm flache Bundesland stetig wachsender Beliebtheit; und auch Wanderer, Golfer und Reiter kommen voll auf ihre Kosten. Dennoch: Die größten Attraktionen bietet Mecklenburg-Vorpommern noch immer den Wassersportlern, und das nicht nur an der Küste, sondern besonders auch an der weit verzweigten Mecklenburgischen Seenplatte, dem größten miteinander verbundenen Binnengewässer- und Wasserstraßengebiet Europas!

Angeln

Die Seenplatte mit rund 2000 Seen (von jeweils über einem Hektar Größe) ist ein Anglerparadies, doch auch im kleinen Boot auf dem Bodden oder mit dem Kutter zum Hochseeangeln wird dem Angelsport nachgegangen. Mehrere organisierte Fahrten und Bootsverleihe stehen an der Ostseeküste zur Verfügung. An den Seen kann mit entsprechender Angelerlaubnis fast überall gefischt werden.

Voraussetzung dafür ist ein gültiger Fischereischein. Mit ihm kann man für 24 € einen zeitlich befristeten *Touristen-Fischereischein* erwerben, der an 28 aufeinanderfolgenden Tagen eines Jahres gültig ist und pro Person nur einmal im Jahr ausgestellt werden kann. Zusätzlich muss für das jeweilige Gewässer eine *Angelkarte* erworben werden (Reviere, Verkaufsstellen und weitere Infos unter www.angeln-in-mv.de).

Baden

Über vielen Strandabschnitten Mecklenburg-Vorpommerns weht die *Blaue Flagge*, ein alljährlich nach strenger Prüfung vergebenes EU-Gütesiegel, das u. a. ausgezeichnete Wasserqualität und die Einhaltung strenger Sicherheits- und Umweltstandards bescheinigt. An der Küste sind dies 28 Strände bzw. Strandbäder, an den Binnengewässern sechs Badestellen (bzw. Badeanstalten). Generell ist die Wasserqualität sowohl an Küste und Bodden als auch an den meisten mecklenburgischen Seen ausgezeichnet. Badeverbote gibt es so gut wie keine. Zum Problem für tendenzielle Warmduscher könnten jedoch die **Wassertemperaturen** der Ostsee werden: 18–19 °C sind schon viel und werden nur nach einer längeren Aufwärmphase erreicht, generell etwas wärmer als die offene See sind die flachen und geschützten Boddengewässer. Die Seen können sich – je nach Tiefe – nach einer längeren Aufwärmphase auf bis zu 22–24 °C erwärmen. Die exakten Wassertemperaturen der Ostsee erfährt man beim *Bundesamt für Seeschifffahrt und Hydrographie* unter der Website www.bsh.de, zunächst zur Rubrik „Meeresdaten", dann „Vorhersagen" und dann unter „Baden & Meer".

Achtung Bernsteinsammler: Verwechslungen mit Phosphor sind zwar selten, aber nicht auszuschließen, → hierzu S. 22.

Zum See-Bad am Badesee (Sternberg)

Mit Badekarren gegen die Melancholie

Die Idee entstand im 18. Jh. in England: Um die in Adelskreisen verbreitete Gemütsschwere zu lindern, tauchte man Melancholiker jeden Alters ins Meerwasser. Salzig musste es sein und vor allem kalt. Die Schocktherapie, hieß es, helfe auch gegen Hysterie, Rheumatismus, Rachitis, Fallsucht, Harnwegserkrankungen etc. – die Thalassotherapie, eine in der Antike gängige Behandlungsmethode, war wiederentdeckt worden.

Gebadet wurde natürlich nicht im offenen Meer, sondern in einem blickdichten Badekarren, der ins Wasser gezogen wurde und aus dem der Patient ins Seewasser stieg. Auch als aus der ärztlich verordneten Therapie eine Mode geworden war, blieb der Badekarren in Gebrauch. Zudem wurde der Strand geteilt: in einen Herren- und einen Damenstrand sowie einen Abschnitt dazwischen, auf dem beide Geschlechter gesellig sein konnten, komplett bekleidet, versteht sich. Es wurde ohnehin kein Bad in der Sonne genommen, denn gebräunte Haut galt als ungesund.

„Brüder zur Sonne ...“ Strandkörbe am Selliner Ostseestrand

Textilfreies Baden/FKK ist an der Küste überall möglich, in den Ostseebädern gibt es eigens ausgewiesene Strandabschnitte, meist etwas abseits der Hauptpromenade. An den Seen ist textilfrei an einigen abgelegenen Badestellen üblich (aber kein Zwang), ausgewiesene FKK-Badestellen finden sich am Nordufer des Plauer Sees, am Useriner See und am Rätzsee (beide bei Wesenberg).

Auch **Hunde** und ihre Halter haben in fast jedem Ostseebad ihren eigenen Strandabschnitt, oftmals ein Stück vom Zentrum entfernt. An den Seen sind Hunde an den offiziellen Badestellen/Strandbädern i. d. R. verboten, wer mit felligem Begleiter baden will, muss sich ein abgelegenes Plätzchen suchen.

Fahrradfahren

Radeln zählt in Mecklenburg-Vorpommern zu den beliebtesten Sportarten. Die Radwege sind in aller Regel bestens ausgebaut und beschildert, schweißtreibende Steigungen sind selten und je nach Anspruch und Kondition ist wirklich für jeden die passende Tour dabei. Auch Teilabschnitte größerer Radrouten und Ein-Weg-Strecken sind möglich, da viele Fahrgastschiffe und auch einige Busse gegen geringen Aufpreis Räder mitnehmen. In jedem größeren und touristisch bedeutsamen Ort können Fahrräder ausgeliehen werden – vom einfachen Drei-Gang-Tourenrad bis zum High-End-Mountainbike ist alles zu haben; Helm, Schloss, Gepäckträger, z. T. auch Kartenmaterial sind meist im Preis enthalten (Miete ab ca. 7 € bis 20 €/ Tag), ferner können Kindersitze, Nachläufer und andere Anhänger dazugemietet werden. Vor allem wer über mehrere Tage ein Fahrrad ausleihen will, sollte unbedingt eine Probefahrt machen und sich das Rad genau anschauen.

Achtung: In den fahrradtouristischen Hochburgen sind in der Hochsaison die Räder oftmals über Tage im Voraus reserviert!

Radwandern in Mecklenburg-Vorpommern

Von den zahlreichen mehrtägigen Fahrradtouren ist vor allem der **Radfern-weg Mecklenburgische Seen** (640 km) von Lüneburg nach Usedom/Wolgast zu erwähnen, der von Ludwigslust über Waren/Müritz und durch den Müritz-Nationalpark, Neustrelitz, Neubrandenburg, Anklam und Heringsdorf (Usedom) nach Wolgast führt.

Auch der **Radfernweg Berlin–Kopenhagen** (630 km) verläuft in einem Teilabschnitt von Fürstenberg/Havel (Brandenburg) über Neustrelitz, Waren/Müritz und Güstrow mitten durch das Herz der Mecklenburgischen Seenplatte nach Rostock, von wo es dann mit dem Schiff nach Kopenhagen geht.

Der Radklassiker schlechthin ist der **Ostseeküstenradweg** (420 km), der jedoch ebenfalls nur einen Teilabschnitt in Mecklenburg-Vorpommern zurücklegt: Von Flensburg über Kiel, Fehmarn und Travemünde kommend, führt er in Mecklenburg-Vorpommern von Wismar über Rostock, Zingst, Stralsund und Greifswald bis nach Ahlbeck (Usedom).

Der **Radfernweg Berlin–Usedom** (350 km) führt nordöstlich aus Berlin heraus und über Prenzlau, Pasewalk, Ueckermünde und Anklam nach Peenemünde/Usedom; der **Radfernweg Hamburg–Rügen** (520 km) folgt der Strecke Schwerin, Güstrow, Stralsund und endet in Sassnitz auf Rügen.

Insgesamt 666 km umfasst die **Eiszeitroute Mecklenburgische Seenplatte**, die nicht nur zu allen wichtigen Hinterlassenschaften der letzten Eiszeit führt, sondern auch wunderbare landschaftliche Impressionen bietet; unterteilt ist die Route in mehrere kleine Etappen von 30 bis 70 km Länge, die man gut an einem Tag schaffen kann, sowie einige zwei- bis viertägige Rundtouren (nähere Infos unter www.eiszeitroute.com).

Zu guter Letzt noch zwei kürzere Radtouren: Der **Elbe-Ostsee-Radweg** (134 km) verläuft von Dömitz über Ludwigslust und Schwerin nach Wismar; der **Gutshaus-Rundweg** (103 km) von Kühlungsborn über Neubukow weit ins Landesinnere und über Bad Doberan und Heiligendamm retour nach Kühlungsborn.

Weitere Infos beim **Allgemeinen Deutschen Fahrrad-Club e. V.** (ADFC). ADFC Bundesgeschäftsstelle, Mohrenstraße 69, 10117 Berlin, ✆ 030-20914980, www.adfc.de. Infos zu fahrradfreundlichen Unterkünften findet man unter www.bettundbike.de.

Golf

Insgesamt 20 Golfclubs und -anlagen zählt man in Mecklenburg-Vorpommern, die meisten in Küstennähe bzw. auf den Inseln Rügen und Usedom oder aber an der Mecklenburgischen Seenplatte. Die mit Abstand größte Anlage stellt mit bemerkenswerten drei 18-Loch- und zwei 9-Loch-Plätzen samt Club und riesiger Driving-Range der *Golf & Country Club Fleesensee* am gleichnamigen See bei Malchow, doch auch die anderen, teilweise noch recht neuen Golfplätze erfreuen sich großer Beliebtheit, zumal sie verkehrsgünstig für die Hauptstädter, aber auch recht hübsch in der Landschaft liegen.

Weitere Infos erteilt der Golfverband Mecklenburg-Vorpommern e. V., Werner-von-Siemens-Str. 1 b, 19061 Schwerin, ✆ 0385-5577788, www.golfverband-mv.de.

Reiten

Die Zahl der Reiterhöfe ist ausreichend, an die 40 gibt es in ganz Mecklenburg-Vorpommern. Das Angebot reicht vom Ponyreiten für Kinder bis zum Dressurtraining mit eigenem Pferd.

Weitere Informationen und Adressen zu Reiterhöfen unter www.auf-nach-mv.de/reiten, hier kann man auch nach bestimmten Ausstattungsmerkmalen suchen.

Segeln/Kiten/Surfen

Die zergliederte Ostseeküste mit ihren vielen geschützten Bodden ist ein attraktives Segelrevier. Entsprechend umfangreich ist das Angebot: Kurse für Anfänger und Fortgeschrittene (inkl. Scheinerwerb), Bootsverleih und Yachtcharter, organisierte Segeltörns, oft nagelneue Sportboothäfen mit gut ausgestatteten Serviceeinrichtungen. Als beste Surfspots gelten die Südspitze der Halbinsel Mönchgut auf Rügen und die Westküste des Fischlands. Für Anfänger bieten sich die ruhigeren, flachen Bodden an. Wem das alles zu lasch ist, der kann es mit Kitesurfen versuchen (sowohl Unterricht als auch Materialverleih an mehreren Orten entlang der Küste bzw. auf Rügen/Usedom). Zahlreiche kombinierte Surf- und Segelschulen bieten Kurse für Anfänger und Fortgeschrittene sowie Materialverleih, manchmal sind sie auch an einen der großen Campingplätze angeschlossen. Bei den Binnengewässern eignen sich vor allem die großen Seen wie der Schweriner See, Plauer See, Kummerower See und natürlich die Müritz zum Surfen und Segeln, entsprechende Windverhältnisse vorausgesetzt. Segel- und/oder Surfschulen gibt es u. a. in Schwerin, Land Fleesensee, Waren/Müritz und Röbel an der Müritz.

Infos und Adressen unter www.mv-maritim.de und www.auf-nach-mv.de/maritim.

MV aktiv: Golfen, Kiten, Segeln, Radeln, Reiten oder doch Beachvolleyball?

Tauchen

Nicht allzu groß ist die Auswahl an Tauchbasen und -schulen, an der Küste wird man u. a. in Kühlungsborn und Rostock fündig. Die Unterwasserwelt der mecklenburgischen Seen kann man z. B. beim Tauchcenter am Schweriner See und bei der Tauchbasis Thomsdorf (südlich des Feldberger Sees) erkunden.

Wandern

Küste und Insellandschaften lassen sich kaum schöner erleben als bei einer Wandertour, manche der Naturschönheiten sind sogar ausschließlich zu Fuß zu erreichen. Ob am Bodden entlang oder über Hochuferwege – die Pfade und Wege sind meist gut in Schuss und oft auch bestens ausgeschildert. Geführte Wanderungen werden von den Touristinformationen der größeren Ostseebäder und den Nationalparkzentren angeboten.

> **Warnung!**
> Nach starken Regenfällen oder bei Tauwetter sind die Ostseestrände unter Steilufern unbedingt zu meiden! Erdrutsche und Küstenabbrüche können lebensgefährlich sein. Auch Fossiliensammler seien eindringlich gewarnt: Ein Kreideabbruch mag zahlreiche Fundstücke freilegen, dass aber auf den ersten ein zweiter Abbruch erfolgt, ist nicht ungewöhnlich.
> Warnhinweise und Absperrungen vor Ort sind dringend ernst zu nehmen!

Auch die Mecklenburgische Seenplatte erweist sich als formidables Wanderrevier. Dabei sind es vor allem der Müritz-Nationalpark und die Naturparks, die passionierte Wanderer anziehen. Die Wege sind auch hier vorbildlich beschildert und gut gepflegt.

Wasserwandern

Ob eine kleine zweistündige Paddeltour, eine Mehrtagesreise im Kanu mit Biwakieren oder eine Zweiwochentour im voll ausgestatteten Hausboot: Die Mecklenburgische Seenplatte ist für Wasserwanderer ein wahres Paradies – schließlich befinden Sie sich hier im größten zusammenhängendem Wassersportrevier Europas, in dem Naturliebhabern wie auch Einsamkeitssuchenden das Herz aufgeht. Vor allem mit dem Kanu ist das Naturerlebnis hier quasi vorprogrammiert. Herzstück des Wasserwander-Reviers ist der Müritz-Nationalpark.

Kanu (Kajak oder Kanadier): Bei Anmietung erfolgt eine ausführliche Einweisung durch den Vermieter, bei der auch über Routen, Umtragestellen, Schleusen, Wasserwanderrastplätze, Campingplätze usw. informiert wird. Etwa zwölf bis 15 km sind als Tagesetappe auch für Anfänger gut zu schaffen. Die Preise für einen Einer-Wanderkajak beginnen bei ca. 18–20 €/Tag, der Zweier-Kajak kostet um 30–35 €/Tag, ein Vierer-Kanadier etwa 40 €. Im Preis enthalten sind Paddel, Schwimmwesten und wasserdichter Packsack bzw. Gepäcktonne sowie meist auch eine Wasserwanderkarte. One-Way-Touren mit Abholung durch den Vermieter sind gegen Aufpreis möglich, ebenso geführte Touren (meist Mindestteilnehmerzahl), die aber vorher angemeldet werden müssen. Im Reiseteil dieses Buchs sind zahlreiche Verleihstationen aufgelistet, einen Überblick verschafft die Seite www.mv-maritim.de. Auch an der Ostsee werden Wasserwandertouren mit dem Kajak angeboten, wenn auch eher spärlich.

Wasserwanderer auf dem Peenestrom

Hausboote und Motoryachten: Seit einigen Jahren gilt auf fast allen Gewässern der Mecklenburgischen Seenplatte die sog. *Charterscheinregelung*, das heißt: Fahren ohne Führerschein ist erlaubt! Ganz ohne Auflagen geht das jedoch nicht, Voraussetzung ist eine mindestens dreistündige Einweisung durch den Vercharterer, auch darf das zu steuernde Hausboot (bzw. die Motoryacht) nur maximal 15 m lang sein und eine Geschwindigkeit von 12 km/h nicht überschreiten. Für die Übernachtung bieten zahlreiche Marinas, Sportboothäfen, Campingplätze und Wassersportvereine gegen Gebühr Liegeplätze an. *Achtung*: Im Müritz-Nationalpark sind motorisierte Boote verboten.
Eine Liste der Anbieter u. a. unter www.mv-maritim.de.

Segelyachten: Anbieter gibt es sowohl an Ostsee und Bodden wie auch an der Mecklenburgischen Seenplatte. Wer eine Segelyacht auf der Ostsee chartern will, braucht dafür den Sportküstenschifferschein (SKS), auf den Binnenseen reicht der Sportbootführerschein Binnen. Führerscheinfrei Segeln kann man auf den Seen bis zu einer Größe von maximal 12 m^2 Segelfläche und einer Antriebsleistung des Motors von maximal fünf PS. Im eigenen Interesse sollte man für alle Gewässer über die nötige Erfahrung verfügen, wenn man sich eine Segelyacht chartert.
Eine Liste der Anbieter findet sich u. a. unter www.mv-maritim.de.

Weiterführende Informationen

Nützliche Webseiten: Unter *www.mv-maritim.de* findet man alle Anbieter im Bereich Wassersport in Mecklenburg-Vorpommern sowie sehr detaillierte Informationen zu Revieren, Routen, Marinas etc.
Die Seite *www.flussinfo.net* bietet sehr ausführliche Beschreibungen der Paddelreviere der Mecklenburgischen Seenplatte mit Liste der Vermieter, Literatur- und Kartentipps, Infos zu Schleusen, Wasserwanderrastplätzen, Tourvarianten, Übernachtungs- und Einkaufsmöglichkeiten usw.

Rügens berühmte Kreideküste – im Nationalpark Jasmund

Mecklenburg-Vorpommern

Schwerin

ca. 97.000 Einwohner

Die idyllische Lage zwischen sieben von Wald und Parklandschaften gesäumten Seen, ein eindrucksvoller Dom, eine hübsche Altstadt und nicht zuletzt das prächtige Schloss sind gute Gründe für einen Besuch in der Landeshauptstadt Mecklenburg-Vorpommerns.

Das städtische Leben Schwerins wird deutlich von seinem Status als kleinste Landeshauptstadt Deutschlands geprägt. Großstädtische Hektik kommt kaum auf, selbst das Regierungsviertel gibt sich recht beschaulich. Nichtsdestotrotz präsentiert sich Schwerin geradezu weltgewandt, nicht nur wegen der repräsentativen Gebäude aus herzoglicher Zeit, sondern auch wegen der allgegenwärtigen Betriebsamkeit der aktuellen Landespolitik. Der ganze Stolz Schwerins ist das prachtvolle, von Wasser umgebene **Schloss**, u. a. auch Sitz des Landtags. Südlich davon erstreckt sich der weitläufige, von Kanälen durchzogene **Schlosspark**. Zwischen Schloss, Marienplatz und Pfaffenteich, der „Binnenalster" Schwerins, verläuft das kleine Gassengewirr der Altstadt, in dessen Mitte sich der sehenswerte **Markt** befindet. Dort erinnert ein Denkmal an *Heinrich den Löwen*, der die Keimzelle der Stadt, die slawische Burg *Zuarin* auf der heutigen Schlossinsel, 1160 einnahm und deswegen gemeinhin als Stadtgründer gilt. Bald darauf schuf er das Bistum Schwerin, der zugehörige **Dom** wurde 1171 geweiht. Dessen Nachfolgebau, ein bemerkenswertes Beispiel Norddeutscher Backsteinarchitektur, prägt heute die Silhouette der Stadt.

Stadtgeschichte

Nach den Anfängen als slawische Festung und der eigentlichen Stadtgründung durch *Heinrich den Löwen* erlebte Schwerin seine erste Blüte Anfang des 16. Jh. als Residenzstadt des Herzogtums Mecklenburg. *Johann Albrecht I.* (1525–1576) scharte ganz im Stile eines Renaissancefürsten Vertreter von Kunst, Kultur und Wissenschaft um sich, ließ das Schloss zu einem repräsentativen Renaissancebau umgestalten und führte Schwerin dem lutherischen Glauben zu. Der Dreißigjährige Krieg, die Pest und ein verheerender Brand im Jahr 1651 zerstörten die Stadt fast voll-

Schwerin und Westmecklenburg

ständig. Einen weiteren Rückschlag erlebte Schwerin 1756, als die Residenz Stück für Stück nach Ludwigslust verlegt wurde. Erst 1837 kehrte die Macht an den Schweriner See zurück. Im Gepäck hatte Großherzog *Paul Friedrich* (1800–1842) ambitionierte städtebauliche Pläne und einen Mann, der sie realisieren sollte: *Georg Adolph Demmler,* Schüler des berühmten Architekten *Karl Friedrich Schinkel* und seit 1835 Hofbaumeister des Herzogtums. Unter seiner Ägide entstand eine Vielzahl repräsentativer öffentlicher Gebäude, die noch immer das Stadtbild prägen, darunter der Marstall und das Kollegienhaus, heute Sitz der Staatskanzlei. Sein Meisterwerk war der Umbau des alten Schlosses, den er ab 1843 in Angriff nahm.

Mehr als nur Architekt Schwerins: Georg Adolph Demmler (1804–1886)

Der 1804 in Berlin geborene spätere Hofbaumeister Mecklenburgs machte nicht nur als Architekt von sich reden. Seit seinen Studientagen war er Freimaurer. Er engagierte sich schon früh in den liberal-demokratischen Zirkeln Schwerins und forderte eine Verfassung für das Fürstentum, die aber bis 1919 auf sich warten ließ. Ungewöhnlich für einen Liberalen des 19. Jh. war Demmlers Eintreten für die Arbeiterschaft, etwa seine Initiative für die Einrichtung einer Kranken- und Unfallversicherung für die Arbeiter des Schlosses oder sein Einsatz für eine Erhöhung der Bezüge von Handwerksgesellen.

Seine politischen Überzeugungen bescherten ihm 1850 jedoch das vorzeitige Karriereende. Der Hof verbat sich seine Einflussnahme und erklärte, Demmler habe „sich fortan von politischem Treiben fern zu halten und sich zu freuen [...], daß der Betrieb der Politik zu seinem Berufe nicht gehöre". Den Knebel ließ sich Demmler nicht anlegen, er trat von seinem Amt zurück. Nach ein paar Jahren im Ausland kehrte er nach Schwerin und in die Politik zurück. Er wandte sich der Sozialdemokratie zu und wurde 1877 in den Reichstag gewählt, zog sich aber bereits 1878 von der öffentlichen Bühne zurück. Die Sozialdemokratie unterstützte Demmler bis zu seinem Tod am 2. Januar 1886.

Schwerins Zeit als Residenzhauptstadt endete 1918, als der letzte Großherzog, *Friedrich Franz IV.*, im Gefolge der Novemberrevolution abdanken musste. Unter den Nationalsozialisten war Schwerin Hauptstadt des Landes Mecklenburg, nach dem Krieg wurde es im Zuge der DDR-Verwaltungsreform von 1952 zur Bezirkshauptstadt. Nach der Wiedervereinigung einigte man sich auf Schwerin als Hauptstadt des neuen Bundeslandes Mecklenburg-Vorpommern. Derzeit bewirbt sich Schwerin um eine Aufnahme in das UNESCO-Weltkulturerbe. Das „Residenzensemble Schwerin – Kulturlandschaft des romantischen Historismus" steht bereits auf der Vorschlagsliste, mit einer Entscheidung ist ab 2019 zu rechnen.

Basis-Infos

Information   Tourist-Information, am Markt mitten im Zentrum; vielfältige Informationen und Zimmervermittlung, Stadtführungen (→ unten), Kartenvorverkauf, Fahrradverleih. Mo–Fr 9–18 Uhr, Sa/So 10–16 Uhr geöffnet. Am Markt 14, 19055 Schwerin, ✆ 0385-5925212, www.schwerin.com.

Nebenan befindet sich eine **kleine Ausstellung** mit historischen Stadtansichten („Demmler-Ausstellung").

Verbindungen   Mit der **Bahn** ca. stündl. nach Wismar, Rostock und Hamburg (RE und IC) sowie nach Berlin Hauptbahnhof (RE), meist mit Umsteigen in Ludwigslust.

Verkehrsknotenpunkte für **Busse und Straßenbahnen** sind der Marienplatz und der Bahnhofsplatz; *Buslinie 14* fährt zur Jugendherberge. Näheres unter ✆ 0385-3990222 (Fahrplanauskunft) bzw. www.nahverkehr-schwerin.de.

Taxis stehen u. a. am Hauptbahnhof, am Marienplatz, am Alten Garten und am Markt, ✆ 0385-717171.

Die **Pfaffenteichfähre** spart den Weg zwischen Hauptbahnhof und Schelfstadt. Mai bis Sept. tägl. außer Mo 10–18 Uhr, Abfahrten nach Bedarf; einfache Fahrt 2 €, Kinder 3–14 J. 1 €.

Schwerin-Ticket

Zahlreiche Vergünstigungen in Museen sowie freie Fahrt mit den Stadtbussen und Straßenbahnen. Preis: 5,50 €/Tag (2 Tage 8 €), Kinder unter 14 J. 3,50 € (4,50 €). Erhältlich bei der Tourist-Information und beim Ticketschalter des Schweriner Nahverkehrs am Marienplatz.

Bootsausflüge   Mit der **Weißen Flotte** von Mai bis Sept. mehrmals tägl. über Schweriner See und Ziegelsee. Broschüren mit den Routen bei der Tourist-Information oder beim Anleger der Weißen Flotte gegenüber dem Schloss (neben dem Restaurant Wallenstein). Werderstr. 140, ✆ 0385-557770, www.weisseflotteschwerin.de.

Einkaufen   Die Shoppingmeilen der Stadt erstrecken sich in der Gegend um den Marienplatz (hier auch die Einkaufszentren Schlosspark-Center und Schweriner Höfe) und in der Fußgängerzone bis zur Mecklenburgerstraße, vornehmlich mit städtischem Laden-/Ketten-Einerlei. Individueller gestaltete Einkaufsangebote finden sich in den Altstadtgassen um den Markt. Vor allem in der Puschkinstraße haben sich ein paar interessante Geschäfte angesiedelt, die u. a. Wohndesign, Küchen-Accessoires, Schmuck, Kunst etc. im Angebot führen, z. B. **Das Kontor**, Kunstkaufhaus und Silberschmiede (allein die Räumlichkeiten des sorgfältig restaurierten Gebäudes von 1571 sind sehenswert, Puschkinstr. 36, www.kontor-schwerin.de, Mo geschl.); **Formost**, ostdeutsches und internationales Design, nachhaltig und elegant (Puschkinstr. 28, www.formost.de); **Keramikwerkstatt Loza Fina**, sympathische Werkstatt und Verkaufsladen (Puschkinstr. 51/53, www.loza-fina.de).

Eine bemerkenswert gut sortierte Buchhandlung bezüglich Regionalia, aber auch im Bereich Belletristik ist die **Buchhandlung Schoknecht** in der Schlossstr. 20, ✆ 0385-565804. Weitere schöne Buchläden sind **Ein guter Tag. Literatur & so** in der Buschstraße 16 (Ecke 1. Enge Str.) und **littera et cetera** in der Schliemannstr. 2 (Ecke Puchkinstr.).

Fernsehturm   Rundumblick von 97 m Höhe auf Schwerin, die sieben Seen und darü-

2011 feierte das Mecklenburgische Staatstheater Schwerin 125-jähriges Jubiläum

ber hinaus. Restaurant ein Stockwerk höher (auf stattlichen 101 m Höhe). Geöffnet Mo–Fr 11.30–21.30 Uhr (Fr bis 22 Uhr), Sa 11–22 Uhr, So 11–21 Uhr, Aufzugfahrt 2 €, ermäßigt 1,50 €. Hamburger Allee 72, ✆ 0385-2010020, www.fernsehturm-schwerin.de.

Golf Zwei 18-Loch- und eine 9-Loch-Anlage **WINSTONgolf Klub** in Vorbeck an der Ostseite des Schweriner Sees. Greenfee 85–128 €. Auch Golfschule, Verleih, Restaurant. Kranichweg 1, 19065 Vorbeck, ✆ 03860-5020, www.winstongolf.de.

Parken Parkhäuser im Zentrum, beim Schlosspark-Center am Marienplatz oder gegenüber dem Schloss, dort auch ein größerer Parkplatz, ein weiterer in Altstadtnähe schräg gegenüber dem Marstall.

Stadtführungen Öffentlicher Stadtrundgang, tägl. 11 Uhr, Treffpunkt vor der Tourist-Information, Dauer ca. 1:30 Std. (mit Markt, Dom, Alter Garten, Theater, Schloss), 5,50 €/Pers.

Nachtwächterführung von April bis Okt. jeden Fr/Sa 20.30 Uhr, Nov. bis März Fr 18 Uhr, ca. 1:30 Std., 8 €/Pers.

Sonderführung Schloss Schwerin: April bis Nov. Sa und So, Dez. nur So jeweils um 14 Uhr, Dauer ca. 1:30 Std., 14 €/Pers., Kinder 6–16 J. 10 € (obligatorische Anmeldung bei der Tourist-Information).

Theater Mecklenburgisches Staatstheater, repräsentativer Prachtbau (1883–1886) gegenüber dem Schloss. Tickets an der Theaterkasse Di–Fr 10–18 Uhr, Sa 16–18.30 Uhr, außerdem unter ✆ 0385-5300123, www.mecklenburgisches-staatstheater.de. Zum Staatstheater gehört auch das **E-Werk** am Spieltordamm 1 (Pfaffenteich).

Der Speicher, Kleinkunstbühne in der Schelfstadt – Konzerte, Lesungen, Kabarett, Filmabende usw. Röntgenstr. 22, ✆ 0385-512105, www.schwerin.de/speicher.

Veranstaltungen   Schlossfestspiele Schwerin, große Open-Air-Oper alljährlich von etwa Ende Juni bis Anfang August am Alten Garten vor dem Theater. Aufführungen immer Do–So um 20 Uhr (So teils 18 Uhr). Tickets 59–79 €, ✆ 0385-5300123, oder unter www.mecklenburgisches-staatstheater.de.

Freilichtbühne Schwerin, im Sommer zahlreiche Konzerte, Open-Air-Kino, Public Viewing u. a.; Programme bei der Tourist-Information oder unter www.stadthalle-schwerin.de. Die Freilichtbühne liegt im Schlossgarten.

Drachenbootfestival, alljährlich am vierten Augustwochenenende, an die 200 Drachenboot-Teams treten zum Rennen auf dem Pfaffenteich an. Weitere Infos: www.drachenbootfestival.de.

Schwerin

Ziegelinnensee

Spieltordamm

200 m

1

Knaudtstr.

Reutz-str.

Wismarsche Straße

Hauptbahnhof

Spieltordamm

Schweinemarkt

Landreiterstraße

Hospitalstraße

R. Luxemburg-Str.

Pestalozzistraße

Karl-

Marx-

Straße

Pfaffenteich

Mühlenstr.

Schelfs

Eerg.

F.-Schultz-Str.

Dr. Külz- Str.

Grunthalplatz

Zum Bahnhof

Zum Bahnhof

August- Bebel- Straße

Apotheker- straße

Röntgenstr.

Schelf-

Gaußstr.

Taubenstr.

Lehmstr.

Werderstraße

Franz- Mehring- straße

Wismarsche Straße

2

Kirchenstr.

Körnerstr.

markt

3

Amtsstr.

Jahnstr.

Lübecker Straße

Severin- Str.

St. Paul

Schelfkirche

Schleswig-Holstein-Haus

Steinstr.

Arsenal

Arsenalstr.

Arsenalstr.

Friedrichstr.

Pfaffenstr.

Puschkinstr.

4

5

Schliemannstr.

Münz-

Beutel

Friedensstraße

Johannesstr.

Lübecker Straße

Wismarsche Straße

Bischofstr.

Dom

6

straße

Straße

Burgstraße

Wittenburger Straße

Martinstr.

Wurm-Passage

Schmiedestr.

Schlachter-straße

Grüne

Großer Moor

Werderstr.

Dom

7

8

10

Markt

str.

Marienplatz

Helenenstr.

Mecklenburgstraße

Bischofstr.

11

13

14

12

Salzstr.

Großer Moor

Kl. Moor

Marstall

Goethestraße

Geschw.- Scholl- Str.

Schloßstraße

Klosterstr.

15

Theaterstr.

Pappenhagen

16

Theater

Gallerie Alte & Neue Meister

17

Graf- Schack- Allee

Staatskanzlei

Alter Garten

Siegessäule

Fährableger

H.-Mann-Str.

Burgsee

Schloss

Schweriner See

Mecklenburgstraße

Goethestraße

Platz der Jugend

Schlossgarten

Schwimmende Wiese

Lennestr.

Franzosenweg

Bertha-Klingberg-Platz

Johannes- Stelling - Str.

Jägerweg

Kreuzkanal

Grünhausgarten

Pavillon

Freilichtbühne

Schleifmühle

18

1 1. Enge Straße
2 2. Enge Straße
3 3. Enge Straße

Übernachten
1 Speicher am Ziegelsee
2 Niederländischer Hof
6 Weinhaus Wöhler
14 Zur guten Quelle
16 Pension am Theater
18 Jugendherberge Schwerin

Essen & Trinken
1 Speicher am Ziegelsee
2 Niederländischer Hof
4 Friedrich's am Pfaffenteich
5 Zum Feinspitz
6 Weinhaus Wöhler
7 Feine Kost
11 La Bouche
12 Lukas
13 Weinhaus Uhle
17 Wallenstein

Cafés
8 Müllers
9 Johanns
10 Rösterei Fuchs
15 Café Prag

Nachtleben
3 Freischütz

Übernachten

Niederländischer Hof 🄲, edles Ambiente in historischem Gebäude am Pfaffenteich, Feinschmeckerrestaurant (→ Restaurants) und Bar im Haus. 32 geschmackvoll eingerichtete Zimmer, EZ 124–134 €, DZ 160–190 €, Dreibett-Zimmer 193–238 €, Studio/App. 182–212 €, jeweils inkl. Frühstück, Halbpension 18–26 €; Hund 13 €. Alexandrinenstr. 12–13, 19055 Schwerin, ✆ 0385-591100, www.niederlaendischer-hof.de.

Pension am Theater 🄰, zentrale Lage neben dem Staatstheater, gediegenes Ambiente. EZ 62–75 €, DZ 79–1000 €, jeweils inkl. Frühstück; keine Haustiere. Ferienwohnung 410 €/Woche. Theaterstr. 1–2, 19055 Schwerin, ✆ 0385-593680, www.schwerin-pension.de.

Weinhaus Wöhler 🄶, zu dem bekannten Lokal (→ Restaurants) am Rand der Schelfstadt gehören auch sieben renovierte DZ. Restaurant sowie Weinstube und -kontor im Haus. EZ 74–99 €, DZ 104–119 €, auf Frühstück 12 € pro Pers.; Hund einmalig 15 €, Parkplatz 4–8 €/Tag. Puschkinstr. 26, 19055 Schwerin, ✆ 0385-555830, www.weinhaus-woehler.de.

Zur guten Quelle 🄵, etwas einfacheres Ambiente in historischem Fachwerkhaus in der Altstadt (nahe Markt). Gutbürgerliches Restaurant, im Sommer mit Hofbetrieb. EZ 57–69 €, DZ 77–102 €, Familienzimmer 108–124 €, jeweils inkl. Frühstück; Hund 6 €, Parken 3–6,90 €. Schusterstr. 12, 19055 Schwerin, ✆ 0385-565985, www.gasthof-schwerin.de.

Jugendherberge Schwerin 🄸, orangefarbener, schon etwas älterer 91-Betten-Bau mitten im Wald, zwischen Schweriner See und Faulem See. Im Sommer sollte man ca. eine Woche vorher reservieren. Bus Nr. 14 ab Marienplatz. Übernachtung ab 21 €. Waldschulweg 3, 19061 Schwerin, ✆ 0385-3260006, www.jugendherbergen-mv.de.

Außerhalb Hotel Speicher am Ziegelsee 🄰, edel-gemütliches Ambiente in einem sorgfältig restaurierten Getreidespeicher, knapp 2 km außerhalb der Innenstadt. Geschmackvolle Einrichtung mit Korbmöbeln und Terrakotta, Sauna sowie das Gourmet-Restaurant „aurum" und eine Terrasse direkt am See. *Anfahrt*: Von der Innenstadt die Werderstraße stadtauswärts (Richtung Wismar/B 104), dann links ab (ausgeschildert). EZ 89–120 €, DZ 109–150 €, Studio 144–170 €, jeweils inkl. Frühstück; Hunde (in manchen Zimmern erlaubt) 18 €, Fahrradverleih (auch E-Bikes). Speicherstr. 11, 19055 Schwerin, ✆ 0385-50030, www.speicher-hotel.com.

Camping Ferienpark Seehof, schön ruhig am See gelegener Campingplatz bei der gleichnamigen Ortschaft nördlich von Schwerin, gut ausgeschildert. Mit Gaststätte, Fahrradverleih, eigenem Seestrand und Bootsanleger; angeschlossene Segelschule (www.segeln-schwerin.de), auch Bootsverleih. Stellplatz inkl. 2 Pers. 24–41 € (vor der Schranke 15 €), Mietbad 6 €, Finnhütte (2 Pers.) 40–50 €. Am Zeltplatz 1, 19069 Seehof, ✆ 0385-512540, www.ferienpark-seehof.de.

Essen & Trinken/Nachtleben

Restaurants Niederländischer Hof 🄲, das stilvolle, vielfach gelobte Restaurant im gleichnamigen Hotel bietet ein 3-Gänge-Menü für 39,90 € (5 Gänge 52,90 €). Gepflegtes Ambiente. Zuletzt Di–Sa abends geöffnet. Alexandrinenstr. 12–13, ✆ 0385-591100, www.niederlaendischer-hof.de.

Weinhaus Uhle 🄳, nach langen Jahren der Schließung und Renovierung wiedereröffnete Traditionsadresse in der Schusterstraße: Weinhandlung (10–18 Uhr geöffnet) sowie Bistro (2- bis 3-Gang-Mittagsmenü 19–23 €, abends Käse und Antipasti zum gepflegten Glas Wein), abends elegantes Gourmet-Restaurant (vom 3-Gang-Menü 55 € bis zum 6-Gang-Menü 95 €). Auch Hotel. Schusterstr. 13–15, ✆ 0385-48939430, www.weinhaus-uhle.de.

Weinhaus Wöhler 🄶, verwinkelter Fachwerkbau aus dem Jahr 1819, neben den einladenden Historischen Stuben (Restaurant) gibt es im Sommer auch den Biergarten, außerdem noch eine Weinhandlung. Gute Küche mit zuvorkommendem Service, feiner Fisch, aber auch deftige mecklenburgische Gerichte. Hauptgericht ab etwa 15 €. Mittags und abends geöffnet. Puschkinstr. 26, ✆ 0385-555830, www.weinhaus-woehler.de.

→ Schwerin Karte S. 76

La Bouche 🔟, in dem sympathischen Bistro (auch Bar) kann man in freundlicher Atmosphäre und einem Hauch französischem Flair gute Küche oder auch nur ein Glas Wein mit ein paar Snacks genießen. Saisonale französische Küche, Hauptgerichte ab 12 €, auch Galettes (8 €). Und zum Abschluss vielleicht die „Tarte des Tages"? Kleine und feine Weinauswahl. Im Sommer ein paar Tische draußen. Tägl. ab mittags durchgehend geöffnet (Küche bis 14.30, abends 17–21.30 Uhr). Buschstr. 9, ✆ 0385-39456092, www.bistrolabouche.de.

Fischrestaurant Lukas 🔢, beliebtes Fischlokal mit Wintergarten und Terrasse. Regionale Fischgerichte ebenso wie Garnelen und Steaks, Hauptgericht ab 13 €. Zentrale Lage unweit des Marktes. Mo–Fr günstiger Mittagstisch. Tägl. 11.30–22 Uhr (Jan. bis März So nur mittags und Mo Ruhetag). Großer Moor 5, ✆ 0385-565935, www.restaurant-lukas.de.

Restaurant-Café Friedrich's am Pfaffenteich 🔢, schönes Bistro-Ambiente im neoklassizistischen „Kücken-Haus", auch draußen nett zum Sitzen; Hauptgerichte um 14 €. Geöffnet tägl. 11–24 Uhr. Friedrichstr. 2, ✆ 0385-555473, www.restaurant-friedrichs.com.

Restaurant/Café Wallenstein 🔢, in Bestlage am Anleger der Weißen Flotte, Holzterrasse direkt am Wasser. Durchgehend warme Küche (auch saisonale Fischgerichte um 15 €). Tägl. 10–22 Uhr, in der Nebensaison 11–22 Uhr. Werderstr. 140, ✆ 0385-5577755, www.restaurantwallenstein.de.

Imbiss/Einkaufen **Zum Feinspitz** 🔢, ein Stück Österreich in der mecklenburgischen Residenzstadt. Österreichische Weine und Delikatessen vor allem aber auch ein kleines, aber feines Kaffeehaus: ob auf eine Melange, einen Grünen Veltiner aus der Wachau oder einen Palatschinken, im Feinspitz lässt es sich genießen. Auch Frühstück und kleine Gerichte zu Mittag (sehr gute Tagesangebote). Freundlich geführt. Di–Fr 11.30–20 Uhr, Sa 10–18 Uhr geöffnet. Puschkinstr. 31, ✆ 0385-39379880, www.zum-feinspitz.de.

🍃 **Feine Kost** 🔢, Bio-Laden mit vegetarischem und veganem Imbiss unweit des Marktplatzes. Tägl. wechselnd stehen eine Suppe (um 5 €) und ein Gericht (6,50 €) auf dem Wochenplan. Zuletzt Mo–Fr 9–16.30 Uhr geöffnet. Puschkinstr. 36, ✆ 0385-4848668, www.feinekost-schwerin.de. ∎

Cafés **Café Prag** 🔢, traditionsreiches Café in der Schlossstraße (Ecke Puschkinstraße). Den Namen verdankt das Café dem guten tschechischen Bier, das hier zu DDR-Zeiten ausgeschenkt wurde. Doch seine Geschichte reicht als einstige herzogliche Hofkonditorei und Kaffeehaus weit zurück bis ins 18. Jh. Heute präsentiert sich das Café Prag als ein herrlich altmodisches, im besten Sinne klassisches Kaffeehaus. Schön fürs entspannte Frühstück oder eine gepflegte Tasse Kaffee, auch Mittagstisch. Tische auch draußen vor dem Haus, freundlicher Service. Mo–Fr 8–19 Uhr (Fr bis 21 Uhr), Sa 10–21 Uhr, So 10–18 Uhr geöffnet, So bis 18 Uhr. Puschkinstr. 64, ✆ 0385-565909.

Rösterei Fuchs 🔟, zuallererst natürlich – der Name verrät es – Kaffeerösterei und damit Fachgeschäft für Kaffeespezialitäten. Daneben, das bietet sich an, auch Café. Es gibt Schokolade (zum Trinken und handgeschöpft), guten Kuchen, Flammkuchen und Pasta und vor allem: Röstbrote: z. B. geröstetes Brot mediterran mit Feta und Pesto belegt, nicht zu vergessen natürlich den sehr guten Kaffee. Tägl. 9–20 Uhr geöffnet (Sa/So bis 18 Uhr), Frühstück bis 12 Uhr (Sa/So den ganzen Tag). Am Markt 4, ✆ 0385-5938444, www.roesterei-fuchs.de.

🍃 **Müllers** 🔢, das urban-puristisch eingerichtete, sympathische Café bietet vegetarische und vegane Gerichte. Viele Zutaten, auch für Frühstück und Kuchen, stammen aus ökologischer Landwirtschaft. Auch Kneipe, freundlicher Service, gemütlicher Hinterhof (zum Dom hin). Tägl. 9–22 Uhr geöffnet. Puschkinstr. 55, ✆ 0385-55596990. ∎

Johanns 🔢, ursprünglich als klassizistische Markthalle gedacht, beherbergt der blendend weiße Prachtbau am Markt mit seiner markanten Säulenvorhalle heute ein Café und Restaurant mit italienischer Küche (auch Pizza, Pasta ab 10 € sowie Eis). Der Name erinnert an den Erbauer der schmucken Immobilie, den Schweriner Architekten Johann Joachim Busch. In dem hellen Säulengang ein paar Stufen oberhalb des Platzes lässt es sich aushalten. Tägl. 8.30–22 Uhr geöffnet. Am Markt 1, ✆ 0385-57278866.

Kneipen **Freischütz** 🔢, eine besonders schöne und gemütliche Kneipe am Ziegenmarkt (unterhalb der Schelfkirche). Eher junge Gäste, günstige Tagesgerichte (Mo–Fr mittags 5,50 €) und Wochenkarte, günstig auch die Getränke. Im Sommer Tische auch draußen an der Straße. Mo–Fr 11– 3 Uhr, Sa/So 18–3 Uhr (oder open end), Küche bis 24 Uhr. Ziegenmarkt 11, ✆ 0385-561431, www.zum-freischuetz.de.

Sehenswertes

Schloss: Das auf einer winzigen Insel im Schweriner See gelegene imposante Bauwerk mit unzähligen Türmchen und Aufbauten erinnert an die prächtigen Schlösser an der Loire – und in der Tat ließ sich *Georg Adolph Demmler* (→ „Mehr als nur Architekt Schwerins", S. 73), der wichtigste Baumeister des Schweriner Schlosses, vom dortigen Château Chambord inspirieren. Als er 1843 mit den Arbeiten begann, hatte das Schloss, in dem heute der Landtag Mecklenburg-Vorpommerns residiert, allerdings schon eine lange Geschichte hinter sich: Ursprung war eine slawische Befestigungsanlage, die Anfang des 11. Jh. als Burg *Zuarin* und Stützpunkt des Obotritenfürsten *Niklot* in Dokumenten erwähnt wird. 1160 fiel die Anlage an *Heinrich den Löwen* (1129–1195), der bzw. dessen Nachfolger sie zur ersten Residenz der Grafschaft Schwerin ausbauten. Im 16. Jh. schließlich wurde die Burg von Herzog *Johann Albrecht I.* (1525–1576) in weiten Teilen zum Renaissanceschloss umgestaltet, hinzu kam eine Schlosskirche, seinerzeit der erste protestantische Kirchenneubau Mecklenburgs. Dann aber ging es abwärts: 1756 verließen die Fürsten Schwerin und bezogen eine neue Residenz im etwa 40 km südlich gelegenen Ludwigslust. Als sie 1837 wieder zurückkehrten, war das Schloss heruntergekommen und kaum noch bewohnbar. Sechs Jahre später schlug die Stunde von Hofbaurat Demmler. Nachdem Pläne für einen kompletten Neubau verworfen worden waren, machte er sich zusammen mit seinem Kollegen *Hermann Willebrand* (1816–1899) an die Arbeit und baute bis 1851 weite Teile der alten Anlage zum prachtvollen Neorenaissanceschloss um bzw. aus. Weitere Umbauten – die Neugestaltung

→ Schwerin → Karte S. 76

Das prächtige Schloss samt Schlosspark

der Fassade zur Stadtseite hin und die Errichtung der Goldkuppel – waren das Werk *Friedrich August Stülers* (1800–1865), unter dessen Leitung auch das Reiterstandbild des Obotritenfürsten Niklot aufgestellt wurde. Die feierliche Eröffnung des neuen Schlosses fand 1857 statt.

Ein guter Geist – das Petermännchen

Ein kleines, altes Männchen mit grauem Bart und Federhut, einer Laterne in der Hand und einem Schwert, dazu ein Schlüsselbund – so sieht man auf Bildern den Schweriner Schlossgeist, der hier seit vielen Jahrhunderten wohnt und das Böse aus der Stadt vertreibt.

Der Sage nach ist das Petermännchen der einzige verbliebene Diener eines heidnischen Gottes der Tempelburg, die einst an der Stelle des heutigen Schlosses stand. Seine Dienerkollegen zogen sich – nachdem der Heidengott vor den nahenden Christen geflohen war – nach Petersberg bei Pinnow (östlich von Schwerin) zurück, daher auch der Name des Kobolds. Das Petermännchen jedoch blieb und bewachte fortan die Burg, verjagte Eindringlinge und belohnte die Guten. Seinen Schlossherren war es dabei stets treu ergeben.

Bekanntestes Opfer des umtriebigen Kobolds war Wallenstein, kaiserlicher Generalissimus während des Dreißigjährigen Krieges. Der hatte Gefallen am Schweriner Schloss gefunden und beabsichtigte, sich hier niederzulassen. Doch schon in der ersten Nacht im neuen Zuhause setzte ihm das Petermännchen ordentlich zu, machte riesigen Lärm, zog ihm die Decke weg und zwickte und boxte den Feldherren die ganze Nacht hindurch, sodass dieser am nächsten Tag entnervt in einen anderen Flügel des Schlosses umzog. Doch auch dort erging es ihm nicht besser, im Gegenteil, der Schlossgeist ließ Wallenstein nächtens ein Ahnenbild auf den Kopf fallen – der Feldherr reiste am nächsten Morgen ab und kam nie wieder.

Der *Rundgang* führt zunächst hinauf zu den Wohngemächern der Herzogin in der Beletage (zweiter Stock). „Beletage" verspricht nicht zu viel: Es folgen in der Tat recht schmucke Räumlichkeiten, darunter das kostbare Speisezimmer, die Rote Audienz und das durchaus gemütliche Wohnzimmer. Im dritten Stock gelangt man dann in die Festetage mit den Repräsentationsräumen und dem Wohnbereich des Herzogs. Letzterer ist nur teilweise zugänglich: darunter das Adjutantenzimmer, das Rauchzimmer (für die Regierungspause) und die Bibliothek. Hinter dem Bücherregal befindet sich übrigens ein Geheimgang, der es dem Herzog ermöglichte, sich auch mal ohne Wissen seines Adjutanten (respektive der Herzogin …) zu absentieren. Schließlich gelangt man in den Thronsaal, den prachtvollsten Raum des Schlosses mit kunstvollem Intarsien-Parkett, einem vergoldeten Thronsessel mit Baldachin und Säulen aus Carrara-Marmor, dem original erhaltenen Kronleuchter, einem aufwändigen Deckengemälde nebst Stuckarbeiten – und einer geradezu modernen Heizung. Die im Rundgang anschließende Ahnengalerie hatte der Untertan auf dem Weg zur Audienz zu durchschreiten und bekam nebenbei die Legitimation des Fürsten gezeigt: Zu sehen sind alle mecklenburgischen Fürsten von 1348 bis 1800 im mehr oder minder schmeichelhaften Porträt.

Wer die Besichtigung des Schlosses vervollständigen will, findet im ersten Stock eine umfangreiche Porzellan- und eine Waffensammlung (beim Eingang beschildert).

Der *Burggarten* um das Schloss wurde von *Joseph Lenné* (1789–1866) im englischen Stil konzipiert, wobei auch die Dachterrassen der Orangerie (heute das gleichnamige Café) mit einbezogen wurden.

Das **Schloss** ist Mitte April bis Mitte Okt. Di–So 10–18 Uhr geöffnet, im Winter bis 17 Uhr, Mo geschl.; Einlass bis eine halbe Stunde vor Schließung. Eintritt 8,50 €, erm. 6,50 €, Kinder unter 6 J. frei, Fotoerlaubnis 3 €. *Führungen* durch die Beletage und Festetage im Sommerhalbjahr Di–So 11 und 13.30 Uhr, Mai/Juni auch Sa/So 15 Uhr, Juli/Aug. auch Di–So 12 und 15 Uhr, in den Wintermonaten nur Di–So 11.30 Uhr, Sa/So auch 13.30 Uhr; Dauer 1 Std., 3 €/Pers., erm. 2 €. Audioguide 2 €. Lennéstr. 1, ☎ 0385-5252920, www.schloss-schwerin.de.

Schlossgarten: Die vom Schloss aus über eine alte Drehbrücke zu erreichende Anlage wurde 1670 als barocker Lustgarten gestaltet. Knapp ein Jahrhundert später entstanden gemäß der Mode der Zeit der Kreuzkanal, gesäumt von 14 Skulpturen (u. a. antike Götter, Allegorien der Jahreszeiten), und zwei Laubengänge. Auffälligstes Monument ist allerdings das Reiterdenkmal von Großherzog *Friedrich Franz II.* (1823–1883) aus dem Jahr 1893. Die aufwändig gepflegte Anlage lädt zum Spazierengehen ein, z. B. vom Schlosspark über den Franzosenweg am See entlang bis zum Zippendorfer Strand.

Schleifmühle: Das alte Fachwerkhaus mit großem Mühlrad am Faulen See wurde 1704 ursprünglich als Pulvermühle gebaut. Ab 1757 nutzte man den Antrieb des Wasserrades für eine Steinschleiferei, die u. a. auch die Bauherren des Schweriner Schlosses belieferte. Der Rundgang durch das Mühlengebäude (zwei kleine Ausstellungsräume mit historischen Dokumenten, geschliffenen Steinen und Halbedelsteinen) endet mit einem wirklich ohrenbetäubenden Erlebnis: Der „Müller" wirft die Mühlenanlage an und lässt in einer etwa zehnminütigen Vorführung die durch Wasserkraft betriebene Steinsäge ihr Werk verrichten. Sehenswert!

Ende März bis Okt. tägl. 10–17 Uhr, im Winter nur nach Voranmeldung. Eintritt 3 €, erm. 2 €, Familienkarte (2 Erw. und 2 Kinder) 7 €. Schleifmühlweg 1, ☎ 0385-562751, www.schleifmuehle-schwerin.de.

In der Galerie Alter Meister

Alter Garten: Der riesige Platz an der Stadtseite des Schlosses war – der Name sagt es – ursprünglich eine Gartenanlage, die aber mit dem Bau des eigentlichen Schlossgartens 1670 ihre Bedeutung verlor und später als Exerzierplatz genutzt wurde. Heute bildet der Alte Garten mit seinem gelungenen Ensemble klassizistischer Bauten das Herz des Schweriner Regierungsviertels und dient im Sommer als repräsentativer Rahmen für Opernaufführungen. Die bedeutendste Sehenswürdigkeit am Platz und eine der größten Attraktionen des ganzen Landes ist die Staatsgalerie (→ unten, *Galerie Alte & Neue Meister*). Erwähnenswert sind aber auch die anderen Gebäude/Bauwerke am *Alten Garten*: das vergleichsweise schmächtig wirkende *Alte Palais*, ein Fachwerkbau aus dem 18. Jh.; das *Mecklenburgische Staatstheater* gleich daneben, ein prachtvolles, säulen- und giebelgeschmücktes Gebäude, das zwischen 1883 und 1886 errichtet wurde, nachdem ein Vorgängerbau kurz zuvor abgebrannt war; die 32 m hohe *Siegessäule* (1874) am Ufer des Burgsees, die an den Deutsch-Französischen Krieg von 1870/71 erinnert; das dreiflügelige *Kollegienhaus* (1825–1834) oberhalb der Siegessäule (am Beginn der Schlossstraße mit ihren repräsentativen Bauten), in dem heute die Staatskanzlei untergebracht ist; und schließlich die *Neue Regierung* (1892) – der Erweiterungsbau des Kollegienhauses ist mit diesem durch einen über Arkaden verlaufenden Übergang verbunden, vom Volksmund spöttisch „Höhere Beamtenlaufbahn" genannt.

Galerie Alte & Neue Meister: Ein Tempel für die Kunst. Über eine mächtige Freitreppe und durch eine von hohen Säulen getragene Vorhalle gelangt man in die Staatsgalerie mit ihrer beachtlichen Kunstsammlung hochrangiger Werke. Im Obergeschoss befinden sich eine beeindruckende Sammlung *Alter Meister* mit Werken der deutschen Spätgotik und Renaissance sowie eine umfangreiche Sammlung holländischer und flämischer Malerei des 17. Jh., darunter die *Torwache* von Carel Fabritius und *Lot und seine Töchter* von Peter Paul Rubens. Ein weiteres Highlight ist der Saal mit den großformatigen Tierporträts des französischen Hofmalers *Jean-Baptiste Oudry* rund um das Rhinozeros mit dem schönen Namen *Jungfer Clara*. In einem Nebenraum schließlich stehen zwölf Bronzen von *Ernst Barlach*, die auf die nicht minder eindrucksvollen *Neuen Meister* im Erdgeschoss einstimmen. Hier sind u. a. Werke von Max Liebermann, Lyonel Feininger, Lovis Corinth, Vertretern der Künstlerkolonien Schwaan und Ahrenshoop wie Rudolf Barthels und Paul-Müller-Kaempff zu sehen. Überaus eindrucksvoll sind die Sammlung von Werken Marcel Duchamps sowie des gebürtigen Mecklenburgers Günther Uecker, darunter auch die für Uecker typischen Nagelreliefs. Seit 2016 ergänzt ein großzügiger Neubau die Ausstellungsfläche, in dem zeitgenössische Kunst und Werke der Sammlung Neue Medien gezeigt werden.

Mitte April bis Mitte Okt. Di–So 11–18 Uhr; im Winter nur bis 17 Uhr, Mo geschl. Eintritt 8,50 €, erm. 6,50 €, Audioguide 2 €. Führungen durch das Museum Sa 12 Uhr und So 11 Uhr, Dauer ca. 1 Std., erm. 2 €. Immer Do um 18 Uhr (außer Juli und Aug.) lädt das Museum zum „Rendezvous" mit Sonderführungen, Konzerten, Künstlergesprächen o. Ä. Museumsshop und **Café Kunstpause** im Erdgeschoss. Alter Garten 3, ☏ 0385-59580, www.museum-schwerin.de.

Schwerin → Karte S. 76

Marstall: Das von riesigen Kastanienbäumen flankierte Gebäude, in dem einst die Stallungen der herzoglichen Pferde untergebracht waren, stammt wie vieles in der Stadt von Hofbaumeister Demmler und entstand zwischen 1838 und 1842. Heute befindet sich hier das Ministerium für Bildung, Wissenschaft und Kultur des Landes Mecklenburg-Vorpommern.

Altstädtischer Markt mit Neuem Gebäude und Altem Rathaus: das Herz der Stadt, ein lebendiger Platz, zwar ohne Markt, aber mit einigen architektonischen Sehenswürdigkeiten. Auffälligstes Gebäude am Markt (Nordseite) ist zweifelsohne das ursprünglich 1783–1785 als Markthalle gebaute *Neue Gebäude* (auch „Säulengebäude"), in dem heute ein Café/Restaurant untergebracht ist. Zweiter optischer Blickfang des Platzes ist das *Alte Rathaus* mit der 1835 aufgesetzten Fassade im (neogotischen) Tudorstil, hinter der sich vier alte Giebelhäuser verbergen. Auf der mittleren Zinne des Rathauses thront die recht kleine, aber strahlend goldene Reiterstatue von Stadtgründer *Heinrich dem Löwen* (1129–1195), dem auch das zweite Denkmal am Platz, eine Löwenplastik vor dem Neuen Gebäude, gewidmet ist. Letztere wurde anlässlich des 800. Todestages des Stadtgründers im Jahr 1995 aufgestellt.

Schlachtermarkt: Ein Durchgang am Rathaus führt vom Altstädtischen Markt zum Schlachtermarkt. Mit seinen alten Fachwerkhäusern, den hohen Bäumen und dem modernen Brunnen *Von Herrn Pastor sien Kauh* (1978) zählt er zu den schönsten

Löwe, Dom und Neues Gebäude: Am Altstädtischen Markt

Das prächtige Triumphkreuz im Schweriner Dom stammt ursprünglich aus Wismars Marienkirche

Plätzen der Stadt. Bis 1938 befand sich hier (Hausnummer 3–5) die **Schweriner Synagoge**. Ein Neubau der Synagoge, in dem die Fundamente des am 9. November 1938 zerstörten Gebäudes integriert sind, wurde 2008 eröffnet.

Dom: Die imposante dreischiffige Basilika mit mächtigem, ebenfalls dreischiffigem Querhaus entstand ab 1270 anstelle eines romanischen Vorgängerbaus. Da sich die Arbeiten bis ins 15. Jh. hineinzogen, weist die Einwölbung bereits spätgotische Einflüsse auf. So ist das ältere Langhaus mit einem Kreuzrippengewölbe versehen, das Querhaus dagegen aufwendiger mit einem Netz-, die Vierung mit einem Sterngewölbe. Der Raumeindruck der Basilika ist majestätisch und licht. Anders als beispielsweise in der zeitgleich entstandenen Zisterzienserkirche von Bad Doberan dominiert hier nicht das warme Rot des Backsteins, sondern ein strahlendes Weiß, das von grauen Diensten, roten und grünen Gewölberippen etc. durchbrochen wird. Der 1327 fertiggestellte Chorumgang wird von einem Kapellenkranz abgeschlossen. Von der gotischen Innenausstattung ist, nachdem die ehemalige Bischofs- und Klosterkirche zu einer evangelischen Pfarrkirche geworden war, nicht mehr viel erhalten. Das bedeutendste Kunstwerk ist – neben einem ursprünglich aus der Marienkirche in Wismar stammenden Triumphkreuz (um 1420) – der Flügelaltar, dessen Mitteltafel aus Sandstein gefertigt wurde (ebenfalls um 1420). Dargestellt sind Kreuzigung, Höllenfahrt und Auferstehung Christi. Das älteste Stück ist ein achteckiges Bronzetaufbecken von 1325. Die übrige, vor allem neogotisch geprägte Ausstattung stammt aus der Mitte des 19. Jh., als die Kirche umfassend restauriert wurde. Neogotisch ist auch der 117,5 m hohe, von einem spitzen, kupfergedeckten Helm abgeschlossene Kirchturm, der anstelle des niedrigeren gotischen Turms Ende des 19. Jh. errichtet wurde.

Geöffnet Mai bis Okt. Mo–Sa 10–17 Uhr, So 12–17 Uhr; im Winter Mo–Fr 11–15 Uhr, Sa 11–16 Uhr, So 12–15 Uhr. Turmbesteigung bis 30 Min. vor Schließung (2 €, Kinder 1 €). Domführungen: Di und Sa 11 Uhr, Mo 15 Uhr, Do 14 Uhr.

Schelfstadt mit Schelfkirche und Schleswig-Holstein-Haus: eine der schönsten und beschaulichsten Ecken in Schwerin. Die *Schelfe* (= „Land zwischen den Wassern") erstreckt sich grob zwischen Pfaffenteich, Ziegelinnensee, Werderstraße und Friedrich- bzw. Burgstraße. Bereits seit 1284 befand sich das Gebiet im Besitz der Bischöfe, damals ein einfaches kleines Fischerdorf mit Pfarrkirche. Im Jahr 1705 ernannte Herzog *Friedrich Wilhelm* (1675–1713) die Schelfe zu einer selbstständigen Stadt, der „Schelfstadt" (oder auch „Neustadt"), und ließ diese gleich darauf auch städtebaulich umgestalten: Es entstanden rechtwinklige Straßenzüge mit ein- bis

Schwerin
→ Karte S. 76

zweigeschossigen Fachwerkbauten, im Zentrum der Schelfmarkt mit der *Schelfkirche* (St. Nikolai). Die barocke Backsteinkirche, die den gotischen Vorgängerbau von 1238 ersetzte, entstand in den Jahren 1708–13. Besondere Bedeutung hat die Schelfkirche heute als einziger echter barocker Kirchenbau und als erste große nachreformatorische Kirche ganz Mecklenburgs. Im Kircheninneren sehenswert ist ein Altarbild von Hofmaler *Gaston Lenthe* (1805–1860). Die Fürstengruft unter dem Altar kann besichtigt werden (Licht 1 €, Vorsicht, steile Treppe). Ganztägig geöffnet.

Zweiter Anziehungspunkt in der Schelfstadt ist das ebenfalls barocke *Schleswig-Holstein-Haus* (1737), in dem sich seit 1995 ein wichtiges kulturelles Zentrum befindet: Wechselnde Ausstellungen, Lesungen, Chor- und Gospelkonzerte, Kammermusik und vieles mehr füllen den Veranstaltungskalender, eine ständige Ausstellung ist der mecklenburgischen Landesgeschichte gewidmet. Im Sommer sind auch Garten und Remise zu besichtigen.
Di–So 11–18 Uhr und zu Veranstaltungen. Eintritt (Dauerausstellung) 3 €, erm. 2 €. Puschkinstr. 12, ✆ 0385-555524.

Um den Pfaffenteich – Wohnhaus Demmlers, Kückenhaus, Arsenal: In einer natürlichen Senke wurde der ursprünglich zum Besitz der Kirche zählende Pfaffenteich („Papendiek") schon im 12. Jh. als See aufgestaut, damals die nördliche Grenze der Stadt. Dem Stadtarchitekten Demmler ist es zu verdanken, dass sich der See heute so harmonisch in das Stadtbild einfügt: Im Zuge der innerstädtischen Ausdehnung um 1840 ließ er die Ufer befestigen und einen repräsentativen Rundweg inklusive Lindenallee um den See herum anlegen. Repräsentativ sind auch die noblen Bürgerhäuser um den See: am Südufer zunächst das *Wohnhaus Demmlers* (Arsenalstraße, Ecke Mecklenburger Straße), an der Ecke zur Friedrichstraße das *Kückenhaus* von 1868 (heute Restaurant-Café Friedrich's), in dem einst der Komponist und Hofkapell-

meister *Friedrich Kücken* (1810–1882) lebte. Blickfang am Südufer des Sees ist allerdings das *Arsenal* schräg gegenüber: Der ockerfarbene Bau im Stil der englischen Tudorgotik entstand nach Plänen Demmlers zwischen 1840 und 1844 und beherbergte neben Kaserne, Zeughaus, Stallungen und Werkstätten auch Militärgericht und Gefängnis der Stadt. Nach umfangreicher Restaurierung befindet sich hier heute das Innenministerium Mecklenburg-Vorpommerns.

Am Pfaffenteich

Die kleine *Pfaffenteichfähre* (→ S. 74) pendelt im Sommer regelmäßig zwischen Ost- und Westufer und erlaubt schöne Ausblicke auf das Südufer mitsamt der Wasserkaskaden. Auf dem Pfaffenteich finden alljährlich im August auch die bekannten Drachenbootrennen statt.

Alles unter einem Dach: Stube, Scheune, Stall – im Freilichtmuseum Mueß

Um den Schweriner See

Deutschlands viertgrößter See (61,5 km²) ist in der unmittelbaren Umgebung der Landeshauptstadt bestens erschlossen, an seinem Nord- und Ostufer jedoch fast noch Brachland. Nur wenige Hotels und eine Kurklinik finden sich am Ostufer, Strände gibt es kaum. Ab und zu stemmt sich ein hartgesottener Surfer oder Segler gegen den Wind, ansonsten bleibt die Gegend menschenleer. Das sumpfige Nordufer kann ohnehin nur weiträumig umfahren werden.

Am Südufer des Schweriner Sees

Zippendorfer Strand: Der Hausstrand von Schwerin liegt am südlichen Ufer des Schweriner (Innen-)Sees. Der schöne Sandstrand zieht die Badegäste hier schon seit Anfang des 19. Jh. an, um die Jahrhundertwende entstand dann die Strandpromenade mit den repräsentativen Villen. Am Strand Beachvolleyball, Bootsanleger, Imbissbuden und Gaststätten. Zippendorf selbst ist ein ruhiger Ort mit großer Seniorenresidenz am Waldrand.

Vom Zippendorfer Strand fällt der Blick auf die beiden Inseln *Kaninchenwerder* und *Ziegelwerder*, zwei unbewohnte Naturschutzgebiete, die zahlreichen Wasservögeln als Brutplatz dienen.

Anfahrt Mit dem Pkw: Zippendorf liegt ca. 3 km südlich von Schwerin; auf der B 321 Richtung Güstrow, dann links ab, beschildert. Großer gebührenpflichtiger Parkplatz am Strand.

Mit Tram/Bus: Tram Linie 1 oder 2 ab Marienplatz (Richtung Hegelstraße) bis Stauffenbergstraße, dort umsteigen in den Bus Linie 6 bis Haltestelle Zippendorf Eiche, dann am Parkplatz vorbei ist man gleich am Strand.

Schwerin
→ Karte S. 76

Zu Fuß/mit dem Fahrrad: Im Schweriner Schlossgarten auf den Franzosenweg einbiegen und diesem (vorbei am Zoo) immer folgen, zu Fuß ca. 45 Min.

Weiße Flotte: Im Sommer wird der Zippendorfer Strand mehrmals tägl. von den Schiffen der Weißen Flotte angefahren (Abfahrt → S. 74).

Freilichtmuseum Schwerin-Mueß: ein schöner Ausflug zu den Traditionen bäuerlichen Lebens in Mecklenburg. Der etwa einstündige Rundgang führt durch rund 20 Gebäude aus dem 18. bis ins frühe 20. Jh., die zwischen 1970 und 1989 restauriert und für die Besucher hergerichtet wurden, darunter Bauernhäuser und Scheunen (besonders eindrucksvoll das Gehöft auf der anderen Straßenseite, dem Eingang gegenüber), Dorfschmiede, Büdnerei (Hallenhaus norddeutscher Kleinbauern), Spritzenhaus und eine Dorfschule. Ausstellungen informieren über Themen wie Imkerei, ländliches Schulwesen und Binnenfischerei. Im Kunstkaten werden wechselnde Ausstellungen gezeigt. Zudem gibt es einen Kräutergarten, einen überdachten Backofen und diverse landwirtschaftliche Geräte. Auf dem Gelände des Museums lädt ein günstiges Café mit schattiger Terrasse zur Pause ein. Museumsshop am Eingang.

Öffnungszeiten/Eintritt Mitte April bis Sept. Di–So 10–18 Uhr (Einlass bis 17.30 Uhr), Okt. Di–So 10–17 Uhr. Das Café ist Di–So 11–17 Uhr geöffnet (im Okt. bis 16.30 Uhr). Eintritt 5 €, Kinder/Jugendliche unter 18 J. 3,50 €, Familienkarte 10 €. Alte Crivitzer Landstr. 13, 19063 Schwerin, ✆ 0385-208410.

Anfahrt Von Schwerin zunächst in südlicher Richtung nach Zippendorf und dann in den Nachbarort Mueß. Dort ist das Freilichtmuseum bestens ausgeschildert. Mit

Tramlinie 1 oder 2 ab Marienplatz (Richtung Hegelstraße) bis Stauffenbergstraße, dort umsteigen in den Bus Linie 6; das Museum hat eine eigene Haltestelle.

Einkaufen Fischereihof Mueß, neben dem Museum und direkt am Schweriner See gelegen; hier gibt es frischen und geräucherten Fisch. Ganzjährig geöffnet, Di–Fr 8–18 Uhr, Sa 8–12 Uhr. Zum Alten Bauernhof 7 a, ✆ 0385-201670, www.fischereihofmuess.de.

Am Ostufer des Schweriner Sees

Felder, so weit das Auge reicht, durchschnitten von kilometerlangen Alleen, Bauernhöfe und stillgelegte Agrarbetriebe am Wegesrand, hier und da ein kleines, ruhiges Dorf, aber auch die Autobahn A 14 nach Wismar – das ist die Ostseite des Schweriner Sees in Stichworten. Idyllisch ist die Gegend nicht (bis auf wenige Oasen), eher wirkt sie verlassen, und das trotz relativer Nähe zur Landeshauptstadt. Etwa in der Mitte des lang gezogenen Sees hilft der *Paulsdamm* (B 104) zwischen Wickendorf und Rampe ein wenig Wegstrecke zu sparen, größter Ort der Gegend ist das verschlafene 5000-Einwohner-Städtchen **Crivitz** mit einigen schönen Fachwerkhäusern.

Der Crivitzer Fischregen

Der Sturm, der kleine mecklenburgische Städtchen am 5. Sept. 1792 heimsuchte, war schon furchterregend genug gewesen. Am Nachmittag aber tanzte eine „Windsbraut" über die Stadt. Der Wirbelsturm deckte Dächer ab, zerstörte Gebäude, trug Vieh davon und sprang schließlich über den See. Der Tornado sog große Mengen Wasser auf und warf sie über der Stadt wieder ab samt Hunderter Fische, die daraufhin auf den Gassen zappelten. In Civitz hatte es Fische geregnet.

Ganz im Südosten des Schweriner Sees zeigt sich **Raben Steinfeld** mit seinen Häusern im englischen Landhausstil noch relativ ansehnlich (Campingplatz am See, → Camping). Am Ortsrand erinnert ein Denkmal an den Todesmarsch der Häftlinge aus den Konzentrationslagern von Sachsenhausen und Ravensbrück, der hier am 2. Mai 1945 mit der Befreiung durch die Rote Armee endete.

Etwa 6 km nördlich erweckt **Leezen** (mit Kurklinik) einen etwas trostlosen Eindruck, ebenso die benachbarten **Rampe** und **Retgendorf** noch weiter nördlich am See. Einziger Lichtblick ist **Flessenow** mit seinem schönen Hotel direkt am Ufer (→ Übernachten).

Übernachten Schloss Basthorst, ein gutes Stück außerhalb von Schwerin gelegen, doch der Weg lohnt sich: ein wunderschönes Anwesen in ruhiger Lage und mitten im Grünen, hinter dem Park erstreckt sich der Glambecksee – ideal für Ruhesuchende. Das Hotel verfügt über ein gehobenes Restaurant und Lounge/Bar, dazu ein großzügiger Wellnessbereich mit Schwimmbad, Sauna, Fitness, Massagen und Kosmetik. Der Golfplatz (→ S. 75) in Vorbeck ist gleich um die Ecke. Moderne, edel eingerichtete Zimmer, auch Suiten. EZ 107–124 €, DZ 144–188 €, Suite 178–228 €, jeweils inkl. Frühstück. auch Appartements. Restaurant tägl. 17.30–21.30 Uhr, mittags Snacks und kleine Karte in der Bar bzw. Lounge. Schlossstr. 18, 19089 Crivitz/OT Basthorst, ✆ 03863-5250, www.schloss-basthorst.de. *Anfahrt:* von Schwerin die B 321 Richtung Crivitz/Parchim nehmen, in Crivitz links Richtung Pinnow, dann Richtung Gädebehn/Kladow und schließlich Richtung Basthorst/Schloss Basthorst.

Camping Süduferperle, in Raben Steinfeld, direkt am See gelegen. Platz mit viel Baumbestand, Liegeplätze im Sportboothafen. Hier befindet sich auch eine Tauchschule: Anfänger- und Fortgeschrittenenkurse, Ausrüstungsverleih und Tauchausflüge. Auch Bootsverleih (Kanus und Ruderboote). Ganzjährig geöffnet. Stellplatz für Zelt, Pkw und 2 Pers. 18 €. Stellplatz für Wohnmobil/Wohnwagen und 2 Pers. 24 €. Hund 2,50 €. Forststr. 19, 19065 Raben Steinfeld, ✆ 03860-312, www.sueduferperle.de. *Anfahrt:* in Raben Steinfeld ausgeschildert.

Golf → S. 75.

Am Westufer des Schweriner Sees

Ebenfalls eher abgelegen, aber doch deutlich dichter besiedelt und verkehrsreicher als das Ostufer. Zwischen dem Ort **Hohen Viechel** am Nordufer des Sees und Bad Kleinen überquert man den *Wallensteingraben*, einen im 16. Jh. angelegten Kanal, der den Schweriner See mit der Ostsee verbindet. Bei einer Tiefe von maximal einem halben Meter hat er jedoch keinen Nutzen für den Wassertourismus, über einen Ausbau des heutigen Landschaftsschutzgebietes wurde immer mal wieder nachgedacht.

Bad Kleinen muss man nicht gesehen haben, schon eher das südlich benachbarte **Schloss Wiligrad** in schöner Lage am See: Das Schloss wurde in den Jahren 1896–1898 im Auftrag des mecklenburgischen Herzogs *Johann Albrecht* erbaut, der hier bis zu seinem Tod im Jahr 1920 lebte. Umgeben ist das Anwesen von einem sehenswerten Skulpturenpark und einem über 200 Hektar großen Wald- und Landschaftspark mit vielen exotischen Bäumen. In einigen repräsentativen Räumen des Schlosses unterhält der Kunstverein Wiligrad e. V. eine *Galerie* mit wechselnden Ausstellungen; Schlossführungen sind nach Voranmeldung möglich. Unweit des Schlosses wird bei der Schlossgärtnerei ein Gartencafé betrieben.

Galerie: Zu Ausstellungen Di–Sa 10–18 Uhr, So 11–18 Uhr. Eintritt 3,50 €, erm. 2,50 €. Kunstverein Wiligrad e. V., Wiligrader Str. 17, 19069 Lübstorf, ✆ 03867-8801, www.kunst verein-wiligrad.de. *Anfahrt:* am Nordende von Lübstorf Richtung See abbiegen (beschildert), dann 2 km durch den Wald zum Schloss.

In voller Pracht – das Ludwigsluster Schloss

Westmecklenburg

Der Westen Mecklenburgs ist das Aschenputtel unter den Landschaften Mecklenburg-Vorpommerns und findet bei Urlaubern und Reisenden nur wenig Beachtung.

Entweder man fährt – Strandkorb, Seeufer oder Schlosshotel schon vor dem geistigen Auge – achtlos durch Westmecklenburg hindurch oder aber (von Süden kommend) einfach dran vorbei. Auch in Sachen Kultur ist die Anziehungskraft Schwerins viel zu groß, um noch Interesse für das Umland übrig zu lassen. Tatsächlich erstrecken sich südlich und westlich von Schwerin fast nur schnurgerade Straßen – schier endlos und überwiegend an landwirtschaftlichen Nutzflächen vorbeiführend. Das war nicht immer so: Einst überzogen riesige Waldgebiete das Land, die nach ihrer Abrodung einen armen, kargen Sandboden hinterließen. Daher wird Westmecklenburg auch die *Griese Gegend* genannt (griese = grau, karg), nicht zuletzt nach ihren einst ärmlichen Bewohnern, die in grauem Gewand als Wanderarbeiter durch das Land zogen.

Doch auch der Westen und Südwesten Mecklenburgs haben die eine oder andere Sehenswürdigkeit zu bieten. Zuforderst ist da natürlich die prächtige Residenzstadt *Ludwigslust* zu nennen, die ein wenig im Schatten der nahen Landeshauptstadt steht und ihrerseits die Nachbarstadt *Neustadt-Glewe* in den Schatten stellt. Sehenswert sind alle beide: Ludwigslust mit seinem schmucken Schloss, herrlichem Park und beeindruckend geschlossener Stadtanlage; Neustadt-Glewe mit Burg, kleinem Schloss (heute Hotel) und idyllisch-ländlichem Stadtbild.

Über der Elbe thront *Dömitz*, ein kleines Städtchen mit einer bemerkenswert gut erhaltenen Festungsanlage. Weiter im Norden befindet sich *Zarrentin* mit einem alten Kloster am Ufer des Schaalsees, der Teil des *Biosphärenreservats Schaalsee* ist. Und ganz im Norden erstreckt sich der Klützer Winkel, ostseenahes Landidyll und Kornkammer Mecklenburgs.

Neustadt-Glewe

ca. 6700 Einwohner

Eine mittelalterliche Burg, ein kleines barockes Schloss und ein ungemein schmuckes Stadtbild. Neustadt-Glewe steht zu Unrecht ein wenig im Schatten der barocken Strahlkraft der nahen Residenz Ludwigslust.

→ Westmecklenburg
→ Karte S. 90

Das Städtchen an der Elde muss sich nämlich keineswegs hinter der Nachbarin verstecken. Sicherlich fehlt im Vergleich zur barocken Planstadt das Außergewöhnliche, in großer Geste weitläufig Angelegte. Dafür aber finden sich hier auf engem Raum kleinstädtische Idyllen. Neustadt-Glewe wurde nach einem verheerenden Stadtbrand 1728 auf dem mittelalterlichen Grundriss neu aufgebaut. Es entstanden um den Markt, den Kirchplatz und entlang der kopfsteingepflasterten Straßen malerische kleine Häuser, teils weiß verputzt, teils backsteinrot mit buntem Fachwerk und Fenstern. Am Stadtrand erhebt sich über die Elde die mittelalterliche **Burg**, die heute von einem kleinen Stadtpark umgeben wird. Ebenfalls an der Elde liegt das **Schloss** von Neustadt-Glewe, eine dreiflügelige Anlage mit wechselvoller Geschichte. Lange Jahre wollte das Schloss, 1619 begonnen, nicht fertig werden. Vom Dreißigjährigen Krieg unterbrochen, blieb das Projekt lange Zeit unvollendet. Erst im 18. Jh. wurde der Bau mit seinen aufwendigen Stuckarbeiten fertiggestellt. Heute beherbergt das Schloss ein gehobenes Hotel.

Information   Die Stadtinformation befindet sich im Museum in der Burg, gleiche Öffnungszeiten wie das Museum (→ „Sehenswertes").

Übernachten   Mercure Hotel Schloss Neustadt-Glewe, in der repräsentativen dreiflügeligen Schlossanlage ist heute ein Hotel untergebracht. Mit Restaurant (auch Terrasse) und Bar. 37 Zimmer, DZ ab etwa 90 €, Frühstück inkl., Hunde 10 €, diverse Arrangements. Schlossfreiheit 1, 19306 Neustadt-Glewe, ☎ 038757-5320, www.schloss hotel-neustadt-glewe.de.

Sehenswertes

Burg und Museum: Die alte *Burg* geht zurück auf den Sachsenfürsten Heinrich den Löwen, der nach dem Sieg über die slawischen Obotriten 1160 sein neu erworbenes Land sichern wollte. Zu diesem Zweck ließ er bei dem jungen Städtchen (*Nova Civitas* wird erstmals 1248 urkundlich erwähnt) die Burg über der Elde errichten, die in den folgenden Jahrhunderten weiter befestigt wurde. Sie besteht im Wesentlichen aus zwei Flügeln und einem trutzigen Rundturm: Das *Alte Haus* stammt aus dem 13. Jh., das *Neue Haus* aus dem 16. Jh., der runde Turm wurde im 15. Jh. errichtet. Einstmals von einem Wassergraben geschützt, umgibt heute ein Park die mittelalterliche, vor einigen Jahren renovierte Burg. Im obersten Stockwerk des Neuen Hauses, dem nunmehr ein Treppenhaus aus Glas und Stahl vorgestellt ist, befindet sich das *Museum* von Neustadt-Glewe. Hier kann man sich über die Geschichte der Burg sowie der 1995 abgerissenen großen Lederfabrik am Ort, aber auch über das dunkelste Kapitel der Stadtgeschichte, das Außenlager des Konzentrationslagers Ravensbrück informieren. Vom Museum führt ein Verbindungsgang zum Turm, der ebenfalls besichtigt werden kann. Anfang Juni findet hier das **Burgfest** statt.

Museum und Stadtinformation: in der Burg, geöffnet Mo und Mi–Fr 10–17 Uhr, Sa/So 11–17 Uhr (im Winterhalbjahr Fr–Mo 11–16 Uhr). Eintritt Museum Erw. 3 €, Kinder/Jugendl. 6–16 J. 1,50 €, Familien 7,50 €. ☎ 038757-50064.

Ludwigslust
ca. 12.500 Einwohner

Der Sonnenkönig hauste ja schließlich auch nicht in Paris! Also ließ sich Herzog Friedrich von Mecklenburg-Schwerin eigens eine Residenz auf dem Lande errichten. Und das Ergebnis konnte sich damals wie heute sehen lassen.

Zugegeben: Versailles ist etwas größer geraten, aber mit der bereits bestehenden Planstadt der Verwandtschaft, der Nachbar-Residenz Neustrelitz, konnte Ludwigslust allemal mithalten: barock strukturierte Straßenzüge mit einer weiten Hauptachse, ein respektables **Schloss** mit Wasserspielen und ein prächtiger **Schlossgarten**.

Anfang des 18. Jh. gab es noch kein Ludwigslust, nur ein kleines Dorf namens Klenow am Rand eines wildreichen Waldes. Der Jagdleidenschaft des Herzogs *Christian II. Ludwig* geschuldet, wurde in das Lieblingsrevier des Herzogs nicht nur ein kleines Jagdschloss gestellt, sondern der Ort auch umgetauft in *Ludwigs-Lust*. Erst der Sohn Ludwigs aber, Friedrich, begann aus dem waidmännischen Refugium eine formidable Residenz zu machen, nachdem er diese 1764 von Schwerin nach Ludwigslust verlegt hatte. Der feinsinnige *Friedrich*, Herzog von Mecklenburg-Schwerin, auch „der Fromme" genannt, kannte viele Tugenden, Sparsamkeit gehörte nicht dazu. Neben dem bescheidenen Jagdschloss entstand nach Plänen des Architekten *Johann Joachim Busch* 1772–1776 ein repräsentatives Schloss. Zuvor war bereits die Stadtkirche errichtet worden (1765–1770), für die Busch ebenso verantwortlich zeichnete, wie auch die Planung der streng strukturierten Stadtanlage auf ihn zurückging. Busch prägte bis zum Ende des 18. Jh. das architektonische Bild der Residenzstadt, sein Nachfolger war *Johann Georg Barca*, der nach 1808 in Ludwigslust wirkte. Vorbei war es mit der höfischen Pracht, als Großherzog *Paul Friedrich* im Jahr 1837 die Residenz wieder zurück nach Schwerin verlegen ließ, Ludwigslust diente nunmehr nur noch als Sommerfrische, Witwensitz und Jagdschloss. Bereits in den 1920er-Jahren waren einige Räume des Westflügels des Schlosses für die Öffentlichkeit zugänglich gemacht worden, die herzogliche Familie lebte hier jedoch bis 1945.

Heute wirkt das Städtchen ein wenig verschlafen, mal abgesehen von den vielen Besuchern rund um Schloss und Schlosspark. Geradlinige Straßenzüge mit niedrigen Backstein- oder Fachwerkhäusern, eine spätbarocke Planstadt eben, in der sich das gemächliche Kleinstadtleben abspielt.

Information   Ludwigslust-Information, Mai bis Mitte Sept. Mo–Fr 10–13 Uhr, Mo/Do auch 14–17 Uhr, Di/Fr 14–17 Uhr, Sa/So 10–15 Uhr; Mitte Sept. bis April Mo–Fr 10–13 Uhr, Mo und Do auch 14–16 Uhr, Di 14–18 Uhr, am Wochenende geschlossen. Schlossstr. 36, 19288 Ludwigslust, ✆ 03874-526251, www.stadtludwigslust.de.

Übernachten/Essen   Hotel de Weimar, unweit des Schlossplatzes gelegen, viel gelobtes Hotel mit prämiertem Restaurant „Ambiente" (mittags und abends geöffnet, So Ruhetag, 3- bis 5-Gänge-Menü 70–95 €), entsprechend stilvoll und edel. Der Innenhof des Hauses wird von einer Glaskonstruktion überdacht und bildet eine Art „internen Wintergarten", in dem es sich stilvoll speisen lässt. Hübsche, individuell eingerichtete Zimmer. EZ 79–85 €, DZ 99–180 €, Suiten 160–220 €, jeweils inkl. opulentem Frühstücksbuffet. Schlossstr. 15, 19288 Ludwigslust, ✆ 03874-4180, www.hotel-deweimar.de.

»» Unser Tipp: Alte Wache, Kaffeehaus und Restaurant. Das ehemalige, 1853 erbaute und sorgsam restaurierte Wachegebäude liegt direkt am Schlossplatz. Innen sitzt man in einem kleinen Raum in stilvollem Ambiente, mächtige Kronleuchter hängen von der Decke, in der Ecke steht ein gusseiserner Zierofen. Im Sommer sitzt man auch herrlich draußen, in bzw. vor dem prächtigen Portikus, z. B. auf einen Kaffee. Sehr gute Küche. Kleine, aber ausgewählte Karte, Hauptgericht um 18 €. Sehr freundlich und rundum nett. Geöffnet Di–

Sa 11–22 Uhr, So nur bis 18 Uhr, Mo Ruhetag. Schlossfreiheit 8, ✆ 03874-570353, www.altewache-ludwigslust.de. «

→ Westmecklenburg
→ Karte S. 90

Sehenswertes

Zunächst ist Ludwigslust an sich sehenswert: die barocke Stadtanlage mit der Schlossstraße als lange und breite Achse, die über den kreisrunden Alexandrinenplatz mit dem Standbild der reitenden Alexandrine, Tochter der Königin Luise und Gattin von Paul Friedrich von Mecklenburg-Schwerin, zum Schlossplatz führt; dann das Schloss samt Schlossplatz und umliegender Gebäude; der Schlossgarten, der zu den schönsten Landschaftsgärten Norddeutschlands gehört – und und und.

Ludwigsluster Carton – Sparen und Klotzen

Die Idee ist so einfach wie genial, das Rezept dazu streng geheim: mit Ludwigsluster Carton ließ sich auf der Ludwigsluster Schlossbaustelle des späten 18. Jh. fast jede Illusion erzeugen, seien es antike Statuen wie die *Venus Medici* (1786), Büsten (z. B. Herzog Friedrichs) und vor allem die unzähligen goldenen Ornamente und Applikationen in den Räumlichkeiten der Festetage im Schloss. Nicht kostspieliger Marmor, gebrannter Stein oder gar Gold sind hier zu sehen, sondern schlicht und einfach raffiniert und täuschend echt bearbeitetes Altpapier! Ein Segen beim herzoglichen Spagat zwischen der Sehnsucht nach standesgemäßem Wohneigentum und notorisch klammen Kassen. Wie genau das Rezept für das erstaunlich wetterfeste Papiermaché lautet, haben die Meister am Hof des Herzogs mit ins Grab genommen. Auf alle Fälle gehörten altes und unbrauchbar gewordenes Papier, Mehl und Leim zu den Ingredienzien der Ludwigsluster Illusionen, das ergab zumindest die penible Buchführung am Ludwigsluster Hof. Das Papier für diese Scheinpracht ließ man sich aus den mecklenburgischen Amtsstuben liefern – Recycling im späten 18. Jh., das seine Wirkung nicht verfehlte. Erst in den 1820er-Jahren schwand dann das Interesse an der Papp-Deko, die eigens gegründete Ludwigsluster Carton-Fabrique ging 1835 pleite, die Dekorationen und Skulpturen aus Papiermaché haben aber noch heute Bestand.

Schloss (mit Museum): Dass das bescheidene kleine Jagdschloss in Sachen Repräsentanz keine Dauerlösung sein konnte, war nach dem Tod von Herzog *Christian II. Ludwig* im Jahr 1756 schnell klar, zumal es das bisherige Schloss an Komfort deutlich mangeln ließ. Seinem Sohn *Friedrich „dem Frommen"*, dem sittenstrengen Schöngeist, gefiel es ebenfalls gut in Ludwigslust und er gab deshalb das neue Residenzschloss in Auftrag, das unter Hofbaumeister *Johann Joachim Busch* (1720–1802) in den Jahren 1772–1776 ausgeführt wurde. Von ihm stammen auch die Entwürfe für den Schlossplatz, Kanal und Kaskade sowie, hinter den Kaskaden, den Bassinplatz, der von zahlreichen Backsteinhäusern umgeben wird: seinerzeit die Wohnhäuser von Adel und Hofstaat.

Das Schloss selbst wurde aus Ziegeln errichtet und mit einer für Mecklenburg eher untypischen Sandsteinfassade überzogen. Es entstand ein dreigeschossiger, symmetrischer Bau, der stilistisch zwischen Spätbarock und Klassizismus zu verorten ist.

Im Jahr 1777, die Innenausstattung war noch nicht fertig, zog der Herzog bereits in sein neues Zuhause ein, im gleichen Jahr ließ er das alte Schloss in weiten Teilen abtragen. Besonders beachtenswert an der Fassade sind die **Attikafiguren** am Dach des Schlosses: Zu sehen sind 40 Statuen, die Allegorien zur Kunst, den Tugenden und besonders zur Wissenschaft darstellen, nicht aber zur Schauspielkunst, die der fromme Friedrich verabscheute. Die mittlere Figurengruppe der Kaskade gegenüber vom Schloss stellt Allegorien der Flüsse *Rögnitz* und *Stör* dar.

Im Schloss ist derzeit der Ostflügel zu besichtigen. Der **Rundgang** beginnt im zentralen „Goldenen Saal" im ersten Obergeschoss. Die prächtigen Dekorationen und Ornamente wurden – und das ist das Besondere – aus Papiermaché gefertigt und später vergoldet bzw. mit einer Messinglegierung angestrichen. Der sog. *Ludwigsluster Carton* (→ oben) erzeugt die Illusion von Marmor, Blattgold, Stuck, mithin von Pracht, die besonders im völlig symmetrischen, elegant verzierten Goldenen Saal zum Ausdruck kommt.

Es folgen die Räumlichkeiten des Herzogs: Vorzimmer, Audienzzimmer und Arbeitszimmer, dann der Höhepunkt des Trakts: die Gemäldegalerie, schließlich Schlaf- und Wohnzimmer. Im zweiten Obergeschoss geht es durch die ebenfalls recht ansehnlichen Gästeappartements. Während des Rundgangs sind zahlreiche Kostbarkeiten und Kuriositäten zu besichtigen. Dazu gehören Gemälde u. a. des französischen Hofmalers *Jean-Baptiste Oudry*. Die Sammlung großformatiger Tierporträts rund um das Nashorn *Jungfer Clara* ist weitgehend in der Staatsgalerie in Schwerin ausgestellt (sie kehren nach Fertigstellung der Sanierung möglicherweise nach Ludwigslust zurück). Heute sind hier der staatliche Löwe (im Vorzimmer des Herzogs) sowie zwei Leoparden, Tiger, Hyäne und Kraniche (in den Gästeappartements) zu sehen. Das Nashorn in der Bildergalerie ist eine verkleinerte Kopie. Auch der Hofmaler *Georg David Matthieu* darf nicht unerwähnt bleiben. Dessen **Figurentafeln** aus den 1760er-Jahren, lebensgroßen Figuren von Mitgliedern des Adels, wurden in den Sälen aufgestellt und wirkten – durch den Spiegel über Eck betrachtet – verblüffend echt, wenn auch aus heutiger Sicht ein wenig unheimlich. Bemerkenswert sind auch die Korkmodelle meist antiker Bauwerke in der an sich schon sehenswerten Gemäldegalerie, über und über mit Gemälden aus dem späten 18. und frühen 19. Jh. behängt. Ungewöhnlichstes Wohn-Accessoire ist wohl das Meissner-Porzellan-Ensemble aus Kamin, Kronleuchter und Spiegel im Kabinett – kostbar, aber kitschig. Weitere Preziosen finden sich in den Gästeappartements: Uhren, Elfenbeintäfelchen, zahlreiche Miniaturen, Terrakotta-Büsten des bedeutenden französischen Bildhauers *Jean-Antoine Houdon* und filigrane Wachsbild-Reliefs. Papiermaché, Kork und Wachs: Der Fürst scheint ein Faible für ungewöhnliche Werkstoffe gehabt zu haben – Marmor kann schließlich jeder.

Einen **Museumsshop** gibt es am Eingang (bei der Kasse), nebenan befindet sich das **Schlosscafé** im historischen Jagdschloss-Ambiente und Terrasse zum Schlossgarten.

Schloss Ludwigslust mit Museum: Mitte April bis Mitte Okt. Di–So 10–18 Uhr, im Winterhalbjahr Di–So 10–17 Uhr. Eintritt 6,50 €, erm. 4,50 €. **Führungen** finden im Sommer Di–Fr um 14 Uhr statt, Sa/So zusätzlich 11 und 15 Uhr; im Winter nur Sa/So 14 Uhr; 3 € pro Pers. Schlossfreiheit 1, ✆ 03874-57190, www.schloss-ludwigslust.de.

Achtung Bauarbeiten!
Nach Fertigstellung des Ostflügels und des Goldenen Saals wird derzeit der Westflügel umfangreich renoviert und ist daher nicht zugänglich. Für die Sanierung sind fünf Jahre veranschlagt.

Schlosspark und Schlossplatz: zweifellos eine der schönsten Parkanlagen in Mecklenburg-Vorpommern, wenn nicht der ganzen Republik. Ein Besuch in Ludwigslust bleibt unvollständig, wenn man nicht auch einen Rundgang durch den Park macht – und sei es nur ein kurzer Spaziergang im Rücken des Schlosses. Auch wenn der Park in seiner Anlage deutlich älter ist, ist er in seiner heutigen Form vor allem ein Werk des preußischen Gartenbaugenies *Peter Joseph Lenné*. Lenné integrierte die bestehenden, immer wieder erweiterten Parkanlagen – u. a. den barocken Garten, den englischen Park, den langen Kanal mit den Wasserspielen, der Mitte des 18. Jh. entstanden war und nicht nur der Belustigung, sondern v. a. der Bewässerung diente – und schuf daraus einen weitläufigen, herrlichen Landschaftspark. Zahlreiche Bauwerke, Skulpturen und Parkelemente sind in dem Park zu entdecken: darunter der genannte Kanal (1756–63) mit Kaskaden und Wasserspielen, die neogotische Katholische Kirche (1803–1809), klassizistische Mausoleen für Herzoginnen, der Louisenteich samt Denkmal, lange prächtige Alleen usw.

Herbststimmung im herrlichen Park

Um den Schlossplatz gruppieren sich zahlreiche sehenswerte Gebäude, darunter ein paar sehr hübsche, niedrige Fachwerkhäuser und die klassizistische *Wache*. Gegenüber vom Schloss befinden sich die *Großen Kaskaden* von 1780. Auf einer Achse mit Schloss und Kaskaden liegt schließlich die *Schlosskirche* (1765–1770), die mit der mächtigen, vorgelagerten Säulenhalle eher wie ein Tempel wirkt.

Dömitz

Mächtig erhebt sich die Festung Dömitz über den Elbauen, an der Mündung der Elde in die Elbe. Sie zählt zu den am besten erhaltenen Festungen in Deutschland. *Cavalier*, *Held*, *Drache*, *Greif* und *Burg* heißen die schier unüberwindlichen Bastionen.

An dieser strategischen Stelle hat seit jeher eine Wehranlage gestanden. Über der Ruine der mittelalterlichen Burg wurde im Auftrag des mecklenburgischen Herzogs *Johann Albrecht I.* zwischen 1559 und 1565 die stärkste Festung Mecklenburgs errichtet: eine regelmäßige fünfeckige Anlage mit meterdicken Mauern, Kommandantenhaus, Kaserne und Kasematten, eingefasst von einem Wassergraben. Da fehlte es natürlich nicht an namhaften Militärstrategen, die die Festung Dömitz auch nutzten, also besetzten. Wallenstein und Tilly verschanzten sich hier,

Hinter diesen Mauern saß Fritz Reuter ein, bekanntester Dichter Mecklenburgs

im Dreißigjährigen Krieg war Dömitz hart umkämpft. Als sich aber fast 200 Jahre später der preußische Offizier *Ferdinand von Schill* wappnete, den napoleonischen Truppen zu begegnen, konnte die Festung den Waffen des 19. Jh. nicht standhalten und fiel schnell an die Franzosen. Die Dömitz blieb danach zwar Garnisonsstandort, diente aber gleichzeitig auch als Zuchthaus. Prominentester Insasse war Fritz Reuter. Der kommende Dichter Mecklenburgs verbüßte mehr als ein Jahr seiner Festungshaft in Dömitz, bevor er begnadigt wurde (→ auch S. 442).

Zugang in die Festung erhält man über das stark befestigte Tor in der südöstlichen Bastion. Im Inneren befinden sich u. a. das Zeughaus und das Kommandantenhaus, in dem heute das **Museum** untergebracht ist. Hier kann man sich über die Geschichte der Festung bis in die jüngere Zeit hinein, Dömitz als Grenzbastion der DDR, informieren. Zudem wird Alltagsgeschichte vornehmlich des 18./19. Jh. mittels einer nachgebauten Guten Stube, eines Kolonialwarenladens, einer Küche etc. thematisiert. Im Gebäude der Hauptwache ist eine Ausstellung zu Fritz Reuters Leben (inkl. der Zeit der Inhaftierung in der Festung) und Werk untergebracht. Im Zeughaus befindet sich ein Informationszentrum des Biosphärenreservats Flusslandschaft Elbe-MV.

Das Städtchen Dömitz war einst in die Befestigungsanlage integriert, was heute an den Straßenzügen noch erkennbar ist, die auf die Festung zulaufen. Von den 1945 gesprengten Brücken über die Elbe stehen nur noch Ruinen auf der niedersächsischen Seite des Flusses. Die Straßenbrücke wurde bald nach 1989 auch als Symbol der Wiedervereinigung wieder aufgebaut.

Festung Dömitz: Mai bis Sept. (genauer gesagt symbolträchtig bis zum 3. Okt.) Di– Fr 10–17 Uhr, Sa/So 10–18 Uhr; restlicher Okt. Di–So 10–16.30 Uhr; Nov. bis April Di– So 12–16 Uhr. Eintritt 5,50 €, Kinder 2,50 €, Familien 12,50 €. Auf der Festung 3, 19303 Dömitz, ℘ 038758-22401, www.festung-doemitz.de.

Landgestüt Redefin

Der Rolls-Royce unter den Gestüten. Weithin bekannt ist Redefin für seine Hengstzucht, derzeit zählt man 33 Aktive. Das 1812 unter Großherzog *Friedrich Franz I.* gegründete Gestüt befindet sich seit 1993 im Besitz des Landes Mecklenburg-Vorpommern und wurde seitdem Stück für Stück restauriert und saniert, allein die Reithalle mit klassizistischem Portal und die historischen Stallungen sind einen Besuch wert. Heute bietet die weitläufige Anlage außer den berühmten *Hengstparaden* (an Sonntagen im September) auch das prachtvolle Ambiente für ein jährlich stattfindendes internationales Reitturnier (*CSI Redefin*), für die Konzerte der *Festspiele Mecklenburg-Vorpommern* sowie diverse andere Veranstaltungen. Führungen über das Gestüt sind möglich, ebenso kann man hier – mit eigenem Pferd oder Schulpferd – auch Reiten lernen, wir behaupten mal: auf hohem Niveau. Für die Schüler steht ein Gästehaus zur Verfügung, ebenso Gastboxen. Auf der Anlage gibt es auch ein Café (zuletzt geschlossen, soll Anfang 2018 wiedereröffnet werden).

Landgestüt Redefin: Betriebsgelände 1, 19230 Redefin, ✆ 038854-6200, www.landgestuet-redefin.de. Führung 4 €/Pers. (mind. 10 Teilnehmer, mit Voranmeldung). *Anfahrt*: Redefin liegt ca. 20 km westlich von Ludwigslust nahe der B 5, ausgeschildert.

→ Westmecklenburg Karte S. 90

Boizenburg   ca. 10.500 Einwohner

In der verschlafenen Kleinstadt an der Elbe findet sich eine hübsche, kompakte Altstadt. Entlang der Straßenzüge, die nach einem verheerenden Stadtbrand 1709 wieder aufgebaut wurden, stehen zahlreiche sehenswerte, meist ein- bis zweistöckige Backstein-Fachwerkhäuser. Das bemerkenswerteste Bauwerk ist das **Rathaus**, das sich auf dem weitläufigen Marktplatz befindet. Nach 1710 erbaut, ist es ein zweigeschossiger, barocker Fachwerkbau mit malerischem Laubengang, Mansardwalmdach und kleinem Türmchen darauf. Die **St. Marien Kirche** von Boizenburg ist im Kern mittelalterlich, wurde aber zweimal gründlich zerstört: durch eine Explosion im Dreißigjährigen Krieg und durch den erwähnten Stadtbrand Anfang des 18. Jh. So wurde über den Resten der mittelalterlichen Kirche eine neue, barocke errichtet, die wiederum Mitte des 19. Jh. komplett umgebaut und erweitert wurde und sich heute als neugotisches Bauwerk präsentiert. In Boizenburg gibt es außerdem zwei **Museen**, neben dem obligaten Heimatmuseum auch ein Fliesenmuseum. Die Herstellung von Fliesen hat in Boizenburg eine lange Tradition, was man an vielen kunstvoll gestalteten Fliesen im Stadtbild bis heute sehen kann.

Information Stadtinfo, geöffnet Di–Fr 9–12 und 13–16 Uhr, am Di bis 17 Uhr. Am Markt 1, 19258 Boizenburg, ✆ 038847-62666, www.boizenburg.de.

Museen Heimatmuseum: Di–Fr 10–12 und 14–16 Uhr, Sa 14–17 Uhr (Mai bis Sept.), So 14–17 Uhr. Am Markt 1, ✆ 038847-62665.

Erstes deutsches Fliesenmuseum: Di–Fr 10–16 Uhr, Sa/So 14–16 Uhr. Eintritt 4 €, erm. 3 €. Reichenstr. 4, ✆ 038847-53881, www.jugendstilfliesen-museum.de.

Hagenow   ca. 11.500 Einwohner

Hagenow gehört zu den größeren Städten im Westen Mecklenburgs und ist, was man angesichts des ländlich-kleinstädtischen Charakters der Stadt nicht vermuten möchte, ein wirtschaftliches Zentrum der Gegend. Erstmals Ende des 12. Jh. urkundlich erwähnt, war Hagenow eine typische Ackerbürgerstadt. Bis heute hat sich das charmante historische (Klein-)Stadtbild bewahrt. Zahlreiche kleine Wohnhäuser im Stadtzentrum präsentieren sich als schmucke backsteinerne Fachwerkhäuser, die ältesten stammen aus dem 18. Jh.

Wittenburg   ca. 6300 Einwohner

Etwas überraschend erhebt sich am Marktplatz des verschlafenen 5000-Einwohner-Städtchens ein **Rathaus**, das (z. B. in idyllische Landschaft versetzt) auch als Märchenschloss durchgehen würde: Der tudorgotische Putzbau mit repräsentativer Freitreppe und Loggia wurde von keinem Geringeren als *Georg Adolph Demmler* entworfen. Schräg gegenüber steht wie ein trotziger gotischer Gegenentwurf die backsteinerne Hallenkirche **St. Bartholomäus** aus dem 13. Jh. Und ganz im Gegensatz zu diesen architekturhistorischen Bauwerken trifft man vor den Toren der Stadt auf eine Skihalle: Das *alpincenter Hamburg-Wittenburg* (dank der nahen Autobahn so etwas wie der „Hausberg Hamburgs") bietet im nicht gerade alpinen Mecklenburg immerhin 330 m Abfahrt ... (Infos unter www.alpincenter.com).

Zarrentin am Schaalsee
ca. 4600 Einwohner

Am Rand des kleinen, ansonsten eher unscheinbaren Ortes erheben sich über das Ufer des Schaalsees die Reste des ehemaligen **Zisterzienserinnen-Klosters**. Mitte des 13. Jh. gegründet, wurde es wie so viele Klöster in Mecklenburg während der Säkularisation im Zuge der Reformation aufgehoben (Mitte 16. Jh.). Erhalten sind nur noch die ungewöhnliche Feld- und Backstein-Fachwerk-*Kirche St. Peter und Paul* mit dem kleinen Uhrtürmchen und das ehemalige *Konventsgebäude* des Klosters mit sehenswerten Kreuzrippengewölben. In Letzterem finden sich im verbliebenen Rest des Kreuzgangs einige Ausstellungsstücke und Informationen zur Klostergeschichte. Im Nebengebäude ist das **Heimatmuseum „Klosterscheune"** untergebracht, wo man sich über die Geschichte des Ortes von den Anfängen bis in die jüngere Vergangenheit informieren kann. Thema ist natürlich in einer kleinen Sektion auch das ehemals hier verlaufende innerdeutsche Grenze.

Kloster und Heimatmuseum: Di/Mi und Fr 14–17 Uhr (Kloster Fr auch 9–12 Uhr), Sa/So 13–17 Uhr (im Winter 13–15 Uhr) geöffnet. Eintritt 3 €, auch Audioguides. Infos unter ☎ 038851-838710 oder 038851-33604 (Heimatmuseum), www.kloster-zarrentin.de.

Der Schaalsee und die nördlich gelegene Seenkette – früher der nördlichste Abschnitt der innerdeutschen Grenze – ist heute der Kern des **Biosphärenreservats Schaalsee**, das sich bis vor die Tore Lübecks zieht. Am nördlichen Ortsausgang von Zarrentin befindet sich im *Pahlhuus* das Infozentrum des Biosphärenreservats mit einer sehr lehrreichen Ausstellung zur Geologie der Region, der Ausformung der Landschaft durch die Eiszeit, den Lebensräumen Moor, Wald, See usw.

Pahlhuus: April bis Okt. Di–So 9–17 Uhr geöffnet, im Winter nur Sa/So 10–16 Uhr. Wittenburger Chaussee 13, 19246 Zarrentin, ☎ 038851-3020, www.schaalsee.de.

Übernachten/Essen Fischhaus, freundliches Landhotel in backsteinrotem Fachwerkhaus, innen helle Gaststube, außen Terrasse über dem Schaalsee, sehr freundlich. Fahrrad- und Bootsverleih. Auf der Karte viel Fisch, leicht gehobenes Preisniveau, zur Saison tägl. 12–23 Uhr geöffnet (bis 22 Uhr Küche). EZ 79 €, DZ 99 €, inkl. Frühstück, Hund 10 €/Tag. Amtsstr. 11, 19246 Zarrentin am Schaalsee, ☎ 038851-55990, www.fischhaus-schaalsee.de.

Eine ausführliche und eindrucksvolle Ausstellung zur deutsch-deutschen Grenze befindet sich im **Grenzhus Schlagsdorf**, dem vom Land Mecklenburg-Vorpommern geförderten *Informationszentrum zur innerdeutschen Grenze* ein paar Kilometer nördlich des Schaalsees. Zu sehen sind Dauer- und wechselnde Ausstellung sowie im Außenbereich ein Teil rekonstruierter Grenzanlage und der 3,5 km lange Grenzparcours mit zahlreichen Infotafeln.

Mo–Fr 10–16.30 Uhr, Sa/So 10–18 Uhr geöffnet. Eintritt 4 €, erm. 3 €. Der Grenzparcours ist jederzeit zugänglich (Eintritt frei). Neubauernweg 1, 19217 Schlagsdorf, ☎ 038875-20326, www.grenzhus.de. Mit Café „Grenzstein": Mi–Fr 12–16.30 Uhr, Sa/So 12–18 Uhr (im Winter nur Sa/So 12–17 Uhr), ☎ 038875-20736, www.cafe-grenzstein.de. *Anfahrt*: Schlagsdorf liegt ca. 27 km nördlich von Zarrentin, von dort Richtung Ratzeburg, dann rechts Richtung Ziethen und dort links Richtung Schönberg, in Schlagbrügge dann links ab nach Schlagsdorf.

Gadebusch

ca. 5500 Einwohner

Eingefasst in die sanfte mecklenburgische Landschaft liegt Gadebusch, ein uraltes, aus dem 12. Jh. stammendes Städtchen. Spaziert man heute durch die kopfsteingepflasterten Straßen entlang der backsteinroten Häuser könnte man meinen, die Jahrhunderte seien spurlos an Gadebusch vorbeigezogen. Oberhalb des kleinen, kompakten Zentrums mit Marktplatz, gotischer Kirche (geöffnet Mai bis Okt. tägl. 10–18 Uhr) und spätmittelalterlichem Rathaus erhebt sich über einer Anhöhe das **Renaissanceschloss** von Gadebusch, ein in der Anlage eher schlichtes Schloss, das aber mit aufwendigen Terrakotten verziert ist. Im nahen **Museum**, das vor allem über die Geschichte der Stadt informiert, wird man von einer freundlichen Dame in Tracht empfangen.

Museumsanlage Gadebusch: Ostern bis Okt. Di–Fr 10–17 Uhr, Sa/So 14–17 Uhr; im Winter geschlossen. Eintritt 3 €, erm. 2 €. Amtsstr. 5, 19205 Gadebusch, ✆ 03886-211160.

Rehna

ca. 3000 Einwohner

In dem kleinen Städtchen auf halbem Weg zwischen Lübeck und Schwerin kann man das idyllische ehemalige **Benediktinerinnen-Kloster St. Maria und Elisabeth** besichtigen. Das Kloster wurde im 13. Jh. gegründet und im Zuge der Reformation 1552 säkularisiert. Von der Klosteranlage ist einiges erhalten geblieben, wie die einschiffige Klosterkirche mit dem niedrigen Turm, der zentrale, kreuzrippengewölbte Saal, Teile des Kreuzgangs und der idyllische Klostergarten.

Kloster und Stadtinformation April bis Okt. Di–Fr 10–17 Uhr, Sa/So 11–17 Uhr; Nov. bis März Di–Fr 10–16 Uhr. Eintritt 3 €, Kinder unter 14 J. frei; Führungen nach Voranmeldung 2 €, erm. 1,50 €. Kirchplatz 1 a, 19217 Rehna, ✆ 038872-52765, www.kloster-rehna.de.

Grevesmühlen und Umgebung

ca. 10.500 Einwohner

Die 10.500-Einwohner-Stadt Grevesmühlen ist vor allem für die alljährlich stattfindenden **Piraten-Festspiele** bekannt. Die Freilichtbühne befindet sich am Ufer eines Sees am Stadtrand. Weitere Attraktionen findet man eher in der näheren Umgebung als im Ort.

Open-Air-Theater und karibisches Spektakel, Ende Juni bis Anfang Sept. Eintritt 21–33 € (Kinder 13–25 €). Infos und Tickets unter www.piratenopenairtheater.de, Tickethotline unter ✆ 03881-756600.

Knapp 5 km nördlich von Grevesmühlen liegt das Freiluftmuseum **Steinzeitdorf Kussow**, das besonders für Kinder eine Attraktion darstellt: Beim Rundgang über das Gelände kommt man u. a. an einem Ziegen- und einem Wildschweingehege vorbei oder kann sich eine Bratwurst am Spieß über dem offenen Feuer grillen. Ansonsten erlaubt das Freilichtmuseum auch für Erwachsene einen interessanten Einblick in die Lebensumstände der Jungsteinzeitmenschen.

April bis Okt. tägl. 10–17 Uhr, Nov. bis März nur Mo–Do 9–15 Uhr. Eintritt 4 €, Kinder (2–14 J.) 2,50 €, Familien (2 Erw. und 2 Kinder) 9 €. ✆ 03881/715055, www.steinzeitdorf-kussow.de.

Steinzeitliche Zeugnisse finden sich im **Everstorfer Forst** östlich von Grevesmühlen. Die Südgruppe der Großsteingräber von beachtlichem Ausmaß liegt nahe der B 105 Richtung Wismar, die Nordgruppe an einer kleinen, nach Nordosten führenden Landstraße (beide beschildert).

Westmecklenburg → Karte S. 90

Am Darßer Weststrand

Die Ostseeküste

Wie man hier den Tag verbringt? Im Strandkorb mit Blick auf das Meer, den Horizont und Sandburgen. Oder mit einem Bummel auf den Flaniermeilen der Ostseebäder. Mit einer Radtour entlang der abgelegenen Boddenküste oder einer Wanderung durch die Naturparks. Natürlich kann man auch die prächtigen Kirchen der Hansestädte bestaunen oder durch mittelalterliche Gassen spazieren oder faszinierende Museen besuchen oder …

Beliebt und entsprechend belebt sind die Strände der berühmten Ostseebäder, etwa von Binz oder Sellin auf Rügen, der drei Kaiserbäder auf Usedom, von Warnemünde oder aber von Prerow auf dem Darß. Urlauber flanieren auf den breiten Strandpromenaden, die mit den typischen verspielten Fassaden der Bäderarchitektur geschmückt sind und mittels der Seebrücken, den „Flanierstegen zum Horizont", übers Meer verlängert werden. Am Strand bevölkern Sonnenhungrige die Strandkörbe, über denen zuweilen der ein oder andere Lenkdrachen schwebt. Andere liegen auf bunten Badetüchern, die von kunstvollen Sandburgen flankiert werden. Beachvolleyballer hechten sich in den feinen Sand. Surfer stemmen sich gegen den Wind …

Abseits des Trubels der Seebäder gibt es jedoch auch noch zahlreiche ruhigere, oft über weite Strecken naturbelassene Strände, wie zum Beispiel entlang der gesamten Außenküste Hiddensees, des Tromper und des Prorer Wieks auf Rügen oder der herrlichen Westküste des Darß. Hier können sich Kinder nach Belieben austoben oder Hunde ihre Stöckchen aus der Ostsee retten, doch auch Ruhesuchende finden

immer ein abgelegenes Plätzchen für den eigenen Sonnenschirm. Und um die Badekleiderordnung schert sich hier ohnehin niemand. Gemeinsam haben all diese Strände, dass sie kilometerlang und oft sehr breit, feinsandig und weitgehend steinfrei sind und fast überall flach in die Ostsee abfallen.

Die kulturellen Highlights befinden sich dagegen in den altehrwürdigen Hansestädten, die nicht nur das Tor zur Welt, sondern auch den besten Einstieg in die Küstenlandschaft bilden: so in Rostock, der „Leuchte des Nordens", Stralsund und Wismar, gemeinsam UNESCO-Weltkulturerbe, sowie in Greifswald, der stillen Universitätsstadt im Osten. Bei der Besichtigung stehen die Monumente der norddeutschen Backsteingotik, Stein gewordener Ausdruck bürgerlich-hanseatischen Selbstbewusstseins, im Vordergrund, etwa die imposante basilikale Kirche von St. Nikolai in Wismar, das Doberaner Münster, St. Marien in Rostock sowie St. Nikolai und St. Marien in Stralsund. Dazu gesellen sich säkulare Bauten wie das Stralsunder Rathaus mit seiner prächtigen Fassade oder die zahllosen gotischen Giebelhäuser entlang mittelalterlicher Straßenzüge in Wismar, Stralsund und Greifswald.

Aber auch wen es in die Ruhe ländlicher Idylle zieht, kommt an der Ostsee voll auf seine Kosten. Vor allem entlang der zergliederten Boddenküste finden sich zahlreiche kleine Fischerdörfer inmitten abgeschiedener Stille. Ein besonderes Naturparadies bieten die beiden Nationalparks: der 805 km² große *Nationalpark Vorpommersche Boddenlandschaft* mit seiner eindrucksvollen Küstenlandschaft auf dem Darß und dem größten Kranich-Rastplatz Europas am Großen Werder bei Zingst sowie der nur 30 km² große *Nationalpark Jasmund* auf Rügen mit seinem herrlichen Wald vor der schroffen Kreideküste. Hier ragt auch der berühmteste Kreidefels über das Meer, der Königsstuhl, das Wahrzeichen der ganzen Region.

Gemeinsam UNESCO-Welterbe: Die Altstädte von Wismar und Stralsund

Der Klützer Winkel

Im Westen von Wismar, zwischen Wismarbucht und Trave, erstreckt sich ein lieblicher Landstrich. Seit jeher wurde rund um das kleine Städtchen Klütz Landwirtschaft betrieben und auch heute noch befindet sich hier die Kornkammer Mecklenburgs.

Im Klützer Winkel scheint vielerorts die Zeit stillzustehen. Winzige Weiler, teilweise nur durch Schotterpisten miteinander verbunden, verstecken sich zwischen sanften Hügeln. Am Straßenrand scharren Hühner, auf den Koppeln weiden Kühe neben Pferden und Eseln, Schweine liegen träge in offenen Stalltüren und auf dem Dorfteich schwimmen die Enten in Paaren umher.

Stilles Zentrum der Landschaftsidylle ist das kleine Städtchen Klütz. Das touristische Zentrum hingegen ist das Ostseebad Boltenhagen mit langem Sandstrand, Seebrücke und Kurzentrum.

Klütz

ca. 3100 Einwohner

Ein verträumtes kleines Städtchen mit einem prächtigen **Schloss**, geadelt durch ein literarisches Erbe. Kaum etwas scheint sich geändert zu haben, seit Uwe Johnson in seinem berühmten Roman *Jahrestage* das kleine (fiktive) Jerichow beschrieb, das gemeinhin mit Klütz identifiziert wird (→ S. 105): kopfsteingepflasterte Straßen, ein beschaulicher Markt, eine schmucke, kleine, steinalte **Kirche** mit weithin sichtbarem Turm, am Ortsrand eine alte Windmühle sowie das überraschend stattliche barocke Schloss Bothmer mit ausladendem Park und schließlich vor allem – keine Hektik.

Information Stadtinformation Klütz, im Uwe-Johnson-Literaturhaus am Markt, auch Zimmervermittlung. April bis Okt. Di–So 10–17 Uhr, Nov. bis März Mi–Sa 10–16 Uhr. Im Thurow 14, 23948 Klütz, ☏ 038825-22295, www.kluetz-mv.de.

Verbindungen Von 6–19 Uhr etwa stündl. **Busse** nach *Boltenhagen* und *Wismar* (Sa/So eingeschränkt), www.nahbus.de.

Übernachten/Essen Orangerie Schloss **Bothmer**, das geschmackvolle Restaurant des Schlosses Bothmer ist ein netter

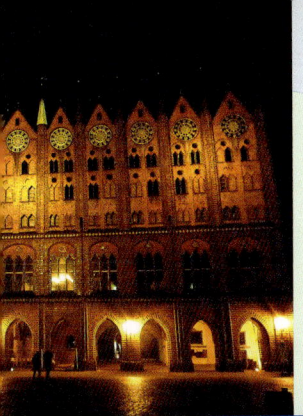

Lunchspot, auch wenn man das Schloss selbst gar nicht besichtigen will. Auf der Karte meist nicht mehr als vier zeitgemäße Interpretationen der gehobenen mecklenburgischen Küche (Hauptgerichte 13–16 €). April bis Okt. tägl. 10–18 Uhr. Am Park, ☎ 038825-266733, www.orangerie-schloss bothmer.de.

Landhaus Sophienhof, ein Fachwerkhaus nur zwei Häuser hinter der Kirche (Eckhaus). Mit hübschem Café, das leckere Kuchen und Torten, z. T. mit regionalen Bioprodukten, zaubert und Mittagstisch bietet. Im Sommer mit Terrasse. Mo Ruhetag. Im Obergeschoss werden zudem vier sorgsam renovierte Zimmer vermietet. EZ ab 63 €, DZ ab 83 €, Frühstück 12 €/Pers. Des Weiteren Vermietung von zwei Ferienwohnungen in der klassizistisch anmutenden Villa Ruhnke am Ortsrand mit eigenem Garten, allergikergeeignet, daher aber keine Haustiere. Für max. 4 Pers., ab 105 €/Nacht. Wismarsche Str. 34, 23948 Klütz, ☎ 038825-267080, www.landhaus-sophienhof.de und www.villa-ruhnke.de.

Gutshaus Stellshagen, herrliches, auf einer Anhöhe liegendes Anwesen. Von Klütz in südliche Richtung nach Damshagen (ca. 3 km), dort rechts ab nach Stellshagen (ca. 1,5 km). Bio- und Gesundheitshotel, Kosmetikbehandlungen, Entschlackungskuren, ganzheitliche, fernöstliche Wellnessanwendungen, Meditation, Yoga etc. Handyfreie Zonen, im Restaurant ausschließlich vegetarische Gerichte, auch gluten- und laktosefrei, z. T. aus eigenem Anbau. Einladendes Café mit Wintergarten. Auch das nahe Gut Parin (unter gleicher Verwaltung, www.gutshaus-parin.de) ist zu empfehlen. Fahrradverleih. EZ je nach Größe und Ausstattung 74–120 €, DZ 96–190 €, jeweils inkl. Frühstück; auch Drei-/Vier-Bettzimmer sowie Ferienwohnung (ohne Frühstück), Hunde in einigen Zimmern erlaubt. Halbpension 23 €/Tag. Lindenstr. 1, 23948 Stellshagen, ☎ 038825-440, www.gutshaus-stellshagen.de. ■

Sehenswertes

Schloss Bothmer: Die größte und bedeutendste barocke Schlossanlage Mecklenburg-Vorpommerns liegt am südlichen Ortsrand von Klütz. Zwischen 1726 und 1732 wurde sie als Residenz des Reichsgrafen von Bothmer erbaut. Im Inneren der symmetrischen Schlossanlage sind noch einige Überreste der barocken Originalausstattung erhalten, darunter Stuckdecken, schmucke Kamine, ein Intarsienkabinett und Eichenholzvertäfelungen, jedoch kein historisches Inventar. Dafür informiert eine modern konzipierte Ausstellung über das Adelsgeschlecht der Bothmer und die Geschichte des Hauses, das schon mehrmals als Filmkulisse diente (u. a. wurde hier *Die Flucht* mit Maria Furtwängler gedreht). Die Parkanlage rund um das Schloss wurde Mitte des 19. Jh. nach dem Vorbild englischer Landschaftsgärten angelegt. Ein Hingucker ist die Lindenallee namens *Festonallee* (ehemals die Hauptzufahrt zum Schloss).

Schlosspark: Mai bis Sept. tägl. 10–20 Uhr, im April und Okt. bis 18 Uhr, im Winter nur bis 16 Uhr, Eintritt frei. Schloss: April bis Juni und Sept./Okt tägl. außer Mo 10–17 Uhr, Juli u. Aug. tägl. 10–18 Uhr. Eintritt 6 €, erm. 4 €, Kinder bis 18 J. frei. www.schloss-bothmer. de. Im Schloss befindet sich auch ein gutes Restaurant → oben, Übernachten/Essen.

Schmalspurbahn 1: Mit dem Kaffeebrenner durch den Klützer Winkel   Schmalspurbahn 2 → S. 132, Schmalspurbahn 3 → S. 221

Anfang des 20. Jh., als es noch die *Großherzoglich Mecklenburgische Friedrich-Franz-Eisenbahn* gab und das Getreide des Klützer Winkels auch zu Malzkaffee verarbeitet wurde, fuhr zur Erntezeit der sog. „De Lütt Kaffeebrenner" von Klütz zur Malzfabrik nach Grevesmühlen. 2014 wurde ein Teilstück der Strecke als Schmalspurbahn wiederbelebt. Heute schnauft darauf der Kaffeebrenner mit Volldampf durch Wiesen und Weiden. Die Strecke führt über Stellshagen nach Reppenhagen und zurück, für die insgesamt 12 km braucht der Zug 50 Min. (fährt ja auch nicht schneller als 20 km/h).

Erw. 10 €, bis 12 J. 5 €. Fahrten finden im April Mi u. Fr um 11, 12 und 14 Uhr statt, Mai, Juni, Sept. und Okt. Mo–Fr zu den gleichen Zeiten, im Juli und Aug. tägl. um 11, 12, 14 u. 15 Uhr. Der Zug startet am Klützer Bahnhof, Bahnhofstr. 4, ✆ 038825-37165, www.stiftung-deutsche-kleinbahnen.de.

Kirche St. Marien: Die ältesten Teile der dreischiffigen backsteinernen Hallenkirche im Zentrum von Klütz stammen aus der Mitte des 13. Jh. Im 14. Jh. wurde sie um den weithin sichtbaren, wuchtigen Turm erweitert. Im Inneren der überaus schönen und sehenswerten Kirche finden sich Zeugnisse aus fast allen Jahrhunderten: Der romanische Taufstein stammt aus dem 13. Jh., das gotische Chorgestühl (an der Südwand) aus dem 14. Jh., die Kanzel wurde 1587 gefertigt, die fein geschnitzte Taufe 1653, der Barockaltar kam 1730 hinzu, die Orgel schließlich 1871.

In den Sommermonaten tägl. 10–16 Uhr, im Winter geschlossen. Gottesdienst So 9.30 Uhr.

Prachtvoll: Schloss Bothmer

Uwe Johnsons „Jahrestage"

„... einwärts der Ostsee zwischen Lübeck und Wismar gelegen, ein Nest aus niedrigen Ziegelbauten entlang einer Straße aus Kopfsteinen, ausgespannt zwischen einem zweistöckigen Rathaus mit falschen Klassikrillen und einer Kirche aus der romanischen Zeit, deren Turm mit einer Bischofsmütze verglichen wird; lang und spitz läuft er zu, und wie die Mütze eines Bischofs hat er Schildgiebel an allen vier Stirnen"

Uwe Johnson, *Jahrestage*, Bd. 1, Frankfurt/M. 1993, S. 30f.

Jerichow, das fiktive mecklenburgische Städtchen aus Uwe Johnsons Roman *Jahrestage*, wird längst mit dem realen Klütz in Beziehung gesetzt, auch wenn Johnson in Interviews dieser Zuweisung immer widersprochen hat. Den edlen Spender des literarischen Ruhmes hat man in Klütz gleich mehrfach bedacht: Seit 2002 gibt es den *Förderverein Uwe Johnson in Klütz*, der u. a. die **Klützer LiteraturSommer** (alljährlich im Sommer, meist Lesungen) organisiert. Um eine weitere Attraktion reicher ist der Ort seit Frühling 2006: In einem umgebauten Getreidespeicher von 1890 wurde das **Literaturhaus Uwe Johnson** eröffnet, das neben einer Dauerausstellung zu Johnson auch die Stadtbibliothek beherbergt. Hier finden häufig Lesungen und andere kulturelle Veranstaltungen statt. Es werden auch die Werke des Autors verkauft, außerdem gibt es eine kleine Automaten-Cafeteria.

April bis Okt. Di–So 10–17 Uhr; Nov. bis März Mi–Sa 10–16 Uhr. Eintritt 3,50 €, erm. 2 €. Im Thurow 14, 23948 Klütz, ✆ 038825-22387, www.literaturhaus-uwe-johnson.de.

Westlich von Klütz

Verschlafene Einsamkeit am **westlichsten** Ende Mecklenburgs. Abgelegen und kaum überlaufen sind die Ostseestrände des Klützer Winkels: ein kleiner Kies-Stein-Abschnitt vor der Steilküste bei **Steinbeck** und die deutlich attraktiveren, in westlicher Richtung gelegenen Strände von **Brook**, **Groß Schwansee** und **Barendorf**. Ein Küstenwanderweg verbindet Steinbeck und **Priwall** am westlichsten Zipfel Mecklenburgs. Von Priwall ist es nur ein Katzensprung über die Trave hinüber nach Travemünde, die kleine Auto- und Personenfähre verkehrt etwa alle zehn Minuten (pro Pers. 1,20 €, Fahrrad 0,80 €, Motorrad 1,70 €, Auto 3,70 €).

Boltenhagen · ca. 2500 Einwohner

Boltenhagen bietet zwar nicht ganz so viel Noblesse wie die anderen Seebäder, dafür aber einen fast 4 km langen, feinen Sandstrand mit angrenzender Steilküste. In dem lang gezogenen Ort herrscht Kuratmosphäre, wozu das Kurhaus und der Park mit Konzertmuschel und Trinkkurhalle sowie im hinteren Ortsteil Kurkliniken und die Ostseetherme (zuletzt geschlossen) ihr übriges tun. Noch recht neu ist die Marina „Weiße Wiek" knapp 3 km östlich des Zentrums – mit 290 Liegeplätzen und einer großen, etwas seelenlos geratenen Hotel- und Appartementanlage. Ein 18-Loch-Golfplatz befindet sich einige Kilometer östlich in Hohen Wieschendorf (→ S. 167).

→ Der Klützer Winkel → Karte S. 90

Boltenhagen ist eines der ältesten deutschen Seebäder. Bereits 1803 wurden hier die ersten Badekarren ins Wasser gezogen, 1845 öffnete das Hotel *Großherzog von Mecklenburg* seine Pforten, bereits 1850 herrschte reger Badebetrieb. Heute stehen den Kur- und Badegästen etwa 8000 Gästebetten zur Verfügung.

Basis-Infos

Information Kurverwaltung/Touristinformation, im Kurhaus an der Hauptstraße (Ostseeallee) auf Höhe der Seebrücke. Mo–Fr 9–17 Uhr, Sa/So 10–16 Uhr. Ostseeallee 4, 23946 Boltenhagen, ✆ 038825-3600, www.boltenhagen.de.

Verbindungen Busse 12-mal tägl. (Sa/So 7-mal) über Klütz nach *Wismar*, im Sommer Shuttle-Bus nach Redewisch und Tarnewitz (Weiße Wiek). Haltestelle gegenüber der Touristinformation.

Baden Fast 4 km schöner Sandstrand, seit vielen Jahren mit der Blauen Flagge ge-adelt. Sehr seicht, Mitte Juni bis Mitte Sept. von der DLRG bewacht. Beachvolleyball, FKK bei Aufgang 11 und 12, Hundestrand bei Aufgang 22 und am Steilufer westlich vom Ort.

Fahrradverleih Mehrere Anbieter im Ort, z. B. **Fahrradverleih Krämer** (bei *Krämer's Wohnmobilhafen*), auch Anhänger, Nachläufer, Kindersitze und Tandems im Angebot. Ganzjährig geöffnet. Ostseeallee 58 b, ✆ 038825-23288 oder ✆ 0177-2928198, www.kraemerswohnmobilhafen.de.

Übernachten/Essen & Trinken

Übernachten/Essen Villa Seebach, ansprechendes Haus an der Mittelpromenade, schöne Veranda mit Korbsesseln, im Garten Kinderspielplatz und Sommertheater (v. a. für Kinder). Das einladende Restaurant ist mit Antiquitäten eingerichtet, an den Wänden zahlreiche historische Porträts. Ausgefallene Küche mit mediterraner Prägung, Hauptgerichte 11,50–22,50 €, mittags und abends geöffnet. Gemütliche Zimmer (DZ 112 €, EZ 85 €, inkl. Frühstück) und Appartements (2 Pers. 122,50 €, bis 4 Pers. 136 €). Mittelpromenade 28, 23946 Boltenhagen, ✆ 038825-3150, www.villa-seebach.de.

Gutshaus Redewisch, im gleichnamigen Ort ca. 3 km westlich von Boltenhagen. Gutshaus aus dem Jahr 1817, schönes Ambiente im Speisesaal, Restaurant von 12 bis 21 Uhr durchgehend geöffnet, serviert wird regionale Küche (Hauptgerichte 10–20 €). 21 großzügige, modern eingerichtete Zimmer, manche mit Balkon. EZ 65–80 €, DZ 105–150 €, Vierbett-Suite 170–185 €, jeweils inkl. Frühstück. Redewischer Str. 46, 23946 Boltenhagen, ✆ 038825-3760, www.gutshaus-redewisch.de.

Camping Regenbogen Camp, zurückversetzt von der Küste, noch hinter der Ostseeallee. Professionell geführte Anlage, über 400 Stellplätze auf teils schattigem Gelände, auch 96 gut ausgestattete Ferienhäuser (100–145 €). Mit Restaurant, Supermarkt, Spielplatz, Sportplätzen etc., außerdem Sauna, Massagen, Fitness usw. Zum Camp gehört im Sommer auch eine Tauchschule (www.tauchschule-nord.de). Stellplatz inkl. Pers., Auto/Wohnwagen oder Wohnmobil 37,50–41,50 €, Stellplatz Zelt inkl. Pers. 32,50–37,50 €, Hund 4 €, Strom 3,50 €, Familienbad 10 €. für Spätanreisende auf dem dazugehörigen Wohnmobilhafen zur Durchgangsstraße hin 15 €: Ostseeallee 54, 23946 Boltenhagen, ✆ 038825-42222, www.regenbogen.ag.

Krämers Wohnmobilhafen, ganz in der Nähe, ebenfalls von der Küste zurückversetzt. Ganzjährig geöffnet, jedoch nur 45 Stellplätze. 14 € pro Tag (im Winter 10 €), Strom 2,50 €. Duschen vorhanden, aber keine Toiletten. Ostseeallee 58 b, 23946 Boltenhagen, ✆ 038825-23288, www.kraemerswohnmobilhafen.de.

Essen & Trinken Blinkfür, beliebtes, gehobenes Fischrestaurant mit Terrasse, innen maritim eingerichtet. Raffiniert in Szene gesetzte Gerichte, für die man 17,50–25 € einkalkulieren sollte. Mi–So ab 17 Uhr, Mo/Di Ruhetage. Ostseeallee 64, ✆ 038825-22114, www.blinkfuer-boltenhagen.de.

Restaurant Kamerun, an der Weißen Wiek. Der Name des Restaurants erinnert

Bei Boltenhagen

daran, dass man Anfang des 20. Jh. die hiesigen Fischerhütten mit jenen aus dem westafrikanischen Staat verglich. Das Restaurant, das zu einem 1917 gegründeten, familiengeführten Fischereibetrieb gehört, serviert fangfrischen Fisch (in zig Variationen, lecker ist der Fischeintopf), der direkt vom Kutter „Uschi" kommt. Auch Hofladen. Hauptgerichte 12,50–21,50 €. Mo–So 11–21 Uhr. Zum Hafen 1a, ☏ 038825-267231, www. kamerunweb.de.

An der Wohlenberger Wiek

Die sichelförmige Bucht der Wohlenberger Wiek am Eingang der Wismarbucht liegt nur wenige Kilometer südöstlich von Boltenhagen. Die Bundesstraße nach Wismar (B 105) führt zum Teil direkt am flachen, deshalb kinderfreundlichen Strand entlang. Der Zugang zum oft aber recht schmalen Strand ist gebührenpflichtig (2 €, Kinder 1 €). A

Verbindungen Am besten ist man in dieser abgelegenen Gegend mit dem eigenen Fahrzeug unterwegs. Der **Bus** auf der Strecke Wismar – Boltenhagen (ca. 12-mal tägl., Sa/So 7-mal) hält nur in Wohlenberg, nach Beckerwitz fährt außerhalb der Ferienzeit 2-mal tägl. der Schulbus.

Golf Golfclub Hohen Wieschendorf, direkt an der Landzunge zwischen Wohlenberger Wiek und Eggers Wiek. Zu erreichen von der Straße von der Wohlenberger Wiek Richtung Wismar, bei Gramkow links ab nach Beckerwitz und weiter nach Hohen Wieschendorf. Am Golfplatz 1, 23968 Hohen Wieschendorf, nicht telefonisch erreichbar, www.howido-golfclub.de.

Übernachten Jugendherberge Wohlenberger Wiek, historisches Fachwerkensemble in Beckerwitz Ausbau, von der Straße von der Wohlenberger Wiek Richtung Wismar geht es links ab auf eine schmale Straße, ca. 1 km von der Hauptstraße. Zur Ostsee sind es zu Fuß 800 m. Mit Fahrradverleih, Tischtennis, Bolzplatz und Grillstelle, im Garten kann auch gezeltet werden, außerdem auch Baumhausdorf mit schicken Baumhäusern für 6 Pers. (139 €/Nacht, Frühstück extra). Übernachtung mit Frühstück im 2- bis 8-Bett-Zimmer 19,90 €, Senioren ab 27 J. 25,80 €, Zeltplatz 12,50–16,50 € pro Pers. mit Frühstück. Zur Wiek 4, 23968 Hohenkirchen, ☏ 038428-60362, www.jugendherbergen-mv.de.

Die Wissemara setzt Segel

Wismar

ca. 42.500 Einwohner

Dass Wismars Altstadt in die Liste des UNESCO-Welterbes aufgenommen
wurde, wundert nicht: Die ehrwürdige Hansestadt fasziniert durch zahlreiche Baudenkmäler zwischen Altem Hafen, dem großen Marktplatz und dem
gotischen Viertel.

Wismars Stadtbild erinnert in jeder Straßenflucht an die Blütezeit der Hanse:
Nirgendwo sonst in Deutschland hat sich in dieser Geschlossenheit und auf einer
so großen Fläche das Erscheinungsbild einer Hansestadt erhalten – angefangen
vom Grundriss der Altstadt über zahlreiche Bürgerhäuser bis zu den beiden
großen Kirchen **St. Georgen** und **St. Nikolai** sowie dem Turm von **St. Marien**,
allesamt bedeutende Bauwerke der Norddeutschen Backsteingotik. Aber auch
aus der Zeit danach sind sehenswerte Bauwerke erhalten: Im 16. Jh. entstanden
in Anlehnung an die niederländische Renaissance z. B. die **Wasserkunst** auf dem
Markt, der **Fürstenhof** und das **Schabbellhaus**; im 19. Jh. wurde das klassizistische **Rathaus** errichtet.

Im Zentrum der Altstadt liegt der riesige **Marktplatz**. Hier und in den umliegenden
Straßen und Sträßchen spielt sich ein großer Teil des innerstädtischen Lebens ab.
Mit über 8700 Studenten ist die Universitätsstadt Wismar eine relativ junge Stadt.
Einer der wichtigsten Arbeitgeber Wismars ist *MV Werften* mit ihrer riesigen,
blau-grünen Dockhalle vor den Toren der Stadt. Hier laufen heute vor allem luxuriöse Flusskreuzfahrtsschiffe, Cruise Liner (wie die *Aida Vita* oder die *Columbus*)
und Megayachten vom Stapel Daneben besitzt die Stadt einen Handelshafen und
ein Kreuzfahrt-Terminal.

Stadtgeschichte

Wismar wurde 1229 erstmals urkundlich erwähnt. Die topografischen Voraussetzungen für eine Stadtgründung waren denkbar günstig: Geschützt durch die vorgelagerte Insel Poel, ermöglichte die Lage in der Bucht den Ausbau eines versandungsfreien Hafens. Landseits schützten weite Sümpfe die junge Siedlung und mitten hindurch führte die Handelsstraße von Lübeck nach Rostock und weiter in den Osten. Innerhalb kürzester Zeit entstand eine geradezu vorbildliche mittelalterliche Stadt: wehrhaft durch einen umschließenden Mauerring (ab 1276), handelsoffen aufgrund des günstigen Hafens und ehrgeizig, mittels prachtvoller Bauten (z. B. seit 1250 mit dem Bau von St. Marien) dem eigenen Selbstbewusstsein Ausdruck zu verleihen.

Die Basis für die rasante Entwicklung bildete der Handel. Ein bereits 1259 abgeschlossener Vertrag zwischen Lübeck, Rostock und Wismar sicherte die Handelswege zwischen den aufstrebenden Städten und begründete den Kern eines bald mächtigen Städtebundes, der Hanse (→ S. 35). Der Exportschlager der Stadt war das Bier, 183 Brauereien sind für das Jahr 1464 in Wismar dokumentiert.

Mit dem Niedergang des mächtigen Städtebundes im 16. Jh. verlor auch Wismar an kaufmännischer Kraft. Einen (vorläufigen) Tiefpunkt erlebte die Stadt im Dreißigjährigen Krieg. Wismar, das um 1530 die Reformation eingeführt hatte, musste 1627 *Albrecht von Wallenstein* mit seinen kaiserlichen Truppen aufnehmen und versorgen, Abgaben zahlen und die Befestigungsanlagen ausbauen. 1632 belagerten die Schweden die Stadt, nahmen sie ein – und blieben. Bis 1803 (bzw. 1903, → unten) war Wismar schwedisch. Unter der Herrschaft der Drei Kronen wurden der Stadt zahlreiche Privilegien gewährt und ein nicht unerhebliches Maß an kommunaler Selbstverwaltung. Außerdem eröffnete sich Wismar an der Ostsee ein lukrativer Binnenmarkt, sodass der Handel wiederbelebt wurde. Andererseits wurde die Stadt natürlich in die Händel des schwedischen Reiches hineingezogen. Und so litt

Wismar
→ Karte S. 113

Nach dem Einlaufen in den Hafen wird erst einmal gefeiert –
mittelalterliche Wandmalerei im Ratskeller

Alter Schwede! Erinnerung an ...

Wismar wie kaum eine andere schwedische Stadt unter dem Großen Nordischen Krieg 1700–1721. 1716 wurde Wismar von den alliierten Truppen (Dänen, Preußen und Kurhannoveraner) beschossen, belagert und schließlich eingenommen. Um 1718 glich Wismar einem Trümmerfeld und die gefallene Großmacht Schweden hatte weder die Möglichkeiten noch das Interesse, die Stadt nachhaltig zu stärken. Aber es sollte bis 1803 dauern, bis die schwedische Krone Wismar aufgab und für 100 Jahre an das Großherzogtum Mecklenburg verpfändete. Nach Auslaufen des Vertrages 1903 verzichtete Schweden auf die Rückgabe und Wismar war endgültig Teil Mecklenburgs und damit des Deutschen Reiches.

Im Zweiten Weltkrieg setzten die alliierten Luftangriffe auch Wismar arg zu. Ziel der Bomber waren vor allem kriegsrelevante Anlagen, also besonders die Fabrik- und Flugzeughallen der Norddeutschen Dornier-Werke sowie der Hafen. Der schwerste Angriff erfolgte am 24. September 1942, als über 60 Tonnen Bomben auf Wismar abgeworfen wurden. Der letzte Angriff (in der Nacht zum 15. April 1945) traf drei von Wismars bedeutenden Bauwerken mit voller Wucht: das Archidiakonat wurde stark beschädigt, St. Georgen und St. Marien lagen in Ruinen. Insgesamt kamen über 300 Menschen bei den Angriffen ums Leben und fast ein Viertel der vorhandenen Wohnungen wurde zerstört.

Nichtsdestotrotz hat sich in Wismar ein enormes Maß an historischer Bausubstanz erhalten, auch dank seiner engagierten Bewohner, die sich oft auch gegen Widerstände der Behörden für die Bewahrung von Wismars Kulturgut einsetzten; auch wenn es in Einzelfällen nicht gelang – berühmtestes Beispiel ist die Sprengung der Marienkirche 1960. Wismars Altstadt gehört heute zu den besterhaltenen historischen Stadtkernen in Deutschland. 2002 wurde sie gemeinsam mit der Altstadt Stralsunds in die Liste des UNESCO-Welterbes aufgenommen.

Basis-Infos

Information   Tourist-Information am Markt, auch Zimmervermittlung und Kartenvorverkauf. tägl. 9–17 Uhr (Okt. bis März tägl. 10–16 Uhr). Lübsche Str. 23a, 23966 Wismar, ☎ 03841-19433, www.wismar-tourist.de.

Stadtrundgänge von Ostern bis Anfang Nov. tägl. um 10.30 Uhr, Dauer ca. 2 Std.,

7 €, erm. 5 €, Kinder bis 12 J. kostenlos. Außerdem im Herbst und Winter immer freitags um 18 Uhr **Nachtwächterführungen** sowie ganzjährig jeden Samstag um 15 Uhr die **Störtebeker-Führung**.

Stadtrundfahrten mit dem Panoramabus von April bis Sept. halbstündl. zwischen 10

und 17 Uhr (im Winter stündl. 11–15 Uhr), 10 €/Pers., erm. 7 €. Tickets der Tourist-Information, Abfahrt Am Markt 11, www.panoramabus-stadtrundfahrten.de.

Verbindungen Bus 240 verbindet Wismar 12-mal tägl. mit *Boltenhagen* (via Klütz), Sa/So 7-mal; die Linie 241 fährt zur Jugendherberge (Beckerwitz). Die Linien 430 und 230 fahren auf die *Insel Poel*. **Stadtbusse** fahren rund um die Altstadt und in die Vororte (ca. alle 30 Min. in das Seebad Wendorf). Busfahrpläne auf www.nahbus.de und bei der Tourist-Information. Der Busbahnhof befindet sich am nördlichen Rand der Altstadt zwischen Bahnhof und Altem Hafen.

Bahn: fast stündl. nach Schwerin und Ludwigslust, ca 2 Std. nach Berlin Hbf., außerdem stündl. über Bad Doberan nach Rostock. Bahnhof am nördlichen Ende der Altstadt, Infos auf www.odeg.de und www.bahn.de.

Ausflugsschiffe Mit dem **Schiff** der *Reederei Adler* von April bis Okt. 8-mal tägl. (am Wochenende nahezu jede halbe Std.) Hafenrundfahrten, Erw. 12 €, Kinder 4–14 J. 6,50 €, Familien 31,50 €, Hund 2 €. Außerdem 3- bis 4-mal tägl. zur Insel Poel (hin/zurück 18,90 €, erm. 8,50 €, Familien 47,50 €, Rad 4,50 €, Hund 3 €). Anlegestelle am Alten Hafen. ☎ 04651-9870888, www.adler-schiffe.de.

Eine ganz besondere **Ausflugsfahrt** kann man mit der **Wissemara**, dem Nachbau einer Hansekogge unternehmen, Infos → „Die Poeler Kogge", S. 118.

Baden **Wonnemar**, Erlebnisbad am Stadtrand. Wasserrutschen, Wellenbecken mit Grotte, Außenbecken, Sauna, Dampfbad, Wellnesslandschaft. Mai bis Sept. tägl. 10–21 Uhr, Okt. bis April tägl. 10–22 Uhr. Tageskarten (gültig für alles) kosten 28,90 € (Erw.) bzw. 26,90 € (Kinder), es gibt aber auch preiswerte Karten für kürzere Aufenthalte. Anfahrt beschildert, mit dem Stadtbus 1 oder 2 zur Haltestelle „Sporthalle". Bürgermeister-Haupt-Str. 38, ☎ 03841-327623, www.wonnemar.de.

Einkaufen Karstadt 🖸, sieht aus wie jeder andere (Provinz-)Karstadt, ist aber das Stammhaus des 1881 gegründeten Kaufhausimperiums, Rudolf-Karstadt-Platz 1.

WeinKost 🖸, Weinhandlung neben dem Café in der Alten Löwenapotheke (Bademutterstr. 2). Auch Feinkost. Mo 14–18 Uhr, Di/Mi 12–18 Uhr, Do/Fr 11–18 Uhr, Sa 10–13 Uhr. ☎ 03841-73842432, www.weinkost-wismar.de.

... Wismars schwedische Zeit

Hanse Sektkellerei 🖸, Hanse-Sekt aus der nördlichsten Sektkellerei Deutschlands. Verkauf und Führungen mit Sektverkostung Mo–Sa 10–16 Uhr. Turnerweg 4 b, ☎ 03841-48480, www.hanse-sektkellerei.de.

Räucherfisch und **fangfrischen Fisch** gibt es am Alten Hafen.

Fahrradverleih **wismar rad**, im Bahnhof (Bahnsteig 2). Im Sommer Mo–Sa 9–13 Uhr (Rückgabe nach Vereinbarung). Fahrrad 7 €/Tag, auch Kinderräder, Pannenservice. Bahnhofstr. 1, ☎ 0170-5871395).

Veranstaltungen Die Nr. 1 unter den Stadtfesten ist zweifelsohne das **Schwedenfest**, das jährlich am dritten oder vierten Wochenende im August stattfindet und zahlreiche Besucher auch aus dem Land der drei Kronen in die Stadt lockt (www.schwedenfest-wismar.de).

Im Juni wird das **Wismarer Hafenfest** (mit Feuerwerk) veranstaltet, Termine und Infos: www.hafen-fest-wismar.de.

Übernachten

**** Steigenberger Hotel Stadt Hamburg **14**, eines der besten Häuser der Stadt, hervorragende Lage am Markt, 102 komfortable Zimmer, die besonders von Geschäftsreisenden belegt werden, freundlicher Service. Mit Sauna und Restaurant *Weinwirtschaft* nebenan, Tiefgarage. DZ ab 128 €, inkl. Frühstück. Am Markt 24, 23966 Wismar, ✆ 03841-2390, www.wismar.steigenberger.com.

Fründts Hotel **6**, in zentraler, aber ruhiger Lage inmitten der Altstadt. Sorgsam renovierte, große Zimmer, Terrasse nach hinten hinaus, Spielplatz und großer Parkplatz hinter dem Haus (4 €/Tag). Mit Restaurant. EZ 60 €, DZ 84–118 €, inkl. Frühstück, Hund 10 €/Tag. Schweinsbrücke 1–3, 23966 Wismar, ✆ 03841-2256982, www.hotel-stadtwismar.de.

»» Unser Tipp: To'n Zägenkrog **7**, die fünf renovierten Appartements des „Ziegenkrugs" sind teils recht unkonventionell geschnitten, aber rundum geschmackvoll eingerichtet. Gemütliches Fischrestaurant im Erdgeschoss (→ unten). Das Gasthaus befindet sich unweit des Hafens am Ziegenmarkt. Alle Appartements mit Küche und Wohnbereich, je nach Größe 100–130 € pro Tag, Frühstück 13–16 € pro Pers. Ziegenmarkt 10, 23966 Wismar, ✆ 03841-282716, www.ziegenkrug-wismar.de. **««**

Hotel Denkmal 13 **3** Das familiengeführte, kleine Hotel nahe dem Alten Hafen kommt sehr charmant daher. Sechs individuell eingerichtete Zimmer, viele mit Himmelbetten, das Padre-Pepe-Zimmer ist wie geschaffen für ein romantisches Wochenende. Haus-

tiere nicht gestattet. EZ ab 74 €, DZ ab 104 €, jeweils inkl. Frühstück. Kleine Hohe Str. 13, 23966 Wismar, ✆ 03841-4703163, www.denkmal-13.de.

Pension Chez Fasan **9**, fürs kleinere Budget. Ruhige Lage unterhalb der Fußgängerzone (Richtung Schabbellhaus/St. Nikolai). 26 solide ausgestattete Zimmer, die EZ z. T. mit Bad auf dem Flur. In der Hochsaison besser reservieren. EZ 27 €, DZ 50 €, Familienzimmer 72 €, Frühstück 7 € pro Pers. Bademutterstr. 20 A, 23966 Wismar, ✆ 03841-213425, www.pension-chez-fasan.de.

Jugendherberge Jugendherberge Wismar **13**, klassische Jugendherberge vom alten Schullandheim-Schlag, etwas außerhalb im Stadtteil Friedenshof (westlich vom Zentrum, beschildert). Übernachtung mit Frühstück im Mehrbett-Zimmer 22,40 €/Pers., Senioren über 27 zahlen 28,30 €, Bettwäsche inbegriffen. Juri-Gagarin-Ring 30 a, 23966 Wismar, ✆ 03841-32680, www.jugendherberge-mv.de.

Wohnmobilpark Am Westhafen, ca. 600 m westlich der Altstadt. Alles andere als idyllisch, erfüllt aber seinen Zweck. Auch in der NS bestens gebucht. Schiffbauerdamm 12, 23966 Wismar, ✆ 0172-3884003, www.wohnmobilpark-wismar.de.

Übernachten außerhalb Seehotel Neuklostersee, herrliche Anlage 2 km südlich von Neukloster (westlich von Wismar, Richtung Bützow) im Ortsteil Nakenstorf am Ufer des Neuklostersees, → S. 323.

Essen & Trinken

Restaurants Alter Schwede **15**, spätgotisches Backsteinhaus (14. Jh.) mit auffälliger Fassade am Marktplatz (→ „Sehenswertes"). Ein Gasthaus gibt es hier schon seit 1878; heute bietet der Alte Schwede deftige mecklenburgische Küche in stilvoll-rustikalem Ambiente bei leicht gehobenem Preisniveau (Hauptgerichte 11–25 €). Mit Terrasse. Tägl. ab 11.30 Uhr geöffnet. Am Markt 19, ✆ 03841-283552, www.alter-schwede-wismar.de.

Steaks & More – Zum Weinberg **11** In dem traditionsreichen Haus (im 17. Jh. angeblich die beste Weinhandlung der Stadt) werden Steaks (nach Gewicht, 100 g ab 8 €) serviert,

dazu Pasta (ab 9 €) und Pizza aus dem Steinofen (ab 8 €). Die Räumlichkeiten dieses denkmalgeschützten Hauses sind grandios (besonders die bemalte Balkendecke), die jüngste Restaurierung brachte aber ein leicht bieder-kitschiges Ambiente inkl. Ritterrüstungen mit sich. Für die Gäste gibt es im Obergeschoss zudem ein kleines Museum über den Weinhandel zu besichtigen. Tägl. ab 11.30 Uhr. Hinter dem Rathaus 3, ✆ 03841-2277066, www.steaks-n-more-wismar.de.

»» Lesertipp: Kaminstube **10** „Einsame Spitze!" – Leser waren begeistert von diesem eher gediegenen Kleinod in der Alt-

stadt. Die kreative Crossover-Küche verbindet südländische Aromen mit regionalen Produkten. Die kleine Karte wechselt monatlich, auch an Vegetarier wird gedacht. Reservieren! Hautgerichte 11–26 €. Tägl. außer So ab 17.30 Uhr. Bademutterstr. 19, ✆ 03841-3288340, www.kaminstube-wismar.de. «

Restaurant im Reuterhaus 16, ebenfalls am Marktplatz, ebenfalls in historischem Ambiente (handgeschnitzte Holzvertäfelung!), einige Tische draußen. Traditionelle mecklenburgische Küche, darunter der typische Rippenbraten (13,80 €), auch viele Fischgerichte. Tägl. 12–22 Uhr geöffnet. Am Markt 19, ✆ 03841-22230, www.reuterhaus-wismar.de.

To'n Zägenkrog 7, drei Gasträume: der gemütliche „Krug" und die „Kajüte" mit nur einem runden Tisch in maritimem Ambiente, zudem der elegante „rote Salon". Im Sommer stehen auch draußen an der „Grube" ein paar Tische. Serviert werden Fischspezialitäten, darunter diverse Deftigkeiten wie Matjes und Labskaus. Sehr freundlich, Hauptgerichte 12,50–16 €, tägl. ab 11 Uhr geöffnet. Ziegenmarkt 10, ✆ 03841-282716, www.ziegenkrug-wismar.de.

Brauhaus am Lohberg 4, bereits im 15. Jh. wurde in dem backsteinernen Fachwerkhaus Bier gebraut. Nach jahrhundertelanger Nutzung v. a. als Speicher wird hier heute die große Braugeschichte der Hansestadt Wismar weitergeführt. In der urigen Gaststätte sitzt man neben den großen Kupferkesseln oder draußen auf der Terrasse am Lohberg nahe dem Hafen. Einfache mecklenburgische Küche und natürlich – Bier: darunter vorzügliche Biere mit so klingenden Namen wie *Roter Eric* oder Wismars traditionelle *Mumme*. Im Sommer ab 11 Uhr, im Winter zuweilen ab 17 Uhr, Sa abends Live-Musik. Kleine Hohe Str. 15, ✆ 03841-250238, www.brauhaus-wismar.de.

🍃 **Biobistro Avocados** **2**, hier werden Vegetarier glücklich. Das kleine, freundliche *Hole in the Wall* serviert täglich wechselnde Gerichte wie Blumenkohl-Curry oder Pasta, für die man um die 9 € zahlt. Verwendet werden ausschließlich Bioprodukte. Mo–Fr 11–15 Uhr, Do/Fr zudem 18– 21 Uhr. Hinter dem Chor 1, ✆ 03841-303333. ■

🍃 **Cafés** Café Glücklich **5**, guter Kaffee (und fair gehandelt), der Service unumwunden herzlich und der hausgebackene Kuchen köstlich. Von der Mittagsquiche über die Stullen bis zum Kaffeekeks, hier ist alles gelungen. Das finden auch zahlreiche Le-ser, die hier glücklich wurden. Tägl. ab 9 Uhr geöffnet, So–Mi bis 18 Uhr, Do–Sa bis 20 Uhr. Do gibt es frische Waffeln. Schweinsbrücke 7, ✆ 03841-7969377. ■

Café Alte Löwenapotheke **8**, in der geschichtsträchtigen Wismarer Apotheke aus dem Jahr 1645. Charmant-relaxtes Café, auch Lesungen und Musikabende, Kuchen und Torten, auch Tagesgericht und kleine Speisen. Di–Sa 11,30–18 Uhr (zuweilen auch Abendveranstaltungen), So/Mo geschlossen. Bademutterstr. 2, ✆ 03841-252538.

Nachtleben   Kai Bar & Café **1** Nette Location am Hafen, wo man es sich bei einem Cocktail richtig gut gehen lassen kann. Zudem sitzt man im Sommer auch nett auf den Bierbänken draußen. Tägl. wechselnde Pastavariationen. Viel jüngeres Publikum. Tägl. ab 10 Uhr. Alter Holzhafen 3, ✆ 03841-229822, www.kaibarcafe.de.

Sehenswertes

Marktplatz

Der mit einer Ausdehnung von 10.000 qm größte Marktplatz Norddeutschlands gehört zweifelsohne zu den schönsten Europas. Prächtige, von Giebeln gekrönte Fassaden flankieren das pulsierende Herz der Stadt. Im südöstlichen Eck des Platzes befindet sich das Wahrzeichen Wismars: die **Wasserkunst**. Der Name des Bauwerkes lässt bereits erahnen, dass es sich nicht nur um ein architektonisches, sondern auch um ein technisches Denkmal handelt. Das Brunnenhaus entstand zwischen 1580 und 1602. In Anlehnung an die Architektur der niederländischen Renaissance wölbt sich über zwölf verzierten Säulen ein Kupferdach, das von einem kleinen Türmchen gekrönt wird. Die Wasserkunst wurde mittels Holzrohren von einer 4 km entfernten Quelle gespeist und verteilte das Wasser in die Bürgerhäuser und öffentlichen Schöpfstellen der Stadt. Nicht von ungefähr betrieb der Auftraggeber der Wasserkunst, der Rat *Hinrich Schabbell* (1531–1600), ein wasserintensives Gewerbe: Er war einer der Braumeister der Stadt. Der beauftragte Baumeister *Philipp Brandin* stammte aus den Niederlanden und hatte bereits Schabbells prächtiges Wohn- und Brauhaus, das Schabbellhaus, errichtet (→ S. 120).

Um die inoffizielle Auszeichnung als Wahrzeichen der Stadt bewirbt sich auch ein unweit der Wasserkunst gelegenes Gebäude: der **Alte Schwede**. Ende des 14. Jh. erbaut, gehört es zu den ältesten Bürgerhäusern der Stadt. Die prächtigen gotischen Stufengiebel sind heute noch backsteinerner Ausdruck hanseatischen Stolzes. Den Namen erhielt das ehemalige Kaufmannshaus, nachdem es Ende des 19. Jh. als Gastwirtschaft genutzt wurde. Auch heute noch befindet sich in dem historischen Gemäuer ein Restaurant. Seine direkten Nachbarn – links ein mit Jugendstil-Ornamenten verziertes Gebäude, rechts das rekonstruierte **Reuterhaus**, in dem der Dichter *Fritz Reuter* (→ S. 442) residierte und dessen Verleger *Dethloff Carl Hinstorff* seine Karriere begann – geben auf engstem Raum ein Beispiel für die Vielgestaltigkeit der Bürgerhäuser rund um den Marktplatz.

Die Nordflanke des Platzes säumt ein großes klassizistisches Gebäude, das Wismarer **Rathaus**. Es wurde 1819 fertiggestellt, nachdem das alte Rathaus an gleicher Stelle teilweise eingestürzt war. Erhalten blieb das gelb-rot verzierte gotische Kellergewölbe, in dem sich heute die Dauerausstellung *Wismar – Bilder einer Stadt* befindet. Zu sehen sind Darstellungen zur Stadtentwicklung seit frühester Zeit, darunter auch ein altes Stadtmodell, archäologische Funde, historische Dokumente, alte Schiffsmodelle und andere Exponate aus der Blütezeit der Hanse. Besonders sehenswert sind Reste der Wandmalereien, die illustrieren, dass der Ratskeller einst auch als Weinkeller diente: Hier wird mächtig gezecht.

Ausstellung *Wismar – Bilder einer Stadt*, im historischen Ratskeller, Di–Sa 10–16 Uhr. Eingang rechts neben dem Rathaus die Treppe hinunter. Am Markt 1.

Gotisches Viertel

Westlich des Marktplatzes liegt das gotische Viertel, dessen historische Gebäude durch die alliierten Luftangriffe in den letzten Tagen des Zweiten Weltkriegs zwar starken Schaden nahmen, teilweise aber erhalten werden konnten,

Der Turm der Marienkirche

so z. B. das **Archidiakonat** am Kirchhof. Das ehemalige Wohnhaus des Archidiakons, erbaut um 1450 im Stil der Norddeutschen Backsteingotik, war bereits im 19. Jh. saniert und neugotisch umgestaltet worden und wurde nach seiner Zerstörung unter großem Aufwand Anfang der 1960er-Jahre wieder aufgebaut.

Die Kirche **St. Marien** wurde jedoch, gegen alle Widerstände der Bevölkerung, im August 1960 gesprengt. Nur der mächtige Turm blieb erhalten, er wurde in den 1990er-Jahren restauriert. In den noch erhaltenen Vorhallen des Turms erinnert eine Ausstellung an die ehrwürdige Kirche. Hinter dem Turm vermitteln die Fundamentreste einen Eindruck von den Ausmaßen des Gotteshauses.

St.-Marien-Turm: April bis Sept. tägl. 9–17 Uhr, in den Wintermonaten 10–16 Uhr. *Turmführungen* (3 €, erm. 2 €) Okt. bis März tägl. 11–15 Uhr, April bis Sept. tägl. 10–16 Uhr jeweils zu vollen Std. 3D-Film ebenfalls 3 €, erm. 2 €, die Ausstellungen dürfen umsonst besucht werden, eine Spende ist jedoch erwünscht.

Auch die Kirche **St. Georgen** wurde in den letzten Tagen des Zweiten Weltkriegs erheblich beschädigt. Doch statt in die Luft gesprengt zu werden, verfiel sie. Die Versuche Wismarer Bürger, St. Georgen zu retten, scheiterten an Material- und Geldmangel. Nach 1990 wurde die verwahrloste Ruine unter enormem Aufwand Stück für Stück saniert und konnte im Jahr 2010 wiedereröffnet werden.

Die komplizierte Baugeschichte des Gotteshauses begann in der Mitte des 13. Jh. Gerade eine Generation später begann der erste Um- bzw. Ausbau mit derart ambitionierten Plänen, dass die Arbeiten sich gut 200 Jahre hinziehen sollten und dennoch nicht fertig wurden. Letztlich entstanden ist eine bis zu 42 m hohe, ebenso breite und 76 m lange Kirche mit gewaltigen Querschiffen und einem ungewöhnlichen Chor. Denn anstelle des üblichen halbrunden Chorumgangs wurde der alte, flache Chor beibehalten. Das Fehlen jeglicher Innenausstattung – was davon erhalten ist, befindet sich in der Nikolaikirche – verstärkt den imposanten Raumeindruck der Georgenkirche. Auf dem Stumpf des Turmes (er wurde nie vollendet) befindet sich eine Aussichtsplattform. Ein Aufzug bringt Sie hinauf, der Blick von oben auf den Ziegeldachteppich Wismars und die Häfen ist beeindruckend.

St. Georgen: April bis Sept. tägl. 9–17 Uhr, Okt. bis März 10–16 Uhr. Eintritt für den Aufzug und die Plattform 3 €, erm. 2 €, www.kirchen-in-wismar.de. Häufig auch Konzerte (u. a. gastiert das NDR-Sinfonieorchester, Tickets 18–35 €), Infos in der Touristinformation oder unter www.wismar.de.

Zwischen der St.-Marien-Kirche und der St.-Georgen-Kirche wurde Mitte des 16. Jh. der **Fürstenhof** neu errichtet. Anlässlich seiner Hochzeit ließ Herzog *Johann Albrecht I. von Mecklenburg* (1525–1576) an das bestehende ältere Gebäude im spätgotischen Stil (Altes Haus) diesen Stadt-Palazzo (Neues Haus) anbauen und brachte damit ein Stück italienische Renaissance an die Ostsee. Das dreistöckige Gebäude ist durch detailfreudige Friese aus Kalkstein und Terrakotta gegliedert. An der Straßenseite dominieren Szenen aus dem Trojanischen Krieg, hofseits ist das Gleichnis vom verlorenen Sohn dargestellt. Aufwendig gestaltet zeigen sich auch die Portale der Hofdurchfahrt. Heute befindet sich das Amtsgericht im Fürstenhof.

Richtung Hafen kann man an der Lübschen Straße ein Stück mittelalterlicher Sozialgeschichte besichtigen. Mitte des 13. Jh. wurde in Wismar ein Armen- und Krankenhaus, das Heiligen-Geist-Hospital, eingerichtet. Dazu entstand später eine schlichte gotische Saalkirche, die **Heiligen-Geist-Kirche**, an die kurze Zeit später das „Lange Haus" angeschlossen wurde. Dieses auch „Siechenhaus" genannte Gebäude war zur Kirche hin offen, sodass die Bettlägerigen den Gottesdienst verfolgen konnten. Ein bemerkenswertes Ausstattungsdetail erhielt die Kirche, nachdem 1699 die gotische Gewölbedecke infolge einer Explosion eingestürzt war. Anstatt das Kreuzrippengewölbe wieder aufzubauen, wurde eine einfache Holzdecke eingezogen, farbenprächtig mit Ornamenten und Bibelszenen aus dem Ersten Buch Moses verziert. Sehenswert ist auch das gotische Glasfenster, das zwölf Szenen aus den Evangelien und verschiedene Heilige zeigt.

Heiligen-Geist-Kirche, tägl. 10–18 Uhr geöffnet, im Winter bis 17 Uhr, Gottesdienst So 10 Uhr, danach Besichtigung. Als Eintritt wird eine Spende von 1 € erbeten, www.kirchen-in-wismar.de.

Etwas weiter, an der Lübschen Straße 23, steht das **Welt-Erbe-Haus** mit klassizistischem Giebel. Es beherbergt zugleich die Tourist-Information. Das Haus entstand Mitte des 14. Jh. als typisches Dielenhaus. Nach umfassender Restaurierung informiert heute eine kostenlose Ausstellung im Haus über die UNESCO und die Geschichte der Stadt Wismar mit diversen Schwerpunktthemen (u. a. zum Handel und zum Dielenhaus). Sehenswert ist insbesondere das wiederhergestellte Tapetenzimmer, das komplett mit kunstvollen französischen Papierdrucken aus dem 19. Jh. ausgeschmückt ist.

Welt-Erbe-Haus, die Ausstellungen sind von April bis Sept. tägl. von 9–17 Uhr, im Winter von 10–16 Uhr zu sehen. Eintritt frei.

Alter Hafen

Der **Alte Hafen** war ehemals Dreh- und Angelpunkt hanseatischer Betriebsamkeit. Heute flanieren Wismarer und Besucher an Schiffen vorbei, die Räucher- und Frischfisch anbieten, oder an den Speichern zwischen Altem und Neuem Hafen (heute Überseehafen) entlang. Architektonisch orientieren sich die v. a. im 19. Jh. entstandenen Speicher am **Wassertor**, der Nahtstelle zwischen Hafen und Altstadt. Es ist das letzte verbliebene von einst fünf Stadttoren. Außer dem Wassertor ist kaum noch etwas von der ehemaligen Stadtbefestigung erhalten, ihrem Verlauf folgt heute die Ringstraße um die Altstadt. In gewisser Weise aber ist auch das **Baumhaus** am Alten Hafen ein Teil der Stadtbefestigung. In dem barocken Gebäude aus dem 18. Jh. diente der „Baumschließer". Seine Aufgabe war es, die Hafeneinfahrt mittels eines Langholzes (später wohl einer Kette, nichtsdestotrotz „Baum" genannt) des Nachts und bei Gefahr zu verschließen. Vor dem Baumhaus stehen fotogen zwei Schwedenköpfe, die einstmals die Fahrrinne des Hafens markierten. Heute sind im Baumhaus wechselnde Ausstellungen zu besichtigen.

Baumhaus: Die Ausstellungen wechseln ca. alle drei Wochen, April bis Sept. tägl. 9–17 Uhr, Nov. bis März bis 16 Uhr. Eintritt frei. Am Alten Hafen, ✆ 03841-252548.

Idyllisch zeigt sich der Alte Hafen am **Lohberg**. Hier stehen ein paar Tische und Stühle der Restaurants und Cafés auf dem Kopfsteinpflaster und vor den farbenprächtigen Fassaden der mittelalterlichen Gebäude. In der Nähe mündet die **Grube** in den Hafen. Im 13. Jh. angelegt, ist sie einer der ältesten Kanäle in Deutschland und verbindet den Mühlensee (und zeitweise via Wallensteingraben sogar den Schweriner See) mit der Ostsee. Die Grube diente nicht nur der Süßwasserversorgung, sondern auch als Transportweg, auf dem Lastkähne vom Hafen in die Altstadt getreidelt wurden. Blickfang ist das entzückend schiefe Fachwerkgebäude, das sich beim Hafen über die Grube spannt und „Gewölbe" genannt wird.

Wismar → Karte S. 113

Das „Gewölbe" über der Grube

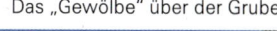

Die Poeler Kogge

1997 spülte ein Sturm Wrackteile an den Strand von Timmendorf auf der Insel Poel. Bei der daraufhin einsetzenden Suche fanden Unterwasserarchäologen das gut erhaltene Wrack eines Schiffes und datierten es auf das 14. Jh. – eine Sensation, denn man vermutete, auf das bis dato größte Frachtschiff des Spätmittelalters gestoßen zu sein. Bei einer Länge von 31,5 m und einer Breite von bauchigen 8,5 m besaß das Poeler Kogge genannte Schiff ein Fassungsvermögen von 200 Tonnen

(zum Vergleich: die berühmte Bremer Kogge fasste 84 Tonnen). Gleichzeitig hatte sie einen relativ geringen Tiefgang, was sie gerade für das Befahren von Bodden und Haff befähigte. Das bei Poel geborgene Wrack wurde nach Schwerin gebracht, wo weitere Untersuchungen angestellt und die Konservierung gewährleistet werden sollen.

Im Jahr 2000 begann ein faszinierendes Projekt auf dem Feld der experimentellen Archäologie: Im Hafen von Wismar entstand ein originalgetreuer Nachbau der Poeler Kogge unter Zuhilfenahme spätmit-

Auf der Wissemara müssen auch die Passagiere mit anpacken

telalterlicher Techniken des Bootsbaus. Beteiligt waren neben all den ehrenamtlichen Bootsbauern Schiffsbauingenieure und Bootsbaumeister, ein Nautiker und ein Archäologe. Nach sechs Jahren Bauzeit wurde die *Wissemara* getaufte Kogge vom Stapel gelassen und das bauchige Transportschiff aus Hansezeiten stellte sogleich ihre bemerkenswerte Manövrierfähigkeit unter Beweis.

Am Alten Hafen kann man die Wissemara nicht nur besichtigen, wenn sie vor Anker liegt, man kann mit ihr auch in See stechen. Im Sommer wird in etwa dreistündiger Fahrten vor die Insel Poel und zurück gesegelt. Und wenn der Kapitän den Befehl gibt: „Klar zum Segelmanöver! Klar zur Halse!", können auch die Passagiere mit anpacken, während die *Wissemara* sachte durch den Wind dreht.

Die *Wissemara* ist eine Attraktion, obgleich sie, nach letzten Erkenntnissen, der Nachbau eines erheblich jüngeren Schiffes ist. 2011 datierte ein Archäologe das Baujahr der Poeler Kogge durch ein neues Verfahren zur Altersbestimmung von Holz auf das Jahr 1773. Die Zeit der Koggen war da schon vorbei. In Wismar aber sieht man galant darüber hinweg.

Gesegelt wird in etwa von Mai bis Sept., in der Nebensaison mehrmals in der Woche, im Sommer bis zu 3-mal tägl. Die ehrenamtliche, etwa zehnköpfige Besatzung gibt während der Fahrt bereitwillig Auskunft über den Bau des Seglers und technische Details, Segelverhalten und Seemannsgarn. Die etwa dreistündige Fahrt kostet 23 € (meist nachmittags) bzw. 28 € (über Mittag und mit Eintopf), jeweils pro Pers. Infos zu den Segeltörns erhält man an Bord (Anleger am Alten Hafen, in der Nähe des Baumhauses), im Büro des Fördervereins im Baumhaus (Eingang an der Rückseite), unter ✆ 03841-304310 oder unter www.poeler-kogge.de.

St. Nikolai

Die Kirche St. Nikolai ist die dritte große Stadtkirche Wismars und ein bedeutendes Beispiel Norddeutscher Backsteingotik. Wenngleich die älteste Pfarrkirche Wismars, begann der Bau der heutigen Kirche relativ spät. Ab etwa 1380 wurde die Vorgängerkirche aus- und umgebaut. Obwohl zu dieser Zeit bereits neue architektonische Einflüsse spürbar waren, orientierten sich die Baumeister von St. Nikolai am Vorbild hochgotischer französischer Kathedralen. Entstanden ist eine prächtige dreischiffige Basilika mit schlankem Chorumgang und Kapellenkranz. Das Mittelschiff erhebt sich bei einer Breite von gerade einmal 10,5 m eindrucksvoll über 37 m in die Höhe. Der dadurch geschaffene überwältigende Raumeindruck wird von keiner Kirche an der Ostseeküste übertroffen. Ein Kleinod ist der Giebel des Südanbaus (1438/39). Der aus glasierten Backsteinen geformte Schmuckgiebel ist mit figürlichen Terrakotta-Friesen bestückt, die Fabeltiere, Fratzen, Heilige und Marien darstellen, darüber thront eine schmucke Blendrose. Der Kirchturm erhob sich ursprünglich dank eines enormen spitzen Turmhelmes auf eine Höhe von 120 m. Er wurde von einem schweren Sturm 1703 heruntergerissen und zertrümmerte das Mittelschiff.

Diese Katastrophe hatte zur Folge, dass St. Nikolai heute über eine bemerkenswerte barocke Innenausstattung verfügt. Dazu kommen wertvolle Stücke, die aus den Kirchen St. Marien und St. Georgen gerettet werden konnten. Barock sind u. a. die Kanzel mit ihrer verspielten Haube (1708) und die Taufe schräg gegenüber (1719). In der südlichen Vorhalle sind der prächtige Schnitzaltar (um 1430) und das Hochkreuz aus der Kirche St. Georgen untergebracht. Auf dem bronzenen Taufbecken aus St. Marien, um 1335 gegossen, sind Szenen aus dem Leben Jesu zu sehen. Beeindruckend sind auch die erhaltenen Wandmalereien: allen voran der riesige,

Wismar → Karte S. 113

St. Nikolai – im Giebel die Blendrose

bis ans Gewölbe hinaufreichende St. Christopherus, Schutzheiliger der Reisenden (um 1450). Empfehlenswert ist der Aufstieg in das Gewölbe im Verlauf einer kenntnisreichen Führung.

Mai bis Sept. 8–20 Uhr, Okt. und April 10–18 Uhr, Nov. bis März 11–16 Uhr, Gottesdienst So 10 Uhr. Im Sommer tägl. Gewölbeführungen, im Winter eingeschränkt. St. Nikolai ist eine besucherfreundliche Kirche, Fotografieren ist ausdrücklich erlaubt (dass man kein Blitzlicht in der Nähe von Wand-

oder Altarmalereien verwendet, versteht sich von selbst), auch artige Hunde dürfen an der Besichtigung teilnehmen. Die ehrenamtlichen Mitarbeiter, die die Öffnungszeiten ermöglichen, sind sehr engagiert, www.kirchen-in-wismar.de.

Stadtgeschichtliches Museum im Schabbellhaus

Schräg gegenüber der Kirche St. Nikolai und auf der anderen Seite der Grube liegt das Schabbellhaus, das heute das Stadtmuseum beherbergt. *Hinrich Schabbell* (1531–1600) war angesehener Bierbrauer, Kaufmann, Ratsherr und Bürgermeister der Stadt. Er engagierte zum Bau seines Wohn- und Brauhauses den holländischen Baumeister *Philipp Brandin* (ca. 1530–1594). Von 1569 bis 1571 ließ dieser das Ge-

An der Schweinsbrücke

bäude im Stil der niederländischen Renaissance entstehen und setzte dabei auf eine Kombination aus Backstein und Sandstein, wie es in seiner Heimat üblich war. Besondere Aufmerksamkeit verdient der Nordgiebel (zur Grube hin) mit seinen sandsteinernen Gliederungselementen wie Säulen, Figuren, Voluten und Fensterrahmen, der Rest der Fassade besteht aus rotem Backstein.

Anlässlich der 750-Jahr-Feiern der Stadt Wismar wurde hier 1979 das *Stadtgeschichtliche Museum* eröffnet. Im Inneren sind u. a. die alte Eingangsdiele, eine Wendeltreppe und der Speicherboden erhalten. Wegen umfangreicher Sanierung wird es aber nicht vor Ende 2017 wiedereröffnen, dann aber mit einer deutlich größeren Ausstellungsfläche.

Schweinsbrücke 8, www.schabbellhaus.de.

phan Technikum

Das Technische Landesmuseum Mecklenburg-Vorpommern präsentiert hier die spannende Welt der Technikgeschichte zu „Luft", zu „Wasser" und rund ums Element „Feuer". Eine Abteilung zum Thema „Erde" soll folgen. Der Besuch ist vor allem für Kinder und Jugendliche spannend, aber auch für Erwachsene dank interessanter Exponate wie einen alten Schiffsmotor der *Gorch Fock* oder einen Nachbau von Lilienthals „Normalsegelapparat" überaus kurzweilig. Das Museum erinnert zugleich an den Flugzeugbau in Mecklenburg-Vorpommern (u. a. an Fokker, Dornier, Heinkel und Arado), an den hiesigen Schiffsbau und bietet Technik zum Anfassen.

Das **phan Technikum** liegt im Westen Wismars, Zum Festplatz 3. Zu erreichen mit Buslinie 1 bis Haltestelle „Tierpark". Juli und Aug. tägl. außer Mo 10–18 Uhr, sonst bis 17 Uhr. Erw. 7 €, Kinder 6–17 J. 5 €, Familien ab 14 €. ☎ 03841-304570, www.phantechnikum.de.

Am Hafen von Timmendorf (Insel Poel)

Zwischen Wismar und Rostock

In der lieblichen mecklenburgischen Landschaft, die sich zwischen den beiden Hansestädten erstreckt, verbergen sich einige sehenswerte Attraktionen und sogar einige Superlative.

Mit Heiligendamm das älteste Seebad Deutschlands, nahebei die älteste Galopprennbahn in Bad Doberan und ebenda auch das Bad Doberaner Münster – eines der bedeutendsten Beispiele Norddeutscher Backsteingotik. Touristisches Zentrum ist das schmucke Ostseebad Kühlungsborn. Und schließlich gibt es noch das Naturparadies Insel Poel vor den Toren Wismars.

Insel Poel   ca. 2800 Einwohner

Die stille Insel, der Wismarbucht schützend vorgelagert, war dank ihrer strategisch günstigen Lage in der Vergangenheit oft umkämpft. Heute erholen sich dort Besucher am lang gestreckten Sandstrand.

Die 37 km^2 große Insel Poel ist weitgehend landwirtschaftlich geprägt, Baumbestand findet sich vornehmlich in Form eines schmalen Waldstreifens zum Schutz der Außenküste. Zum Festland hin sowie rund um die Bucht Fauler See im Südwesten wird die Küste von unter Naturschutz stehenden Salzwiesen gesäumt. Im Nordosten befindet sich rund um die kleine Insel Langenwerder ein bereits 1924 eingerichtetes Vogelschutzgebiet. Seit jeher lebten die Bewohner der Insel von der Landwirtschaft und der Fischerei, heute bildet der Tourismus die Haupteinnahmequelle. Seit 2005 kann sich die gesamte Insel mit dem Prädikat (staatlich anerkanntes) Ostseebad schmücken.

Zwischen Wismar und Rostock

2,5 km

Der Hauptort Poels ist **Kirchdorf**, das zwar mitten auf der Insel liegt, dank der lang gestreckten Bucht namens Kirchsee aber über einen Hafen verfügt. Neben dem Hafen findet man die beiden Sehenswürdigkeiten der Insel: das Inselmuseum und die kleine Inselkirche.

Die Attraktion Poels ist der lange Strand, der im Sommer auch zahlreiche Ausflügler aus der nahe gelegenen Hansestadt Wismar anlockt. Das touristische Zentrum ist **Timmendorf-Strand** mit seinem kleinen Hafen, dem schmucken Leuchtturm, einem Campingplatz und vor allem einem herrlichen Sandstrand. Gänzlich abgeschieden und still liegt **Gollwitz** im Nordosten der Insel. Dazwischen befindet sich unweit von Kirchdorf der ruhige Ortsteil **Am Schwarzen Busch**. Hier erinnert ein Mahnmal an eine der größten Katastrophen der Seefahrtsgeschichte. In den letzten Tagen des Zweiten Weltkriegs, als die alliierten Truppen auf dem Vormarsch waren, wurden die Häftlinge des KZ Neuengamme nach Lübeck getrieben und dort auf kaum fahrtaugliche Schiffe verladen, darunter die *Cap Arcona*. Einen Zielhafen hatte die KZ-Flotte nicht, was geschah, war von den Nationalsozialisten nicht nur billigend in Kauf genommen worden, sondern menschenverachtendes Kalkül. Eine britische Bomberstaffel griff am 3. Mai 1945 die Schiffe an, nicht wissend, dass sich überlebende KZ-Häftlinge an Bord befanden. Bei dem Angriff, der den Untergang der *Cap Arcona* und drei weiterer Schiffe zur Folge hatte, starben über 7000 Menschen.

(Basis-Infos

Information Kurverwaltung Insel Poel, Zimmervermittlung, naturkundliche Veranstaltungen und **geführte Wanderungen**. In der Hauptsaison Mo–Fr 9–17.30 Uhr, Sa 10–12 und 14–16 Uhr, So 10–12 Uhr; Mitte Sept. bis Mitte Mai nur Mo–Fr 9–12 und 14–17 Uhr. Wismarsche Str. 2, OT Kirchdorf, 23999 Insel Poel, ☏ 038425-20347, www.insel-poel.de.

Appartementvermittlung In der Kurverwaltung (→ Information) oder dem **PAS** (Poeler Appartement Service), dort v. a. Appartements rund um den OT Am Schwarzen Busch. Sonnenweg 5 f, 23999 Insel Poel/Schwarzer Busch, ☏ 038425-42155, www.pas-poel.de. Außerdem **Poeler Tourismus-Service**, Wismarsche Str. 7 a, OT Kirchdorf, 23999 Insel Poel, ☏ 038425-405003, www.poel.de.

Verbindungen Der **Bus 430** und **230** verbindet Wismar mit Poel tägl. ca. 10-mal, Sa/So 5-mal, www.nahbus.de.

Die **Fahrgastschifffahrt** der Reederei *Adler Schiffe* steuert April bis Okt. bis zu 4-mal tägl. ab Wismar (Alter Hafen) den Hafen von Kirchdorf an, Fahrtdauer 1 Std. (hin/zurück 18,90 €, Kinder 8,50 €). ☏ 04651-9870888; www.adler-schiffe.de.

Baden Die feinsandigen, flach ins Meer abfallenden Strände der Insel Poel sind im Bereich Timmendorf und Am Schwarzen Busch überwacht (kostenpflichtig), die Hundestrände befinden sich etwas abseits der jeweiligen Hauptabschnitte. In Timmendorf-Strand auch Tretbootverleih und Eisverkauf.

Fahrradverleih Poel ist eine Fahrradinsel, überall findet man gut ausgebaute Fahrradwege. Verleih u. a. bei **Fahrradverleih Stolpmann**. Ab 5 €/Tag, auch Kinderräder und Anhänger. Wismarsche Str. 16, OT Kirchdorf, ☏ 038425-20470. **E-Bikes** gibt es bei den Hafenmeistern in Timmendorf/Strand und Kirchdorf, 18 €/Tag, ☏ 0157-37474610.

Parken In den Orten oft Parkverbot, kostenpflichtige Parkplätze befinden sich an den Ortseingängen (1 €/Std., 4 €/Tag).

Wassersport Beliebt bei Surfern und Kitern sind u. a. der Naturstrand bei *Hinterwangern* (das letzte Stück auf einer Sandpiste, Parkplatz, zum Baden nicht so schön) und – zentraler und leichter zu erreichen – der Strand beim Camping in Timmendorf-Strand: Hier bieten **Wassersport & Wasserspass** (☏ 0173-8574415) und **Kitekurs Ostsee** (☏ 0152-56170555, www.kitekurs-ostsee.de) von Mai bis Okt. Surf- und Kitekurse, SUP und Ausrüstungsverleih.

Der Timmendorfer Strand ... auf Poel

Übernachten/Essen & Trinken

Poeler Forellenhof, im kleinen Weiler Niendorf (von Wismar kommend Richtung Kirchdorf auf der linken Seite). Große Auswahl an Fischgerichten im Restaurant, uriges Ambiente in der Fischräucherei, auch Ferienwohnungen, zudem kann man sein Wohnmobil auf einer zwar betonierten, aber sonnigen Stellfläche mit Aussicht parken. Auch Fahrradverleih. Ferienwohnung bis 4 Pers. 71–86 €/Tag, Frühstück 7,50 €/Pers., Halbpension 19,50 €, Wohnmobil inkl. 2 Pers. 13 €/Nacht mit Wasser, Strom und Dusche. Niendorf 13, 23999 Insel Poel, ✆ 038425-4200, www.poeler-forellenhof.de.

Gutshaus Kaltenhof, im gleichnamigen Ortsteil. Überaus gepflegte Anlage, alles präsentiert sich wie ein perfekt arrangierter Kaffeetisch. Zehn Zimmer, dazu drei Ferienwohnungen und eine Suite. Garten. Keine Haustiere. DZ 94–105 €, Frühstück inkl. Am Gutshof 4–6, 23999 Insel Poel OT Kaltenhof, ✆ 038425-423299, www.gutshaus-kaltenhof.de.

Pension Haus Margarethe, freundliche Unterkunft in einem orangefarbenen Haus. Einfache und günstige Zimmer, gemütliche Wohnzimmeratmosphäre. Im dazugehörigen Restaurant/Café *Stilbruch* (nur Do–Mo 15–22 Uhr) gibt es nachmittags selbst gebackenen Kuchen und abends Hausmannskost. EZ 40 €, DZ 58 €, inkl. Frühstück. Gollwitz 15, 23999 Insel Poel, ✆ 038425-42246, www.hausmagarethe.homepage.t-online.de.

》》Unser Tipp: Café Frieda, sehr schönes Garten- und Kunstcafé mit wechselnden Ausstellungen in der Galerie im Dachgeschoss, vor allem aber grandioses Backwerk! Während der Saison tägl. 12–18 Uhr geöffnet, im Winter Fr–So 14–18 Uhr (Jan. geschlossen.). Hunde sind nur draußen gestattet. Oertzenhof 4, ✆ 038425-429820, www.cafe-frieda.de. *Anfahrt:* In Kirchdorf die Straße Richtung Schwarzer Busch, im Ortsteil Oertzenhof geht es links ab, gut ausgeschildert. **《《**

Das Ladencafé, ein ebenfalls sympathisches, kleines Kuchencafé mit Gartenterrasse im Dorf Gollwitz. Köstliche Kuchen und Bossanova-Musik, dazu kann man sich auch in den Regalen umsehen: hübsches Kunsthandwerk aus Keramik, aber auch guter Honig. Tägl. ab 13 Uhr. Gollwitz 5, ✆ 038425/439863, www.das-ladencafe.de.

Camping Campingplatz Leuchtturm, großer, moderner Platz in Timmendorf-Strand in unmittelbarer Strandnähe (aber ohne Seeblick), mit kleinem Laden bei der Rezeption und Minigolf. Geöffnet April bis Okt. Erw. 5,50 €, Kinder bis 14 J. 2 €, Zelt 5,50–6,50 €, Wohnmobil 7,50–8,50 €, Hund 2,50 €, Dusche 1 €. Lotsenstieg 25, 23999 Timmendorf-Strand, ✆ 038425-20224, www.campingplatz-leuchtturm.com.

Sehenswertes

Poeler Kirche und Festungsschanzen: Die Inselkirche ist das älteste Bauwerk Poels. Vom romanischen Vorgängerbau, um 1220 begonnen, zeugt noch der massige Turm. Im 14. Jh. wurde die Kirche im gotischen Stil umgestaltet und erweitert. Bemerkenswert sind der fein geschnitzte Hauptaltar aus dem frühen 15. Jh., der die Marienkrönung darstellt. Um die Kirche sieht man die Reste der Festungsschanzen, die im 17. Jh. errichtet worden waren. Ab 1614 wurde das kleine Schloss erbaut und 1620 mitsamt Turm und wehrhafter Sternschanze fertiggestellt. Doch bereits elf Jahre später musste sich die kleine Festung dem Ansturm der Truppen Wallensteins ergeben. Zwar wurde das Schloss wieder aufgebaut, verfiel aber gegen Ende des 17. Jh. und diente schließlich nur noch als Steinbruch.

Mai bis Okt. Mo–Sa 9–16 Uhr, Gottesdienst So 10 Uhr (danach Kirchenführung).

Inselmuseum Poel: In der ehemaligen Inselschule präsentiert das kleine Museum ein buntes Sammelsurium von Ausstellungsstücken rund um die Insel Poel, von einigen wenigen archäologischen Funden bis hin zu Alltagsgegenständen und Fischereigerätschaften wie Fischwaage und Aaleisen. Schautafeln informieren über die Geschichte der Insel, die Festung und die Tragödie der *Cap Arcona* (→ S. 124). Vor dem Museum befindet sich der **Poeler Findlingsgarten**, in dem Findlinge der Insel und näheren Umgebung zu sehen sind.

Mitte Mai bis Mitte Sept. Di–So 10–16 Uhr; Mitte Sept. bis Mitte Mai nur Di/Mi und Sa 10–12 Uhr. Eintritt 2,50 €, Schüler 1,25 €, mit Kurkarte 2 €/1 €. Möwenweg 4, ☎ 038425-20732.

Stove   ca. 200 Einwohner

Östlich der Insel Poel, auf dem Weg Richtung Rerik, gelangt man in sattgrüner Landschaft nach Stove. Am Eingang des kleinen Dorfs thront malerisch auf einem sanften Hügel eine 1889 erbaute **Windmühle**. Der „Holländer" ist noch voll funktionstüchtig, mahlt noch immer Mehl wie vor 100 Jahren und kann besichtigt werden. Wenige Schritte sind es von der Mühle zu dem kleinen **Dorfmuseum**, einem Sammelsurium an landwirtschaftlichem Gerät.

Öffnungszeiten Dorfmuseum, April bis Okt. Di–So 10–16 Uhr, Juli/Aug. bis 18 Uhr, im Winter nach Voranmeldung. Die **Windmühle** ist in der Hauptsaison tägl. geöffnet, in der Nebensaison unregelmäßig, meist einmal die Woche. Oft kommt der Müller donnerstags, dann gibt es auch ein Schaubacken, Infos unter ☎ 038427-64446. 2,50 €, Kinder 1,50 €; Museum 2 €, Kinder 1 €; Kombiticket für beides 3 €. Im Angebot Schmalzbrote, Kuchen und Kaffee. Mühlenstr. 34, www.muehlenverein-stove.de.

Übernachten Villa Seeheim, historische Ferienvilla aus dem Jahr 1907. In idyllischer Alleinlage am Wasser werden in der Villa fünf Appartements vermietet, schöner großer Garten, Kinderspielplatz, Strand; das Salzhaff hier gilt als gutes Surfrevier. Für 2–4 Pers. 105–125 € für einen Tag, jeder weitere Tag 75–80 €. Ab Stove beschildert, ca. 1 km vom Ort. Zum Breitling 58, 23974 Stove, ☎ 038292-8613, www.villa-seeheim.de.

Salzhaff und Boiensdorfer Werder

Das **Salzhaff**, die tief eingeschnittene Bucht, die sich zwischen der Festlandsküste und der Halbinsel Wustrow erstreckt, hat ihren Namen vom überdurchschnittlich hohen Salzgehalt, den die Ostsee hier aufweist. Mit einer durchschnittlichen Wassertiefe von nur 4 m gilt das Salzhaff als ideales Surfrevier für Anfänger. An seiner Küste erstrecken sich Dünen und Salzwiesen, seltene Vögel nisten hier. Auf dem **Boiensdorfer Werder**, der glühbirnenförmig in das Salzhaff ragenden Halbinsel,

Am Salzhaff

findet sich ländliche Idylle auf dem platten Land, mit Pferdekoppeln und Kuhweiden, Getreidefeldern und Salzwiesen.

Camping/Essen & Trinken   ≫ Unser Tipp: Ostseecamping Am Salzhaff, beim Ort Pepelow, in herrlicher Lage direkt am Wasser, mit schmalem Strand. Ein sehr niveauvoller Platz, den man gar nicht genug loben kann. Traumhafte Stell- und Zeltplätze mit Haffblick, weitgehend unparzelliert. Häschen hoppeln umher. Kiosk mit Räucherfischverkauf hinter dem Strand, gut sortierter Markt, weiter oben am Eingang das gepflegte Restaurant mit Terrasse, das beste weit und breit: gute saisonal-internationale Gerichte, für die faire Preise verlangt werden. Top-Sanitäranlagen. Nicht billig, aber direkt am Eingang gibt es auch einen gepflegten Wohnmobilhafen fürs kleinere Geld. Viele Kinder und Hunde, eigene Kite-Schule (www.kite-surfers.de). Ganzjährig geöffnet. 6,60 €/Pers., Kinder 3,30 €, Stellplatz 13 €, Zelt und Fahrrad 4,75 €, Hund 3,30 €, Familienbad 10 €, Wohnmobilhafen 12 €. Strandweg 1, 18233 Pepelow, ℡ 038294-78686, www.campingtour-mv.de. ≪

Neubukow

ca. 4000 Einwohner

Das kleine, verschlafene Städtchen würde man vielleicht achtlos passieren, hieße es nicht Neubukow, was Freunden der klassischen Archäologie sicher ein Begriff ist. Denn hier erblickte *Heinrich Schliemann*, der Entdecker Trojas, am 6. Januar 1822 das Licht der Welt, doch die Familie zog es schon eineinhalb Jahre später nach Ankershagen (Näheres zu Schliemann → S. 375).

Schon 1975 errichtete man in der Geburtsstadt des berühmten Altertumsforschers eine erste **Heinrich-Schliemann-Gedenkstätte**, die 1998 in das auch als *Rektorenhaus* bekannte Gebäude etwas unterhalb der Kirche umzog. Zu sehen sind originale Dokumente wie Briefwechsel Schliemanns und großformatige Fotografien u. a. vom Löwentor in Mykene und dem Schatzhaus des Atreus; in der Vitrine außerdem einige wenige Originalfunde aus Troja, die berühmte Goldmaske des Agamemnon ist als Kopie ausgestellt.

Heinrich-Schliemann-Gedenkstätte, Mai bis Sept. Di–Sa 10–16 Uhr, Okt. bis Ende April nur Di–Fr 10–16 Uhr. Eintritt 2,50 €, Schüler/Studenten 1,50 €, Kinder bis 6 J. frei, Familien 5 €. Am Brink 1, 18233 Neubukow, ℡ 038294-16690.

Zwischen Pfarrhaus und Schliemann-Gedenkstätte befindet sich die imposante **Petrus-und-Paulus-Kirche** aus dem 13. Jh. Beachtenswert im Inneren der Backstein-kirche sind u. a. das Altarbild und das aus einem einzigen Stein gehauene Tauf-becken aus dem 13. Jh. Die Kirche ist während der Sommermonate meist geöffnet, ansonsten erhält man den Schlüssel in der Heinrich-Schliemann-Gedenkstätte.

Rerik und die Halbinsel Wustrow   ca. 2200 Einwohner

An der schmalen Landenge, die das Festland mit der Halbinsel Wustrow verbindet, liegt zwischen Ostsee und Salzhaff das hübsche Ostseebad Rerik.

Die **Halbinsel Wustrow**, die das Salzhaff von der Ostsee trennt, ist ein kleines Na-turparadies. Grund dafür ist auch die ehemalige Anwesenheit des Militärs. Ab 1932 wurde auf der Halbinsel eine Flakartillerieschule errichtet, nach 1949 diente die Halbinsel einer sowjetischen Garnison als Stützpunkt und Übungsplatz. Nach dem Ende der militärischen Nutzung 1993 waren weite Teile der Halbinsel unberührte Naturlandschaft. Die Halbinsel wurde 1998 an eine Investorengruppe verkauft, die ein großes Urlaubsareal darauf planen soll – zum Unmut so mancher Anwohner, die einen erheblichen Zuwachs des Verkehrsaufkommens befürchten. So sperrten die Stadtvertreter die Zufahrtsstraße. Seitdem ist die Halbinsel wieder Sperrgebiet, in dem die alten Gebäude langsam einstürzen. Nur einer durfte hier von 2002 bis 2008 noch wohnen und arbeiten: der Objektkünstler *Günther Uecker*, dessen relief-artige Nagelbilder in den großen Museen der Welt zu sehen sind.

Immer wieder kursiert das Gerücht, dass die Halbinsel für geführte Wanderun-gen zugänglich gemacht werden soll. Aktuelle Informationen erhält man bei der Kurverwaltung in Rerik (→ unten). Versuchen Sie nicht, auf eigene Faust auf das Gelände zu gelangen. Es gilt in Teilen als munitionsbelastet. Auch am Strand von Rerik wurde schon Munition gefunden.

Auf der Meerseite Reriks befinden sich die Reste eines „Schmiedeberg" genannten slawischen Burgwalls, auf dessen Erhebung heute ein Aussichtspavillon thront, unterhalb davon eine 170 m lange Seebrücke und kilometerlanger Strand. Am Haff liegt der Hafen, dessen Anleger sich Fischer, Segler und Urlauber teilen. Eigentlich hieß der Ort Alt-Gaarz (von *garz*, altslaw. für Burg). 1938 aber be-nannten die Nationalsozialisten ihn um, da sie im „slawischen" Alt-Gaarz das ver-meintlich germanische Rerik entdeckt haben wollten. Nach dem Zweiten Welt-krieg begann die touristische Karriere des kleinen Städtchens. Heute gibt es etwa doppelt so viele Gästebetten wie Einwohner.

Basis-Infos

Information Die **Kurverwaltung** in Rerik unterhalb der Kirche bietet Zimmervermitt-lung, außerdem werden **Ortsführungen** und **Führungen zu den Großsteingräbern** veranstaltet. Mitte Mai bis Ende Sept. Mo–Fr 9–17 Uhr, Sa/So 13–16 Uhr; Ende Sept. bis Mitte Mai Mo–Fr 9–16 Uhr. Dünenstr. 7, 18230 Rerik, ✆ 038296-78429, www.rerik.de.

Verbindungen Bus 121 via Kühlungsborn nach *Heiligendamm* und *Bad Doberan* (werktags nahezu stündlich, So 8-mal).

Die *MS Ostseebad Rerik* der **Fahrgast-schifffahrt Steußloff** veranstaltet Rundfahr-ten über das Salzhaff, im Sommer 2- bis 3-mal tägl., im April/Mai und Okt. 1-mal tägl., im Winter mindestens 1-mal die Woche (soweit das Haff eisfrei ist). Dauer ca. 2 Std., Erw. 14 €, Kinder 7 € (4–16 J.), Familien 37 €. Mit der *MS Salzhaff* kann man eine „Wustrowführung" unternehmen, eine ca. 2 Std. dauernde Bootsexkursion, die sich speziell der Geschichte und dem Naturschutz auf der Halbinsel widmet; Mai, Juni und Okt. Do (Juli bis Sept. Mo und Do) um 15 Uhr, 14 €/Pers., Kinder 8 €. Haffplatz 5, 18230 Rerik, ✆ 038296-74761, www.ms-ostsee bad-rerik.de.

Baden Der Hauptstrand in Ortsnähe um die Seebrücke ist zur Hauptsaison überwacht, ein Hundestrand ist etwas nördlich ausgezeichnet (Strandabgang Teufelsschlucht) und noch etwas weiter hinter dem Ortsrand ein FKK-Strand. Falls Sie angespülte Munitionsreste finden – nicht anfassen!

Fahrradverleih 2Radshop, Fahrräder ab 5 €/Tag, auch Kinderräder und Zubehör. April bis Okt. tägl. 9–18 Uhr. Am Haff 2, ✆ 038296-74731, www.zweiradcenter-rerik.de.

Parken U. a. auf der Landenge Richtung Wustrow. Auch beim Strandzugang Teufelsschlucht etwas nördlich von Rerik, Wohnmobil-Stellplatz an der Landenge (alle kostenpflichtig).

Wassersport Segelschule Rerik, Haffstr. 6, ✆ 0162-2162466, www.segelschule-rerik.de.

Surfschule Rerik, An der Haffpromenade, ✆ 0173-2432501, www.surfschule-rerik.de.

Tauchschule Ostseebasis Seeblick, auch Ausrüstungsverleih und Kanuverleih. Mai bis Mitte Okt. geöffnet. Am Campingplatz Seeblick, Meschendorfer Weg 1, ✆ 038296-70551, www.ostseebasis.de.

◜ Übernachten/Essen & Trinken

Hotel Haffidyll, von der Lage her nicht ganz so idyllisch, wie der Name verheißen mag. Etwa 300 m südöstlich des Hafens, vom Salzhaff durch die Uferstraße und einen Grünstreifen getrennt. DZ 80–94 €, mit Seeblick und Balkon 110 €, Suite 136 €, Frühstück, auch Appartements für 2–4 Pers. (150 €). Haffstr. 13, 18230 Rerik, ✆ 038296-70456, www.haffidyll.de.

≫ Lesertipp: **Zur Linde**, kleines Hotel mit einfachen, aber gepflegten Zimmern im Zentrum. Dazu Pool, Sauna und Restaurant (ausgesprochen gute regionale Küche mit viel Fisch zu 11–19 €). EZ 59 €, DZ 88 €, Frühstück 10 € (Kinder 5 €). Saunanutzung 12 €, Hunde 6 €. Leuchtturmstr.

7, 18230 Rerik, ✆ 038296-79100, www.hotel-zur-linde-rerik.de. ≪

Fischgaststätte Steilküste, bemerkenswert altmodisches, leicht gehobenes Gasthaus mit viel gelobter Fischküche. Sehr beliebt und oft voll, nette Terrasse. Die kommunikativen Kellner berichten ausführlich über die Fänge des Tages. Mo Ruhetag, So nur mittags. Gegenüber der Kirche das Gässchen namens Parkweg zur Küste nehmen, nach 150 m rechter Hand. Parkweg 10, ✆ 038296-78386.

Campingpark Ostseebad Rerik, an der Straße Richtung Meschendorf, ruhige Lage oberhalb der Ostsee (ca. 500 m entfernt). Mit Bistro; Fischräucherei und Wohnmobil-

→ Zwischen Wismar und Rostock Karte S. 122/123

Die Landenge zur Halbinsel Wustrow

hafen. Ganzjährig geöffnet. Pro Pers. 5,50 €, Kinder 3 €, Stellplatz Wohnwagen/-mobil 13–23 €, Zelt 7–11 €, Auto 2,50 €, Hund 3,50 €. Straße am Zeltplatz 8, 18230 Rerik, ℡ 038296-75720, www.campingpark-rerik.de.

Ostseecamp Seeblick, sehr gepflegter, etwas abgelegener Platz etwa 3 km nördlich von Rerik in unmittelbarer Strandnähe, wenig Schatten. Auch Bungalows/Apparte-

ments. Mit Restaurant, kleinem Laden, Fahrradverleih. Auf dem Gelände befindet sich eine Tauchschule, die auch Kanus verleiht (→ Wassersport). März bis Okt. geöffnet. Erw. 7,60 €, Kinder 4,70 €, Stellplatz 13,10–18,90 €, Hund 5,50 €, Appartement 65–102 €, Bungalow 95–145 €. Meschendorfer Weg 3 b, 18230 Rerik, ℡ 038296-7110, www.ostseecamp.de.

Sehenswertes

Pfarrkirche St. Johannes: Das sehenswerte backsteinerne Gotteshaus, das auf einem Feldsteinfundament ruht, wurde um 1270 errichtet. In Innern der gotischen Kirche dominiert eine barocke Ausstattung. Vom mittelalterlichen Inventar sind lediglich Triumphkreuz, Tauffünte und der Schrein des ehemaligen Hauptaltars erhalten. Bemerkenswert ist v. a. die ornamentreiche und fast vollständig erhaltene barocke Bemalung des Innenraums (1668). Kurios: An der Kanzel befindet sich eine Sanduhr, mittels der sich die Predigtlänge überwachen ließ.

Im Sommer Mo–Fr 10–17 Uhr, im Winter eingeschränkt. Kirchenführungen Mo um 10 Uhr sowie Sa/So 11 Uhr nach dem Gottesdienst. Turmbesteigung 1 € (Spende). ℡ 038296-78236, www.kirche-rerik.de.

Heimatmuseum: In der ehemaligen Schule Reriks ist das örtliche Museum untergebracht. Gezeigt werden Exponate zur Geschichte des kleinen Städtchens und der Gegend von der Steinzeit bis zur Gegenwart, v. a. aus der maritim geprägten Alltagskultur: Fischereigerätschaften, Knoten und natürlich Schiffsmodelle, außerdem eine Fossiliensammlung.

Mitte Mai bis Mitte Sept. Di/Mi und Fr 10–12 und 14–17 Uhr, alle anderen Tage nur 14–17 Uhr; Mitte Sept. bis Mitte Mai Di 10–12 und 14–17 Uhr, Mi/Do 14–17 Uhr, Fr 10–12 Uhr, Sa/So 14–16 Uhr. Eintritt Erw. 2 €, erm. 1 €, Kinder (6–18 J.) 0,50 €. Dünenstr. 4, ℡ 038296-78429.

Dolmen: Mehrere Großsteingräber bezeugen die frühe Anwesenheit von Menschen in der Umgebung Reriks. Zwei Dolmen befinden sich beispielsweise an der Ausfallstraße Richtung Kröpelin (rechte Seite, auf Höhe der Bushaltestelle), andere liegen nördlich von Rerik. Ausgrabungen brachten zahlreiche Funde zutage, von denen einige im Reriker Heimatmuseum zu sehen sind. Die Kurverwaltung (→ Information) organisiert geführte Wanderungen zu den steinzeitlichen Gräbern.

Kühlungsborn   ca. 7400 Einwohner

Das größte Ostseebad in Mecklenburg erfreut sich nicht zuletzt dank seines fast 6 km langen Sandstrandes allergrößter Beliebtheit. Kühlungsborn besteht eigentlich aus zwei Orten, die durch eine elegante Strandpromenade miteinander verbunden sind.

Hier hat man die Qual der Wahl zwischen den beiden Ortsteilen Kühlungsborn West und Kühlungsborn Ost, die bis 1938 als eigenständige Orte Arendsee bzw. Brunshaupten existierten. Beide verfügen über eine autofreie Promenade, Ost zusätzlich über eine Seebrücke und einen modernen Yachthafen, West dafür über die vielleicht etwas schickere Strand-Piazza und die etwas prunkvollere Bäderarchitektur, mal mit klassizistischen Elementen, mal im Jugendstil. (Die noch immer ehr-

An der langen Strandpromenade von Kühlungsborn

würdige, aber heruntergekommene *Villa Baltic*, ein neobarocker Bau hinter der Uferpromenade soll in absehbarer Zeit saniert werden.) Alles in allem geht es in Kühlungsborn West noch ein wenig beschaulicher zu als im moderner wirkenden Kühlungsborn Ost. Verbunden sind beide Orte durch die über 3 km lange **Ostseeallee** – die längste Strandpromenade Deutschlands – mit ihren repräsentativen Villen. Dahinter erstreckt sich der 133 Hektar große Stadtwald. An Sehenswürdigkeiten hat Kühlungsborn auch etwas zu bieten: die *Kirche St. Johannis* aus dem 13. Jh. (Ost), die *Brunshöver Möhl*, eine Holländer-Windmühle von 1870 (Ost), das *Molli-Museum* (West), die *Kunsthalle* (West) und den *Ostsee-Grenzturm* (Ost).

Basis-Infos

Information   Touristik-Service-Kühlungsborn, im *Haus des Gastes* (Villa Laetitia) neben dem Rathaus bei Strandzugang 11, auch Zimmervermittlung. Mai bis Sept. Mo–Fr 9–18 Uhr, Sa/So 10–16 Uhr; Okt. bis April Mo–Fr 9–16 Uhr, Sa/So 10–13 Uhr. Ostseeallee 19, 18225 Kühlungsborn, ☎ 038293-8490, www.kuehlungsborn.de.

Verbindungen   Mit dem **Bus 121** über Heiligendamm nach *Bad Doberan* und weiter nach *Rostock* sowie über Bastorf nach *Rerik* (werktags nahezu stündlich, So 8-mal).

Zur **Schmalspurbahn Molli** → unten.

Mit dem Touristen-Bähnchen **Bäder-Express** von Ost nach West, Stationen u. a. Bahnhof Ost, Seebrücke, Rathaus; in West Balticplatz, Kunsthalle, Camping, Bahnhof West.

Baden   Die *Blaue Flagge* weht seit über 15 Jahren in Kühlungsborn und in der Tat: Der Strand ist schneeweiß und feinsandig, das Wasser sauber, die Hafenanlage äußerst gepflegt. Der Strand ist fast 6 km lang und teilweise bis zu 50 m breit. FKK-Abschnitte gibt es östlich des Yachthafens (Ost) sowie in West bei der Ostseeklinik, einen Hundestrand findet man bei Aufgang 14 und 15. Vom 15. Mai bis zum 15. Sept. wird der Strand von 9.30 bis 18.30 Uhr von der DLRG bewacht.

Wem die See zu kalt ist, der geht ins **Kübomare**, eine Wellness- und Freizeitoase mit einer auf 32 °C aufgeheizten Schwimmhalle (Temperatur in den Meerwasserbecken 29°C) und sieben verschiedenen Saunen. Mo–So 10–21 Uhr. 3 Std. inkl. Sauna 14 €. Hinterm Yachthafen (Ost), Rudolf-Breitscheid-Str. 19, ☎ 038293-4312100, www.kuebomare-kuehlungsborn.de.

Fahrradverleih   Gibt es zahlreich in Kühlungsborn Ost und West, überall ähnliche Preise.

Kino Ostseekino neben dem Campingpark in Kühlungsborn West, Waldstr. 1c.

Strandkorbkino beim Hafen in Kühlungsborn Ost (Fulgen 5). Wer will, kann sich auch mit einem Handtuch auf den Sand setzen. Programm für beide Kinos unter ☏ 038293-13399, www.ostseekino-kuehlungsborn.de.

Veranstaltungen Beim Festival **Sea & Sand** (www.sea-sand.de) Anfang Juli legen DJs am Strand auf, Konzerte auch auf den Terrassen mancher Hotels. Zum **Sommerspektakel** Ende Juli ziehen Jecken und Narren durch die Stadt (Fasching also zeitversetzt). Über das erste Augustwochenende steigt das dreitägige **Promenadenfest** mit Trachtengruppen, Straßenkünstlern, Konzerten, Märkten und abschließendem großem Feuerwerk. Im Oktober stehen die **Kabaretttage** an.

Schmalspur 2: Molli   Schmalspur 1 → S. 104, Schmalspur 3 → S. 221

Eine schwerfällige Attraktion schnaubt im Stundentakt von Kühlungsborn die Küste entlang nach Heiligendamm und weiter nach Bad Doberan: die Dampfzüge der Mecklenburgischen Bäderbahn, genannt „Molli". 1886 wurden die 900-Millimeter-Schmalspurgleise von Bad Doberan nach Heiligendamm verlegt. Die zunächst 6,6 km lange Strecke wurde 1910 auf 15,4 km verlängert, Zielbahnhof war damals wie heute das Seebad Arendsee, das nunmehr Kühlungsborn West heißt. Die bis heute die Last des Bahnbetriebs ziehenden Lokomotiven stammen aus dem Jahr 1932 und erreichen mit 450 PS eine Höchstgeschwindigkeit von 50 km/h. Bereits in den 1970er-Jahren wurde die Schmalspurbahn zum technischen Denkmal erklärt und weitgehend touristisch genutzt, um Strecke, Lokomotive und Waggons erhalten zu können. Nach der Privatisierung in den 1990er-Jahren ging der „touristische Ausbau" des Molli weiter. Im Bahnhof Kühlungsborn West entstand ein Museum, im Bahnhof Heiligendamm wurde das nos-

Unter Dampf: der Molli

talgische Restaurant *Herzoglicher Wartesaal* eröffnet. Und auch in Bad Doberan bietet der Molli eine kleine Attraktion: Im Zentrum Bad Doberans nämlich schnaubt die Schmalspurbahn im Schritttempo durch die Fußgängerzone.

Verbindungen: Von Bad Doberan via Heiligendamm nach Kühlungsborn (Ost und West) etwa im Einstundentakt (im Winter ca. alle 2 Std.), Fahrtzeit etwa 45 Min. Bei Veranstaltungen an der Bad Doberaner Rennbahn (Ostsee-Meeting, Zappanale) hält der Molli auch dort.

Preise: Kurzstrecke 3 €, Einzelkarte Erw. 8 €, (hin/zurück 14 €), Kinder (6–14 J.) 6 € (9 €), Familien 20 € (35 €), Fahrrad/Hund pauschal 3,20 € bzw. 4 €. Auch Wochenkarten (24,40 € für die gesamte Strecke).

Information: Mecklenburgische Bäderbahn Molli GmbH, Am Bahnhof, 18209 Bad Doberan, ☏ 038293-431331, www.molli-bahn.de.

Sport

Golf Ostsee Golf Resort Wittenbeck, ca. 3 km südöstlich von Kühlungsborn nahe dem gleichnamigen Ort, von dort beschildert. Greenfee 9 Loch 35 €, 18 Loch 60 €, Platzreifekurs 440 €. Zum Belvedere, 18209 Wittenbeck, ✆ 038293-410090, www.golf-resort-wittenbeck.de.

Klettern Kletterwald Kühlungsborn, im Stadtwald nahe dem Touristik-Service-Kühlungsborn. Parcours verschiedener Schwierigkeitsgrade (auch für Kinder), mit dabei Radfahren in 10 m Höhe. Biergarten nebenan. Pro Pers. 22 €, Kinder/Jugendliche 6–17 J. 17 €, jeweils für 2:30 Std.; Kinder bis 6 J. 11 € (1 Std.). Mai bis Okt. geöffnet, im Sommer tägl. 10–19 Uhr, in der NS Mo/Di Ruhetag. Ostseeallee 25/26, ✆ 038293-417623, www.kletterwald-kuehlungsborn.de.

Wassersport Wassersport Center in Kühlungsborn West. Surf- und Segelkurse, Schnupperkurse, Sportbootführerschein (Binnen und See), Yachtcharter, Verleih von Angelbooten und Motorbooten, Hochsee-Angeltouren, Törns etc. Auch Pension *Sailer's Inn* (→ Übernachten). Ganzjährig geöffnet. Anglersteig 2, ✆ 038293-14026, www.wassersport-center.de.

Bootsverleih Kühlungsborn am Bootshafen Kühlungsborn Ost. Angelboote und kleine Motorboote (führerscheinfrei) ab 9 € pro Std. Am Yachthafen, Strandzugang 3, ✆ 0172-4210307, www.bootsverleih-ostsee.de.

Tauchbasis BALTIC in Kühlungsborn West. Mai bis Mitte Okt. Schnuppertauchen und diverse Kurse. Anglersteig 1, ✆ 038293-490841, www.tauchbasis-baltic.de.

Übernachten

Jede Menge 4-Sterne-Häuser an der Ostseeallee, vor allem in Kühlungsborn Ost ist die Auswahl geradezu erschlagend. Im Low-Budget-Bereich findet sich dagegen nicht allzu viel. Eine Auswahl:

Kühlungsborn West ≫ **Unser Tipp:** Hansa Haus, 1904 erbautes Bäderhotel direkt hinter dem Strand. Heute stilvoll renoviert. Ein Traum sind die Zimmer mit direktem Seeblick. Zum Frühstück kann man im Strandkorb sitzen, am Abend sich im feinen Gourmetrestaurant *Seeblick & Meer* (→ unten) verwöhnen lassen. Dazwischen empfehlen sich Ayurveda-Massagen. Auch das dazugehörige, herrschaftliche Nachbarhaus *Schloss am Meer* ist eine hervorragende Adresse. EZ ab 128 €, DZ ab 155 € (im Sommer Mindestaufenthalt drei Nächte), inkl. Frühstück. Tannenstr. 6–8, 18225 Kühlungsborn, ✆ 038293-43790, www.hotel-schloss-am-meer.de. ≪

**** Schweriner Hof, am Eck zum Baltic-Platz, benannt übrigens nicht nach der Landeshauptstadt, sondern nach dem Gründer des Hauses, Karl Schwerin. Zimmer in hellem Gelb, im EG Salon mit Bibliothek, Café und das gemütliche Restaurant/Weinstube *Skagen*. EZ 87–110 €, DZ 119–179 €, auch Drei- und Vierbett-Appartements, Frühstück 15 €/Pers. Ostseeallee 46, 18225 Kühlungsborn, ✆ 038293-790, www.schwerinerhof.de.

Sailer's Inn, kleineres Haus in zweiter Reihe, nur wenige Schritte zum Meer. Nette und gepflegte Zimmer, die auch gerne von Gäste des zugehörigen Wassersport-Centers (→ Wassersport) gebucht werden. DZ 90 €, Dreibett-Zimmer 120 €, Frühstück inkl., Hund 6 €, Parkplatz 2 €. Anglersteig 2, 18225 Kühlungsborn, ✆ 038293-14026, www.sailers inn.de.

≫ **Unser Tipp: Weißt Du noch...**, französischer Landhausstil trifft Ostseelust. Appartementanlage im Boutique-Hotel-Stil mit zehn Einheiten, alle liebevoll ausgestattet, alle mit Terrasse, in den Gärten drum herum Blumen in allen Farben. Dazu eine Sauna. Appartements 85–150 €. Etwa 700 m hinter dem Strand. Friedrich-Borgwardt-Str. 2a, 18225 Kühlungsborn, ✆ 0173-5657750, www.weisstdunoch.com. ≪

Campingpark Kühlungsborn, großes Gelände nur durch ein Wäldchen vom Strand getrennt (hier auch FKK- und Hundestrand) mit allen möglichen Freizeiteinrichtungen, Kinderanimation, großes Sportangebot, Wellness, Restaurant und Supermarkt (nebenan). Mitte März bis Okt. geöffnet. Teilweise schattig. Großer Stellplatz für Wohnwagen/-mobil 19–27 €, Zeltstellplatz 8–16 €, Erw. 9,50 €, Kinder 3–12 J. 6 €, Hund

→ Karte S. 122/123

Zwischen Wismar und Rostock

5 €, WLAN satte 4 €/Tag. Waldstr. 1 b, 18225 Kühlungsborn, ☎ 038293-7195, www.top camping.de.

Kühlungsborn Ost   Vier Jahreszeiten, ein Gebäudeensemble aus der Gründerzeit an der Uferstraße. Hotelzimmer und Appartements der gehobenen Kategorie. Mehrere edle Restaurants und Wellnessbereich mit Pool, Sauna und Kosmetik/Massage. EZ/DZ ab ca. 159 €, Frühstück inklusive, diverse Sondertarife und Arrangements auf der Webseite. Ostseeallee 10–12, 18225 Kühlungsborn, ☎ 038293-81000, www.4jahreszeiten-hotels.de.

Strandresidenz, hinter dem Hafen. Sieben exklusive Ferienwohnungen (63–170 qm) auf drei Etagen, das Penthouse wurde schon mehrmals als „Deutschlands beste Ferienwohnung" ausgezeichnet. Keine Tiere. Ab 210 €/Nacht. Cubanzestr. 66a, 18225 Kühlungsborn, ☎ 038293-432829, www.strand residenz.info.

**** Hotel am Strand, der Name stimmt nicht ganz. Genau genommen ist dieses gediegene Haus durch ein Wäldchen vom Strand getrennt. 38 Zimmer (z. T. mit Balkon), Fahrradverleih. Mit Restaurant (leicht gehobenes Preisniveau, mittags und abends geöffnet). DZ 110–160 €, Appartement 130–155 €, Frühstück inkl. Ostseeallee 16, 18225 Kühlungsborn, ☎ 038293-800, www. hotel-am-strand.de.

Ostsee Brauhaus Hotel, zentrale Lage, über dem Brauhaus-Restaurant (→ Essen), ordentliche Zimmer (wenn Live-Musik im Haus ist, nicht die ruhigsten) und gepflegte Studios im Anbau. DZ 99 €, gutes Frühstück inkl. Studios ab 55 € zzgl. 48 € Endreinigung. Strandstr. 41, 18225 Kühlungsborn, ☎ 038293-4060, www.ostsee-brauhaus.de.

Jugendgästehaus Kühlungsborn, recht groß, insgesamt 92 Betten (in Vier- bis Sechsbett-Zimmern). Es gibt barrierefreie Zimmer/Bäder, Aufzug vorhanden. Übernachtung mit Frühstück 23,90 €, für Senioren (ab 27 J.) 28,90 €, Leihbettwäsche 5 €. Dünenstr. 4, 18255 Kühlungsborn, ☎ 038293-17270, www.jgh-kuehlungsborn.de.

Essen & Trinken

In fast allen Hotels sind die zugehörigen Restaurants nicht nur auf Hausgäste eingestellt, sondern oft mit einladender Terrasse zur Promenadenseite hin ausgestattet, die auch Vorübergehende zur Einkehr einlädt.

Restaurants in Kühlungsborn West
Seeblick & Meer, im Hansa Haus (→ Übernachten), herrliches Ambiente. Der Name ist Programm. Der junge polnische Küchenchef Lukasz Kawa lässt z. B. geschmorte Kalbsbäckchen mit Kartoffel-Zwiebel-Tarte, Foie Gras oder Kartoffelblini mit Lachs auffahren. Kleine, überschaubare Karte, Hauptgerichte 20–25 €. Mi–So ab 18 Uhr. Reservierung vonnöten. Tannenstr. 6, ☎ 038293-43790, www.hotel-schloss-am-meer.de.

Seeteufel, kleines, verwunschenes Fachwerkhäuschen. Innen gediegen, davor eine hübsche Terrasse. Sehr lecker die Dorade mit frischen Kräutern und Knoblauch, aber auch hervorragende Meeresfrüchte. Reservierung ratsam. Hauptgerichte 15–27 €. Do–Sa mittags und abends geöffnet, ansonsten nur ab 17 Uhr. Tannenstr. 9, ☎ 038293-12900.

Fisch Hus, fast direkt am Strand, neben der alten DLRG-Station. Innen im Pavillon nicht allzu viele Plätze, mit Terrasse. Fisch aus eigenem Fang, hervorragender Räucherfisch. Günstig. Es gibt auch eine Verkaufstheke mit leckeren Fischbrötchen. Tägl. ab 9 Uhr (So ab 10 Uhr) durchgehend, Küche bis ca. 21 Uhr. Ostseeallee 50, ☎ 038293-43855, www.fisch-hus.de.

Restaurants in Kühlungsborn Ost   Wilhelms Restaurant, gediegenes, etwas an den französischen Bistrostil angelehntes Lokal mit Fine-Dining-Ambitionen. Moderne, leichte Küche, auch Vegetarier und Veganer kommen hier nicht zu kurz. Kleine, ansprechende Karte, Hauptgerichte 17–27 €. An jedem ersten Freitag im Monat Livejazz, zudem immer wieder spannende Themenabende. Tägl. ab 17 Uhr. Strandstr. 37, ☎ 038293-630, www.neptun-hotel.de.

🌿 **Tillmann Hahn's Gasthaus**, der Sternekoch Tillmann Hahn, der während des Weltwirtschaftsgipfels in Heiligendamm 2007 schon Staats- und Regierungschefs aus aller Welt bekochte, setzt hier ein ganz neues, fairpreisiges Konzept um. In seinem heimeligen, in Naturfarben gehaltenen Gasthaus ist Nachhaltigkeit oberste Devise. Fleisch vom Metzger des Vertrauens, Fische aus der Region, Bioprodukte. Die mecklenburgisch-internationale Küche richtet sich auch an Vegetarier. Hauptgerichte 8,50–17 €. Hinzu kommt ein regelmäßiges Kulturprogramm zwischen Kino, Livemusik und Lesungen. Nebenan das zugehörige Feinkostbistro. Warme Küche ab 11.30 Uhr. Ostseeallee 2, ℡ 038293-410214, www.villa-astoria.de. ∎

Wings & Drums, 2016 eröffnete, recht schicke „Erlebnis-Rotisserie". Hier dreht sich im wahrsten Sinne des Wortes alles ums Hähnchen, um die lecker marinierten Broiler von der Flammenwand der Showküche. Ansonsten bekommt man aber auch Backhendl, Chicken Wings oder Coq au Vin. Hauptgerichte 9,50–16 €. Mo–Do 17–24 Uhr, Fr–So ab 12 Uhr. Dünenstr. 13, ℡ 038293-820, www.hotel-max.de.

Brauhaus, uriges Restaurant der Brauerei, zu den diversen Bieren – je nach Jahreszeit u. a. Helles, Weizen, Maibock, Winterbier – werden deftige Brotzeiten, Fisch, Schweinshaxe und Schnitzel angeboten; das Bier wird in 1-Liter-Bügelflaschen auch außer Haus verkauft. Faire Preise. Tägl. 11.30–21.30 Uhr, von 8–10.30 Uhr gibt es Frühstück. Strandstr. 41, ℡ 038293-4060, www.ostsee-brauhaus.de.

Edel & Scharf, direkt an der Strandpromenade (Strandaufgang 11) in Kühlungsborn Ost. Die Currywurstbude für den etwas elitären Geschmack, denn auf Wunsch bekommt man zur Wurst auch ein Gläschen Schampus (13,50 €). Sehr beliebt, auch wegen der kleinen Terrasse mit Seeblick. Filiale am Yachthafen. Tägl. 11.30 Uhr bis Sonnenuntergang. ℡ 038293-490855, www.edel-und-scharf.com.

Nachtleben Bülow's Gartenlounge, mit Nachtleben ist in Kühlungsborn zugegebenermaßen nicht viel her, aber ein Cocktail in dieser gediegenen Location ist keine schlechte Idee. Bekannt ist die Bar für ihre rund 100 Whiskeys. Mit Außenbereich. Dem Hotel Polarstern angeschlossen. Di–So ab 18 Uhr. Ostseeallee 24, ℡ 038293-82951, www.polar-stern.com.

Zwischen Wismar und Rostock
→ Karte S. 122/123

Sehenswertes

Kirche St. Johannis: Die ursprünglich spätromanische Kirche liegt etwas außerhalb an der Straße Richtung Kröpelin und geht auf das frühe 13. Jh. zurück, wurde aber um 1400 im gotischen Stil erweitert. Erst später kam der hölzerne Turm hinzu. Besonders sehenswert im Kircheninneren sind die hölzerne *Kühlungsborner Madonna* aus dem Jahr 1380 und die barocke Kanzel aus dem Jahr 1698. Die Kirchenfenster sind mit 42 barocken Glasmalereien geschmückt.
Tägl. 9–18 Uhr, im Winter bis 16 Uhr. Schlossstr. 19, ℡ 038293-17261.

Molli-Museum: Im Bahnhof Kühlungsborn West ist das Museum untergebracht. Die kleine Fundgrube für Eisenbahnnostalgiker bietet alles vom Fahrkartendrucker bis zur Schiene. Zu den Exponaten gehört auch eine alte Dampflok von

1951. Angeschlossen ist ein Museumscafé, Molli-Souvenirs gibt es am Fahrkartenschalter nebenan.

Im Sommer tägl. 9–18.30 Uhr, im Winter ca. 9.30–16.30 Uhr. Eintritt frei. Fritz-Reuter-Str. 16, ✆ 038293-431331, www.molli-bahn.de.

Kunsthalle: Das Jugendstilgebäude aus der Zeit um 1900 liegt an der Strandpromenade von Kühlungsborn West, neben dem Hotel Schweriner Hof. Einst war hier eine Lesehalle untergebracht, heute hat der Kunstverein Kühlungsborn e. V. in der Kunsthalle seinen Sitz. Wechselnde Ausstellungen.

Di–So 12–18 Uhr, im Winter bis 17 Uhr. Eintritt variiert je nach Ausstellung. Ostseeallee 48, ✆ 038293-7540, www.kunsthalle-kuehlungsborn.de.

Ostsee-Grenzturm: 27 Grenztürme säumten einst die Küste der DDR. Zwei sind noch erhalten, darunter der 1972 errichtete Turm des Typs BT 11 hinter dem Strand von Kühlungsborn Ost. Von der 15 m hohen Kanzel konnte man ein Gebiet von zwölf Seemeilen überwachen, um Fluchtversuche zu unterbinden. Neben dem Turm gibt es ein kleines Dokumentationszentrum, das auch Fluchtversuche aus Kühlungsborn dokumentiert. Eine der spektakulärsten Fluchten war die von Peter Döbler 1971, der in 25 Stunden zur 48 km entfernten Insel Fehmarn schwamm.

Grenzturm, Di u. Fr 15–17 Uhr, eine Spende von 2 € ist erwünscht. **Dokumentationszentrum**, Mo 10–14 Uhr, Di–Fr 14–17 Uhr. Ostseeallee 1a, ✆ 038293-14020, www.ostsee-grenzturm.com.

Umgebung von Kühlungsborn

Bastorf: Das kleine Dorf liegt etwa 4 km südwestlich von Kühlungsborn und knapp 3 km vom nächsten Strand entfernt. Etwas nördlich ragt der 1878 erbaute rote *Klinker-Leuchtturm* auf dem Bastorfer Signalberg in die Landschaft. Bei gutem Wetter kann der Leuchtturm auch bestiegen werden.

Leuchtturm Im Sommer 11–17 Uhr, im Winter 11–16 Uhr geöffnet (bei schlechtem Wetter geschlossen), Erw. 2,50 €, Kinder 0,50 €, auch Fernglasverleih. Kostenlose Parkmöglichkeit, von dort ca. 5–10 Min. zu Fuß zum Leuchtturm.

Baden Kägsdorfer Strand, ca. 3 km nordwestlich von Bastorf, in Kägsdorf der schmalen Asphaltstraße zum Strand folgen. Sand und große Steine, nicht sehr idyllisch, dafür aber auch nicht übermäßig besucht. Im Sommer Imbisswagen und Toiletten, Parken von Mai bis Okt. gebührenpflichtig: Auto 3 €/Tag, Kleinbus bzw. Wohnmobil freche 15 €. Wohnmobile dürfen über Nacht nicht stehen bleiben!

Einen schöneren, weitläufigen Naturstrand findet man bei den **Arendseer Dünen** (Fahrradweg von Kühlungsborn West über die Waldstraße in westliche Richtung), westlich davon liegt das *Naturschutzgebiet Riedensee*. Kostenloser Parkplatz etwas oberhalb an der Straße.

🌿 **Einkaufen** Hof-Markt des Gutshofs Bastorf, im gut sortierten Hof-Markt kann man allerlei Hausgemachtes erstehen, sich mit Sauerfleisch in der Dose, Sanddorn-

duschgel, regionalen Schnäpsen u. v. m. eindecken. Einiges auch in Bioqualität. Zudem Snacks und Kuchen. Tägl. 10–18 Uhr. Kühlungsborner Str. 1, ✆ 038293-6450, www.gutshof-bastorf.de. ■

Cafés Café/Restaurant Valentins, am Bastorfer Leuchtturm, sonnige Aussichtsterrasse, hier gibt es Frühstück, deftigen Mittagstisch, Kaffee, Kuchen und Eis – ideal auch als Zwischenstopp für Radler. Mo–Fr 10–18 Uhr, Sa/So bis 19 Uhr, im Winter verkürzt. Zum Leuchtturm 8, ✆ 038293-410270, www.valentins-cafe.de.

Übernachten Pension Schmelzer, im Zentrum des ruhigen Gutsdorfes Kägsdorf, davor ein schattiger Kinderspielplatz, dahinter ein großer Garten mit Strandkörben, Tischen, Bänken und Grill. Die Zimmer sind einfach, aber rustikal-charmant eingerichtet – Fliesenböden, helles Holz, Küchenzeile. Appartement für 2 Pers. 59–64 €, für Familien (max. 4 Pers.) 75–80 €, Frühstück 7 € (Kinder 3,50 €). 1,2 km vom Kägsdorfer Strand. Mitte März bis Anfang Nov. und über Weihnachten/Neujahr geöffnet. Zum Strande 6, 18230 Kägsdorf, ✆ 038293-14902, www.pensionschmelzer.de.

Stimmige Kulisse für einen Mittelaltermarkt: das Kloster

Bad Doberan

ca. 12.100 Einwohner

Zu Recht gerühmt wird Bad Doberan wegen seines bedeutenden Münsters und dessen kostbarer Ausstattung. Die kleine Stadt am Rande der ehemaligen Klosteranlage gerät aufgrund der enormen Strahlkraft des Gotteshauses ein wenig in dessen Schatten, verfügt aber über einen ganz eigenen Charme.

Wer angesichts des berühmten gotischen Bauwerks auch ein mittelalterliches Städtchen erwartet, wird überrascht sein. Es gibt nahe dem Klostergelände zwar eine sehenswerte Altstadt, allerdings eine durch und durch klassizistische. Begründet liegt dieser eigenwillige Stilmix in einer nicht minder eigenwilligen Geschichte. Am Anfang stand das **Kloster**, neben dem sich ein kleines Dorf entwickelte. Nachdem mit der Einführung der Reformation in Mecklenburg 1552 das Kloster geschlossen wurde, wurde es still um Doberan. Betriebsamkeit kehrte lediglich anlässlich adeliger Todesfälle ein, da die Fürsten von Mecklenburg Doberans Münster zu ihrer Begräbnisstätte gewählt hatten. 1793 war es schlagartig aus mit der ländlichen Ruhe, als Herzog *Friedrich Franz I.* Doberan zu seiner Sommerresidenz machte. Da sein Arzt geraten hatte, einer neuen Mode zu folgen, nach der das Bad im Meer der Gesundheit förderlich sei, ließ Friedrich Franz das erste deutsche Seebad Doberan-Heiligendamm gründen. In Doberan entstanden rund um eine ehemalige Kuhweide, die zu einem Park samt Pavillons umgestaltet wurde und fortan *Kamp* heißen sollte, prächtige klassizistische Bauwerke. Ab 1886 verband eine **Schmalspurbahn** das prachtvolle gesellschaftliche Zentrum Doberan mit dem Strand von Heiligendamm. Bis heute schnauben die Züge, genannt der „Molli", durch das Zentrum und die Fußgängerzone Doberans, das 1921 den Namenszusatz „Bad" erhielt.

Für wenige Tage im Sommer weht ein Hauch von Ascot über die stille mecklenburgische Landschaft: Dann findet auf der traditionsreichen **Galopprennbahn** das alljährliche **Ostsee-Meeting** statt. Bereits 1822 wurden auf dem Geläuf Pferderennen veranstaltet, wodurch sich Bad Doberan nicht nur mit dem ältesten Seebad zieren kann, sondern auch mit der ältesten Galopprennbahn Deutschlands. Nach langer Pause werden seit 1993 wieder Rennen veranstaltet.

Basis-Infos

Information Tourist-Information Bad Doberan, auch Zimmervermittlung, Kartenvorverkauf und Stadtführungen. Geöffnet Mitte Mai bis Mitte Sept. Mo–Fr 9–18 Uhr, Sa 10–15 Uhr, So geschlossen; Rest des Jahres Mo–Fr 10–16 Uhr (Do bis 18 Uhr), Sa/So geschlossen. Severinstr. 6, 18209 Bad Doberan, ☎ 038203-62154, www.bad-doberan-heiligendamm.de.

Stadtführungen: immer Do um 11 Uhr, Mai bis Okt. auch Di um 12 Uhr und Sa um 11 Uhr (Treffpunkt Tourist-Information; 3,50 €, erm. 3 €); kombinierte Münster- und Stadtführungen stets Do 11 Uhr, Mai bis Okt. zudem Di 11 Uhr (Treffpunkt Münster; 5 €, Kind 6–18 J. 2,50 €); in den Sommermonaten geführt e Radtouren ab Münster (Termin nach Absprache, ca. 3 Std., 6 €/Pers., erm. 5 €, Kind 3 €).

Achtung: In Bad Doberan gibt es keinen Fahrradverleih (mehr)!

Verbindungen Mit dem **Regionalexpress** etwa stündl. nach Wismar und nach Rostock.

Zur **Schmalspurbahn Molli** → S. 132.

Der **Bus 119** verbindet Bad Doberan mit Warnemünde (via Nienhagen), Mo–Fr tagsüber etwa stündl., Sa/So 6-mal. Mit der Linie 121 gelangt man zudem tagsüber nahezu stündl. über Heiligendamm (Parkplatz) nach Kühlungsborn und weiter nach Rerik, www.rebus.de.

Veranstaltungen Das **Ostsee-Meeting** auf der Bad Doberaner Galopprennbahn findet meist Anfang August statt. Am Stadtrand an der Straße nach Heiligendamm, mit Molli-Haltestelle (nur bei Veranstaltungen). Infos unter www.doberaner-renntage.de.

Zappanale, das große Musik-Festival zu Ehren von Frank Zappa mit zahlreichen Coverbands findet ebenfalls im Sommer (Mitte Juli) auf der Galopprennbahn bei Bad Doberan statt. Auch während der Zappanale hält der Molli an der Rennbahn. Tagesticket 79 €, erm. 35 €, bis 15 J. frei, Vorverkauf in der Tourist-Information, Infos unter www.zappanale.de.

Übernachten/Essen & Trinken

»»» Lesertipp: Hotel Villa Sommer, Leser haben den Aufenthalt in der Jugendstilvilla sehr genossen. Obgleich nur unweit vom Molli-Bahnhof gelegen, ist das Hotel angenehm ruhig. Individuell eingerichtete Zimmer. Sauna. EZ ab 69 €, DZ ab 95 €, Frühstück inkl. Friedrich-Franz-Str. 23, 18209 Bad Doberan, ☎ 038203-73430, www.hotel-villa-sommer.de. **«««**

Café Zikke, etwas zurückgesetzt vom Alexandrinenplatz liegt dieses nette Café im Alexandrinenhof. Idyllische Hinterhofatmosphäre, im Sommer auch draußen ausreichend Plätze, ansonsten kann es drinnen

schon mal recht voll werden. Bistro-Atmosphäre, sehr gute Küche (Pasta, große Salate, Steaks oder Original Wiener Schnitzel, Hauptgerichte 10–27 €), hausgemachter Kuchen, sehr freundlicher Service. Tägl. 11–1 Uhr geöffnet. Alexandrinenplatz 2, ☎ 038203-649470, www.cafe-zikke.de.

Café-Restaurant Weißer Pavillon, in einem der beiden Pavillons auf dem Kamp (→ „Sehenswertes"), mit überdachter Terrasse. Fleisch- und Fischgerichte, aber auch Salate und Vegetarisches. Hauptgerichte 10–15 €, tägl. 12–22 Uhr geöffnet, nachmittags Kaffee und Kuchen. Auf dem Kamp, ☎ 038203-62326.

Torhaus, im ältesten profanen Gebäude der Stadt gibt es ein verspieltes Wohnzimmer-Kuchencafé mit hübscher Gartenterrasse, aber gleichzeitig zwei Läden, die wie geschaffen sind für den Mitbringsel-Einkauf: Sanddornbonbons, Kräuter, Strickschals, hochwertiges Kunsthandwerk u. v. m. Tägl. 10–18 Uhr. Klosterstr. 1A, ☎ 038203-854463, www.bad-doberaner-klosterladen.de.

🌿 **Außerhalb** Fischereihof Detlefsen, südöstlich von Bad Doberan liegen im Hütter Wohld die ehemaligen Fischteiche des Zisterzienserklosters, die auch heute noch zur Fischzucht genutzt werden. Von Bad Doberan auf der B 105 Richtung Rostock, dann rechts ab Richtung Bartenshagen/Parkentin, insgesamt ca. 8 km von Bad Doberan. Feines, mehrfach ausgezeichnetes Restaurant, saisonale Speisen rund um den fangfrischen (Süßwasser-)Fisch. Stilvolles Ambiente. 12–20.30 Uhr warme Küche, wechselnde Ruhetage (→ Webseite), meist Mo/Di, im Winter sollte man ohnehin besser vorher anrufen. Sehr beliebt, Reservierung ist ratsam. Angeschlossen ist auch ein kleiner Fischladen. Am Hütter Wohld 5, 18209 Hütten, ☎ 038203-12244, www. fischereihof.de. ■

Einer der großen Musiker unserer Zeit: Frank Zappa

Sehenswertes

Münster und ehemalige Klosteranlage: Das Münster zählt zu den bedeutendsten gotischen Bauwerken in Mecklenburg-Vorpommern. Der augenfälligste Unterschied zu den Kirchen der Hansestädte ist das Fehlen einer Turmanlage. Stattdessen steht über der Vierung ein Dachreiter mit hoch aufragender Spitzhaube. Dies und die elegante Außenfassade, die sich mit Ausnahme von Blendrosetten in den Giebeln der Querschiffe und der Westfassade kaum Verzierung erlaubt, lassen die Kirche als Bauwerk der Zisterzienser erkennen, denen eigentlich jeder Zierrat zuwider war. Eigentlich – denn im Innern zeigt sich das Münster ungemein kunstvoll gestaltet. Aber bereits in ihren Ausmaßen ist es für eine Klosterkirche, zumal des Zisterzienserordens, ungewöhnlich groß ausgefallen. In seiner Anlage ist das Münster von Bad Doberan eine dreischiffige Basilika von 79 m Länge. Die eleganten Querschiffe geben dem Grundriss die Form eines Kreuzes. Gleichmäßig legen sich fünf Kapellen zu einem Kranz um den Chorumgang. 1368 war das Münster vollendet und präsentierte sich dank der strengen Ausführung der architektonischen Vorgaben der Zeit geradezu modellhaft als eines der herausragenden Beispiele Norddeutscher Backsteingotik, wenn auch der Turm fehlte. Nicht zuletzt aber verdankt das Gotteshaus seine Bedeutung der außergewöhnlichen, weitgehend mittelalterlichen Ausstattung. Beeindruckend ist zunächst die Raumwirkung im lichtdurchfluteten Inneren der Kirche. Dank der aufwendigen Restaurierung zwischen 1964 und 1984 ist u. a. die ursprüngliche Farbgebung wieder sichtbar gemacht worden. Zu den herausragenden Stücken der Ausstattung gehören der kostbare Hochaltar, der um 1310 entstanden war (um die unterste Reihe Mitte des 14. Jh. erweitert) und damit

eines der ältesten Beispiele eines Flügelaltars darstellt, daneben der schlanke Sakra-
mentsturm, der um 1360 aus Eichenholz kunstvoll geschnitzt wurde, und gegenüber der ebenfalls um 1360 fertiggestellte doppelseitige Kreuzaltar mit dem monumentalen Triumphkreuz. Bemerkenswert sind auch die fast vollständig erhaltenen
mittelalterlichen Mönchsgestühle mit kunstvoll geschnitzten Seitenwänden.

Dass das Doberaner Münster in derart gutem Zustand erhalten ist, hat verschiedene Ursachen. Sicherlich bewahrte die abgeschiedene Lage die Kirche vor Schaden – beispielsweise vor Bilderstürmerei oder vor den Bombennächten des Zweiten Weltkriegs. Als Grablege der mecklenburgischen Fürsten wurde das Gotteshaus
auch zu keiner Zeit dem Verfall überlassen. Mit dem Aufstieg Doberans zur Sommerresidenz der mecklenburgischen Fürsten wurde das ehemalige Klostergelände
schließlich Ende des 18. Jh. zu einem englischen Landschaftsgarten umgestaltet.

Die Außenanlage ist noch immer ein anmutiger Landschaftspark, umgeben von der
alten (1963 restaurierten), 1,5 km langen Klostermauer. Vor der Westfassade erstreckt sich ein idyllischer Teich. Am Südschiff findet sich ein Stück des ehemaligen
Kreuzgangs. Auf der anderen Seite der Kirche erhebt sich das frühgotische Bein-
haus. Etwas abseits liegt die malerische Ruine einer Scheune, die „Wolfsscheune".
Und schließlich finden sich südlich des Münsters noch die Ruine des Wirtschafts-
gebäudes, das Kornhaus, und dahinter der gepflegte Klostergarten sowie ein Spielplatz samt Picknickbänken.

Münster: Mai bis Sept. tägl. 9–18 Uhr, März/April und Okt. 10–17 Uhr, Nov. bis Febr. 10–16 Uhr, So jeweils erst ab 11 Uhr, Gottesdienst So 9.30 Uhr. Eintritt Erw. 3 € (inkl. Führung 4 €), erm. 2 € (3 €), Schüler frei (1 €), Familien 4 € (6,50 €). Tägl. Münsterführungen (11 Uhr, im Sommer auch 14 Uhr) sowie diverse Sonderführungen. Anmeldung für Führungen unter ✆ 038203-62716, www.muenster-doberan.de.

Am Kamp: Die klassizistischen Gebäude im Zentrum Bad Doberans gruppieren
sich vor allem um den kleinen Park namens Kamp. Die prächtigsten Gebäude liegen an der Ostseite des Parks entlang der August-Bebel-Straße. Den Anfang macht
die Sommerresidenz Friedrich Franz' I., das Großherzogliche Palais (errichtet ab
1806) zum ehemaligen Klostergelände hin, daneben das Salongebäude (1802) und
das Logierhaus (1796). Im Park selbst befinden sich die beiden Pavillons, der Rote
(1808/1809), ehemals als Ausschank errichtet, und der Weiße (1810), ursprünglich
ein Musiksaal, in dem sich heute ein Café/Restaurant befindet. Schöpfer dieses
klassizistischen Ensembles (mit Ausnahme des Logierhauses) war der Baumeister
Carl Theodor Severin, der ab 1802 in Bad Doberan wirkte und in dem von ihm entworfenen Haus am Alexandrinenplatz von 1823 bis zu seinem Tod 1836 lebte.

Stadt- und Bädermuseum Möckelhaus: In dem neugotischen Gebäude (erbaut
1886–1888) ist das Bad Doberaner Museum untergebracht. Die Exponate verweisen natürlich vor allem auf die Badekultur, beispielsweise in Form diverser Strandmo-
den. Weitere Bereiche informieren über die Frühgeschichte der Gegend, das Mittelalter und den Bau des Zisterzienserklosters mit seinem prächtigen Münster. Nicht
zuletzt aber ist das Gebäude selbst samt hübschem Garten einen Besuch wert.
Mitte Mai bis Mitte Sept. Di–Fr 10–12 und 13–17 Uhr, Sa/So 12–17 Uhr, Mo geschlossen; im Winter nur bis 16 Uhr und So/Mo geschlossen. Eintritt 3 €, erm. 2 €, Familien 6 €. Beethovenstr. 8, ✆ 038203-62026, www.moeckelhaus.de.

Ehm-Welk-Haus: An der Ausfallstraße Richtung Galopprennbahn und Heiligendamm liegt linker Hand der recht unspektakuläre Klinkerbau, in dem der Schriftsteller *Ehm Welk* (1884–1966) von 1950 bis zu seinem Tod lebte. Zu sehen sind u. a.

das Arbeitszimmer mit umfangreicher Bibliothek, Schautafeln, die über Biografie und Werk informieren, und das Gartenhäuschen. Berühmt wurde Welk für seinen Roman „Die Heiden von Kummerow" (1937).

Nur Di und Do 13–15 Uhr. Eintritt 3,50 €, erm. 3 €. Dammchaussee 23, ℡ 038203-62325.

Heiligendamm

ca. 300 Einwohner

Noblesse oblige: Deutschlands ältestes Seebad erstrahlt wieder in altem Glanz. Blendend weiß, würdevoll chic – und kaum bezahlbar.

Eine prachtvolle Allee führt von Bad Doberan zum Ableger an der Ostsee, der als „Weiße Stadt am Meer" in die deutsche Bädergeschichte einging. Und in der Tat – das neoklassizistische Gebäudeensemble sucht in Deutschland seinesgleichen.

Das älteste deutsche Seebad hat seine Existenz dem Kur- und Badearzt Prof. Dr. Samuel Gottlieb Vogel zu verdanken. Er verordnete dem damaligen mecklenburgischen Herzog *Friedrich Franz I.* ein heilendes Bad hier am „Heiligen Damm" in der Ostsee. 1793 ließ der Herzog die ersten Badehäuser bauen, 1816 entstand unter dem Baumeister *Carl Theodor Severin* das klassizistische Kurhaus mit seinem 250 m^2 großen Ballsaal, es folgten nach und nach weitere Prachtbauten, später dann unter der Leitung von *Georg Adolph Demmler*. Bis in die 1930er-Jahre hinein gaben sich die Prominenten und Mächtigen in Heiligendamm ein Stelldichein, Rilke und Proust, aber auch Hitler und Mussolini. Nach dem Zweiten Weltkrieg wurde der Ort als staatliches Sanatorium genutzt, viele der Prachtbauten verfielen. 1996 kaufte die Kölner Fundus-Gruppe das Areal (rund 400 Hektar) und begann mit umfangreichen Sanierungsarbeiten. Im Frühjahr 2003 wurde das Fünf-Sterne-Haus *Kempinski Grand Hotel Heiligendamm* feierlich eröffnet. Seitdem erstrahlt der Ort in neuem Glanz. Lediglich ein paar Logierhäuser der sog. „Perlenkette", wie die in

Zwischen Wismar und Rostock → Karte S. 122/123

Die weiße Pracht von Heiligendamm

Reihe gebauten, denkmalgeschützten Promenadenvillen genannt werden, warten noch auf ihre Restaurierung (bzw. ihren Umbau als exklusive Feriendomizile).

Im Juni 2007 blickte die ganze Welt auf Heiligendamm, als im Zuge des G 8-Gipfels die Staatschefs im Grand Hotel residierten. Anfang 2009 geriet Heiligendamm wieder in die Schlagzeilen: Kempinski kündigte den Vertrag mit der Fundus-Gruppe, die Trennung der ehemaligen Partner geriet zu einem medialen Rosenkrieg. Im Sommer 2013 übernahm ein Privatinvestor aus Hannover das 2012 in die Insolvenz gegangene Grand Hotel.

Abseits der klassizistischen Hotelgebäude zeigt sich Heiligendamm ein wenig vernachlässigt. Es ist umgeben von viel Wald, der Strand zählt nur zu den durchschnittlicheren in der Gegend – etwas steinig und auch nicht allzu breit. Strand und die Seebrücke dürfen auch von jenen betreten werden, die nicht im Grand Hotel residieren. Ansonsten ist das Wegerecht stark eingeschränkt, da sich angeblich Hotelgäste über die Anwesenheit der zahlreichen Neugierigen beschwerten. Von der Seebrücke hat man aber ohnehin den schönsten Blick auf das klassizistische Gebäudeensemble von Heiligendamm.

Verbindungen   Zur **Schmalspurbahn Molli** → S. 132.

Der **Bus 121** fährt tagsüber etwa stündl. über Bad Doberan und Kühlungsborn weiter nach *Rerik* .

Parken   z. B. gegenüber dem Café im Alten Golfhaus (gebührenpflichtig).

Wassersport   Kite- und Surfschule Heiligendamm, am Strand östlich des Grand Hotels. ✆ 0162-3633658, www.kiteundsurfschuleheiligendamm.de.

Übernachten   ***** Grand Hotel Heiligendamm, Heiligendamm besteht heute in weiten Teilen aus diesem Luxushotel. Verschiedene Bars und Restaurants, darunter das Gourmet-Restaurant *Friedrich Franz*, in dessen Küche Sternekoch Ronny Siewert wirkt (mit 18 Punkten im Gault Millau 2016). Schwimmbad, Saunen, Dampfbad, Fitness, Luxus-Spa usw. EZ ab 225 €, DZ ab 255 €, Frühstück inkl. Prof.-Dr.-Vogel-Straße 6, 18209 Bad Doberan-Heiligendamm, ✆ 038203-7400, www.hotelheiligendamm.de.

Essen & Trinken   Jagdhaus Heiligendamm, vielfach gelobtes Restaurant, dem

Gault Millau war die junge Küche stattliche 15 Punkte wert. Viel Wild wie auch Fisch aus heimischen Gewässern. Hauptgerichte 21–30 €. Do/Fr und Mo ab 17 Uhr, Sa/So ab 12 Uhr geöffnet, Di/Mi geschlossen. Seedeichstr. 18b, ✆ 038203-735775, www.jagdhaus-heiligendamm.de.

Café/Restaurant Herzoglicher Wartesaal, im Bahnhof Heiligendamm, bieder-nostalgisches Ambiente, rustikale Küche mit mediterranen Anklängen, Hauptgerichte 11–20 €. Tägl. 11–22 Uhr, im Winter abends kürzer. Kühlungsborner Str. 4, ✆ 038203-773700, www.herzoglicher-wartesaal.de.

Deck Beach Club & Restaurant, was für eine coole Sommerlocation! Das herrlich neben dem Wald und direkt am Strand gelegene, trendige Lokal besteht aus Selbstbedienungsbar, Restaurant (Frühstück, Snacks, Flammkuchen etc.) und Beachclub mit Sommerpartys à la Ibiza. April u. Okt. tägl. 11–16 Uhr, Mai bis Sept. 10–22 Uhr. Am Kinderstrand 3 (von der Median-Klinik ausgeschildert), ✆ 038203-63107, www.deckheiligendamm.de.

Die Küste zwischen Heiligendamm und Warnemünde

Östlich von Heiligendamm verläuft ein Weg am Ufer Richtung Börgerende und Nienhagen. Hier kann man auf dem „Heiligen Damm" (rad-)wandern – oder parken (gebührenpflichtig, versteht sich) – und an den langen Strand gehen. **Börgerende** ist ein unspektakuläres Straßendorf mit ein wenig touristischer Infrastruktur; beim benachbarten **Nienhagen** lohnt ein Spaziergang oberhalb der Steilküste durch den *Nienhäger Gespensterwald* (Naturschutzgebiet) mit seinen bizarr anmutenden Bäumen. Davor erstreckt sich der Sandstrand.

Rostocks Brunnen der Lebensfreude

Rostock

knapp 206.000 Einwohner (inkl. Warnemünde)

Die „Leuchte des Nordens" präsentiert sich als quirlige, kontrastreiche Ostseemetropole: Die Innenstadt zeigt ebenso hanseatische Geschäftigkeit wie backsteingotische Würde und die Universität, die älteste Nordeuropas, sorgt für das junge Antlitz Rostocks.

Die mit Abstand größte Stadt Mecklenburg-Vorpommerns ist zwar eine Hafenstadt, das alte Zentrum liegt aber rund 14 km von der Ostsee entfernt an der Warnow, die sich ab hier abrupt verbreitert und so auch ein natürliches Hafenbecken bildet. Zum Strand kommt man aber dennoch ganz schnell: Mit der S-Bahn nach Warnemünde sind es gerade mal 20 Minuten (zum Rostocker Stadtteil Warnemünde → eigenes Kapitel ab S. 156). Die rund 14.000 Studenten, die in Rostock eingeschrieben sind, wissen diese Nähe zu schätzen. In den letzten Jahren wurde die Stadt auch durch den stetig wachsenden Kreuzfahrttourismus belebt. Zwischen der Altstadt mit Stadthafen und der Mündung liegen beidseits der Warnow diverse, teilweise auch nicht ganz so schicke Stadtteile Rostocks, Fracht- und Fischereihafen, IGA-Park (→ S. 155) und Werft, Fähr- und Seehafen.

Lebensader der alten Hansestadt ist heute die Fußgängerzone, die von Rathaus und Marienkirche zum Universitätsplatz und dem ehemaligen Kloster bzw. dem Kröpeliner Tor führt. Im Zentrum der Altstadt erhebt sich nahe dem weitläufigen Markt und dem eigenwilligen **Rathaus** die **Marienkirche**, ein grandioses, somit unbedingt besichtigenswertes Beispiel der Norddeutschen Backsteingotik. Ein interessantes Gebäudeensemble befindet sich am **Universitätsplatz**, das sich u. a. aus dem barocken Herzoglichen Palais, der klassizistischen Wache und dem den Platz dominierenden Hauptgebäude der Universität zusammensetzt. Schräg hinter Letzterem erstreckt sich das ehemalige **Kloster Zum Heiligen Kreuz**, heute eine kleine, fast dörflich anmutende Idylle mitsamt sehenswertem Museum im Klostergebäude und einer hübschen Kirche. Schließlich gelangt man am westlichen Ende der Innenstadt an das **Kröpeliner Tor** (um 1270 begonnen und im 14. Jh. auf die heutige Höhe von 54 m erweitert). Von den ehemals 22 Stadttoren stehen außer dem Kröpeliner Tor noch drei weitere: das wuchtige **Steintor** mit dem spitzen Helm (16. Jh.), an dessen Innenseite auf Lateinisch der fromme Wunsch zu lesen ist, es mögen Eintracht und allgemeines Wohlergehen herrschen; nahebei das gedrungene **Kuhtor** (um 1260, und damit eines der ältesten Stadttore Norddeutschlands) und schließlich zum Hafen hin das klassizistisch umgeformte **Mönchentor**. Die Stadttore sind Überreste der mittelalterlichen Befestigungsanlage. Erhalten sind auch Abschnitte der bis zu 7 m hohen Stadtmauern, die ab 1270 Rostock umgaben. Entlang des südwestlichen Abschnitts erstreckt sich ein von alten Bäumen bestandener Park, der zum Steintor hin in den Rosengarten übergeht.

Vor dem Kröpeliner Tor entfaltet sich ein kleiner studentischer Gegenentwurf zur touristischen Ostseeküstenromantik. Um den Doberaner Platz liegt die **Kröpeliner-Tor-Vorstadt**, von formulierungsmüden Jungakademikern kurz die KTV genannt: Kopierbuden und Handyshops, internationale Restaurants, hippe Bars und alternative Kneipen.

Dagegen präsentiert sich der Stadtteil, der sich im Rücken des Rathauses erstreckt, die östliche Altstadt, ruhig und geradezu kleinstädtisch. Schmale Gassen ziehen sich leicht bergauf an hübschen, niedrigen Häusern entlang. Hier steht die **Petrikirche** am weitläufigen und oft leeren Alten Markt. Hinter dem Rathaus zeugen ein paar sehenswerte gotische Giebelhäuser von hanseatischem Bürgerstolz: so vor allem das **Kerkhoff-Haus** (Hinter dem Rathaus 5), das 1470 entstanden ist und heute Stadtarchiv und Standesamt beheimatet, oder auch das **Krahnstöver-Haus** (Große Wasserstraße 30) mit seinen zinnengekrönten Giebeln.

Vom **Stadthafen** hingegen sollte man nicht allzu viel erwarten. Sehenswerte Bauten finden sich fast nicht. Eine breite Verkehrsader (Am Strande) trennt ihn vom historischen Zentrum. Am westlichen Teil des Hafens befinden sich das Theater am Stadthafen, etwas weiter ein paar Bars sowie die Basen von Surf- und Tauchschulen.

Die Trinkende und die Afrikanische Bergziege

Blücher hinterm Pornobrunnen: Rostocks Skulpturen

Zwar gibt es kaum einen Ort in Europa, der nicht sein kleines Monument hätte, und sei es ein Gefallenendenkmal, in Rostock aber sind die Reliefs, Brunnenfiguren und Plastiken nicht nur in bemerkenswerter Häufigkeit anzutreffen (knapp 300 sollen es sein), es ranken sich auch teils kuriose Geschichten um die Kunstwerke. Die wohl berühmteste Plastik Rostocks ist die bronzene *Schlange*, die sich um eine Säule des Rathauses windet. Es heißt, dass sich hier bereits nach der Fertigstellung der Rathausvorhalle ein bronzenes Reptil schlängelte. Ihre Bedeutung ist bis heute rätselhaft. Soll sie Weisheit symbolisieren oder doppelzüngige Stadtpolitik? Schlängelt sie sich aus dem gleichen Grund, aus dem die Lübecker Maus in der dortigen Marienkirche nagt: Um wandernden Gesellen als verborgenes Wahrzeichen zu dienen, damit diese beweisen konnten, dass sie tatsächlich in der Stadt gewesen waren? Oder handelt es sich bei der Schlange in Wirklichkeit um einen Aal, den eine schwere Flut zum Rathaus trug? Die heutige Bronzeschlange Rostocks stammt aus dem Jahr 1998.

Zu den älteren Statuen zählt das Denkmal des wohl berühmtesten Sohnes der Stadt: *Gebhard Leberecht von Blücher*, geboren 1742 in Rostock, preußischer Generalfeldmarschall und mit Wellington gefeierter Sieger über Napoleon bei Waterloo. Die Statue zeigt den „Marschall Vorwärts" nicht in Uniform, sondern in den Gewändern eines antiken Helden, wenngleich er in den Händen Marschallstab und Degen hält. 1819 wurde die von Johann Friedrich Schadow geschaffene Bronzestatue auf dem Universitätsplatz aufgestellt.

Ebenfalls auf dem Universitätsplatz befindet sich der ausdrucksstarke *Brunnen der Lebensfreude* von Reinhard Dietrich und Jo Jastram, die sich auch mit diversen anderen Skulpturen im Stadtbild Rostocks verewigt haben. Mehrere Gruppen aus überlebensgroßen Menschen und Tieren vergnügen sich im Wasserspiel: eine suhlende Wildsau, badende Pärchen, balgende Hunde, Vater und Sohn tanzen im lockeren Kreis um die zentrale Familie. Der Volksmund nennt den 1980 eingeweihten Brunnen der Lebensfreude aufgrund der Nacktheit, die Badenden nun mal zueigen ist, auch „Pornobrunnen" – etwas schnoddrig respektlos vielleicht, keineswegs aber verächtlich. Denn die Rostocker lieben ihren Brunnen, hier wie an kaum einem anderen Platz schlägt das Herz der Stadt.

Eine weitere Berühmtheit ist an der Straße namens Glatter Aal zu sehen: Hier hängt ein von Reinhard Buch 1996 gestaltetes Porträtrelief des berühmten dänischen Astronomen *Tycho Brahe* mitsamt Planeten im Hintergrund, Arbeitsinstrumenten, dickem Bauch und – goldener Nase. Letztere ist keineswegs sprichwörtlich gemeint: Brahe hatte Mitte des 16. Jh. in Rostock studiert und nicht nur ein Duell, sondern dabei auch die Nase verloren, sodass er fortan eine goldene Prothese tragen musste. Weitere sehenswerte Skulpturen Jastrams sind die *Große Afrikanische Reise* am Stadthafen, der *Schreiende Hengst* auf dem Kröpeliner-Tor-Vorplatz und in der Badstüberstraße *Kaspar Ohm up sin Vosswallach* (1988), nach der autobiografischen Erzählung „Kaspar Ohm un ick" des Rostocker Autors *John Brinckman*. Letztere ist ein schönes Beispiel für Jastrams Humor: Zur Skulptur gehören nicht nur der stolze Kaspar Ohm auf seinem bockigen Gaul, sondern auch die Pferdeäpfel auf dem Pflaster und die Spatzen darauf.

Zu unseren Lieblingsfiguren zählt die *Afrikanische Bergziege* (Gerhard Rommel, 1979). Sie steht neben der Marienkirche und wirft einen skeptischen Blick über den Ziegenmarkt. Eine der formschönsten Statuen schließlich ist die Bronzeplastik *Die Trinkende* (Viktor H. Seifert, 1922), eine elegante Brunnenfigur im Rosengarten.

Wer sich vertiefend mit den Kunstwerken in Rostocks Innenstadt beschäftigen will, dem sei das 2006 im Hinstorff-Verlag erschienene Buch *Kunstwege. Spaziergänge durch Rostock und Warnemünde* von Matthias Schümann und Reiner Mnich empfohlen.

Stadtgeschichte

Erste historisch gesicherte Erwähnung fand Rostock anlässlich seiner Zerstörung. Kein Geringerer als *Saxo Grammaticus,* der berühmte dänische Geschichtsschreiber, berichtet davon, dass die Dänen im Jahr 1161 eine slawische Burg namens *roztoc* niederbrannten. Bald aber begann der Wiederaufbau unter Mithilfe zugezogener niederdeutscher Neusiedler und es wuchs um die Petrikirche eine Ortschaft, die 1218 das Lübische Stadtrecht erhielt. Der rasante Aufstieg der Stadt begann nach dem Zusammenschluss der Altstadt mit den nahe gelegenen Siedlungen: zunächst mit der Mittelstadt um St. Marien, dann der Neustadt um St. Jakobi, der dritten großen Stadtkirche, die aber im Zweiten Weltkrieg zerstört und nicht wieder aufgebaut wurde.

Rostocks Entwicklung ist untrennbar mit den Geschicken der Hanse verknüpft. Zum Schutz ihrer Handelsfahrer gingen 1260 Lübeck, Wismar und Rostock ein Bündnis ein, das Kern und Motor des bald machtvollen Handelsverbands war. Rostocks Kaufleute waren dabei auf den Handel nach Skandinavien ausgerichtet. Die hanseatische Blüte fand einen nachhaltigen Ausdruck in der Gründung der Universität, die 1419 von Papst Martin V. gestattet wurde. Die *alma mater rostochienses* war die erste Universität in Nordeuropa und wurde *das* Bildungszentrum der Hanse im gesamten Ostseeraum.

Mit dem Niedergang der Hanse verblühte auch die Pracht Rostocks. Nahezu ruiniert im Dreißigjährigen Krieg, vernichtete ein schwerer Stadtbrand 1677 weite Teile der Stadt. Erst Mitte des 19. Jh. ging ein neuer wirtschaftlicher Schub durch die Stadt, ausgelöst durch die Industrialisierung. Auf einer ansässigen Werft wurden moderne Dampfschiffe gebaut und bald war Rostock der Heimathafen der größten Dampferflotte der Ostsee. Zu den Schiffsbauern gesellte sich ab 1925 noch die junge Flugzeugindustrie. Unter den Nationalsozialisten wurde Rostock dann ein wichtiger Standort der Rüstungsindustrie. Das wiederum machte die Stadt an der Warnow zu einem bevorzugten Ziel alliierter Bomber, die Rostock in Schutt und Asche legten – zu Kriegsende war fast die Hälfte der Stadt zerstört.

Der Wiederaufbau ging vergleichsweise zügig voran, Rostock war der wichtigste Hafen der DDR. Die großen Werften und der Hochseehafen waren die wirtschaftlichen Motoren Rostocks, das 1952 Hauptstadt des nördlichsten Bezirks der DDR wurde. 1990 verlor die Stadt zwar im neu geschaffenen Bundesland Mecklenburg-Vorpommern den Status der Landeshauptstadt an Schwerin, aber Rostock knüpfte an eine alte Tradition an und nennt sich seither wieder Hansestadt.

Am Markt

Heute ist der Tourismus neben dem Hafen Rostocks wirtschaftliches Standbein: 25 Millionen Tonnen (brutto) Güter werden laut *Rostock Port* jährlich umgeschlagen. Man zählt im Jahr rund 400.000 Kreuzfahrttouristen, zudem rund 2,2 Millionen Fährpassagiere.

Basis-Infos

→ Karte S. 148/149

↓ Rostock
→ Karte S. 148/149

Information Tourist-Information am Universitätsplatz. Eintrittskarten, Stadtführungen, Zimmervermittlung etc. Mai bis Okt. Mo–Fr 10–18 Uhr, Sa/So 10–15 Uhr; Nov. bis April Mo–Fr 10–17 Uhr, Sa 10–15 Uhr, So geschlossen. Universitätsplatz 6 (Barocksaal), 18055 Rostock, ✆ 0381-3812222, www.rostock.de.

Stadtführungen durch die Innenstadt Mai bis Okt. tägl. um 14 Uhr (So um 11 Uhr), Nov. bis April nur Sa 14 Uhr. Treffpunkt bei der Tourist-Information.

Mit der **RostockCard** erhält man u. a. eine kostenfreie Stadtführung, Ermäßigungen im Schifffahrtsmuseum, in einigen Theatern usw., vor allem aber freie Fahrt im Nahverkehr. 24 Std. 12 €, 48 Std. 16 €, www.rostock.de/rostockcard.

Verbindungen **Bahn**: Der Hauptbahnhof Rostock liegt südlich der Altstadt. Von dort nahezu stündlich ICE-Verbindungen (1-mal tägl. sogar direkt) über Leipzig und Nürnberg nach München. Regionalverkehr nach Wismar (via Bad Doberan), Schwerin und über Ribnitz-Damgarten nach Stralsund (von dort weiter nach Rügen, Greifswald und Usedom).

Im Nahverkehr fährt die **S-Bahn** vom Hauptbahnhof nach Warnemünde (S 1 und S 2) und Güstrow (S 2). Zum Seehafen fährt vom ZOB neben dem Hauptbahnhof stündl. Bus 49.

Bus: Vom ZOB gelangt man auch regelmäßig per **Bus** (Linie 121) über Bad Doberan und Kühlungsborn nach Rerik und mit Linie 118 nach Graal-Müritz. Am ZOB halten zudem die **Fernbusse**.

Personenfähre: Mo–Fr etwa halbstündl. ab Anleger Kabutzenhof (Straßenbahnhaltestelle in der Kröpeliner-Tor-Vorstadt, westlich des Stadthafens) bzw. Sa/So näher am Stadthafen (Schnickmannstraße) zur anderen Seite der Warnow (Anleger Gehlsdorf) und zurück.

Autofähre: von Warnemünde zur Hohen Düne → Warnemünde/Basis-Infos, S. 157.

Warnow-Tunnel: mautpflichtiger Tunnel (790 m), führt bei Lütten-Klein unter der Warnow hindurch zum Überseehafen. Pkw/Motorrad im Sommer 3,80 €, im Winter 3,10 €; Gespann/Wohnmobil 4,80 € bzw. 3,60 €. Infos unter www.warnowquerung.de.

In der Innenstadt fährt man **Straßenbahn**, zentraler Knotenpunkt ist das Steintor, direkt zum Hauptbahnhof fahren die Linien 3, 4, 5 und 6, zum Stadthafen die Linien 1 und 2. Einen handlichen Netzplan erhält man am Bahnhof und in der Tourist-Information.

Hafen: Vom Fährhafen steuern u. a. **Schiffe** der *TT-Line* (www.tt-line.de) und der *Stena Line* (www.stenaline.de) die südschwedische Hafenstadt Trelleborg an. Die *Scandlines* (www.scandlines.de) fährt ins dänische Gedser.

Der **Flughafen** *Rostock-Laage* liegt etwa 25 km südlich von Rostock an der A 19 (Busshuttle mit der Linie 127 nach Rostock, Taxi 50–60 €). ✆ 038454-321390, www.rostock-airport.de.

Einkaufen **buch...bar** 🔢, freundlicher, kleiner Buchladen in der Nähe der ehemaligen Nikolai-Kirche. Im Bereich Belletristik gut sortiert, kleine Abteilung literarischer Regionalia. Es finden auch literarische Veranstaltungen statt. Di–Fr 11–18 Uhr, Sa 10–14 Uhr. Altschmiedestr. 32, ✆ 0381-2104676, www.buchbar-hamann.de.

🌿 **Gusti Leder** 🔢, in dem schönen Lederwarengeschäft bekommt man alles, was aus Leder hergestellt werden kann: Portemonnaies, Gürtel, tolle Vintage-Taschen. Auf Transparenz und Nachhaltigkeit wird viel Wert gelegt: Fertigung in kleinen Familienbetrieben, pflanzliche Gerbung, garantiert keine Kinderarbeit. Mo–Fr 10–19 Uhr, Sa bis 18 Uhr. Barnstorfer Weg 17, ✆ 0381-3676730, www.gusti-leder.de. ∎

Fahrradverleih Radstation Rostock am Hauptbahnhof . Mo–Fr 10–18 Uhr, Sa 10–13 Uhr. ✆ 0381-2523990, www.radstation-rostock.de.

Hafenrundfahrten Die Rostocker Personenschifffahrt bietet 2-stündige Fahrten

nach Warnemünde und zurück. Liegeplatz am Stadthafen. 10.30–15.30 Uhr etwa halbstündlich. Erw. 15 €, Kinder bis 14 J. 7,50 €. ✆ 0381-699962, www.rostocker-flotte.de.

Parken Kein Problem. Sollte man im Zentrum tatsächlich mal nichts finden: Am Stadthafen gibt es immer einen Platz.

Taxi Hanse-Taxi, ✆ 0381-685858, www.hansetaxi-rostock.de.

Theater/Klassische Musik Volkstheater Rostock, mehrere Bühnen: *Großes Haus* (Theater, Oper, klassische Konzerte, Ballett; Doberaner Str. 134/135, Abendkasse ✆ 0381-3814702); *Ateliertheater* (vornehmlich Theater; gleiche Adresse); *Kleine Komödie Warnemünde* (Rostocker Str. 8, ✆ 0381-5191400). Karten gibt es auch in der Touristinformation und unter www.volkstheater-rostock.de.

Compagnie de Comédie Rostock, freies Theater für junge Menschen, oft politisch. Spielt in der Bühne 602 und im Sommer im Klostergarten. Warnowufer 55, ✆ 0381-2036084, www.compagnie-de-comedie.de.

HMT, Aufführungen im eindrucksvollen Gebäude der Hochschule für Musik und Thea-

ter (ein im Mittelalter errichtetes Kloster). Buntes Programm (Chanson, Klavierabende, Oboenkonzerte u. v. m.), Eintritt oft frei. Karten an der Abendkasse oder online. Beim St.-Katharinenstift 8, ✆ 0381-51080, www.hmt-rostock.de.

Veranstaltungen Hanse Sail, *das Großereignis der Stadt. Jedes Jahr am zweiten Augustwochenende treffen sich Windjammer und Schoner, Traditionssegler und Museumsschiffe zum größten maritimen Fest an der deutschen Ostseeküste. Mit großer Regatta und Feuerwerk. Infos unter www.hansesail.com.

Rostocker Weihnachtsmarkt, der größte seiner Art in Norddeutschland, ab Ende November in der Altstadt, www.rostocker-weihnachtsmarkt.de.

Wassersport Blue Life Center, Tauchbasis und -schule, Wracktauchen, Ausrüstungverleih, Füllstation etc. Am Warnowufer 61 (im Surfhaus), ✆ 0381-690440, www.blue-life-center.de.

Baltic Windsport, Segel-, Surf- und Katamaranschule. Stadthafen 71 (auf einem Schiff), ✆ 0381-2009555, www.baltic-windsport.de.

Übernachten
- 4 Altes Hafenhaus
- 16 Steigenberger Hotel Sonne
- 18 Pentahotel Rostock
- 20 Jellyfish Hostel
- 23 Hotel GreifenNest

Essen & Trinken
- 3 Carlo 615
- 5 Brauhaus Zum alten Fritz
- 6 Kaminstube
- 8 Grüne Kombüse
- 10 Albert und Emile
- 11 Ratskeller

Cafés
- 13 Café Central
- 17 Café Käthe
- 19 Cafe in der Likörfabrik
- 21 Café Kloster
- 22 Heumond

Nachtleben
- 1 M.A.U. Club
- 2 Bunker Rostock
- 7 Zwanzig120
- 9 Peter-Weiss-Haus
- 15 KTV

Einkaufen
- 12 buch-bar
- 14 Gusti Leder

Rostock

120 m

Übernachten

Am zweiten Wochenende im August zur Hanse Sail ist fast kein Zimmer zu bekommen, wenn doch, ist es in der Regel noch ein Stück teurer als sonst.

**** Steigenberger Hotel Sonne 16, erstes Haus am Platz, weithin sichtbar dank der Sonnen auf dem Giebel. 121 klassisch-elegante Zimmer und Suiten, Kirschbaumholz trifft auf Marineblau. Zum Haus gehört u. a. die stilvolle *Weinwirtschaft* am Eck. DZ ab 101 €, Suite ab 122 €, Frühstück extra, Tiefgarage 14 €/Tag. Neuer Markt 2, 18055 Rostock, ☎ 0381-49730, www.rostock. steigenberger. de.

**** Pentahotel Rostock 18, schickes 152-Zimmer-Haus in zentraler Lage. Entspannt, gemütlich und erfrischend designt – einmal etwas anderes. Lobby im Loungestil. Anders auch: Raucherzimmer (!) und Late-Checkout um 15 Uhr am Sonntag. DZ ab 100 € exkl. Frühstück, Suite ab 156 €, Haustiere willkommen. Schwaanse Str. 6, 18055 Rostock, ☎ 0381-49700, www.penta hotels.com.

Altes Hafenhaus 4, schöne Stadtvilla am Hafen mit gelber Fassade, neben dem klassizistischen Mönchentor. Ungemein stilvoll und teils mit Antiquitäten eingerichtet, Gemälde an den Wänden. DZ 119 €, Frühstück inkl. Strandstr. 93, 18055 Rostock, ☎ 0381-4930110, www.altes-hafenhaus.de.

Hotel GreifenNest 23, am Rande der Altstadt gelegenes Budget-Hotel. Freundliche, kunterbunt-jugendliche Zimmer, auch Familienzimmer. In den Aufgängen spannende Fotos des viel gereisten Betreiberpaars. Familiäre Atmosphäre, netter Außenbereich, sehr guter Service, eigene Parkplätze (5 € extra). Die Straße davor ist allerdings nicht die leiseste. EZ ab 48 €, DZ 48–70 €, Familienzimmer (2 DZ teilen sich ein Bad) ab 100 €, Frühstück 8,60 € extra. August-Bebel-Str. 49b, 18055 Rostock, ☎ 0381-8775618, www.greifennest.de.

Jellyfish Hostel , überzeugendes Backpacker-Hostel wie aus guten, alten Traveller-Zeiten. Ein- bis Achtbett-Zimmer, Frühstück möglich, Gemeinschaftsraum, Garten. Zentral gelegen, nur einen Steinwurf vom Neuen Markt entfernt. Ab 17,50 €/Pers. im Achtbett-Zimmer bis 31,50 €/Pers. im DZ mit Bad, Frühstück 4 €/Pers., Bettwäsche 2,50 €/Pers. Beginenberg 25–26, 18055 Rostock, ☎ 0381-4443858, www.jellyfish-hostel.de.

Wohnmobilstellplatz   Spartanischer Stellplatz am Stadthafen. Keine Serviceeinrichtungen, dafür entschädigt der Warnow-Blick... 12 €/Nacht. Am Warnowufer 61, 18055 Rostock, ☎ 0381-3812222

Essen & Trinken → Karte S. 148/149

Restaurants **Ratskeller** , ältestes Gasthaus der Stadt. Deftige, gutbürgerliche Küche im stimmungsvollen Gewölbekeller unter dem Rathaus. Das Preisniveau ist für Standort und Gebotenes in Ordnung (Hauptgerichte 11–22 €). Tägl. außer Mo ab 12 Uhr geöffnet. Neuer Markt 1, ☎ 0381-5108460, www.rathausarkaden-rostock.de.

🌿**Albert und Emile** , ambitionierte Küche mit französischem Einschlag, Hauptgerichte 17–21 €, Drei-Gänge-Menü 32 €. Kleine, wechselnde Karte, auch vegetarische und vegane Gerichte. Verarbeitet werden biologische und regional erzeugte Produkte. Das sehr stilvolle Restaurant liegt in der östlichen Altstadt. Tägl. 12–14 und 19–23 Uhr. Altschmiedestr. 28, ☎ 0381-4934373, www.albert-emile.de. ■

Carlo 615 , ein ebenso gemütliches wie schickes Lokal am Wasser. Raffinierte Küche, Mecklenburg trifft Mittelmeer (Hauptgerichte 20–26 €), dazu sehr gute Weine. Nette Terrasse. Tägl. ab 12 Uhr. Warnowufer 61, ☎ 0381-7788099, www.carlo615.de.

Kaminstube , zwischen Marienkirche und Hafen, viel Fisch, ein wenig Thai-Küche und interessante Tageskarte (Hauptgerichte um 14–19 €, lediglich die Steaks sind teurer). Wenn kein Kamin vonnöten ist, öffnet die Dachterrasse. Di–Sa ab 18 Uhr. Burgwall 17, ☎ 0381-31337, www.kaminstube-rostock.de.

Brauhaus Zum alten Fritz , großer Brauereigasthof am Stadthafen. Urig eingerichtet, zum Bier aus dem Stralsunder Stammhaus gibt es Deftiges aus der Küche.

In Rostocks Altstadt

Wechselnde Wochenkarte, im Sommer Biergarten, sehr beliebt und oft voll. Tägl. 11–24 Uhr. Am Warnowufer 65, ☎ 0381-208780, www.alter-fritz.de.

🌿 Grüne Kombüse **8**, veganes Restaurant. Man ist bemüht, Produkte von lokalen Herstellern zu verwenden, saisonal zu kochen und auf Verpackungsmüll so gut wie möglich zu verzichten. Die schmackhaften Gerichte kosten 10–12 €. Nur am Ambiente könnte man noch etwas arbeiten... Di–Fr 17–21 Uhr, Sa/So ab 11.30 Uhr. Grubenstr.   47, ☎ 0381-21081832, www. gruenekombuese.de. ∎

In der **KTV 15** findet man um den Doberaner Platz internationale Küche. Sehr beliebt bei Studenten ist dort die indische Brasserie (**Jyoti**, Leonhardstr. 23, ☎ 0381-4590485, www.jyoti-rostock.de). Gleich daneben serviert das trendige **Café Central 13** drinnen oder auf dem Gehweg Frühstück und günstige Gerichte zwischen Pasta, Hamburger Schnitzel und Ziegenkäseburger (Leonhardstr. 22, ☎ 0381-4904684, www. cafes-in-rostock.de).

Cafés Heumond **22**, sympathisches alternatives Café, innen sehr gemütlich und mit viel Liebe zum Detail eingerichtet, draußen hübscher Garten hinter der Stadtmauer. Frühstück (12–21.30 Uhr!), wechselnde Tagesgerichte (Küche bis 22 Uhr), auch Kuchen. Mo–Sa 12–24 Uhr. Hermannstr. 36, ☎ 0381-455970, www.heumond.de.

Café in der Likörfabrik 19, beliebtes junges Café unweit des Neuen Marktes (Eckhaus am Kuhtorplatz). Von morgens bis nachts geöffnet, So 10–14 Uhr Brunch. Grubenstr. 1, ☎ 0381-3777654.

Café Kloster 21, im hübschen Gebäudeensemble um das Kloster zum Heiligen Kreuz.

Mo–Sa 11–19 Uhr. Klosterhof 6, ☎ 0381-3757950, www.cafe-kloster.de.

Café Käthe 17, obwohl erst 2013 eröffnet, gilt dieses gepflegte, moderne Café schon fast als Institution in der KTV. Gehwegterrasse, man kann gut und günstig essen. Alle Altersgruppen sind vertreten. Spannend ist das Kleinkunstprogramm. Tägl. 10–24 Uhr. Barnstorfer Weg 10, ☎ 0381-37778949, www.cafe-rostock.de.

Nachtleben M.A.U. Club **1**, die Halle am Hafen dient als alternative Konzertlocation, wo schon Wanda oder Pothead auftraten, aber auch Partys oder Poetry Slams stattfinden. Warnowufer 56, ☎ 0381-2023578, www.mauclub.de.

Bunker Rostock 2, im ehemaligen Luftschutzbunker auf dem Gelände der ebenfalls ehemaligen Neptun-Werft gibt es Cocktails im *Captain Cocktail* und ein umfangreiches Programm zwischen Karaoke, Raves und Livekonzerten im *Bunker-Club*. Draußen eine Kletterwand. Programm beachten. Neptunallee 9A, ☎ 0381-8008927, www.bunker-rostock.de.

Peter-Weiss-Haus 9, das „Bildungs- und Kulturhaus" ist im ehemaligen *Haus der Deutsch-Sowjetischen Freundschaft* untergebracht, einem imposanten, denkmalgeschützten Klinkerbau. Coole Konzerte, Café, junges, internationales Publikum, dazu ein bunter Biergarten mit günstigem Bier und Kinderspielplatz. Doberaner Str. 21, www.peterweisshaus.de.

Zwanzig12 7, ein gehobener Spot und recht stylish. In der beliebten Cocktailbar kann man auch ganz gut essen, internationale Küche vom Clubsandwich bis zum Veggi Burger. Schnickmannstr. 14, ☎ 0381-87733660, www.zwanzig12.de

Rostock
→ Karte S. 148/149

Sehenswertes

Die Highlights der Stadt, neben oben genannten gotischen Giebelhäusern, öffentlichen Kunstwerken etc., sind zweifellos die mächtige, an Höhe und Bedeutung alles überragende Marienkirche mit der bemerkenswerten astronomischen Uhr und das ehemalige Kloster zum Heiligen Kreuz mit Rostocks Kulturhistorischem Museum.

Rathaus

Am weitläufigen Neuen Markt weist das Rathaus einen eigentümlichen Stilmix auf: Es besteht aus zwei Gebäuden, die ähnlich dem Stralsunder Rathaus mit einer gotischen Fassade verbunden wurden. 1726 entschloss sich ein mutiger Stadtrat,

der gotischen Fassade einen barocken (damals hochmodernen) Vorbau vorzuset-
zen. So erhebt sich heute über sieben Arkaden eine repräsentative, barocke Fassade, die wiederum von den spitzen Türmen der gotischen Schaufassade überragt wird.

Marienkirche

Einen wuchtigen Eindruck vermittelt die Marienkirche zwischen Neuem Markt
und Langer Straße. Zunächst wurde Mitte des 13. Jh. eine Hallenkirche errichtet,
die nach 1290 zu einer Basilika aus- und umgebaut wurde und sogar eine Doppelturmanlage erhalten sollte, die einzige neben St. Nikolai in Stralsund. Doch nach
über hundert Jahren Arbeit brach der Bau in sich zusammen. Um das Gebäude
stabiler zu halten, wurde an das vergleichsweise kurze Langschiff ein mächtiges
Querschiff angefügt, sodass die Marienkirche nahezu genauso lang wie breit
(und auch fast ebenso hoch) ist – ein kompaktes, wuchtiges Erscheinungsbild.
Im Innern werden die Haupt- und Seitenschiffe in über 31 m Höhe durch schöne
Sterngewölbe abgeschlossen.

Von der mittelalterlichen Ausstattung ist zwar nicht allzu viel erhalten, was aber
noch zu sehen ist, zeigt sich umso bemerkenswerter. Ein kunst- und technikhis-
torisches Kleinod befindet sich hinter dem Hauptaltar: die **Astronomische Uhr**.
1472 vom Uhrmacher *Hans Düringer* angefertigt, ist sie zwar die jüngste von einer
ganzen Reihe dieser aufwendig gestalteten Chronometer, die im hanseatischen
Raum zu finden sind, aber sie ist die mit Abstand am besten erhaltene und – ihre
spätmittelalterliche Mechanik funktioniert noch immer wie das sprichwörtliche
Uhrwerk. Dieser zweiteilige Zeitmesser ist mehr als nur eine Uhr, denn neben der
Tageszeit (etwas ungewohnt im 24-Felder-Umlauf) und dem Datum (inkl. Jahr)
sind u. a. auch noch Tierkreiszeichen, Mondphasen, Wochentage und Heiligenka-
lender abzulesen. Die Uhr zieren schöne Schnitzereien, so sind beispielsweise auf
der oberen Uhrscheibe die Monate figürlich dargestellt: Im Februar z. B. wärmt

Als diese Uhr das erste Mal tickte, war Amerika noch nicht entdeckt

sich ein Mann am Feuer, im März wird gepflanzt, im Juli sichelt die Bäuerin Korn-
ähren, die im August gedroschen werden, im September werden Reben, im Oktober Äpfel geerntet usw. Gekrönt wird das Kunstwerk von einem Apostelumgang
am oberen Ende des Zeitmessers. Sechs Apostel stehen über der Uhr, in der Mitte
thront Christus. Pünktlich um 12 Uhr (und um Mitternacht) öffnet sich das Türchen rechts von Christus, aus dem die übrigen sechs Apostel erscheinen, sich Jesus
zuwenden, gesegnet werden und im linken Türchen wieder verschwinden. Nur der
letzte Apostel wird nicht gesegnet und bleibt schließlich vor wieder verschlossenem
Tor draußen stehen: Judas, unschwer zu erkennen am Geldsäckel in der Hand. Wer
sich eingehender mit der Astronomischen Uhr befassen will, kann das mittels einer
kleinen, informativen Broschüre oder im Rahmen eine Kirchenführung durch die
kenntnisreichen Mitarbeiter tun.

Aber es gibt noch andere Sehenswürdigkeiten in der Kirche, z. B. die links vom
Altar stehende bronzene **Tauffünte** aus dem Jahr 1290. Getragen von vier knienden
Gestalten, wird auf der Fünte mit feinen Verzierungen das Leben Christi dargestellt, ein nicht minder aufwendig gestalteter Deckel schließt das Kunstwerk ab. In
einer der Kapelle des Chorumgangs hängt der **Rochusaltar**, ein großer Schnitzaltar
für den Schutzheiligen der Bartscherer und Wundheiler (um 1530), im Nordquer-
haus (gegenüber dem Eingang) findet sich der **Nikolaialtar** aus dem 15. Jh. Die
Westwand des Hauptschiffs füllt die monumentale **Orgel** (samt Fürstenloge) aus
dem 18. Jh.

→ Rostock
→ Karte S. 148/149

Öffnungszeiten: Mai bis Sept. Mo–Sa 10–
18 Uhr, So 11.15–17 Uhr; Okt. bis April Mo–
Sa 10–16 Uhr, So 11.15–12.15 Uhr. Am Ziegenmarkt 4, ☎ 0381-453325, www.marien
kirche-rostock.de.

Kirchenführung: Mit Erklärung der astronomischen Uhr Mai bis Okt. tägl. außer
So/feiertags 11 Uhr. Erw. 5 €, Kinder bis
12 J. frei. ☎ 0381-453325.

Petrikirche

Weithin sichtbar erhebt sich der Kirchturm auf eine Höhe von 117 m, wobei der
schlanke, spitze Helm über die Hälfte der Höhe ausmacht. Die vergleichsweise kleine Petrikirche war im Zweiten Weltkrieg stark zerstört und unter widrigen Umständen in den folgenden Jahrzehnten mühsam wieder aufgebaut worden, nur der
lange Helm konnte erst 1994 wieder auf den Turm gesetzt werden. Der Bau der Kirche wurde um 1300 auf dem ältesten Rostocker Siedlungsgebiet begonnen, aber
nach Verzögerungen, Bauplanänderungen und Erweiterungen erst im 15. Jh. fertiggestellt – inklusive Turm, der in den folgenden Jahrhunderten mit erschreckender Re-
gelmäßigkeit vom Blitz getroffen und mehr oder weniger stark beschädigt wurde.

Dass es sich bei der Petrikirche eigentlich um eine dreischiffige Basilika handelt, ist
in ihrem Inneren kaum noch zu erkennen, da die beiden Seitenschiffe vom Mittelschiff seit dem Wiederaufbau abgetrennt sind. Das für den Gottesdienst genutzte
Mittelschiff ist heute ein schmaler, karger Raum, der in 24 m Höhe von einer Holzdecke abgeschlossen wird. Dagegen ist in der Kapelle im nördlichen Seitenschiff
noch ein Kreuzrippengewölbe erhalten. Im Nordschiff, dem „Raum der Stille", befinden sich die bedeutendsten Sehenswürdigkeiten der Kirche: zwei Altarflügel aus
dem 15. Jh., der Rest des Hauptaltars hängt heute in der Marienkirche. Der Turm
kann bis unter den Helm bestiegen werden, entweder über 196 Stufen unter den
Helm auf 45 m Höhe oder gelenkschonender mit dem Aufzug.

Mai bis Sept. tägl. 10–18 Uhr, Okt. bis April 10–16 Uhr. Eintritt frei. Turmbesteigung bzw.
Aufzug 3 €, erm. 2 €. Alter Markt, ☎ 0381-21101, www.petrikirche-rostock.de.

Kulturhistorisches Museum im Kloster zum Heiligen Kreuz

Das ehemalige Zisterzienserkloster zeigt sich heute als ein stimmungsvolles, geschlossenes Gebäudeensemble. Gegründet wurde es 1270 von der dänischen Königin Margarete. Rund um den Kreuzgang des sorgsam restaurierten Klosters ist das Kulturhistorische Museum untergebracht, das allein aufgrund der Räumlichkeiten einen Besuch wert ist: Die Ausstellungsräume des zweigeschossigen Kreuzgangs sind verwinkelt und überraschen immer wieder mit zahlreichen sehenswerten Details. Im Erdgeschoss rund um den Kreuzgang findet man Ausstellungsstücke und Schautafeln zur (Bau-)Geschichte der Anlage und dem Klosterleben im Allgemeinen, der hintere Teil (gegenüber dem Eingang) ist wechselnden Ausstellungen vorbehalten. Das obere Stockwerk beherbergt u. a. Skizzen und Gemälde von Rostocker Stadtansichten, eine bemerkenswerte Sammlung niederländischer Malerei aus dem 16. bis 19. Jh., historisches Spielzeug, Kunsthandwerk, Porzellan, Trinkgefäße, Uhren, Silbertand und eine Münzsammlung zu sehen.

Die Highlights des Museums aber sind die kleine **Kirche** (am Eingang rechts durch die schwere Holztür) und das **Refektorium**, das linker Hand an den Kreuzgang anschließt. In der gotischen Klosterkirche aus dem 14. Jh. bestimmt das warme Rot des Backsteins den Raum, die Gewölbedecke zeigt sich sparsam bemalt, bei der Kanzel ist ein hübsches Gethsemane-Fresko erhalten. Im Refektorium schließlich findet man sich unter einem herrlichen Kreuzrippengewölbe wieder, das den Raum zu einem eleganten Zeugnis gotischer Architektur werden lässt. Sehenswert.

Im Klosterhof gibt es ein Café, eine Goldschmiede, eine Galerie, die sog. Klosterfaktoreien (Verkauf von Öl, Essig u. v. m. aus Mecklenburg) sowie das **Kempowski Archiv**, das über das Schaffen des 2007 verstorbenen Rostocker Schriftstellers *Walter Kempowski* informiert. Wer ein bisschen Ruhe vom Großstadttrubel sucht, dem sei die idyllische **Klostergarten** empfohlen.

Museum: Di–So 10–18 Uhr. Eintritt frei. Klosterhof 7, ✆ 0381-2035910, www.kulturhistorisches-museum-rostock.de. **Kempowski Archiv**: Di–So 14–18 Uhr, Do auch 9.30– 12 Uhr. Eintritt frei. Klosterhof 3, ✆ 0381-2037540. **Klostergarten**, April bis Okt. Mo–Do 8–22 Uhr, Fr–So 8–24 Uhr, Nov. bis März Mo–So 9–18 Uhr.

Außerhalb der Innenstadt

Dokumentations- und Gedenkstätte: Südlich der Innenstadt kann man in der ehemaligen Untersuchungshaftanstalt der Stasi in Rostock einen Zellentrakt besichtigen, der einen bedrückenden Eindruck hinterlässt. Mit der Stasi, ihren Methoden und ihrer Wirkung befasst sich eine ständige Ausstellung. Außerdem werden wechselnde Ausstellungen gezeigt. Ein geführter Rundgang bringt die Besucher nicht nur durch den Zellentrakt, sondern auch hinunter in den winzig kleinen, trostlos grauen Hof und in den Keller der Untersuchungshaftanstalt: Hier befanden sich die Dunkelzellen zur Einzelhaft. Im Erdgeschoss kommt man abschließend zum „Schleusenbereich", in dem die Verhafteten ankamen.

März bis Okt. Di–Fr 10–18 Uhr, Sa 10– 17 Uhr; Nov. bis Febr. Di–Fr 9–17 Uhr, Sa 10–17 Uhr. Eintritt frei, kostenlose Führungen Mi und Sa 14 Uhr, Dauer 1:30 Std. **Hinweis**: Ab 2017 stehen Sanierungsarbeiten an, die mit einer längeren Schließung der Gedenkstätte einhergehen werden. Hermannstr. 34 b (Eingang im Hof gegenüber Penny-Markt), ✆ 0381-4985651, www.bstu.de.

Untersuchungshaftanstalt der Stasi in Rostock

Kunsthalle: Am Rand des Stadtteils Reutershagen und neben der B 105, die hier Hamburger Straße heißt, befindet sich oberhalb des Schwanenteichs die 1969 errichtete Kunsthalle, der einzige Museumsneubau in der Geschichte der DDR. In dem quadratischen Gebäude ist eine Sammlung moderner Kunst vornehmlich aus Ostdeutschland zu sehen. Der Schwerpunkt liegt auf Gemälden und Skulpturen aus Norddeutschland, von Künstlern wie *Otto Niemeyer-Holstein* (→ S. 299), der Rostockerin *Kate Diehn-Bitt* oder *Jo Jastram*. In den weitläufigen Sälen der Kunsthalle finden außerdem wechselnde Ausstellungen zeitgenössischer Künstler vornehmlich aus dem Ostseeraum statt. Für Kunstfreunde ein Muss. Nett ist das angeschlossene Kunstcafé am Schwanenteich (mit Terrasse, gleiche Öffnungszeiten wie die Kunsthalle).

Di–So 11–18 Uhr. Eintritt frei (außer bei Sonderausstellungen). Hamburger Str. 40, ☎ 0381-3817008, www.kunsthallerostock.de. Ab Hauptbahnhof mit Straßenbahnen Nr. 1, 4 und 5 Richtung Lütten Klein bzw. Lichtenhagen bis Haltestelle „Kunsthalle".

IGA-Park: Der Park zwischen B 105 (Stadtteil *Lütten Klein*) und dem linken Warnowufer entstand anlässlich der Internationalen Gartenbauausstellung (IGA 2003). Das Parkgelände dient heute u. a. als Konzertlocation und beherbergt neben einem Japanischen und einem Chinesischen Garten das *Schiffbau- und Schifffahrtsmuseum*, wo man an Bord des ausgedienten Hochseefrachters *Dresden* steigen kann, der 1956/57 auf der Warnowwerft gebaut wurde. Im Bauch des Schiffes gibt es eine zwar nicht zeitgemäße, aber spannende Ausstellung zur Geschichte des Schiffbaus und der Seefahrt. Des Weiteren liegen vor Ort u. a. das Betonschiff *Capella*, ein Hebeschiff von 1895, ein Schwimmkran von 1905 und vieles mehr.

Schiffbau- und Schifffahrtsmuseum, April bis Juni u. Sept./Okt. Di–So 10–18 Uhr, Juli/Aug. auch Mo, Nov. bis März Di–So 10–16 Uhr. Park und Museum Erw. 4 €, Kinder 2,50 €. Schmarl-Dorf 40, ☎ 0381-12831364, www.schifffahrtsmuseum-rostock.de bzw. www.iga-park-rostock.de.

Warnemünde

ca. 7000 Einwohner

Bei Warnemünde denkt man zu allererst an den feinsandigen und breiten Strand, von dem aus man den großen Fährschiffen, Kreuzfahrtschiffen und Frachtern beim Ein- oder Auslaufen zusehen kann. Aber Rostocks berühmter Stadtteil am offenen Meer hat viele Gesichter.

Entlang des Alten Stroms erinnert das Ostseebad Warnemünde an seine Ursprünge als kleines Fischerdorf an der Mündung der Warnow, in das Mitte des 19. Jh. der Bädertourismus einzog. Kleine, kopfsteingepflasterte Gassen ziehen sich entlang sorgsam restaurierter Häuser und kleiner Gärtchen. In dem kleinen Ort, bereits im 12. Jh. erwähnt und seit 1323 im Besitz Rostocks, lebten die Menschen jahrhundertelang nur von der Fischerei oder hatten als Matrosen oder Lotsen ein Auskommen. Warnemünde bestand nur aus zwei Straßenzügen, der Vorder- und der Hinterreihe entlang des Alten Stroms, und erst mit dem Bädertourismus wurde der alte Ort modernisiert und begann langsam zu wachsen. Ein malerisches Idyll, das jedoch im Sommer von wahren Menschenmassen besucht wird. Auf der anderen Seite des Alten Stroms liegen abwechselnd Ausflugs- und Fischbrötchenkutter, während in den restaurierten Häusern Boutiquen, Restaurants und Souvenirshops auf Kundschaft warten.

Warnemündes Wahrzeichen:
Teepott und Leuchtturm

Auf dem weiten Platz am Anfang der Strandpromenade befinden sich die beiden Wahrzeichen Warnemündes: der **Leuchtturm** und der **Teepott**, Letzterer ein markantes Gebäude von *Ulrich Müther* (→ „Moderne Architektur am Strand, S. 160), das in den 1960er-Jahren errichtet wurde und Restaurants und Cafés beherbergt. Dahinter beginnt der berühmte weite Sandstrand. Unübersehbar erhebt sich hier das Hotel Neptun, 1970/71 als Vorzeigehotel der DDR erbaut, in dem gerne ausländische Staatsgäste untergebracht wurden (und das es im Nachhinein für das systematische Abhören seiner Gäste zu zweifelhaftem Ruhm brachte). Daneben befindet sich in etwas bescheideneren Ausmaßen das Kurhaus. Im Zentrum Warnemündes steht die sehenswerte neugotische **Kirche**. Die vom Kirchplatz Richtung Westen führende Mühlenstraße fungiert als kleine Einkaufsmeile.

Die Landzunge Hohe Düne auf der anderen Seite des stark befahrenen Neuen Stroms erreicht man mit der Autofähre. Dort befindet sich auch der gleichnamige Yachthafen mit 920 Liegeplätzen, einem noblen Hotel (→ Übernachten) und schicken Restaurants Die Hohe Düne trennt die bauchige Bucht mit dem schönen Namen Breitling, in der sich auch der **Überseehafen** Rostocks befindet, von der Ostsee. Von hier aus gelangt man zum abgeschiedenen Vorort Markgrafenheide am Rand der Rostocker Heide (→ „Rostocker Heide", S. 161).

Basis-Infos → Karte S. 158

Information Die **Tourist-Information** nahe der Fußgängerbrücke über den Alten Strom, Zimmervermittlung, Stadtführungen. Mai bis Okt. Mo–Fr 10–18 Uhr, Sa/So 10–15 Uhr; Nov. bis April Mo–Fr 10–17 Uhr, Sa 10–15 Uhr, So geschlossen. Am Strom 59, 18119 Rostock-Warnemünde, ✆ 0381-3812222, www.rostock.de.

Stadtführungen, „Warnemünn ankieken": April bis Okt. Di 18 Uhr, Do und Sa 11 Uhr; im Winter nur Sa 11 Uhr. 7 €/Pers., erm. 5 €. Treffpunkt bei der Tourist-Information.

Verbindungen → auch *Rostock/Verbindungen*. Wichtigstes Nahverkehrsmittel ist die **S-Bahn** (S 1/S 2), die häufig vom Hauptbahnhof Rostock nach Warnemünde fährt. In Warnemünde setzt eine **Autofähre** der Weißen Flotte alle 20 Min., im Sommer alle 10 Min., über den Seekanal zur Hohen Düne über. Pkw (inkl. Fahrer) 3 €, Pers. 1,40 €, Kinder (6–15 J.) 0,90 €, Fahrrad 1,10 €. Infos unter ✆ 0381-519860, www.weisse-flotte.de.

Bus 119 von Warnemünde etwa stündl. (Sa/So 6-mal tägl.) nach Bad Doberan, www.rebus.de.

Baden Warnemündes Kapital ist der teils über 100 m breite, feinsandige Strand. Während der Hauptsaison flächendeckend überwacht, rollstuhlgerechter Zugang unweit des Leuchtturms, FKK- und Hundestrandabschnitte Richtung Dietrichshagen.

Einkaufen Viele kleine Boutiquen bekannter und weniger bekannter Labels im Zentrum und Am Strom.

Wem der Lesestoff ausgeht, der findet in der sympathischen Buchhandlung **Möwe** **3** Nachschub, der auch einiges zur Ostsee auf Lager hat. Mo–Sa 10–18 Uhr, So ab 12 Uhr. Hervorragend sortiert und kenntnisreich geführt. Seestr. 5/Luisenstr., ✆ 0381-8578563, www.buchhandlung-möwe.de.

Fahrradverleih Mehrere Verleiher in Warnemünde, u. a. am Bahnhof und am Kirchenplatz. Fahrräder ab 8 €/Tag.

Golf Golfplatz Warnemünde, westlich vom Ort zwischen Diedrichshagen und Elmenhorst. Greenfee 60 €, 9-Loch 35 €, Platzreifekurs 399 €. Am Golfplatz 1, 18119 Warnemünde, ✆ 0381-7786830, www.golf-warnemuende.de.

Hafenrundfahrten/Ausflugsboote Z. B. mit der *MS Rostocker 7* der Reederei Rostocker Personenschifffahrt. Fahrt von Warnemünde nach Rostock und zurück. Abfahrt vom Neuen Strom nahe Hauptbahnhof. ✆ 0381-699962, www.rostocker-flotte.de.

Die *MS Baltica* nahezu tägl. 5-stündige Touren nach Kühlungsborn und retour (mit Landgang), zudem meist am So ähnliche Fahrten nach Graal-Müritz. Liegeplatz am Alten Strom (etwa auf Höhe Leuchtturm), ✆ 0381-5106790, www.msbaltica.de.

Veranstaltungen Warnemünder Woche, traditionsreiches internationales Seglerevent in der ersten/zweiten Juliwoche mit abwechslungsreichem Rahmenprogramm für die Zuschauer an Land. Infos unter www.warnemuender-woche.com.

Hanse Sail, → Rostock, S. 148.

Übernachten → Karte S. 158

Wie in Rostock werden freie Zimmer zur Hanse Sail rar und entsprechend steigen die Preise. Das Preis-Leistungs-Verhältnis ist grundsätzlich nicht sonderlich gut.

***** Neptun **4**, von außen nicht gerade eine Zierde, aber unübersehbar, innen nobel, wenn auch, trotz Restaurierung nach der Wende, mittlerweile schon wieder etwas in die Jahre gekommen. Diverse Restaurants, Neptun Spa mit großem Wellnessangebot, Saunalandschaft, Meerwasser-Hallenbad und Fitness. DZ mit (seitlichem) Meerblick 184–419 €, Panoramaeckzimmer 319–519 €, Suiten ab 344–589 €, inkl. Frühstück. Seestr. 19, 18119 Warnemünde, ✆ 0381-7777777, www.hotel-neptun.de.

O s t s e e

Westmole

MS Baltica

Ostmole

Robbenstation
(Marine Science
Center)

Yachthafen
Hohe Düne

N e u e r   S t r o m

WC

Teepott

Seepromenade   Seestraße

Kurhaus mit
Kurhausgarten

Heinrich-Heine-Str.

Hermann-str.

Anastasiastr.

Fr.-Franz-Straße

Schul-str.

Alexandrinenstr.

Am Strom

Leuchtturm

Kurhausstr.

Kurpark

Schillerstr.

Wachtierstr.

Kirchen-platz

Kirchen-str.

Mühlen-str.

Dänische Str.

Am Bahnhof

Yachthafen-
residenz

Stephan-
Jantzen-
Park

Parkstr.

Gartenstr.   Laakstraße

Heimat-
museum

M

i

Alexandrinenstr.

Am Bahnhof

Hafenrundfahrt

Autofähre

Hohe Düne

Am der See

Möwenw.

Neptunw.

Am
Breitling

Bahnhof
Warnemünde

P

Wiesenweg

R. Wagner-Str.

Fr.-Barnewitz-Str.

Richard - Wagner - Straße

Gewertstr.

Paschen-str.

Dänische Str.

John-Brinckman-Str.

Reuter-Str.

Fritz-Post-str.

Alexandrinenstr.

Alter Strom

Am Bahnhof

Am Passagierkai

Kreuzfahrt-
hafen

Beethovenstraße

Rostocker Straße

Kirchnerstr.

Lilienthalstr.

Lorzing-str.

Alte Bahnhofstraße

Am Strom

W a r n o w

Bahnhof
Warnemünder
Werft

Werftallee

Werfthafen

Warnemünde

200 m

Yachthafenresidenz Hohe Düne **5**, erstreckt sich auf der anderen Seite des
Neuen Stroms. Eine Stadt in der Stadt. Riesige, sehr noble und entsprechend teure
Hotelanlage im Stil der alten Grand Hotels
mit einem modernen Yachthafen (www.
yachthafen-hohe-duene.de) und großem
Spa-Bereich. Pianospieler in der Lobby,
sehr guter Service. Zur Residenz gehören
sechs Restaurants, darunter auch stern-
geschmückt *Der Butt* (→ unten), des Weiteren
fünf Bars, ein Café, diverse Boutiquen,
Wassersportangebot etc. 368 Zimmer und
Suiten. EZ 190–275 €, DZ 230–335 €, Suiten
450–890 €, jeweils inkl. Frühstück. Am

Yachthafen 1, 18119 Warnemünde, ☎ 0381-
50400, www.hohe-duene.de.

**** Am Leuchtturm **2**, schönes Haus, frei
stehend an der Strandpromenade mit Blick
auf den Leuchtturm und das Meer. EZ
135 €, DZ ab 159 €, Frühstück inkl., auch Appartements. Am Leuchtturm 16, 18119 Warnemünde, ☎ 0381-54370, www.hotel-am-
leuchtturm.de.

**** KurparkHotel **6**, historische Villa im Stil
der Bäderarchitektur, ein Stück hinter dem
Kurhaus und mit Blick auf den Park. Mit
Hotelbar und Restaurant, Sauna und Fahrradverleih. Nur 18 Zimmer, EZ ab 81 €, DZ ab

130 € Frühstück inkl. Appartements im Nachbarhaus. Kurhausstr. 4, 18119 Warnemünde, ☎ 0381-4402990, www.kur-park-hotel.de.

Ostsee Art Hotel 🔟, ruhige Lage im alten Warnemünde an der schmucken Alexandrinenstraße mit ihren niederen Giebelhäusern. Komfortable Wohlfühl-Zimmer mit z. T. leichtem Plüschtouch. Unter Leitung der Familie Vogel, die auch das gegenüberliegende *Hotel Fischerhus* und zwei weitere Unterkünfte in Warnemünde betreibt. EZ ab 95 €, DZ ab 120 €, Frühstück extra, Hund 10 €. Alexandrinenstr. 124, 18119 Warnemünde, ☎ 0381-548310, www.vogel-hotel.de.

Jugendherberge Warnemünde 🔟, großes Haus, relativ weit außerhalb vom Zentrum Richtung Diedrichshagen, strandnah. Ab 25 €/Pers. mit Frühstück, Senioren (über 27 J.) ab 31,90 €. Parkstr. 47, 18119 Warnemünde, ☎ 0381-548170, www.jugendherbergen-mv.de.

Wohnmobilstellplatz Direkt neben dem Bahnhof 🔟. Enge Parkplatzatmosphäre, keine Serviceeinrichtungen. 17,50 €/Tag. Parkplatz Mittelmole, 18119 Warnemünde, ☎ 0381-45671073.

Essen & Trinken

Restaurants Unangefochtene Nr. 1 ist natürlich **Der Butt** 🔟, das Restaurant von Gourmetkoch Matthias Stolze in der *Yachthafenresidenz Hohe Düne* (→ oben). Heimatverbundenheit trifft auf die Aromen der Welt. Herrliche Blicke auf die Marina, auch draußen Tische. 4-Gänge-Menü 95 €, 6 Gänge 119 €. Di–Sa ab 18 Uhr geöffnet, So/Mo Ruhetag. Am Yachthafen 1, ☎ 0381-50400, www.hohe-duene.de.

Zum gleichen Hotel gehört die **Brasserie**. Ebenfalls sehr schöner Blick und sehr gepflegt. Gerichte wie den Burger „Der Mecklenburger" oder Wiener Schnitzel bekommt man dort für 21–23 €. Tägl. 12.30–22 Uhr.

Im **Hotel Neptun** 🔟 (→ oben) befinden sich mehrere Restaurants und Bars. Hervorzuheben sind die schon fast legendäre *Grillstube Broiler* (tägl. ab 11 Uhr, ganzer Broiler 19,80 €) und die *Location* in der 19. Etage, die von 14–17 Uhr als *Panoramacafé* und Fr/Sa ab 21 Uhr als *Sky Bar* dient. Vor dem Café bzw. der Bar erinnert eine Galeriewand an all die Persönlichkeiten aus Politik und Showbusiness, die im Haus schon nächtigten. Seestr. 19, 18119 Warnemünde, ☎ 0381-777773, www.hotel-neptun.de.

Zum Stromer 🔟, traditionsreiches Restaurant und freundliche Kneipe, urgemütlich mit knisterndem Kaminfeuer im Innern und ein paar hübschen Plätzen draußen. Hauptgerichte um die 20 €. Ab 17 Uhr, Di Ruhetag. Am Strom 32, ☎ 0381-8579786.

Seekiste Zur Krim 🔟, irgendwo zwischen Fischrestaurant und Hafentaverne zu verorten, helle, maritime Einrichtung, auch draußen ein paar Plätze. Viel Fisch und deftige Hausmannskost. Hauptgerichte ab 11 €. Mo–Fr ab 17 Uhr, Sa/So ab 12 Uhr. Am Strom 47, ☎ 0381-52114, www.seekiste-zur-krim.de.

Cafés/Bars Schuster's 🔟, je nach Tageszeit Strandbar, Café oder Cocktailbar, in jedem Fall aber cool und ideal zum Abhängen am Strand. Neben dem Restaurant Teepott. Tägl. ab 11 Uhr. ☎ 0381-7007835.

DeJa.bo 🔟, eine charmante Weinbar in zentraler Lage. Drinnen sitzt man zwischen den Weinregalen, im Sommer stehen zudem Tische auf dem Gehweg davor: weiße Tischdecken, frische Blümchen in der Vase und Leckereien zum Wein. Im Sommer zuweilen Grillabende. Mo/Di ab 17 Uhr, Mi–So ab 9 Uhr (Frühstück). Mühlenstr. 34, ☎ 0381-8578045, www.dejabo.de.

Sehenswertes

Heimatmuseum: In einem hübschen alten Fischerhaus aus dem 18. Jh. ist eine exponatreiche Ausstellung untergebracht: Diele, Küche, Gute Stube und Schlafkammer wie vor hundert Jahren im Fischerdorf Warnemünde; außerdem Ausstellungs-

→ Rostock/Warnemünde → Karte S. 158

Seebär Fin beim Training: im Robbenforschungszentrum

stücke aus der Arbeitswelt der Warnemünder. Sie verdienten zunächst ausschließlich als Fischer, Matrosen und Lotsen ihr Brot, ab dem 19. Jh. auch als Seenotrettung. Ein paar Exponate dokumentieren die Anfänge des Badetourismus.
April bis Sept. Di–So 10–18 Uhr, Okt. bis März Di–So 10–17 Uhr. Eintritt Erw. 3 €, erm.
2,50 €, Kinder 1,50 €, Familien 6 €. Alexandrinenstr. 30/31, ☏ 0381-52667, www.heimat
museum-warnemuende.de.

Leuchtturm und Teepott: Der über 34 m hohe Leuchtturm wurde 1897/98 anstelle
eines älteren Seezeichens errichtet. Daneben befindet sich ein eigenwilliges Bauwerk mit einem kühn geschwungenen Dach: Der Teepott, gebaut 1968 und zu Beginn der 2000er komplett saniert, beherbergt heute Restaurants und ein Café. Der
Name „Teepott" stammt noch vom kuppelbedachten Vorgänger-Pavillon.
Leuchtturm: Ende April bis Anf. Okt. tägl. 10–19 Uhr. Eintritt 2 €, Familien 4 €.

Moderne Architektur am Strand

Heimliche Wahrzeichen hat der in Binz auf Rügen geborene Bauingenieur
Ulrich Müther (1934–2007) an der Ostseeküste geschaffen. Müther war
dank seiner Schalenbauten – genauer: hyperbolische paraboloide Beton-
schalen oder kurz „Hyparschalen" – weit über die Grenzen der DDR hinaus
bekannt. In Binz erhebt sich über die Dünen der einzigartige *Rettungsturm*-
Prototyp der Wasserwacht, der bis heute nichts von seiner faszinierenden
futuristischen Leichtigkeit eingebüßt hat. In Glowe auf Rügen sticht die lichte *Ostseeperle* ins Auge. Und in Warnemünde ist es das berühmteste in sich
gekrümmte *Teepott*-Dach, das mit dem Leuchtturm ein unverkennbares Ensemble bildet. Den kühnen Schwung auf das kreisrunde Gebäude neben dem
alterehrwürdigen Warnemünder Seezeichen setzte Müther 1968.

Kirche: Im Ortskern erhebt sich die 1871 eingeweihte, im neugotischen Stil errichtete Kirche von Warnemünde. An anderer Stelle gab es vermutlich drei Vorgängerbauten, aus denen die teils (echt-)gotische Inneneinrichtung stammt. So z. B. der sehenswerte Schnitzalter aus dem 15. Jh. oder die Kanzel aus dem späten 15. Jh.
Mai bis Sept. Mo–Fr 10–18 Uhr, Sa/So 12–17 Uhr, So 10 Uhr Gottesdienst.

Robbenforschungszentrum der Uni Rostock: Beim Yachthafen Hohe Düne befindet sich an der Ostmole auf einem ehemaligen Fahrgastschiff samt „Außenbecken" das Rostocker Forschungsinstitut *Marine Science Center* (MSC), in dem neun Seehunde, zwei kalifornische Seelöwen und ein südafrikanischer Seebär zu Hause sind. Erforscht werden der Orientierungssinn der Robben sowie deren kognitive Fähigkeiten. Besucher sind ausdrücklich willkommen, von der Plattform aus kann man bei den Übungen und Lernerfolgen zusehen, gearbeitet wird nach dem Belohnungsprinzip mit bis zu fünf Kilo Fischhappen pro Tier und Tag. Mitarbeiter des Forschungsinstituts erklären den interessierten Besuchern Sinn und Ziel der Übungen, es werden – nach Voranmeldung – auch wissenschaftliche Führungen angeboten. Ein Highlight! Wer etwas mehr Geld investieren will, kann an „Seehund hautnah"-Programmen teilnehmen, wo man die Tiere aus nächster Nähe erleben kann.

Mai bis Okt. tägl. 10–17 Uhr, April und Nov. tägl. 10–16 Uhr, Nov. Do–So 10–15 Uhr, im Winter geschlossen. Erw. 6,50 €, Kinder 4 €. „Seehund hautnah"-Programme kosten 30 € (Kinder 20 €) und sollten i. d. R. im Voraus gebucht werden. Am Yachthafen 3a (Ostmole der Warnow), ☏ 0381-50408181, www.msc-mv.de. *Anfahrt:* Von der Anlegestelle der Fähre an der Ostmole gleich nach links in das Gelände der Yachtresidenz Hohe Düne (Parkplatz), am Hauptgebäude vorbei und zur Ostmole.

Rostocker Heide

Auch wenn der Name vielleicht irreführt: Die Rostocker Heide ist ein ausgedehntes Mischwaldgebiet, durchsetzt von Wiesen und geschützten Moorgebieten. Bereits 1252 gelangte die Stadt Rostock in Besitz der Heide. Während des Mittelalters hatten die Bürger der Stadt das Recht, Brennholz zu sammeln, Torf zu stechen, Bäume für Masten und Planken zu schlagen und sogar den Festbraten zu jagen – bis der Wald Gefahr lief, irreparablen Schaden zu nehmen. Nach dem Zweiten Weltkrieg verloren die Rostocker ihre Heide, sie wurde verstaatlicht und von der sowjetischen Armee als militärischer Übungsplatz genutzt. Erst nach der Wende erhielt die Hansestadt ihren Wald zurück und das Militärgebiet wurde renaturiert. Heute steht den Rostockern und ihren Besuchern ein hübsches Naherholungsgebiet von hohem ökologischen Wert zur Verfügung. Der Wald besteht zu je einer Hälfte aus Nadel- und Laubbäumen, allen voran Kiefern und Fichten, Birken und Erlen, aber auch Eichen und Eschen. Dazwischen erstrecken sich vor allem in Küstennähe ausgedehnte Moorgebiete wie das Naturschutzgebiet **Große Moorwiese Heiligensee** oder das **Große Moor** nordwestlich von Graal-Müritz.

Graal-Müritz   ca. 4200 Einwohner

Ein kompaktes kleines Zentrum und ein wenig Bebauung entlang einer Handvoll Straßen, dazu viel Wald und ein langer Sandstrand. Die Kombination aus Wald- und Seeluft hat Graal-Müritz früh zu einem Kurort werden lassen, bereits 1884 wurde hier ein Kindersanatorium eröffnet. Die Kuratmosphäre hat sich bis heute erhalten, inklusive diverser Einrichtungen, und Graal-Müritz kann sich offiziell nicht nur Ostseebad, sondern sogar Ostseeheilbad nennen.

Rostocker Heide
Karte S. 168/169

Am Rande des beschaulichen Zentrums erstreckt sich ein **Rhododendron-Park**, der im Mai und Juni in voller Blüte steht. Mittelpunkt des Strandlebens ist im Sommer der Platz am Fuß einer 350 m ins Meer reichenden **Seebrücke**. Der Dünenweg (Strandpromenade) verbindet die beiden Ortsteile Graal und Müritz.

Basis-Infos

Information Haus des Gastes Graal-Müritz, an der Durchgangsstraße (Ecke Kurstraße), auch Zimmervermittlung. Mai bis Sept. Mo–Fr 9–19 Uhr, Sa 9–18 Uhr, So 10–16 Uhr; im Winter Mo–Fr 9–17 Uhr, Sa 9–12 Uhr, So geschlossen. Rostocker Str. 3, 18181 Graal-Müritz, ✆ 038206-7030, www.graal-mueritz.de.

Verbindungen Etwa stündl. mit der **Regionalbahn** nach Rostock.

Mit dem **Bus 202** 9-mal tägl. nach Ribnitz-Damgarten. Wer nach Hohe Düne (Fähre Warnemünde) will, nimmt **Bus 118** bis Hinrichshagen und muss dort in **Bus 18** umsteigen (Mo–Fr 7-mal, Sa/So max. 5-mal).

Baden Weißer, feinsandiger Strand, flach abfallend, breit und kilometerlang, Blaue Flagge, im Bereich um die Seebrücke überwacht. Etwas abseits FKK- und Hundestrand.

Fahrradverleih Thon, 3-Gang-Rad 6 €, auch Tandems und Tretmobile sowie E-Bikes (18 €/Tag), bei längerer Mietdauer günstiger. Lange Str. 29, ✆ 038206-79805.

Sport Unweit der Seebrücke liegt das **Aquadrom**, ein Erlebnisbad mit Wasserwelt, Wellness, Sauna und Fitness, Tennis, Badminton, Kegeln etc. Mit Bistro. Tägl. 9.30–21.30 Uhr. Buchenkampweg 9, ✆ 038206-87900, www.aquadrom.net.

Übernachten/Essen & Trinken

Übernachten **** Strandhotel Deichgraf, rotes Haus am Ende der Strandstraße (Sackgasse) im OT Müritz. Ansprechender Wellnessbereich mit Sauna. Die Standard-Zimmer sind klassisch-gemütlich eingerichtet, die Suiten einen Tick edler. Gutes, im maritimen Stil dekoriertes Restaurant mit raffinierten Gerichten wie Zander mit Vanillewirsing oder Färsen-Filetsteak mit Bärlauchpüree (Hauptgerichte 16–27 €). DZ ab 159 €, Suite ab 199 €, Familien-Appartement 229 €, inkl. Frühstück. Strandstr. 61, 18181 Graal-Müritz, ✆ 038206-138413, www.strandhoteldeichgraf.com.

Witt, empfehlenswerte Pension mit Restaurant in rohrgedecktem Haus, im Ortsteil Müritz. Beliebtes *Restaurant* mit schönem Garten, auch *Cafébetrieb* (hausgebackene Kuchen), gute, mecklenburgische Hausmannskost zu fairen Preisen (tägl. 12–22 Uhr, Mo Ruhetag). DZ 80–100 €, Frühstück inkl. Am Tannenhof 2, 18181 Graal-Müritz, ✆ 038206-77221, www.cafestuebchen-witt.de.

Ostseecamp Rostocker Heide, nur durch die Düne vom Strand getrennt, etwa 1 km westlich von Graal-Müritz, mit kleinem Laden und Gasthaus, Sportmöglichkeiten etc. Erw. 6,50 €, Kinder 6–15 J. 4 €, Zelt 5,50–8,50 €, Auto 5 €, Wohnmobil 10,50 €, Strom 3 €. Geöffnet April bis Okt. Wiedortschneise 1, 18181 Graal-Müritz, ✆ 038206-77580, www.ostseecamp-ferienpark.de.

Essen & Trinken Leckere Fischbrötchen gibt es im **Bistro Kombüse** an der Seebrücke, einen hübschen Garten hat das **Caféstübchen Witt** der gleichnamigen Pension im OT Müritz , ein gutes Restaurant hat auch das Hotel Deichgraf (→ oben).

Informationszentrum Wald und Moor

Das sehenswerte Informationszentrum samt Naturpfad befindet sich nahe Klein-Müritz (Zufahrt auch über eine Forststraße, die nördlich von Klockenhagen links abzweigt). Hier kann man sich von der Entstehung und der Beschaffenheit der Moore, von ihrer historischen Nutzung und ihrer Renaturierung sowie von den Lebensräumen Wald und Moor ein Bild machen.

Am Parkplatz befindet sich noch vor der Schranke zum Informationszentrum zudem die **Natur-Schatzkammer**, ein privates Museum, das über Edelsteine, Mineralien, Fossilien, Schmetterlinge, Pilze und vieles mehr informiert

Informationszentrum Wald und Moor: April bis Okt. tägl. 10–17 Uhr. Eintritt frei. Ribnitzer Landweg 3, 18311 Ribnitz-Damgarten/OT Neuheide, ☎ 038206-14444, www.moorinfo. ribnitz-damgarten.de.

Natur-Schatzkammer: tägl. 9–18 Uhr. Erw. 6 €, Kinder 2 €. Ribnitzer Landweg 2, 18311 Ribnitz-Damgarten/OT Neuheide, ☎ 038206-79921, www.naturschatzkammer.m-vp.de.

Freilichtmuseum Klockenhagen

Im Zentrum von Klockenhagen befindet sich ein bemerkenswertes Museum für ländliche Architektur und bäuerliche Lebenswelt in Mecklenburg-Vorpommern. Auf dem sechs Hektar großen Freigelände sind aus verschiedenen Dörfern 20 historische Gebäude zusammengetragen, sorgsam restauriert und wiederaufgebaut worden, u. a. Dorfkirche, Scheunen, diverse Bauernhäuser, Katen und Scheunen, Schmiede, Backhaus, Spritzenhaus, Bienenhaus, ein Dorfladen und eine Windmühle sowie ein Klohäuschen. In den Sommermonaten wird das Idyll von historischem Handwerk belebt. Dann wird in der Schmiede geschmiedet und im Backhaus Brot gebacken und auch beim Wollhandwerk von anno dazumal kann man zusehen oder auch beim Filzen, Weben, Spinnen oder Stricken mitmachen. Auf dem Gelände werden außerdem Hühner, Gänse, Ziegen, Schafe und Pferde gehalten, in einem Querdielenhaus werden wechselnde Sonderausstellungen gezeigt und in einem beeindruckenden, zentral gelegenen Fachwerkhaus ist die Museumsgaststätte untergebracht.

April bis Mitte Juni und Mitte Sept. bis Ende Okt. tägl. 10–17 Uhr, Mitte Juni bis Mitte Sept. bis 18 Uhr, im Winter geschlossen. Eintritt 7 €, erm. 4 €, Kinder 7–16 J. 3 €,

Familien 18 €, Hund 2 €. Mit Gaststätte. Mecklenburger Str. 57, 18311 Ribnitz-Damgarten/OT Klockenhagen, ☎ 03821-2775, www.freilichtmuseum-klockenhagen.de.

Jagdschloss Gelbensande

Das Schloss am Ostrand der Rostocker Heide war – nicht zuletzt wegen seines Heilklimas zwischen Meer und Wald – der bevorzugte Aufenthaltsort von *Friedrich Franz III.* (1851–1897), dem zeitlebens schwer asthmakranken Großherzog von Mecklenburg-Schwerin. Erbaut wurde es in den Jahren 1885–1887 durch den Baumeister *Gotthilf Ludwig Möckel*, ein historisierender Backsteinbau mit Obergeschoss aus Fachwerk, dazu Erker und Türmchen. Teile der Familie lebten bis Ende 1944 im Jagdschloss Gelbensande.

Der Rundgang durch das Erdgeschoss – Souterrain und Obergeschoss sind nicht zu besichtigen – führt u. a. durch Salon, Kabinett, Studierzimmer und Jagdhalle, z. T. sind noch originale (bzw. originalgetreu restaurierte) Möbel zu sehen, auch die Böden und Wandverkleidungen sind teilweise noch erhalten, Fotos an den Wänden erläutern die Geschichte des Schlosses. Einige Räume sind wechselnden Ausstellungen vorbehalten.

Tägl. 11–17 Uhr (im Winter bis 16 Uhr). Eintritt 4,50 €; Audioguide 2 €. Im Schloss befindet sich auch das Restaurant Fasano, das Wildspezialitäten bietet (Hauptgerichte

17 –26 €, nur Mi–So ab 12 Uhr). Am Schloss 1, 18182 Gelbensande, ☎ 038201-475, www. jagdschloss-gelbensande.de.

→ Rostocker Heide → Karte S. 168/169

Ribnitz-Damgarten

ca. 15.000 Einwohner

Die Bernsteinstadt: Hier dreht sich alles um den honigfarbenen Stein. Größte Attraktion ist das Bernsteinmuseum im alten Kloster.

Ribnitz und Damgarten wurden im frühen 13. Jh. gegründet und 1950 zu einer Stadt vereinigt. Ribnitz war dabei immer die bedeutendere der beiden Nachbarinnen, ausgestattet mit einem großen Hafen, einer gotischen Marienkirche und seit 1323 mit einem reichen Nonnenkloster. Zentrum des gleichförmigen Stadtplans ist ein weitläufiger Platz, an dem sich das Rathaus, die Tourist-Information sowie die wuchtige Stadtkirche **St. Marien** aus dem 13. Jh. befinden (Mo–Fr 9–15 Uhr, April bis Sept. tägl. 10–16 Uhr). Der hübsche **Bernsteinfischerbrunnen** stammt von Thomas Jastram, der unverkennbar in der Werkstatt seines berühmten Onkels Jo gelernt hat. In westlicher Richtung liegt das **Rostocker Tor**, das einzig erhaltene von fünf mittelalterlichen Stadttoren. Am Bodden findet man den traditionsreichen **Hafen**, etwas südlich des Marktes ist im ehemaligen Nonnenkloster das Bernsteinmuseum untergebracht.

Das **Deutsche Bernsteinmuseum** ist zweifelsohne die größte und stets gut besuchte Attraktion in Ribnitz-Damgarten. Die umfangreiche Sammlung zeigt neben Fundstücken mit den verschiedensten Inklusen (u. a. Einschlüsse urzeitlicher Blüten, Insekten oder auch Skorpione) grandiose Bernsteinkunst aus den verschiedensten Epochen. Beeindruckend ist die Nachbildung eines Teils des berühmten Bernsteinzimmers. Infotafeln erläutern Entstehung und Beschaffenheit des Bernsteins, Verbreitung und Abbau sowie die Verarbeitung von der Altsteinzeit über das Mittelalter bis heute. In der kleinen Werkstatt des Museums kann man bei der Bearbeitung zusehen oder auch eigene Steine schleifen und polieren. Mit Café und Museumsshop. In der Klosterkirche schließlich, die an sich schon sehenswert ist, befindet sich eine schmucke und informative Dauerausstellung zur Geschichte des Ribnitzer Klarissinnenklosters.

April bis Okt. tägl. 9.30–18 Uhr, Nov. bis März. Di–So 9.30–17 Uhr. Eintritt 8,50 €, erm. 7,50 €, Kinder 4–16 J. 4 €, Familien 18,50 €; Ausstellung zur Klostergeschichte 3 €. Im Kloster 1–2, ✆ 03821-4622, www.deutsches-bernsteinmuseum.de.

Schräg gegenüber vom Bernsteinmuseum, in einigen Räumlichkeiten des St.-Klaren-Klosters aus dem 14. Jh., befindet sich die sehenswerte **Galerie im Kloster**. Drei Räume sind wechselnden Ausstellungen regionaler Künstler vorbehalten, eine kleine Dauerausstellung widmet sich dem Maler und Grafiker *Lyonel Feininger* (1871–1956).

Di–Sa 10–17 Uhr. Eintritt frei. Im Kloster 9, ✆ 03821-4701, www.galerie-ribnitz.de.

Information Tourist-Information im roten Würfel auf dem Marktplatz im Zentrum. Mitte Mai bis Okt. Mo–Fr 10–18 Uhr, Sa 10–15 Uhr, So 10–14 Uhr; Nov. bis Mitte Mai Mo–Fr 10–16 Uhr, Sa/So geschlossen. Am Markt 14, 18311 Ribnitz-Damgarten, ✆ 03821-2201, www.ribnitz-damgarten.de.

Drei Farben Rot in Ribnitz: wie Honig der Bernstein ...

Verbindungen Zwei **Bahnhöfe**, der wichtigere befindet sich in Ribnitz, südlich des Zentrums (Ribnitz-Damgarten West). Am Bahnhof in Damgarten (Ribnitz-Damgarten Ost) halten nicht alle Züge. Stündl. ab Bahnhof West nach Rostock und Stralsund, alle 2 Std. auch ab Bahnhof Ost.

Bus, Linie 210 fährt etwa stündl. über Fischland-Darß-Zingst nach *Barth*. Je 9-mal tägl. mit Linie 211 oder 214 direkter Weg nach Barth. Mit Linie 202 9-mal tägl. nach *Graal-Müritz*.

Übernachten **Wilhelmshof**, zentral im Ortsteil Ribnitz, keine 200 m vom Marktplatz. Gepflegte Zimmer, aber nicht so heimelig, wie es das dazugehörige Restaurant im Puppenstuben-Landhausstil vermuten lässt. Es werden Ayurveda-Kuren angeboten, deshalb gibt es im Restaurant neben Hamburger Schnitzel auch indische und ayurvedische Küche (Hauptgerichte um die 13,50 €). EZ ab 75 €, DZ ab 100 € inkl. Frühstück. Lange Str. 22, 18311 Ribnitz-Damgarten, ℡ 03821-2209, www.hotel-wilhelmshof.de.

Essen und Trinken **Ribnitzer Fischhafen**, das einfache Fischrestaurant (= *Meeresbüfett*) am Ribnitzer Stadthafen ist ungemein populär (Hauptgerichte 9–17 €). Im angeschlossenen Laden *Meerestheke* gibt es nicht nur Frischfisch, sondern auch Backfisch, Fischbrötchen, Krabbensalat usw. Vor allem das Fischbulettenbrötchen ist eine unglaublich leckere Sauerei (Servietten für die tropfende Soße bereit halten!). Meeresbüfett tägl. 11–21 Uhr, Meerestheke Mo–Fr

9–18 Uhr, Sa bis 14 Uhr. Am See 40, ℡ 03821-390711, www.ribnitzer-fischhafen.de.

Übernachten/Essen außerhalb ›› **Unser Tipp: Kranich Hotel**, der weitläufige Gutshof Hessenburg aus dem 19. Jh. liegt ca. 14 km nordöstlich von Ribnitz-Damgarten. Drum herum ein lauschiger Park mit vielen romantischen Plätzchen. Vermietet werden sechs luftige, überaus stilsicher eingerichtete Zimmer mit freigelegten Backsteinwänden, antiken Badewannen, alten Bolleröfen etc. Dazu zwei eher rustikale Appartements im ehemaligen Kutschenhaus. Mit dabei ein im Stil der 50er Jahre gestyltes Café in der alten Schmiede (hausgebackene Kuchen, kleine Gerichte, Tische unter Obstbäumen) und ein Museum (zeitgenössische Kunst, thematisch der Region angepasst). 40–50 €/Pers. inkl. Frühstück, Hund 10 €. Von Ribnitz auf der B 105 Richtung Stralsund fahren, bis es nach ca. 8 km links ab Richtung Bartelshagen II geht, dann ausgeschildert. Dorfplatz 2–5, 18317 Hessenburg/Saal, ℡ 038223-669900, www.kranichhotel.de. ‹‹

Sport **Golfanlage Zum Fischland**, knapp 2 km südlich von Ribnitz gelegener 9-Loch-Platz, auch Kurse. Pappelallee 23 a, 18311 Ribnitz-Damgarten, ℡ 03821-894610, www.golfclub-fischland.de.

Bodden-Therme, Spaßbad und Saunalandschaft, Rutsche, Wellenbecken, Blockhaussauna etc. Di/Mi 14–22 Uhr, Do–So 10–22 Uhr, in den Schulferien (MV) tägl. 10–22 Uhr. Körkwitzer Weg 15, ℡ 03821-3909961, www.bodden-therme.de.

Rostocker Heide → Karte S. 168/169

... postmodern verspiegelt der Informationskubus und hochgotisch backsteinrot die Marienkirche

Aussicht bei Ahrenshoop

Fischland–Darß–Zingst

Die schönste Halbinsel der deutschen Küste, Nationalpark und Künstlerkolonie, gesäumt von Traumstränden und belebt von ein paar schmucken Dörfern, ein wenig mondän, doch meist idyllisch in der herrlichen Landschaft zwischen Ostsee und Bodden.

Ursprünglich eine Inselkette, wuchsen die Eilande erst im Laufe der Zeit zusammen und erhielten eine Verbindung zum Festland. Als Erstes machte sich das schlanke Fischland sowohl am Festland als auch am Darß fest, allerdings nicht ganz von selbst. Strömung trug im Laufe der Jahrhunderte nördlich von Dierhagen, das streng genommen zum Festland gehört, Land an. Es entstand ein sich festigender Sandhaken, der nur durch einen Strom vom Fischland getrennt war: den *Permin*. Ein weiterer Wasserweg trennte das Fischland nördlich von Ahrenshoop wiederum vom Darß. Im 14. Jh. aber versenkten die Hansestädte Rostock und Stralsund in beiden Meerengen mehrere Schiffe, um die Wasserstraßen unpassierbar zu machen. Es war die Blütezeit nicht nur der Hanse, sondern auch der meist auswärtigen Piraten und der heimischen Schmuggler, die zwischen all den Inseln, Haken und Buchten vorzügliche Voraussetzungen für ihr Gewerbe fanden. Die Blockade, die den umtriebigen Piraten wie auch den kleinen, schmuggelnden Fischern die Bewegungsfreiheit nehmen sollte, bewirkte die Versandung der Ströme, bis die ehemaligen Inseln Darß und Fischland schließlich miteinander und mit dem Festland verbunden waren. Der letzte natürliche Wasserweg schließlich wurde erst Ende des 19. Jh. gekappt. Nach der verheerenden Sturmflut von 1872 wurde die Außenküste mit Dünen gesichert, wobei der *Prerower Strom*, der Zingst vom Darß trennt, seine Ostseemündung verlor.

Die Sportbootschiffer von heute wünschen sich aber wieder eine Verbindung zwischen Bodden und Ostsee. Sie fordern einen Boddendurchstich bei Zingst (www. bdzj.de). Der künstliche Wasserweg würde zudem den Bodden mit frischem Ostseewasser versorgen.

Auf der schmalen Landenge **Fischland** befinden sich die wunderschönen Ostseebäder Wustrow und Ahrenshoop, Letzteres bekannt dank seiner Künstlerkolonie. Verglichen zum Fischland ist der **Darß** dünn besiedelt. Zwar gibt es drei Dörfer, die beiden kleinen Boddenhäfen Born und Wieck sowie das Ostseebad Prerow im Norden, aber die Orte liegen relativ gedrängt zwischen Küste und dem weitläufigen Wald, der sich fast über die gesamte Halbinsel erstreckt. Bei dem Ostseebad **Zingst** hingegen handelt es sich um die einzige Ortschaft auf der gleichnamigen Halbinsel, deren äußere Küstenlinie, von der Strömung genährt, noch immer stetig wächst.

Weite Teile des Darß und der Halbinsel Zingst gehören zum 805 km² großen **Nationalpark Vorpommersche Boddenlandschaft**. In seiner Kernzone liegt mit den Inseln *Großer Werder* und *Kleiner Werder* (östlich von Zingst) einer der wichtigsten und größten Kranichrastplätze Mitteleuropas. Landschaftliches Highlight auf der Halbinselkette ist der Weststrand auf dem Darß: Bizarre Windflüchter beugen sich über die spärlich bewachsenen Dünen, im feinen Sand sammelt sich hier und da von Wind und Strömung angetragenes Strandgut. Der dichte, urwüchsige Wald hält dem Naturstrand den Rücken frei, denn hier im Nationalpark ist jede Art von Bebauung verboten. So ist der Weg zum Strand zwar etwas lang, mit dem Fahrrad aber mühelos zu bewältigen. Apropos: Auf Fischland-Darß-Zingst ist man generell besser mit dem Fahrrad unterwegs. Das Wegenetz ist sehr gut ausgebaut, und die Entfernungen sind überschaubar. Zudem lassen sich Fahrradtouren in Kombination mit den Ausflugsschiffen (auf vielen ist Fahrradmitnahme möglich) gestalten oder man kann auf den Bus aufspringen: Linie 210 hat von April bis Oktober einen Fahrradanhänger dabei.

Dierhagen   ca. 1500 Einwohner

Das Tor zum Fischland liegt an einer Landenge noch vor der lang gestreckten Halbinsel. Ostsee und Bodden sind hier kaum einen Steinwurf voneinander entfernt. Eigentlich besteht Dierhagen aus drei kleinen Weilern, die unter einem Namen zusammengefasst werden: Der Tourismus spielt sich vor allem in *Dierhagen Strand* ab. An der Zufahrtsstraße auf die Halbinselkette und an der schmalsten Stelle der Landenge stehen die paar Häuser, die den Namen *Dierhagen Ost* tragen. *Dierhagen Dorf* dagegen erstreckt sich hinter dem kleinen Hafen am Saaler Bodden.

Information Kurverwaltung im **Haus des Gastes** in Dierhagen Strand. Geöffnet Mo–Fr 9–18 Uhr, Sa/So 10–15 Uhr. Ernst-Moritz-Arndt-Str. 2, 18347 Dierhagen Strand, ☎ 038226-201, www.dierhagen-fischland.de.

Verbindungen Etwa stündl. (an den Wochenenden etwa alle 2 Std.) mit dem **Bus Linie 210** nach Ribnitz-Damgarten und über Wustrow, Ahrenshoop, Born, Wieck, Prerow und Zingst nach Barth. Nächster **Bahnhof** in Ribnitz-Damgarten, www.vvr-bus.de.

Baden Westlich und nordwestlich von Dierhagen erstreckt sich hinter einem Streifen Dünenwald der etwa 6 km lange, feinsandige Strand, der seit vielen Jahren mit der Blauen Flagge ausgezeichnet wird. Juni bis Sept. tägl. 9–18 Uhr DLRG-überwacht (Strandzugang 15). FKK-Bereiche bei den Zugängen 7, 12, 17 und 24, Hundestrand bei den Zugängen 9, 16 und 23. Strandzugang 15 ist rollstuhlgerecht.

Bootsausflüge Im Sommer bis zu 4-mal tägl. mit dem **Zeesenboot** über den Saaler Bodden, ab Dierhagen Hafen (Erw. 14 €, Kinder 7 €), auch Tagestouren und Segelkurse, Infos unter ☎ 0170-4512671 und www. boddenskipper.de.

Fahrradweg

Darßer Ort

Darßer Ort

Leuchtturm Darßer Ort (NATUREUM)

Seebrücke

Kern-zone I

Prerow

Esper Ort

Wieck a. Darß

Darß

Born a. Darß

Bliesenrade

Ahrenshoop

Althagen

Fuhlendorf

Niehagen

Michaelsdorf

Hohes Ufer

Neuendorf Heide

Wustrow

Barnstorf

Saaler

Hermanns-hagen

Bodden

Harmannshof

Fischland

Saal

Bartels-hagen

Dierhagen Ost

Hessen-burg

Dierhagen

Dierhagen Dorf

Kückenhagen

Dierhagen Strand

Neuhaus

Dändorf

Ribnitzer See

105

Großes Moor

Infozentrum Wald und Moor

Ribnitz-

Daskow

Graal-Müritz

Freilicht-museum

Damgarten

Ahrenshagen

Klockenhagen

Hirschberg

Neuhof

Rostocker Heide

Altheide

Recknitz

Markgrafen Heide

Gelbensande

105

Poppendorf

Warnemünde

Hinrichs-hagen

Rostock

Bartelshagen

Hiddensee

Nationalpark Vorpommersche
Boddenlandschaft

Kernzone I

Gellen

Geller-
haken

Großer
Werder

Kleine
Werder

Bock

Barhöft

Zingst

Zingst

Sundische
Wiese

Straße gesperrt

Prämort

Klausdorf

Hohendorf

Große Kirr

Bisdorf

Große
Wiek

Meiningenbrücke

Brese-
witz

Kleine
Wiek

Bather
Oie

Groß
Mohrdorf

Bodstedter
Bodden

Barther
Bodden

Grabow

Nisdorf

Prohn

Günz

Fahren-
kamp

Bodstedt

Pruchten

Altenpleen

Preetz

Parow

Kramerhof

Barth

Dabitz

Küstrow

Neu
Bartelshagen

Buschenhagen

Rubitz

Stralsund

Divitz

Kenz

Groß
Kordshagen

Lassentin

Niepars

Spoldershagen

Pantelitz

Lüders-
hagen

Karnin

105

Langen-
dorf

Kummerow

Martensdorf

Martens-
hagen

Löbnitz

Zimkendorf

Lüssow

Wiepkenhagen

Neuhof

Starkow

Velgast

Borg-
wallsee

194

Neu
Lüders-
hagen

Negast

Trinwillershagen

Jakobsdorf

Steinhagen

Krummen-
hagen

Schlemmin

Weiten-
hagen

Wolfshagen

Semlow

Millenhagen

Richtenberg

Windebrak

Fischland-Darß-Zingst

2,5 km

Einkaufen   Von Mai bis Okt. findet immer Di und Fr von 9–14 Uhr am Hafen Dierhagen der **Regional- und Biomarkt** statt. Sehr charmant. ■

Fahrradverleih   U. a. beim **OstseeCamp Dierhagen** (nahe Kurverwaltung), Fahrrad 10 €/Tag, auch E-Bikes, Kinderräder, Anhänger, Helme und Bollerwagen. Ernst-Moritz-Arndt-Str., ✆ 038226-80778.

Surfen   **Surf- und Kiteschule Loop** am OstseeCamp Dierhagen (→ Fahrradverleih) und im Strandhotel Fischland. Schnupperkurs (ein Tag) 49 €.   ✆ 0174-7947777, www.loop-in.net.

Veranstaltungen   Am zweiten oder dritten Wochenende im Juli startet im Hafen die **Zeesenbootregatta** mit den traditionellen Schiffen mit rotbraunen Segeln. Abends großer Ball.

Am zweiten Samstag im August trifft sich ganz Dierhagen zum **Tonnenabschlagen** zu Pferde, der Brauch stammt noch aus der Schwedenzeit. Ebenfalls Tanz am Abend.

Übernachten   **** **Strandhotel Fischland**, in Alleinlage hinter den Dünen und nur wenige Meter vom Strand befindet sich die große Hotelanlage. Die dazugehörigen Ferienhäuser und -appartements gruppieren sich im Halbrund auf dem Areal. Mehrere Hotelrestaurants, darunter die *Ostseelounge* (→ unten), Wellnessbereich mit Schwimmbad, Saunen, Whirlpool, Kosmetikstudio etc.; außerdem Segeln, Surfen, Reiten, Tennis, Tischtennis, Badminton und Fahrradverleih. EZ ab 253 €, DZ 308 €, Frühstück inkl., Appartement für 2 Pers. ab 223 €. Ernst-Moritz-Arndt-Str. 6, 18347 Dierhagen, ✆ 038226-520, www.strandhotel-ostsee.de.

**** **Hotel Blinkfüer**, im Ortsteil Dierhagen Strand (relativ weit östlich). Wer hier wohnt, liebt Ruhe, gepflegte Atmosphäre und gutes Essen. Hübscher Garten, zum Meer sind es gut 100 m. Im Restaurant (Mi–So ab 17 Uhr, mit Terrasse und Wintergarten) genießt man Karré vom Duroc-Schwein mit Curry-Spitzkohl oder Saibling mit Safransauce (Hauptgerichte 11–24,50 €). EZ 105 €, DZ 130–140 €, Frühstück inkl., Halbpension 30 €/Pers. An der Schwedenschanze 20, 18347 Dierhagen, ✆ 038226-53570, www.hotel-blinkfuer.de.

Essen & Trinken   **Ostseelounge**, ganz oben in der vierten Etage des Strandhotels Fischland (→ Übernachten), mit schönem Meerblick und windgeschützter Dachterrasse. Für Kreationen wie Bachsaibling-Tartar oder die Bäckchen und die Zunge vom Lamm bekam Küchenchef Pierre Nippkow einen Michelin-Stern. Di–Sa ab 18.30 Uhr, Reservierung erforderlich. Vier Gänge 75 € (mit Weinbegleitung 112 €), sechs Gänge 93 € (bzw. 139 €). Ernst-Moritz-Arndt-Str. 6, 18347 Dierhagen, ✆ 038226-52345, www.gourmetrestaurant-ostseelounge.de.

Restaurant Blinkfüer → Übernachten.

≫ Lesertipp: Schipperhus. Das schmucke alte, rohrgedeckte Fachwerkhaus befindet sich im Dorf Dierhagen an der Straße zum Boddenhafen. Gute, bodenständige Küche zu fairen Preisen. Kleiner, altmodischer Gastraum. Reservierung ratsam. Tägl. außer Di 11.30–21.30 Uhr. Strandstraße 6, ✆ 038226-80211. **≪**

≫ Unser Tipp: Gaststätte Boddenblick, ein sehr hübsches, maritim gestaltetes, lichtes und toll gelegenes Lokal am Hafen von Dierhagen. Von den großen Fenstern blickt man über die Terrasse und den Garten hinweg auf den Saaler Bodden. Leckere, vielfältig zubereitete Fischküche in großen Portionen, wir empfehlen die hausgeräucherten Fische mit Kartoffelsalat. Zügiger Service. Hauptgerichte 12–22 €. Tägl. 11.30–21 Uhr. ✆ 038226-80166. **≪**

Endloser Sandstrand am Fischland

Wustrow

ca. 1200 Einwohner

Der größte Ort auf dem Fischland erstreckt sich vom Ostseestrand bis zum Boddenhafen. Das traditionsreiche Wustrow hat zwei Gesichter: Bädertourismusambiente zum Meer hin und Fischerdorfflair im Rücken des Hafens.

Weithin sichtbar erhebt sich der spitze Helm der *neugotischen Kirche* von Wustrow, die in der zweiten Hälfte des 19. Jh. erbaut wurde. Bei einer Turmbesteigung eröffnen sich weite Blicke über die Boddenlandschaft und auch ein Überblick über den Ort. Ein Rundgang durch das alte Fischerdorf führt von der Kirche aus die Neue Straße hoch und die Osterstraße wieder zurück zum Hafen – eine idyllische Ansammlung alter, sorgsam restaurierter Fischerkaten und Kapitänshäuser. Prominent ist das **Fischlandhaus** in der Neuen Straße 38, ein hübsches Hochdielenhaus, dessen Rohrdach weit über die rote Fassade reicht (Bibliothek und wechselnde Ausstellungen).

Etwas anders präsentiert sich der zum Strand orientierte Teil Wustrows. Über die Strandstraße gelangt man zu einer kleinen Seebrücke. Auch die Strandseite Wustrows lohnt eine Erkundungstour, hier finden sich ebenfalls beschauliche kleine Straßen mit alten Häuschen, wie z. B. in der Parkstraße und der Lindenstraße.

Östlich des Hafens gelangt man schließlich in den Ortsteil *Barnstorf*. Der kleine Weiler besteht aus einer Handvoll traditioneller, niederdeutscher Hallenhäuser und Scheunen, umgeben von ungemein idyllischen Gärten. In einem der Gebäude ist die **Kunstscheune Barnstorf** untergebracht, in der wechselnde Ausstellungen vornehmlich norddeutscher Künstler präsentiert werden Ein netter Spaziergang führt vom Hafen hierher.

Mai bis Mitte Okt. tägl. 10–13 und 15–18 Uhr, außerdem an Ostern und Weihnachten und Feiertagen. Eintritt 1 €. Barnstorf Hufe IV, ✆ 038220-201, www.kunstscheune-barnstorf.de.

Basis-Infos

Information Haus des Gastes (Kurverwaltung), in dem backsteinernen Gebäude an der Durchgangsstraße, einstmals das kaiserliche Postamt. Mo–Fr 9–17 Uhr, Sa/So 10–14 Uhr, in der Nebensaison eingeschränkt. Ernst-Thälmann-Str. 11, 18347 Wustrow, ☏ 038220-251, www.ostseebadwustrow.de.

Verbindungen Mit dem **Bus Linie 210** ca. stündl. über Dierhagen nach Ribnitz-Damgarten und über Ahrenshoop, Born, Wieck, Prerow und Zingst nach Barth, www.vvr-bus.de.

Fährverbindung nach Ribnitz in der Hochsaison 3-mal tägl. mit der *MS Boddenkieker*; einfache Fahrt Erw. 8 €, Kind 4 €, Familien 20 € (hin und zurück: 11 €, 6 €, 30 €), Fahrrad 2 €, Hund 1 €. Zudem steuert die *MS Ostseebad Wustrow* von April bis Okt. nachmittags 1-mal tägl. Born an, von Mai bis Sept. zudem eine Fahrt am Vormittag. Einfach 10 €, Kinder 6 €. ☏ 038320-588, www.boddenschifffahrt.de.

Baden Von Dierhagen über Wustrow bis Ahrenshoop und weiter bis zum *Darßer Ort* erstreckt sich der herrliche, blau beflaggte Sandstrand. Im Ortsbereich des Ostseebads Wustrow ist der Strand DLRG-bewacht. Das Gelände fällt relativ sanft ins Meer ab, etwas Vorsicht sollte man bei den vorgelagerten Wellenbrechern walten lassen. FKK-Bereiche befinden sich nördlich und südlich des Hauptstrandes, einen Hundestrand gibt es im Süden auf Höhe der Surfschule (Strandübergänge 8 und 9).

Bootsausflüge Zeesenbootsegeln vom Wustrower Hafen aus, bei gutem Wetter legen die Traditionssegler mehrmals tägl.

ab. ☏ 038320-201 oder ☏ 0170-2017816 oder über die Fischländer Segelschule (→ Wassersport).

Boddenrundfahrten mit der *MS Ostseebad Wustrow* in der Hochsaison tägl., Dauer 2:30 Std., Erw. 14 €, Kinder 7 €, Familien 40 €. Im Sept./Okt. finden auch Kranichbeobachtungstouren statt (ca. 2:30 Std., gleiche Preise). Infos am Hafen, unter ☏ 038320-588 oder unter www.boddenschifffahrt.de.

Fahrradverleih Diverse Verleiher im Ort, z. B. die **Schatztruhe**, Strandstr. 32, ☏ 038220-80365; sowie **Fahrrad Schröder** (hier auch E-Bikes und Vermittlung von geführten Radwanderungen), Lindenstr. 17, ☏ 038220-80905, www.fahrradtourismus-wustrow.de.

Veranstaltungen Am Ostersamstag übernehmen beim **Strandgalopprennen** die Pferde den Strand; die **Zeesbootregatta** findet am ersten Samstag im Juli statt, eine Woche darauf (zweiter Sonntag im Juli) das traditionelle **Tonnenabschlagen**.

Wassersport Surfcenter Wustrow, etwa 1 km südlich von Wustrow, an der Landenge am Strand. Surf- und Kitekurse, Verleih, auch Parkplatz (8 €/Tag) und Wohnmobilstellplätze (Duschen, WC und Imbiss vorhanden)10–15 € (inkl. 1 Pers., jede weitere 4 €). An der Nebelstation 2, 18347 Wustrow, ☏ 038220-80250, www.surfcenter-wustrow.de.

Fischländer Segelschule, Grundkurs, auch für Kinder, Sportbootführerscheine, Segeltouren im Zeesenboot, Vermietung von Jollen. Hafenstr. 10, 18347 Wustrow, ☏ 0171-3277290, www.aufswasser.com.

Übernachten/Essen & Trinken

Dorint Strandresort & Spa, in der Strandstraße unweit der Seebrücke. 97 klassische Hotelzimmer, Spa-Bereich mit Hallenbad, nobles Restaurant. EZ ab 128 €, Standard-DZ ab 200 €, Frühstück inkl. Strandstr. 46, 18347 Wustrow, ☏ 038220-650, www.dorint.com/wustrow.

≫ Unser Tipp: Schimmel's, kleines Restaurant samt Pension schräg hinter dem Haus des Gastes. Die ambitionierte, junge Küche verfeinert unter Verwendung regio-

naler Produkte mecklenburgische Spezialitäten. Angeboten werden auch Tagesmenüs (drei Gänge 42 €, fünf Gänge 54 €). Unbedingt reservieren! Das Restaurant/Café ist ab 14 Uhr geöffnet (So auch mittags, Do Ruhetag), nachmittags Kaffee und Kuchen. Nur drei Zimmer, hell und geschmackvoll eingerichtet, außerdem eine Ferienwohnung. DZ 87 €, Frühstück ab 6 € pro Pers. Parkstr. 1, 18347 Wustrow, ☏ 038220-66500, www.schimmels.de. ≪

Schifferwiege, Pension und Restaurant in einer ruhigen Seitenstraße (am Anfang der Strandstraße rechts rein). Terrasse und Garten. Viel Fisch (eigene Räucherei) zu fairen Preisen (Matjes z. B. für 10,90 €). Tägl. ab 11 Uhr, nachmittags Kaffee, Kuchen und Eis. Nur drei behagliche Zimmer, DZ 79 €, Appartement 79–85 €, Frühstück inkl. Karl-Marx-Str. 30, 18347 Wustrow, ✆ 038220-80336, www.pension-schifferwiege.m-vp.de.

Restaurant Fischschuppen, nettes Ambiente, rustikal mit Holzbalken, private Atmosphäre durch kleine Nischen. Auf der Speisekarte finden sich vorrangig Klassiker wie Matjes, Lachsfilet auf Spinat oder Scholle mit Speck, Hauptgerichte 10–20 €. Sehr beliebt, freundlicher Service. Tägl. ab 17 Uhr, Mo Ruhetag. Zum Restaurant gehört auch die **Pension Schlunt** gegenüber (DZ 55 €, Appartement ab 65 €, Frühstück 10 €/Pers.). Osterstr. 30, ✆ 038220-80515, www.landhaus-schlunt.de.

Wohnmobilstellplatz   Beim Surfcenter Wustrow (→ oben) und auf einem Parkplatz nahe dem Hafen (dort Richtung Barnstorf fahren, dann gleich rechter Hand; 10 €/Nacht; weder WC noch Duschen).

Baywatch in Wustrow

Ahrenshoop

Der vielleicht schönste Ort der Halbinsel – die ehemalige Künstlerkolonie verdient das Attribut „malerisch" voll und ganz. Dank traumhaftem Strand, vielen Kunstgalerien und hervorragenden Hotels ist Ahrenshoop heute eines der nobelsten Ziele an der deutschen Ostseeküste.

Ein Bummel durch das alte Fischerdorf macht Lust am Entdecken, an jeder Ecke wartet ein neues Fotomotiv – liebevoll restaurierte Fischerkaten, edle Strandvillen, das beeindruckende Hochufer, die schilfgesäumte Boddenküste oder einfach der endlose Ostseestrand. In den niedrigen Rohrdachhäusern verbergen sich zahlreiche **Kunstgalerien**, teilweise in nur zu Fuß zugänglichen Seitensträßchen gelegen, von denen der leuchtend blaue Kunstkaten am Strandweg mit seinem rohrgedeckten Dach sicher am auffälligsten ist. Entlang der viel befahrenen Hauptdurchgangsstraße reihen sich dagegen die schicken, oft aufwendig um- oder neu gebauten Hotels aneinander, besonders auffällig „The Grand Ahrenshoop", das mit seinen mächtigen Glasfronten eher an ein modernes Kreuzfahrtschiff erinnert. Wer Ahrenshoop erkunden will, sollte sich das Panorama vom **Hohen Ufer** auf den Strand nicht entgehen lassen: Der Blick von hier oben zählt zu den beliebtesten Fotomotiven der Halbinsel, und – man ahnt es schon – gemalt wurde diese Ansicht auch schon mehrfach.

Historisch spielte der Ort, der Ende des 13. Jh. erstmals als „Arens Hof" oder „Arnes Hof" erwähnt wurde, zunächst kaum eine Rolle. Ahrenshoop bildete seit jeher die Grenze zwischen dem mecklenburgischen Fischland und dem Darß, der schon zu Vorpommern gehört. Erst Ende des 18. Jh. entstand hier ein richtiges Fischerdorf.

Künstlerkolonie Ahrenshoop

Bei einer Wanderung im Jahr 1889 erblickte der Maler *Paul Müller-Kaempff* das beschauliche Fischerdörfchen erstmals vom Hohen Ufer aus, der Ahrenshooper Steilküste, und war sogleich angetan von diesem „Bild des Friedens und der Einsamkeit". Es war die unberührte Natur und das romantische, einfache Leben, durch das Müller-Kaempff sich angezogen fühlte – er wollte weg vom akademisch-bürgerlichen Kunstbetrieb der Großstadt mit seinen strengen Hierarchien und hin zur Einheit von Mensch und Natur und der damit verbundenen Freiheit. 1892 ließ

sich Müller-Kaempff an der Dorfstraße ein erstes Haus bauen und gründete eine Malschule, es folgte als Schule und Pension das *Künstlerhaus Lukas* in der Dorfstraße (Nr. 35), das damals bis zu 50 Schüler und Schülerinnen beherbergen konnte – hauptsächlich Schülerinnen, denen der Zugang zu den meisten staatlichen Akademien bis 1919 verwehrt blieb.

Ahrenshoop wurde zu einem Zentrum impressionistischer Landschaftsmalerei, was sich auch an den Hochschulen von Berlin und Düsseldorf herumsprach. Mit den Malschülern kamen auch die Maler, die das alte Fischerdorf als ihren neuen Wohnsitz auserkoren, und mit der Kunst kam der Badetourismus. 1909 wurde der *Kunstkaten* (→ *Sehenswertes*) als öffentliches Ausstellungsgebäude eröffnet, doch brachte der Erste Weltkrieg das rege künstlerische Treiben in Ahrenshoop bald zum Erliegen. Auch der Kunstkaten wurde geschlossen (1919) und bald darauf verkauft. Nach einer zweiten Blütezeit in den 1920er Jahren kam es erst wieder in der DDR zu einer erneuten Aufnahme des Kulturbetriebes: Ahrenshoop wurde zum „Bad der Kulturschaffenden", in dem Maler, Schriftsteller und Theaterleute, aber auch Funktionäre entspannte Ferientage verbrachten.

Auch wenn so manche Kreativität mittlerweile Kommerz und Profit weichen musste, hält man noch heute die Tradition der Künstlerkolonie Ahrenshoop aufrecht. Künstler unterhalten Ateliers, im Kunstkaten sind wieder Ausstellungen zu sehen und auch das Künstlerhaus Lukas wurde wieder seiner ursprünglichen Funktion zugeführt: In sieben Atelierwohnungen sind Stipendiaten untergebracht, das in der Regel einmonatige Stipendium steht den Bereichen Bildende Kunst, Literatur, Tanz und Musik offen (www.kuenstlerhaus-lukas.de). Ein weiteres Denkmal für die Künstlerkolonie öffnete erst jüngst seine Pforten: das *Kunstmuseum Ahrenshoop* (an der Straße Richtung Althagen rechter Hand, → auch unten, *Sehenswertes*), das neben wechselnden Ausstellungen diverse Veranstaltungen wie kunsthistorische Vorträge, Filmabende etc. im Programm hat.

Die Kurverwaltung hat zwei Broschüren zur Künstlerkolonie herausgebracht, eine mit dem Titel „Künstler - Häuser - Kolonie" und eine mit dem Titel „Literarisch & Poetisch". Beide stellen die großen Namen der Ahrenshooper Künstlerkolonie vor und verraten, wo sie lebten.

Zu größerer Bedeutung kam Ahrenshoop ab 1889, als der Maler *Paul Müller-Kaempff* (1861–1941) den Ort „entdeckte" und bald darauf zu seiner neuen Wohn- und Schaffensstätte erkor. Ihm folgten zahlreiche Künstler und Künstlerinnen, denen Ahrenshoop sein Renommee als Künstlerkolonie verdankt, von dem es noch heute zehrt. Mit den Künstlern kamen auch die betuchten Badegäste hierher. Nach dem Zweiten Weltkrieg lebte der Künstlerort Ahrenshoop weiter und avancierte zum beliebten Urlaubsziel der DDR-Kulturschaffenden. Heute zählt der Ort rund 3000 Gästebetten und eine stetig wachsende Zahl an (Eigentums-)Wohnanlagen, in die besser Betuchte für einen komfortablen Lebensabend investieren.

Zu Ahrenshoop gehören auch die beiden südlich gelegenen Ortsteile *Althagen* und *Niehagen*, beide ebenfalls mit ausreichend Unterkünften (und ein wenig Gastronomie) ausgerüstet, insgesamt aber doch deutlich ruhiger als der Ort selbst. Mit dem Fahrrad ist man schnell im „Zentrum", zu Fuß sind es von Niehagen zur „Bunten Stube" in Ahrenshoop etwa 30 bis 45 Minuten.

↓ Fischland-Darß-Zingst
← Karte S. 168/169

Basis-Infos

Information Kurverwaltung Ahrenshoop, zwischen Durchgangsstraße und Strand . In der Hochsaison Mo–Fr 9–18 Uhr, Sa/So 10–15 Uhr; in der Nebensaison Mo–Fr 9–17 Uhr (im Winter nur bis 16 Uhr), Sa 10–15 Uhr, So geschlossen. Kirchnersgang 2, 18347 Ahrenshoop, ✆ 038220-666610, www.ostseebad-ahrenshoop.de. Immer mittwochs 10 Uhr (im Winter 11 Uhr) **Ortsrundgänge**.

Verbindungen Mit Bus Linie 210 etwa stündl. (Sa/So im Zweistundentakt) über Wustrow und Dierhagen nach Ribnitz-Damgarten und über Born, Wieck, Prerow und Zingst nach Barth, www.vvr-bus.de.

Baden Endloser, feinsandiger Strand, nur ein schmaler Dünenstreifen trennt Dorf und Meer, in südwestliche Richtung schließt mit dem Ahrenshooper *Hohen Ufer* ein Stück Steilküste an. In den Sommermonaten DLRG-bewacht (Übergang 12), Blaue Flagge. FKK eher in nordöstlicher Richtung (Richtung Darßer Weststrand). Hundestrände bei Übergang 3 und 13 (im ganzen Ort und am Strand Leinenpflicht).

Bootstouren Zeesenbootfahrten auf der *Sannert* oder der *Blondine*, im Sommer 5-mal tägl., Dauer 90 Min., Erw. 14 €, Kinder 7 €. Infos im *Räucherhaus* (am Althäger Hafen, → Essen) bzw. unter ✆ 038220-6946, www.raeucherhaus.net.

Einkaufen Ins Auge fällt die **Bunte Stube** an der Dorfstraße – der halbrunde Bau in Rot und Weiß stammt aus der Zeit des Bauhauses (1929) und lädt zum Stöbern ein: Bücher, Postkarten, Keramik, Tee, Pullover, Schals etc., auch kleine Galerie. Mo–Sa 10–18 Uhr, So 12–17 Uhr; in der Nebensaison So/Mo geschlossen; im Winter nur Do–Sa 11–17 Uhr. Dorfstr. 24, www.bunte-stube.de.

> **Kunst** aller Art und aller Preisklassen wird in den Galerien und Ateliers verkauft.

Fahrradverleih Gielow, Dorfstr. 21 (an der Hauptstraße beim Schild bis ganz hinten zum schwarzen Schuppen durchgehen). ✆ 038220-80134, www.haus-gielow.de.

Brilke, in Niehagen, Pension mit Fahrradverleih, auch Kinderräder und -sitze, Anhänger/Nachläufer, Hundekörbe etc. Niehäger Str. 1, ✆ 038220-80396, www.pension-brilke.de.

Parken Im „Zentrum" fast überall verboten oder gebührenpflichtig. Einige wenige ausgewiesene Parkplätze (z. B. bei der Kurverwaltung), fast alle gebührenpflichtig oder mit Parkscheibe. 1 €/Std., 2 €/3 Std., 3 €/6 Std., Tageskarte 6 €. Strenge Parkwächter!

Reiten Islandpferdehof Fischland, in Niehagen, Kurse, Ausritte (z. B. zum *Darßer Weststrand*), Ganztagesritte und auch Mehrtagesritte; auch das eigene Islandpferd kann mitgebracht werden. Weg zum Kiel 12, 18347 Ahrenshoop-Niehagen, ✆ 038220-69328 oder 0160-99752433, www.islandpferdehof-fischland.de.

Veranstaltungen Viele temporäre Ausstellungen und Veranstaltungen, Termine unter www.ostseebad-ahrenshoop.de; außerdem:

Tonnenabschlagen zu Pferde am dritten Sonntag im Juli, abends großer Reiterball.

Ein Wochenende später trifft man sich zum Ahrenshooper **Strandfest**.

Die **Ahrenshooper Kunstauktion** findet immer am ersten Samstag im August statt (www.ahrenshoop-kunstauktion.de) .

Lange Nacht der Kunst am dritten Samstag im August: Kunsthäuser, Galerien und Werkstätten sind bis Mitternacht geöffnet, dazu diverse Veranstaltungen und Vorführungen.

Die **Althäger Fischerregatta** findet am dritten Septemberwochenende statt: Regatta mit Zeesenbooten auf dem Saaler Bodden, dazu Hafenfest und Markt, abends Tanz und Live-Musik.

Die **LGM-Klanggalerie „Das Ohr"** bietet ganzjährig ca. 1-mal monatl. Konzerte für Klassikfreunde, die Neuinterpretationen gegenüber offen sind. Hans-Brass-Weg 2, ✆ 038220-66700, www.lgm-records.de.

Wassersport → Wustrow, S. 172.

(Übernachten

Die Auswahl an guten bis sehr guten Hotels ist groß, im mittleren und unteren Preissegment findet sich dagegen nicht allzu viel. In Althagen und Niehagen gibt es auch einige günstige Pensionen. Nächster Campingplatz in Born (→ S. 181).

In Ahrenshoop **** Der Fischländer – Weststrand Hotel, leuchtend gelbes Haus mit Rohrdach am nordöstlichen Ortsausgang (Richtung Prerow). Nur über die Straße zum Strand, 28 komfortable Zimmer, die meisten mit Balkon. Gehobenes Restaurant, Terrassencafé und Cocktailbar *Tute* (→ Nachtleben), Wellnessbereich mit Sauna, Whirlpool, Massage und Kosmetik. EZ ab 110 €, DZ ab 135 €, Frühstück inkl., Haustier 10 €. Dorfstr. 47 e, 18347 Ahrenshoop, ✆ 038220-6950, www.hotelderfischlaender.de.

**** Romantik Hotel Namenlos & Fischerwiege, stilvolles, auf mehrere Gebäude verteiltes Hotel. Mit Restaurant (→ Essen), Hallenbad, Sauna, auch Massagen und Kosmetik. EZ 70–115 €, DZ 100–290 €, Frühstück inkl. Dorfstr. 44, 18347 Ahrenshoop, ✆ 038220-6060, www.hotel-namenlos.de.

Pension Nordlicht, zwischen Durchgangsstraße und Strandübergang 9, nur wenige Schritte zum Meer. Freundlicher Service, farbenfrohe Zimmer, Parkplatz am Haus. EZ 70 €, DZ 90–105 €, Appartement für 2 Pers. 125 €, Hund 2 €/Tag. Dorfstr. 34, 18347 Ahrenshoop, ✆ 038220-69610, www.nordlicht-ahrenshoop.de.

In Althagen Ferienwohnungen „Räucherhaus", direkt am Althäger Hafen, drei Appartements und drei Ferienwohnungen, z. T. unterm Dach der gleichnamigen rustikalen Gaststätte (→ Essen), z. T. in Häusern nahebei. Für 2 Pers. 66–74 €/Tag, für 4 Pers. 110 €. Am Hafenweg 6, 18347 Ahrenshoop/Althagen, ✆ 038220-6946, www.raeucherhaus.net.

In Niehagen ⟩⟩ Lesertipp: Pension Bradhering, altes Backsteinhaus (ehemals Bauernhof) in ruhiger Lage, mit schönem Garten, Frühstück im Wintergarten. DZ 85 €, Appartement für 2 Pers. 90–100 €, Frühstück inkl., auch Fahrradverleih. Weg zum Kiel 7, 18347 Ahrenshoop/Niehagen, ✆ 038220-414, www.pension-bradhering.de. ⟨⟨

Pension Brilke, freundliche Pension unter einem Rohrdach, mit Fahrradverleih, relativ günstig, allerdings an der Durchgangsstraße im Ortsteil Niehagen gelegen. EZ 40 €, DZ 70–75 €, Appartement für 2 Pers. 80 €, inkl. Frühstück. Niehäger Str. 1, 18347 Ahrenshoop/Niehagen, ✆ 038220-80396, www.pension-brilke.de.

(Essen & Trinken/Nachtleben

Restaurants/Cafés Namenlos, mit herrlicher Terrasse und schönem Meerblick, wo es sich am Nachmittag bei Kaffee und Kuchen aus eigener Konditorei bestens aushalten lässt. Verfeinerte mecklenburgische Küche, die Zutaten stammen von heimischen Produzenten, dazu Wildspezialitäten. Hauptgerichte 20–30 €, im Angebot auch ein etwas günstigeres Tagesgericht. Tägl. durchgehend geöffnet. Dorfstr. 44, ✆ 038220-6060, www.cafe-namenlos.de. ∎

>>> **Unser Tipp: Buhne 12,** traumhafte Lage oberhalb des Strandes am Hohen Ufer, herrlicher Blick aufs Meer (v. a. abends). Schöner, großer Garten, nettes Ambiente auch innen in den Gasträumen (auch hier wunderbarer Blick aufs Meer). Freundlicher Service, viel gelobtes (Fisch-)Restaurant (Hauptgerichte 15–20,50 €), nachmittags ein Muss für Kaffee und Kuchen. Di–So 12–22 Uhr; im Winter nur Sa/So 12–22 Uhr. Grenzweg 12, ✆ 038220-232. <<<

Räucherhaus, hier am Althäger Boddenhafen kommt hauptsächlich geräucherter Fisch auf den Tisch, natürlich aber auch fangfrischer. Urig-rustikales Ambiente, hübsche Terrasse. Hauptgerichte 13,50–20 €. Tägl. 8–22 Uhr (von April bis Okt. von 8–10 Uhr Frühstück). Hafenweg 6, ✆ 038220-6946, www.raeucherhaus.net.

Café Kaffeemühle, in der wieder aufgebauten Ahrenshooper Mühle, etwas zurückversetzt von Küste und Zentrum, aber weithin sichtbar. Lichtes Café mit Fair-Trade-Kaffee, hausgebackenen Kuchen und herzhaften Suppen. Dazu eine Galerie. Tägl. 11–18 Uhr. Feldweg 7, ✆ 038220-668343, www.muehle-ahrenshoop.com.

Café Stübchen, im Ortsteil Niehagen an der Hauptstraße, moderner orangefarbener Pavillon mit Terrasse und Garten, selbst gebackene Kuchen und Eis, auch kleine Gerichte. Tägl. außer Mo/Di 13–17.30 Uhr, im Winter eingeschränkt (am besten vorher anrufen). Niehäger Str. 14, ✆ 038220-667558, www.cafestuebchen-ahrenshoop.de.

Idylle in Ahrenshoop

Nachtleben Cocktailbar Tute, im Hotel *Fischländer*, weithin bekannter und beliebter Treffpunkt für Nachtschwärmer, auch diverse Veranstaltungen. Im Hochsommer tägl. ab 21 Uhr geöffnet, in der NS zuweilen nur an Wochenenden. Dorfstr. 47 e, ✆ 038220-6950.

Sehenswertes

Kunstmuseum Ahrenshoop: : Mit dem 2013 eröffneten Museumsneubau an der Straße nach Althagen hat der Ort seiner Vergangenheit als Künstlerkolonie ein würdiges Denkmal gesetzt. Allein der goldbraune Museumsbau an der Straße ist ein Hingucker. Im Inneren werden in vier lichtdurchfluteten Sälen die Kostbarkeiten aus über 120 Jahren Künstlerkolonie präsentiert. Ein Saal widmet sich dabei den „Meistern" der Ahrenshooper Freilichtmalerei um 1900 und der Moderne bis 1945. Umsortierungen sind häufig, schließlich schöpft man aus einer Sammlung von über 800 Bildern, Grafiken, Zeichnungen und Skulpturen. Die anderen drei Säle dienen Wechselausstellungen, bei denen neben Kunstwerken aus der Künstlerkolonie auch Zeitgenössisches Beachtung findet. Absolut sehenswert!

April bis Okt. tägl. 11–18 Uhr, Nov. bis März. Di–So 10–17 Uhr. Eintritt 8 €, Studenten 4 €, Schüler 3 €, Kinder unter 6 J. frei, Familien 18 €. Führungen immer Mi und Fr 15 Uhr, Architektur-Führung zum Museumsbau auf Anfrage (jeweils 5 €, Studenten 4 €, Kinder/Schüler 3 €). Weg zum Hohen Ufer 36, ✆ 038220-66790, www.kunstmuseum-ahrenshoop.de.

Kunstkaten Ahrenshoop: Der leuchtend blaue Katen mit Rohrdach ist nicht zu übersehen. 1909 wurde das Haus eröffnet und ist heute mit seiner fast 100-jährigen Geschichte die älteste Galerie in Ahrenshoop. Im künstlerischen Leben der DDR spielte der Kunstkaten eine bedeutende Rolle. Zu sehen sind etwa alle sechs bis acht Wochen wechselnde Ausstellungen hauptsächlich zeitgenössischer Künstler, oft mit geografischem bzw. thematischem Bezug zu Ahrenshoop und der Ostsee. Darüber hinaus finden zahlreiche Veranstaltungen statt – Lesungen, klassische Konzerte, Schauspiel, Kabarett, Jazz- und Liederabende etc.

Tägl. 10–13 und 14–18 Uhr; im Winter Di–So 10–13 und 14–16 Uhr. Eintritt 2 €, erm. 1 €. Strandweg 1, ☎ 038220-80308, www.kunstkaten.de.

Galerie Alte Schule : Die Galerie in diesem rohrgedeckten, roten Fachwerkhäuschen zeigt wechselnde Ausstellungen zeitgenössischer Künstler aus dem Ostseeraum bzw. dem Norden Deutschlands.

Mi–So 10–13 und 14–17 Uhr, im Sommer bis 18 Uhr. Eintritt frei. Dorfstr. 16, ☎ 038220-66330, www.galerie-alte-schule-ahrenshoop.de.

Strandhalle: Nur einen Steinwurf vom Kunstkaten entfernt, zwischen Dorfstraße und Strand, befindet sich dieses deutlich modernere Veranstaltungshaus (1998 eröffnet). Angeschlossen ist ein Gästehaus für Künstlergruppen. Hier finden alljährlich die *Ahrenshooper Kunstauktion* (→ Veranstaltungen) und immer wieder auch Konzerte, Filmabende und Lesungen statt, außerdem die *Ahrenshooper Literaturtage* im Oktober.

Nur zu Veranstaltungen geöffnet. Dorfstr. 16 b, ☎ 038220-82522.

Neues Kunsthaus: Auf der Boddenseite der Dorfstraße, schon Richtung Althagen und etwas versteckt gelegen. Sehenswerte Galerie für zeitgenössische Kunst aus Mecklenburg-Vorpommern und dem gesamten Ostseeraum. Hier sind auch Ausstellungen von Stipendiaten aus dem *Künstlerhaus Lukas* zu sehen. Schöner rohrgedeckter Bau, mit Skulpturengarten. Gemeindebibliothek nebenan.

Tägl. außer Di 10–18 Uhr, im Winter nur bis 16 Uhr, im Frühling/Herbst bis 17 Uhr. Eintritt 2 €, erm. 1 €, unter 16 J. frei. Bernhard-Seitz-Weg 3 a, ☎ 038220-80726, www.neues-kunsthaus-ahrenshoop.de.

Galerie im Dornenhaus: Unter Denkmalschutz stehendes altes Fachwerkhaus mit tiefem Rohrdach, um die Ecke vom Neuen Kunsthaus. Ausgestellt sind neben meist zeitgenössischer Malerei auch Keramik und schräge Skulpturen im Garten. Auch Lesungen, Konzerte etc. Ein lohnenswerter Weg!

Tägl. 10–18 Uhr, im Winter bis 17 Uhr. Eintritt frei. Bernhard-Seitz-Weg 1, ☎ 038220-80963, www.dornenhaus.de.

Schifferkirche: Der originelle Kirchenbau aus dem Jahr 1951 liegt am Fuß des (immerhin 14,6 m hohen) Schifferbergs in einer Seitenstraße der Dorfstraße – eine kleine Holzkirche, deren Dach dick mit Rohr gedeckt ist. Im Kircheninneren finden sich Werke der Bildhauerin *Doris Oberländer-Seeberg:* der hölzerne Taufständer, die Kanzel und die Schrift an der Altarwand.

Di–So 10–18 Uhr, in der Nebensaison nur Do–So 10–16 Uhr. So 9 Uhr Gottesdienst. Paetowweg 5, ☎ 038233-69133 (Pfarramt Prerow), www.kirchengemeinde-prerow.de.

Auf halber Strecke zwischen Ahrenshoop und Born befindet sich der **Parkplatz Drei Eichen** (Parkgebühr 2 €/Std., 4 €/Tag), der ideale Ausgangspunkt für eine Wanderung zum Darßer Weststrand, der von hier in gut einer halben Stunde zu erreichen ist.

Born

Eigentlich findet man hier doch noch viel vom Charme eines alten Fischerdorfes: ein paar rohrgedeckte Häuschen mit bunten Fassaden und bemalten Haustüren, kopfsteingepflasterte Sträßchen und eine traditionsreiche Anlegestelle an der Boddenküste. Dazwischen wurde und wird in den letzten Jahren aber enorm expandiert, Baulücken im Ort mit Ferienhausbauten geschlossen und das nächste Projekt in Angriff genommen: die Bebauung der 16 Hektar großen Landzunge „Holm" südwestlich von Born – ein Landschaftsschutzgebiet. Doch hier regte sich Widerstand, bei den Bürgern wie bei den Darß-liebenden Urlaubern. Offensichtlich mit Erfolg: Zuletzt stoppte ein Gerichtsurteil alle Bebauungspläne (aktuelle Infos hierzu: www.borner-holm.de). Am Ortsrand von Born befindet sich heute ein Campingplatz, im Darßer Wald die Jugendherberge.

Bedeutendste Sehenswürdigkeit des Ortes ist die hübsche hölzerne **Fischerkirche** mit Rohrdach. Sie wurde 1934/1935 erbaut und zeigt im Innern ein hölzernes Tonnengewölbe. Auf dem Dach thront ein kleiner Turm, die dazugehörigen Glocken aber befinden sich separat auf dem 50 m entfernten Friedhof.

Fischerkirche, recht sparsame Öffnungszeiten: Mi 14–16 Uhr, Sa 18 Uhr Gottesdienst (im Winter nicht). Im Sommer oft Fr abends Konzerte. Kirchenort 2, ✆ 038233-69133, www.kirchengemeinde-prerow.de.

Des Weiteren gibt es das bestens ausgeschilderte *Forst- und Jagdmuseum Ferdinand von Raesfeld*. Von Raesfeld (1855–1929) war preußischer Forstmeister auf Fischland-Darß-Zingst, ein leidenschaftlicher Jäger und Verfasser von Lehrbü-

Die Fischerkirche von Born

chern, die zu Standardwerken der Jagdliteratur wurden. Dementsprechend widmet sich das Museum der Forstwirtschaft (insbesondere der Harzgewinnung) und zeigt Jagdmuseum-typische Tierpräparate.

Forst- und Jagdmuseum, Mai bis Okt. Di–So 10–16 Uhr. Erw. 3 €, erm. 1,50 €. Chausseestr. 64, ✆ 038234-30297.

Im Ort finden sich zudem einige kleine Galerien, darunter die *Zeitkunstgalerie Born* in relativ zentraler Lage am Darßer Sommertheater unweit des Hafens. Die *Galerie Born* liegt etwas abseits in der Südstraße, hier stehen bis zu fünfmal jährlich wechselnde Ausstellungen an.

Zeitkunstgalerie Born: Mai bis Aug. Di–So 10–13 und 15–19 Uhr, Sept./Okt. Di–So 10–17 Uhr; Chausseestr. 90, ✆ 038234-236, www.zeitkunstgalerie.de.

Galerie Born: in der Hauptsaison tägl. 11–17 Uhr, in der Nebensaison verkürzt (teilweise nur Mi–So), Südstr. 22, ✆ 0172-8855692, www.galerie-born.de.

Basis-Infos

Information Kurverwaltung Born, im Sommer Mo–Fr 9–18 Uhr, Sa 10–15 Uhr (Juli bis Sept. Sa/So 10–15 Uhr); im Winter nur Mo–Fr 9–17.30 Uhr. Chausseestr. 73 b, 18375 Born a. Darß, ℡ 038234-50421, www.darss. org. Während der Saison immer Di 10 Uhr **Ortsführung** (3 €, Kinder frei).

Verbindungen Mit dem **Bus 210** ca. stündl. über Ahrenshoop und Wustrow nach Ribnitz-Damgarten und über Wieck, Prerow und Zingst nach Barth, www.vvr-bus.de.

Bootstouren Mit der *MS Heidi* während der Saison nach Fuhlendorf (Bodstedter Bodden) und Prerow. Sept./Okt. finden auch **Kranichfahrten** statt. ℡ 038234-210, www.fahrgastschiff-darss.de.

Die *MS Swantevit* der Reederei Oswald fährt Mitte April bis Ende Okt. 1-mal tägl. (vormittags) auf große Boddentour mit Halt in Ahrenshoop und Ribnitz, Weiterfahrt nach Zingst. Ribnitz einfach 11,50 €, Kinder 6,50 €, Hund 2,50 €; hin und zurück 17,25 €, Kinder 9,75 €, Hund 3,75 €. ℡ 0170-5841644.

Die *MS Ostseebad Wustrow* steuert von April bis Okt. nachmittags 1-mal tägl. Wustrow an, von Mai bis Sept. zudem eine Fahrt am späten Vormittag. Einfach 10 €, Kinder 6 €. ℡ 038220-588, www.bodden schifffahrt.de.

Fahrradtransport auf allen Schiffen möglich.

🌿 **Einkaufen** **Bio-Hofladen Gut Darß**, am Ortsrand, beschildert. *Hofladen* des modernen, ökologischen Landwirtschaftsbetriebs: Gemüse, Fleisch, Fisch, Käse, Gewürze, Honig usw. Mo–Fr 8–19 Uhr, Sa 8–15 Uhr (im Winter verkürzt). Im angeschlossenen *Hof-Café* gibt es Bio-Burger, aber auch Büffel-Chili oder Büffelbockwurst, und natürlich kann man auch Kaffee und Kuchen bekommen. Am Wald 26, 18375 Born, ℡ 038234-5060, www.gut-darss.de. ∎

Fahrradverleih Neumann's Fahrradshop im Zentrum, auch MTBs, Kinderräder und Zubehör. Mai bis Okt. tägl. 9–18 Uhr geöffnet. Im Moor 2, ℡ 038234-272, www.neu mann-darss.de.

Klettern Kletterwald Darß, gleich gegenüber vom Gut Darß, acht verschiedene Parcours für Erwachsene und Kinder ab 1,10 m Größe, ideales Programm für Familien und Abwechslung vom Strand (allerdings bei Regen geschlossen). Mitte März bis Mitte Juni und Sept./Okt. tägl. 11–17 Uhr, im Sommer tägl. 9–19 Uhr. Erw. 20 €, Kinder/Jugendliche 15 €, Familien (mit 2 Kindern) 45–50 €. Imbiss im Gut Darß. Am Wald 26, ℡ 038234-50694, www.kletterwald-darss.de.

Veranstaltungen Darß Festspiele, Theater, Kabarett und Konzerte auf der Freilichtbühne in der Chausseestraße (Achtung: auch auf Platt!) von Anfang Juli bis Ende August. Infos unter ℡ 038234-55812, www.darss-festspiele.de und bei der Kurverwaltung.

Tonnenabschlagen, am ersten Sonntag im August auf der Borner Festwiese. Abends großer Reiterball.

Wassersport Kitesurf & Kanu Born, Wassersportcenter am Regenbogencamp (→ Übernachten), Kurse für Kiten und Windsurfen (2 Tage Kite-Anfängerkurs 220 €, Surfkurs Anfänger 2 Tage 95 €), auch Boardverleih und Kajakvermietung. Ostern bis ca. Okt. geöffnet. Nordstr. 86, ℡ 038234-55582, www.kiten-lernen.de.

Übernachten/Essen & Trinken

Capitänshaus von Petersson, aufwendig renoviertes Kapitänshaus mitten im Dorf, Das Café/Restaurant *Peterssons Hof* bietet hochwertige Küche (Hauptgerichte 14–20 €), auch für kleine Gäste ist etwas dabei, hin und wieder Sushitage. Innen urig und schön eingerichtet, nett sitzt man aber auch auf der Terrasse. 18–22.30 Uhr geöffnet, Mo/Di Ruhetage, im Sommer zuweilen Kaffee und Kuchen am Nachmittag. Auch fünf große Ferienwohnungen (zweistöckig) für max. 6 Pers. 175–255 € für die erste Nacht, ab der zweiten Nacht 100–150 €. Bäckergang 12, 18375 Born, Kontakt und Buchung über die Kulturverwaltung unter ℡ 038234-50421, www.capitaenshausvon petersson.de.

》》 Lesertipp: **Walfischhaus**, nur wenige Meter vom Borner Hafen, mit Terrasse und Boddenblick, innen gemütliches, schönes Ambiente. Feine mecklenburgische Küche, mittags etwas günstiger, abends Hauptgerichte 14,50–20,50 €. Vegetarier- und veganerfreundlich. 12–22 Uhr geöffnet, nachmittags Kaffee und Kuchen. Mi Ruhetag. Auch Pension. Acht komfortable und gemütliche Zimmer, einige auch mit Terrasse/Balkon. Ganzjährig geöffnet. EZ 73 €, DZ 128–138 €, Frühstück inkl. Chausseestr. 74, ✆ 038234-55784. ≪

Borner Hafenbistro, gelbes Haus mit Terrasse am Hafen, kaum zu übersehen. Köstliche Fischbrötchen und einige warme Fischgerichte. Während der Saison ganztägig geöffnet. Chausseestr. 74c, www.fischflotow.de.

Café Tonart, ein reizendes kleines Café mit schönem Garten, sehr freundlicher Service, alternativ, gemütlich und beliebt. Im Sommer Di–So 10–18 Uhr, in der Nebensaison eingeschränkt, im Winter geschlossen (außer Weihnachten/Neujahr).

Chausseestr. 58, ✆ 038234-55957, www.cafe-tonart.de.

Jugendherberge Born, etwa 3 km außerhalb (Richtung Ahrenshoop) abseits der Straße im Nationalpark, umgeben vom Darßer Wald. Mit Minigolf, kleiner Gaststätte, Fahrradverleih. Im hölzernen Bungalow bzw. Schwedenhaus ab 23,40 €/Nacht, Senioren ab 27 J. ab 29,80 €/Nacht, Frühstück jeweils inkl. Auch Campingmöglichkeit (13,90 € bzw. 18,90 € pro Pers.), Hund 5 €. Ibenhorst 1, 18375 Born, ✆ 038234-229, www.jugendherberge.de.

Regenbogen Camp Born, der großzügige, schattige Platz westlich des Ortes (www.regenbogen.ag) wirkte bei unserem Besuch 2016 leider etwas ungepflegt. Uns gefällt der Regenbogen Camp in Prerow erheblich besser (→ S. 185).

→ Karte S. 168/169

Fischland–Darß–Zingst

Wieck

ca. 700 Einwohner

Was auf Born zutrifft, gilt teilweise auch für den kleineren Nachbarort Wieck: ein altes Fischerdörfchen nahe der Boddenküste, das von der stark befahrenen Hauptverbindungsstraße der Halbinsel nur gestreift wird und sich somit relativer Ruhe erfreuen kann. Hauptanziehungspunkt von Wieck ist die **Darßer Arche**, das hiesige Besucherzentrum des *Nationalparks Vorpommersche Boddenlandschaft*. In dem Gebäude, das aussieht wie ein Schiff im Trockendock, kann man sich über Land und Bodden im Nationalpark informieren. Schautafeln, Ausstellungsstücke und Filme informieren über die Lebensräume Wasser, Düne, Wald etc. Im gleichen Gebäude ist auch die Kurverwaltung untergebracht. Im Nebengebäude befindet sich

Am kleinen Hafen von Wieck

Impressionen vom Fischland und vom Darß

die *Galerie Künstlerdeck*, eine Verkaufsgalerie mit Kunst und Kunsthandwerk überwiegend nordostdeutscher Künstler.

Darßer Arche: Juni bis Sept. tägl. 19–17 Uhr, Mai und Okt. tägl. 10–17 Uhr, April tägl. 10–16 Uhr, Nov. bis März Do–Mo 10–16 Uhr. Erw. 6,50 €, Schüler/Studenten, Rentner 5 €. Bliesenrader Weg 2, ☎ 038233-703821, www.darsser-arche.de.

Galerie Künstlerdeck: Di–So 11–17 Uhr, im Winter nur Fr/Sa 11–17 Uhr geöffnet, ☎ 038233-703812, www.kuenstlerdeck.de.

Information Kurverwaltung im Nationalparkzentrum Darßer Arche. Für Öffnungszeiten → oben. Bliesenrader Weg 2, 18375 Wieck a. Darß, ☎ 038233-201, www.darss.org.

Verbindungen Mit dem **Bus 210** ca. stündl. (Sa/So alle 2 Std.) über Born, Ahrenshoop und Wustrow nach Ribnitz-Damgarten und über Prerow und Zingst nach Barth, www.vvr-bus.de.

🍃 **Einkaufen** Von Mai bis Okt. immer Mi und Sa 9–13 Uhr **Regional- und Biomarkt** an der Darßer Arche. ∎

Fahrradverleih Neumann's Fahrradshop, Müggenberg 31, ☎ 038233-70536, www.neumann-darss.de.

Veranstaltungen Darss Marathon, am dritten oder vierten Wochenende im April, Marathon und Halbmarathon, Start ist an der Darßer Arche, www.darss-marathon.de.

Tonnenabschlagen, am vierten bzw. letzten Sonntag im Juni.

Übernachten/Essen ≫ Unser Tipp: Haferland, gegenüber dem kleinen Hafen. Großes Wellnessangebot, schöner Garten. Das gehobene Restaurant *Gute Stube* bietet regional-saisonale Bioküche (Mittagstisch, Kaffee und Kuchen und Abendmenü ab 18 Uhr, Menü 39 €). Komfortable Zimmer mit viel Kiefernholz, schon die kleinsten sind 25 m² groß, die unteren mit Gartenterrasse. DZ 143–173 €, EZ 123–153 €, Appartement 168–192 €, jeweils inkl. Frühstücksbuffet (bis 13 Uhr!); Hund 12 €/Tag. Erste Dezemberhälfte geschlossen. Bauernreihe 5 a, 18375 Wieck, ☎ 038233-680, www.hotelhaferland.de. ≪

🍃 **Café** Café Fernblau, in der Darßer Arche, mit Frühstück, günstigem Mittagstisch und selbst gebackenem Kuchen. Alles in Bioqualität. Für Öffnungszeiten → Darßer Arche. ∎

Prerow

Weitläufiger, aber eher unspektakulärer Ort am Rand des dichten „Darßer Urwaldes", allerdings mit herrlichem Strand samt moderner Seebrücke – ein familienfreundliches Badeparadies. Der berühmte Darßer Weststrand ist in einer schönen Wanderung gut zu erreichen.

Prerows Kapital ist der knapp 5 km lange und bis zu 80 m breite feinsandige *Nordstrand*, hinter dem sich ein Stück Küstenwald und der Prerowstrom erstrecken. Das Dorf selbst ist ein Stück vom Meer entfernt. Die Flaniermeile von der Seebrücke führt über den Prerowstrom ins Zentrum, wo sich das touristische Leben rund um die Waldstraße abspielt. Parallel und abzweigend von der Waldstraße stößt man dagegen noch auf einige Relikte vergangener Tage, als Prerow ein bedeutender Seefahrerort war: flache alte Kapitänshäuser mit rohrgedecktem Dach und den berühmten *Darßer Haustüren* – bunt bemalt und mit handgeschnitzten Motiven (Blumen und oft die Sonne) –, zu sehen u. a. in der Grünen Straße und in der Buchenstraße.

Ein Fischerdorf am *Prerowstrom*, der einst den Bodstedter Bodden mit der Ostsee verband und dadurch Darß und Zingst trennte, gab es wahrscheinlich schon zu slawischer Zeit. Zu Wohlstand kam das Dorf ab dem 17. Jh., als die Prerower sich als Seefahrer verdient machten. Drei Werften und über 100 Kapitäne soll man hier in der Blütezeit Mitte des 19. Jh. gezählt haben, die von ihren weiten Fahrten auch den entsprechenden Wohlstand mitbrachten. Nach der Sturmflut von 1872, die ganz Prerow unter Wasser gesetzt hatte, entschied die preußische Regierung, die Mündung des Stromes zuzuschütten. Mit der Seefahrt ging es bergab, als Erwerbszweig rückte dafür ab ca. 1880 der Badetourismus ins Blickfeld. In der DDR war Prerow einer der bekanntesten Urlaubsorte an der Ostsee.

→ Fischland–Darß–Zingst Karte S. 168/169

Basis-Infos

Information **Kurverwaltung Prerow**, an der Waldstraße im Zentrum. Mitte Juni bis Sept. Mo–Fr 9–18 Uhr, Sa/So 10–17 Uhr, April bis Mitte Juni Mo–Fr 9–17 Uhr, Sa 10–16 Uhr, Nov. bis März Mo–Fr 9–16 Uhr, Sa 10–14 Uhr. Gemeindeplatz 1, 18375 Prerow, ✆ 038233-6100, www.ostseebad-prerow.de. Im Sommer **Ortsführungen** (zuletzt Di 14 Uhr und Mi 10 Uhr).

Verbindungen Mit dem **Bus 210** ca. stündl. über Wieck, Born, Ahrenshoop, Wustrow und Dierhagen nach Ribnitz-Damgarten sowie nach Zingst und Barth (am Sa/So nur alle 2 Std.), www.vvr-bus.de.

Mit der **Darßbahn** (Touristenbähnchen) im Sommer ca. stündl. vom Hafen Prerow (nahe der Seemannskirche) durch den Ort und zum Leuchtturm Darßer Ort (Haltestelle ca. 2,5 km vorher, dann zu Fuß). Infos unter ✆ 038233-70241, www.darssbahn.de.

Baden Der **Prerower Nordstrand** ist zweifellos einer der schönsten Strände an der Ostseeküste – darum beliebt und dementsprechend belebt. Blaue Flagge und auf einer Strecke von gut 3 km um die Seebrücke DLRG-überwacht. FKK-Bereiche befinden sich im Osten hinter der Hohen Düne und im Westen nach dem Ortsausgang, Hundestrände noch ein Stück dahinter.

Deutlich ruhiger geht es auf der nordwestlichen Seite des Nordstrands zu, wo sich dieser in sanftem Bogen bis zum Nothafen am Darßer Ort erstreckt.

Wer einen Marsch oder eine kleine Radtour auf sich nimmt, kann einen der herrlichsten Naturstrände Deutschlands besuchen: den **Darßer Weststrand**. Hier finden sich weder FKK-, Hunde- oder Textil-Strandzuteilungen noch DLRG-Überwachung oder Verpflegung, dafür aber mit Sicherheit irgendwo ein ruhiges Plätzchen zum Sonnenbaden – selbst in der Hochsaison.

Bootsausflüge Mississippi-Flair am Rande Mecklenburgs vermittelt die *River Star*.

Der Nachbau eines **Schaufelraddampfers** fährt von Mitte März bis Nov. 3- bis 4-mal tägl. den Prerower Strom hinab (Erw. 13 €, Kinder bis 12 J. 7 €). Reederei Poschke, Pumpeck 5, 18375 Born, ✆ 038234-239, www. reederei-poschke.de.

Fahrradverleih   z. B. **Fahrradverleih Wiedner**, am Bernsteinweg (Straße zum Strand) oder in der Grünen Straße 2b und 20a, in der Saison tägl. 9–13 Uhr geöffnet, ✆ 038233-60187, www.wiedner-prerow.de.

Kremserfahrten   Mehrere Kutscher bieten Rundfahrten über den Darß sowie einen Kutschen-Linienverkehr zum Leuchtturm/Natureum an, u. a. **Alfred Kayserling** (Schmiedeberge 20, ✆ 0171-5286744, www.kutscher hof-kayserling.de); **Ralf Bergmann** (Bogislav-Rosen-Weg 3, ✆ 0171-6041651, www. kutschfahrten-bergmann.de). Abfahrt Bernsteinweg, Höhe Küsters Allee, im Wald.

Parken Im Ort zur Saison schwierig. Kostenpflichtige Parkplätze an östlichen Ortseingang sowie am westlichen Ortsende (5 €/Tag; Wohnmobil 10 €/Tag). Die Fahrzeuge dürfen lediglich tagsüber stehen bleiben, einziger Nachtstellplatz ist der Parkplatz Hülsenstr./Ecke Hagenstr. Nur für eine Nacht darf man in seinem Wohnmobil am Parkplatz beim Strandübergang 22 übernachten.

Veranstaltungen **Anbaden** in der Ostsee am 1. Januar, wahrhaftig nichts für Warmduscher. Danach wärmendes Feuer und Glühwein am Strand.

Seebrückenfest zuletzt Ende Mai/Anfang Juni.

Am letzten Sonntag im Juli **Tonnenabschlagen**, abends mit großem Tonnenball.

Prerower Hafenfest (am Prerowstrom) alljährlich am letzten Juli- oder dem ersten Augustwochenende, mit Drachenbootrennen, abends Livemusik im Festzelt.

Wechselnde **Ausstellungen** finden das ganze Jahr über im *Kulturkaten „Kiek In"* in der Waldstr. 42 statt, hier auch regelmäßig **Veranstaltungen** (Lesungen, Kabarett, Theater, Konzerte). Angeschlossen ist ein nettes Café. ✆ 038233-61025.

Wassersport Surfen und Segeln mit der **Wassersportschule Darss** am Strand des Regenbogen Camp Prerow. Einsteiger- und Grundkurse, Segelkurse, Brett- und Jollenverleih. April bis Okt. ✆ 038233-69494, www. wassersportschule-darss.de.

Kiteschule Darss, Kurse für Anfänger und Fortgeschrittene, auch Materialverleih. Bernsteinweg 28 a, ✆ 0170-2712527, www. kiteschule-darss.de.

Übernachten

Hotels/Pensionen   ****** Hotel Wald-schlösschen**, gehobene Herberge, gehört zu Best Western Plus, ca. 400 m vom Ostseestrand am Rand des Darßer Waldes. Fachwerkbau von 1891 mit zwei Anbauten, private Atmosphäre, schickes Restaurant mit saisonaler Küche, großer Wellnessbereich mit SPA, Meerwasser-Hallenbad und Außenpool, Dampfbad und Saunen. Komfortable Zimmer. EZ ab 165 €, DZ ab 220 €, mit obligatorischer Halbpension. Bernsteinweg 9, 18375 Prerow, ✆ 038233-6170, www.waldschloesschen-prerow.de.

Carpe Diem, am Ende der Grünen Straße (zweigt von der Waldstraße ab) gelegenes Gesundheits- und Wellnesshotel mit großem Garten. Mit (Wein-)Bar (Bioweine und kleine vegetarische Bioküche), Sauna und Fitness, zudem eigene Naturheilpraxis mit Osteopathie und Massagen. Fahrradverleih. EZ 100 €, DZ 130 €, Appartement für 2–3 Pers. 130–150 €, Frühstück inkl. Grüne Str. 31 b, 18375 Prerow, ✆ 038233-7080, www.carpe-diem-prerow.de. ■

≫ Lesertipp: Hotel Haus Kranich, zentral an der Durchgangsstraße (nachts ruhig) gelegen. 20 angenehme Zimmer. Leser loben das freundliche Personal des Familienbetriebs und das dreigängige Abendmenü. Auch Fahrradverleih (5–8 €/Tag). DZ 99–136 €, inkl. Frühstück. Parkplätze. Im Winter geschlossen. Waldstr. 38, 18375 Prerow, ✆ 038233-70350, www. hotel-kranich-prerow.de. ≪

Pension Linde, schräg gegenüber dem Haus Kranich, mit großem, gemütlichem Garten. Angenehm lockere Atmosphäre. Größere und kleinere Zimmer, alle unterschiedlich eingerichtet. Sehr netter Service. EZ 65 €, DZ ab 79 € inkl. Frühstück. Keine Hunde erlaubt. Waldstraße 33, 18375 Prerow, ✆ 038233-60245, www.pension-linde.de.

Camping ≫ Unser Tipp: Regenbogen Camp Prerow, Camping mitten in den Dünen! Das riesige, lang gezogene Gelände befindet sich in traumhafter Strandlage nordwestlich des Ortes. Im Sand darf man allerdings nur mit dem Wohnwagen und dem Zelt campen, Wohnmobile stehen im schattigen Wald weiter hinten. Restaurants, Supermarkt, Sportangebot (u. a. Surfschule, Fahrradverleih), Kinderanimation. Zelt und 2 Pers. 30–36 €, Wohnwagen/-mobil und 2 Pers. 38–42 €, Kinder bis 13 J. frei, Pkw 6 €, Strom 3,50 €, Familienbad 12,50 €, Hund 4 €. Ganzjährig geöffnet. Waldstr. 8, 18375 Prerow, ☎ 038233-331, www.regenbogen.ag. ≪

Meißner's Sonnencamp, eine geradezu beschauliche Alternative zum Regenbogen. Man campt auf sandigem Grund in einem lichten Kiefernwald hinter den Dünen. Dazu werden neun kleine Häuschen vermietet. Zelt und 2 Pers. ab 16,50 €, Wohnwagen/-mobil und 2 Pers. 21 €, Strom 3 €, Hund 3 €, Haus für 4 Pers. ab 80 €. Ostern bis Ende Okt. Villenstr. 3, 18375 Prerow, ☎ 038233-60198, www.meissners-sonnencamp.de.

Essen & Trinken

Restaurants Restaurant Seeblick, an der Seebrücke, in dem skandinavisch anmutenden Holzhaus wird gute Fischküche serviert, im Sommer mit drei Terrassen. Hauptgerichte 10,50–21 €. Tägl. ab 11.30 Uhr geöffnet, für abends unbedingt reservieren! ☎ 038233-348.

Darßer Brauhaus, seit 2016 besitzt Prerow seine eigene Mikrobrauerei. Das Bier wird direkt im Restaurant (rustikal mit jugendlichen Farbtupfern eingerichtet) gebraut, dementsprechend duftet es. Terrasse. Beim süffigen Bier (hell, dunkel, Weizen) wird das Essen glatt zur Nebensache. Hauptgerichte 14–20 €. Tägl. ab 12 Uhr. Bergstr. 1, ☎ 038233-717757, www.darsser-brauhaus.de.

Achtern Diek, sympathisch-rustikale Fischgaststätte, innen mit Kachelofen, außen

Ein schützenswertes Kulturgut: die Darßer Haustüren

mit nettem Biergarten. Neben Köstlichkeiten aus Meer und Fluss auch Steaks und Schweinerücken zu 10–22 €. Der Haken an der Sache: großes Bier 4,70 €. Nur April bis Okt. tägl. 11.30–22 Uhr. Bernsteinweg 17 (gleich hinter den Dünen), ☎ 038233-60665, www.achtern-dieck.de.

Cafés Teeschale, neben dem Darß-Museum, innen wie ein großer Wintergarten, herrliche Terrasse, es gibt auch kleine Gerichte (um 5–10 €) und natürlich Tee und Kuchen. Im Sommer tägl. 12–22 Uhr, in der Nebensaison Di–Sa 10–18 Uhr. Waldstr. 50, ☎ 038233-60845.

Sehenswertes

Darß-Museum: Eine kunterbunte Sammlung präsentiert alles Wissenswerte über die Halbinsel, von den kunstvollen Darßer Haustüren über Geografisches und Geologisches, die Entstehung einer Dünenlandschaft, Bernstein, die nahe gelegene Hertesburg (eine Slawenburg aus dem 10. Jh., nicht mehr erhalten) bis hin zu steinzeitlichen Funden in der Gegend. In den Räumen der ersten Etage findet sich u. a.

Bizarre Windflüchter auf dem Darß

eine originalgetreu aufgebaute Darßer Stube. Eine eigene Abteilung ist dem Beginn des Bäderwesens im ausgehenden 19. Jh. gewidmet, mit teils sehr origineller Bademode. Ansonsten Schiffsmodelle, Sextanten, Fischereihandwerkszeug und so fort.

Mai. bis Okt. Di–So 10–18 Uhr, Nov. bis März Fr–So 13–17 Uhr, im April Mi–So 10–17 Uhr. Eintritt 5 € (mit Kurkarte 3 €), Kinder 2,50 €, unter 6 J. frei. Waldstr. 48, ☎ 038233-69750.

Seemannskirche: Verlässt man den Ort in Richtung Zingst, gelangt man gleich nach der Brücke über den Prerowstrom linker Hand zur Seemannskirche von Prerow. Das Gotteshaus aus Backstein (mit Holzturm) stammt aus dem Jahr 1728 und birgt im barocken Inneren einige Votivschiffe: kleine Schiffsmodelle, die von geretteten Seefahrern als Dank gestiftet wurden.

Di–Sa 10–18 Uhr, So 13–18 Uhr, im Winter nur bis 16 Uhr. So 10.30 Uhr Gottesdienst, www.kirchengemeinde-prerow.de.

Leuchtturm und Natureum Darßer Ort: Hoch erhebt sich der backsteinerne Leuchtturm über den Darßer Ort. Mitte des 19. Jh. erbaut und in Betrieb genommen, war er bis 1978 von einem Leuchtturmwärter besetzt. Seit der Restaurierung beherbergt der Turm mitsamt Gehöft das *Natureum Darßer Ort*, eine Außenstelle des Stralsunder *Meeresmuseums*. Hier wird man anschaulich über den Naturraum Küste informiert, indem z. B. Skizzen aus den Jahren 1835 bis in die jüngste Gegenwart die Küstendynamik und das Entstehen des Darßer Ortes in seiner heutigen Form verdeutlichen. Der Leuchtturm kann auch bestiegen werden: über eine Wendeltreppe mit 127 gusseisernen Stufen zu einer Aussichtsgalerie – ein prächtiger Ausblick auch bei nur passablem Wetter garantiert, bei guter Sicht bis Hiddensee! Nicht unterschlagen werden darf schließlich das freundliche Museumscafé (für das man allerdings ein Natureum-Ticket benötigt).

Öffnungszeiten Leuchtturm und **Natureum Darßer Ort**: Mai bis Okt. tägl. 10–17 Uhr, Juni bis Aug. bis 18 Uhr, Nov. bis April Mi–So 11–16 Uhr. Eintritt 5 €, erm. 4 €. ☎ 038233-304, www.deutsches-meeresmuseum.de.

Anfahrt Leuchtturm und Natureum sind nicht mit dem Pkw erreichbar! Von Prerow sind es gut 5 km zu Fuß oder mit dem Fahrrad. Das **Bäderbähnchen** fährt bis auf knapp 2,5 km heran, am bequemsten ist eine **Kremserfahrt** vom westlichen Ortsrand von Prerow (Bernsteinstraße, Höhe Küsters Allee) direkt zum Leuchtturm, Mai bis Okt. bis zu 5-mal tägl. (zuletzt 10, 11, 12, 13.30 und 14.30 Uhr), einfach 4,50 €, erm. 2 €, in der Nebensaison oft nur 2 Fahrten.

Zingst

ca. 3000 Einwohner

Das Ostseeheilbad bietet noch die besten Chancen, auch zur Hochsaison ein Urlaubsbett in (relativer) Strandnähe zu ergattern. Wie ein Gürtel legen sich die Appartementhäuser um das „alte Zingst". Zwar nicht immer zum Vorteil des Ortsbildes, aber zur Freude der Besucher.

Mit rund 15.000 Gästebetten ist Zingst der touristisch mit Abstand größte Ort der Halbinsel (zum Vergleich: Prerow hat gerade mal etwa 9000 Gästebetten). Überwiegend Ferien- und Appartementhäuser legen sich wie ein Gürtel um das „alte" Zingst, das sich rund um die Strandstraße noch erahnen lässt. Unweit der Seebrücke mit 270 m Länge befindet sich der alte Zingster **Rettungsschuppen** von 1873. Hier ist heute eine kleine Ausstellung rund um die Seenotrettung zu sehen (tagsüber geöffnet, Eintritt frei). Über die Strandstraße gelangt man zum Fischmarkt und ein Stück weiter zum **Heimatmuseum/Museumshof** in einem ansehnlichen Kapitänshaus in der Strandstraße 1 (am Kreisel) mit großer Ausstellung zur Geschichte des Ortes (→ S. 190). Über die Jordan- und die Hafenstraße sind es nur wenige Fußminuten zum **Hafen** am Zingster Strom. Auf dem Rückweg lohnt der Abstecher zur evangelischen **Peter-Pauls-Kirche**. Das neugotische Gotteshaus entstand 1860 bis 1862 nach Plänen von *Karl Friedrich Schinkel*, die dessen Schüler *Friedrich August Stüler* ausführte. Zingst hat sich zudem in den letzten Jahren zu einem Eldorado in Sachen Fotokunst entwickelt mit diverse Fotoevents, auch Workshops und Open-Air-Ausstellungen am Strand. Hochkarätige Fotokunst bieten zudem mehrere Galerien (→ Fotogalerien, S. 190).

Die Beliebtheit des Ortes ist – neben dem traumhaften Sandstrand – zu einem großen Teil auch der schönen Lage zwischen Ostsee und Zingster Strom mit der vorgelagerten **Insel** *Kirr* (Vogelschutzgebiet und wichtiger Kranichrastplatz) geschuldet. In westlicher Richtung wird Zingst vom *Freesenbruch*, einem moorigen Waldgebiet, begrenzt. Im Osten zieht der *Nationalpark Vorpommersche Boddenlandschaft* mit den „Sundischen Wiesen" (Kernzone des Nationalparks) die Besucher in Scharen an. Ein Radweg führt von Zingst hier hindurch zum Aussichtspunkt am **Pramort**, von wo der Blick bis nach Hiddensee reicht. Das seichte Wassergebiet östlich von Pramort ist einer der wichtigsten Kranichrastplätze in ganz Europa.

(Randnotiz seitlich:) → Fischland–Darß–Zingst · Karte S. 168/169

Basis-Infos

Information Kur- und Tourismus GmbH im Kurhaus (Haus des Gastes), an der Seebrücke. Ganzjährig tägl. 9–21 Uhr geöffnet. Seestr. 57, 18374 Zingst, ✆ 038232-81580, www.zingst.de. **Ortsrundgänge** Mo und Do 10 Uhr (ab Kurhaus, 8,50 €, erm. 5 €), auch geführte Radtouren. Die *Zimmervermittlung* der Kurverwaltung befindet sich am westlichen Ortseingang, ✆ 038232-81521.

Eine weitere Infostelle befindet sich im **Max Hünten Haus**, → Fotogalerien.

Verbindungen Mit Bus 210 etwa stündl. nach Barth sowie nach Prerow, Wieck, Born, Ahrenshoop, Wustrow, Dierhagen und Ribnitz-Damgarten. Sa/So nur alle 2 Std. www.vvvr-bus.de.

Mit der *Darßbahn Zingst* während der Saison etwa 6-mal tägl. ab Fischmarkt zum Hafen und retour.

Mehrmals tägl. **Schiffsverbindung** Zingst – Barth – Zingst sowie **Boddenrundfahrten** mit der Reederei Poschke. Infos unter ✆ 038234-239, www.reederei-poschke.de.

Baden Von Prerows Nordstrand bis weit hinter Zingst zieht sich der feinsandige, blau beflaggte Strand. Etwa 2 km hinter

Öffnungszeiten Meiningenbrücke

Im Sommer wird die Brücke tägl. um 7.45 Uhr, 9.45 Uhr, 17.45 Uhr und 20.45 Uhr für den Schiffsverkehr max. 15 Min. geöffnet (so es überhaupt ein Verkehrsaufkommen gibt) und ist damit nicht passierbar. Ende März bis Anfang Mai und im Sept./Okt. tägl. um 9.45 Uhr und 17.45 Uhr (jeweils 15 Min.), im Winter nur Di 10.30 Uhr. **Achtung**: An gesetzlichen Feiertagen keine Brückenöffnung!

Zingst/Ost beginnt die Kernzone des Nationalparks, der Strand ist gesperrt. Rund um die Seebrücke gibt es auch behindertengerechte Zugänge. Ein FKK-Bereich befindet sich auf Höhe des Campingplatzes und beim Ortsteil Zingst/Ost. Hundestrände gibt es im Osten des Ortes Zingst.

Bootsausflüge Die *Reederei Zingst* (gehört zur *Reederei Hiddensee*) unternimmt von Mitte Mai bis Mitte Sept. ganztägige **Ausflugsfahrten** nach Hiddensee/Vitte (tägl. außer Mo, seltener in der Vor- und Nebensaison). Erw. 26 €, Kinder 4–14 J. 16,50 €, Familien 68,50 €, Fahrrad 9 € (empfiehlt sich für den 4-stündigen Landgang!), Hund 10 €, jeweils hin und zurück. Ganztägige Fahrten nach Stralsund Mo und Sa, Erw. 20 €, Kinder 11 €, Familien 50 €, Hund 10 €, Fahrrad 9 € (hin und zurück). Infos unter ☎ 03831-26810, www.reederei-zingst.de. Start ist jeweils am Boddenhafen.

Fahrradverleih Mehrere Verleiher im Ort, z. B. **Fahrrad Neumann**, auch Kinderräder und Zubehör. Klosterstr. 13, ☎ 038232-12027, www.fahrrad-neumann.de.

Tipp: Wenn die Kraniche unterwegs sind, sollte man sein Fahrrad möglichst früh ausleihen.

Kinder Experimentarium, am westlichen Ortsrand. Naturwissenschaft zum Anfassen und Mitmachen. Im Juli/Aug. tägl. 10–18 Uhr, April bis Juni Di–So 10–17 Uhr, Sept. bis März Di–So 10–16 Uhr. Seestr. 76, ☎ 038232-84678, www.experimentarium-zingst.de.

Kranichbeobachtung Ein beeindruckendes Spektakel, das sich größter Beliebtheit erfreut. Die Besucherzahlen sind begrenzt. Karten im Nationalparkhaus (am Anfang der Straße zur Sundischen Wiese, 5 €/Pers.), Infos in der Kurverwaltung. Der Aussichtspunkt befindet sich 8 km vom Eingang zu den Sundischen Wiesen am Pramort, der Fahrradweg dorthin ist von Sept. bis Anfang Nov. von 15–19 Uhr nur für Karteninhaber zugänglich, danach bis zum Morgen gesperrt. (zu Kranichfahrten mit dem Schiff → S. 194/195).

Parken Kostenpflichtige größere Parkplätze an den Rändern des Ortes, auch an der Sundischen Wiese beim Hotel Schlösschen: 4 €/Tag.

Veranstaltungen Anbaden am 1. Mai an der Seebrücke, die Ostsee bringt es dann auf immerhin 8–10 °C. Unerschrockene stürzen sich in die Fluten.

Fotokunst am Strand

Ende Mai bis Anfang Juni **Umweltfotofestival Horizonte**: beeindruckende Ausstellungen, auch open air.

Zingster Hafenfest mit Zeesenbootregatta am dritten Wochenende im Juni.

Das **Shantychortreffen** findet immer am zweiten Septemberwochenende statt.

Von Anfang Sept. bis Ende Okt. steht zudem der **Fotoherbst Zingst** an (mit Ausstellungen und Workshops), in dessen Mittelpunkt Naturphänomene stehen.

Wassersport Surf-Kite Club Zingst, Windsurfen, Kitesurfen und Tauchen, auch Schnupperkurse und Scheine. Mit kleiner Bar und ein paar Wohnmobil-Stellplätzen nebenan (→ Übernachten). Auf halbem Weg nach Zingst/Ost. Am Strandübergang 6, ☎ 038232-20869, www.kite-club.com.

Übernachten

Hotels/Pensionen **** Meerlust, modernes, gelbes Gebäude am Deich, dahinter der weiße Ostseestrand. Bekanntes Wellnesshotel mit schickem Restaurant (→ Essen), schönes und privates Ambiente, Hallenbad, Sauna, Dampfbad und Fitness, Massagen, Bäder, Beautyfarm. 35 edel ausgestattete Zimmer, EZ ab 195 €, DZ ab 250 €, Frühstück inkl. Auch 16 Ferienwohnungen. Seestr. 72, 18374 Zingst, ☎ 038232-8850, www.hotelmeerlust.de.

**** **Hotel Schlösschen**, sehr abgelegen und idyllisch bei den Sundischen Wiesen, etwa 8 km von Zingst. Sehr freundlich, Cafégarten vor dem Haus (bei schönem Wetter 11–17 Uhr geöffnet). Nebenan Fahrradverleih. Landstr. 19, 18374 Zingst, ☎ 038232-8180, www.hotelschloesschen.de.

Boddenhus, direkt am Hafen, das angeschlossene Restaurant bietet verfeinerte regionale Küche, natürlich viel Fisch, mittleres Preisniveau. DZ 89–125 €, EZ 79–115 €, Frühstück inkl. Hafenstr. 4, 18374 Zingst, ☎ 038232-15713, www.boddenhus.de.

Jugendherberge JH Zingst, ruhige Lage am Rand des Zentrums und nicht mal 10 Min. zum Strand. In einer Seitenstraße der Bahnhofstraße, beschildert. Tischtennis, Billard, Volley- und Basketball. Unterbringung in Ein- bis Fünfbett-Zimmern. Übernachtung mit Frühstück ab 22,40 €, Senioren über 27 J. 28,30 €. Glebbe 57, 18374 Zingst, ☎ 038232-15465, www.jugendherbergen-mv.de.

Camping Wellness-Camp Düne 6, ein weites Areal am östlichen Ortsrand, Gecampt wird um das Hallenbad, Sauna, Fitness- und Wellnessbereich; außerdem Restaurant. Ca. 5-Gehminuten vom Strand. 2 Erw. und Zelt inkl. Auto 22,50 €, 2 Erw. und Wohnmobil 38,50 €, Kinder unter 3 J. frei, Kinder 3–13 J. 4 €, Hund 3 €. Auch Appartements für 2–4 Pers. und Mietwohnwagen. Ganzjährig geöffnet. Inselweg 9, 18374 Zingst, ☎ 038232-17617, www.wellness-camp.de.

Am Freesenbruch, knapp außerhalb vom Ort (Straße nach Prerow) auf der linken Seite. Wohlorganisierter und geradlinig parzellierter Campingplatz, auch hier relativ wenig Schatten. Über 300 Stellplätze, hauptsächlich Wohnwagen und -mobile; nur über die Straße zum Strand. Mit Restaurant *Zum Deichgrafen*, das sich mit seiner engagierten Fischküche von der üblichen Camping-Gastronomie abhebt, Biergarten, Markt und Imbiss, Fahrradverleih, Sauna, Fitnessraum. Pro Pers. 9 €, Kinder 3–14 J. 5 €, Komfortstellplatz Wohnwagen/-mobil 16 €, Reisemobilhafen 12 €, Zelt 10–12 €, Hund 4 €. Ganzjährig geöffnet. Am Bahndamm 1, 18374 Zingst, ☎ 038232-15786, www.camping-zingst.de.

Wohnmobilstellplätze auf Rasen bietet der **Surf-Kite Club Zingst** (→ Wassersport) am Strandübergang 6. Gar nicht verkehrt: nette Bar nebenan, Duschen und Toiletten vorhanden. 15 €/Nacht zzgl. Kurtaxe. Strandübergang 6, 18374 Zingst, ☎ 038232-20869, www.kite-club.com.

Essen & Trinken/Nachtleben

Essen & Trinken Restaurant Meerlust, im gleichnamigen Hotel (→ Übernachten). Feinschmeckerrestaurant, überwiegend regionale Produkte, oft aus biologischem Anbau, für das Gebotene nicht teuer (fünf Gänge 55 €, darunter z. B. „Zweierlei vom Wiesenkalb" oder „Gebratene Meeräsche mit leichter Kümmelvelouté"). Tägl. mittags und abends geöffnet, nachmittags Café. Seestr. 72, ☎ 038232-8850, www.hotelmeerlust.de.

Fischland–Darß–Zingst
→ Karte S. 168/169

Kranichhaus, am Hafen. Das moderne, nette Lokal mit wunderschönen Terrassenbereichen bietet für jeden etwas: Wer mag, holt sich einfach nur ein Fischbrötchen oder Fish'n Chips vom Stand. Wer's gediegener mag, bestellt Fisch-Pelmeni oder Zander mit heißem Kartoffel-Linsen-Salat (Hauptgerichte 11–20 €). Angeschlossen zudem noch das verglaste Caférestaurant *Ponton Nr. 1*. Im Hafen, ☎ 038232-848948.

Kon Tiki, Steakhouse und Cocktailbar hinterm Deich am Strandübergang 8, mit Terrasse. Steaks, Salate, Nachos, Chicken-Wings und andere Snacks. Während der Saison freitagabends Live-Musik. Ab 17 Uhr geöffnet. Seestr. 32, ☎ 038232-15544, www.kon-tiki-bar.de.

Bar **Lala Bar**, der vielleicht lässigste Ort in Zingst ist die Sommerbar des örtlichen Surf-Kite Clubs (→ Wassersport), wenn auch nicht am Meer, sondern hinter den Dünen an Strandübergang 6 gelegen. Junges und relaxtes Publikum. Hin und wieder Livemusik und Barbecue. Tägl. 8–21 Uhr.

Sehenswertes

Heimatmuseum/Museumshof: In einem ansehnlichen Kapitänshaus, dem Haus „Morgensonne" am südlichen Ende der Strandstraße, ist das Heimatmuseum untergebracht. Es besitzt eine ganze Armada von Schiffsmodellen, darunter so berühmte Schiffe wie die schwedische *Wasa* oder Cooks *Endeavour*. Des Weiteren widmet sich das Museum der Geschichte des Ortes und dessen bekanntesten Einwohnern: dem Maler Max Hünten (→ unten), dem Karikaturisten Kurt Klamann (1907–1984) und der Heimatdichterin Martha Müller-Grählert (1876–1939). Dem alten Kapitänshaus angemessen gibt es natürlich auch ein Kapitänszimmer zu besichtigen und dazu alles Mögliche, was mit der Seefahrt zu tun hat. Neben dem Haus Morgensonne die Museumsbäckerei mit Café.

April bis Juni Mo–Sa 10–18 Uhr, Juli bis Okt. tägl. 10–18 Uhr, Nov. bis März Do–So 10–16 Uhr, die Öffnungszeiten ändern sich jedoch häufig, Eintritt 5 €, mit Kurkarte 4 €, Kinder frei. Strandstr. 1–3 a, ☎ 038232-15561, www.museumhof-zingst.de.

Fotogalerien: Einen Besuch wert ist die *Erlebniswelt Fotografie Zingst*. Sie befindet sich im architektonisch interessanten *Max Hünten Haus*, das nach dem 1936 in Zingst verstorbenen Maler benannt wurde. Im Haus kann man u. a. Workshops buchen, Kameras ausleihen, Fotobildbände erstehen und sich interessante Ausstellungen in der angeschlossenen Ein-Raum-Galerie ansehen. Ebenfalls sehenswert ist der alte Bahnhof mit einer kleinen Filiale der *Leica Galerien*, die sonst fast ausnahmslos in den Weltmetropolen zu Hause sind. Hochrangige Ausstellungen!

Max Hünten Haus, Nov. bis Mitte März tägl. 10–17 Uhr, sonst bis 18 Uhr, Eintritt frei. Schulstr. 3, ☎ 038232-165110, www.erlebnis welt-fotografie-zingst.de.

Leica Galerie, Mai bis Sept. Mo–Fr 9–12 und 13–18 Uhr, Sa/So 10–12 und 14–18 Uhr geöffnet, im Winter tägl. 10–16 Uhr, Eintritt frei. Am Bahnhof 1, www.leica-camera.com.

Blick auf Barth

An der Boddenküste
→ Karte S. 168/169

An der Boddenküste

Barth

ca. 8500 Einwohner

Ein beschauliches Städtchen mit überschaubarer Innenstadt, das die alten Grenzen der mittelalterlichen Ringstruktur nie verlassen hat. Weitläufig zeigen sich dagegen Marktplatz und Hafen.

Zwar war Barth bereits 1255 das Stadtrecht verliehen worden, die Stadt konnte sich aber, eingeklammert zwischen den beiden mächtigen Hansestädten Rostock und Stralsund, nie zu vergleichbarer Größe entfalten. Umso immenser erscheint der Anspruch mythischer Größe. Barth legt großen Wert darauf, Heimat der legendären Stadt Vineta zu sein und hat sich dies sogar amtlich verbriefen lassen – seither nennt man sich offiziell „Vinetastadt". Der versunkenen Stadt zu Ehren finden jedes Jahr die Vineta-Festtage rund um eine Open-Air-Theateraufführung am Hafen statt und selbst ein Museum ist diesem Mythos gewidmet: In einem ehemaligen Kaufmannshaus in der Langen Straße im Zentrum ist das **Vineta-Museum** untergebracht, das u. a. eine kleine Dauerausstellung zum sagenumwobenen Vineta beherbergt.

Mo–Fr 10–17 Uhr, Sa/So 11–17 Uhr. Eintritt 5 €, Senioren/Kurkarteninhaber 4 €, erm. (für Schüler, Studenten *und* – klar, in einer Stadt namens Barth – Männer mit Vollbart!) 3 €, Familien 12 €. Lange Str. 16, ✆ 038231-81771, www.vineta-museum.de.

Erstaunlich weitläufig zeigt sich der *Hafen* von Barth, der zuletzt Stück für Stück modernisiert und umgestaltet wurde. Das Zentrum des kleinstädtischen Lebens ist der *Marktplatz* und die von ihm ausgehende Lange Straße. Neben dem Markt erhebt sich auch die hübsche, dreischiffige, backsteinerne *Marienkirche*

Marienkirche: Mo–Fr 10–18 Uhr, Sa 10–17 Uhr, im Winter eingeschränkte Öffnungszeiten, Turmbesteigung möglich (Erw. 2 €, erm. 1 €, Familien 4 €), den Schlüssel bekommt man im sympathischen **St. Marien Lesecafé**: Café, antiquarische Bücher und Eine-Welt-Laden gegenüber, die Öffnungszeiten entsprechen in etwa denen der Kirche.

Konzentrationslager Barth

Wer sich von Süden der Stadt nähert, wird die Mahn- und Gedenkstätte des Konzentrationslagers in Barth kaum übersehen. Bereits ab 1940 befand sich hier ein Kriegsgefangenenlager, von 1943 bis 1945 dann ein Außenlager des Konzentrationslagers Ravensbrück. Die etwa 7000 KZ-Häftlinge mussten in der Flugzeugmontage der hier ansässigen Rüstungsbetriebe arbeiten. Die Reliefs des Denkmals, das 1966 eingeweiht wurde an der Chausseestraße stammen von *Jo Jastram*.

Information Barth Information, am Markt, freundliches Personal. Mo–Fr 10–13 und 14–18 Uhr, Sa 10–14 Uhr; im Winter etwas eingeschränkt. Markt 3/4, 18356 Barth, ✆ 038231-2464, www.stadt-barth.de.

Verbindungen **Bahn**: Mit der UBB etwa alle 2 Std. nach Stralsund, mit UBB und dem Regionalexpress ca. alle 2 Std. über Velgast (Umsteigen) nach Ribnitz-Damgarten.

Mit **Bus 210** werktags stündl. über Zingst, Prerow, Wieck, Born, Ahrenshoop, Wustrow und Dierhagen nach Ribnitz-Damgarten und retour. Sa/So nur alle 2 Std. www.vvvr-bus.de.

April bis Okt. mind. 4-mal tägl. (in der Hochsaison 8-mal tägl.) **Schiffsverbindung Barth – Zingst** mit der Reederei Poschke. Erw. einfach 8 €, Kinder bis 12 J. 5 €; hin und zurück 13 € bzw. 7 €, Familien 23 € bzw. 36 €, Hund/Fahrrad 2 € pro Strecke. Infos unter ✆ 038234-239, www.reederei-poschke.de.

Bootsausflüge Im Sommer mit der Reederei Poschke jeden Sonntag ganztägige **Ausflugsfahrten** nach Hiddensee/Neuendorf, Erw. 22 €, Kinder bis 12 J. 14 €, Familien 62 €, Fahrrad 6 € (empfiehlt sich für den 4-stündigen Landgang!), Hund 6 €. Infos unter ✆ 038234-239, www.reederei-poschke.de.

Veranstaltungen Tonnenabschlagen an einem Samstag im Juni (genauer Termin bei der Touristinformation).

Meist im Juli/Aug. finden die **Barther Segel- und Hafentage** statt, ein Großereignis mit viel Rummel, www.barthmaritim.de.

Übernachten/Essen & Trinken **** **Speicher Barth**, in einem ehemaligen Kornspeicher am Hafen, kaum zu übersehen. Modernes Ambiente, große Fensterflächen mit viel Blick, eine architektonische Besonderheit. Im Haus Sauna, Whirlpool, Massagen und Fitness, feines Restaurant (gehobenes Preisniveau, 3-Gänge-Menü 31,50 € bis

zum 5-Gang-Menü zu 44,50 €). EZ ab 90 €, DZ ab 160 €, Frühstück inkl., Halbpension 28,50 € pro Pers. Am Osthafen 2, 18356 Barth, ✆ 038231-63300, www.speicher-barth.de.

Jugendherberge Barth, herrliche Lage über dem Barther Bodden, völlig ab vom Schuss und entsprechend ruhig. Badestelle und Bootsanleger vorhanden, viele Freizeitangebote, Surfschule mit Kanu- und Surfbrettverleih sowie ein Reiterhof. Die Anlage hat allerdings schon bessere Zeiten gesehen. Unterbringung in Zwei- bis Sechsbett-Zimmern, z. T. auch in Bungalows. Übernachtung mit Frühstück ab 20,40 €, über 27-Jährige zahlen 25,80 €. Im Garten darf gezeltet werden. Hunde erlaubt. April bis Okt. geöffnet. Glöwitz 1, 18356 Barth, ✆ 038231-2843, www.djh-mv.de.

Café und Barther Puppen- und Spielzeugmuseum, schönes Café am Markt mit köstlichem hausgebackenem Kuchen, ein paar Plätze draußen. Dazu gehört ein hübsches Museum mit historischen Puppen und Spielzeug aus privater Sammlung (Erw. 3,50 €, erm. 2,50 €). Tägl. außer Mo 10–18 Uhr geöffnet. Markt 5, ✆ 0163-3655914, www.barther-puppenmuseum.de.

Café Galerie, in einem schönen Eckhaus ebenfalls am Markt befindet sich dieses sympathische Café, in dem, wie der Name schon sagt, auch eine Galerie untergebracht ist. Stilvoll eingerichtet, ideal nicht nur für Frühstück oder Kaffee und (hausgemachte) Kuchen, sondern auch für ein gepflegtes Glas Wein. Wechselnde Ausstellungen (Malerei, Grafik, Fotografie, Keramik etc.) und eine kleine Dauerausstellung regionaler Künstler. Klosterstr. 1, ✆ 038231-499057, www.galerie-café-barth.com.

🌿 **Bio.Delikates**, sympathische Mischung aus Bioladen und -bistro am Westhafen. Lindgrüne Holzbestuhlung drinnen und draußen auf der Terrasse – ein Hauch von Mittelmeer. Kleine Gerichte wie Pasta, Salate und Suppen. Mo–Fr 9–18 Uhr, Sa 10–14 Uhr, im Winter nur Mo–Fr 9–17 Uhr. Am Westhafen 18, ☎ 038231-779093, www.bio delikates.de. ■

Restaurant & Pension Eshramo, am Marktplatz. Zehn zeitgemäß eingerichtete, farbenfrohe Zimmer, teilweise mit Boddenblick, die teureren mit Balkon. Kleiner Garten. Keine Haustiere. Im freundlichen Restaurant samt Außenterrasse serviert man Pizza und Mediterranes (Hauptgerichte 6–26 €). EZ 70,50 €, DZ 93–108 €. Markt 13, 18356 Barth, ☎ 038231-450004, www. eshramo.com.

Wohnmobil-Stellplätze direkt am Westhafen mit Boddenblick bietet der Barther Segler-Verein. Duschen und Toiletten vorhanden, Gastwirtschaft anbei. 12 €/Nacht. Am Westhafen 15, 18356 Barth, ☎ 038231-82021, www.barther-segelverein.de.

Zwischen Barth und Stralsund

Eine verlassene Gegend, obwohl mit Fischland-Darß-Zingst eines der wichtigsten touristischen Zentren der Ostseeküste gleich um die Ecke liegt, und auch Stralsund ist nur rund 20 km entfernt. Strände gibt es hier nur wenige, das Gebiet ist oft schilfig und gehört bereits zur Schutzzone des Nationalparks. Ein Niemandsland mit einer Handvoll Dörfern, in denen man vom großen Ostseetourismus nichts spürt. Dennoch lohnt ein Abstecher: In Groß Mohrdorf befindet sich das überaus sehenswerte **Kranich-Informationszentrum**.

*→ An der Boddenküste
→ Karte S. 168/169*

Kranich-Informationszentrum Groß Mohrdorf

In einem unscheinbaren Neubau am Ortsausgang von Groß Mohrdorf in Richtung Hohendorf liegt das Informationszentrum, in dem interessierte Besucher neben diversen Schautafeln, Tierpräparaten und Fotografien auch einen Film über das Leben der Kraniche anschauen können. Darüber hinaus können die Mitarbeiter vom Kranich-Informationszentrum tagesaktuell die besten Beobachtungsplätze nennen.

Öffnungszeiten März bis Mai tägl. 10–16 Uhr, Juni/Juli. Mo–Fr 10–16 Uhr, im Aug. tägl. 10–16.30 Uhr, Sept./Okt. tägl. 9.30–17.30 Uhr, im Nov. Mo–Fr 10–16 Uhr, ansonsten nur nach tel. Voranmeldung. Eintritt frei. Lindenstr. 27, 18445 Groß Mohrdorf, ☎ 038323-80540, www.kraniche.de. Groß Mohrdorf liegt 14 km nordwestlich von Stralsund.

Kranichbeobachtung Im 2015 gebauten KRANORAMA am Günzer See (südwestlich von Groß Mohrdorf, Straße Richtung Barth) möglich, hier auch diverse Info-Tafeln. Darüber hinaus kann man mit längerem Vorlauf eine **Hütte mieten** (die man aber zwischen Sonnenauf- und Sonnenuntergang, also den ganzen Tag über, nicht verlassen darf) oder sich einer der **Kranich-Exkursionen** des Informationszentrums in Groß Mohrdorf anschließen. Das alles natürlich nur, wenn die Kraniche da sind (Spätsommer/Herbst und Februar/März). Infos unter ☎ 038323-80540 bzw. www.kraniche.de.

Barhöft   ca. 100 Einwohner

Ein abgeschiedener, leerer Ort, am autofreien Hafen werden frischer und geräucherter Fisch sowie Fischbrötchen verkauft. Wenn man sich vom Hafen nach links wendet, geht es auf einem schmalen Waldweg und nach links hinauf zur *Nationalpark-Ausstellung* in einem Häuschen im Wald (im Sommer tägl. 10–17 Uhr, Nov. bis April tägl. 10–16 Uhr; Eintritt frei). Noch ein Stück weiter (Treppen hinauf) erreicht man den Barhöfter *Aussichtsturm* (Mo–Fr 10–18 Uhr, Sa/So 12–18 Uhr, im Winter kürzer; Erw. 1 €, Kinder 0,50 €). Bleibt man auf dem Waldweg, geht es am Wasser entlang und dann rechts ab zu einer **Bodden-Aussichtsplattform**. Parken muss man gebührenpflichtig am Ortseingang von Barhöft.

Kraniche in Mecklenburg-Vorpommern

Ihr eleganter Balztanz hat sie berühmt gemacht, aber auch das lautstarke Trompe-
ten, mit dem sie sich allabendlich bei Einbruch der Dämmerung an ihren Schlafplätzen in der „Rügen-Bock-Region", dem größten mitteleuropäischen Rastplatz
für Kraniche, einfinden. Über 70.000 Graue Kraniche (*Grus grus*) gleichzeitig, so
die aktuellen Schätzungen des 1996 gegründeten Kranich-Informationszentrums in
Groß Mohrdorf, treffen sich zu den Hochzeiten im Oktober zur gemeinsamen Rast
an den der Küste vorgelagerten Inseln *Großer Werder, Kleiner Werder, Bock* und
etwas weiter westlich der *Kirr* (bei Zingst) sowie an der *Udarser Wiek* nördlich der
Halbinsel Ummanz (Rügen). Von hier aus machen sie sich auf den Weg nach Süden.

Die Kraniche überwintern in der spanischen Extremadura bzw. im südspanischen
Andalusien sowie in der zentralspanischen *Laguna de Gallocanta*, durch die milden Winter auch zunehmend nördlich der Pyrenäen in Südwestfrankreich. Den
Sommer verbringen sie in Süd- und Mittelschweden. Die Boddenregion zwischen
Rügen und Zingst dient also nur als – vor allem im Herbst oft über Wochen besetzte – Zwischenstation, um sich für die weite Reise zu stärken. Gereist wird im Verband und in der charakteristischen „V"-Formation. Bei ihren Langstreckenflügen
nutzen die Kraniche die Thermik und können, bei Rückenwind, mit nur wenigen
Flügelschlägen eine Geschwindigkeit von über 60 km/h erreichen. Distanzen von
mehreren hundert Kilometern am Tag sind durchaus möglich.

Doch dazwischen ruhen sie eben in Nordostdeutschland aus, bevorzugt in den
weiten Flachwasserbereichen östlich von Zingst, aber auch in den Sumpfgebieten
des im Landesinneren gelegenen Müritz-Nationalparks. Etwa 350.000 Kraniche befinden sich alljährlich auf der Durchreise; an die 10.000 Paare bleiben ganzjährig
hier, die meisten weiter südlich in Brandenburg. Gebrütet wird im flachen Wasser
auf dem Boden, meist im Schutz eines Baumes, in einem großen, aus aufeinander
geschichteten Pflanzenstängeln bestehenden Nest, in dem in der Regel zwei bräun-
lich-graue Eier liegen. Nach gut vier Wochen Brutzeit schlüpfen im Abstand von
wenigen Tagen die beiden Küken mit rotbraunem Daunenkleid und leben dann
maximal bis zum nächsten Frühjahr bei ihren Eltern. Das Brutpaar selbst bleibt
oft ein Leben lang zusammen. Ein ausgewachsener Kranich bringt es auf eine
Standhöhe von 1,20–1,30 m bei einem Gewicht von 6–7 kg und einer Flügelspann-

Formationsflug zum Rastplatz

weite von bis zu 2,20 m, damit ist er der größte Vogel Deutschlands. Sein Federkleid ist grau mit schwarzem Oberkopf samt roter Kopfplatte und seitlichen weißen Streifen, die Schwungfedern bilden eine schwarze Schleppe. Die Jungvögel sind durch ihren bräunlichen Kopf zu erkennen. Kraniche sind Allesfresser, die ihre Nahrung vom Boden oder aus dem flachen Wasser aufsammeln. Geschlafen wird stehend im knietiefen Wasser, das hier als Schutz gegen Feinde wie beispielsweise den Fuchs dient. Im Herbst ernähren sich die Kraniche auch von den Ernteresten der Felder und der Saat. Um den Schaden für die Bauern gering zu halten – und den Tausenden von Vögeln ausreichend Nahrung zu bieten – führen die Naturschutzorganisationen „Ablenkfütterungen" durch, wie sie beispielsweise am *Günzer See* in Hohendorf (bei Groß Mohrdorf) zu beobachten sind.

Aus der Nähe wird man einen Kranich in freier Natur ansonsten kaum zu sehen bekommen. Die Tiere sind sehr scheu und fliegen schon bei einer Annäherung auf etwa 300 m auf. Bessere Chancen hat man an den Kranich-Beobachtungspunkten, doch auch hier sollte man unbedingt ein Fernglas dabeihaben. Bei ihrer berühmten Balz wird man die Kraniche nur gelegentlich im Frühjahr erleben dürfen, diese findet hauptsächlich an den Brutplätzen in nördlicheren Gefilden statt. Während die Tiere bis Ende der 1980er-Jahre noch als überaus selten galten, hat sich ihr Bestand heute vervielfacht. Vor allem durch die im Jahr 1990 ausgewiesenen strengen Schutzgebiete des *Nationalparks Vorpommersche Boddenlandschaft* finden die Kraniche hier optimale Bedingungen ohne Störung durch Mensch und Landwirtschaft.

Über den Kranich wird schon in der Mythologie als Glücksbringer berichtet. Auf altägyptischen Grabplatten ist er genauso zu finden wie im russischen Märchen, in Indien verehrt man ihn als Gott, in China als göttlichen Himmelsboten und als Symbol für Weisheit und ein langes Leben, in Japan werden Papierkraniche als Glücksbringer gefaltet. Seinen Namen als „Vogel des Glücks" soll der Kranich allerdings in Schweden bekommen haben, wo sein Erscheinen im Frühjahr das Ende der dunklen, kalten Zeit einläutet. Kein Wunder, dass immer mehr Besucher diese großen, eleganten Vögel auch aus der Nähe (bzw. aus relativer Nähe) betrachten möchten. Die alljährlich im Frühherbst (ca. Mitte September bis Mitte/Ende Oktober) angebotenen Kranichfahrten mit dem Schiff erfreuen sich jedenfalls großer Beliebtheit und finden 2-mal wöchentlich nachmittags um ca. 16–16.30 Uhr ab Schaprode/Rügen (zuletzt Di und Do), 2-mal wöchentlich ab Zingst (zuletzt Mi und Fr) und 1-mal wöchentlich ab Stralsund (zuletzt Sa) statt (Dauer ca. 4 Std.; Anmeldung unter ✆ 03831-26810, weitere Infos: www.reederei-hiddensee.dc). Begleitet und moderiert werden die Fahrten von Mitarbeitern des Kranichzentrums Groß Mohrdorf (→ S. 193, außerdem www.kraniche.de).

Stralsund müsse man vom Strelasund aus sehen ...

Stralsund

ca. 58.000 Einwohner

Was für eine herrliche Stadt! Reich an Tradition und weltoffen, geziert mit hanseatischer Pracht, altehrwürdig und sehr gastfreundlich. Die bemerkenswerten Bauten der alten Hansestadt reichen von backsteingotischen Perlen wie Nikolaikirche und Rathaus bis zu faszinierender zeitgenössischer Architektur, zu sehen am Ozeaneum.

Die malerische Altstadt Stralsunds, 2002 in die Welterbeliste der UNESCO aufgenommen, ist fast vollständig von Wasser umgeben: einstmals ein effektiver Schutz gegen Angriffe, heute ein blauer, von Grünflächen gesäumter Gürtel um den historischen Stadtkern. Landseits erstrecken sich Knieperteich und Frankenteich entlang der teils erhaltenen Stadtmauern und Bastionen. Zum Strelasund hin öffnet sich der traditionsreiche, von Kanälen durchzogene Hafen. In der Altstadt stehen bedeutende Bauten der Norddeutschen Backsteingotik auf engstem Raum: Die *Nikolaikirche* und die berühmte Schmuckfassade des *Stralsunder Rathauses* bilden ein einzigartiges städtebauliches Ensemble, gegenüber zeugt das *Wulflamhaus* von hanseatischem Bürgerstolz und über dem Neuen Markt erhebt sich majestätisch *St. Marien*. Dazwischen sind in einem alten Kloster zwei sehenswerte Museen untergebracht: das *Deutsche Meeresmuseum* und das *Kulturhistorische Museum*. Das *Deutsche Meeresmuseum* hat vor wenigen Jahren einen spektakulären Neubau realisiert: Am *Hafen*, der mit seinen stolz aufragenden backsteinernen Speichern und den Kanälen selbst zu den wichtigsten Sehenswürdigkeiten der Stadt gehört, entstand mit dem *Ozeaneum* ein bemerkenswerter Besuchermagnet.

Ein weiteres Wahrzeichen erhebt sich südöstlich der Altstadt und ergänzt kontrastreich die markante Silhouette Stralsunds: die *Zweite Strelasundquerung*. Die 2007 eröffnete, spektakuläre Brücke mit hoch aufragendem Pylon verbindet das Festland mit der Insel Rügen.

Stadtgeschichte

Am 31. Oktober 1234 verlieh *Wizlaw von Rügen* der Ortschaft Stralow das lübische Stadtrecht. Damit war der Grundstein gelegt für einen sagenhaften Aufschwung, der Stralsund zu einem Flaggschiff der mächtigen Hanse werden ließ. Dank seiner Lage konnte sich der Ort schnell als Handelszentrum etablieren. Zum einen wurde

Stralsund Umschlagplatz für die regionale landwirtschaftliche Produktion vornehmlich von der Insel Rügen, zum anderen zu einer wichtigen Kraft im Nord- und Ostseehandel zwischen Flandern und Nowgorod.

Stralsund gehörte neben Lübeck, Wismar, Rostock und Greifswald von Anfang an der Hanse an. Nachdem der Städtebund seine größte Bewährungsprobe – den militärischen Konflikt mit dem dänischen Königreich – bestanden hatte, erreichte er mit dem am 24. Mai 1370 geschlossenen *Frieden von Stralsund* den Zenit seiner Macht (zur Hanse → S. 35). Der Stadt bescherte das einen anhaltenden Bauboom. St. Nikolai bekam einen neuen Doppelturm, dem Rathaus wurde die prächtige Fassade vorgesetzt und auch die Marienkirche erhielt ihre imposante Gestalt. Der Reichtum der Stadt zeigte sich auch in der Entstehung vieler repräsentativer Bürgerhäuser im Stil der Backsteingotik, bekanntes Beispiel ist das Wulflamhaus. Auch die Kirchen wurden von den Kaufleuten reich ausgestattet, dieser Glanz aber ging während des Bildersturms im Zuge der Reformation weitgehend verloren.

Die Jahrzehnte zwischen 1628 und 1715 trafen Stralsund hart. Zuerst kam *Wallenstein* und verlangte die Aufnahme seiner Truppen in der Stadt. Die folgende Belagerung der kaiserlichen Truppen konnte erst durch schwedische Waffenhilfe gebrochen werden. Das neue Bündnis der Stadt mit dem schwedischen König *Gustav II. Adolf* hatte jedoch einen hohen Preis, denn die Schweden blieben. Stralsund war de facto ein Teil des Schwedischen Reiches geworden (bestätigt im *Westfälischen Frieden* 1648). 1680 wütete ein Brand in der im Wiederaufbau befindlichen Stadt, 1710 rollte die letzte Pestwelle durch die Gassen und schließlich hatte Stralsund unter dem Großen Nordischen Krieg zu leiden.

Auch von den Napoleonischen Kriegen blieb Stralsund nicht verschont. Erst nach Napoleons Fall endete für Stralsund die Zugehörigkeit zu Schweden. Nach dem *Wiener Kongress* (1814/15) hatten die Schweden Vorpommern und Stralsund an die Preußen abgetreten. Das 19. Jh. schließlich brachte vor allem eines: technischen Fortschritt (das erste Dampfschiff, das in Stralsund anlegte, war 1824 die schwedische *Constitutiones*). 1863 rollte die erste Eisenbahn aus Berlin ein. In Stralsund selbst entwickelte sich allerdings kaum Industrie, es blieb vor allem eine Stadt des Handels, der Dienstleistungen und der Verwaltung. Mit dem Bau des Rügendammes 1936 konnte die Stadt zudem verstärkt vom Inseltourismus nach Rügen profitieren.

Die dunkelste Stunde der Stadtgeschichte schlug am 6. Oktober 1944. Eine britisch-amerikanische Bomberstaffel legte die Stadt in Schutt und Asche. Dass Stralsund überhaupt Ziel der Bomben wurde, war das Ergebnis zynischer Kriegslogik: Die vernichtende Fracht war eigentlich für die Heeresversuchsanstalt Peenemünde (→ S. 295ff.) vorgesehen, doch waren die alliierten Fliegerstaffeln vor Peenemünde auf starken Widerstand gestoßen und konnten ihre Bomben nicht ausklinken. Landen aber konnten die Flugzeuge mit dieser Fracht auch nicht. Also wurden die Bomben „auf dem Rückweg" über Stralsund abgeworfen.

Nach dem Krieg war es vor allem die Volkswerft, die Stralsund wieder auf die Beine brachte. Rund 8000 Arbeiter bauten hier gigantische Fischfang-Trawler. In den 1990er-Jahren wurde die Volkswerft zu einer der modernsten Kompaktwerften Europas umgebaut, ihre riesige blaugrüne Fertigungshalle ist unübersehbar. Hier soll in Zukunft eine neue Klasse arktistauglicher Megayachten (die „Endeavor"-Linie) gefertigt werden Auch der Tourismus boomt in der Hansestadt, zuletzt nahmen die Übernachtungszahlen jährlich um 4–5 % zu.

Basis-Infos

Information Tourismuszentrale, Zimmervermittlung, Ticketverkauf, Stadtführungen. Mai bis Okt. Mo–Fr 10–18 Uhr, Sa 9–16 Uhr, So und feiertags 10–14 Uhr; Nov. bis April Mo–Fr 9–18 Uhr, Sa 10–14 Uhr. Alter Markt 9, 18439 Stralsund, ✆ 03831-24690, www.stralsund.de bzw. www.stralsundtourismus.de.

Verbindungen Zug: Mindestens stündl. via Greifwald direkt nach Berlin sowie alle zwei Stunden über Rostock und Schwerin nach Hamburg. Nach Rügen stündl. über Bergen nach Sassnitz, etwa alle zwei Stunden über Bergen nach Binz. Nach Usedom fährt via Greifswald und Wolgast alle zwei Stunden die UBB (Usedomer Bäderbahn); evtl. mit dem Regionalexpress bis Greifswald und dort umsteigen, nach Rostock sogar mindestens stündl.

Busverbindungen nach Rügen mit der Linie 30 ca. 7-mal via Garz nach *Putbus* und weiter bis *Bergen*, Sa/So 2-mal. Mit der Linie 35 in den Westen Rügens nach *Gingst* und Schaprode; im Winter einzige Verbindung mit Hiddensee. Haltestelle am Hauptbahnhof.

Stadtbuslinie 1 nach *Altefähr* auf Rügen, die **Linie 6** fährt zum *HanseDom*.

Schiffe der *Weißen Flotte* fahren ca. 4–5mal tägl. nach Altefähr (Mai bis Okt.).

Die *Reederei Hiddensee* steuert von Mitte März bis Okt. (sowie von Weihnachten bis Neujahr) 2- bis 3-mal tägl. die Insel Hiddensee an. Infos unter ✆ 03831-26810, www.reederei-hiddensee.de.

Baden/Sport/Wellness Öffentlicher **Strand** am Strelasund, nördlich der Altstadt, tagsüber DLRG-überwacht, mit Kiosk, Strandkorb- und Liegenverleih. Mitte Mai bis Mitte Sept. tägl. 9–18 Uhr, freier Eintritt. Sundpromenade 5.

HanseDom, großes Freizeitzentrum mit Therme, Wellenbecken, Riesenrutsche und Wildwasserbach etc., außerdem Saunalandschaft (mit Wellnessbereich und diversen Dampfbädern) sowie Tennis, Squash, Badminton, Kletterwand; Gastronomie. Tägl. 9.30–23 Uhr. Grünhufer Bogen 18–20, ✆ 03831-37330, www.hansedom.de.

Hafenrundfahrten Mit der **Weißen Flotte**, Dauer ca. 1 Std., April bis Okt. bis 4-mal tägl. vom Stralsunder Hafen (Nordmole), ✆ 03831-26810, www.weisse-flotte.de.

Kranichfahrten 》》 Unser Tipp: Im Herbst geht es mit dem Schiff zu den Schlafplätzen der Kraniche im Nationalpark Vorpommersche Boddenlandschaft. An Bord gibt es einen sehr informativen Vortrag über die scheuen Vögel, deren Einflug man in der Abenddämmerung schließlich live erleben kann. Zum Kranich → S. 194/195. Ab Stralsund Ende Sept. bis etwa Mitte Okt. Sa 16.30 Uhr (Okt. 16 Uhr), Dauer 4 Std., Erw. 22,50 €, Kinder 16 €. ✆ 03831-26810, www.weisse-flotte.de. 《《

Parken Im Zentrum entweder Anwohnerparken oder gebührenpflichtig mit Höchstparkdauer, zentral gelegene Parkhäuser z. B. am Neuen Markt, am Meeresmuseum, am Hafen, am Ozeaneum (jeweils 1. Std. 1 €, 8–20 Uhr 11 € Tagestarif) sowie am Bahnhof (1 €/Std., 6 €/Tag).

Veranstaltungen Stralsunder Sundschwimmen, die bedeutende Distanzschwimmveranstaltung mit internationaler

Beteiligung ist Jahr für Jahr auch der über-
regionalen Presse eine Schlagzeile wert.
Das Wettschwimmen (der erste Start-
schuss fiel übrigens bereits 1925) von Altefähr über 2,3 km durch den Strelasund zum
Seebad (öffentl. Strand) findet immer am
ersten Samstag im Juli statt, www.sund
schwimmen.de.

Meist Mitte/Ende Juli finden die farbenfrohen, kostümträchtigen **Stralsunder Wallensteintage** statt. Mit Mittelaltermarkt, Mus-
ketieren, Handwerkern und Gauklern sowie
mit einem „guten alten Feind": Wallenstein
und seinen Truppen. Genaue Termine unter
www.wallensteintage.de.

Übernachten → Karte S. 199

**** Scheelehof , stilvoll hergerichteter Hotelkomplex in historischem Gemäuer in der Fährstraße, die erste Adresse der Stadt. Zum Hotel gehören ein Restaurant, das Gourmet-Restaurant *Scheel's* (→ unten), eine Kneipe und die Kaffeerösterei *Kontor Scheele*. EZ ab 119 €, DZ ab 145 €, Frühstück inkl., Halbpension 32 €/Pers., Parkhaus 8 €/Tag, WLAN. Zum Hotel gehört auch das Aparthotel „markt fuffzehn" direkt am Alten Markt (ca. 65–100 €/2 Pers.). Fährstr. 23–25, 18439 Stralsund, ☎ 03831-283300, (Appartements: ☎ 03831-2833111), www.scheelehof.de.

Kontorhaus Hotel [8], schönes Hotel am Hafen, die Inneneinrichtung hat etwas von einem Luxusliner, die geräumigen, hellen Zimmer tragen die Namen berühmter Schiffe (darunter die QE2 oder die Gorch Fock). EZ 99–125 €, DZ 135 €, Juniorsuite 145 €, Frühstück im *Kaffeekontor* im Erdgeschoss (10 € extra). Am Querkanal 1, 18439 Stralsund, ☎ 03831-289800, www.kontorhaus-stralsund.de.

Norddeutscher Hof [12], familiengeführtes Haus am Neuen Markt, mit *Restaurant* (tägl. 11–23 Uhr), einige Tische auch im schönen Innenhof. EZ ab 69 €, DZ 99 €, Frühstück inkl. Auch von Lesern empfohlen. Parkplätze vorhanden. Neuer Markt 22, 18439 Stralsund, ☎ 03831-293161, www.norddeutscher-hof.de.

Villa am Meer [1], 1912 gebaute Villa mit Türmchen, nördlich der Altstadt in der „Villengegend" gelegen (knapp 10 Min. zur Innenstadt). Hohe Zimmer, hell und freundlich, teils mit Blick auf den Strelasund, entspannte Atmosphäre, freundliche Hotelführung. DZ je nach Größe 80–90 €, EZ 55–58 €, inkl. Frühstücksbuffet, Hunde nach Vereinbarung (4 €). Gerhart-Hauptmann-Str. 14, 18435 Stralsund, ☎ 03831-308466, www.hotel-mit-meerblick.de.

Hostel Hostel Stralsund [13], etwas abgelegen in einer nicht so schicken Gegend zwischen Arbeitersiedlung und Industriehafen, aber keine 15 Fußminuten von der Altstadt entfernt. Modern eingerichtete, helle 2- bis 6-Bett-Zimmer, auch Einzelzimmer, Duschen und WC auf jedem Flur, EZ 35 €, DZ 46 €, Übernachtung im Mehrbettzimmer 16–20 €. Neuerdings auch Zimmer mit eigenem Bad. Küche zur Selbstversorgung, Waschmaschine, Fahrradverleih (10 €/Tag). Frühstück 7 €, Bettwäsche 3 €. Rezeption 8–11 und 16–19 Uhr. Reiferbahn 11, 18439 Stralsund, ☎ 03831-284740, www.hostel-stralsund.com.

Wohnmobilstellplatz An der Straße Richtung Dänholm/Rügendamm beschildert (Caravanstellplatz „An der Rügenbrücke"). Moderne Ausstattung, 45 Stellplätze, je 15 €/Nacht. Werftstr. 9a, ☎ 03831-6679777, www.caravanstellplatz-stralsund.de.

Essen & Trinken → Karte S. 199

Restaurants Zum Scheele [2], Restaurant des Hotels Scheelehof (→ oben). Speisen im gemütlichen Backsteinambiente. Günstiger, wechselnder Mittagstisch (auch Sa/So), ansonsten Hauptgerichte 19–32,50 €. Auch an Vegetarier wird gedacht. Tägl. geöffnet, im Sommer Terrasse im Hof. Fährstr. 23–25, ☎ 03831-2833112.

Beim Scheelehaus wird getrascht

>>> Unser Tipp: **Wulflamstuben** 🔳, traditionsreiches Restaurant am Alten Markt im sehenswerten Wulflamhaus (14. Jh.). Stilvollmodernes Ambiente unter altem Holzgebälk. Feine Küche bei mittlerem bis gehobenem Preisniveau. Wir probierten hier eine fantastische Fischsuppe (den *Stralsunder Fischtopf*, 5,90 €). Hervorragend auch die anderen Fischgerichte und Desserts, dazu eine gute Weinauswahl. Hauptgericht 10–22 €. Mittags und abends geöffnet, kein Ruhetag. Alter Markt 5, ☎ 03831-291533, www.wulflamstuben.de. <<<

Essbar 🔳, sympathisches, kleines Restaurant und Weinbar unweit des Alten Marktes. Viele vegetarische Gerichte, Hauptgericht ab 8,50 €. Auch Leser schrieben uns begeistert von der Essbar. Mo–Fr 12–14 und 18–24 Uhr geöffnet, Sa 19–24 Uhr, Küche bis 22 Uhr, So Ruhetag. Kleinschmiedstr. 22, ☎ 03831-298176, www.die-essbar.de.

Braugasthaus Zum Alten Fritz 🔳, hier wird das Stralsunder Bier („Störtebeker – das Bier der Gerechten") gebraut und ausgeschenkt. Gemütliche Gaststätte, die wie ein kleines Brauereimuseum wirkt. Große Karte für jeden Geschmack. Auch vegetarische Gerichte und Salate, zudem Kleinigkeiten zum Bier (mal was anderes: die „Braumeister-Tapas"), Hauptgerichte 13–25 €, netter Biergarten. Es werden auch Brauereiführungen mit anschließender Bierverkostung veranstaltet. Tägl. ab 11 Uhr geöffnet, Küche bis 21.30 Uhr. Gut 2 km südlich der Innenstadt. Greifswalder Chaussee 84/85, ☎ 03831-255500, www.alter-fritz.de.

Cafés Ein caféreicher Platz ist – dem prächtigen, backsteinernen Ensemble geschuldet – der Alte Markt. Unsere Café-Empfehlung ist hier das kleine, sympathische **Nikolai Café** 🔳 neben dem Zugang zur Kirche. Selbst gebackene Kuchen, köstliche Palatschinken, auch Suppen und kleine Gerichte. Tägl. ca. 12 bis 18.30 Uhr geöffnet. Alter Markt 12, ☎ 03831-290765.

Tea Boutique & Tea Room 🔳, ein Stück Good old England in der Hansestadt. Feinste Teesorten und vor allem ein kleiner, unglaublich gemütlicher Tea Room mit Sofa und Sesseln, Blümchentapete um den Kamin und vor allem: Scones mit Clotted Cream zur Tea Time. Mo–Fr 11–18.30 Uhr, Sa 11–16 Uhr, Heiliggeiststr. 89, www.teaboutique.de.

>>> **Lesertipp: Café Kelm** 🔳, „Das Café ist klein und urgemütlich eingerichtet, jahreszeitlich hübsch dekoriert, mit leckeren Kuchen und Torten. U. a. eine wunderbare Joghurt-Sanddorn-Torte. Es kommen fair gehandelte Kaffees und Tees zu fairen Preisen in die Tassen." Diesem Urteil können wir uns nur anschließen und möchten lediglich hinzufügen, dass in dem muggelig engen Café auch Waffeln und Eis angeboten werden. Mo–Sa 10–18.30 Uhr, So 11–18 Uhr. Böttcherstr. 31, ☎ 03831-667790. <<<

Imbiss Räucherfisch gibt es von den Fischkuttern im Hafen.

Die Suppenmacher 🔳, empfehlenswerte Suppenküche, oft voll. Wöchentlich wechselnde Suppen und Tagesangebote in kleinen und großen Portionen, viel Vegetarisches. Günstig: 3,10–4,50 € (inkl. Brot). Nur Mo–Fr 11–15 Uhr geöffnet. Böttcherstr. 36, ☎ 03831-469891, www.diesuppenmacher.de.

Fischhalle 🔳, in einer der Querstraßen am Hafen (Neue Badenstr.). Fischbrötchen ab 3 € und günstige Fischgerichte. Tägl. 9–20 Uhr (So ab 10 Uhr).

Rasmus 🔳, traditionsreiches Fischgeschäft und Räucherei; hier wird der Bismarckhering noch immer nach traditionellem (und natürlich geheimem) Rezept in einem Sud aus Essig, Senfkörnern, Zwiebeln und Lorbeerblättern eingelegt. Eine weitere Köstlichkeit ist der süß-sauer-scharfe *Hiddenseer Pfefferlappen*. Heilgeiststr. 10, ☎ 03831-281538, www.bismarckhering.com.

↓ Stralsund
Karte S. 199

Bismarckhering

Johann Wiechmann, Brauer, Kaufmann und Gründer einer der ersten Fischkonservenfabriken an der Ostseeküste, sandte 1871 an den jüngst ernannten Reichskanzler *Otto von Bismarck* ein kleines Holzfässchen, in dem entgräteter Hering eingelegt war. „Untertänigst" bat Wiechmann, die von seiner Gattin Karoline zubereitete Spezialität *Bismarckhering* nennen zu dürfen. Dem Reichskanzler schien es geschmeckt zu haben, denn in einem handgeschriebenen Antwortschreiben gab er sein fürstliches Einverständnis. Seither gibt es den Bismarckhering, der Stralsunder ist der originale.

Sehenswertes

Der Alte Markt und das Rathaus

Rund um den Alten Markt kann man mit der Nikolaikirche und dem **Rathaus** ein einzigartiges Ensemble Norddeutscher Backsteingotik besichtigen. Die zum Markt weisende Schaufassade des Rathauses ist ein Juwel, wenn nicht das Kronjuwel deutscher Backsteingotik. Erstmals 1270 erwähnt, bestand das Rathaus zunächst aus den zwei Langhallen und (seit Ende des 13. Jh.) dem verbindenden Querbau im Süden. Auf dem Höhepunkt hanseatischer Macht entstand der nördliche Vorbau mit seiner prächtigen Schaufassade. Sechs Dreiecksgiebel krönen die Fassade, zwischen ihnen behelmte schlanke Pfeiler, zwei weitere schmücken die St. Nikolai zugeneigte Seite. Unterhalb der Blendbögen und direkt über den Spitzbogenfenstern sind die Wappen der wichtigsten Hansestädte eingefügt. 1579 erhielt das Rathaus die Renaissance-Treppe, 1720 wurde das Barockportal der Längsfassade (Fußgängerzone/Ossenreyerstraße) angefügt. Über dem Eingang befindet sich ein farbenprächtiges Stadtwappen. Das Wappenschild (mit Stralsunds gekröntem Pfeil) wird gehalten von einem goldenen Löwen und einem roten Greif. Wenn man vor dem Barockportal steht, hat man quer durch das Rathaus hindurch einen eigenwilligen Blick auf das Hauptportal der Nikolaikirche. Der Innenhof des Rathauses ist heute mit Glas überdacht.

Außer dem Rathaus schmücken noch viele andere Fassaden in einem Stilmix der Epochen den Alten Markt. Besonders markant sind das **Commandanten-Hus,** ein Barockbau aus schwedischer Zeit, und das **Wulflamhaus.** Dieses Backsteingebäude, über dessen Treppengiebel sich vier Pfeilertürmchen erheben, wurde in der ersten Hälfte des 14. Jh. vom Bürgermeister *Bertram Wulflam* errichtet, der als der reichste Mann der Ostsee galt. Drei Häuser weiter links in Richtung Neuer Markt trifft man auf das **Giebelhaus,** erbaut Ende des 13. Jh. (Mühlenstraße 1). Sein Pfeilergiebel gilt als der älteste der Backsteingotik. Zwei Häuser weiter stößt man auf das **Dielenhaus,** in dem Modelle wichtiger Bauwerke der Stadt zu sehen sind (tägl. 10–17 Uhr geöffnet, feiertags geschlossen).

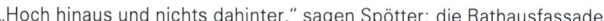

„Hoch hinaus und nichts dahinter," sagen Spötter: die Rathausfassade

Zurück am Alten Markt befindet sich im barocken *Olthofschen Palais* direkt neben der Tourismus-Information die sehenswerte **Welterbe-Ausstellung**. Neben allgemeinen Informationen zum UNESCO-Welterbe befasst sich die Ausstellung mittels historischer Fotos, Filmen, interaktiver Präsentationen etc. insbesondere mit der Entwicklung Stralsunds.

Tägl. 10–17 Uhr geöffnet, Eintritt frei, Ossenreyerstr. 1.

St. Nikolai

Die Kirche St. Nikolai ist die älteste Kirche Stralsunds und der erste Nachfolgerbau der Lübecker Marienkirche. Zunächst entstand über der vorhandenen Bausubstanz der Vorgängerkirche eine dreischiffige Hallenkirche mit Querschiff und einem Turm. Kaum vollendet, wurde die Kirche nach 1270 zu einer dreischiffigen, querhauslosen Basilika mit Chorumgang umgebaut. Die Nähe zur Lübecker Marienkirche zeigt sich am deutlichsten in der wuchtigen Doppelturmanlage – neben Lübeck die einzige an der Ostseeküste, die vollendet wurde. Bei einem Brand 1662 wurden die Türme schwer beschädigt. Anfang des 18. Jh. kam es zu der bis heute das Stadtbild prägenden uneinheitlichen Bedachung der Türme, der eine mit barockem Helm, der andere mit niedrigem Pyramidendach.

Im Innern der Kirche beeindrucken die mit Fresken geschmückten farbenprächtigen Säulen (die sog. „Bunten Pfeiler"), aus manchen Kapitellen der Spitzbogenarkaden ragen kleine steinerne Köpfe mit auf die Säulen gemalten Körpern. Die Ausstattung der Kirche ist beachtlich – bedenkt man, was alles während des „Kirchenbrechens" 1525 verloren gegangen ist, lässt sich der Reichtum der ursprünglich vorhandenen mittelalterlichen Kunstschätze erahnen. Aus der Fülle der wertvollen Det-

Farbenprächtig im Innern: St. Nikolai

ails sind besonders der gotische Hochaltar (gestiftet 1470), die Reste einer astronomischen Uhr von 1349 (hinter dem Hochaltar) und die Stuckplastik *Anna Selbdritt* (vor 1270) hervorzuheben sowie die erhaltenen Nebenaltäre. Einstmals sollen es 56 gewesen sein, viele davon von Fernhandeltreibenden gestiftet, z. B. der *Altar der Bergenfahrer* (Bergen in Norwegen, um 1500). Bemerkenswert sind zudem die vier erhaltenen Tafeln des *Gestühls der Rigafahrer* (fälschlicherweise auch als *Gestühl der Nowgorodfahrer* bekannt) aus dem 14. Jh. (beim barocken Trennaltar rechts). Die lebendige Darstellung zeigt den Ursprung des Profits: bärtige Zobeljäger,

Im Meeresmuseum:
der Finnwal im Chor

Holzfäller und Honigsammler bei der Arbeit und in Verhandlungen mit Figuren in hanseatischer Tracht. Kurzum: St. Nikolai ist unbedingt einen Besuch wert.

April/Mai und Sept./Okt. Mo–Sa 10–18 Uhr, So und feiertags 13–16 Uhr; Juni bis Aug. Mo–Sa 9–19 Uhr, So und feiertags 13–17 Uhr; Nov. bis März Mo–Sa 10–16 Uhr. Sonntag 10.30 Uhr Gottesdienst. Eintritt 3 €, Kinder und Jugendliche frei. **Führungen** Juni bis Sept. Mo/Di und Do/Fr 12.30 und 15 Uhr. Zugang vom Markt aus durch das Seitenportal, das Hauptportal (zum Rathaus hin) wird nur zu Gottesdiensten geöffnet. www.hst-nikolai.de.

Johanniskloster

An der nördlichen (rekonstruierten) Stadtmauer liegt das ehemalige Kloster St. Johannis. 1254 von den Franziskanern gegründet, entwickelte es sich in den folgenden Jahrhunderten zu einem der bedeutendsten Klöster in Norddeutschland. Die Reformation beendete jedoch die Blüte des Klosters, das in städtischen Besitz gelangte und u. a. als Armenhaus und Rentnerdomizil, Waisenhaus, Krankenstube, Gefängnis, Friedhof und Militärstall diente.

Das Kloster ist leider schon seit Jahren wegen Sanierung geschlossen. Am Johanniskloster 35.

Museen in der Mönchstraße

Hinter den dicken Mauern des **Katharinenklosters**, eines ehemaligen Dominikanerklosters aus dem 13. Jh., verbergen sich heute zwei bedeutende Museen der Stadt: das Deutsche Meeresmuseum und das Kulturhistorische Museum.

Deutsches Meeresmuseum: 1951 begann die Geschichte des Deutschen Meeresmuseums mit einer kleinen Sammlung im Katharinenkloster. Daraus entwickelte sich nicht nur das bedeutendste Museum Stralsunds, sondern auch das meistbesuchte Norddeutschlands. Neben den Außenstellen (darunter das *Natureum* am Darßer Ort, → S. 186) wurde 2008 das *Ozeaneum* (→ unten) am Hafen eröffnet, das die Attraktivität des Deutschen Meeresmuseums nochmals enorm steigert. Während sich das Ozeaneum den nördlichen Meeren Ost- und Nordsee bis hin zum Polarmeer widmet, werden im Katharinenkloster eher Mittelmeer und tropische Meere thematisiert.

In die riesige Halle der ehemaligen Kirche hat man zwei Zwischenebenen eingezogen und so eine deutlich größere Ausstellungsfläche geschaffen. Das Erdgeschoss befasst sich vornehmlich mit den Themen Meereskunde, Meeresbiologie und Tiefseeforschung. Darüber hinaus sind diverse Schiffsmodelle zu bewundern sowie

Modelle und Skelette von Haien und Robben, Mond- und Thunfischen. Hinter dem großen Modell eines Korallenriffs findet man sich unversehens im Chor der alten Klosterkirche und unter einem 15 m langen und 1000 kg schweren Skelett eines Finnwals wieder, der im Jahr 1825 vor Rügen strandete. Das erste Obergeschoss der Ausstellung ist ganz der Geschichte der Fischerei gewidmet: Neben verschiedenen Schiffsmodellen vom ca. 2000 Jahre alten Einbaum bis hin zum Modell *Atlantik-Supertrawler* aus dem Jahr 1980 werden die verschiedensten Methoden in Sachen Fischfang gezeigt, außerdem zahlreiche Modelle der entsprechenden Hochseeschiffe. Im zweiten Stock (mit weiteren Tiermodellen und -präparaten) sollte man nicht verpassen, einen Blick nach oben ins prächtige Gewölbe und (wieder im Chor) hinab auf den Finnwal zu werfen. Von hier aus geht es vorbei an Ausstellungsvitrinen, die sich der Meeresvielfalt in der Ostsee und an ihrer Küste widmen, die Treppen hinunter zu den Tropen- und Mittelmeeraquarien mit ihren farbenprächtigen Bewohnern: Seeanemonen und Clownfische, Seepferdchen und Garnelen. Höhepunkt ist sicherlich das Becken mit den majestätischen Meeresschildkröten.

Das Kulturhistorische Museum im ehemaligen Katharinenkloster

Ganzjährig tägl. 10–17 Uhr (Nov. bis Mai Mo geschlossen). Eintritt 10 €, erm. 8 € (Schüler, Studenten etc.), Kinder (4–16 J.) 4 €, Kinder unter 4 J. frei. Audioguide 1 €. **Kombiti**cket mit Ozeaneum 23 €, erm. 17 €. **Museumsführer** 3,90 €. Mit Aufzug. Katharinenberg 14–20, ✆ 03831-2650210, www.meeresmuseum.de.

Kulturhistorisches Museum: Ebenfalls im Komplex des ehemaligen Katharinenklosters untergebracht ist das älteste Museum Mecklenburg-Vorpommerns (bereits seit 1858). Im Kloster befindet sich die Sammlung seit 1924. Die Ausstellungen beschäftigen sich mit der Geschichte Stralsunds, Schwerpunkte sind mittelalterliche Kirchenkunst, Fayencen aus der „Stralsunder Fayencenfabrique" (1755–1792), hanseatischer Handel, Wikingergold und städtisches Handwerk. Allein die Räumlichkeiten um die beiden Kreuzganghöfe sind unbedingt sehenswert. Die Sektion *Handel und Wandel* beispielsweise (hier u. a. Hansesiegel, Münzen, Sextanten, eine Reproduktion der Urkunde des Stralsunder Friedens, Schiffsmodelle etc.) wird von einem eleganten Netzgewölbe überspannt. Das Highlight der gesamten Ausstellung bildet der *Goldschatz von Hiddensee* aus dem 9. Jh. (→ S. 269).

Das erste Obergeschoss widmet sich der jüngeren Stralsunder Geschichte, darunter auch dem Thema Spielkarten aus der einstmals überregional bekannten Stralsunder Spielkartenfabriken des 18./19. Jh. Einige Räume sind mit historischem

Mobiliar ausgestattet. Zahlreiche Stadtansichten aus den verschiedenen Jahrhunderten, ein restauriertes Globenpaar (der Erd- und der Himmelsglobus), Grafiken und Gemälde, darunter auch Werke von *Caspar David Friedrich*, runden die Ausstellung ab.

Tägl. 10–17 Uhr, Mo geschlossen. Eintritt 6 €, erm. 3 €, Kinder unter 6 J. frei, Familien 14 €. **Kombiticket** mit Museumshaus 8 €, erm. 4 €, Familien 18 €. Mönchstr. 25/27, ☎ 03831-253617, www.museum.stralsund.de.

Werkstatt und Museum: die alte Spielkartenfabrik

Nicht ganz so bekannt wie manche seiner Sehenswürdigkeiten ist die Tradition Stralsunds als ein Zentrum der Spielkartenfabrikation. Schon 1765 erhielt man hier von den Schweden, die ja seinerzeit das Sagen hatten, eine Konzession zur Herstellung von Spielkarten. Das Geschäft florierte – gezockt wird schließlich immer. Man expandierte und Mitte des 19. Jh. hatte es die *Vereinigte Stralsunder Spielkartenfabriken A. G.* zum Marktführer gebracht. 1931 wurde der Sitz des Erfolgsunternehmen ins thüringische Altenburg verlegt, wo immer noch Spielkarten (und Spiele) produziert werden.

Die alte Fabrik im backsteinernen Speicher am Katharinenberg kann besichtigt werden. Heute werden in dem „arbeitenden Museum", wie man sich selbst nennt, an den historischen Druckermaschinen Bücher und besonders Comics in kleiner Auflage erstellt. Man kann an einem Workshop für Typografie, Buchdruck, Grafik, Binden, Papierschöpfen u. a. teilnehmen oder sogar einen eigenen Entwurf selbst setzen und drucken (mit Anleitung). Wer das fertige Produkt testen will: In der Brasserie Stralsund finden immer wieder Spieleabende mit den hier entworfenen Kartenspielen statt.

Mo–Fr 11–13 und 15–19 Uhr geöffnet, Eintritt frei, Führungen nach Absprache (10 €/Pers.). Mit **Shop** für Freunde des gepflegten Spieleabends: Bei „Rum & Rollmops" ist frühkapitalistische Strategie gefragt, bei „Leg dein Leben" werden Sie Ihren Mitspielern so einiges aus Ihrer Vita erklären müssen … Darüber hinaus auch Skat-, Rommé- und Doppelkopf-Karten in der „Fischköppe"-Version. Ideale Mitbringsel aus der Hansestadt. Katharinenberg 35, ☎ 03831-703360, www.spiefa.de.

Museumshaus: Etwas weiter südlich in der Mönchstraße liegt diese Außenstelle des Kulturhistorischen Museums. Das uralte Haus, dessen Gebälk sichtlich unter der Last der Jahrhunderte ächzt, ist selbst das Exponat. Um 1320 erbaut, gehört es zu den ältesten Wohnhäusern der Stadt (und war bis 1979 bewohnt). Bei der in den 1990er-Jahren erfolgten Sanierung ging es weniger darum, den mittelalterlichen Bauzustand komplett wiederherzustellen, vielmehr wurden die 650 Jahre, die dieses Haus bewohnt war, „sichtbar" gemacht, z. B. durch das „Aufblättern" von 20 Tapetenschichten. Zu sehen sind u. a. der krumme, niedrige Keller und ein kleines Kontor. Der Höhepunkt des Rundganges befindet sich im Dachgeschoss: Hier steht ein gotisches Lastenrad, das nicht nur zu den ältesten Nordeuropas zählt, sondern auch noch funktioniert.

Tägl. 10–17 Uhr, Mo geschlossen. Eintritt 5 €, erm. 2,50 €, Kinder unter 6 J. frei, Familien 14 €. Kombiticket mit Kulturhistorischem Museum 8 €, erm. 4 €, Familien 18 €. Mönchstr. 38, ☎ 03831-253617, www.museum.stralsund.de.

Ein Gotteshaus wie ein Burg: die Marienkirche

Stralsund
→ Karte S. 199

Marienkirche

Die Kirche St. Marien ein Gotteshaus zu nennen ist eigentlich eine Untertreibung, „Burg Gottes" trifft es besser. Wuchtig und geradezu wehrhaft erhebt sich der kolossale Backsteinbau über den Neuen Markt. Die trutzige Kirche wurde erstmals 1298 erwähnt. Ihr Aussehen wurde in den folgenden Jahrhunderten jedoch stark verändert. Wesentliche Teile der heutigen Anlage entstanden Anfang des 15. Jh., nachdem in den 80er-Jahren des 14. Jh. der Kirchturm umfiel und auch Langschiff und Chor zerstörte. St. Marien ist die letzte große Backsteinbasilika im norddeutschen Raum und damit der kolossale Schlussstein der Norddeutschen Backsteingotik. Von außen sieht man der Kirche kaum an, dass es sich um ein dreischiffiges, basilikales Langhaus handelt. Die wuchtigen, von kleinen Türmchen gekrönten Anbauten des Kirchturms erwecken den Eindruck eines Querschiffes, das aber nicht vorhanden ist. 1478 erhielt der Turm eine gigantische Spitze: 151 m hoch ragte er nun über die Stadt, weit sichtbar über Wasser und Land (zum Vergleich: heute sind es 104 m). 1647 schlug der Blitz ein und zerstörte den Aufbau. 1708 erhielt der Turm seine heutige barocke Haube.

Eine eindrucksvoll steile Raumproportion ergibt sich im kargen Innern der Kirche, bei einer Mittelschiffbreite von etwas mehr als 10 m geht es fast 33 m in die Höhe. Von der Aussichtsplattform auf dem Kirchturm in 90 m Höhe hat man einen einzigartigen Blick über die Hansestadt, den Strelasund und Rügen.

Nov. bis Aug. Mo–Fr 10–12 und 14–16 Uhr, Sa/So 10–12 Uhr, Sept./Okt. tägl. 10–17 Uhr. Während der Öffnungszeiten ist eine **Turmbesteigung** (366 Stufen, teils sehr steile Stiegen) möglich: Erw. 4 €, erm. 2 €. **Führungen** durch das Dachgewölbe (mit Turmbesteigung) Di 15 Uhr und Do 15.30 Uhr, Erw. 4 €, erm. 2,50 €, Anmeldung in der Kirche oder unter ✆ 03831-298965 (oder ✆ 0172-3125491), www.st-mariengemeinde-stralsund.de.

Jakobikirche

Die Dritte im Bunde der gotischen Backsteinkirchen Stralsunds ist die Jakobikirche. Die Hallenkirche wurde im 14. Jh. errichtet und später in eine dreischiffige Basilika umgebaut. Die Jakobikirche hatte unter den Wirren der Jahrhunderte besonders zu leiden, kaum ein Krieg, dessen Geschosse ihre Fassaden nicht getroffen hätten. Hinzu kamen Blitzschlag und Brände. St. Jakobi dient heute als Kulturkirche und ist Bühne für Konzerte, Theater oder diverse andere Veranstaltungen.

Jacobiturmstr. 28. Infos, Programme hängen aus, Kartenvorverkauf bei der Tourist-Information.

Am Hafen: das Ozeaneum

Einst die Basis hanseatischer Macht, ist der Hafen heute eine quirlige Flaniermeile. Von Kanälen umschlossen, setzt sich die Hafeninsel ein wenig ab und bleibt doch ein lebendiger Teil der Altstadt. Blickfang und Besuchermagnet ist das **Ozeaneum**. Seine spektakuläre Architektur passt sich zwischen den alten backsteinernen Speichern ein, ohne sich vorzudrängen. Vier Gebäude, durch ein gläsernes Foyer miteinander verbunden, bilden einen architektonisch gelungenen Museumskomplex, der in interessantem Kontrast zu der historischen Hafenfront steht. Im ersten Gebäude befassen sich die Ausstellungen (auch interaktiv) mit dem „Weltmeer", der „Ostsee" und der „Erforschung der Meere". In den beiden nächsten Gebäuden sind die Aquarien untergebracht, die vor allem die Lebensräume der Nordsee und der Ostsee sowie des Polarmeeres nachstellen. Insgesamt sind es 45 Aquarien, die zusammen sechs Mio. Liter Wasser fassen, das größte davon ist das Schwarmfischbecken mit einem Fassungsvermögen von 2,6 Mio. Litern. Das vierte Gebäude ist den Riesen der Meere gewidmet: Modelle von Walen in Originalgröße hängen im Raum. Klanginstallationen simulieren den Gesang der Meeressäuger. Ein besonderes Highlight des an Attraktionen sicher nicht armen Museums ist die Pinguinanlage auf dem Dach. Daneben gibt es für Kinder eine kleine Erlebnisausstellung („Ein Meer für Kinder").

Bereits im Foyer spektakulär: das Ozeaneum

Ganzjährig tägl. 9.30–18 Uhr, Juni bis Mitte Sept. bis 20 Uhr. Erw. 17 €, erm. 12 €, Kinder (4–16 J.) 8 €, Kinder unter 4 J. frei. **Kombiticket** mit Meeresmuseum 23 €, erm. 17 €, Kinder (4–16 J.) 12 €, Kinder unter 4 J. frei. Hafenstr. 11, ✆ 03831-2650610, www.ozeaneum.de.

Am Hafen liegt des Weiteren die **Gorch Fock** vor Anker. Der stattliche Windjammer war der Vorgänger des heutigen Marinesegelschulschiffes gleichen Namens. Seit 1933 stand der Großsegler als Ausbildungsschiff im Dienst, nach

Stralsund
→ Karte S. 199

Das Ozeaneum am Hafen

dem Krieg fuhr er unter dem neuen Namen *Towarischtsch* (Kamerad, Genosse) für die russische Handelsmarine. Schließlich erwarb ein Förderkreis den Windjammer und ließ ihn wieder instand setzen. Ein Rundgang führt auf die Brücke und in den Funkraum, dann in den Kapitänssalon und unter Deck.

April bis Sept. tägl. 10–18 Uhr, Okt. bis März 10–16 Uhr, Eintritt 4,90 €, Schüler 2,50 €, Kinder bis 12 J. frei, Familien 11,50 €. ✆ 03831-666520, www.gorchfock1.de.

Dänholm: Nautineum und Marinemuseum

Auf die Insel gelangt man über die Ziegelgrabenbrücke bzw. von Rügen aus über den alten Rügendamm, der seit seiner Sanierung wieder als Anreisealternative auf die Insel dient. Einstmals war der Dänholm von großer strategischer Bedeutung für Stralsund, heute ist es dort ein wenig öde. Nichtsdestotrotz verstecken sich auf der Insel zwei Sehenswürdigkeiten: das Nautineum und das Marinemuseum.

Das **Nautineum** ist eine Dependance des Deutschen Meeresmuseums für die sperrigen Exponate. Zu sehen sind u. a. ein Zeesenboot (ein traditionelles Boot der Ostseefischer), ein Fischkutter, eine Bootsbauerei und sogar die (begehbare) Unterwasser-Forschungsstation *Helgoland*, die sich allerdings an Land befindet. Flankiert werden die Großobjekte von Ausstellungen über Fangtechniken und Methoden der Meeresforschung. Das **Marinemuseum Dänholm** dagegen ist die maritime Außenstelle des Kulturhistorischen Museums und dabei nicht nur ein nautisches, sondern v. a. auch ein militärhistorisches Museum. Die zahlreichen Exponate umfassen die maritime Geschichte von der Kurfürstlichen Brandenburgischen Flotte bis zu den Minenräumern der Volksmarine.

Öffnungszeiten Ziegelgrabenbrücke: Die Brücke wird 5-mal täglich (5.20, 8.20, 12.20, 15.20, 17.20 und 21.30 Uhr) bei Bedarf jeweils für 20 Min. für den Schiffsverkehr geöffnet.

Nautineum: Mai bis Okt. nur Di 10–16 Uhr geöffnet, Eintritt frei. Zum Kleinen Dänholm, ✆ 03831-288010, www.deutsches-meeresmuseum.de. **Bus Linie 2** bis Dähnholm.

Marinemusem: Nur Mai bis Okt. Di–So 10–17 Uhr geöffnet, Mo geschl. Erw. 6 €, erm. 3 €. Zur Sternschanze 7, ✆ 03831-297327. **Bus Linie 2** bis Dähnholm.

Grandios: Rügens Kreideküste | Hiddensee: Am Strand von Neuendorf

Rügen

Zwischen zergliederten Boddenufern, endlosen Sandstränden und spektakulärer Steilküste erstreckt sich eine vielgestaltige Landschaft, die stets mit
neuen Naturschönheiten überrascht. Im Inselinneren verbinden kilometerlange Alleen mondäne Ostseebäder mit beschaulichen Dörfern.

Mit 926 km² ist Rügen mit Abstand die größte Insel Deutschlands. Und doch ist
das Wasser immer nah: Auf der ganzen Insel gibt es keinen Ort, der mehr als
7 km vom Meer oder Bodden entfernt ist. Rügen ist ein Badeparadies. Von den
574 km Küstenlinie sind über 63 km Badestrände, die sich v. a. entlang Rügens
Ostküste erstrecken. Beliebt sind die Hausstrände der Ostseebäder Göhren,
Sellin und Binz sowie der Große Strand auf dem Mönchgut, beschaulicher geht
es am abgelegenen Sandstrand der Schaabe zwischen den Halbinseln Jasmund
und Wittow zu.

Rügen wäre eigentlich besser als Inselgruppe beschrieben und weniger als zusammenhängende Insel, doch die Natur und der Mensch haben mit Nehrungen
und Geröllwällen vom „Inselkern" Rügens Brücken zu den Nachbarinseln
geschlagen: Im Südosten hängen sich die zergliederten Küsten des Mönchguts
an, das sich wie ein verkleinertes Spiegelbild Rügens zwischen Bodden und Ostsee aus dem Wasser erhebt. Die Landengen Schmale Heide und der Lietzow-
damm reichen in nordöstlicher Richtung nach Jasmund, dessen herrlicher Buchenwald hart über den berühmten Kreidefelsen abbricht. Schließlich ist die
Halbinsel Jasmund ihrerseits über eine enge, lange Nehrung namens Schaabe mit
Wittow verbunden, dem flachen „Windland", dessen leuchtturmbewehrtes Kap
Arkona weit in die Ostsee ragt. Während die stille Insel Ummanz durch eine
Brücke mit dem Westen Rügens verbunden ist, hat sich Hiddensee seine exklu-
sive Insellage erhalten.

Rügens Süden

Die südwestliche Ecke Rügens, zwischen Altefähr, Zudar und Bergen, markiert für viele Rügen-Reisende lediglich den letzten Abschnitt der Fahrt an den Urlaubsort. Wer sich vor dem ersten Strandgang ein bisschen mehr Zeit lassen will, kann sich auf dem nördlichsten Teil der **Deutschen Alleenstraße** über die Orte Gustow, Poseritz und Garz langsamer seinem Reiseziel nähern. In Rügens Mitte wird es dann städtisch. Bergen am Rugard, Inselhauptstadt und -zentrum, verbreitet kleinstädtisches Flair. In der näheren Umgebung der Stadt befinden sich die beiden Festspielorte Rügens: das Theater von Putbus, der klassizistischen „weißen Stadt", und die Freilichtbühne von Ralswiek, wo jedes Jahr die spektakulären *Störtebeker Festspiele* stattfinden.

Altefähr (ca. 1250 Einwohner): Der Name verrät bereits viel über den kleinen Ort. Hier legten die Fähren aus der Hansestadt Stralsund an. Mit dem Bau des Rügendamms 1936 wurde Altefähr gewissermaßen arbeitslos und seither von den meisten Reisenden im wahrsten Sinne des Wortes links liegen gelassen. Heute verfügt Altefähr über eine kleine Marina, einen Badestrand und überschaubare touristische Infrastruktur. Sehenswert ist die *St. Nikolaikirche* (15. Jh.) mit ihrer eigenwilligen Turmuhr.

Verbindungen Mit Buslinie 1 des Stralsunder Nahverkehrs bis nach *Altefähr*, am etwas abseits gelegenen Bahnhof hält die **Bahn** von Stralsund über Bergen nach *Sassnitz* (5–23 Uhr, fast jede volle Stunde), hier hält auch die (Bus-)Linie 30 (von Stralsund via Garz und Putbus nach Bergen).

Schiffe der *Weißen Flotte* fahren 4- bis 5-mal tägl. nach Stralsund (Ostern bis Ende Okt.), Erw. 3,50 €, Kinder 1,80 €, Fahrrad 2,50 €. ℘ 03831-26810, www.weisse-flotte.de.

Klettern Wald Seil Park Rügen, im schmalen Waldstreifen westlich von Altefähr. Klettergarten mit sieben Parcours verschiedener Schwierigkeitsgrade. Ende April bis Juni und Sept. Mi–Fr 12–18 Uhr, Sa/So 10–18 Uhr (April nur bis 17 Uhr), Juli/Aug. tägl. 10–19 Uhr, Okt. nur Sa/So 11–17 Uhr. Klingenberg 25, ℘ 038306-239758, www.waldseilpark-ruegen.de.

Wassersport Sail & Surf Rügen, Surfkurse für Anfänger, Fortgeschrittene und Kinder, auch Scheine, Kurse im Kitesurfen und Katamaran, Materialverleih (auch Kajaks). Am Fährberg 8, ℘ 038306-23253, www.segelschule-ruegen.de.

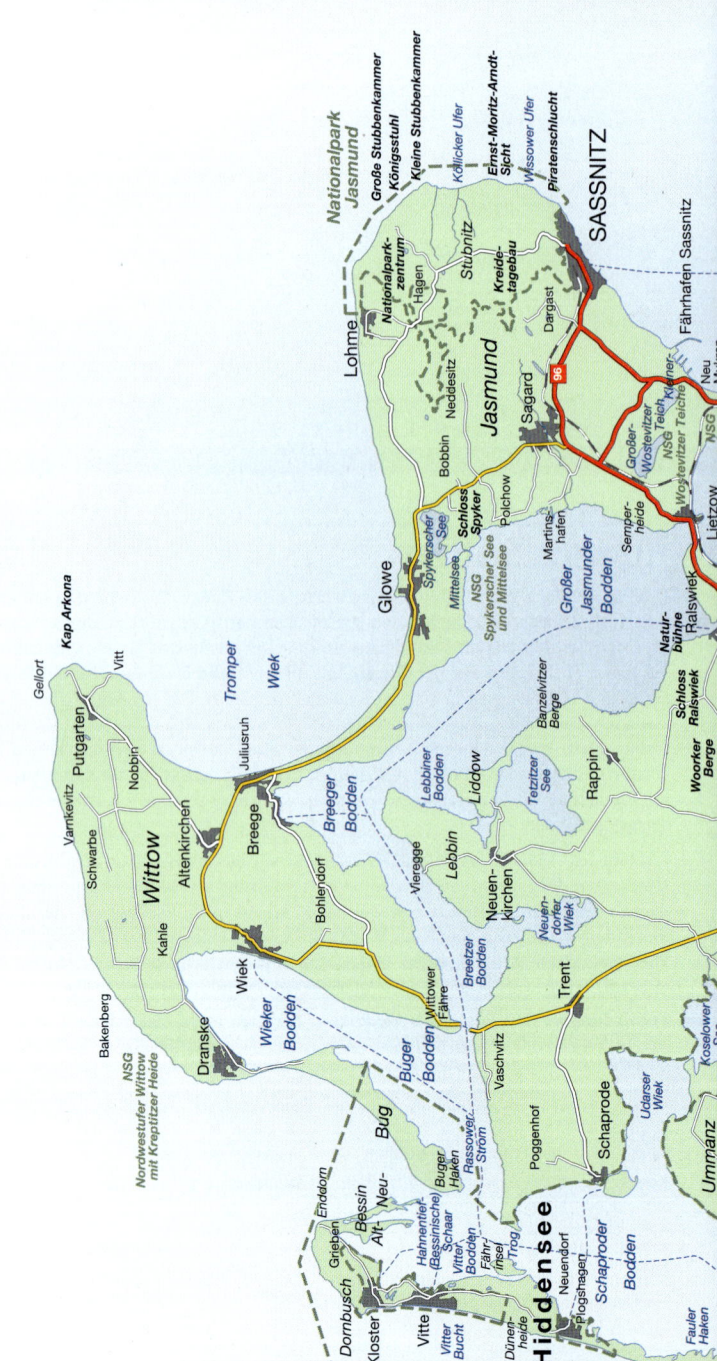

Rambin: Auf dem eiligen Weg an den Strand (oder nach Hause) wird sich für den einen oder anderen ein Zwischenstopp in Rambin anbieten. Vielleicht nicht unbedingt wegen des hübschen, kleinen Dorfkerns (erste Erwähnung 1246) mit seiner alten Backsteinkirche, sondern eher zum Shoppen: im *Rügener Bauernmarkt und in der Inselbrauerei.*

Einkaufen/Essen & Trinken   Rügener Bauernmarkt, in der „Alten Pommernkate", hier gibt es Kulinarisches vom Bauernhof, aber auch jede Menge Nippes und Mitbringsel (was sich bekanntlich nicht ausschließt): vom Buddelschiff bis zum Wohlfühl-Tee; auch Café und Fischräucherei. Tägl. 8–19 Uhr. Hauptstr. 2 a, ✆ 038306-62630, www.altepommernkate.de.

»› Lesertipp: Insel-Brauerei, „moderne Brauerei mit interessanten Bieren." Mit der handelsüblichen Kastenware haben diese Biere allerdings nur wenig gemein: Hier wird Rügens Beitrag zum Craft-Beer-Hype gebraut. Verkostung und Verkauf, nach Voranmeldung auch Besichtigung. Direkt neben der Pommernkate. Tägl. 10–19 Uhr, Hauptstraße 2c, ✆ 038306-238700, www.insel-brauerei.de. **‹‹‹**

Flugplatz Rügen (bei Güttin): Rügen aus der Luft? Machbar und nicht einmal unerschwinglich. Nördlich von Samtens befindet sich der einzige Flugplatz der Insel, von dem die Cessnas vor allem für Inselrundflüge aufsteigen.

Ostsee-Flug-Rügen, 18573 Güttin/Rügen, ✆ 038306-1289, www.flugplatz-ruegen.de. In der Hochsaison besser reservieren.

Garz (ca. 2200 Einwohner): Als erster Ort der Insel erhielt **Garz** 1319 das Stadtrecht. Doch dieses Privileg scheint im Laufe der Jahrhunderte an der uralten Siedlung spurlos vorübergegangen zu sein. Garz ist ein Dorf geblieben. Die „Attraktionen" des Ortes liegen am südwestlichen Ortsrand: Der **slawische Burgwall** zeugt von der Bedeutung von Garz (*Charenza*) in slawischer Zeit. Garz war damals ein Handelszentrum und neben dem religiösen Zentrum Arkona der wichtigste Ort der Insel. Heute dienen Überreste des Burgwalls als kleiner Stadtpark. Im **Ernst-Moritz-Arndt-Museum** nebenan wird an den berühmtesten Sohn der Stadt erinnert: der politische Schriftsteller Ernst-Moritz Arndt (1769–1860).

Ernst-Moritz-Arndt-Museum, Mai bis Okt. Di–Sa 10–16 Uhr, Nov. bis April 10–15 Uhr. Eintritt 2 €. An den Anlagen 1, 18574 Garz, ✆ 038304-12212.

Boddenidyll auf der Halbinsel Zudar

Verbindungen Bus: Die *Linie 30* verbindet Garz etwa stündl. mit Bergen und Pusbus 6-mal mit Stralsund (Sa/So 2-mal).

Golf Golf-Centrum Schloss Karnitz, nördlich von Garz, 18-Loch-Challenge-Course und 9-Loch-Public-Course. Mit Restaurant und Ferienwohnungen. Von Süden kommend am Ortseingang links. 18574 Karnitz, ✆ 038304-82470, www.inselgolf-ruegen.de.

Halbinsel Zudar: Die Halbinsel wäre nahezu menschenleer, wäre da nicht der Verkehr, der im Sommer der **Glewitzer Fähre** zustrebt. Abseits dieser Verbindungsader, an der mit **Zudar** auch die größte Siedlung der Halbinsel liegt, wird es ländlich und einsam. Ein pittoreskes Bild gibt die Kormoran-Kolonie auf dem Inselchen **Tollow** ab: Mitten in der südlichsten Ausbuchtung der Schoritzer Wiek sitzen die großen Vögel auf abgestorbenen Bäumen und bilden eine skurrile Silhouette.

Verbindungen Glewitzer Fähre: April bis Okt. tägl. 6–20.10 Uhr, Mai bis Sept. bis 21.40 Uhr. Pkw (inkl. Fahrer) 5,90 €, Pers. 1,30 €, Fahrrad 1,30 €. Auskunft unter ✆ 0172-7526836.

Baden Die Sandstrände Zudars befinden sich an der Ostküste der Halbinsel und sind dank ihrer abseitigen Lage meist nur spärlich besucht. Baden kann man auch um den Palmer Ort, der Südspitze Zudars. Nicht überwacht, kein Strandservice.

Bergen

ca. 14.200 Einwohner

→ Rügen
→ Karte S. 212/213

Bergen bildet nicht nur die geografische Mitte Rügens, es ist auch die „Hauptstadt" und das wirtschaftliche Zentrum der Insel. Der historische Ortskern mit Marktplatz, Marienkirche und altem Klostergelände versprüht sympathisches Kleinstadtflair.

Geschäftig geht es zu im Stadtzentrum von Bergen rund um den Markt. Dass der abschüssige, unsymmetrische Platz nur zum Teil verkehrsberuhigt ist, stört kaum, wenn man am oberen Teil auf einer der Caféterrassen sitzt und sich das Treiben in Ruhe anschauen kann. Umgeben wird der Marktplatz von einem wahllos aneinander gereihten, aber ansehnlichen Häuserensemble: hier ein bisschen Backstein, dort eine strahlend weiße Fassade, hübsche Giebel oder ein schmuckes Erkertürmchen neben funktionalem Nachkriegsdesign. Im **Benedix-Haus**, einem hübschen Fachwerkgebäude, logiert die Touristeninformation. Nur ein paar Schritte weiter, im Rücken des Benedix-Hauses, wird es ruhig und idyllisch. Um die **Marienkirche** verteilen sich ein paar schmucke Häuser mit blühenden Vorgärten und die sorgsam restaurierten Gebäude des ehemaligen Nonnenklosters. Im **Klosterhof** befinden sich heute eine Schauwerkstatt samt Café und ein kleines sehenswertes Stadtmuseum.

Basis-Infos

Information Touristeninformation Bergen, am Markt im Benedix-Haus, auch Ticketverkauf (z. B. Störtebeker-Festspiele oder Fähren). Mo–Fr 10–18 Uhr, Juni bis Aug. auch Sa 10–14 Uhr. Markt 23, 18528 Bergen auf Rügen, ✆ 03838-807760, www.stadt-bergen-auf-ruegen.de.

Verbindungen Zug: nach und von Stralsund und Sassnitz 5–23 Uhr fast jede volle Stunde. Die Regionalbahn (RB 14) nach Binz und retour ebenfalls stündl.

Bus: Bergen ist auch das Zentrum des öffentlichen Insel-Nahverkehrs, in der Stadt treffen sich (fast) alle **Buslinien**: Die **Linie 24** pendelt von Bergen zunächst zum Wendeplatz Serams, hier umsteigen in die **Linie 20**, die mehrmals tägl. weiter bis ins Mönchgut und in die andere Richtung über Binz und Prora bis Sassnitz fährt. **Linie 28** fährt werktags über Prora bis zu 3-mal tägl. nach Binz; **Linie 30** häufig nach Putbus und nach Garz (und etwas seltener weiter nach

Stralsund); **Linie 33** mehrmals tägl. via Garz auf die Halbinsel Zudar; **Linie 35** via Trent nach Schaprode (zur Fähre nach Hiddensee, etwa alle 2 Std.); **Linie 38** werktags ca. 8-mal von und nach Waase auf Ummanz via Gingst (Sa/So 2-mal); **Linie 12** 7-mal tägl. (Sa/So 5-mal) via Ralswiek nach Sagard und weiter als Linie 13 nach Glowe, Juliusruh und Altenkirchen bis Dranske. Den Stadtverkehr übernimmt die **Linie 32**.

Einkaufen Schauwerkstatt im Klosterhof, hinter der Kirche, mehrere kleine Kunsthandwerksläden und -werkstätten. Billrothstr. 20.

Im unteren Bereich des Klosterhofs befindet sich der Laden **Klostergenuss**, hier gibt es Marmelade, Likör, Säfte und was sich sonst noch aus Obst (ungespritzt, Eigenanbau) machen lässt sowie andere regionale Produkte. Hier befindet sich auch ein **Café** im gemütlichen Innenraum und auf der herrlichen Terrasse. Mo–Fr 10–17 Uhr, Sa 10–14 Uhr; außerhalb der Saison Mo–Fr 10–16 Uhr. ✆ 03838-31409.

Parken Kostenpflichtig auf dem Markt, großer kostenloser Parkplatz gegenüber dem Parkhotel Rügen.

Sport Drei Attraktionen befinden sich auf dem Rugard: Im **Kletterwald Rügen** kann man sich durch sechs Parcours hangeln; geöffnet April bis Okt. tägl. 10–18 Uhr (wetterabhängig). Rugardweg 9, ✆ 0152-04903263, www.kletterwald-ruegen.eu.

Vom Rugard schlängelt sich auch die **Inselrodelbahn** hinab, nebenan erhebt sich der 23 m hohe **Rutschenturm** (mit drei Riesenrutschen). Geöffnet April bis Okt. 10–18 Uhr (Juli/Aug. bis 19 Uhr), Nov. bis März ab 13 Uhr bis zum Einbruch der Dunkelheit. Rugardweg 7, ✆ 03838-828282, www.inselrodelbahn-bergen. de, bzw. www.rutschenturm-ruegen.de.

Taxi ✆ 03838-252627.

Übernachten/Essen & Trinken

**** Parkhotel Rügen, etwas unterhalb vom Zentrum, ruhige Lage an einem kleinen Teich. Modernes 154-Zimmer-Hotel, auch Tagungshotel, mit Bar und Restaurant. Wellnessbereich mit Sauna, Dampfbad, Fitnessraum und Solarium, auch Fahrradverleih. EZ 92 €, DZ 138 €, Frühstück inkl. Stralsunder Chaussee 1, 18528 Bergen auf Rügen, ✆ 03838-8150, www.parkhotel-ruegen.de.

Rugard, Hotel und Restaurant zu Füßen des Ernst-Moritz-Arndt-Turms, ruhige Lage. Gutes Restaurant mit pommerschen Spezialitäten (z. B. der Pommersche Wickelbraten mit Backpflaumenfüllung), auf der Terrasse Cafébetrieb. Mittags und abends geöffnet. 18 Zimmer, DZ 109 € (bei mehreren Übernachtungen etwas günstiger), Frühstück 8 €/Pers. Rugardweg 10, 18528 Bergen auf Rügen, ✆ 03838-20190, www.rugard.de.

Romantik Hotel Kaufmannshof Hermerschmidt, wenige Schritte vom Marktplatz. Schöne Anlage mit Terrasse im Innenhof, leider an befahrener Straße. Stilvolles Restaurant *Kontor*, nicht teuer, mittags und abends geöffnet. EZ 60–90 €, DZ 90–130 €, Frühstück inkl., 2er-Appartement 110–140 €. Bahnhofstr. 6–8, 18528 Bergen auf Rügen, ✆ 03838-80450, www.kaufmannshof.com.

Bibo ergo sum, gemütliche Kneipe am Markt, junges Publikum. Cocktails ab 6 €, am Wochenende Live-Musik und/oder DJs. Große Auswahl an gutem und günstigem Essen (regionale Zutaten, auch Bio, Vegetarisches und günstiges Mittagsgericht, Küche bis 21.30 Uhr). Markt 14, ✆ 03838-2552259, www.biboergosum.de.

Gutshaus Kubbelkow, ausgezeichnetes Restaurant in schönem, altem Gutshaus etwa 3 km südwestlich von Bergen. Innovative Küche aus regionalen Produkten, stilvolles Ambiente, Menü 46–54 €, Feinschmeckermenü 72 €, Hauptgerichte ab 26 €. Im Sommer tägl. ab 18 Uhr, So auch mittags, Reservierung empfehlenswert, Mo/Di nur für Hausgäste . Auch Hotel (DZ 130 €, Suite 160–190 €). Im Dorfe 8, 18528 Klein-Kubbelkow, ✆ 03838-8227777, www.kubbelkow.de.

Sehenswertes

Marienkirche: Der Backsteinbau ist die älteste Kirche Rügens (Baubeginn zwischen 1170 und 1180). Noch heute ist die Grundanlage der romanischen Basilika mit Querschiff und abgerundeter Apsis erkennbar. Während Restaurierungsarbeiten im 15. Jh. wurden die gotischen Elemente in Kirchenschiff und Apsis eingefügt,

Der Markplatz in Bergen

auch das Kreuzrippengewölbe sowie der Turm stammen aus dieser Zeit. Die Ausstattung hingegen zeigt sich überwiegend barock. Besonders beeindruckend sind
die romanischen Fresken, die Chorraum und Apsis fast vollständig bedecken.
Deren historische Originalität aber ist aufgrund der nicht ganz fachgerechten
Restaurierung zwischen 1896 und 1902 nicht unproblematisch. Das vielleicht
älteste Ausstattungsstück der Marienkirche befindet sich außen: In die Fassade
eingelassen ist eine Grabplatte aus Granit, auf der das Relief eines Mannes zu sehen
ist (vor dem Portal stehend links). Es wird vermutet, dass es sich hierbei um die
Darstellung Jaromars handelt, des slawischen Fürsten, der 1168, von der dänischen
Streitmacht besiegt, zum Christentum übertrat.

Mai bis Okt. Mo–Sa 10–16 Uhr und So zu Gottesdiensten und bei Veranstaltungen, außerhalb der Saison eingeschränkt.

Stadtmuseum im Klosterhof: In teils lockerer Anordnung sind in den Räumen des
sorgsam renovierten Klostergebäudes Funde zur Kloster- und Inselgeschichte zu
sehen, u. a. bronzezeitliche Stücke, informative Schautafeln zu den slawischen Göt-
tern, Alltagshistorisches, Exponate aus der Schwedenzeit und natürlich zur Geschichte des Zisterzienserklosters. Wechselnde Kunstausstellungen sind im zweiten
Stock untergebracht.

Mai bis Okt. Di–Sa 10–16.30 Uhr; Nov. bis April Di–Fr 11–15 Uhr, Sa 10–13 Uhr. Eintritt 2 €,
erm. 1 €, Familien 4 €. Im Klosterhof, Billrothstr. 20 a, ✆ 03838-252226.

Ernst-Moritz-Arndt-Turm: Eine Wendeltreppe führt über 90 Stufen hinauf in die
Kuppel des Denkmals für den seinerzeit berühmtesten Sohn der Insel, den politischen Schriftsteller Ernst-Moritz Arndt (1769–1860). Von hier aus hat man einen
grandiosen Panoramablick über die Insel.

Im Sommer tägl. 10–18 Uhr, im Winter liegt der Schlüssel im Hotel Am Rugard (an der
Rezeption fragen). Vom Zentrum aus beschildert, oben kostenloser Parkplatz. Eintritt 2 €,
erm. 1,50 €, Familien 4 €.

Nördlich von Bergen

Ralswiek (ca. 250 Einwohner): Das idyllische Dorf am Großen Jasmunder Bodden
ist weithin bekannt und steht als Synonym für das Spektakel, das zur Saison fast allabendlich hier aufgeführt wird: die **Störtebeker Festspiele**, gewidmet den legendären

Rügen → Karte S. 212/213

Piraten der Ostsee – Klaus Störtebeker und Gödecke Michels

Klaus Störtebeker gehört zu den historischen Personen, die man gar nicht erst versuchen sollte, rein historisch zu erfassen. Zu dünn sind die Quellen, zu ausufernd die Sagen, die sich um den Freibeuter ranken. So viel weiß man von ihm: Er wurde möglicherweise auf Rügen geboren, er war ein begnadeter Pirat und er starb – aufgebracht von einer hanseatischen Flotte –, durch das Schwert des Hamburger Henkers. Sein letzter Wunsch, so die berühmteste Legende um Störtebeker, sei es gewesen, als Erster geköpft zu werden, während sich seine Mannschaft vor ihm aufstellen sollte. Die Männer, an denen er – enthauptet – vorbeilaufen könnte, sollten freigelassen werden. Und sein kopfloser Körper lief, bis ihm ein Henkersknecht einen Klotz zwischen die Beine warf, und eine Handvoll Männer – oder waren es 17?, oder gar die Hälfte seiner Mannschaft? – war frei.

Die Karriere Störtebekers begann vor Stockholm. Er war einer der *Vitalienbrüder,* die das im dänisch-mecklenburgischen Konflikt belagerte Stockholm (1389) mit Lebensmitteln, „Viktualien", versorgten, indem sie die dänische Seeblockade brachen. Die Freibeuter waren zudem von der Hanse mit Kaperbriefen ausgestattet worden, die es ihnen „gestatteten", feindliche Schiffe aufzubringen und deren Ladung zu übernehmen, im Fachjargon „Prise zu machen". Der Akt der Piraterie konnte recht gesittet ablaufen – der Kapitän fragte die enternden Freibeuter nach ihrem Kaperbrief und übergab nach Einsicht der Dokumente die Ladung. Die Übernahme konnte aber auch damit enden, dass die eine Hälfte der Mannschaft niedergemetzelt wurde und der Rest die Reise in Fässer gesperrt fortsetzte.

Nachdem der dänisch-mecklenburgische Konflikt unter Vermittlung der Hanse beigelegt war, wurden konsequenterweise die Kaperbriefe wieder eingezogen. Einige der Freibeuter aber dachten nicht daran aufzuhören, schließlich ließen sich die Aktionen nun auf fette hanseatische Schiffe ausdehnen. Auch die berühmtesten Vitalienbrüder, Gödecke Michels und Klaus Störtebeker, begannen nun jedes Schiff zu jagen, das ihren Kurs kreuzte, bevorzugt natürlich die Koggen hanseatischer „Pfeffersäcke". Die Piraten, die auch *Likedeeler,* „Gleichteiler", genannt wurden, legten bald den gesamten Ostseehandel lahm. Die Hanse sah sich zu drastischen und kostenintensiven Gegenmaßnahmen gezwungen. Nachdem die Freibeuter aus der Ostsee vertrieben waren, ihre Tätigkeit aber in der Nordsee ungehindert fortsetzten, stellten hanseatische Flotten die Piraten. Nacheinander wurden Gödecke Michels und Klaus Störtebeker um 1400 gefangen genommen und hingerichtet.

Vorverkauf und **Kartenreservierung** in den größeren Touristen-Informationen der Insel oder unter Störtebeker Festspiele, Am Bodden 100, 18528 Ralswiek, ☏ 03838-31100, oder www.stoertebeker.de.

Spielzeit ist von Mitte/Ende Juni bis Anfang Sept., Aufführungen tägl. außer So 20 Uhr, Kartenreservierung empfehlenswert. **Preise** für Platzkarten 22,50–34,50 €/Pers. (Kinder bis 15 J. 13,50–25,50 €). Außerdem gibt es nicht nummerierte Karten auf den hinteren Rängen für 12,50 € (10,50 €).

Anfahrt: Zu Festspielzeiten ist der Ort für den privaten Pkw-Verkehr ab 17 Uhr gesperrt. Entweder mit Auto oder Bus zum Parkplatz an der B 96 fahren und dann mit dem Pendelbus nach Ralswiek; oder mit dem Auto zum Parkplatz hinter Jarnitz und von dort noch etwa 15 Min. zu Fuß. Von Bergen aus steuert der *Störtebekerbus* den Festspielort an.

Freibeutern *Klaus Störtebeker* und *Gödecke Michels*. Kaum 250 Menschen leben normalerweise in dem kleinen Hafenort, den größten Teil des Jahres geht es hier entsprechend beschaulich zu. Wenn allerdings im Sommer die Festspielzeit beginnt, strömen zahllose Besucher herbei, um dem Schauspiel auf der Naturbühne beizuwohnen. Vor der malerischen (Natur-)Kulisse des Großen Jasmunder Boddens geraten die Aufführungen alljährlich zum Spektakel: Zum Programm gehören halsbrecherische Stunts und handfeste Schwertkämpfe, Kanonenfeuer, Seegefechte und zum Abschluss ein prächtiges Feuerwerk über dem Wasser. Zu den Darstellern zählen nicht nur 20 Schauspieler sowie über hundert Statisten, sondern auch vier Koggen, 30 Pferde und ein Seeadler.

Verbindungen Mit Bus Linie 12 mehrmals tägl. von Bergen nach Ralswiek und weiter nach Sagard, Juliusruh, Altenkirchen und Wiek bis Dranske.

ÜbernachtenEssen   **** Schlosshotel Ralswiek**, einmalige Lage hoch über dem Bodden, Blick auf die Naturbühne. Historische Ausstattung, moderner Wellnessbereich mit Kosmetik, Massagen, Schwimmbad, Sauna, Fitnessraum. Im EG Restaurant, außerdem gibt es noch die *Grafenschänke* mit Terrasse (nur abends, Drinks und kleinere Speisen). EZ 85 €, DZ 120–

Ralswieks Kirche

190 €, Frühstück inkl. Parkstr. 35, 18528 Ralswiek, ✆ 03838-20320, www.schlosshotel-ralswiek.de.

Lietzow (ca. 250 Einwohner): Für viele Reisende lediglich „auf dem Weg nach Jasmund" am Ende des Lietzowdamms (1886) gelegen, kann das Dorf heute zumindest mit kleinen Attraktionen aufwarten: einer Traditionsräucherei, einem kleinen Badestrand und einer Wassersportschule. Von weitem sichtbar ist der schlanke Rundturm des *Lietzower Schlosses*, eine architektonische Hommage an das schwäbische Schloss Lichtenstein.

Verbindungen Zug: von Stralsund über Bergen nach Sassnitz oder Binz zwischen 5 und 23 Uhr zu fast jeder vollen Stunde.

Bus: Linie 12 mehrmals tägl. nach Bergen bzw. über Sagard, Juliusruh, Altenkirchen bis Dranske.

Baden Der kleine Sandstrand am Großen Jasmunder Bodden wird vom Ort durch die Durchgangsstraße getrennt, flach abfallendes Ufer, das Wasser ist immer ein bisschen wärmer als die Ostsee.

Traditionsräucherei Lietzow, zur Räucherei gehört die Gaststätte *Röckerhus*, außerdem gibt es einen Hofladen. Spitzer Ort 7, ✆ 0159-03768268.

Wassersport Wassersportschule Timpeltu, Surfschule am Lietzower Strand, ideales Anfänger-Revier, Einsteiger- und Fortgeschrittenenkurse, Einzelstunden, Scheine und Materialverleih, auch Kanuverleih. Strandpromenade, ✆ 0173-1513970, www.timpeltu.com.

Kreisrund: der Circus in Putbus

Putbus

ca. 4400 Einwohner

Eine Stadt in Weiß: Der Circus im Zentrum, eine schmucke Allee mit prächtigen Häusern inklusive Theater und ein weitläufiger Schlosspark – Putbus hat sich seinen Charakter als klassizistische, strahlend weiße Residenzstadt bewahrt.

„Ich komme Ihnen wieder mit einer kleinen Völkerwanderung", kündigte sich der preußische König *Friedrich Wilhelm IV.* im Jahr 1846 beim Fürsten zu Putbus an, „da Sie, lieber Fürst, nun das Unglück haben, den schönsten Teil der Insel zu bewohnen und das Ungeschick gehabt haben, daraus ein irdisches Paradies zu machen, so müssen wir bei Ihnen landen". Viel Mühe hatte den Fürsten *Wilhelm Malte I. zu Putbus* (1783–1854) dieses „Ungeschick" gekostet. Ab 1808 hatte der ambitionierte Adlige um- und ausbauen lassen: Es entstand eine der letzten Residenzstädte im klassizistischen Stil samt Schloss (nicht erhalten) und **Schlosspark**, in dem es noch heute grünt und blüht wie vor 150 Jahren, Badehaus (Haus Goor), Kursalon, Theater, Marktplatz und schließlich dem großen Rondell im Zentrum, dem **Circus**. Vor allem Letzterer präsentiert sich als Musterbeispiel klassizistischer Architektur. Der Rondellplatz ist weitläufig angelegt, mit streng symmetrisch gestalteter Grünanlage um den zentralen Obelisken, außen aber nicht geschlossen bebaut. Zwischen den dreigeschossigen Häusern mit den weißen, klassizistischen Fassaden klaffen breite Lücken und verleihen dem Ensemble den Eindruck von Vorläufigkeit. Der Circus ist der Treffpunkt der Alleen, die Putbus wie ein Strahlenkranz umgeben: nach Garz und nach Bergen, Richtung Binz, nach Lauterbach und in die zauberhafte Gegend um den kleinen Weiler Wreechen beim gleichnamigen See.

Information Kurverwaltung Putbus, Mai bis Sept. Mo–Fr 10–17 Uhr, Sa 10–16 Uhr, Okt. bis März Mo–Fr 10–16 Uhr. Alleenstr. 2, 18581 Putbus, ✆ 038301-431, www.ruegen-putbus.de. Auch **Stadt- und Schlossgar**tenführungen: Juni bis Sept. Mo 11.15 Uhr, Dauer 2 Std., Treffpunkt Bahnhof, Erw. 5 €; zudem Di 11.30 Uhr „Historische Stadtführung", Dauer 2 Std. Treffpunkt Treffpunkt Orangerie-Vorplatz, Erw. 10 €.

Verbindungen Bus Linie 30 fährt werktags mehrmals tägl. nach Garz, (seltener bis Stralsund) bzw. nach Bergen.

Kleinbahn Rasender Roland → Kasten.

Übernachten/Essen **** Wreecher Hof, knapp 2 km südlich von Putbus im Ortsteil Wreechen, nobler Komplex aus sieben reetgedeckten Häusern, umgeben von einer parkähnlichen Gartenanlage. Mit Hallenbad und Sauna. Elegantes, gehobenes Restaurant (abends geöffnet, nachmittags Cafébetrieb). EZ 89 €, DZ ab 119 €, Frühstück inkl. Kastanienallee, 18581 Putbus/Wreechen, ☎ 038301-850, www.wreecher-hof.de.

Café Central, schönes Lokal direkt neben dem Theater. Tagsüber Café, abends Restaurant und (Wein-)Bar. Angenehme Atmosphäre, freundlicher, zuvorkommender Service, ideal auch für ein Glas Wein oder einen Cocktail nach dem Theaterbesuch. Sehr gute Salate, schmackhaftes Schnitzel, moderate Preise. Zuletzt gab es auch eine Tageskarte. Zwei Tische am vorne an der Straße. Di–So 11.30–22 Uhr (an Theaterabenden ab 17.30 Uhr). Alleenstr. 9, 185581 Putbus, ☎ 038301-88122.

Marstall, in den fürstlichen Stallungen, einem klassizistischen Bau von 1824, im Schlosspark untergebracht. Restaurant und Café der ökologisch geführten Landwirtschaft *Rujana*, sehr gute Küche, Fleisch vom eigenen Hof (Hofladen), auch Kaffee, Kuchen. Nette Terrasse mit Blick auf den See, rechter Hand die Alte Schmiede mit einer sehenswerten kleinen Ausstellung zum Schloss. Tägl. 11–19 Uhr geöffnet, Di Ruhetag. Park 1, ☎ 038301-888008, www.rujana-hof.de.

Rügen
→ Karte S. 212/213

Schmalspur 3: Der Rasende Roland

Schmalspur 1 → S. 104, Schmalspur 2 → S. 132

Der Zug ist mehr als ein technisches Denkmal. Mit 30 km/h schnaubt und dampft die historische Bahn auf 750-Millimeter-Schmalspurgleisen von Putbus (mit Anbindung an Lauterbach) über Binz durch die Granitz nach Sellin und Baabe bis nach Göhren. Historisch sind sowohl die Strecke (1895 wurde das erste Teilstück Putbus – Binz in Betrieb genommen) als auch die Dampflokomotiven. Die Älteste rollte 1914 aus den Vulkan-Werken in Stettin. Von dem einstmals fast 100 km umfassenden Streckennetz der Rügenschen Kleinbahnen (RüKB) sind 24,1 km erhalten und für den 1996 wieder eröffneten Fahrbetrieb restauriert worden.

Der *Rasende Roland* ist dabei keineswegs nur eine nostalgische Reisemöglichkeit, die Kleinbahn ist ein durchaus ernstzunehmendes Transportmittel im öffentlichen Nahverkehr. Von Putbus nach Binz beispielsweise kommt man mit dem Bus auch nicht schneller – und man muss nicht einmal umsteigen.

Verbindung: Der *Rasende Roland* fährt ganzjährig und tägl. alle 2 Std. von Putbus aus über die Granitz in die Ostseebäder Binz, Baabe, Sellin und Göhren; in die andere Richtung nach Lauterbach nur im Sommerhalbjahr und 5-mal tägl. Die Strecke Binz – Göhren wird im Sommerhalbjahr stündl. gefahren.

Preise: Kurzstrecke 2,20 € (erm. 1,10 €), mittlere Strecke ab 6,60 € (3,30 €) und der ganze Weg nach Göhren 11 € (5,50 €), Fahrrad 3 €. Noch günstiger fährt man mit Familien-, Wochen- und Monatskarten.

Information: Rügensche BäderBahn, Bahnhofstr. 14, 18581 Putbus, ☎ 038301-884012, www.ruegensche-baederbahn.de.

Sehenswertes

Historisches Uhrenmuseum: Ein Kleinod unter den Museen der Insel! Den Schwerpunkt des Museums bilden Zeitmessgeräte im Stil des Klassizismus, daneben zahllose Taschenuhren, eine Wiener Tischuhr, eine barocke Weltzeituhr und eine gänzlich aus Birnbaumholz gefertigte barocke Uhr. Das älteste Stück ist eine gotische Uhr aus dem 15. Jh. Neben den Uhren gibt es aber noch andere Raritäten zu bewundern: kostbare mechanische Musikgeräte, einen Singvogelautomat, eine Jukebox von 1880 und vieles mehr. Sehenswert!

Mai bis Okt. tägl. 10–18 Uhr, Nov. bis April 11–16 Uhr. Eintritt Erw. 5 €, Kinder 2 €. Alleestr. 13, ☎ 038301-60988, www.uhrenmuseum-putbus.de.

Theater: Der schmucke klassizistische Bau mit zum Schloss hin ausgerichteter Vorhalle auf vier Säulen wurde 1819–1821 erbaut, 1820 erstmals bespielt und bereits 1826 renoviert. Nachdem das Putbuser Theater seit den 1960er-Jahren bis zur Baufälligkeit brachgelegen hatte, konnte es nach mehrjähriger Rekonstruktion 1998 wiedereröffnet werden. Seither erfreut sich das Schauspielhaus regen Zuspruchs.

Aufführungen: Gespielt wird alles, was auf die Bühne passt: klassische Konzerte, Jazz und Pop, Lustspiele und Kabarett und natürlich Theater von klassisch bis komisch. Theater Putbus, Markt 13, ☎ 038301-8080, Karten unter ☎ 038301-808330, www.theater-vorpommern.de.

Schlosspark: Bereits im 18. Jh. angelegt, wurde der Park im Zuge der Umgestaltung des Schlosses unter *Wilhelm Malte von Putbus* nach englischem Vorbild gestaltet und erweitert. Das Schloss selbst wurde 1960 gesprengt und abgetragen. Auf dem 75 Hektar großen Areal rund um das Schloss und den Schwanenteich wuchsen ab 1803 nicht nur exotische Hölzer und Stauden zwischen heimischen Buchen, Ulmen, Lärchen und Kastanien, es entstanden auch zahlreiche Gebäude und Denkmäler beidseitig der Kastanienallee, die vom Circus aus den Park durchquert: ein *Kursalon* (1892 zur *Christuskirche* umgewidmet), ein *Fasanenhaus* und ein *Affenhaus*, das heute das putzige *Rügener Puppen- und Spielzeugmuseum* samt Café beherbergt, ein *Gartenhaus* zur Unterbringung respektabler Persönlichkeiten (darunter Otto von Bismarck), ein *Marstall*, heute auch schönes Restaurant und Café (→ oben), eine *Alte Schmiede*, in der die Ausstellung „Das verschwundene Schloss" die Geschichte der klassizistischen Prachtanlage dokumentiert, und nicht zuletzt die Orangerie, in der die *KulturStiftung Rügen* wechselnde Ausstellungen (v. a. klassische Moderne und Gegenwartskunst, z. T. aus der eigenen Sammlung) zeigt.

Orangerie: *Ausstellungen der KulturStiftung Rügen*, Mai bis Okt. Di–So 11–17 Uhr, Nov. bis April Di–Sa 10–16 Uhr. Alleestr. 35, ☎ 038301-889797, www.kulturstiftung-ruegen.de.

Alte Schmiede: Ausstellung „Das verschwundene Schloss", Mai bis Okt. tägl. 11–17 Uhr geöffnet, Eintritt 2 €, Kinder 6–12 J. 1 €, Familienkarte 4,50 €.

Affenhaus: *Rügener Puppen- und Spielzeugmuseum*, auch hübsches Café, im Sommer tägl. 9–18 Uhr), im Winter eingeschränkt (etwa 11–16 Uhr, bzw. nach Wetterlage). Erw. 6 €, Kinder ab 3 J. 1,50 €. Kastanienallee, ☎ 038301-60959.

Lauterbach

Über die Lauterbacher Chaussee gelangt man zum Putbuser Hafen. Der Fürst zu Putbus ließ ihn anlegen, nachdem das Geschäft mit den Badegästen abflaute. Eine neue Einnahmequelle für die geradezu aus dem Boden gestampfte Stadt musste her. Das Rezept: ein die Konjunktur belebender Hafen. Heute ist Lauterbach dank seiner modernen **Marina** in erster Linie als Seglertreff bekannt. Hier starten auch die Ausflugsschiffe auf und um die Insel Vilm. Richtung Osten geht Lauterbach fast nahtlos in die beschauliche Fischersiedlung Neuendorf über.

Baden Ein paar schmale Strände entlang des Ufers: um Neuendorf, in der Nähe von Neukamp und südlich von Altkamp (keinerlei Service).

Wassersport im-jaich, großes Angebot, vor allem natürlich Segelschule, auch Seekajak, Motorboot- und Segelboot-Verleih, Yachtcharter, Regatten und Segeltörns (www.im-jaich.de). Adresse → unten.

Übernachten **Badehaus Goor**, in dem klassizistischen Badetempel befindet sich heute ein Nobelhotel mit elegantem Restaurant und großem Wellnessbereich samt Sauna und Schwimmbad. DZ ab 136 €, inkl. Frühstücksbuffet. Fürst-Malte-Allee 1, 18581 Lauterbach, ☎ 038301-88260, www.hotel-badehaus-goor.de.

im-jaich – wasserferienwelt, schwimmende Ferienhäuser in teils zweistöckigen Hausbooten, stilvoll eingerichtet. Auch für Segelschüler der zugehörigen Wassersportschule (→ Wassersport). Dazu Sauna, Wellness- und Fitnessbereich, Restaurant (tägl. ab 12 Uhr). Ferienhaus zwischen 155 € (2–4 Pers.) und 195 € (bis 6 Pers.). Am Yachthafen, 18581 Lauterbach, ☎ 038301-8090, www.im-jaich.de.

Werft-Restaurant, *Yachtwerft & Mee(h)r*, direkt am Hafen von Lauterbach: Werftladen (Seglerbedarf), Boutique, neun Appartements (ab 90 € für 2 Pers. bis 180 € für 4 Pers., inkl. Frühstück) und vor allem auch *Restaurant*: gute, moderne Fischküche, teils mit mediterranem Einschlag, aber auch Fleischgerichte, darunter Steaks, Fisch und Steaks auch vom Grill, bei vielen Gerichten kann man sich die Beilage auswählen. Wir hatten eine schmackhafte Bouillabaisse und gegrillten Lachs mit Ofenkartoffel, Hauptgerichte ab 14 €, Fischmenü 23,90 €. Terrasse mit Blick auf den Hafen, tägl. ab mittags geöffnet, Mo Ruhetag, Vilmnitzer Weg 19, ☎ 038301-435 (Restaurant ☎ 038301-889799), www.vilm.de.

Abendstimmung am Hafen

Insel Vilm

Die Insel liegt ruhig und verlassen in Sichtweite des Hafens von Lauterbach. Bereits 1936 wurde Vilm unter Naturschutz gestellt. 1959 verbrachte DDR-Ministerpräsident *Otto Grotewohl* (1894–1964) hier seine Urlaubstage, die Insel wurde daraufhin zum Nobel-Urlaubsziel des Ministerrates. Im Jahr 1990 richtete der Bund für Naturschutz auf Vilm eine Außenstelle ein; heute dürfen täglich maximal 30 Gäste (mit Voranmeldung!) zu einem geführten Rundgang auf die Insel. Lediglich in der Nähe des Landestegs ist eine Handvoll Häuser zu sehen. Wer die Insel Vilm mit dem Schiff umrundet, wird in erster Linie eine Vielzahl von Seevögeln beobachten können, mit etwas Glück sogar ein Seeadlerpärchen.

Ausflüge zur Insel Mit der *MS Julchen* der **Fahrgastreederei Lenz** ab Lauterbach nach Vilm, für die Führung über die Insel. April bis Okt. 1-mal tägl., Abfahrt 10 Uhr, Dauer 3 Std., Erw. 18 €, Kinder 9 € (4–12 J.), Hunde dürfen nicht auf die Insel. Anmeldung obligatorisch unter ☎ 038301-61896 oder online (in der Hochsaison mindestens 1–2 Wochen vorher). Fahrgastreederei Lenz & Co., Chausseestr. 9, 18581 Putbus/ Freetz , www.vilmexkursion.de.

Rund um die Insel Vilm schippert die **Weiße Flotte**, Mai bis Okt. bis zu 3-mal tägl. ab Hafen Lauterbach. Infos unter ☎ 03831-26810, www.weisse-flotte.de.

Strandkorbsiedlung in Binz

Granitz

Ausgedehnte Wälder, durchzogen von zahlreichen Waldpfaden und Wanderwegen, kilometerlange Sandstrände und mit Binz und Sellin zwei der traditionsreichen Seebäder – die Granitz im Osten Rügens präsentiert sich abwechslungsreich. Der Baumbestand des lichten Waldes besteht vor allem aus Buchen, zwischen die sich auch Erlen, Linden und wilde Obstbäume mischen. Im Osten bricht die bewaldete Hügelkette am Hochufer ab, darunter breitet sich ein wildromantischer Steinstrand aus. Auf der höchsten Erhebung, dem 107 m hohen Tempelberg, steht die größte Attraktion abseits der Ostseebäder: das Jagdschloss Granitz. Der schönste Strandabschnitt findet sich im Norden von Binz an der Prorer Wiek. Dahinter liegt die wohl problematischste Immobilie Rügens: der Koloss von Prora.

Binz   ca. 5400 Einwohner

Das größte und bekannteste Ostseebad Rügens spart nicht an prachtvollem Dekor und aufwendigen Bauten der Bäderarchitektur – wahrlich ein Seebad von Welt. Man badet im Meer oder im mondänen Glanz vergangener Zeiten.

„Sorrent des Nordens" oder auch „Nizza des Ostens" – Beinamen für Binz gibt es viele. Dabei wäre es gar nicht nötig, den Ort mit fremden Federn zu schmücken. Über 4 km erstreckt sich die Promenade von Binz am Strand entlang (und neuerdings bis nach Prora), auf der es sich prächtig flanieren lässt – auf der einen Seite das rauschende Meer und quirliger Strandbetrieb, auf der anderen Seite glanzvolle Bäderarchitektur mit einer Vielfalt an ornamentaler Spielerei: Türmchen und Erker, Veranden, Loggien und Balkone mit ziselierten Schmuckblenden und verspielten gusseisernen Geländern sowie von Ziergiebeln gekrönte Fassaden. Das Flaggschiff unter den Prachtbauten ist das 1908 errichtete dreiflügelige **Kurhaus** mit seinem zum Meer hin geöffneten Portal. Ganz in der Nähe beginnt die Binzer **Seebrücke** und reicht über 370 m weit in die Ostsee hinein. Sie wurde 1994 eröffnet, nachdem Binz über 50 Jahre ohne Seebrücke auskommen musste – den ersten Pfahlbau von 1902 hatte bereits drei Jahre später ein Sturm zerstört, die wiedererrichtete Brücke wurde 1942 von treibendem Eis zermalmt. In den Dünen von Binz erhebt sich ein architektonisches Kleinod: Die **Rettungsstation** des in Binz geborenen Bauingenieurs *Ulrich Müthers* schwebt wie ein lichtes Raumschiff über dem Dünengras, weiß, abgerundet wie ein Kiesel und transparent (zu Müther → auch S. 160). Der **Rettungsturm**, der 1968 als Prototyp geschaffen wurde, steht am südlichen Ende des Binzer Strandes beim Strandzugang 6 und dient heute als Außenstelle des Binzer Standesamtes.

In den letzten Jahren ist Binz enorm gewachsen, vor allem in nordwestliche Richtung, die Zahl der Gästebetten lag zuletzt bei über 15.000 (bei rund 5000 Einwohnern). Keine 2 km trennen die Neubaugebiete mehr von Prora (→ S. 228), wo zurzeit emsig am Ausbau der Kraft-durch-Freude-Immobilie zu modernen Ferienwohnungen gearbeitet wird. Ob das nicht ein wenig zu viel – vor allem im Hinblick auf den Verkehr – für den Ort Binz sein könnte, fragt man mittlerweile nicht mehr nur hinter vorgehaltener Hand: Der Ort droht, aus allen Nähten zu platzen.

Basis-Infos

Information Kurverwaltung Binz im *Haus des Gastes*, Febr. bis Okt. Mo–Fr 9–18 Uhr, Sa/So 10–18 Uhr; Nov. bis Jan. Mo–Fr 9–16 Uhr, Sa/So 10–16 Uhr. Heinrich-Heine-Str. 7, 18609 Binz, ✆ 038393-148148, www.ostsee bad-binz.de.

Bei der Seebrücke befindet sich ein **Info-Pavillon** (Mai bis Okt. tägl. 9–16.30 Uhr); ein weiteres **Info-Büro** am Kleinbahnhof: April bis Okt. tägl. 9–16.30 Uhr geöffnet.

Geführte Wanderungen während der Saison zum Jagdschloss Granitz (zuletzt Do 10 Uhr). Ganzjährig **Führungen** durch den **historischen Ortskern** (zuletzt Mi um 10 Uhr). Infos und Treffpunkt bei der Kurverwaltung.

Verbindungen Zug: etwa stündlich nach Bergen (und weiter nach Stralsund); Achtung: teils muss man in Lietzow umsteigen!

Bus: Die **Linie 20** verbindet Binz mit Prora, dem Fährhafen Sassnitz (Neu Mukran), Sassnitz und dem Königsstuhl sowie Sellin, Baabe, Göhren und ganz im Süden Thiessow, jeweils fast stündl., bis Sassnitz bzw. Göhren häufiger. Die **Linie 23** von Binz nach Sassnitz und Bergen. Nach Prora und weiter nach Bergen fährt die **Linie 28**.

Der **Rasende Roland** beginnt seinen Weg entlang der Ostseebäder in Binz (Haltestelle am südlichen Ortsrand): über Sellin, Baabe nach Göhren und nach Putbus. Mai bis Anfang Okt. bis zu 13-mal tägl., in der Nebensaison nur 6-mal tägl. nach Sellin und Baabe sowie nach Putbus. Preise: Zum Jagdschloss 1,20 € (Kinder 6–13 J. 1,10 €), nach Sellin und Baabe sowie nach Putbus 4,40 € (2,20 €), nach Göhren und Lauterbach 6,60 € (3,30 €), Fahrrad 3 €, es werden auch Hunde mitgenommen. Weitere Infos → S. 221.

Schiff: Die Reederei *Adler Schiffe* verbindet Ende März bis Okt. Binz mit dem Sassnitzer Stadthafen sowie mit Göhren. ✆ 04651-9870888, www.adler-schiffe.de.

Ausflugsschiffe Mit der Reederei *Adler Schiffe* auch Ausflugsfahrten zu den Kreidefelsen, zum Kap Arkona sowie Rundfahrten um die Insel (kein Landgang). Infos und Tickets an der Seebrücke, www.adler-schiffe.de.

Baden Besonders attraktiv ist der breite, feine Sandstrand **nördlich von Binz**, an Prora entlang und fast bis Neu Mukran. Der Strand wurde wiederholt mit der Blauen Flagge ausgezeichnet. Sanitäre Einrichtungen an allen Abschnitten, außerdem Beachvolleyball-Felder und im Sommer ein Trampolin. Wie üblich ist der Strand in textile, FKK- und Hundeabschnitte unterteilt. Über weite Teile des Binzer Strandes wachen die Rettungsschwimmer der DLRG.

Einkaufen Schmachter Markt, im Sommer (Ende Juni bis Ende Sept.) immer Fr ab 9 Uhr am Schmachter See, Regionalmarkt mit Kulinarischem, Souvenirs usw.

Rügen → Karte S. 212/213

Fahrradverleih U. a. beim **Zweiradhaus Deutschmann** (am Großbahnhof), hier auch Trailer, Bollerwagen, Helme, Hundekorb etc. Dollahner Str. 17, ✆ 038393-32420; weiterer Verleih an der Proraer Chaussee 4a, ✆ 038393-2927, www.zweirad-deutschmann. de; oder in **Pauli's Radshop**, Hauptstr. 9 a, ✆ 038393-66924, www.ruegen-bike.de.

Parken Im Ortszentrum wenige gebührenpflichtige Plätze, ansonsten komplettes Parkverbot, an den Rändern befinden sich einige Parkplätze, alle kostenpflichtig, auch Tageskarten.

Veranstaltungen Anbaden am 1. Mai, anschließend Kurkonzert. Ende Juli findet das **Binzer Sommerfest** statt.

Wassersport Segelschule Binz, Surfen, Kiten, Katamaran, Jolle etc., auch Scheine. An Strandabgang 47 (Richtung Prora), ✆ 038393-410072, www.segelschule-binz.de.

Übernachten

**** Loev Hotel **6**, relativ großes Hotel (77 Zimmer) mitten im Ort an der Hauptstraße, im Haus Restaurant, Bar/Brasserie, Spa mit Hamam, Massagen, Kosmetik etc., auch Strandkorbverleih. EZ 85–115 €, DZ 125–270 €, Studio 155–300 €, Frühstück inkl., Halbpension 27 €/Pers., Hund 15 €/Tag, Garage 10 €/Tag. Auch Appartements. Hauptstr. 20–22, 18609 Binz, ✆ 038393-390, www.loev.de.

≫ Lesertipp: **Centralhotel** **7**, freundliches Haus in der Hauptstraße, unweit der Strandpromenade, mit Restaurant *Plattdütsch* (mittlere Preise). Angenehme Zimmer. DZ ab 119 €, mit Balkon ab 129 €, EZ ab 79 €, Suite 149 €, je inkl. Frühstück. Hauptstr. 13, 18609 Ostseebad Binz, ✆ 038393-3460, www.centralhotel-binz.de. **≪**

Hotel „Villa Schwanebeck" **4**, kleines Hotel in zentraler Lage. Im Haus das Restaurant *Esszimmer* (tägl. ab 17 Uhr geöffnet, Pasta und Pizza), Terrasse davor. In „zweiter Reihe" unweit des Kurplatzes. DZ 118–158 €, Frühstück inkl. Parkplätze beim Haus. Margaretenstr. 18, 18609 Binz, ✆ 038393-2013, www.villa-schwanebeck.de.

Pension Haus Colmsee **8**, bodenständige Pension in alter Bädervilla, etwas abseits am Ende der Promenade gelegen. 15 Zimmer, viele mit Meerblick. Keine Haustiere. Kostenloser Parkplatz am Haus. WLAN nur im Frühstücksraum und an der Rezeption. DZ 89–109 €, Frühstück inkl., in der Hochsaison mind. 4 Tage. Strandpromenade 8, 18609 Binz, ✆ 038393-21424, www.hauscolmsee.de.

Jugendherberge Binz **3**, in bester Lage nahe am Strand und nahe am Ortskern, meist Fünf- bis Achtbett-Zimmer mit Waschbecken, außerdem sechs kleine Zimmer mit Dusche und WC (DZ mit Frühstück ca. 64 €). Im Mehrbettzimmer 23,50–29,90 €/Pers. inkl. Frühstück. Strandpromenade 35, 18609 Binz, ✆ 038393-32597, www.jugendherbergen-mv.de.

Camping/Wohnmobilstellplatz → Prora, S. 230.

Essen & Trinken/Nachtleben

Essen & Trinken freustil **5**, sterngekröntes, aber unprätentiöses Restaurant von Küchenchef Ralf Haug (der es zuvor schon auf einen Michelinstern brachte), freundliches und legeres Ambiente, auf den Tellern dagegen hohe Kunst. 6-Gänge-Menü (gibt es auch vegetarisch) 60 €. Mittags und abends geöffnet, im Winter Mo/Di geschl. Zeppelinstr. 8 (im Hotel Vier Jahreszeiten), ✆ 038393-50444, www.freustil.de.

≫ Unser Tipp: Gaststätte Strandhalle **10**, die über 100 Jahre alte, schneeweiß strahlende Strandhalle zieht die Blicke auf sich, und wer eintritt, wird nicht enttäuscht: ein hoher Raum mit Gebälk und dunkler Holzdecke, zwischen urigem Kaffeehaus und Antiquitätensammlung – ein einladendes Ambiente. Sehr gute Küche (nach eigenen Angaben „feinbürgerlich"), Spezialität ist der Ostseedorsch, hervorragend auch die Fischsuppe, 3-Gänge-Menü 28 €, ansonsten leicht gehobenes Preisniveau. Tägl. 12–22 Uhr geöffnet, Mo Ruhetag, wenige Parkplätze. Strandpromenade 5, ✆/ 038393-31564, www.strandhalle-binz.de. **≪**

≫ Lesertipp: Bootshaus Binz **1**, v. a. wegen der Fischküche empfohlenes Restaurant in einem denkmalgeschützten Gebäude, in dem einstmals die erste Seenotrettung der Ostsee untergebracht war. Reservierung empfehlenswert. Tägl. ab 12 Uhr durchgehend geöffnet (es gibt auch Fischbrötchen). Strandpromenade 49, ☏ 038393-57944, www.bootshaus-binz.de. «

Cafés **Torteneck** , Mathilde, Ottilie, Marie und Liliane würden hier garantiert zum Sturm auf das Kuchenbuffet blasen – so verführerisch ist die riesige Auswahl an Kuchen, Torten, Törtchen und anderen Köstlichkeiten. Man kann hier auch frühstücken; freundliche Einrichtung, Terrasse. Ein Stück nördlich der Seebrücke gelegen, Eckhaus im Neubaugebiet. Tägl. 8–18 Uhr, Proraer Str. 1, ☏ 038393-127966, www.torteneck.de.

Imbiss Fischräucherei Kuse **9**, am südlichen Ende der Strandpromenade, Terrasse am Strand. Leckere Brötchen mit geräuchertem Heilbutt, Butterfisch, Lachs und eingelegtem Hering; Mittagsgerichte mit Räucherfisch und Außer-Haus-Verkauf. Während der Saison tägl. 9–20 Uhr geöffnet. Strandpromenade 3, ☏ 038393-2970.

monte vino, nicht nur Weinhandlung und Delikatessen, hier kann man auch günstige kleine Gerichte (Suppen, Pasta, Tapas, Käse-/Wurstteller sowie Tagesgerichte) zu einem Glas Wein essen und diverse Kaffeespezialitäten mit selbst gebackenem Kuchen probieren. Geöffnet Mo–Sa 11–22 Uhr (Nebensaison Di–Sa 11–21 Uhr). Paulstr. 1, ☏ 038393-13671, www.weinhandlung-ruegen.de.

Jagdschloss Granitz

Umgeben von Buchenwald thront das Jagdschloss auf der höchsten Erhebung der Granitz, dem 107 m hohen Tempelberg. Als idealer Aussichtspunkt gehört der repräsentative Prunkbau zu den beliebtesten Ausflugszielen Rügens, dementsprechend voll kann es hier im Sommer werden.

Das Schloss ist ein eigenwilliges Bauwerk aus der Mitte des 19. Jh., spätklassizistisch mit einem für die Zeit typischen Hang zu vermeintlich mittelalterlichen Stilelementen. Der Putbuser Fürst *Wilhelm Malte I.* ließ es an der Stelle eines älteren Jagdhauses errichten. Es entstand ein verputzter Backsteinbau auf quadratischem Grundriss, der Dank seiner von Zinnen gekrönten Ecktürmchen und dem alles überragenden zentralen Aussichtsturm verspielt trutzig wirkt. Von der Aussichtsplattform kann man ein grandioses Panorama genießen. Sehenswert sind auch die Innenräume: die mit Jagddekor bestückte Vorhalle, der festliche Rittersaal, der Empfangssaal, der elegante Speisesaal, der gemütliche Damensalon, der repräsentative Marmorsaal und so fort. Das außergewöhnlichste Stück ist die gusseiserne Wendeltreppe, die sich den Aussichtsturm hinaufschraubt (die 154 geradezu frei im Turm schwebenden Stufen sind nur etwas für Schwindelfreie). Im Jagdschloss befindet sich auch ein Souvenirshop, Gastronomie gibt es im Gewölbe und im Biergarten.

Öffnungszeiten Mai bis Sept. tägl. 10–18 Uhr; April und Okt. tägl. 10–17 Uhr; Nov. bis März Di–So 10–16 Uhr. Erw. 3 €, erm. 2,50 €, erm. 4 €, unter 18 J. Eintritt frei. ☎ 038393-66710, www.granitz-jagdschloss.de.

Anfahrt Für Pkw gesperrt. Wer auf den Tempelberg weder laufen noch mit dem Fahrrad fahren will, muss den kostenintensiven *Jagdschloss-Express* nehmen (ab der Binzer Seebrücke oder dem gebührenpflichtigen Parkplatz südlich von Binz). Auch der *Rasende Roland* verfügt über eine Haltestelle *Jagdschloss Granitz*, von hier aus Fußweg (ansteigend) von 15 Min. bis zum Schloss, es sei denn, es steht gerade eine Kutsche bereit, die die Gäste standesgemäß zum Schloss fährt (einfach 5 €, Kind 2,50 €).

Essen & Trinken Alte Brennerei, rustikale Gaststätte im Schlossgewölbe, gemütlich-altertümliches Ambiente und traditionelle Speisen, viel Wild, im Sommer auch netter Biergarten und Cafébetrieb. Im Sommer regelmäßig abends ein Schlemmerspektakel, d. h. jede Menge Gaukeleien zum 4-Gänge-Menü. Öffnungszeiten wie das Schloss, abends jeweils 1 Std. länger. ☎ 038393-32872, www.alte-brennerei.com.

Nördlich von Binz: Schmale Heide und Prora

Auf der Schmalen Heide, einem Geröllgürtel, der die Granitz mit der Halbinsel Jasmund verbindet, steht Rügens prominenteste und wohl auch problematischste Immobilie: Prora. Entlang der gleichnamigen sanft geschwungenen Wiek erstreckt sich ein kilometerlanger Badestrand.

Vom weiten Sandstrand aus ist Prora, heute ein grauer, großteils noch immer sanierungsbedürftiger Gebäudegigant, kaum zu sehen, denn die wuchtigen Betonblöcke werden von dem Kiefernwald verdeckt, der sich über die Schmale Heide erstreckt. Die wirklichen Ausmaße von Prora kann man ohnehin nur aus der Luft erfassen.

Was tun mit dem NS-Koloss? Die Sowjets hatten versucht, einen Block zu sprengen, dabei aber nur eine Ruine produziert. Seit 1994 steht die Anlage unter Denkmalschutz (einschließlich der Ruine!). Bewegung kam nach Prora, als der Bund vier von fünf Blöcken an private Investoren verkaufte.

Projekt: Urlaub total – das „Seebad der 20.000"

Wenn ein Bauvorhaben das Attribut „gigantomanisch" verdient, dann das 1936 begonnene Projekt der nationalsozialistischen Organisation *Kraft durch Freude* (KdF): eine zentrale Festhalle samt Platz, groß genug um 20.000 Menschen zu fassen, rechts und links davon je vier sechsgeschossige Wohnblöcke von mehr als einem halben Kilometer Länge, dazwischen riesige, bis zum Strand reichende Gemeinschaftshäuser, außerdem Seebrücken, Theater, Geschäfte, Sportstätten, Aussichtstürme und eine kleinstadtartige Anlage für 5000 Angestellte. Der Koloss aus Stahl und Beton sollte sich über eine Länge von mehr als 4 km erstrecken. 20.000 Menschen sollten hier einen jeweils zehntägigen Urlaub verbringen – ein Urlaub so total wie der folgende Krieg.

Oberster Bauherr war der Chef der *Deutschen Arbeitsfront* (DAF), *Robert Ley* (der beauftragte Architekt war der Kölner *Clemens Klotz*, der für seinen Entwurf bei der Weltausstellung in Paris 1937 einen Preis gewann). Die DAF hatte vor allem die Aufgabe, die arbeitende Bevölkerung zu Nationalsozialisten zu erziehen. *Kraft durch Freude* war eine Unterabteilung der DAF und die populärste Organisation des Regimes überhaupt. Das effektive Propaganda-Instrument dehnte die „nationalsozialistische Erziehung" auf die Freizeit der Arbeiter aus und versuchte damit eine Art „Gleichschaltung des Urlaubs" zu erwirken.

Das Seebad Prora wurde aber lediglich propagandistisch eingesetzt: Der Ausbruch des Zweiten Weltkrieges stoppte die Arbeiten und hinterließ eine gigantische Baustelle. Urlaub machte hier niemand. Die beteiligten Arbeiter, darunter ungezählte versklavte Zwangsarbeiter, wurden nach Peenemünde gebracht, um dort die Heeresversuchsanstalt aufzubauen, den Geburtsort der sog. Wunderwaffe V2. Während des Krieges wurden die fertiggestellten Gebäude Proras als Lazarett genutzt, dann wurden ausgebombte Hamburger in den Rohbau mit Seeblick einquartiert. Es folgten die Sowjets, dann die NVA (1961–1982), Prora wurde militärisches Sperrgebiet. Nach 1982 wurden DDR-Kriegsdienstverweigerer, sog. Bausoldaten, in Prora zwangsstationiert und mussten am neuen Hafen von Mukran mitbauen. Die NVA-Erbin, die Bundeswehr, löste den Standort 1992 schließlich auf.

Rügen
→ Karte S. 212/213

Wichtigster Anlaufpunkt ist das **Dokumentationszentrum Prora** (→ unten) mit der sehenswerten Dauerausstellung MACHTUrlaub. Das Dokumentationszentrum befindet sich im Querriegel von Block 3, also im „Zentrum" des lang gestreckten Kolosses. Nebenan gibt es eine Gastwirtschaft, gegenüber hat sich ein Klettergarten angesiedelt. In Block 3 selbst schließlich findet sich, was von der ehemaligen Museumsmeile übrig geblieben ist. Im nördlichen Block 5eröffnete 2011 die Jugendherberge Prora mit Jugendzeltplatz. Die Blöcke 1, 2 und 4 wurden bzw. werden von mehreren Investoren saniert und sind in weiten Teilen schon als Eigentumswohnungen verkauft. Es entstehen exklusive Eigentumswohnungen, Ferienappartements, Hotelzimmer und dazugehörige Infrastrukturen (Gastronomie, Sport, Wellness etc.) in so großer Zahl, dass man bereits spottet, das „Seebad der Zwanzigtausend" werde nun doch noch realisiert, nur eben für die „oberen Zwanzigtausend". Gekauft werden die Wohnungen oft als Geldanlage und/oder barrierefrei gebaute Altersvorsorge in Null-Zins-Zeiten und mit schlauer Denkmalabschreibungsmöglichkeit, der Quadratmeterpreis liegt bei etwa 5000–6500 €. Eine Musterwohnung kann in Block 2 besichtigt werden. Übrigens hat auch Block 6 schon vor Jahren einen Investor gefunden, was dieser aber mit der teilgesprengten Ruine vorhat, ist nach wie vor unklar.

Verbindungen Bus: Die Linie 20 hält auf dem Weg von *Sassnitz* nach *Binz* (und weiter ins Mönchgut) mehrmals tägl. in Prora, ebenso die **23** und **28** von *Bergen* nach *Binz* bzw. nach *Sassnitz*. Außerdem gibt es zwei Haltestellen der **Bahn** (Verbindung Bergen – Binz, Achtung: oft muss man in Lietzow umsteigen). Schließlich fährt während der Saison auch das Bäderbähnchen **Prora-Naturerbe-Express** von der Binzer Seebrücke aus.

Klettern Seilgarten mit 13 Höhenparcours verschiedener Schwierigkeitsstufen. Gegenüber dem Dokumentationszentrum von Prora. April bis Okt. Di–So 10–16 Uhr geöffnet (Mai und Sept. bis 17 Uhr, Juni–Aug. tägl. und bis 18 Uhr). ✆ 0152-03647424, www.seilgarten-prora.de.

Parken Großer Parkplatz am Dokumentationszentrum, 1 €/Std. (Mindestgebühr 2 € für 2 Std.).

Jugendherberge Jugendherberge Prora, beim Jugendzeltplatz (→ Camping) im komplett sanierten, strahlend weiß gestrichenen, nördlichsten Stück des Prora-Kolosses, wirbt als „längste Jugendherberge der Welt". 96 Zimmer mit insgesamt 424 Betten, davon sieben DZ mit eigenem Bad, 16 Zimmer (DZ) sind behindertengerecht ausgestattet. Großes Sportangebot, u. a. Beachvolleyball und Fahrradverleih. Übernachtung mit Frühstück im Mehrbettzimmer 25 € (Senioren ab 27 J. 31,90 €), im DZ 58–72 €. Mukraner Str., Gebäude 15, 18609 Binz, ✆ 038393-66880, www.prora.jugendherbergen-mv.de.

Camping Jugendzeltplatz Prora, weitläufiger Campingplatz des DJH im Norden Proras bei der Jugendherberge. Wenig Schatten. Auch Fahrradverleih. Mitte April bis Okt. geöffnet. Übernachtung pro Pers. ab 10 €, Senioren über 27 J. 17,90 €, Frühstück inkl., Man kann auch Zelte mieten. Adresse → JH.

Wohnmobilstellplatz Die Wohnmobil-Oase Rügen befindet sich in etwa auf Höhe von Block 5 (Jugendherberge). April bis Mitte Okt. geöffnet, Stellplatz 13–16 €/Tag. Kleiner Shop in der Rezeption. Hundefreundlich. Proraer Chaussee 60, 18609 Binz/OT Prora, ✆ 0157-74283715, www.wohnmobilstellplatz-ruegen.de.

Die Museen von Prora

Dokumentationszentrum Prora: Historisch Interessierte wird es in Prora wahrscheinlich v. a. in das Dokumentationszentrum ziehen. Die erste Abteilung informiert umfassend über Vorgeschichte, Planung und Baugeschichte des KdF-Bades sowie über die Nutzung der Bauruine während des Krieges und nach Kriegsende. Die zweite Sektion konzentriert sich unter dem Schlagwort „Volksgemeinschaft" auf die sozial- und gesellschaftshistorischen Hintergründe des Nationalsozialismus: Bilddokumente und Schautafeln befassen sich mit der Idee der Volksgemeinschaft und deren gewaltsamer „Formierung" in Alltag und Lebenswelt. Wechselnde Sonderausstellungen und Veranstaltungen sowie ein 35-minütiger Film begleiten die Dokumentation. Unbedingt sehenswert.

Mai bis Aug. tägl. 9.30–19 Uhr, März/April und Sept./Okt. 10–18 Uhr, Nov. bis Febr. 10–16 Uhr, Dez. meist geschl. (Einlass jeweils bis 1 Std. vor Schließung). Eintritt 6 €, erm. 3 €, Kinder unter 13 J. frei, Familien 14 €. Öffentliche Führungen (Vortrag und Besichtigung) tägl. 11.15 und 14 Uhr. Mit Café (ab 11 Uhr geöffnet). Objektstr. 1, Block 3/Querriegel, ✆ 038393-13991, www.proradok.de.

Prora-Zentrum: Die Ausstellung zur Geschichte Proras und wechselnde Sonderausstellungen werden seit Neuestem in der ehemaligen Rezeption der Jugendherberge bei Block 5 gezeigt (Anfahrt zur JH, Bushaltestelle daneben). Das Zentrum ist aber vor allem eine Bildungsstätte: Schülerprojekte, Tagungen und Workshops.

Mai bis Okt. tägl. 10–18 Uhr, Nov. bis April Mo bis Fr 10–16 Uhr. Auch Rundgänge (Anmeldung). Eintritt 4 €, erm. 3 €. Mukraner Str. 12, 18609 Prora-Nord, ✆ 038393-127921, www.prora-zentrum.de.

KulturKunststatt Prora: Über insgesamt fünf Stockwerke bzw. auf 5000 m² erstrecken sich vier Museen in einem, alle zu verschiedenen Aspekten des Themas Prora/Rügen. Dazu gibt es Galerien und ein Kaffeehaus.

Tägl. 9–19 Uhr, im Sommer auch bis 19 Uhr, im Winter 10–16 Uhr. Erw. 6,90 €, erm. 3,90 €, Kinder bis 6 J. frei. Objektstr., Block 3, ✆ 038393-32696, www.kulturkunststatt.de.

Eisenbahn- und Technikmuseum: Ein Stück nördlich ist auf 10.000 m² überdachter Fläche das Eisenbahn- und Technikmuseum untergebracht. In der mittleren Halle stehen vor allem Oldtimer, darunter eine echte *Tin Lizzy* von Ford (1911) sowie eine MIG 21. In den Seitenhallen befinden sich dann die Lokomotiven (ab Baujahr 1903), besonders sehenswert die Dampfschneeschleuder von 1930.

Ostern bis Okt. tägl. 10–17 Uhr. Eintritt 10 €, Kinder 5 €. Am Bahnhof „Prora", ✆ 038393-2366 (hinter dem Bahnhof links und bald rechter Hand), www.etm-ruegen.de.

Der Koloss von Prora

Naturerbe Zentrum Rügen/Prora und Baumwipfelpfad

Der jüngst eröffnete Baumwipfelpfad samt Ausstellung liegt nur wenige Kilometer westlich von Prora. Der insgesamt 1250 m lange Erlebnispfad ist barrierefrei und kinderwagengeeignet. Spiralförmig und mit geringer Steigung schraubt er sich am Einstiegsturm in die Höhe und verläuft dann als hoher Steg durch den Wald. Höhepunkt ist der Aussichtsturm, der um eine Buche herum gebaut ist. In weiter Spirale gelangt man auf eine Höhe von 40 m und kann einen herrlichen Blick genießen. Die zugehörige Ausstellung im neuen Gebäude unterhalb des Baumwipfelpfades informiert kindgerecht anhand von Fotos, Schaubildern und Grafiken über Rügens Natur.

Anfahrt/Verbindungen Beim alten Forsthaus Prora, gut beschildert. Hier halten die **Busse 20, 24** und **28** von *Binz, Bergen* bzw. *Sassnitz*, außerdem Fahrten mit dem Bäderbähnchen **Prora-Express**.

Parken Am Ausstellungsgebäude, die ersten 3 Std. pauschal 2,50 €, dann 1 €/Std.

Öffnungszeiten/Eintritt Mai bis Sept. tägl. 9.30–19.30 Uhr, April und Okt. bis 17.30 Uhr, im Winter nur bis 16.30 Uhr. Eintritt 10 €, erm. 9 €, Kinder/Jugendliche 6–14 J. 8 €, Familien 21 €. Führungen tägl. um 11 und 14 Uhr (3 €). SB-Bistro im Ausstellungsgebäude. Forsthaus Prora 1, ✆ 038393-662200, www.nezr.de.

Schmale Heide

Feuersteinfelder: Eine geologische Besonderheit im nördlichen Teil der Schmalen Heide: Auf einer Länge von ca. 2,5 km erstrecken sich mehrere bis zu 300 m breite Wälle aus Feuerstein. Eingefasst in das „Naturschutzgebiet Steinfelder in der Schmalen Heide" befindet sich im Norden der Feuersteinfelder ein kleiner Mischwald aus Kiefern, Ahorn und Eichen. Auf dem kargen Boden der Geröllwälle und entlang seiner Ränder wachsen vor allem Wacholder, Vogelbeere, Brombeeren und Blaubeeren, Heiderose und Heidekraut.

Ein Parkplatz (1 €/Std., Tagesticket 5 €) befindet sich südlich von Neu Mukran, von hier aus führt ein Fußweg zunächst parallel zu den Bahngleisen, dann über eine Brücke über die Gleise und auf der anderen Seite nach Süden zu den Feldern (ca. 20 Min., beschildert).

Sellin   ca. 2600 Einwohner

Auch in Sellin bestimmt grandiose Bäderarchitektur das Stadtbild. Besonders hervorzuheben: die in der Ortsmitte gelegene Wilhelmstraße, gesäumt von weiß getünchten Villen, und die berühmte Selliner Seebrücke, zu deren Füßen sich ein herrlicher Sandstrand erstreckt.

Eingerahmt wird der Ort von den südlichen Ausläufern der Granitz sowie dem Selliner See. Die Hauptverbindung zur bis zu 40 m hohen Steilküste bildet die Prachtallee Sellins, die *Wilhelmstraße*, eine Flaniermeile in Weiß, die ihre „Verlängerung" in der berühmten, 1998 wieder aufgebauten *Seebrücke* findet. Wie ein Steg in eine andere Zeit reicht die einzige bebaute Seebrücke Rügens, in dessen prachtvollen Gebäuden heute Restaurants untergebracht sind, in die Ostsee hinein. Das Verbindungsstück der beiden außergewöhnlichen Beispiele der Bäderarchitektur ist die *Himmelstreppe*, eine Freitreppe, die über 99 Stufen vom Ende der Wilhelmstraße auf die Brücke und hinab zum breiten, feinsandigen Strand führt.

Ein außergewöhnliches Stück Bäderarchitektur: Sellins Seebrücke

Ursprünglich war Sellin nur ein winziges Fischerdorf am Rande der ausgedehnten Ländereien der Herren zu Putbus, in dem noch 1806 kaum mehr als 100 Menschen lebten. Der Aufschwung zum Seebad erfolgte mit dem Anschluss des Dorfes an die Schmalspurbahn im Jahr 1895. Ein Jahr später ließ Fürst *Wilhelm zu Putbus* eine breite Allee anlegen, 1896 entstand das erste Hotel auf dem Hochufer. In schneller Folge wurden weitere Gebäude errichtet, alle im Stile der Zeit, reich verziert, strahlend weiß und mit Veranden, Loggien und Balkonen versehen. Bis 1912 hatte sich die Wilhelmstraße zu dem entwickelt, was sie heute ist: eine außergewöhnliche Bäderarchitektur-Meile. Ganzer Stolz des jungen Bades war die 1906 eröffnete Seebrücke. Zwischenzeitlich zerstört und abgerissen, wurde 1998 der Neubau des Wahrzeichens Sellins fertiggestellt.

An der Durchgangsstraße unterhalb des Zentrums von Sellin befindet sich das **Museum Seefahrerhaus Sellin**. Gezeigt werden die verschiedensten Aspekte des Fischer- und Seefahrerlebens auf Rügen in früheren Zeiten, begleitet von persönlichen Erinnerungen Rügener Fischer und Bootsbauer.

Di–So 10–16 Uhr, Mo geschl., Eintritt frei. Infos zu Öffnungszeiten in den Wintermonaten unter ✆ 038303-371105 oder bei der Kurverwaltung. Seestr. 17 b (an der viel befahrenen B 196), nächste Parkmöglichkeit ist der Großparkplatz ist am Seepark, ca. 300 m entfernt.

Basis-Infos

Information Kurverwaltung Sellin, Informationen und Zimmervermittlung. Mo–Fr 8.30–18 Uhr, Sa/So 10–14 Uhr; in der Nebensaison (Okt. bis April) Mo–Fr 8.30–16.30 Uhr, Sa/So geschlossen. Seitenstraße am oberen Teil der Wilhelmstraße, beim Kurpark. Warmbadstr. 4, ✆ 038303-160, www.ostseebad-sellin.de. *Historische Ortsführungen* immer Do 10 Uhr ab Kurverwaltung.

Info-Pavillon unweit des Kleinbahnhofs nahe Seepark, tägl. 10–17 Uhr geöffnet, Seeparkpromenade 1, ✆ 038303-16222.

Parken Im Zentrum gebührenpflichtig, Parkplatz neben der Kurverwaltung, 1 €/ Std., Tagesticket 7 €.

Verbindungen Bus: Die Linie 20 verbindet Sellin mit Binz, Prora, dem Fährhafen Sassnitz bei Neu Mukran, der Stadt Sassnitz und (seltener) direkt mit dem Königsstuhl sowie mit den Ostseebädern Baabe, Göhren und Thiessow, fast stündl., nach Sassnitz bzw. Göhren häufiger. Nach Bergen fährt die Linie 24, allerdings relativ selten direkt, sodass man mit der Linie 20 zum Wendeplatz Serams fahren und dort in die 24 umsteigen muss. Die Linie 25 ist der Ortsbus und verbindet Sellin mit Neuensien und Seedorf, mit Altensien und Moritzdorf.

Der **Rasende Roland** hält auf seinem Weg entlang der Ostseebäder in *Sellin*, im Sommer stündl., im Winter alle 2 Std. Haltestellen am südlichen und westlichen Ortsrand.

✆ 03838-884012, www.ruegensche-baederbahn.de. Preise und weitere Infos → S. 221.

Schiff: Von April bis Okt. verbindet die Reederei Adler Schiffe Sellin 2-mal tägl. via Binz mit dem Sassnitzer Stadthafen. Tickets an Bord. ✆ 04651-9870888, www.adler-schiffe.de.

Baden Die Blaue Flagge ziert auch Sellins Strand. Unterhalb des Hochufers bei der Wilhelmstraße erstreckt sich bei der Seebrücke der lange und breite **Nordstrand**. Etwas nördlich (hier etwas steinig) sowie südlich beginnen Hundeabschnitte, noch etwas weiter nach Süden der FKK-Bereich. Daran schließt der **Südstrand** (Vorteil: länger Sonne) an, den man über den Weißen Steg erreicht (Ostbahnstraße, dann vor dem Seepark abbiegen, kostenpflichtiger Parkplatz). Der Nordstrand wird auf der Höhe der Seebrücke, der Südstrand bei der Einmündung des Weißen Stegs von der DLRG überwacht.

Fahrradverleih Z. B. Fahrradverleih Neumann, in der Hauptstraße 11 (zur Saison tägl. 8–18 Uhr), eine Verleihstation auch im unteren Teil der Wilhelmstraße (bei Hausnr. 4, zur Saison tägl. 10–13 Uhr und 14–18 Uhr), auch Tandems und Elektroräder. ✆ 038303-87990, www.selliner-fahrradverleih.de.

Veranstaltungen U. a. das **Seebrückenfest** am letzten Juliwochenende. Veranstaltungskalender über die Kurverwaltung oder unter www.ostseebad-sellin.de.

Rügen → Karte S. 212/213

Übernachten

**** **Hotel Bernstein**, obwohl das Haus in ursprünglich traumhafter Alleinlage am Hochufer in den letzten Jahren durch ein paar Neubauten am oberen Ende der Wilhelmstraße Gesellschaft bekam – für uns eines der schönsten Hotels in Sellin. Sehr gutes Restaurant mit Terrasse sowie Lounge/Bar. Großer Wellnessbereich samt Sauna, Fitnessraum und Schwimmbad (indoor, aber dank Panoramafenster mit Ostseeblick). EZ 101–106 €, DZ 158–214 €, Frühstück inkl. Hochuferpromenade 8, 18586 Sellin, ℘ 038303-1719, www.hotel-bernstein.de.

Villa Elisabeth, freundliches und bodenständiges Hotel in der Wilhelmstraße in einer schönen Bädervilla, geräumige Zimmer, teils mit Balkon. Im Haus das Restaurant *achtern*. EZ ca. 55 €, DZ 105 €, Frühstück inkl. Wilhelmstr. 40, 18586 Sellin, ℘ 038303-87044, www.hotel-elisabeth-sellin.de.

Jugendherberge Sellin, in einem Mehrfamilienhaus mit Parkplatz im Hof, nahe des Kleinbahnhofs im südlichen Ortsteil, zu Fuß ca. 10 Min. ins Zentrum. Viele Schulklassen. Im Mehrbettzimmer 25 €, Senioren ab 27 J. 31,90 €, DZ 58–72 €, jeweils inkl. Frühstück. Hunde sind erlaubt! (vorherige Anmeldung, 5 €/Tag). Kiefernweg 4, 18586 Sellin, ℘ 038303-95099, www.jugendherbergen-mv.de.

Außerhalb Hotel Moritzdorf, absolut ruhig am südlichen Rand des hübschen gleichnamigen Weilers gelegen, nettes Restaurant (auch vegetarisch) mit Terrasse. DZ mit Frühstück 98–148 €, Halbpension 19 €. Moritzdorf 15, 18586 Sellin, ℘ 038303-186, www.hotel-moritzdorf.de.

Wohnmobilstellplatz Oberhalb der Jugendherberge, Mitte März bis Okt. geöffnet. Kiefernweg 4 b, ℘ 038303-92770, www.wohnmobilstellplatz-sellin.de.

Essen & Trinken

Seebrücke, schönes Ambiente an einem einzigartigen Standort. Geschmackvoll eingerichtet und mit herrlichem Blick. Tägl. 12–21 Uhr (im Winter bis 20 Uhr) durchgehend, natürlich auch eine Adresse für Kaffee und Kuchen. Seebrücke Sellin, ℘ 038303-929600, www.seebrueckesellin.de.

Zum Skipper, gutes und entsprechend beliebtes Fischrestaurant in der Wilhelmstraße, innen maritim, draußen Terrasse, freundlicher Service, Hauptgerichte 9–16 €, tägl. 11–21.30 Uhr (im Winter 12–21 Uhr). Wilhelmstraße 31, ℘ 038303-90740, www.skipper-sellin.de.

Selliner Kleinbahnhof, schönes, mal nichtmaritimes Ambiente, das Restaurant gleicht in Teilen einem Eisenbahnmuseum, und wenn draußen der Rasende Roland vorbeifährt, könnte man tatsächlich meinen, auf Reisen zu sein. Mit Terrasse. Relativ günstige Tagesgerichte, ansonsten mittleres Preisniveau. Tägl. ab 12 Uhr geöffnet, warme Küche bis 20 Uhr, im Winter Mo/Di Ruhetag. Am Kleinbahnhof, ℘ 038303-87971, www.kleinbahnhof-sellin.de.

》》 Lesertipp: „Das Restaurant **Kleine Melodie**, zählt zu den schönsten auf der ganzen Insel! Traumhafte Lage mit der Terrasse über dem Südstrand mit entsprechendem Blick über die weit geschwungene Bucht. Das Essen war fantastisch und mit Liebe zubereitet, die Preise dafür absolut in Ordnung!" Dem möchten wir hinzufügen: sehr netter Service! Im Sommer tägl. 10–21 Uhr, April/Mai und Sept./Okt. 10.30–20 Uhr, im Winter 12–17 Uhr (1.–26. Dez. geschl.). Südstrandpromenade 3, ℘ 038303-85616, www.kleinemelodie.net. 《《

Café Kolonial-Stübchen, in einer verspielten Bäderstil-Villa in einem Eckhaus im Zentrum. Kulinarisches und Wohn-Accessoires (→ oben, Einkaufen), man kann aber auch köstliche Kaffee- und Teespezialitäten zu feinen Kuchen probieren und hervorragend frühstücken. Di–So 9–18 Uhr geöffnet. August-Bebel-Str. 5, ℘ 038303-958029, www.kolonialstuebchen.de.

Außerhalb Moritzburg, Ausflugslokal oberhalb von Moritzdorf, etwas anstrengender Aufstieg über zahlreiche Stufen. Hier gibt es Kaffee und Kuchen sowie bodenständige heimische Küche samt herrlicher Aussicht über die Boddenlandschaft. Nur zur Saison (April bis Okt.) ab 11 Uhr, abends dann nicht allzu lange geöffnet. Am Ortsausgang von Moritzdorf führen Treppen hinauf. ℘ 038303-95884.

Traditionsreich: Ruderbootfähre am Baaber Bollwerk

Mönchgut

Die Halbinsel südöstlich der Granitz streckt sich mehr wie eine Inselgruppe weit ins Meer hinein. In zwei eleganten Schwüngen zieht sich die Küste vom Kap Nordperd beim Ostseebad Göhren über die kleine Landzunge Lobber Ort zum Kap Südperd bei Thiessow. Der südliche Abschnitt ist ein einziges kilometerlanges, feinsandiges Badeparadies, schlicht (und zutreffend) Großer Strand genannt. Die westliche Küste hingegen ist stark zergliedert, weit springen die hügeligen Halbinseln in den Bodden hinein und formen lang gestreckte Buchten.

Baabe
ca. 900 Einwohner

Das „Tor zum Mönchgut" ist bis heute ein ruhiges Ostseebad mit dörflichem Charakter geblieben. Ein paar sorgsam renovierte Bädervillen, eine neue Kuranlage, ein begrünter Boulevard, in dessen Mitte ein Fußgängerweg unter Lauben zum Strand führt, und zahlreiche neue Appartementanlagen im oberen Preissegment zeugen von vergangenen und aktuellen Ambitionen, mit den „großen Schwestern" Sellin und Binz im Norden mitzuhalten. Jenseits der Göhrener Chaussee zeigt sich das andere Gesicht Baabes: Boddenseits erstreckt sich in einem leichten Bogen das alte Fischerdorf bis an das schilfgesäumte Ufer des Selliner Sees. Ein gutes Stück jenseits der Ortsgrenze endet die Dorfstraße am Bollwerk, dem kleinen Hafen von Baabe, an dem noch ein paar Fischer ablegen. Ein Fährmann setzt im Ruderboot über nach Moritzdorf.

Information Info-Pavillon am Anfang der Strandstraße. Geöffnet Mai bis Okt. Mo–Fr 10–16 Uhr. Infos auch in der **Kurverwaltung** Baabe, die in das neue *Haus des Gastes* umgezogen ist (geöffnet zuletzt Mo–Fr 9– 18 Uhr, Sa/So 10–18 Uhr, im Winter eingeschränkt), hier auch Spielplatz, Minigolfanlage und Bocciabahn. Am Kurpark 9, 18586 Baabe, ℡ 038303-1420, www.baabe.de.

Verbindungen/Ausflüge   Bus 20 fährt fast stündl. von Sassnitz nach Baabe und von hier weiter nach Thiessow.

Kleinbahn: Im Sommer stündl. mit dem *Rasenden Roland* nach Göhren und nach Sellin, Binz und Putbus, in der Nebensaison alle 2 Std. ℡ 038301-884012. Preise und weitere Infos → Putbus, S. 221.

„**Bähnchen**": *Uns lütt Bahn* pendelt 9-mal tägl. zwischen Strandpromenade und Bollwerk (nur Ostern bis Okt.). Am Lidl-Parkplatz kann man in die Selliner Bäderbahn umsteigen.

Personenfähre   Baabe – Moritzdorf: Vom Bollwerk Baabes Hafen am Bodden rudert der Fährmann zur Saison tägl. zwischen 9 und 20 Uhr über die schmale Wasserstraße zwischen Having und Selliner See. Man muss die Schiffsglocke läuten. Fahrräder, Kinderwagen und Hunde werden mitgenommen, 1 €, Anhänger 2 €, E-Bikes 1,50 €.

Ausflugsschiff   Mit der *MS Lamara* durch das Biosphärenreservat Südost-Rügen und um die Insel Vilm. Mai bis Sept. 2-mal tägl. ℡ 038303-909951, www.ms-lamara.de.

Fahrradverleih   U.a. **Fahrrad Mix**, ab 6 €/Tag (3-Gang), Strandstr. 31, ℡ 038303-371190, www.fahrradverleih-baabe.de.

Kitesurfen   **Kiteschule Atlantis** in der *Casa Atlantis*, Mai bis Okt. Kite- und Windsurfkurse auch in Verbindung mit Unterkunft, SUP-Vermietung. Strandstr. 5, ℡ 038303-955565 oder ℡ 0173-2186111, www. casa-atlantis.de.

Theater   Lachmöwe, Kleinkunst zwischen politischem Kabarett und Comedy. Gespielt wird Ostern bis Okt. (ein wenig auch im Nov./Dez.), Vorstellungsbeginn 20.30 Uhr, auch Restaurant (in legerer Kneipenatmosphäre gibt es Antipasti, Salate, Pasta und Elsässer Flammkuchen, tägl. ab 18 Uhr). Strandstr. 24–28, ℡ 038303-99075, www. kabarett-theater-lachmoewe.de. Kartenvorverkauf an Vorstellungstagen ab 17 Uhr oder bei der Rezeption des Strandhotels, in dessen UG sich die Bühne befindet.

Übernachten/Essen   Hotel Solthus am See, am Bollwerk, stilvolles Hotel mit Bibliothek, Hallenbad, Wellness und Sauna in einem architektonisch interessanten Gebäudekomplex mit tiefem Rohrdach. Gehobenem Restaurant mit Terrasse. Ganzjährig geöffnet. EZ 117 €, DZ 154–160 €, Frühstück inkl. Halbpension 29–33 €/Pers., Hund 15 €/Tag. Bollwerkstr. 1, 18586 Baabe, ℡ 038303-87160, www.solthus.de.

*** Strandhotel Baabe, an der Strandstraße, mit Sauna und Fahrradverleih, Restaurant, Café, Cocktail-Bar und der *Lachmöwe* im UG (Bühne → oben). DZ mit Frühstück 110–160 €. Auch Appartements (ab 110 €/ 2 Pers.). Strandstr. 24–28, 18586 Baabe, ℡ 038303-150, www.strandhotel-baabe.de.

Villa Granitz, jenseits der B 196 (also Richtung Bodden) liegt dieses besonders schöne Garni-Hotel im Bäderstil. Hübscher Garten mit Lauben, Lounge/Bar, überaus behagliche Zimmer zum Wohlfühlen, sehr freundlicher Service. EZ 70–73 €, DZ 94–112 €, mit Frühstück, Hund 8 €/Tag. Auch Ferienwohnungen. Birkenallee 17 (B 196 Richtung Göhren, dann gleich rechts), 18586 Baabe, ℡ 038303-1410, www.villa-granitz.de.

Lindequist, versteckt im Wald und nur wenige Meter vom Meer liegt dieses sympathische Hotel mit eigenem Strand (Strandkorbverleih) und Surf-/Kiteschule (www. ruegen-kite.de). Man hat die Wahl zwischen den komfortablen Zimmern im Haupthaus (DZ mit Frühstück 129 €) oder etwas einfacher in den unterhalb gelegenen Waldhäusern: DZ 109 € (inkl. Frühstück), Ferienwohnung bis 2–6 Pers. 74–136 €, Hostel im 4er- bis 6er-Zimmer 20–25 €, Frühstück jeweils extra. Hund 10 €/Tag. Man kann auch im Strandkorb nächtigen … Von-Lindequist-Weg 1, 18586 Sellin, ℡ 038303-9500, www.strandhotel-lindequist. de.

Zum Fischer, uriges Gasthaus einer alteingesessenen Fischerfamilie, die auch heute noch fängt, der Fisch ist also mit Sicherheit frisch. Sehr beliebt. Eigene Räucherei und Verkauf, von März bis Anfang Okt. ab 12 Uhr geöffnet (warme Küche bis 20 Uhr), Fischverkauf ab 9 Uhr. Bollwerkstr. 6 (am südwestlichen Dorfrand am Weg zum Bollwerk/Hafen), ℡ 038303-86428, www.zum fischer.de.

» Lesertipp: Leser empfehlen das gemütliche **Café Klatsch**, entspannte Atmosphäre, leckerer selbst gebackener Kuchen und Torten. Ab 11.30 Uhr, Mo/Di Ruhetag, Nov. bis Febr. geschl. Am Kurpark 2, ℡ 0172-3027058, www.baabe-cafeklatsch.de. **«**

Malerisch: die Mönchguter Museen

Rügen
→ Karte S. 212/213

Göhren

ca. 1200 Einwohner

Das Ostseebad mit den zwei Stränden – dem feinsandigen Nordstrand samt Promenade und Seebrücke und dem naturbelassenen Südstrand. Dazwischen erhebt sich der Kurort auf einer Anhöhe.

Endlos an der Strandpromenade aneinandergereihte, strahlend weiße Villen sucht man in Göhren vergebens. Dafür lässt das bewaldete *Nordperd*, die durchaus bergige Landzunge, auf die der Ort gebaut wurde, einfach keinen Platz. Hinter dem Strand erstreckt sich der neu gestaltete Kurpark mit Musikpavillon aus dem Jahr 1924, in dem heute nach sorgsamer Restaurierung wieder regelmäßig Konzerte stattfinden. Im Ortszentrum stößt man dann auf das alte Göhren mit seinen rohrgedeckten Fachwerkhäusern. Drei von ihnen gehören heute zum Verbund der Mönchguter Museen: Im **Heimatmuseum** (Strandstraße/Ecke Thiessower Straße im Zentrum) erhält man einen Einblick in die Geschichte des Seebades Göhren, zu sehen sind u. a. eine alte Bauernstube, Trachten und historische Fotos; im **Museumshof** (nur wenige Schritte auf der Strandstraße weiter bergab) in einem teilweise originalen Gebäude eines bäuerlichen Gehöftes kann man eine bunte Mischung aus landwirtschaftlichen Gerätschaften besichtigen; und das um 1720 erbaute **Rookhus** (Rauchhaus), ein schornsteinloses Fachwerkhaus mit tief herabhängendem Rohrdach (unterhalb des Heimatmuseums in der Thiessower Straße) verschafft Eindrücke von den einstigen Wohn-, Arbeits- und Lebensverhältnissen der hiesigen Fischer und Bauern. Komplettiert wird die „Göhrener Museumsmeile" durch das am Südstrand auf Beton aufgebockt liegende **Museumsschiff Luise**, ein begehbarer und vollständig eingerichteter Küstenfrachter von 1906.

Die Göhrener Museen wurden zuletzt renoviert und erweitert, die Wiedereröffnung ist für 2018 geplant.

Eine weitere Sehenswürdigkeit ist der **Buskam**, ein vor dem Nordstrand Göhrens aus dem Wasser ragender Granitblock mit imponierendem Maß (40 m Umfang) und nicht weniger beeindruckendem Gewicht (über 1600 Tonnen). Der gewaltige Fels ist der größte Findling der deutschen Ostseeküste, zuweilen wird er auch der „größte Stein Nordeuropas" genannt. Natürlich ranken sich um solch einen markanten Felsen zahlreiche Legenden und Geschichten, Meerjungfrauen sollen sich hier sonnen und Hexen Versammlungen abhalten.

Basis-Infos

Information Kurverwaltung Göhren, Mai bis Sept. Mo–Fr 9–19 Uhr, Sa/So 10–18 Uhr; im Winter Mo–Fr 9–17Uhr, Di bis 18 Uhr. Poststr. 9, 18586 Göhren, ☎ 038308-66790, www.goehren-ruegen.de.

Verbindungen Bus: die **Linie 20** verbindet fast stündl. Göhren mit Baabe, Sellin, Binz, Prora, dem Fährhafen Sassnitz bei Neu Mukran und der Stadt Sassnitz (seltener auch direkt mit dem Königsstuhl) sowie mit Thiessow und Klein Zicker.

Bahn: Göhren ist die Endhaltestelle des **Rasenden Roland**. In der Hauptsaison bis zu 12-mal tägl. (Sept. bis Mai 6-mal) zu den Ostseebädern Baabe und Sellin, über die Granitz nach Binz sowie nach Putbus. ☎ 038301-884012. Preise und weitere Infos → S. 221.

Der **Ortsbus „Buskam"** pendelt während der Saison von der Seebrücke durch den Ort zum Südstrand, mit Kurkarte kostenlos.

Schiffsverbindungen zu Rügens Ostseebädern: Die Reederei *Adler Schiffe* verbindet Göhren mit dem Sassnitzer Stadthafen sowie mit Binz und Sellin, Tickets an Bord, www.adler-schiffe.de.

Baden Zwei Strände: der feinsandige, flach ins Meer abfallende **Hauptstrand im Norden** und ein weniger frequentierter **Südstrand**, der vielleicht nicht ganz so attraktiv ist, aber länger Sonne hat. Unterteilt werden die Abschnitte durch den Nordperd, die in die Ostsee hereinreichende Landzunge. Der letzte Strandabschnitt Richtung Nordperd ist als **FKK-Strand** ausgewiesen, **Hundestrände** finden sich Richtung Baabe.

Fahrradverleih Mehrere Anbieter im Ort, Fahrrad ab 5 €/Tag: z. B. **Conny's Verleih**, Friedrichstr. 12 a, ☎ 038308-25156, www.fahrradverleih-goehren.de oder **Tilly**, Schulstr. 7, ☎ 038308-2240, www.fahrrad-tilly.de.

Übernachten

Hotels/Ferienwohnungen **** Hotel **Hanseatic**, gegenüber dem alten Wasserturm (am höchsten Punkt von Göhren). Stilvolles Ambiente, mit Restaurant, Bistro, Cocktailbar und Turmcafé mit herrlichem Blick, im Untergeschoss Hallenbad, Sauna und Wellnessbereich. Komfortable und stilvoll-modern eingerichtete Zimmer, meist mit französischem Balkon. EZ 154 €, DZ 198 €, Frühstück inkl. Nordperdstr. 2, 18586 Göhren, ☎ 038308-515, www.hotel-hanseatic.de.

Hotel **Stranddistel**, sympathisches, kleineres Hotel in ruhiger Seitenstraße bei der Strandstraße, 20 Zimmer und zehn Appartements. Das Hotel veranstaltet ganztägige Segeltörns auf der eigenen Yacht. EZ ab 70 €, DZ ab 98 €, Frühstück inkl., Hund 12 €/Tag. Katharinenstr. 9, 18586 Göhren, ☎ 038308-5450, www.ruegen-hotel-stranddistel.de.

Villa Speranza, schöne Ferienwohnungen in einer alten Bädervilla, ruhige Lage nahe der Waldpromenade, Wohnungen mit Balkon/Terrasse, Küche, Bad, TV, z. T. auch im modernen Nebengebäude. Eher für längeren Aufenthalt sinnvoll, Preisbeispiel: für 2 Pers. erste Nacht ab 140 €/Tag, ab der zweiten Nacht 70 €/Tag zuzüglich Wäschepaket 9 €/Pers. (einmalig). Gartenweg 1, 18586 Göhren, Kontakt über Rügen Phönix Appartements, Elisenstr. 12, ☎ 038308-66670, www.villa-speranza.de.

Camping **Regenbogen Camp**, riesiges Areal beim Bahnhof, großer Strandabschnitt (Textil, FKK, Hund), Restaurant, Cafébar und Supermarkt, Wellnessbereich, am Strand Segeln, Surfen, Beachvolleyball etc., auch Animation und Abendunterhaltung. Idyllische Stellplätze für Zelte im

Waldstreifen, weniger romantisch sind die Wohnmobil-Stellplätze. Auch Ferienhäuser. Stellplatz mit Zelt/Wohnmobil, 2 Erw. mit Kindern und Pkw 39–42 €, 1 Pers. mit Zelt und Fahrrad 20.60 €. März bis Okt. geöffnet. Am Kleinbahnhof, 18586 Göhren, ☎ 038308-90120, www.regenbogen.ag.

Essen & Trinken/Nachtleben

Essen & Trinken Räucherei Ebert, am Kleinbahnhof. Die Fischräucherei erfreut sich großer Beliebtheit; viel gelobt ist die Fischsuppe. Auch Hauptgerichte, selbstverständlich gibt es hier auch das Fischbrötchen auf die Hand. Während der Saison tägl. 8–21 Uhr geöffnet. Bahnhofstr. 1, ☎ 038308-34043.

»» Lesertipp: Strandhaus 1, nach Ansicht von Lesern die beste Fischsuppe weit und breit. Teils überdachte Terrasse am Strand. Wechselnde Tagesgerichte (natürlich Fisch) zu mittleren Preisen, auch Kaffee, Kuchen und Waffeln. Mo–Fr ab 14 Uhr, Sa/So ab 11.30 Uhr, Mi Ruhetag. Auch Pension (13 einfache Zimmer): DZ ab 70 €, Frühstück inkl. Nordstrand 1, 18586 Göhren, ☎ 038308-25097, www.strandhaus1.de. **«**

Nachtleben Globetrotter Cocktailbar, karibisch anmutende Bar in einer Seitenstraße im Zentrum, bei Cocktails versinkt man in tiefen Rattansesseln. Gemischtes Publikum. Mai bis Okt. Di–So 19–1 Uhr geöffnet. Katharinenstr. 5, ☎ 038308-25414, www.globetrotterbar.de.

Middelhagen und Alt Reddevitz

Im Herzen der Halbinsel liegt das idyllische **Middelhagen** (ca. 600 Einwohner). Seine Gründung geht auf eine Rodung der Eldenaer Mönche zurück, die den Verwaltungssitz ihres Gutes hierher verlegten. Malerisch ist das Gebäudeensemble im winzigen historischen Kern mit der von den Zisterziensern Mitte des 15. Jh. errichteten Kirche St. Katharina, dem aus dem 17. Jh. stammenden **Hallenhaus**, dem alten Gasthof und dem Schulhaus von 1825. Bis 1962 wohnte und unterrichtete dort der Dorflehrer, heute dient das Gebäude als **Schulmuseum**. Unterricht findet aber immer noch statt – als historische Schulstunden für Besucher.

St.-Katharinen-Kirche

Schulmuseum und Hallenhaus: April nur historische Schulstunden Mi 11 Uhr, Mai und Sept./Okt. 10–16 Uhr, Juni bis Aug. 10–17 Uhr, historische Schulstunden Mi 10 Uhr (Juni bis Aug. auch Di 10 Uhr). Eintritt 3 €, erm. 2,50 €, Schulstunden 7 € bzw. 3 €. Anmeldung/Infos unter ☎ 038308-2478.

Alt Reddevitz ist ein schmuckes 150-Seelen-Dorf nordöstlich von Middelhagen am Nordufer der Hagenschen Wiek. Seinen Kern bilden ein paar hübsche rohrgedeckte Häuser, darunter ein uriger Gasthof in einer Scheune. An den Dorfrand schließt sich ein kleiner steiniger Badestrand an. Über 4 km zieht sich von hier eine lange, dürre Landzunge in den Bodden: das *Reddevitzer Höft*.

Rügen → Karte S. 212/213

Verbindungen Buslinie 20 von Sellin und Göhren fast stündl. nach Thiessow mit Halt in Middelhagen, nach Norden bis Binz und Sassnitz, außerdem nach Bergen (z. T. in Serams umsteigen).

Achtung: Die **Kleinbahn**-Haltestelle Philippshagen befindet sich 2 km nördlich von Middelhagen/Philippshagen mitten in der Baaber Heide.

Fahrradverleih Radlerhus, in Middelhagen, Tourenräder, Trailer, Kinderwagen, Hundekörbe etc. Dorfstr. 34/35, ℘ 038308-25482, www.radlerhus-deutschmann.de.

Übernachten/Essen Zur Linde, historisches Gasthaus in der Dorfmitte von Middelhagen. In der Küche werden regionale Produkte zubereitet. Innen rustikal-gemütlich, außen mit Biergarten. Geräumige Zimmer, auch Wellness, Sauna und geführte Wanderungen. DZ 89–99 €, mit Frühstück. Dorfstr. 20, 18586 Middelhagen, ℘ 038308-5540, www.zur-linde-ruegen.de.

Having Hof, Hofanlage am äußersten Ende des *Reddevitzer Höfts*, sympathisches Ausflugslokal in herrlicher Umgebung (und absoluter Alleinlage). Gaststätte Ostern bis Okt. tägl. ab 12 Uhr geöffnet, Mi Ruhetag. Ferienwohnungen mit kleiner Terrasse, großer Garten mit Grillplatz, Blick über das Meer, Strandzugang und Strandsauna (89–154 €/Pers., ab der zweiten Nacht deutlich günstiger). Alt Reddevitz 49, 18586 Alt Reddevitz, ℘ 038308-5500, www.having-hof.de.

Gasthof Kliesow's Reuse, in einer rohrgedeckten Scheune in *Alt Reddevitz*, mit eigener Backstube. Traditionelle Gerichte zu fairen Preisen. Durchgehend ab 12 Uhr geöffnet. Dorfstr. 23 a, 18586 Alt Reddevitz, ℘ 038308-2771, www.kliesows-reuse.de.

》》 Lesertipp: **Café Moccavino**, von der Terrasse hat man einen herrlichen Blick aufs Wasser und hinüber auf die Zickerschen Berge. Hausgemachter Kuchen, freundliche Atmosphäre. am Ortseingang von Alt Reddevitz 18a, ℘ 038308-66336. **《《**

Einkaufen Zur Strandburg, die Mönchguter Brennerei liegt idyllisch auf der Landzunge westlich von Alt Reddevitz (Anfahrt: Richtung Reddevitzer Höft, etwa 600 m hinter Alt Reddevitz rechts ab, beschildert), sehr gute Brände wie z. B. der Zwetschgenbrand. Seit einigen Jahren gibt es hier auch Whisky, den Pommerschen Greif. Geöffnet April bis Okt. Di–Sa 10–18 Uhr, Nov. bis März 11–16 Uhr (So/Mo geschl.). Auch Führungen. Hövt 36, ℘ 038308-34105, www.hofbrennerei-strandburg.de.

Groß Zicker und Gager   ca. 300/ca. 400 Einwohner

Wie eine Insel erheben sich die Zickerschen Berge aus Bodden, Salzwiesen und Schilfmeer. An ihren Rändern liegen der kleine Hafenort Gager und das Dorf Groß Zicker.

Die höchste Erhebung des Mönchguts ist mit 66 m der Bakenberg, von dem aus man einen herrlichen Panoramablick über die Halbinsel, Bodden und Ostsee genießen kann. Um den westlichen Ausläufer der Erhebung, Zickersches Höft genannt, verläuft über dem Uferabbruch ein hübscher Wanderweg. Im Norden liegt das beschauliche Fischerdorf **Gager**. Im Süden befindet sich das idyllische **Groß Zicker**. Am Ortseingang duckt sich eine alte *Kirche* unter prächtigen Bäumen. Das Gotteshaus mit Kreuzrippengewölbe im Chor wurde im 14. Jh. errichtet, der hölzerne Dachturm stammt allerdings aus dem 19. Jh. In der Dorfmitte befindet sich das **Pfarrwitwenhaus**, ein niederdeutsches Hallenhaus und eines der ältesten Wohnhäuser auf Rügen. Gebaut wurde es 1720, nachdem der ansässige Pfarrer verstorben war und seine Witwe mittel- und obdachlos hinterlassen hatte. Heute ist es sorgsam renoviert und gehört zum Verbund der Mönchguter Museen.

Pfarrwitwenhaus: April/Mai und Okt. Mo–Fr 11–16 Uhr, Juni bis Sept. bis 17 Uhr und Sa/So 13–16 Uhr, Juli und Aug. jeweils bis 18 Uhr, Nov. bis März bzw. bis Ostern geschlossen. Eintritt 2 €, Kinder 1 €. Auch wechselnde Kunstausstellungen.

Das Pfarrwitwenhaus in Groß Zicker

Verbindungen Die **Busse** der **Linie 20** biegen ca. 4-mal tägl. (Sa/So 1-mal) von ihrer Route von und nach Thiessow auf die Halbinsel ab.

Fahrradverleih   **Kraft**, Tourenräder 5–6 €/Tag, auch MTBs, Tandems, Anhänger und Helme, außerdem Strandutensilien aller Art. An der Abzweigung von der Verbindungsstraße Göhren/Thiessow. Boddenstr. 3, ☎ 038308-30512.

Wandern Kenntnisreich und sympathisch führt René Geyer **Kräuterwanderungen** in die Zickerschen Berge. Dass man dabei mehr erfährt als nur Infos über die Flora und die Anwendung von Heilkräutern, versteht sich. Treffpunkt ist am Ende der Boddenstraße von Groß Zicker, bei der Gaststätte *Taun Hövt*. Termine zuletzt April bis Sept. Mo und Do/Fr 10 Uhr, Sa 13 Uhr. Dauer ca. 2:30 Std. Erw. 9 €, Kinder 6–14 J. 3 €, Familienticket 18 €. ☎ 0173-9898031, www.naturgeyer.de.

> Eine herrliche **Wanderung** führt von Gager rund um das Zickersche Höft nach Groß Zicker und über den Bakenberg zurück.

Übernachten/Essen in Groß Zicker

≫ Unser Tipp: Taun Hövt, sehr beliebtes Restaurant mit guter Küche, malerisch in Alleinlage am äußersten (westlichen) Rand von Groß Zicker. Herrlicher Blick über Wiesen und Bodden, jüngst renoviert und recht schick, die Preise aber noch immer völlig in Ordnung, nachmittags auch Kaffee und Kuchen. Ganztägig tägl. 12–21 Uhr geöffnet (Küche bis 20 Uhr). Außerdem Ferienwohnungen ab 80 € für 2 Pers. (in der Hauptsaison nur wochenweise), Endreinigung 40 €, Hunde einmalig 20 €, Frühstück möglich zu 10 €/Pers. Boddenstr. 61, 18586 Groß Zicker, ☎ 038308-5420, www.taun-hoevt.de. ≪

Hotel und Café Inselwind, freundliches Hotel neben der Kirche, geräumige Zimmer, Appartements und Ferienwohnungen. Sehr behagliches Café, zur Saison Di–So 12–18 Uhr geöffnet, Terrasse mit Strandkörben. DZ 91 €, EZ 75 €, jeweils inkl. Frühstücksbuffet, März bis Okt. geöffnet. Boddenstr. 16, 18586 Groß Zicker, ☎ 038308-8254, www.hotel-inselwind.de.

≫ Lesertipp: Fischräucherei Dumrath, „köstliche Fischbrötchen beim Imbiss von Peter und Irmtraut Dumrath, Fischerei und Ferienwohnungen." Kleiner Hof in Groß Zicker mit ein paar Tischen und winzigem Laden, bei Radwanderern beliebt. Boddenstr. 25. ≪

Thiessow und Klein Zicker   ca. 430 Einwohner

Thiessows Ortsbild ist unspektakulär. Das Kapital des kleinen Ostseebads ist seine Lage: mit dem Rücken zum 36 m hohen Lotsenberg, meerumschlungen und an zwei Seiten von Stränden gesäumt. Das **Surfrevier** um den Thiessower Haken gilt als eines der besten der Ostseeküste. Von Thiessow geht es über eine schmale Nehrung weiter bis Klein Zicker (kostenpflichtiger Parkplatz am Ortsanfang). Wenige hundert Meter weiter sind mit der Straße auch Ort und Insel zu Ende.

Information   Kurverwaltung Thiessow, zur Saison Mo und Mi/Do 8–16 Uhr, Di 9–18 Uhr, Fr 8–14 Uhr, Sa 10–14 Uhr; in der Nebensaison eingeschränkt, im Winter nur Mo–Fr 8–12 Uhr, Di 9–18 Uhr. Hauptstr. 36, 18586 Thiessow, ℡ 038308-8280, www.ostseebad-thiessow.de.

Verbindungen Busse der **Linie 20** nach Göhren und Sellin fast stündl., mit Anschluss an Bergen sowie Binz und Sassnitz (gegebenenfalls am Wendeplatz in Serams umsteigen).

Baden   In einem lang gestreckten Bogen zieht sich der **Große Strand** vom Landvorsprung Lobber Ort bis hinunter zum Südperd bei Thiessow: über 5 km feiner, weißer Sand, dahinter ein schmales Kiefernwäldchen, das die Landenge schützt. Mehrere gebührenpflichtige Parkplätze an der Verbindungsstraße zwischen Thiessow und dem Norden. Kleine Wege führen durch das Kiefernwäldchen zum Strand, parallel zum Strand verläuft ein Radweg im Wald. Strandservice vom Strandkorb bis zum Kaltgetränk gibt es ganz im Norden und bei Thiessow sowie in der Mitte (auf Höhe der Abzweigung nach Groß Zicker/Gager). Streckenweise ist der Große Strand in Hunde-, Textil- und FKK-Zonen unterteilt. Der teils steinige **Südstrand** hingegen lädt nicht unbedingt zum Baden ein, eher zum Surfen.

Surfen   Sail & Surf Rügen, Mitte Mai bis Mitte Sept. befindet sich ein Außenposten der Surfschule aus Alteführ (Surfoase Mönchgut) zwischen Thiessow und Klein Zicker. Surfkurse für Anfänger, Fortgeschrittene und Kinder, auch Scheine, außerdem Kitesurfen und Materialverleih. 10–18 Uhr geöffnet. Dörpstrat 2, ℡ 038308-30360, www.sail-surf-ruegen.de.

Camping   Campingplatz Thiessow, lang gezogener Platz am Ortseingang entlang der Straße. 320 Stellplätze, viele mit Schatten, eine Gaststätte und Laden, nur durch die Straße und den 150 m breiten Kiefernwald vom Großen Strand getrennt. Fahrradverleih und Veranstaltungen. Geöffnet April bis Okt. Erw. 5,50 €, Jugendliche (6–17 J.) 3 €, Kinder unter 6 J. frei, kleines Zelt 8,50 €, Caravan oder großes Zelt inkl. Auto 17–18 €, Pkw 2,50 €, Hund 3 €. Hauptstr. 4, 18586 Thiessow, ℡ 038308-669585, www.campingplatz-thiessow.de.

Surfoase Mönchgut, während sich auf dem Campingplatz Thiessow in erster Linie Familien aufhalten, treffen sich die Surfer in der Dependance. 60 Stellplätze, v. a. Caravans, kein Schatten, direkt am Strand. Geöffnet April bis Okt. Erw. 5 €, Jugendliche (12–17 J.) 4 €, Kinder (6–11 J.) 1,50 €, kleines Zelt 7,50 €, Caravan oder großes Zelt inkl. Auto 14 €, Pkw 2 €, Hund 2 €. Dörpstrat 2, 18586 Klein Zicker, ℡ 038308-30125, www.sail-surf-ruegen.de.

Essen & Trinken ⟫ Lesertipp: Mönchguter Fischerklause, traditionsreiches Lokal am südlichen Rand von Thiessow, vor allem Fisch, beliebt und nicht teuer, von Lesern nachdrücklich empfohlen. Mittagstisch 11.30–15 Uhr, abends ab 18 Uhr. Hauptstr. 48, ℡ 038308-30397. ⟪

Am Großen Strand bei Thiessow

Wald, Kreide, Meer: im Nationalpark Jasmund

Jasmund

Hier liegt das Postkartenmotiv der Insel schlechthin: die spektakuläre Steilküste mit dem Königsstuhl, der 118 m hohen, blendend weißen Kreideklippe mit ihrem von Treibholz, abgestürzten Bäumen und groben Steinen übersäten Strand im Erdgeschoss. Umrahmt ist das Wahrzeichen Rügens von den ausgedehnten Wäldern des 1990 eingerichteten *Nationalparks Jasmund*, der den Nordosten der Halbinsel einnimmt. Kleinstädtische Akzente setzt die am südlichen Rand des Nationalparks gelegene Hafenstadt Sassnitz, immerhin der zweitgrößte Ort der ganzen Insel mit ausgelagertem Fährhafen für Schiffe nach Schweden und Dänemark. Im Norden des Nationalparks befindet sich über dem flacher werdenden Steilufer der hübsche Ort Lohme, der eine romantische Aussicht auf das Kap Arkona bietet.

Sassnitz · ca. 10.500 Einwohner

Die „Weiße Stadt am Meer" war einst das „Tor des Nordens" – auch wenn der Fährhafen heute aus der Stadt in den Süden verlegt wurde, lockt das vielseitige Sassnitz immer noch zahlreiche Besucher an.

Bis weit ins 19. Jh. hinein war Sassnitz nicht mehr als ein kleines Fischerdorf, das sich an das steile Ufer schmiegte. Dann kamen die ersten Besucher, darunter auch Prominente wie Theodor Fontane, und mehr und mehr Fischerhäuser machten Hotels und Pensionen Platz. Gegenüber den Seebädern Binz, Sellin und Göhren konnte sich Sassnitz aber auf Dauer nicht behaupten, sodass sich der Ort schon bald auf seine zweite Karriere konzentrierte: Mit der Anbindung ans Eisenbahnnetz 1891 wurde das „Tor zum Norden" aufgestoßen und Sassnitz zu einem wichtigen Fährhafen nach Skandinavien. Mittlerweile starten die Fähren im etwa 5 km südlich gelegenen **Neu Mukran**, während an der fast 1,5 km langen Mole des

Stadthafens Fischkutter, Ausflugsschiffe, Yachten, Segler und sogar ein U-Boot (heute Museum) vor Anker liegen. Ergänzt wird das maritime Museumsangebot am Hafen durch das **Fischerei- und Hafenmuseum**. Am oberen Teil des Hafens beginnt die Strandpromenade mit der kleinen Seebrücke. Die Promenade reicht bis zur Altstadt mit ihren herrlichen Bauten im Stil der Bäderarchitektur in den verwinkelten kleinen Gassen rund um den alten Markt.

Basis-Infos

Information Tourist Service der Stadt Sassnitz, Zimmervermittlung und geführte Wanderungen, Tickets sowie Fahrradverleih (6,50 €/Tag). Die Touristinformation befindet sich am Stadthafen am Fuß der Mole. April bis Okt. Mo–Fr 9–18 Uhr, Sa/So 10–17 Uhr, Juli/Aug. tägl. 9–18 Uhr, Nov. bis März Mo–Fr 9–17 Uhr, Sa/So 10–16 Uhr. Strandpromenade 12, ☎ 038392-6490, www.insassnitz.de.

Verbindungen Regionalbahn über Bergen nach Stralsund, 5–22 Uhr fast stündl.

Bus: Die **Linie 13** verbindet mehrmals täglich Sassnitz mit Sagard, Glowe und Altenkirchen (weiter über die Halbinsel Wittow). Die **Linie 14 fährt** über den Königsstuhl (Hagen Parkplatz) und Lohme bis Glowe. Die **Linie 20** fährt hinauf zum Königsstuhl, Sassnitz u. a. mit dem Fährhafen Sassnitz bei Neu Mukran, Prora und den Ostseebädern Binz, Sellin, Baabe, Göhren und ganz im Süden Thiessow, fast stündl., bis Göhren häufiger. **Stadtbusse (Linie 18)** mit Anschluss an Alt Mukran und bis zum Eingang des Nationalparks (Wedding), werktags halbstündl., Sa/So stündl.

Schiffsverbindungen zu Rügens Ostseebädern: Mit der *Reederei Adler Schiffe* vom Sassnitzer Stadthafen zu den Seebrücken von Binz, Sellin und Göhren. Fährbetrieb April bis Okt. Hafenstr. 12, ☎ 038392-3150, www.adler-schiffe.de.

Ausflugsschiffe Zu den **Kreidefelsen** in der Saison mit der *Reederei Lojewski* (www.reederei-lojewski.de) oder mit der *Reederei Adler-Schiffe* (→ Verbindungen).

Einkaufen **Logbuch**, gut sortierte Buchhandlung in einem Eckhaus an der Hauptstraße, auch Antiquarisches (u. a. historische Postkarten). Mo–Fr 10–13 und 14–18 Uhr, Sa 10–13 Uhr. Hafenstraße 1.

Parken Gebührenpflichtige Parkplätze am Bahnhof, im Parkhaus am Stadthafen und beim Fischereimuseum.

Übernachten/Essen & Trinken

Kurhotel Rügen und **Rügenhotel**, liegen einander gegenüber am gleichen Platz im Zentrum (Fußgängerbrücke zum Hafen) und gehören auch zusammen. Ersteres in einem schmucken Gebäude, das zweite zwar renoviert, aber ein wenig ansehnlicher Koloss, hier befinden sich die *Rügentherme*, zu der die Gäste beider Hotels freien Zugang haben, das Panoramacafé im 9. Stock, die Broiler-Bar und das Fischrestaurant Neptun, ganzjährig geöffnet. Kurhotel: EZ ab 55 €, DZ ab 99 €; Rügenhotel: EZ 58–67 €, DZ 72–100 €, jeweils inkl. Frühstücksbuffet. Kurhotel Rügen Hauptstr. 1, 18546 Sassnitz, ☎ 038392-530, www.kurhotelsassnitz.de, Rügenhotel, Seestr. 1, 18546 Sassnitz, ☎ 038392-53100, www.ruegen-hotel.de.

Strandhotel Sassnitz, in Alt-Sassnitz in einer strahlend weißen Bädervilla an der Seebrücke – also Bestlage. Mit Strandcafé und vegetarischem/veganem Restaurant, die Appartements (mit Küche) hochwertiggediegen ausgestattet, sehr schöne Bäder und zumeist herrlicher Seeblick. Das Ganze hat jedoch seinen Preis: für 2 Pers. 95–129 €, 4 Pers. 115–190 €, 6 Pers. 230 € (wer nur eine Nacht bleibt, zahlt ordentlich Aufschlag), Frühstück bzw. Brötchenservice extra. Rosenstr. 12, 18546 Sassnitz, ☎ 038392-67710, www.strandhotel-sassnitz.de.

Gastmahl des Meeres, traditionsreiches, großes Fischrestaurant in gediegen-maritimem Ambiente am unteren Ende der Strandpromenade, auch zwölf Zimmer. EZ 80 €, DZ 110 €, inkl. Frühstück. Strandpromenade 2, 18546 Sassnitz, ☎ 038392-5170, www.gastmahl-des-meeres-ruegen.de.

Grundtvighaus, Kulturzentrum und Mehrgenerationenhaus mit Café, Kino, Konzerten, Lesungen, Workshops, Seminaren etc. Das

An der Strandpromenade von Sassnitz

→ Rügen
→ Karte S. 212/213

Café (Mo–Fr 9–17 Uhr geöffnet, 11.30–13 Uhr Mittagstisch) ist mit viel Liebe zum Detail eingerichtet, wintergartenähnliche Fensterfront zum Hafen, günstig, genauso wie die sechs einfachen Zimmer (DZ mit Etagenbad 40 €) und die Ferienwohnung (56 €). Früh buchen. Seestr. 3, 18546 Sassnitz, ☏ 038392-57726, www.grundtvighaus-sassnitz.de.

Kutterfisch, die Fischadresse am Hafen. Dazu gehört das rustikal-maritime SB-Restaurant, verteilt auf mehrere Räume, mit Terrasse und ein paar Strandkörben, Hauptgerichte um 10–15 €. Große Auswahl an der Fischtheke, Aal, Hecht etc., auch Räucherfisch und TK. Tägl. 8–18 Uhr geöffnet. Hafenstr. 12 d, ☏ 038392-51330, www.kutterfisch.de.

Sehenswertes

Erlebniswelt U-Boot: „Jawohl, Herr Kaleun" wird man im Bauch des Stahlkolosses vielleicht des Öfteren zu hören bekommen, wenngleich das – streng genommen – nicht angebracht ist, denn bei diesem Boot handelt es sich um die *HMS Otus*, ein 1963 in Dienst genommenes U-Boot der Royal Navy. 28 Jahre war es in den Weltmeeren unterwegs, dann wurde es nach Stralsund geschafft und erhielt von den Torpedoklappen bis zum Heckstabilisator einen neuen Anstrich, um fortan als *Erlebniswelt U-Boot* das Angebot am Sassnitzer Hafen zu bereichern – und ein „Spaziergang" durch die Enge des 90,7 m langen, aber nur 8,1 m breiten Stahlschlauchs ist in der Tat ein Erlebnis („Mind your head!").

Mai bis Okt. 10–18 Uhr, Mitte Juli bis Anfang Sept. bis 19 Uhr, Nov. bis April 10–16 Uhr. Eintritt 7,50 €, Kinder 3,50 €, diverse Familientickets. Hafenstr. 12, ☏ 038392-677888, www.hms-otus.com.

Fischerei- und Hafenmuseum: Das Museum vereint ein Sammelsurium nautischer Exponate: von Handbüchern über Knotentafeln und Sextanten bis zu Fischernetzen und Schiffspapieren – allerlei Interessantes und Informatives über Fischfang und -verarbeitung, Stadt- und Hafengeschichte seit der ersten Hälfte des 19. Jh. Zum Museum gehört auch der Fischkutter *Havel* gegenüber, der einen Einblick in die harte Arbeit auf See bietet.

April bis Okt. tägl. 10–18 Uhr, Nov. bis Mitte Dez. geschl., Mitte Dez. bis März tägl. 11–17 Uhr. Erw. 5 €, Kinder ab 6 J. 3 €, darunter frei. Im Stadthafen Sassnitz, ☏ 038392-57846, www.hafen-museum.de.

Der Nationalpark Jasmund

Über den ganzen Höhenrücken von Sassnitz bis Lohme erstreckt sich die Stubnitz, ein herrlicher Buchenwald, der beste Wandermöglichkeiten bietet. Begrenzt wird sie von der eindrucksvollen Steilküste, deren Kreidefelsen sich hoch über das strahlend blaue Meer erheben.

Als würden Wind und Wetter die Kreidefelsen blank polieren, ragen die imposanten Klippen und die bizarren Felsformationen leuchtend weiß aus der üppig grünen Vegetation. Oft hängen entwurzelte Bäume über dem Abgrund oder liegen malerisch am Geröllstrand. Der Besuchermagnet schlechthin ist natürlich die *Stubbenkammer*, wie der Küstenabschnitt im Nordosten genannt wird. Ob mit dem Pendelbus von Hagen, zu Fuß oder auf dem Ausflugsschiff von Sassnitz: einen Blick auf

Die Kreideklippen im Nationalpark Jasmund

den *Königsstuhl*, den hohen, steil abfallenden Kreidefelsen, wollen die wenigsten Reisenden auf Rügen versäumen. Beim Königsstuhl befindet sich auch das **Nationalpark**-Zentrum mit einem sehenswerten naturkundlichen Museum. Im Hinterland der Stubbenkammer liegt der idyllische **Herthasee**.

Wem der Rummel in der Stubbenkammer zu viel wird, kann abseits auf einem der zahlreichen Wanderwege, die durch den Nationalpark führen, mehr Ruhe finden. Der vielleicht schönste, sicherlich aber der berühmteste Wanderweg Rügens ist der **Hochuferweg**. Er verläuft entlang der Küstenlinie von Sassnitz nach Lohme. Hoch über dem wunderschönen Naturstrand kann man immer wieder grandiose Ausblicke auf die Kreideküste und das Meer genießen. Zahlreiche Bäche fließen durch den naturbelassenen Rotbuchenwald, den größten der gesamten Ostseeküste. Ihr Wasser hat sich tief in die erosionsfreundliche Kreide gegraben und so malerische kleine Schluchten, sog. *Lieten*, geschaffen. Unter die Buchen mischen sich in den Feuchtgebieten der Bachquellen Erlen und Eschen sowie an den Steilhängen der Küste Ahorn, Ulmen, Wildobstbäume und sogar die seltenen Eiben. In den Mooren finden sich zahlreiche seltene Moose und Blumen wie der Sonnentau oder der dreiblättrige Fieberklee. Auch in Sachen Tierwelt ist die Stubnitz reich gesegnet: Rot- und Damhirsch, Reh, Wildschwein, Dachs, Fuchs und sogar Seeadler leben hier, ebenso wie Kamm- und Teichmolch, Spring- und Laubfrosch sowie die Rotbauchunke. 2011 wurden die „Alten Buchenwälder Deutschlands", darunter im Besonderen die Buchenwälder des Nationalparks Jasmund, in die Weltnaturerbeliste der UNESCO aufgenommen.

Achtung Steilküstenabbrüche!

Nach starken Regenfällen und bei Tauwetter sind die Strände unter den Steilufern unbedingt zu meiden. Es drohen Steilküstenabbrüche. Dies gilt nicht nur für die spektakuläre Kreideküste des Nationalparks Jasmund, sondern auch für das Kap Arkona und alle anderen Steilküsten.

Fossiliensammler sollten sich übrigens keinesfalls der Versuchung hingeben, auf jüngst abgegangenen Küstenabbrüchen herumzuklettern. Auch wenn sie reiche Beute versprechen: Auf einen Kreide- oder Lehmrutsch kann ohne Vorwarnung ein zweiter folgen, und dann besteht Lebensgefahr!

Auch Wanderer sollten sich nicht zu nah an die Abbruchkante wagen, sondern sich immer vor Augen halten, dass der Untergrund aus Kreide besteht, und die ist alles andere als stabil. Immer wieder kommt es zu schweren, auch tödlichen Unfällen. Warnhinweise und Absperrungen vor Ort sind dringend ernst zu nehmen!

→ Rügen
→ Karte S. 212/213

Daten Der Nationalpark hat 3100 ha Gesamtfläche, der Löwenanteil davon sind die 2400 ha Waldgebiet der Stubnitz. Außerdem: Moore, Feuchtwiesen, ehemalige Kreidebrüche, die Kreidefelsen, der Strand und 700 ha Ostsee, d. h. ein 500 m breiter Streifen entlang der Steilküste. Weit über 80 % der Fläche sind als *Kernzone* ausgewiesen, d. h. dass auf diesem Gebiet in keiner Weise eingegriffen wird. Der Rest ist *Pflegezone*, in der vorsichtige Waldnutzung und Pflanzen-„Pflege" betrieben werden.

Information   Nationalpark-Zentrum Königsstuhl (am Königsstuhl), ☎ 038392-661766, www.koenigsstuhl.com.

Verbindungen   Shuttle-Bus (Linie 19) mind. halbstündl. zwischen *Großparkplatz Hagen* und *Königsstuhl.*

Von und nach *Sassnitz* mit der **Linie 20** ca. stündl., die meisten Busse fahren direkt zum Königsstuhl, morgens und abends

muss man an der Abzweigung Königsstuhl in den Shuttle-Bus umsteigen. Die **Linie 14** fährt von Sassnitz nach Lohme mit Halt am Parkplatz Hagen.

Parken   Großparkplatz bei Hagen (1,50 €/ Std., 5,50 €/Tag), auch Caravanstellplatz. Hier auch Tickets für den Shuttle-Bus.

Übernachten/Essen   Baumhaus Hagen, in dem urigen Restaurant gibt es neben Wildgerichte aus der Stubnitz auch Fisch aus der Ostsee und zum Kaffee köstliche Windbeutel und Apfelstrudel, alles in allem nicht teuer. Mittags und abends geöffnet (im Winter nur abends), auch Zimmer (DZ mit Frühstück 85 €) und Appartements (105 € für 2 Pers.). An der Verbindungsstraße von Sassnitz nach Lohme bei der Abzweigung in die Stubbenkammer. Stubbenkammer, 18546 Sassnitz, ☎ 038392-22310, www.baumhaushagen.im-web.de.

Sehenswertes

Die Stubbenkammer – Königsstuhl und Viktoria-Sicht: Senkrecht erhebt sich die schneeweiße Wand des Königsstuhls 118 m über das Meer. Gekrönt wird das Inselwahrzeichen im Küstenabschnitt *Große Stubbenkammer* von einem Aussichtsplateau, das bereits vor 300 Jahren auf dem Gipfel befestigt wurde, um den weiten Blick über die Ostsee zu ermöglichen. Die beste Aussicht auf den Königsstuhl

Grün schimmernder Morgennebel
im Rotbuchenwald

selbst hat man natürlich vom Meer aus. Zu Land kann man von einem weiteren, einen knappen Kilometer südlich gelegenen Aussichtspunkt, der *Viktoria-Sicht*, einen Blick auf den berühmten Kreidefelsen werfen. Oder aber man steigt hinab zum Strand: zwischen Königsstuhl und Viktoria-Sicht zieht sich eine lange, steile Treppe hinunter zum Fuß des Kreidefelsens. Über 400 Stufen benötigt man, um die 110 Höhenmeter hinunter zum Strand zu überwinden – die muss man auch wieder hinauf!

Achtung: Der Zutritt auf die Plattform des Königsstuhls ist nur mit einem Ticket des Nationalpark-Zentrums möglich! Man sieht jedoch nicht viel von der Attraktion, wenn man draufsteht. Weite Aussicht *und* einen schönen Blick auf den Königsstuhl hat man von der Viktoria-Sicht aus.

Nationalpark-Zentrum Königsstuhl: Das Zentrum des Nationalparks ist in Bezug auf Architektur, Innenausstattung, Informationsgehalt und Unterhaltungswert rundum gelungen. Zwischen vielen aufwendigen Installationen findet man auch jede Menge naturkundliche und inselspezifische Informationen: über Entstehung und Beschaffenheit der Kreidefelsen, die letzte Eiszeit oder über Flora und Fauna unter der Erde, in den Feuchtwiesen und in den Buchenwäldern. Die Tour lässt sich durch einen Besuch in der Multivisionsschau komplettieren, im Außenbereich gibt es einen Spielplatz mit Kletterwald.

Öffnungszeiten/Eintritt Ostern bis Okt. 9–19 Uhr, Nov. bis Ostern 10–17 Uhr, letzter Einlass in die Ausstellung ist eine Stunde vor Schließung des Nationalpark-Zentrums (und man schließt pünktlich!). Erw. 8,50 €, Kinder (6–14 J.) 4 €, Familien 17 €, inkl. Ausstellung, Multivisionsschau, Königsstuhlplattform. Nationalpark-Zentrum Königsstuhl, Stubben-kammer 2, 18546 Sassnitz, ☎ 038392-661766, www.koenigsstuhl.com.

🍴 **Essen & Trinken** Bistro mit schöner Terrasse neben dem Nationalpark-Zentrum, regionale Bio-Produkte, auch vegetarische Gerichte sowie Kaffee und Kuchen. ■

Herthasee: Rund um den idyllischen Waldsee hat die Erdgöttin *Nerthus*, auch *Hertha* genannt, ihre Spuren hinterlassen, zumindest was die Namensgebung betrifft. Die Herthaburg sei ihr Zuhause gewesen, auf dem Opferstein habe man ihr zu Ehren blutige Kulte abgehalten und in dem „unergründlichen" See soll sie gebadet haben. Die nüchterne Erklärung: Der Wall war eine der vielen slawischen Burgen, die auf Rügen zu finden sind. Bei dem Opferstein mit seinen eigenartigen Vertiefungen handelt es sich um einen prähistorischen Mahlstein. Der See schließlich, dessen Unergründlichkeit etwa 11 m tief reicht, ist durch einen riesigen Eisblock entstanden, der gegen Ende der letzten Eiszeit hier hängen blieb und langsam dahinschmolz. Aber auch ohne legendäres Beiwerk ist der Herthasee einen Abstecher wert. Auf dem Weg zum See passiert man einen pittoresken Schwarzerlensumpf, der zuweilen intensiv, ja fast unwirklich grün leuchtet. Der Herthasee selbst liegt einsam und still im Wald. Über das Ufer ragen die Äste der Buchen weit in den See und beschatten die dunkle Wasseroberfläche, die von kaum einem Lufthauch gekräuselt wird.

Lohme

ca. 450 Einwohner

Der kleine, direkt an der 70 m hohen Steilküste gelegene Ort ist ein ausgezeichneter Standort, um den Nationalpark zu erkunden oder um einfach nur auszuspannen und grandiose Ostseeblicke zu genießen – insbesondere auch abends, wenn hinter dem Kap Arkona die Sonne untergeht. Der Tourismus hat in dem ehemaligen Fischerdorf Tradition, bereits in den 1860er-Jahren startete hier ein Hotelbetrieb: das *Strandhotel Hagemeister*, heute *Panorama Silence Hotel*. Bäderhektik kommt hier nicht auf, denn der kiesige Strand eignet sich eher für einen Spaziergang als zum Baden. Aber gerade die Beschaulichkeit macht den Charme Lohmes aus.

Information Tourist-Info Lohme, im Haus Linde, ganzjährig Mo–Sa 10–12 Uhr, April bis Okt. auch Mo–Fr 15–17 Uhr. Arkonastr. 31, 18551 Lohme, ✆ 038302-88855, www.lohme.de.

Verbindungen Bus: Die Linie 14 kommt aus Glowe und fährt zum Parkplatz Hagen (hier umsteigen zum Königsstuhl) und weiter nach Sassnitz).

Einkaufen Keramik Kerstin Bartel, winzig kleiner Keramikladen (und Werkstatt in einem) auf dem Weg zum Hafen, sehr schöne Vasen etc. Während der Saison Mo–Sa ab 11 Uhr geöffnet. Zum Hafen 6, ✆ 038302-88898.

Sport Golfplatz Schloss Ranzow, der bereits bestehenden 9-Loch-Platz wurde im Sommer 2017 zu einem 18-Loch-Platz erweitert, dazu Driving Range, Kurzbahnen, Unterricht, Shop. Kontakt über das Schloss Ranzow (→ unten), www.golf-schloss-ranzow.de.

Übernachten/Essen Panorama Silence Hotel, traditionsreiches Hotel, stilvoll eingerichtete, helle Zimmer, teils mit herrlichem Panoramablick. Ausgezeichnetes Restaurant: Vom Wintergarten hoch über dem Ufer hat man einen grandiosen Blick. Menü ca. 30 €. Tägl. 12–21 Uhr. EZ ab 58 €, DZ ab 89 € (mit Seeblick ab 130 €), Frühstück inkl. An der Steilküste 8, 18551 Lohme, ✆ 038302-9110, www.lohme.com.

Hotel Schloss Ranzow. Das Herrenhaus, das um 1900 in Märchenschlossmanier errichtet wurde, beherbergt heute ein schickes Hotel. Hierin auch das elegante *Schlossrestaurant* (tägl. ab 12 Uhr auch Café, warme Küche ab 17 Uhr, wechselnde Tagesmenüs um 40 €). Das Schloss hat sich zum Golfspot entwickelt (→ oben). Wellnessbereich. Schlosssuiten ab 189 €, Studios ab 159 €, inkl. Frühstück. Nov. bis Febr. geschl., zwischen den Jahren geöff-

net. Schlossallee 1, 18551 Lohme, ✆ 038302-88910, www.hotel-schloss-ranzow.de.

Wohnmobil-Stellplätze, hinter dem kleinen Dorfladen von Lohme (beim Parkplatz), Stellplatz 14–17 €, ✆ 038302-886585.

Übernachten/Essen außerhalb Pension/Café Rugeshus, allein stehendes Haus im Hochuferwäldchen. Ein Fußpfad führt durch eine kleine Schlucht hinab zum

Kap-Arkona-Blick von Schloss Ranzow

Meer (Strand mit sehr groben Kieseln). Auch hübsches Café. Acht individuell eingerichtete Zimmer (früh reservieren!), Haustiere willkommen. DZ mit Frühstück 84–108 €. Am Ufer 2, 18551 Lohme/Nardevitz, ℡ 038302-9120 oder 0173-8710844 (mobil), www.rugeshus.de. Von Lohme kommend am Ortseingang von Nardevitz rechts und noch ca. 700 m auf einem Feldweg.

Krueger Naturcamping Nipmerow, einfacher, herrlich gelegener Campingplatz in einem Ausläufer der Stubnitz. Viel Schatten, kleiner Laden, einfache Gaststätte, Grillplatz, Fahrradverleih, Fußballplatz etc. Geöffnet Mitte April bis Ende Okt. Erw. 8 €, Kinder (3–16 J.) 5 €, Zelte (je nach Größe) 3–5 €, Auto 3 €, Wohnmobil 9 €, Strom 3 €. Jasmunder Str. 5, 18551 Lohme/Nipmerow, ℡ 038302-9244, www.ruegen-naturcamping. de. Von Sassnitz kommend in Nipmerow zunächst Richtung Lohme, dann gleich rechts.

Schloss Spyker

Bereits im 14. Jh. vermutlich als Speicherhaus errichtet und später als Herrenhaus genutzt, erhielt das Schloss sein heutiges Aussehen – den auffällig roten Fassadenputz und die runden, von niedrigen Hauben überdachten Türme – unter *Carl Gustav Wrangel*, der nach dem Ende des Dreißigjährigen Krieges zum Generalgouverneur von Schwedisch-Pommern ernannt wurde. Die schwedische Königin übertrug ihm Schloss Spyker als Wohnsitz. Bei seinen Umbaumaßnahmen orientierte er sich am Heimatschloss seiner Familie in Schweden. Heute ist das Schloss zwar öffentlich zugänglich, wird aber nicht museal genutzt: Es dient als nobles Hotel mit Restaurant, Bar und Café.

Hotel Schloss Spyker, stilvolles Hotel in beeindruckendem Gebäude, das Ambiente fein, aber keinesfalls steif. Das Restaurant *Zum alten Wrangel* befindet sich im Gewölbekeller (mit Terrasse, geöffnet tägl. 12–21 Uhr, im Sommer bis 22 Uhr) und ist auch bei Nichthotelgästen beliebt: gute Küche, leicht gehobenes Preisniveau, für die Lage und das Gebotene nicht teuer. DZ ab 110 €, Turmzimmer ab 140 €, Frühstück inkl., Halbpension 28 €/Pers. (drei Gänge). Schlossallee 1, 18551 Spyker, ℡ 038302-770, www.schloss-spyker.de.

Glowe und die Schaabe

ca. 1000 Einwohner

Glowe ist ein kleines, lang gestrecktes Straßendorf am nordwestlichen Rand der Halbinsel Jasmund. Seine einzige Attraktion beginnt am kleinen Hafen: Von der Landzunge Königshörn im Norden Glowes zieht sich in einem leichten Halbbogen ein kilometerlanger herrlicher Sandstrand bis nach Juliusruh. Die Nehrung, die die Ostsee vom Jasmunder Bodden trennt (die „Schaabe" genannt), gehört zu den jüngeren Teilen Rügens. Erst im 19. Jh. wuchs – unter Zuhilfenahme straßenbaulicher Maßnahmen – die Anlandung zu einer Landbrücke zusammen, welche die Halbinsel Wittow mit Jasmund und dem Rest Rügens verbindet.

Verbindungen Die **Busse** der **Linie 13** verbinden etwa stündl. (Sa/So alle 2 Std.) Sassnitz mit Glowe (via Sagard) und fahren weiter über die Halbinsel Wittow nach Altenkirchen und bis Dranske. Die **Linie 14** fährt 3-mal tägl. via Lohme zum Königsstuhl.

Baden Das lange Ostseeufer der Schaabe ist zweifellos einer der schönsten Strände der Insel. Zwischen Wald und Meer erhebt sich ein sanfter Dünengürtel, ein feinsandiger Strand zieht sich bis hinauf nach Juliusruh, flach fällt das steinlose Ufer in die Tromper Wiek. Keinerlei Service. Entlang der Straße über die Schaabe mehrere (kostenpflichtige) Parkplätze.

Einkaufen **»** **Unser Tipp:** Kunstraum Wasserwerk, tolle Galerie am Ortseingang von Glowe auf der rechten Seite (aus Sagard kommend). Grafiken, Malerei, Skulpturen, auch Schmuck, Keramik, Kalender und andere kleine Kunstsouvenirs, ein Ort zum Verweilen – und natürlich auch Einkaufen. Jährlich wechselnde Ausstellungsschwerpunkte (zuletzt immer vertreten: Armin Müller-Stahl). Ostern bis Okt. tägl. 11– 18 Uhr, im Winterhalbjahr Do–Sa 11– 17 Uhr. Hauptstr. 1, ✆ 038302-719844, www. kunstraum-wasserwerk.de.

Übernachten/Essen Sandstrand Ostseeperle, schickes, noch recht neues Appartement-Hotel in Glowe. Dazu gehört auch das *Restaurant Ostseeperle* in dem auffälligen Stahl-Glas-Gebäude von Ulrich Müther (→ S. 160). Neben heimischem Fisch auch Pizza und Pasta, außerdem *Eismanufaktur*. Tägl. ab 12 Uhr warme Küche, vorher auch Frühstück. Stilvoll eingerichtete Appartements (ab 160 € für 2 Pers., für 4 Pers. ab 190 €), Wellness-Bereich. Hauptstr. 42, 18551 Glowe, ✆ 038302-56380, www.sand strand-ostseeperle.de.

Essen/außerhalb Gaststätte Am Jasmunder Bodden, Landlokal in Polchow, ein paar Kilometer südlich von Bobbin. Vor allem für seinen guten, günstigen und fangfrischen Fisch berühmt, beliebt und in der Saison oft bis zum letzten Platz besetzt. Von Bobbin kommend auf der rechten Seite. Tägl. 12– 21.30 Uhr geöffnet, Mo Ruhetag. Dorfstr. 8, 18551 Glowe OT Polchow, ✆ 038302-53003.

→ Rügen
→ Karte S. 212/213

Am Schaabe-Strand bei Glowe

Das idyllische Vitt und das Kap

Wittow

Die Halbinsel wird auch das „Windland" genannt – eine treffende Bezeichnung, denn der salzige Seewind wird hier von kaum einer Erhebung behindert. Die berühmteste Sehenswürdigkeit Wittows sind die Leuchttürme von Kap Arkona, die sich von dem hübschen kleinen Ort Putgarten mit seinem zu groß geratenen (und doch oft voll gestellten) Parkplatz aus erreichen lassen. Ganz in der Nähe liegt das malerische, leider meist hoffnungslos überlaufene Fischerdörfchen Vitt. Stilles Zentrum von Wittow ist das Städtchen Altenkirchen mit seiner schönen alten Kirche.

Seebad Breege-Juliusruh   ca. 650 Einwohner

Der Brückenkopf der Schaabe, die die Halbinsel mit dem Rest der Welt verbindet, ist ein kleiner Doppelort mit zwei Gesichtern: auf der einen Seite *Juliusruh*, ein Straßendorf an der Ostseeküste, und auf der anderen Seite der kleine Boddenhafen *Breege*. Zu einer Gemeinde vereint wurden die ungleichen Schwestern 1928. Dank des kilometerlangen Sandstrandes an der *Tromper Wiek* haben sich um Juliusruh zahlreiche Pensionen und Ferienanlagen angesiedelt. Breege, das sich die Boddenküste entlangzieht, war einst ein wichtiger Hafen- und Gemeindeflecken. Zahlreiche Ferienhäuser und Appartementanlagen entstanden in den letzten Jahren – und es wird weiter gebaut.

Information   Informationsamt Seebad Breege-Juliusruh, zur Saison Mo–Fr 8–12 und 13–18 Uhr, Sa 9–13 Uhr geöffnet. Wittower Str. 5, 18556 Juliusruh, ℰ 038391-311, www.ostseebad-breege.de.

Verbindungen   Die Busse der **Linie 13** fahren etwa stündl. von Sassnitz (via Sagard) nach Breege und Juliusruh, dann weiter über Altenkirchen und Wiek bis Dranske. Die **Linie 10** fährt werktags ca. 4-mal tägl. eine Runde über die Halbinsel (über Wiek werktags zur Wittower Fähre).

Mit der **Fähre** 1- bis 2-mal tägl. (Ostern bis Ende Okt.) von und nach Vitte/Hiddensee. Personenschifffahrt Kipp, Schipperweg 1, 18556 Breege, ℰ 038391-12306, www.reederei-kipp.de.

Baden → „Glowe und die Schaabe".

Wassersport Mola, Segelschule, Törns, Yachtcharter und Pension (→ unten). Auch Grundkurse und Kindersegeln, alle Scheine, Jollenvermietung. Boddenweg 1–2, 18556 Breege, ✆ 038391-4320, www.segelschule-mola.de.

Fly-A-Kite, Kiteschule auf dem Campingplatz Drewolke (→ Camping). Zahlreiche Kurse vom Schnupperkurs über diverse Einsteigerkurse bis zum Air & Style-Kurs, auch Materialverleih. Mai bis Anfang Okt. geöffnet. Zittkower Weg 27, ✆ 038391-760880 oder 0162-1551510 (mobil), www.fly-a-kite.de.

Kitesurf-Factory. Kiteschule auf dem *Freizeitcamp Am Wasser* (→ unten) südlich von Juliusruh, vom Schnupper- bis zum Fortgeschrittenenkurs. Wittower Straße 1–2, ✆ 0162-4540755, www.kitesurf-factory.de.

Übernachten/Essen Strandhotel Dünenhaus, in Bestlage direkt am Strand, in den 1920er-Jahren erbautes Hotel, auch Restaurant mit Terrasse. EZ 75 €, DZ 135 € (landseitig) bzw. 145–180 € (seeseits), Frühstück inkl. Ringstr. 5, 18556 Juliusruh, ✆ 038399-4070, ✆ 038391-40769, www.duenenhaus.im-web.de.

⫸ Lesertipp: Zum alten Fischer, am Hafen von Breege, hier kann man gut und preiswert essen, Fisch- oder Fleischgerichte ab 13 €, Terrasse am Hafen. Tägl. ab 12 Uhr geöffnet (in der Nebensaison unter der Woche nur abends). ✆ 038391-42555. ⫷

Pension Mola, neues Haus am Hafen von Breege (und Dependance etwas außerhalb). Gehört zur gleichnamigen Segelschule und ist oft von Segelschülern belegt, daher besser früh reservieren. Mit Restaurant/Café *Steghaus*. DZ mit Frühstück 40–90 €. Boddenweg 1–2, 18556 Breege, ✆ 038391-4320, www.pension-mola.de.

Camping Freizeitcamp Am Wasser, schöner Campingplatz im Wald und am Wasser, südlich von Juliusruh auf der Schaabe zwischen Bodden und Meer gelegen. Neue sanitäre Einrichtungen, Fahrrad- und Ruderbootverleih, Spielplatz, Laden, Gaststätte. Auf dem Platz auch die Kiteschule *Kitesurf-Factory* (→ oben). Erw. 6 €, Kinder (4–14 J.) 4 €, Zelt 6–15 €, Wohnmobil 9 €, Hund 4 €. Wittower Str. 1–2, 18556 Juliusruh, ✆ 038391-43928, www.freizeitcampam wasser.m-vp.de.

Campingplatz Drewolke, nördlich von Juliusruh, etwa 700 m nach der Abzweigung von der Landstraße, mit Gaststätte, Laden und Fahrradverleih. Auf dem Platz auch die Kiteschule *Fly-a-Kite* (→ Wassersport). Geöffnet April bis Okt. Erw. 6 €, Kind 4–14 J. 3,50 €, Hund 4,50 €, Zelt 6–11 €, Wohnmobil 9–11 €, auch Mietwohnwagen und Bungalows. Zittkower Weg 27, 18556 Altenkirchen, ✆ 038391-12965, www.camping-auf-ruegen.de.

Knaus Campingpark, hinter dem Campingplatz Drewolke, neues grünes Haus mit Rezeption, Gaststätte und Sanitäreinrichtungen; Wohnmobil-Stellplätze, auf dem Zeltplatz kein Schatten, auch Ferienhäuser. Ganzjährig geöffnet, freundlich. Stellplatz 17 €, mit Seeblick 22 €. Zittkower Weg 30, 18556 Altenkirchen, ✆ 038391-434648, www.knauscamp.de.

Altenkirchen

ca. 950 Einwohner

Dem Dorf um die namensgebende „Antiqua Ecclesia" (erstmals 1314 erwähnt) sieht man nicht an, dass es das Zentrum der Halbinsel ist. Denn obwohl alle Wege auf Wittow nach Altenkirchen führen, geht es hier ruhig und beschaulich zu.

Die Mitte des 12. Jh. von den dänischen Eroberern der Insel begonnene **Backsteinkirche** ist nach der Marienkirche in Bergen das zweitälteste Gotteshaus Rügens. Mittelschiff und Chor wurden wahrscheinlich um 1200 erbaut. Die Außenseite des Chores ist unterhalb des Daches mit Schmuckfriesen verziert, die unteren Anschlusssteine stellen Gesichter dar. Bemerkenswert ist das Innere der ursprünglich als dreischiffige romanische Basilika konzipierten, später aber mehrfach umgebauten Kirche: ein alter Taufstein (um 1250), aus dem vier bärtige Gesichter in alle Himmelsrichtungen ragen; nach Originalfunden aus dem 13. Jh. rekonstruierte Malereien am Kreuzrippengewölbe; schließlich der sog. *Svantevit-Stein*, der versteckt im

Rügen → Karte S. 212/213

Poet und Pastor: Gotthard Ludwig Theobul Kosegarten

Der Pfarrer, der 1792–1808 die Gottesdienste in Altenkirchen hielt, hieß *Gotthard Ludwig Theobul Kosegarten* und war seinerzeit ein bekannter Schriftsteller. Zahlreiche namhafte Zeitgenossen wie Otto Runge, Ernst Moritz Arndt oder Caspar David Friedrich waren Gast in seinem Pfarrhaus, mit Goethe, Schiller und Herder stand Kosegarten in Briefkontakt. Ein nicht geringer Teil seines literarischen Werkes entstand in Altenkirchen. Dass es heute kaum noch bekannt ist, liegt wohl zuallererst an dem Übermaß an Empfindsamkeit, mit der er zur Feder griff. Nicht zuletzt wenn Kosegarten über das vom ihm innig geliebte Rügen schrieb, übersprang er zumeist die schmale Linie zwischen Kunst und Kitsch. Beispiel gefällig?

„Dort, wo umschäumt Arkona die Brust den Wogen beut, schaut glanzberauscht das Auge in die Unendlichkeit. Es späht in Ost und Westen, in Süd und Nord der Blick, und späht umsonst. Nicht draußen, nur drinnen wohnt das Glück."

Auf Rügen wurde der Pfarrer vor allem durch seine Uferpredigten bekannt (→ S. 257). 1808 nahm er in Greifswald, der Stadt, in der er auch studiert hatte, eine Professur für Geschichte an, 1817 einen Lehrstuhl für Theologie. Kosegarten starb am 16. Oktober 1818. Er liegt auf dem alten Friedhof in Altenkirchen begraben.

südlichen Seitenanbau des Chores liegt. Es handelt sich wahrscheinlich um eine Grabplatte, die aus der Zeit vor 1168 stammt. Zu sehen ist darauf ein bärtiger Mann, der ein großes Füllhorn in Händen hält. Ob es sich dabei tatsächlich um die Abbildung der slawischen Gottheit handelt, ist ungeklärt. Wahrscheinlicher ist, dass auf der Grabplatte ein slawischer Fürst (möglicherweise sogar Jaromar) dargestellt ist.

Verbindungen Die Linie 13 fährt von Sassnitz etwa stündl. (Sa/So alle 2 Std.) nach Altenkirchen (und etwa alle 2 Std. weiter nach Wiek und bis Dranske). Nach Putgarten pendelt die Linie 11 ca. 11-mal tägl. (Sa/So 6-mal) und schließlich fährt die Linie 10 ca. 4-mal tägl. *rund um Wittow* (nicht Sa/So).

Fahrradverleih Fahrradverleih Uthess, *die* Alternative, um die Parkgebühren in Putgarten zu sparen, gute 7-Gang-Tourenräder ab 6,50 €/Tag, auch Kinderräder, Helme und Kindersitze. Straße des Friedens 10, 18556 Altenkirchen, ☏ 038391-13071, www.ruegen-fahrrad-fewo.de.

Putgarten und das Kap Arkona ca. 250 Einwohner

Das Flächendenkmal zwischen Putgarten, dem Kap und dem hübschen Fischerdörfchen Vitt ist reich an Sehenswürdigkeiten – und reich an Besuchern. Zur Hochsaison kann es hier eng werden.

Das Kap ist geschichtsträchtiges Land. Schon die germanischen Rugier siedelten hier. Unter den Slawen entstand in der Tempelfestung Arkona das religiöse Zentrum der Insel. Die Einnahme der Burg durch die Dänen und die Zerstörung des Heiligtums (1168) leitete die Christianisierung Rügens ein. In der Folge schwand die Bedeutung Arkonas, nur unter den Seefahrern blieb das Kap wegen seiner Gefährlichkeit über die Jahrhunderte berühmt und berüchtigt.

Das ganze Gebiet um Kap Arkona einschließlich des Fischerdorfs Vitt, das male-risch in einer kleinen, zum Meer hin sich öffnenden Schlucht liegt, ist heute Land-schafts- und Naturschutzgebiet und autofreie Zone. Der Einstieg befindet sich in Put-garten, wo ein riesiger Parkplatz am Ortseingang die Besucherfahrzeuge aufnimmt. Von hier aus beginnt der etwa 5 km lange Rundgang zu allen Sehenswürdigkeiten.

Zum **Baden** sind die steinigen Strände unterhalb der Steilküste am Kap kaum ge-eignet. Man erreicht sie von Vitt aus oder über die südlichste der drei steilen Trep-pen: die Veilchentreppe bei der Jaromarsburg. Im Wasser liegt hier ein mächtiger Findling namens „Kosegartenstein". Die beiden anderen Treppen, die 42 m hohe Königstreppe am Kap und die Treppe beim Gellort, die hinab zum „Siebenschnei-derstein", einem Findling von geschätzten 165 Tonnen, führt, waren zuletzt wegen der Gefahr von Steilküstenabbrüchen gesperrt; auch ein Aufenthalt unterhalb der Küste kann gefährlich sein! Sperrungen und Warnhinweise sind unbedingt ernst zunehmen (Lebensgefahr!). Der neu ausgebaute Fahrradweg zum Gellort führt als Wanderweg weiter bis zum Nordstrand (Bademöglichkeit).

Putgarten: Eine der beiden Sehenswürdigkeiten des Ortes ist der *Rügenhof Arkona* (tägl. 11–17 Uhr geöffnet), ein Kultur-, Handwerks- und Geschäftszentrum, u. a. mit Töpferhof, Korbflechterei und Kerzenmacherei, diversen Läden und Guts-hauscafé mit hübschem Garten sowie einer kleinen Kaffeerösterei nebenan. Weiter hinten im Dorf wird es etwas ruhiger, hier befindet sich das *Helene-Weigel-Haus.* Die Schauspielerin und Intendantin des Berliner Ensembles hatte das reetgedeckte Gebäude Mitte der 1950er-Jahre für sich und ihren Ehemann Bertolt Brecht als Fe-rienhaus gekauft. Heute beherbergt es neben einer kleinen, sehenswerten Ausstel-lung über Helene Weigel ein idyllisches Gartencafé, das unbedingt zu einer Pause vom Putgarten-Trubel einlädt (→ Café).

Information Tourismusgesellschaft **Kap Arkona**, im Sommer tägl. 10–18 Uhr, an-sonsten eingeschränkt. Auch Zimmerver-mittlung. Am Parkplatz, 18556 Putgarten, ✆ 038391-13037, www.kap-arkona.de.

Verbindungen Aus Altenkirchen kommt der **Bus 11** ca. 10-mal tägl. (Sa/So 6-mal tägl.). Vom Ortseingang weiter zum Kap oder nach Vitt (Haltestelle bei der Kapelle) fährt die kleine **Arkona-Bahn**, Erw. 2 € (hin und zurück 3,50 €), Kinder 0,50 € (1 €).

Gartencaféidyll: das Helene-Weigel-Haus in Putgarten

Kutschrundfahrten zum Kap mit Erläuterungen, Aufenthalt bei den Leuchttürmen, Erw. 10 €, Kinder 5 €, nur während der Saison. Abfahrt ebenfalls beim Parkplatz.

Fahrradverleih   Direkt am Parkplatz (am Ortseingang), 6 €/Tag, auch Kindersitze.

Parken   Am Ortseingang (hier auch Imbissbuden) für 3 €/Tag, Wohnmobilstellplatz gegenüber, 5 €/Tag, über 3,10 m Höhe 15 €.

Übernachten   Hotel/Pension **Zum Kap Arkona**, familiär geführtes, freundliches Haus mit 33 Zimmern, Bar, beliebtem Restaurant und teils weitem Ausblick. Eigener Parkplatz (kostenlos). Ganzjährig geöffnet (Nov. bis Jan. geschlossen, zwischen den Jahren geöffnet). DZ 96–99 €, Frühstück extra, Hund 10 €/Tag. Dorfstr. 22 a, 18556 Putgarten, ✆ 038391-4330, www.zum-kap-arkona.de.

Café   ≫ Unser Tipp: Helene-Weigel-Haus, in dem alten Bauernhaus, das Helene Weigel in den 1950ern zu ihrem Feriendomizil erkoren hatte, befindet sich eines der schönsten Cafés der Insel – und bei gutem Wetter sitzt man vor allem im idyllischen Garten. Guter Kaffee, hervorragender, selbst gebackener Kuchen, der Service herzlich. Auch Leser schrieben uns begeistert: „Eine Oase inmitten des Kap-Arkona-Rummels." Es werden auch Lesungen und Liederabende veranstaltet. Von Mai bis Okt. tägl. 13–18 Uhr geöffnet (in der Nebensaison Mi Ruhetag), bei schlechtem Wetter wird auch schon mal früher geschlossen. Dorfstr. 16, ✆ 038391-431007, www.helene-weigel-haus.de. ≪

Leuchttürme: Gleich drei Türme teilen sich den Standort Kap Arkona. Der Veteran unter ihnen ist der *Schinkelturm,* mit dessen Bau nach jahrelanger Planungsphase 1826 begonnen wurde. Seinen Namen verdankt er dem berühmten Architekten *Karl Friedrich Schinkel*, der ihn als dreigeschossiges klassizistisches Gebäude auf quadratischem Grundriss konzipierte. Sein Leuchtfeuer im verglasten Aufsatz war bis 1905 in Betrieb, dann wurde der Schinkelturm durch den *Neuen Turm* ersetzt. Dieser mit 33 m höchste Turm am Kap ist übrigens heute noch in Betrieb. Der dritte Turm steht nahe der Jaromarsburg (→ unten) und entstand als *Marinepeilturm*. Heute wird er nur noch „zivil", d. h. touristisch genutzt. Darüber hinaus ist unweit des Schinkelturms ein Bunker zu besichtigen (Ausstellung und Führungen).

Schinkelturm mit Museum zu Schinkel: ganzjährig geöffnet, in der Saison tägl. 10–18 Uhr, im Winter eingeschränkt. Erw. 2 €, erm. 1,50 €, Familienticket 5,50 €. **Neuer Leuchtturm**: im Sommer 10–18 Uhr, Frühjahr/Herbst 11–16/17 UhrEintritt 3 €. **Marinepeilturm** mit Schmuckatelier (www.sonnenschmuck.com), Mai/Okt. tägl. 10–16 Uhr, Juni/Sept. 10–17 Uhr, Juli/Aug. 10–18 Uhr, im Winter geschl., Erw. 3 €, erm. 2 €, Familienticket 6,50 €. **Bunker**: Die 1979–1986 gebaute Marine-Bunkeranlage der NVA ist heute im Rahmen einer Führung zugänglich, im Sommer 11–15 Uhr zur vollen Stunde, im Winter deutlich eingeschränkt (am besten vorher anrufen). Erw. 5 €, Kinder 8–14 Jahre 2,50 €; Treffpunkt am Eingang, ✆ 038391-434660, www.kap-arkona.de.

Ungleiche Verwandte:
die beiden Leuchttürme am Kap

Die Jaromarsburg: Die Tempelfestung war das religiöse Zentrum der Slawen auf Rügen und ihrem Hauptgott *Svantevit* geweiht. Vor ihrem Fall war sie bedeutend größer, aber es waren nicht die Dänen, die sie geschleift haben, sondern Wind und Wetter. Die Reste des Walls stellen gerade einmal ein Drittel der ehemaligen Gesamtanlage dar!

Zuletzt und wahrscheinlich bis auf Weiteres wegen Abbruchgefahr geschlossen.

Vitt: Geschützter kann ein Dorf nicht liegen – und idyllischer wohl auch nicht. Ein gutes Dutzend hübscher Häuschen mit rohrgedeckten und von Moos geschmückten Dächern duckt sich in eine schmale Liete. Die Gässchen ziehen sich entlang hübscher Fassaden und Gärten und führen zum kleinen Hafen. So viel Idylle hat natürlich ihren Preis: In der Saison kommen unzählige Besucher durch das komplett unter Denkmalschutz stehende Dorf (mit nicht mal 20 Einwohnern) – großer Rummel.

Verbindungen Nach Vitt (Haltestelle bei der Kapelle) fährt während der Saison zu jeder vollen und halben Stunde die kleine **Arkona-Bahn**. Erw. 2 €, Kinder 0,50 €, hin/zurück 3,50 € bzw. 1 €, Rundtour 5 € (1,50 €). Tickets beim Fahrer.

Essen & Trinken Nahe beim Strand das **Café am Meer**, wo man Kaffee und selbst gebackenen Kuchen, auch kleine Snacks und vor allem Sanddornprodukte bekommt. Weiter oberhalb ein **Imbiss** (Crêpes, Fischbrötchen etc.).

Am Hafen gibt es **Räucherfisch**.

Einziger Dorfgasthof ist der **Goldene Anker**, eine gemütliche Fischgaststätte, die trotz der exklusiven Lage günstige Gerichte anbietet (Hauptgerichte Fisch 12–18 €); oft bis zum letzten Platz gefüllt. Im Garten davor bei gutem Wetter Cafébetrieb, außerdem Fischbrötchen. In der Hochsaison tägl. 11–20 Uhr, in der Nebensaison bis 18 Uhr; Nov. und Jan. geschl. Vitt Nr. 2, ℡ 038391-12134, www.gasthof-vitt.de.

→ Rügen → Karte S. 212/213

Uferpredigten

Eine Variation der Geschichte vom Berg und dem Propheten: Die Altenkirchener Pastoren hatten einst das Problem, dass die Bauern und Fischer aus Vitt jedes Jahr im Spätsommer dem Gottesdienst fernblieben. Grund war der Hering, den keiner vorbeiziehen lassen wollte. Also kam der Pastor nach Vitt und hielt die Predigten am Ufer ab, während ein Ausguck das Auge auf der See behielt und wenn nötig den Gottesdienst nicht mit einem Amen, sondern mit den Worten „De Hiering kümmt" beendete. Zum Schutz vor dem launischen Wetter ließ der berühmte Pastor Kosegarten (→ auch S. 254), der bereits jahrelang Uferpredigten abgehalten hatte, die *Vitter Kapelle* errichten. Das weiß getünchte, rohrgedeckte Gotteshaus mit achteckigem Grundriss steht hoch über dem Dorf. In seinem Inneren hängt eine Kopie von Philipp Otto Runges beziehungsreichem Gemälde *Petrus auf dem Meer*.

Um den Wieker Bodden

Auf dem **Bakenberg** beschattet ein Kiefernwald zahlreiche Feriendörfer und weitläufige Campingplätze, die sich dank des herrlichen Ostseestrandes unter dem Steilufer größter Beliebtheit erfreuen. Im Westen liegt **Dranske**, einst eine muntere Kleinstadt, die vom ehemaligen Marinestützpunkt der NVA auf der Halbinsel Bug lebte. Heute ist es hier recht trostlos, der Bug wieder Sperrgebiet und nur mit Führung zu betreten. Freundlicher ist da schon **Wiek**: Der kleine Ort hat eine lange Tradition im Bootsbau, noch heute werden hier die sog. *Wieker Boote* produziert.

Darüber hinaus hat sich Wiek als Kurort einen Namen gemacht. Sehenswert ist vor allem die um 1400 entstandene *St.-Georgs-Kirche*, ein Backsteinbau mit winzigen Dachtürmchen über einem imposanten Giebel. Südlich von Wiek befindet sich die **Wittower Fähre**, eine der letzten Fährverbindungen Deutschlands, die tatsächlich noch als alltägliche Verkehrsader fungiert. Man spart sich den langen Umweg um den Großen Jasmunder Bodden.

Pfarrkirche St. Georg (Wiek), in der Saison meist Mo–Fr 10–12 und 14–16 Uhr, Aufstieg ins Gewölbe möglich.

Information Informationsbüro in Wiek nahe der Kirche. In der Saison Mo–Mi 9–17 Uhr, Do 9–12 und 13–17 Uhr, Fr 9–16 Uhr und Sa 9–12 Uhr. Am Markt 5, 18556 Wiek, ✆ 038391-76870, www.wiek-ruegen.de.

Fremdenverkehrsamt Dranske, in der Dorfmitte in einem rohrgedeckten Klinkerhaus. Freundlich und hilfsbereit. Mo–Fr 9–12 und 13–17 Uhr, So 10–13.30 Uhr, im Winterhalbjahr Mo–Fr 9–12 und 13–16 Uhr. Karl-Liebknecht-Str. 41, 18556 Dranske, ✆ 038391-89007, www.gemeinde-dranske.de.

Verbindungen Der **Bus Linie 13** fährt etwa alle 2 Std. von Wiek und Dranske nach Altenkirchen und weiter nach Sassnitz.

Die **Wittower Fähre** verkehrt ganzjährig von morgens 5.50 Uhr (ab Nordseite) bis 19 Uhr (ab Südseite), Mai bis Aug. bis 21 Uhr, April und Sept./Okt. bis 20 Uhr, Nov. bis März bis 19 Uhr. Pkw (inkl. Fahrer) 5,80 €, jede weitere Pers. 1,20 €, Motorrad 3 €, Fahrrad 1,20 €, Kinder (4–11 J.) 0,80 €. *Achtung*, zu Stoßzeiten im Sommer teilweise lange Wartezeiten! Auskunft Wittower Fähre: ✆ 0172-7526838.

Wassersport UST Rügen, Surf- und Segelschule in Dranske mit zahlreichen Angeboten, z. B. Windsurfen, Katamaran, Kitesurfen, zudem Materialverleih (auch Fahrräder). Geöffnet April bis Anfang Okt. tägl. 10–18 Uhr, Unterbringung im jugendherbergsartigen **NoHotel** (auch DZ für 50 €), zudem Bistro/Bar. Am Ufer 14, 18556 Dranske, ✆ 038391-89898, www.ustruegen.de.

Surf & Kite Camp, Surf- und Kiteschule auf dem gleichnamigen Campingplatz in Wiek. Einsteiger-, Grund- und Aufbaukurs, Scheinerwerb, auch Materialverleih. Anfahrt und Adresse → Übernachten.

Übernachten Landhotel **Herrenhaus Bohlendorf**, herrliche Anlage in einem Gutshaus südlich von Wiek (Richtung Wittower Fähre). Wintergarten, gemütliches Kaminzimmer, Sauna, Whirlpool und Fitnessraum, gutes *Restaurant* bei leicht gehobenem Preisniveau (mittags und abends geöffnet, auch Cafébetrieb). EZ 79 €, DZ ab 119 €, Frühstück inkl., auch Appartements. Hund

6 €/Tag. Ganzjährig geöffnet. Bohlendorf 6 a, 18556 Wiek/Bohlendorf, ✆ 03891-770, www.bohlendorf.de.

Surf & Kite Camp, kleiner, ruhig gelegener Platz in Wiek, mit Bistro und nettem Biergarten, mit Surf- und Kiteschule (→ Wassersport). Geöffnet, so lange das Wetter mitspielt. Von Altenkirchen aus am Ortseingang rechts und ca. 500 m weiter. Pro Pers. 8 €, Jugendliche 6,50 €, Kinder 4 €, Zelt, Auto, Caravan etc. bereits inkl. Boddenweg 1, 18556 Wiek, ✆ 038391-70711 oder 0173-8184808 (mobil), www.surf-kite-camp.de.

Regenbogen Camp Nonnevitz, riesiger Campingplatz (600 Stellplätze) nördlich von Nonnevitz im Kiefernwald, viel Schatten und strandnah, mit Gaststätte, Bäckerei, Fahrradverleih, neuen Sanitäranlagen. Geöffnet April bis Okt. Stellplatz Zelt inkl. 2 Erw. und Kinder 32,70–34,10 € (auch inkl. Pkw), 1 Pers. und kleines Zelt (ohne Pkw) 17 €. Regenbogen Nonnevitz, 18556 Dranske, ✆ 038391-89032, Hotline ✆ 038391-89032, www.regenbogen.ag.

Essen & Trinken **Schifferkrug**, noch immer rohrgedeckt, zeugt dennoch die rostrote Fassade von Neuerung. Der alte Fischerkrug, in dem bereits 1455 Bier gezapft wurde, wurde nach Besitzerwechsel und Renovierung jüngst wieder eröffnet. Hübsch gemacht und gemütlich ist der lichte Gastraum, der Service ist freundlich. Günstige Mittagskarte (Hauptgerichte unter 10 €), ansonsten vor allem Fischküche (um 15 €). Tägl. ab 12 Uhr geöffnet. An der nördlichsten Ausbuchtung des Wieker Boddens im kleinen Weiler Kuhle (gut 3 km nördlich von Wiek), ✆ 038391-938845, www.schifferkrug-kuhle.de.

Blumencafé, das freundliche Café ist angeschlossen an einen kleinen Blumenladen, entsprechend gelungen ist die (floristische) Dekoration. Vor allem im Sommer sitzt man draußen herrlich inmitten eines kleinen Gartenidylls. Selbst gebackener Kuchen. Geöffnet zuletzt So–Di 13–18 Uhr, Mi–Sa schon ab 9 Uhr. Gerhart-Hauptmann-Str. 6, ✆ 038391-769932.

Landidyll in Freesenort auf Ummanz

Rügens Westen

In Rügens Westen geht es ruhig zu. Die sanft wellige, vor Urzeiten von Gletschern flach geschliffene Moränenlandschaft ist eine landwirtschaftlich geprägte Gegend. Hier und da drängen sich kleine Weiler an die Ränder der Landstraßen, andere liegen abgeschieden zwischen den Feldern. Zuweilen durchbricht ein Waldstreifen die Weite oder ein von undurchdringlichen Sträuchern geschütztes Hügelgrab. Doch auch hier im Kernland Rügens ist das Meer nie fern. Das stille Zentrum der Gegend ist Gingst. Viele Reisende kennen die Gemeinde nur von der Durchfahrt, denn hier treffen sich die Hauptrouten, die durch den westlichen Teil Rügens führen: Die Nord-Süd-Achse verläuft von Samtens (und damit aus Richtung Stralsund) zur Wittower Fähre oder nach Schaprode, dem Fährhafen nach Hiddensee. Die West-Ost-Achse verbindet Bergen mit Ummanz, der abgeschiedenen Insel im Westen.

Gingst   ca. 1400 Einwohner

Eine Gemeinde mit Kleinstadtflair: Um den Marktplatz gruppieren sich Lebensmittelgeschäft und Apotheke, Blumen- und Bücherladen, die Post sowie Rathaus und Gasthaus. Und natürlich steht auch die Kirche am Marktplatz: **St. Jacobi**, ein Backsteinbau, der zuallererst durch seinen klobigen Turm auffällt.

Neben kleinstädtischer Beschaulichkeit hat Gingst aber auch zwei Sehenswürdigkeiten zu bieten. Eine davon spiegelt die Geschichte des Ortes als wichtiges Handwerkszentrum wider. Schneider und Sattelmacher, Böttcher, Tischler und Schmiede hatten hier einst ihre Werkstätten und vor allem die Damastweber der Gemeinde machten sich über die Insel hinaus einen Namen. Heute erinnert das Museum **Historische Handwerkerstuben** an diese Zeit. In dem hübschen Hof mit reetgedeckten Backsteinhäusern verschaffen originalgetreue Werkstatteinrichtungen Einblicke in das Handwerkerleben um 1900. In der Museumsscheune sind ein netter Laden und das gemütliche Café untergebracht.

Der zweite Besuchermagnet ist der **Rügenpark**, eine Mischung aus Miniaturland und Vergnügungsmeile für Kinder. Zahlreiche Modelle tummeln sich auf 40.000 m², komplett nachgebaut wurde die Insel Rügen, dazu gesellen sich Bauwerke aus aller Welt.

Öffnungszeiten   Historische Handwerkerstuben: Zuletzt in den Sommermonaten tägl. 10–17 Uhr geöffnet, im Winterhalbjahr eingeschränkt. Eintritt 3 €, erm. 2,50 €, Kinder unter 6 J. frei. 18569 Gingst, ☎ 038305-304.

Rügenpark: Mitte April bis Nov. geöffnet, Juli/Aug. tägl. 10–19 Uhr, April bis Juni Di–So 10–18 Uhr, Sept. bis Nov. Di–So 10–17 Uhr. Erw. 9,40 €, Kinder (Preis nach Körpergröße) 2–7,40 € (bis 3 J. frei). Mühlenstr. 22 b, 18569 Gingst, ☎ 038305-55055, www.ruegenpark.de.

Verbindungen   Die **Linie 35** verbindet Bergen mit Schaprode via Gingst; die **Linie 38** fährt mehrmals tägl. von Gingst nach Waase und die **Linie 41** von und nach Samtens (hier Anbindung nach Stralsund). Am Wochenende eingeschränkt.

Einkaufen/Café   Der Buchladen, sehr freundlich und überaus gut sortiert, auch Regionalia und eine gute Auswahl an Kinder- und Jugendliteratur. Regelmäßig werden Lesungen veranstaltet. Mo–Fr 10–17 Uhr, Sa 10–12 Uhr, im Sommer auch mal länger. Markt 5, ☎ 038305-535916, www.der-buchladen-ruegen.de.

Regionalwaren und Töpferei, im Gebäude neben dem Buchladen, Biofeinkost vornehmlich aus der Region auf der einen und Keramik auf der anderen Seite. Dazu ein kleines Café im schönen Garten. Markt 4, ☎ 038305-60086, www.toepferei-regionalwaren.de.

Museumscafé, gemütliches Café in den Historischen Handwerkerstuben. Besonders schön sitzt man im Sommer draußen im Schatten der Bäume und inmitten des an sich schon sehenswerten Gebäudeensembles. Ideal für ein kleines Päuschen bei Kaffee und (selbst gebackenem) Kuchen. Geöffnet, wenn das Museum geöffnet ist. ☎ 038305-304.

Erste Rügener Edeldestillerie, edle Bio-Destillate aus der Halbinsel Lieschow: Brände gibt es vom Apfel bis zur Zwetschge, dabei werden traditionelle Apfel- und Obstsorten ebenso veredelt wie die fast in Vergessenheit geratenen Sorten, z. B. die Reneklode. Außerdem diverse Liköre und (natürlich) einen ausgezeichneten Sanddorngeist. Das Obst stammt auch aus eigenem Anbau und weitgehend von der Insel. Mindestens Mo–Fr 10–16 Uhr geöffnet (wenn zu diesen Zeiten geschlossen: anrufen!), zur Saison auch länger und am Samstag. Besichtigung der Destillerie nach Absprache. Freistehendes Gehöft an der Landstraße auf halbem Weg vom Lange-Hof zum Südende von Lieschow. Haus Nr. 17, 18569 Lieschow/Ummanz, ☎ 038305-55300, www.edeldestillerie.de. ■

Übernachten/Essen in der Umgebung   Landgasthof Kiebitzort, an der Südspitze der Halbinsel Lieschow befindet sich die ockergelbe Anlage, herrlich ruhig und abgeschieden, umgeben von einem weitläufigen Garten. Dazu gehört ein gemütliches *Restaurant* (Hauptgerichte ab 13 €), im Sommer sitzt man schön im Biergarten. Das Restaurant ist nur abends ab 18 Uhr geöffnet, Mi Ruhetag. DZ 79 €, mit Terrasse 89 €, EZ (mit Balkon) 56 €, jeweils einschließlich Frühstück. Außerdem kleine Garten-Ferienhäuschen und Ferienwohnungen. Mai bis Anfang Okt. geöffnet. Lieschow Nr. 26c, 18569 Lieschow/Ummanz, ☎ 038305-55166, www.kiebitzort-ruegen.de.

Camping in der Umgebung ››› Unser Tipp: Banzelvitzer Berge, einer der schönsten Wald- und Wiesencampingplätze auf Rügen, weitab vom Schuss, etwas auf der Höhe am Südausläufer eines Hügels gelegen und dadurch mit herrlichem Blick auf den Großen Jasmunder Bodden. Mit Gaststube *Zum Kuckuck*, kleinem Laden und Fahrradverleih. Geöffnet April bis Okt. Kleiner Zeltplatz (1 Erw.) 15,50 €, großer Stellplatz (Pkw, Caravan/Wohnmobil/Zelt, 2 Erw., 1 Kind) 35,50 €; auch kleine, hölzerne Ferienhäuser. 18528 Groß Banzelvitz, ☎ 03838-31248, www.banzelvitzer-berge.de. *Anfahrt*: von der Straße zwischen Trent und Bergen nach Rappin abbiegen und durch das kleine Dorf hindurch noch 1 km zu den Banzelvitzer Bergen. ‹‹‹

Insel Ummanz

Die Insel Ummanz schmiegt sich eng an die Westküste des Rügener Kernlandes. Kraniche staksen während ihres Stopovers über die Feuchtwiesen, Kornfelder werden von Entwässerungskanälen begrenzt, Schafe weiden auf den Dämmen. Still ist es hier – und flach.

Die etwa 18 km^2 große Insel Ummanz ragt kaum mehr als 3 m aus dem Meer heraus, manche sumpfige Wiese befindet sich sogar ein wenig unter dem Meeresspiegel. Dass der Bodden sich nicht über die von Schilf zerfranste Küste hermacht, dafür sorgen die langen Deiche, die sich fast um die ganze Insel herumziehen. Die Stille, die zwischen den Deichen herrscht, wird nur vom Wind gestört oder von den Vögeln, die auf Ummanz ein Naturparadies vorfinden. Scharen von Zugvögeln, darunter auch der Kranich, nutzen die Insel im Frühjahr und im Herbst als Rastplatz, während sie für sesshaftere Vögel auch als Brutplatz dient.

Die einzige dorffähnliche Siedlung der Insel ist **Waase** mit der sehenswerten *Marienkirche*, in deren Innerem ein bemerkenswerter gotischer Flügelalter (1520) steht. Neben Waase verteilen sich nur noch wenige kleine Weiler über die Insel. Ganz im Süden befindet sich der malerische denkmalgeschützte Weiler **Freesenort** mit seinen Reetdachhäusern und an der Westküste **Suhrendorf**. Hier säumt schilffreier Strand die Küste und im Sommer kann es dank des Campingplatzes recht belebt zugehen. Ganz anders (und typischer für Ummanz) geht es am anderen Ende der Insel zu: Bei **Tankow** herrscht absolute Stille, denn hier steht nur ein einziges Gehöft.

Marienkirche (Waase), in der Saison (etwa Mai bis Okt.) tägl. 11–15 Uhr.

Information Ummanz-Information, in der Alten Küsterei (Eingang hinten). Unregelmäßige Öffnungszeiten, zuletzt zur Saison

Ummanz-Impressionen

Mo–Fr 11–17 Uhr, wenn das Büro nicht besetzt ist, kann man bei Ummanz-Keramik gegenüber nachfragen. Neue Str. 63 a, 18569 Waase/Ummanz, ☏ 038305-53481.

Verbindungen Die **Linie 38** verbindet werktags mehrmals tägl. *Bergen* mit Waase.

Café Café Ummanz, in der ehemaligen Pfarrscheune von Waase. Freundliches Café, eigene Konditorei, zur Saison zuletzt Do–Mo 12–17 Uhr geöffnet, in der Nebensaison nur Fr–So. Am FockerStrom 2, www.ostseekaffee.de.

Einkaufen Ummanz Keramik, schöne Töpferwaren gibt es in dem kleinen Hofladen bei der Kirche in Waase. Die Werkstatt befindet sich im Nachbarort Wusse. Der Hofladen ist April bis Nov. Mo–Sa 9.30–18 Uhr, Mai bis Okt. auch So 11–17 Uhr geöffnet. Neue Straße 63b, ☏ 038305-8111.

Übernachten/Wassersport Ostseecamp Suhrendorf, großer Platz am Was-ser. Gaststätte, Kiosk, Minigolfplatz etc., Surfschule und -verleih (→ unten), Kanu- und Bootsverleih, geöffnet Ostern bis Okt. Zeltplatz 13–20 €, Erw. 7 €, Kinder (3–15 J.) 4 €, nicht parzellierte Plätze (ohne Strom) 7–13 €, Tageskarte für Surfer 4,50 €. Suhrendorf 4, 18569 Ummanz, ☏ 038305-82234, www.ostseecamp-suhrendorf.de.

Windsurfing Rügen und Kite Island, Surf- und Kiteschule am Ostseecamp. Windsurf- und Kite-Unterricht für Anfänger und Fortgeschrittene, auch Kinderkurse und Materialverleih. Dazu gehört auch das **Surfhostel** etwas weiter nördlich, Zwei- und Vierbett-Zimmer (17 €/Pers. im Mehrbettzimmer und 23 €/Pers. im DZ, Frühstück 5,90 €), dazu Baumhausrestaurant (v. a. Pizza und Salate, Mai bis Sept. Di–So ab 17 Uhr, Juli/Aug. tägl.) und Tiki-Bar. *Windsurfing Rügen* und *Kite Island*: beim Ostseecamp (→ oben); *Surfhostel*: Suhrendorf 8, 18569 Ummanz, ☏ 038305-55018, www.surfen-auf-ruegen.de.

Schaprode
ca. 500 Einwohner

Das Sprungbrett nach Hiddensee – ganzjährig legen hier die Schiffe der Weißen Flotte an und pendeln hinüber nach Neuendorf, Vitte und Kloster. Das hat zur Folge, dass das alte Fischerdorf oft einem großen Parkplatz gleicht. Doch trotz der zahllosen Durchgangstouristen hat sich der Ort viel von seinem Charme bewahren können. So zieren ihn schmucke Kapitänshäuser, die sich von den schilfgedeckten Backsteinhütten der Fischer dadurch unterscheiden, dass der Eingang Letzterer ebenerdig ist, während die Kapitänshäuser etwas höher liegen und eine kleine Treppe zur Tür führt. Sehenswert ist auch die **Johanneskirche** (zur Saison tägl. 10–16 Uhr geöffnet), nach der Pfarrkirche von Altenkirchen und der Marienkirche in Bergen die drittälteste Kirche Rügens.

Verbindungen Bus: mit der Linie 35 nach *Bergen*, unter der Woche fast stündl., Sa/So 5-mal am Tag.

Zu den **Fährverbindungen** → Hiddensee.

Parken Hiddensee ist autofrei, Parken muss man hier in Schaprode, gebührenpflichtige Parkplätze am Ortsrand (ca. 3,50 €/Tag, ab dem zweiten Tag 2 €).

Übernachten/Essen Die Alte Schule, Restaurant im alten Schulgebäude nahe der Kirche, der Gastraum sieht aus wie ein kleines Schulmuseum: lehrreiche Schautafeln, Tafellineal und natürlich eine große Schiefertafel. Tägl. ab mittags geöffnet (warme Küche bis 21 Uhr). DZ 90–95 €, Frühstück inkl. Lange Str. 32 a, 18569 Schaprode, ☏ 038309-1454.

>>> Unser Tipp: Schillings Gasthof, innen sehr gemütlich, draußen unter Linden beschauliche Terrasse mit Blick auf die Insel Öhe. Hervorragende saisonale Küche mit regionalen Zutaten. Der Fisch kommt fangfrisch vom Schaproder Hafen, auf der hauseigenen Insel Öhe weiden die Rinder und Heidschnucken. Das Biofleisch gibt es (neben frischem Brot, Kuchen, Käse etc.) auch im Hofladen (tägl. 7.30–19 Uhr, Jan./Febr. geschl.). Geöffnet im Sommer tägl. ab 12 Uhr (im Winter Mo–Fr ab 16 Uhr, Sa/So ab 12 Uhr). Hafenweg 45, ☏ 038309-1216, www.schillings-gasthof.de. **«**

Camping Am Schaproder Bodden, in direkter Strandnähe, über 100 Stellplätze (wenig Schatten), kleiner Shop, Restaurant, Fahrradverleih, Wassersport. April bis Ende Okt. Auf dem Campingplatz gibt es auch die Segel- und Surfschule *Wiking-Surf*. Erw. 8 €, Kinder 4 €, Zelt 3–5 €, Wohnmobil 7 €, Auto 2 €. Lange Str. 24, 18569 Schaprode, ☏ 038309-1234, www.campingplatz-schaprode.de.

Das Leuchtfeuer Dornbusch

Hiddensee

ca. 1000 Einwohner

Schmal und lang gezogen liegt die Insel vor der Westküste Rügens. Was von Westen her an Wind und Wellen kommt, bricht sich an der Küste Hiddensees.

Hiddensee ist eine wunderschöne Insel, „Perle der Ostsee" und „Capri Pommerns" sind ihre klingenden Beinamen. Zu den prominentesten Gästen der Insel zählte der Schriftsteller Gerhart Hauptmann, der sogar auf dem Dorffriedhof von Kloster begraben ist. Von ihm stammt auch ein weiteres Adelsprädikat für Hiddensee: Die Insel sei „das geistigste aller deutscher Seebäder"; und tatsächlich wirkte das schmale Stück Land zu Lebzeiten Hauptmanns wie ein Magnet auf die Größen des deutschen Geisteslebens. Nobelpreisträger trafen hier zusammen, Maler und Architekten schufen aus Gebäuden Kunstobjekte und ganze Künstlerzirkel definierten ihre Kreativität von Hiddensee aus. Thomas Mann, Albert Einstein, Gustav Gründgens, August Macke – sie alle und noch viel mehr Prominenz zog es hierher, was Gerhart Hauptmann am Ende dann offenbar doch des Guten zu viel war und ihm die mahnenden Worte „nur stille, stille, dass es nicht etwa ein Weltbad werde" abnötigte. Auch wenn die Promi-Invasion des frühen 20. Jh. mittlerweile längst Geschichte ist – der Tourismus selbst ist seit jenen Tagen nicht mehr von der Insel wegzudenken. Jahr für Jahr kommen zahllose Feriengäste und Tagesausflügler, die es sich auf der 1995 offiziell zum Seebad erklärten Ostseeperle gut gehen lassen.

Die drei Dörfer der Insel könnten unterschiedlicher nicht sein, auch wenn sie sich auf Grund der Schlankheit der Insel alle zwischen Hafen und Strand erstrecken. *Kloster* im Norden scheint in einem lichten Wald zu liegen. Beschatten mal keine Bäume die Häuser, werden diese von dichten Gärten umgeben. *Vitte* hingegen ist gut ausgestattet mit großzügigen Wegen und sogar einem kleinen Zentrum. *Neuendorf* wiederum verzichtet fast ganz auf Wege, seine Häuser stehen weit verstreut auf einer Wiese.

Die unzähligen Besucher, die an schönen Tagen auf die Insel strömen, können nicht darüber hinwegtäuschen, dass Hiddensee eine kleine Gemeinde ist. Nur gut 1000 Menschen leben auf der Insel. Zum Einkaufen muss man ins ferne Bergen oder nach Stralsund übersetzen. Der Arzt praktiziert in Vitte und ist übrigens einer der wenigen, die das Privileg haben, auf der Insel Auto fahren zu dürfen. Hinzu kommen noch der Dienstwagen des Inselpolizisten, der Inselbus, der Löschzug der Feuerwehr und der ein oder andere Trecker oder Unimog. Ansonsten ist die Insel für Privatautos gesperrt, was einen nicht unerheblichen Teil des Reizes von Hiddensee ausmacht: Man fährt Fahrrad oder Kutsche, asphaltierte Straßen gibt es kaum (eher Plattenwege), alles läuft langsamer und im schönsten Sinne „altmodisch" ab. Kurzum: eine Insel zum Entschleunigen, wenn auch nicht gerade in der Hochsaison, während der es hier knallvoll mit Tagesausflüglern ist.

Verbindungen

Fähren Von **Schaprode** (Busanschluss nach Stralsund) mehrmals tägl. nach Neuendorf, Vitte und Kloster (im Sommer etwa 15-mal tägl., im Winter ca. 10-mal). Achtung: Die Fähren laufen fast nie alle drei Häfen an! Dauer: zwischen 30 Min. (nach Neuendorf) und 45 Min. (nach Kloster), bzw. bis zu 90 Min. mit Stopps in Neuendorf und Vitte. Hin- und Rückfahrt 17,90 € (einfach 11 €), Kinder (4–14 J.) 10,10 € (6,30 €), Kinder unter 4 J. frei, Familien 46 €, Fahrrad 7 €, Hund 10,10 €, Surfausrüstung 14 €; die Fahrt nach Neuendorf ist etwas günstiger.

Bus: Die *Linie 35* fährt etwa stündl. ab Bergen (Sa/So 5-mal) nach Schaprode.

Von Stralsund nach Hiddensee: Mitte März bis Okt. 2- bis 3-mal tägl., Sonderfahrten zwischen den Jahren nur bei eisfreier Ostsee. Hin- und Rückfahrt 19,90 € (einfach 12,80 €), Kinder (4–14 J.) 10,60 € (6,70 €), Kinder unter 4 J. frei, Familien 51 €, Fahrrad 8,20 €, Hund 10,60 €, Surfausrüstung 16,40 €.

Infos: *Reederei Hiddensee*, Achtern Diek 4, 18565 Vitte, Insel Hiddensee, ✆ 038300-210, (in Stralsund: Fährstr. 16, 18439 Stralsund, ✆ 03831-26810), www.reederei-hiddensee.de.

Darüber hinaus verkehren Fähren von **Wiek** (Mai bis Okt.) und **Dranske** (Juni bis Sept.; *Reederei Hiddensee*, → oben) sowie von **Breege** und **Ralswiek** nach Vitte und zurück (Infos: *Personenschifffahrt Kipp*, www.reederei-kipp.de).

Beim Kauf des Fährtickets nach Hiddensee wird Ihnen automatisch die obligatorische **Tageskurkarte** für die Insel zum Preis von 2 € (im Winter 1,50 €) mitverkauft.

Fahrradmitnahme Alle Fähren nehmen Fahrräder mit, wenn viel los ist, kann es jedoch passieren, dass das Rad an der Anlegestelle zurückgelassen werden muss. Nur auf der *MS Vitte* ist immer Platz, denn sie besitzt als einziges Schiff der Reederei einen großen Frachtraum.

Wassertaxis Schnell, aber kostenintensiv. Die drei Schiffe des **Hiddenseer Taxirings** fahren ganzjährig. Sie liegen entweder im Hafen oder kommen bei telefonischer Bestellung. Die Überfahrt von Schaprode nach Neuendorf kostet 11 €/Pers. (Kinder 4–14 J. 7 €), nach Vitte/Kloster 12,50 €, Kind 7,50 € (mind. sieben Mitfahrer, ansonsten Gesamtpreis 75 € bzw. 80 €), ab Stralsund 25,70 €/Pers., Kind 14,50 € (mind. neun Mitfahrer) bzw. 225 € Gesamtpreis für die Überfahrt. Bei Nachtfahrten wird ein nicht unerheblicher Aufschlag erhoben. Zentrale in Vitte: ✆ 038300-210; oder direkt an Bord: Die *Pirat* ist unter ✆ 0171-7457713 zu erreichen, die *Störtebeker* unter ✆ 0171-7457710 und die *Anna Maria* unter ✆ 0171-6428021. Weitere Infos unter www.reederei-hiddensee.de.

Taxi?

Basis-Infos

Information   Die **Tourist Informationen** von Hiddensee liegen beide am Hafen, eine in Vitte, die andere in Kloster. In **Vitte**: Mai bis Okt. Mo–Fr 9–17.30 Uhr, Sa/So 9.30–15.30 Uhr (im Okt. bis 13 Uhr); Nov. bis März nur Mo–Fr 9–15.30 Uhr. Achtern Diek 18a, 18565 Vitte, Insel Hiddensee, ✆ 038300-608685. In **Kloster**: Mai bis Sept. Mo–Fr 9.30–12.30 und 13.30–17.30 Uhr, Sa/So 9–15.30 Uhr, April und Okt. Mo–Fr 9–15 Uhr, Sa/So 9–12.30 Uhr, Nov. bis März Mo–Fr 9–15 Uhr. Hafenweg 15, ✆ 038300-60654. Für beide: www.seebad-insel-hiddensee.de.

Baden   An Hiddensees Westküste erstrecken sich vom Gellen im Süden bis zum Enddorn an der Nordspitze 13 km herrlichster Ostseestrand, der hier alljährlich mit der *Blauen Flagge* ausgezeichnet wird. Besonders schön ist der feinsandige Strand westlich von Vitte. Lediglich auf Höhe von Kloster wird der Strand durch großsteinigen Wellenschutz begrenzt (der leider aber den Blick aufs und den Zugang ins Meer deutlich stört). Von der DLRG überwacht wird der Strand jeweils auf der Höhe der Inselorte (Mitte Mai bis Mitte Sept.). Die ortsnahen Strandabschnitte (hier auch Strandkorbverleih) werden im Sommer gereinigt, alle anderen als Naturstrand belassen. Ein Strandkorb kostet auf der Insel 9 € pro Tag.

Bank   Sparkassenfiliale mit Geldautomaten in Vitte, Süderende 59 (zwei Häuser nach dem Hotel Godewind). Einige Restaurants akzeptieren keine EC- oder Kreditkartenzahlung, für alle Fälle also besser mit etwas Bargeld anreisen.

Inselbus   Der kleine Bus pendelt Mo–Fr ca. stündl. zwischen Kloster, Vitte und Neuendorf, im Winter nur 5-mal tägl. Tageskarte 4,50 €, halber Tag 3,20 €.

Parken   Hiddensee ist autofrei, parken muss man daher in **Schaprode** oder in Stralsund.

Kloster

Pferdekutschen fahren über ungepflasterte Wege, Familien spazieren an blühenden Gärten entlang, in denen hübsche, teils schilfgedeckte Häuser stehen, Gäste und Hiddenseer sitzen ruhig und gelassen am Hafen oder in den Biergärten.

Kloster im Norden Hiddensees ist ein kleines Inselidyll. Lang gezogenes „Zentrum" des Dorfes ist der Kirchweg, der etwas oberhalb des Hafens beginnt und sich bis zum **Heimatmuseum** und dem dahinter liegenden wunderschönen Weststrand zieht. An dieser Achse befinden sich auch das **Gerhart-Hauptmann-Haus**, die **Inselkirche**, Restaurants und Cafés, Supermarkt, Buch- und Souvenirläden sowie der Friseursalon der Insel mit dem pragmatischen Namen *Die Bö*. Nördlich vom Kirchweg erstreckt sich das Dorf bis in die Ausläufer des Dornbusch, der höchsten Erhebung Hiddensees mit dem malerischen Leuchtturm.

Die Ursprünge des Dorfes gehen auf die Zisterzienser zurück. Der Orden gründete 1296 hier eine (angesichts der abseitigen Lage) relativ stattliche Abtei, die wohl einen Großteil des heutigen Ortsgebietes umfasste. Das Kloster wurde im Zuge der Säkularisierung aufgelöst, auf dem Abteigelände entstand ein kleines Fischerdorf. Anfang des 20. Jh. sollen hier gerade einmal neun Häuser gestanden haben: die vier Häuser des Gutshofs, Pfarrei, Schule, Strandvogtei, das Haus des Amtsvorstehers und ein Gasthaus. Heute ist Kloster das kulturelle Zentrum der Insel, nicht nur, weil sich hier Inselmuseum und -kirche befinden, im Gerhart-Hauptmann-Haus finden auch regelmäßig klassische Konzerte, Sonderausstellungen und Dichterlesungen statt.

Fahrradverleih   U. a. **Barbara Pehl**, auch Pension (ab DZ 50 €, kein Frühstück, aber Gemeinschaftsküche). Hafenweg 4, 18565 Kloster, Insel Hiddensee, ✆ 038300-437, www.hiddensee-pension.de.

Gepäcktransport/Kutschfahrten U. a. **Fuhrmannshof Neubauer**, auch Wander- und Ponyreiten. Hafenweg 10 a, ☏ 0171-1892807, abends ☏ 0171-7153809 oder 0171-1892807 (mobil), www.hiddensee-kutschfahrten.de.

Übernachten/Essen 》》 Unser Tipp: **Hotel Hitthim**, eines der besten Häuser der Insel, gleich oberhalb des Hafens von Kloster, verfügt über viel gastronomische Tradition. Im Saal hängt eine Bildergalerie berühmter Hiddensee-Gäste. Hervorragendes Restaurant (wir empfehlen den köstlichen Pfefferhering „Hitthim" mit Bratkartoffeln für 9,80 €), ab 12 Uhr durchgehend warme Küche. Die Zimmerpreise variieren stark nach Saison und Ausstattung (Balkon, Badewanne, Hafenblick). In einem Nebengebäude befinden sich fünf gut ausgestattete Appartements mit Terrasse zum Hafen (im Sommer viel Trubel). EZ 57,50–77,50 €, DZ 95–155 €, jeweils inkl. Halbpension (3-Gänge-Menü). Ganzjährig geöffnet. Hafenweg 8, 18565 Kloster, Insel Hiddensee, ☏ 038300-6660, www.hitthim.de. 《《

Wieseneck, Restaurant, Café und Pension in einem alten, schön renovierten Haus. Klasse Kneipe, in der sich vor allem jüngeres Publikum trifft, von Terrasse und Garten hat man einen herrlichen Blick über den Inselsüden. Das Restaurant bietet gute Fischküche zu soliden Preisen, auch Vegetarisches, Küche 12–21.30 Uhr. 17 Zimmer, ganzjährig geöffnet. EZ ab 40 €, DZ 70–95 €, Frühstück inkl. Kirchweg 18, 18565 Kloster, Insel Hiddensee, ☏ 038300-316, www.wieseneck-hiddensee.de.

》》 Lesertipp: **Pension Inselidyll**, Leser waren begeistert von der ruhigen Lage, der netten Gastgeberin und dem liebevoll zubereiteten Frühstück („unzählige selbst gemachte Konfitüren, Sanddornquark, Rosenbutter und und und – einfach paradiesisch!"). Nur neun hübsche DZ. Im Nov. geschlossen. Reservierungen schon im Frühjahr empfehlenswert. DZ mit Frühstück 90 €. Siedlung 23, 18565 Kloster, Insel Hiddensee, ☏ 038300-234, www.inselidyll-hiddensee.de. 《《

Hinter der Blumenwiese liegt Hauptmanns Haus

Sehenswertes

Inselkirche: Mitten im Ort steht das unspektakuläre Gotteshaus, umgeben vom alten Friedhof. Die spätgotische Kirche ist in ihrer Bausubstanz das älteste Bauwerk der Insel und das letzte Überbleibsel des ehemaligen Zisterzienserklosters. Seit der Renovierung gegen Ende des 18. Jh. überspannt ein blaues hölzernes Tonnengewölbe den Innenraum. Auf dem Friedhof stehen einige uralte Grabsteine, manche namenlos, nur mit Hausmarke und Todesjahr versehen. Das Grabmal Gerhart Hauptmanns gibt sich übrigens genauso wenig bescheiden wie der Schriftsteller zu Lebzeiten, der größte Stein auf dem Friedhof ist unübersehbar. Die Kirche ist ganztägig geöffnet.

Gerhart-Hauptmann-Haus: 1930 kaufte Gerhart Hauptmann das *Haus Seedorn* als Sommerdomizil und bewohnte es bis 1943 fast jedes Jahr für einige Wochen. 1954 wurde das Haus in ein Museum umgewandelt. Zu besichtigen sind u. a. die Veranda (hier eine kleine Dokumentation zum Leben des Nobelpreisträgers), die Schlafgemächer der Hauptmanns im oberen Stockwerk, der so genannte Kreuzgang (Galerie), das berühmte Abendzimmer (Speisezimmer) mit direktem Zugang zum Weinkeller und das geräumige Arbeitszimmer (samt Bibliothek und Nobelpreismedaille) des Dichters. Die Einrichtung ist weitgehend im Originalzustand, als sei der Dichter erst kürzlich abgereist. Das Haus Seedorn ist auch der Sitz der Gehart-Hauptmann-Stiftung. Es werden regelmäßig Konzerte, Sonderausstellungen und Lesungen veranstaltet.

Mai bis Okt. Mo–Sa 10–17 Uhr, So 13–17 Uhr; Febr./März und Nov. Di–Sa 11–15 Uhr; Weihnachten, Jahreswechsel und Ostern tägl. 11–15 Uhr, April tägl. 11–16 Uhr, Dez./Jan. nach Voranmeldung. Eintritt 6 €, erm. 4 €, Familien 12 €. Führungen von Mai bis Okt. Di–Sa jeweils um 12 Uhr, Dauer ca. 1 Std., 3 €/Pers., zuletzt im Sommer immer Mi 20 Uhr Abendführung (mit einem Glas Wein), 12 €. Buchverkauf im gläsernen Literaturpavillon (Eingang/Kasse), hier werden auch Karten für die Abendveranstaltungen verkauft. Kirchweg 13, ☎ 038300-397, www.hauptmannhaus.de.

Hauptmann auf Hiddensee

Im Sommer 1885 kam Gerhart Hauptmann im Alter von 22 Jahren das erste Mal nach Hiddensee und begeisterte sich sofort für die Natur und Einsamkeit der damals touristisch noch völlig unerschlossenen Insel. Es folgten mehrere Urlaube, auch mit seiner Geliebten und späteren zweiten Ehefrau Margarete. Ab 1916 – Hiddensee hatte sich inzwischen einen Ruf als Seebad gemacht – verbrachten die Hauptmanns fast jeden Sommer hier (die Winter über hielt man sich an der italienischen Riviera in Rapallo auf). Zunächst wohnte die Familie in Hotels in Vitte oder Kloster, ab 1926 dann im Haus Seedorn, dem heutigen Gerhart-Hauptmann-Haus, das der Dichter vier Jahre später kaufte und sogleich um Kreuzgang (Verbindungsflur), Speisezimmer, Arbeitszimmer und Terrasse erweitern ließ.

Auf Hiddensee erlebte Hauptmann eine produktive Zeit, wobei er sich einen strikten Tagesablauf auferlegte: Morgens ein Bad in der kühlen Ostsee, dann Frühstück und ein ausgedehnter Inselspaziergang, Mittagessen und Mittagsschlaf, Nachmittagskaffee und im Folgenden drei Stunden konzentriertes Arbeiten bei ungestörter Ruhe im Haus. Die Abende gehörten dann den berühmten Einladungen der Hauptmanns mit Essen und gutem Wein, zu denen im Abendzimmer nicht mehr als vier Gäste Platz fanden – Literaten und andere Künstler, die auf der Insel ihre Sommerfrische verbrachten, darunter z. B. die Schauspielerin *Asta Nielsen*, aber auch der Inselpastor Arnold Gustavs, ein enger Freund der Familie.

Mit nur einer Unterbrechung im Jahr 1939 verbrachten die Hauptmanns bis 1943 jeden Sommer auf der Insel. Möglich wurde dies natürlich auch durch die unpolitisch-gleichgültige bis opportune Haltung, die der Dichter der NS-Diktatur entgegenbrachte. Ab 1944 war es dann vorbei mit der Hiddenseer Sommerfrische, Hauptmann lebte bis zu seinem Tod, zuletzt schwerkrank, in Haus Wiesenstein/Agnetendorf (Schlesien), wo er am 6. Juni 1946 im Alter von 83 Jahren starb und wo er auch begraben werden wollte. Doch das erwies sich im mittlerweile polnischen Agnetendorf als unmöglich, der Leichnam konnte erst Wochen später über Berlin und Stralsund (mit großer Trauerfeier im Rathaus) nach Hiddensee überführt werden. Am 28. Juli 1946 wurde Hauptmann von seinem Freund Pastor Gustavs nach seinem Wunsch in der Stunde vor Sonnenaufgang auf dem kleinen Inselfriedhof von Kloster beerdigt.

Hiddenseer Inselmuseum: Das kleine Museum hält, was man sich von einem Heimatmuseum verspricht. In der ehemaligen Seenotrettung sind allerlei Exponate zu Flora und Fauna der Region zu sehen, außerdem zur Geschichte des Zisterzienserklosters, der Fischerei, der Insel als Seebad sowie über die Geschichte der Seerettung. Interessant sind auch die Schautafeln zu „Biografien" berühmter Gebäude Hiddensees und v. a. der berühmte *Hiddenseer Goldschatz* (→ Kasten), der hier (als Kopie) ganz aus der Nähe bewundert werden kann. Angeschlossen ist ein kleiner Museumsladen.

April bis Okt. tägl. 10–16 Uhr, Nov. bis April Do–Sa 11–15 Uhr. Mit Kurkarte 3,50 € (erm. 2 €, unter 11 J. frei), ohne Kurkarte 5 €, Familien 9 €. Do jeweils um 11.30 Uhr **Führungen** zur Inselgeschichte, Mi 13 Uhr Kinderführung (nur in den Ferien). Kirchweg 1, ✆ 038300-363, www.heimatmuseum-hiddensee.de.

Der Hiddenseer Goldschatz

Nachdem sich der schwere Sturm vom 12./13. November 1872 ausgetobt hatte, gab das Wasser nicht nur langsam das Dorf Neuendorf/Plogshagen wieder frei, sondern auch einen Schatz von unermesslichem Wert: Im Dünensand fand sich filigranes, goldenes Geschmeide. Im folgenden Frühjahr und nach einem erneuten Sturm im Februar 1874 wurden weitere Stücke des bald als *Hiddenseer Goldschatz* bekannten Wikingerfundes entdeckt, dessen insgesamt 16 Teile den bedeutendsten Fund aus Wikingerzeit auf deutschem Boden darstellen. Es handelt sich um einen geflochtenen Halsreif, eine Scheibenfibel und Teile einer prachtvollen Kette: sechs große und vier kleine Kreuze sowie vier Zwischenglieder mit Ösen. Das Geschmeide wurde 950 wahrscheinlich für *Harald Blauzahn*, den ersten getauften Wikingerkönig, gefertigt. Vor allem die Kreuze spiegeln eine Zeit im Umbruch wider. Sie vereinen die Form des christlichen Kreuzes mit der heidnischen Darstellung Mjölnirs, dem Hammer Thors, und geben anschaulich den Kampf des neuen Glaubens mit dem alten wieder. Der mutmaßliche Besitzer des Schmucks fiel eben diesem Kampf zum Opfer, denn Blauzahn musste vor seinen heidischen Gegnern, allen voran sein Sohn *Sven Gabelbart*, nach Hiddensee fliehen. Möglicherweise vergrub er hier den Schatz. Das Original ist heute im Kulturhistorischen Museum von Stralsund zu sehen (→ S. 205).

Hiddensee
→ Karte S. 212/213

Nördlich von Kloster

Dornbusch, Grieben und Enddorn: Nördlich von Kloster erstreckt sich ein zauberhaftes Hügelland: der Dornbusch. Das Hiddenseer „Hochland" bricht im Westen am Steilufer bis zu 60 m tief ab. Der Hochuferweg führt anfangs durch einen Wald, in dem sich nicht nur eine bekannte Gaststätte befindet, sondern auch Deutschlands prominenteste Wetterfrösche ihrer Arbeit nachgehen: das Wetterstudio Nord (seit 1998). Hinter dem Leuchtturm zieht sich dichtes Sanddorngehölz entlang der Hügelkuppen, bizarre Windflüchter krallen sich in die Steilküste. Zur Boddenseite hin dominieren sanft gewellte Wiesen und Weiden. Hier liegt auch die älteste Siedlung Hiddensees: *Grieben* hat zwar Tradition, aber kaum Einwohner, nur eine Handvoll Häuser stehen malerisch in Ufernähe. Von der nördlichen Inselspitze, dem *Enddorn*, ragen zwei lange Haken in den Bodden: *Altbessin* und *Neubessin*. Letzterer gehört zur Kernzone des *Nationalparks Vorpommersche Boddenlandschaft*

Stress- und autofrei: Insel Hiddensee

und ist Brutgebiet und Rastplatz unzähliger teils bedrohter Vogelarten. Betreten ist also verboten. Auf dem Altbessin verläuft ein kleiner Weg bis zum Aussichtspunkt an der Spitze.

Fahrradverleih Der Laden, kleiner Dorfladen, Zimmervermittlung und Fahrradverleih in Grieben. Fahrräder in der Hochsaison (v. a. am Wochenende) reservieren. Ende April bis Okt. tägl. 8–10 und 17–18 Uhr (im Sommer bis 19 Uhr), im Winter sehr eingeschränkt. Dorfstr. 11–13, ☎ 038300-277, www.grieben-hiddensee.de.

Übernachten/Essen Zum Klausner, Pension und beliebte Ausflugsgaststätte mitten im Dornbuschwald, Familienbetrieb seit 1906, sehr freundlich. Außer Zimmern werden auch Appartements sowie nette kleine Holzhäuser vermietet. Während der Saison tägl. 11.30–20 Uhr geöffnet, im Sommer länger, im Winter eingeschränkt. DZ 72 €, Frühstück inkl., Appartement 90–94 €. Die Appartements haben keine Küche, Frühstück ist inkl. Im Dornbuschwald 1,

18565 Kloster, Insel Hiddensee, ☎ 038300-6610, www.klausner-hiddensee.de.

Hotel Enddorn, in Grieben, 22 gemütliche Zimmer, im Erdgeschoss befindet sich die „Bilderkneipe", die ihrem Namen alle Ehre macht. Gutes und deftiges Essen, schöner Garten, mittleres Preisniveau. Übernachtung frühzeitig buchen. Geöffnet Ostern bis Mitte/Ende Okt. EZ 67,50 €, DZ 120 €, jeweils inkl. Halbpension. Dorfstr. 6, 18565 Kloster/Grieben, Insel Hiddensee, ☎ 038300-460, www.enddorn.de.

Altes Gasthaus zum Enddorn, gleich nebenan, urgemütlich, ebenfalls mit hübschem Biergarten. Leser waren vor allem von den hervorragenden Fischgerichten begeistert. Während der Saison tägl. 11–21 Uhr geöffnet, Küche bis 20 Uhr. Dorfstr. 8, ☎ 038300-60833.

Der Leuchtturm: Das *Leuchtfeuer Dornbusch* steht auf der höchsten Erhebung Hiddensees, dem Bakenberg (72 m), und wurde 1887/1888 erbaut. Ursprünglich aus Ziegeln errichtet, musste der Turm verstärkt werden, nachdem der Boden nachgab und das Gebäude Risse zeigte. So wurde dem Turm Ende der 1920er-Jahre eine Art zwölfeckiger Stützstrumpf aus Eisen und Beton übergezogen. Der Leuchtturm ist begehbar (102 Stufen, knapp 28 m hoch).

April bis Okt. tägl. 10.30–16 Uhr, außerhalb der Saison wird kurzfristig entschieden, ob und wann der Leuchtturm geöffnet ist, was bei der Inselinformation (unter ☎ 038300-

608685) erfragt werden kann. Zutritt für max. 15 Pers., für Kinder erst ab 6 J. gestattet. Eintritt 3 €, Kinder zwischen 6 und 17 J. 1,50 €.

Vitte

Das ehemalige Fischerdorf ist heute das Zentrum der Gemeinde Hiddensee. Vitte bietet dem Besucher den idealen Ausgangspunkt zur Erkundung der Insel. Knapp 2 km sind es nach Kloster und 5 km nach Neuendorf – und zum langen Sandstrand sind es immer nur ein paar Schritte.

Hat man vom Hafen aus den niedrigen Deichweg erklommen, führt der breite, gepflasterte Wallweg zwischen hellen, freundlichen Häusern hindurch. Von dem kleinen Dreieck Hafen, Einkaufszentrum und Blaue Scheune (bzw. Rathaus) abgesehen, erstreckt sich Vitte vor allem entlang des Verbindungsweges von Kloster nach Neuendorf. Der Weg Norderende gabelt sich beim Rathaus: Der Wiesenweg führt am Hafen vorbei, während man parallel zum Westufer zum Weg Süderende gelangt, von dem aus immer wieder kleine Stichpfade zum herrlichen Sandstrand abgehen.

Über Sehenswürdigkeiten verfügt Vitte nicht, allerdings über drei markante Gebäude, die allesamt auf die künstlerische Tradition der Insel hinweisen. Im Norden des Dorfes steht ein Haus mit runden Ecken, allen Rechtschreibreformen zum Trotz **Karusel** genannt. Es wurde vom Berliner Architekten *Max Taut* entworfen und diente dem Stummfilmstar *Asta Nielsen* von 1928–1936 als Sommerresidenz. Die **Blaue Scheune** stammt aus dem 19. Jh., das Gebäude wurde aber mehrfach umgebaut und war zuletzt Atelier des Künstlers *Günter Fink* (1913–2000). Der namensgebende Anstrich wurde dem traditionellen Hallenhaus 1920 von der Malerin *Henni Lehmann* verpasst. Heute ist das Haus in Privatbesitz (nicht zugänglich). Schließlich befindet sich hinter dem Rathaus eine flügellose **Windmühle**, in der heute ein Atelier (privat) eingerichtet ist. Das **Henni-Lehmann-Haus** beim Hafen (Wiesenweg 2) beherbergt heute die Inselbibliothek Hiddensees und bietet Raum für wechselnde Ausstellungen, Lesungen u. a. Veranstaltungen.

Hiddensee
→ Karte S. 212/213

Karusel/Asta-Nielsen-Haus: Juni bis Sept. tägl. Mo/Di und Do–Sa 11–16 Uhr, in der Nebensaison Di, Do und Sa 11–14 Uhr, Eintritt 2,50 €. Zuletzt Di/Do um 10 Uhr und Sa um 16 Uhr Führungen (Dauer ca. 1 Std.), 7 €. Zum Seglerhafen 7, ☏ 038300-608970, www.asta-nielsen-haus.de.

Henni-Lehmann-Haus: Juni bis Sept. Mo–Fr 10–15 Uhr, in der Nebensaison Mo/Mi/Fr 11–14 Uhr. Wiesenweg 2, ☏ 038300-60760.

Das Karusel

Heiraten auf Hiddensee

Im Karusel befindet sich eine Zweigstelle des Standesamtes Samtens/Rügen, im Sommer kann hier mittwochs geheiratet werden – allerdings im eher kleinen Kreis, denn neben dem Brautpaar haben im Trauzimmer im ersten OG des Karusel gerade mal zehn Hochzeitsgäste Platz. Kostenpunkt: 250 € plus Extras.

Einen Besuch wert ist das **Nationalparkhaus Hiddensee**, das sich am nordwestlichen Ortseingang von Vitte befindet. Die teils kindgerecht aufbereitete kleine Ausstellung informiert über Hiddensee als „Landschaft in Bewegung" sowie über Flora und Fauna. Auch gibt es einen 20-minütigen Film über den Nationalpark Vorpommersche Boddenlandschaft zu sehen. Das Nationalparkhaus veranstaltet auch naturkundliche **Wanderungen** über die Insel.

April bis Okt. tägl. 10–16 Uhr, Nov./Dez. tägl. außer Sa 10–15 Uhr, Jan. bis März tägl. 13–16 Uhr. Norderende 2, ☎ 038300-68041, www.nationalpark-vorpommersche-boddenlandschaft.de.

Fahrradverleih U. a. Fahrrad-Müller, hafennah, Wallweg 3, ☎ 038300-464. **Christian Kula**, vom Hafen den Wallweg entlang, dann links, Süderende 6, ☎ 038300-472. Direkt am Hafen gibt es einen weiteren Fahrradverleih. Alle um 6,50 €/Tag, E-Bikes 15–20 €.

Gepäcktransport/Kutschfahrten U. a. **Hiddenseer Logistik**, Gepäcktransport auch von und nach Schaprode. Achtern Diek 35, ☎ 038300-50300, www.hiddenseer-logistik.de.

Ansonsten stellen die Hotels ihren ankommenden Gästen am Hafen Bollerwagen für den Gepäcktransport zur Unterkunft bereit.

Im Hafen von Vitte

Surfen/Segeln Surf und Segel Hiddensee, sympathische Segel- und Surfschule, Segelkurse (auch Katamaran) und Windsurfunterricht, SUP, auch Materialverleih, Bootsführerscheine. Mai bis Okt. tägl. 10–18 Uhr geöffnet. Vom Hafen kommend nach dem Wallweg geradeaus Richtung Strand. Norderende 163, ☎ 038300-60525, www.surfundsegelhiddensee.de.

Veranstaltungen Zeltkino, jüngst erneuert und vielleicht nicht mehr ganz so romantisch wie das Urgestein aus den 1960er-Jahren, doch laufen hier ausgewählte Perlen deutscher und internationaler Filmkultur, mit etwas Glück bekommt man auch einen alten, auf Hiddensee gedrehten Streifen zu sehen: *Das Mädchen von Fanö*, mit Brigitte Horney in der Hauptrolle. Auch Kabarettabende, Konzerte, Dokumentarisches über die Insel etc. Nachmittags überwiegend Kinderprogramm. Tickets um 6,50 €. Geöffnet ca. Ostern bis Nov. Gleich hinter dem Hafen gelegen, Achtern Diek 21. Aktuelles Programm liegt aus oder unter: www.zeltkino-hiddensee-aktuell.com.

Seebühne Hiddensee, seit 20 Jahren Figuren- und Kammertheater für Groß und Klein, ein sehr buntes Programm, auch Filme (darunter viele Klassiker und Dokumentarfilme), genaue Spielpläne per Aushang oder auf der Website. Wallweg 2, Vitte, ☎ 038300-60593, www.hiddenseebuehne.de.

Übernachten/Essen ⟫⟫ Unser Tipp: Godewind, sympathisches Haus mit beliebter Gaststätte (tägl. 12–22 Uhr geöffnet, in der Hochsaison länger), in der man sich abends auf ein Bier trifft oder zum Essen geht. Gemütliche Zimmer, ganzjährig geöffnet. Vom Hafen Richtung Weststrand, dann links. EZ 60–95 €, DZ 105–135 € (mit Etagendusche EZ 39 €, DZ 59 €), Frühstück inkl., auch Appartements. Süderende 53, 18565 Vitte, Insel Hiddensee, ☎ 038300-6600, www.hotelgodewind.de. ⟪⟪

Buhne XI, in Ideallage direkt hinter der Düne befindet sich dieses urige, etwas enge, aber urgemütliche Lokal mit bester, deftiger Hausmannskost in Sachen Fisch. Schöner Garten, netter Service, herzliche Atmosphäre, große Portionen zu mittleren Preisen – was will man mehr? Sehr beliebt und meistens voll. Tägl. ab 11 Uhr geöffnet, Mi Ruhetag. Norderende 104a, ℅ 038300-299, www.hiddensee-buhne11.de.

Post Hiddensee Appartments, schönes Ambiente in großzügig bemessenen Zimmern, Suiten und Appartements, manche mit Kamin. Ein Kamin steht auch in der Lounge mit Bibliothek, außerdem Garten und Terrasse (hier kann an schönen Tagen gefrühstückt werden), Fahrradverleih, Sauna. Sehr freundlicher, hilfsbereiter Service. DZ 75–87 €, Appartement 120–160 € (2–4 Pers.), Frühstück 9 €/Pers., Hund 9 €/Tag.

Vom Hafen aus links, Wiesenweg 26, 18565 Vitte, Insel Hiddensee, ℅ 038300-6430, www.hotel-post-hiddensee.de.

Pension Lachmöwe, das schöne Haus liegt ganz in der Nähe des Hafens, manche Zimmer mit Boddenblick. DZ 75–90 €, EZ 45–55 €, inkl. Frühstück. Wallweg 5, 18565 Vitte, Insel Hiddensee, ℅ 038300-253, www.lachmoewe.m-vp.de.

Hiddensee Klause, beliebter Treffpunkt beim Hafen, Restaurant, (Garten-)Café und Kneipe in einem, direkt daneben die Seebühne. Das hübsche Holzhaus ist dank seines knallroten Anstrichs unübersehbar. Mittlere Preise. Mo–Sa 11–22 Uhr geöffnet, So erst ab nachmittags (in den Wintermonaten kürzer), Küche 12–21 Uhr. Wallweg 2, ℅ 038300-50400.

Neuendorf

→ Hiddensee Karte S. 212/213

Weitläufig und scheinbar zufällig verstreut stehen die weißen, schilfgedeckten Häuser mehr oder weniger auf einer Wiese, die sich über die ganze Breite der Insel erstreckt. Einige kaum befestigte Wege ziehen sich durch das Dorf, wo sie fehlen, geht man eben über das Gras zu den Eingangstüren. Auf der anderen Seite der Dünen breitet sich der herrliche feinsandige Strand weit in den Süden aus. Am Ortseingang von Neuendorf ist in einem rohrgedeckten Backsteinhaus das kleine **Fischereimuseum** untergebracht. Draußen stehen ein kleines Boot und Reusen, drinnen ist allerlei Handwerkszeug für Fischer zu sehen.

Mai bis Okt. Mo–Sa 14–17 Uhr geöffnet. Der Eintritt ist frei, eine kleine Spende ist natürlich willkommen. Führungen Mo und Fr 11 Uhr. Am Pluderbarg 7.

Etwa 2 km weiter steht das südlichste Bauwerk der Insel: der 12 m hohe **Süderleuchtturm**. Der **Gellen**, das Südende der Insel, ist nämlich eine vergleichsweise junge Verlandung, die auch heute noch jährlich um mehrere Meter wächst. Dieser südliche Haken ist nicht zugänglich, er ist mit dem Bock und dem Osten von Zingst Teil der *Schutzzone I* des Nationalparks, heißt: Betreten des Biotops absolut verboten.

Fahrradverleih Freizeitladen Leschner, sehr hilfsbereit. Tourenrad 6 €/Tag. Schaulbarg 7, ℅ 038300-477, www.freizeitladen-hiddensee.de. Fahrradverleih auch am Hafen.

Übernachten/Essen Rosi, freundliches Gasthaus mit dezent maritimem Ambiente, sehr gute Fischsuppe. Zum Kaffee kommen auch riesige Windbeutel, „Sturmsack" genannt, auf den Tisch. Sehr beliebt und

das zu Recht! April bis Okt. Di–So ab 12 Uhr geöffnet, warme Küche bis 21 Uhr. Pappelallee 11, ℅ 038300-50168.

Groote Partie, Café im ehemaligen Reusenschuppen der Fischergenossenschaft. Gezeigt werden auch Ausstellungen rund um die Themen Fischerei und Hiddensee. Zur Saison Mi–So 11–18 Uhr (im Winter Di/Do/Sa 12–16 Uhr). Königsbarg 8.

Ahlbecks berühmte Uhr vor der Seebrücke | Der Marktplatz in Greifswald

Greifswald

ca. 57.300 Einwohner

Eine beschauliche Kleinstadt und doch voller Leben. Den pommerschen Greifen im Wappen, präsentiert sich die altehrwürdige Hanse- und Universitätsstadt heute gleichermaßen traditionsreich und jung.

Drei mittelalterliche Kirchen prägen die Silhouette der alten Hansestadt: die wuchtige *Marienkirche*, der **Dom** *St. Nikolai* mit dem hohen, schlanken Turm und die vergleichsweise überschaubare *Jakobikirche*. Dabei sind die Gotteshäuser in ihrer architektonischen Wirkung derart unterschiedlich ausgefallen, dass sie landläufig – etwas despektierlich, aber durchaus charakterisierend – „dicke Marie", „langer Nikolaus" und „kleiner Jakob" genannt werden. Sie ragen noch immer so prominent aus dem Stadtbild hervor wie Anfang des 19. Jh., als *Caspar David Friedrich* (1774–1840) sie in seinem Gemälde *Wiesen bei Greifswald* (1820) auf die Leinwand brachte. Der bedeutende Vertreter der deutschen Romantik verewigte nicht nur die Ansicht seiner Geburtsstadt, sondern fand in der nahe gelegenen **Klosterruine Eldena** ein Motiv, das ihn zeitlebens begleitete und bis heute untrennbar mit seinem Werk verknüpft ist. Neben Friedrich gibt es noch zwei weitere berühmte Söhne Greifswalds: Der sozialkritische Schriftsteller *Rudolf Ditzen*, besser bekannt als *Hans Fallada* (1893–1947), und *Wolfgang Koeppen* (1906–1996), einer der bedeutendsten Autoren der deutschen Nachkriegsliteratur, sind in Greifswald geboren.

Zentrum des unaufgeregten Stadtlebens ist der Marktplatz. Hier erhebt sich das „rote Rathaus", das seinen satten ochsenblutroten Außenanstrich allerdings erst in den 1990ern erhielt. Drumherum gruppiert sich ein buntes Ensemble schmucker Giebelhäuser, das schönste hat eine von acht schlanken Pfeilern strukturierte Giebelfront, ist von kleinen Türmchen gekrönt und beherbergt heute das *Caféhaus Marimar*. Ganz in der Nähe hat auf einem ehemaligen Klostergelände das bemerkenswerte **Pommersche Landesmuseum** mitsamt Gemäldegalerie seinen Sitz.

Die Atmosphäre der sympathischen Hansestadt wird v. a. durch das studentische Leben geprägt. Die Hauptgebäude der Universität befinden sich nahe der Kirche St.

Jakobi. Umgeben wird die Altstadt Greifswalds von einer lang gestreckten Parkanlage, die dem Verlauf der ehemaligen Stadtbefestigung folgt, und dem kleinen Hafen am Flüsschen Ryck.

Ebenfalls am Ryck, genauer gesagt an dessen Mündung in den Greifswalder Bodden, liegt das kleine Fleckchen **Wieck**, das zwar bereits 1939 nach Greifswald eingemeindet wurde, sich aber bis heute den Charme eines idyllischen Fischerdörfchens erhalten konnte. An einer Mole des Fischerhafens landeten einst auch hochseetaugliche Schiffe an, heute dient der Hafen im Wesentlichen als beliebte Anlegestelle für Sportsegler. Markenzeichen von Wieck ist die aus dem Jahr 1887 stammende hölzerne Klappbrücke über den Ryck, die heute noch ihren Dienst tut.

Stadtgeschichte

Im Gegensatz zu den meisten anderen Hansestädten Mecklenburg-Vorpommerns geht die Stadt nicht auf eine slawische Siedlung zurück, sondern wurde vom Zisterzienserkloster Eldena gegründet. Das Kloster selbst hatte seinen Betrieb 1199 aufgenommen und war rasch zu einem mächtigen Wirtschaftsfaktor aufgestiegen, der Kolonisten von weither an die Mündung des Ryck lockte – darunter eben auch jene, die, so der Gründungsmythos der Stadt, auf der Suche nach einem geeigneten Siedlungsort mitten im Wald auf einen Greifen trafen und sich just dort niederließen, ohne sich noch Gedanken über den Namen ihrer Neugründung machen zu müssen ...

1250 erhielt Greifswald das Stadtrecht und wurde Teil der Hanse. Im 15. Jh. gelang es dem Greifswalder Bürgermeister *Heinrich Rubenow* mit Unterstützung der Klosteroberen von Eldena, die nach Rostock zweite Universität an der Ostsee zu gründen. 1456 wurde der Lehrbetrieb der *alma mater gryphiswaldensis* aufgenommen – und bis heute prägt die Universität das Stadtleben.

Wie ganz Pommern litt auch Greifswald an den Folgen des Dreißigjährigen Krieges und der Besetzung durch Wallensteins Truppen. 1631 kamen die Schweden – aus protestantischer Sicht als Befreier – und blieben mit kurzen Unterbrechungen bis zum Wiener Kongress 1815. Eine Wirtschaftsmacht wurde die Hansestadt nie, es war vielmehr die Universität, die Greifswalds überregionale Bedeutung begründete, und das ist bis heute so geblieben.

Geblieben ist der Stadt auch ein bemerkenswert hoher Anteil an historischer Bausubstanz. Das verdankt sie dem mutigen Handeln *Rudolf Petershagens*, unter dessen Kommandantur sich die von den Nationalsozialisten zur Festung erklärte Stadt 1945 den heranrückenden sowjetischen Truppen widerstandslos ergab.

Basis-Infos

Information Stadtinformation Greifswald, im Rathaus am Markt. Information, Tickets, Stadtführungen (→ Stadtführungen), Zimmervermittlung. Sehr freundlich, informiert und hilfsbereit. April bis Okt. Mo–Fr 10–18 Uhr, Sa 10–14 Uhr (Juli/Aug. auch So 10–14 Uhr), Nov. bis März 10–17 Uhr. Rathaus, 17489 Greifswald, ✆ 03834-85361380, www.greifswald.de (Homepage der Stadt) oder www.greifswald.info (Webseite des Fremdenverkehrsvereins).

Verbindungen Bahn: Etwa stündl. zum Berliner Hauptbahnhof (tief) mit *InterCity* oder *Regionalexpress*. *RE*, *IC* und die *Use-*domer Bäderbahn (UBB) teilen sich den häufigen Anschluss an Stralsund. Die *UBB* fährt etwa stündl. weiter nach Wolgast und auf die Insel Usedom.

Innenstadt und nähere Umgebung bedient der **Stadtbus**; nach *Wieck* und *Eldena* gelangt man mit den **Linien 2 und 3.**

Stadtführungen Informative **Rundgänge** werden von der Stadtinformation Greifswald angeboten, z. B. der Altstadtrundgang, April bis Okt. tägl. 11 Uhr, Dauer 90 Min., 6,50 €/Pers., erm. 5 €, Treffpunkt an der Stadtinformation am Marktplatz.

Übernachten/Essen & Trinken

Übernachten >>> Unser Tipp: Hotel Galerie ◼4, vis-a-vis der Gemäldegalerie des Pommerschen Landesmuseums. Moderne, lichte Architektur, sehr stilvoll eingerichtet, die Zimmer sind mit Gemälden zeitgenössischer Künstler dekoriert. Freundliche Hotelleitung. Nur acht DZ und drei EZ, Reservierung ratsam. EZ 80 €, DZ 105 €, inkl. Frühstücksbuffet. Mühlenstr. 10, 17489 Greifswald, ✆ 03834-7737830, www.hotelgalerie.de. **<<<**

Alter Speicher ◼2, freundliches Hotel in einem ehemaligen Speicher schräg gegenüber der Brücke und dem Museumshafen, auch Restaurant (→ unten). EZ ca. 70 €, DZ ab 80 €, Frühstück 6,80 €/Pers., Internet 3 €/3 Std. Rossmühlenstraße 25, 17489 Greifswald, ✆ 03834-77700, www.alterspeicher.de.

Olive ◼6, unweit des Pommerschen Landesmuseum gelegenes Restaurant (→ Essen) und Hotel, nur acht Zimmer (vier EZ und vier DZ), Reservierung ratsam. EZ 55 €, DZ 85 €, inkl. Frühstück. Domstr. 40, 17489 Greifswald, ✆ 03834-799143, www.olivegreifswald.de.

Jugendherberge Greifswald ◼7, südlich der Altstadt (etwa 10 Min. zu Fuß), auch Zwei- und Vierbett-Zimmer. Übernachtung mit Frühstück von 22,50 €/Pers. bis 28,40 € (DZ für über 27-Jährige). Pestalozzistr. 11/12, 17489 Greifswald, ✆ 03834-51690, www.djh-mv.de.

Essen & Trinken Olive ◼6, sympathisches Restaurant unweit des Marktes und des Pommerschen Landesmuseums, mediterrane Küche zu leicht gehobenen Preisen (Pasta ab 14,50 €, Hauptgerichte ab 16,50 €), gute Weinkarte, im Sommer mit Terrasse. Abends geöffnet, So Ruhetag. Domstr. 40, ✆ 03834-799143, www.olive-greifswald.de.

Fritz Braugasthaus ◼5, der Brauereigasthof befindet sich direkt am Markt (gegenüber dem Rathaus) in einem schmucken gotischen Giebelhaus, sehr beliebt. Zur deftigen Küche (Hauptgerichte um 14 €) kann man das gute hauseigene, naturtrübe Zwickel genießen. Am Markt 13, ✆ 03834-57830, www.fritz-braugasthaus.de.

Hornfischbar auf der Pomeria ◼1, die *Pomeria* ist ein 1907 gebauter Dampfeisbrecher, der heute im Greifswalder Museumshafen liegt und die Hornfischbar (Bar und Restaurant) beherbergt. Hier trifft man sich zum Essen, zum Kaffee oder abends auf einen Cocktail, im Sommer auch ein paar Tische an Land. Pasta ab 9 €, Fisch um 14 €, auch Snacks und Fischbrötchen. Im Sommer ab 12 Uhr, im Winter ab 16 Uhr geöffnet. Am Museumshafen, ✆ 0171-1722400, www.hornfischbar.de.

E **ssen & Trinken**
1 Hornfischbar auf der Pomeria
2 Alter Speicher
3 Caféhaus Miramar
5 Braugasthaus
6 Olive

Ü **bernachten**
2 Alter Speicher
4 Hotel Galerie
6 Olive
7 Jugendherberge

Caféhaus Miramar 3, im schönsten Haus am Marktplatz, einem sehenswerten gotischen Bürgerhaus, befindet sich die Konditorei, die eine Vielzahl ausgesuchter Köstlichkeiten bereithält, nebenan auch Cafébetrieb. Di–So 10–18 Uhr. Am Markt 11, ✆ 03834-898420.

Einkaufen Keimblatt, Naturkostladen am Hafen, geöffnet Mo–Fr 9–19.30 Uhr und Sa 9–16.30 Uhr, Stralsunder Straße 40, ✆ 03834-892104, www.keimblatt.de. ■

Essen & Trinken in Wieck Fischerhütte, beliebtes Fischrestaurant in *Wieck*, direkt bei der Brücke, gemütlich eingerichtet: hier ein bisschen Omas Küche, dort ein wenig Fischerhüttenromantik. Variantenreiche Karte mit saisonalem Angebot, auch ein paar vegetarische Gerichte. Sehr freundlich, mittleres Preisniveau, ein paar Tische auch draußen. Tägl. ab 11.30 Uhr (warme Küche im Sommer bis 24 Uhr, im Winter bis 22 Uhr). An der Mühle 12, ✆ 03834-839654, www.fischer-huette.de.

Sehenswertes

Pommersches Landesmuseum

Das bemerkenswerte Museum samt Gemäldegalerie im Nebentrakt befindet sich einen Steinwurf vom Markt entfernt in einem klassizistischen Gebäude. Gelungen eingebettet in den Gewölbekeller, wird der Besucher dann durch die frühe Geschichte der Region geführt – von steinzeitlichem Werkzeug über kultische Schmuckstücke der Slawen bis zum Bernsteinkreuz als Zeugnis der Christianisierung. Es folgt ein Abschnitt über das Klosterleben, u. a. mit einem Modell Eldenas und ein paar sehenswerten sakralen Kunstgegenständen. Schließlich gelangt man – nach der Reformation und nun im Erdgeschoss – zu den beiden Höhepunkten der Ausstellung: der *Großen Lubinschen Karte* von 1618 (allerdings im zweiten Druck von 1758), einem Meilenstein der Kartografie, und dem *Croy-Teppich*. Der großflächige, aufwendig gewirkte Wandschmuck entstand 1554 im Auftrag von Herzog Philipp I. von Pommern-Wolgast.

In der Gemäldegalerie im Nebengebäude des Museums dominieren das 19. und 20. Jh. Natürlich ist auch *Caspar David Friedrich* vertreten, u. a. mit der berühmten *Klosterruine Eldena im Riesengebirge* (um 1830) oder *Neubrandenburg im Morgennebel* (1816), sowie *Philipp Otto Runge*. Darüber hinaus hängen neben Werken von *van Gogh* und *Liebermann* auch Gemälde des Usedomer Malers *Otto Niemeyer-*

→ Greifswald Karte S. 277

Holstein (Landschaft, Selbstporträt), der von 1933 bis zu seinem Tod im Jahr 1984 auf der Insel lebte (→ S. 299). In einer weiteren Abteilung werden Werke aus dem 16./17. Jh. gezeigt. Regelmäßig sind auch Sonderausstellungen zu sehen.

Di–So 10–18 Uhr (im Winterhalbjahr bis 17 Uhr). Erw. 5 €, erm. 3 Uhr, Familien 10 €, inkl. Audioguide; Kombiticket mit *Caspar-David-Friedrich-Zentrum* 7,50 €, erm. 4,50 €.

Sehr gut sortierter Museumsshop. Rakower Str. 9, ☎ 03834-83120, www.pommersches-landesmuseum.de.

Die Greifswalder Kirchen

Grundsätzlich sind die drei Greifswalder Gotteshäuser offene Kirchen und zuletzt galten die unten genannten *Öffnungszeiten*. Diese allerdings können auch in der Hochsaison variieren und sich manchmal kurzfristig ändern. Im Zweifelsfall fragt man bei der *Stadtinformation Greifswald* (→ Information) nach, die immer über die aktuellen Öffnungszeiten informiert ist.

Marienkirche: Dass die Kirche im Volksmund „dicke Marie" genannt wird, erklärt sich auf den ersten Blick: St. Marien, deren Bau Mitte des 13. Jh. begonnen wurde, ist eine kompakte dreischiffige Hallenkirche mit wuchtigem, quadratischem Turm, auf dem ein niedriges Pyramidendach thront. Der gerade Chorschluss ermöglichte einen im 14. Jh. fertiggestellten prächtigen Schmuckgiebel mit weiß verputzten Feldern auf rotem Backsteingrund, der die östliche Fassade ziert. Im Innern wirkt die Kirche sehr viel eleganter, als es ihre äußere Erscheinung vermuten lässt. Die Raumwirkung wird unterstützt vom Kontrast der weiß getünchten Wände und der backsteinroten Bündelpfeiler, über die sich ein gleichmäßiges Kreuzrippengewölbe erhebt. Von der Ausstattung ist vor allem die wertvolle Renaissance-Kanzel bemerkenswert. An die Südflanke schließen sich die Gedächtnis- und die Annenkapelle an.

Mai bis Sept. Mo–Fr 10–18 Uhr (April und Nov. bis 17 Uhr, Nov. bis März bis 15 Uhr), Sa 10–15 Uhr, So nach dem Gottesdienst (10.30 Uhr) bis 12 Uhr, im Winterhalbjahr auch mal eingeschränkt (Anschlag beachten).

Blick vom langen Nikolaus auf die dicke Marie

Nikolaikirche: Die Baugeschichte des Doms ist lang und verworren: 1280 erstmals erwähnt, im 15. Jh. um- und ausgebaut und mit einer gigantischen, 60 m hohen Turmspitze versehen, Anfang des 16. Jh. und noch einmal Mitte des 17. Jh. durch den Einsturz eben jener Turmspitze (bzw. ihrer Nachfolgerin) in Teilen zerstört und jeweils wiederaufgebaut ... Heute ist eine dreischiffige Basilika zu bewundern, ohne Querhaus und mit insgesamt 21 umlaufenden Kapellen. Den hart an der 100-m-Marke kratzenden Turm, der ihr den Beinamen „langer Nikolaus" eingebracht hat, krönt jetzt eine barocke Haube.

Das rote Rathaus und die Nikolaikirche

Das Innere der Kirche wurde im 19. Jh. dem Zeitgeist der Romantik folgend im neogotischen Stil umgebaut. Heute zeigt sich die weiße Verblendung des Backsteins teils etwas ergraut und bröckelnd. Von der mittelalterlichen Innenausstattung ist nichts erhalten außer ein paar gotischen Fresken, die bei Restaurierungsarbeiten freigelegt wurden.

Spektakulärer, aber auch ein bisschen mühsam ist eine Turmbegehung: Über insgesamt 264 Stufen, zuerst auf einer engen steinernen Wendeltreppe, dann über mehrere teils steile Holzstiegen, gelangt man durch eine kleine Luke hinaus auf einen engen Umgang um den unteren Rand der Kirchturmhaube. Hier, auf etwa 60 m Höhe, könnte man angesichts des grandiosen Panoramablicks glatt vergessen, dass man auch wieder hinuntersteigen muss.

Mai bis Okt. Mo–Sa 10–18 Uhr, nach dem Gottesdienst (10 Uhr) bis 13 Uhr sowie 15–18 Uhr, Nov. bis April Mo–Sa 10–16 Uhr, So 11.30–15 Uhr. Turmbesteigung 3 €, erm. 1,50 €.

Jakobikirche: Das dritte gotische Gotteshaus ist wie St. Marien eine Hallenkirche, allerdings deutlich kleiner, sodass sie sich trotz des wuchtigen Turms mit dem Spitznamen „kleiner Jakob" bescheiden muss. Baubeginn war Ende des 13. Jh., im 15. Jh. erhielt die Kirche dann ihre heutige Gestalt mit den schmalen Seitenschiffen und einem vergleichsweise kleinen Chor, der an das Mittelschiff anschließt. Prachtvoll ist das zwölffach gestaffelte Westportal, das kontrastreich aus glasiertem und einfachem Backstein gestaltet ist.

Etwas unregelmäßige Öffnungszeiten, zuletzt Mai bis Okt. Mo/Di und Do 10–16 Uhr, Mi 13–15 Uhr, Fr 10–15 Uhr, So nach dem Gottesdienst (10.30 Uhr) bis 12 Uhr; im Winterhalbjahr deutlich verkürzt (Anschlag beachten).

Die großen Söhne der Stadt

Caspar-David-Friedrich-Zentrum: Der Vater von Caspar David Friedrich, ein Seifensieder und Lichtgießer, übte sein Handwerk in dem Backsteinhaus am Dom aus, das heute das Caspar-David-Friedrich-Zentrum beherbergt. Der Maler selbst wurde in einem Haus nebenan geboren, das aber 1901 bis auf die Grundmauern niederbrannte. In der ansprechenden Ausstellung im Erdgeschoss kann man sich über Caspar David Friedrich, seine Familie, zeithistorische Hintergründe und natürlich das Werk des Künstlers informieren. Im Keller erinnert eine historische Seifensiederei und Lichtgießerei an den Friedrichschen Familienbetrieb. Im ersten Obergeschoss werden wechselnde Ausstellungen gezeigt, in der zweiten Etage befindet sich das Familienkabinett.

Juni bis Okt. Di–So 11–17 Uhr; Nov. bis Mai Di–Sa 11–17 Uhr. Erw. 3,50 €, erm. 2,50 €, Kombiticket mit dem *Pommerschen Landesmuseum* 7,50 €, erm. 4,50 €. Netter Museumsshop. Lange Gasse 57, ℡ 03834-776238, www.caspar-david-friedrich-gesellschaft.de.

Koeppenhaus: Im Geburtshaus *Wolfgang Koeppens* in der nicht gerade idyllischen Umgebung der Bahnhofstraße wurde zu Ehren des großen Schriftstellers ein Literaturzentrum eingerichtet. Eine kleine Dauerausstellung im *Münchener Zimmer* erinnert an das Schaffen Koeppens, darüber hinaus sind wechselnde Ausstellungen zu sehen, hier werden auch fast alle Werke Koeppens und Biografien über ihn verkauft. Der Autor zählt zu den bedeutendsten Stimmen der deutschen Nachkriegsliteratur, seine Romane sind auch heute noch vorbehaltlos eine Lektüre wert. Das angeschlossene Literaturcafé mit Garten lädt (auch) zum Lesen ein, hier finden regelmäßig Lesungen und kulturelle Veranstaltungen statt.

Di–Sa 14–18 Uhr. Eintritt frei. Das Literaturcafé ist tägl. ab 12 Uhr geöffnet, Sa/So ab 10 Uhr. Bahnhofstr. 4, ℡ 03834-773510, www.koeppenhaus.de.

Klosterruine Eldena

Die vielleicht berühmteste Ruine Deutschlands verdankt ihre Bekanntheit *Caspar David Friedrich.* Früh erkannte der in Greifswald geborene Maler in den wenigen, aber eindrucksvollen Resten des Klosters ein geeignetes Motiv, um seine Vorstellungen von Romantik auf Papier und Leinwand zu bringen: Die stimmungsvolle, wilde Landschaft vermittelt ein inniges Naturgefühl, das Kloster dient als Ausdruck tiefer Religiosität, die Ruine ist gleichermaßen Verweis auf ein idealisiertes Mittelalter und Metapher für Vergänglichkeit. Wiederholt hat Friedrich die Klosterruine Eldena mit Blei und Tusche skizziert oder in Öl gemalt, die schaurig-schöne *Abtei im Eichwald* (1809/10) ist kaum weniger bekannt als sein *Kreidefelsen auf Rügen.*

Die malerische Ruine Eldena

Das Kloster, das zunächst *Hilda* hieß, war 1199 von Zisterziensern aus dem dänischen Kloster Esrom gegründet worden. Mit Unterstützung des Fürsten von Rügen Jaromar I. prosperierte es und lockte Neusiedler an, die später Greifswald gründeten. Eldena wurde ein religiöses, wirtschaftliches und gelehrtes Zentrum von bemerkenswerter Strahlkraft, bis es 1534 im Zuge der Reformation aufgelöst wurde. Zunächst noch als Gebäude genutzt, diente es im Dreißigjährigen Krieg nur noch als Steinbruch für militärische Anlagen, bis schließlich die Ruine übrig blieb, die Caspar David Friedrich faszinierte. Eine in Wildnis gebettete Klosterruine, wie sie in den Gemälden Friedrichs erscheint, findet man gegenwärtig allerdings nicht vor – der Maler hatte sich ohnehin die künstlerische Freiheit herausgenommen, Eldena des dramatischen Effekts wegen auch mal ins Riesengebirge zu verlegen.

In einem idyllischen kleinen Landschaftspark erheben sich heute die Reste der Klosteranlage: Die monumentalen Fragmente des Langhauses mit dem fotogenen, schlanken Westportal und der verfallene Ostflügel des Kreuzgangs lassen die Ausmaße des ehemaligen Klosterkomplexes erahnen.

Die Klosterruine liegt südöstlich der Altstadt an der Wolgaster Landstraße (Richtung Usedom), Stadtbus mit den **Linien 2** und **3**.

In Richtung Usedom

Der Küstenabschnitt zwischen Wolgast und Greifswald gilt sicherlich nicht als Badeparadies. Ausnahme ist der Sandstrand des Seebades *Lubmin* samt Seebrücke. Bekannter ist der Ort allerdings für sein stillgelegtes Kernkraftwerk (östlich von Lubmin). Heute wird das Gelände als Zwischenlager für Atommüll genutzt und gelangt regelmäßig im Zusammenhang mit Castor-Transporten in die Schlagzeilen. Außerdem landet in Lubmin seit 2011 die Ostseepipeline, die längste Unterwasser-Gasleitung der Welt, mit sibirischem Gas an, das von hier weiterverteilt wird.

Östlich und südöstlich von Lubmin liegen nur einen Steinwurf von Usedom entfernt kleine Fischerorte am Peenestrom: das beschauliche Spandowerhagen, Freest und Kröslin mit seiner neuen, riesigen Marina (www.baltic-sea-resort.com).

In Richtung Usedom → Karte S. 288/289

Lubmin/Café   ⟫ Lesertipp: Villa Pommerntraum, Café bei der Seebrücke. „Ein wunderbares Café mit frischen Waffeln (und Sanddorncreme) und Flammkuchen. Sonnenterrasse mit Blick aufs Meer. Auch Feinkost und Souvenirs." Dünenstraße 5, ✆ 038354-339040, www.villa-pommerntraum.de. ⟪

Kanutouren/Bootsverleih   ⟫ Unser Tipp: Kanuhof Spandowerhagen, von diesem freundlichen Ort aus, an dem man gerne verweilt (es gibt auch zwei Ferienwohnungen, Kanuten können im Garten zelten) werden geführte Kanutouren (ab 22 €/Pers.) angeboten, darunter auch Mehrtagestouren. Sehr sympathisch. Auch Bootsverleih (vom Einer-Kajak bis zum Vierer-Kanadier). Wiesenweg 4, 17440 Spandowerhagen, ✆ 038370-20665, www.kanuhof-spandowerhagen.de. ⟪

Essen in Freest   An der Waterkant, traditionsreicher Familienbetrieb, das reetgedeckte Haus ist der „Dorfkrug" von Freest, sehr beliebt und entsprechend oft voll, gute Hausmannskost in uriger Atmosphäre, auf der Karte natürlich vor allem Fischgerichte, nicht teuer, Mi–So 11–14.30 und 17–22 Uhr geöffnet, Mo/Di Ruhetag, im Nov. geschlossen, im Winter nur am Wochenende. Auch Ferienwohnungen. Dorfstr. 36, 17440 Freest, ✆ 038370-20291, www.water kant-freest.de.

Verbindungen   Personenfähre nach Usedom (Freest–Peenemünde–Kröslin und zurück) stündlich, erste Fahrt 10.20 Uhr, letzte Fahrt 18.20 Uhr (in der Nebensaison 16.20 Uhr). Erw. 3,50 €, Kinder (5–11 J.) 2,50 €, Fahrrad 1,50 €, Hunde 1,50 €. Apollo Fahrgastschifffahrt, Zum Hafen 1, 17449 Peenemünde, ✆ 038371-20829, www.schifffahrt-apollo.de.

Blick vom Turm der Kirche St. Petri auf Rathaus und die Kaffeemühle

Wolgast
ca. 12.300 Einwohner

Der nördliche Brückenschlag nach Usedom. Entstanden rund um eine wehrhafte Burg, die über den Peenestrom wachte, entwickelte sich der alte Marktflecken im 15. Jh. zu einem schmucken Städtchen. Heute geht es in Wolgast beschaulich zu.

Am Rande einer strukturschwachen Region gelegen, führt der Touristenstrom Richtung Usedom mitten durch die Stadt – aber eben nur hindurch, denn nur wenige legen so kurz vor dem Ziel noch einen Zwischenstopp ein. Im Zentrum der Altstadt liegt der Rathausplatz. Das **Rathaus** selbst, ein im Mittelalter errichtetes, frei stehendes Gebäude, das grob gesprochen einmal pro Jahrhundert abbrannte, präsentiert sich seit dem 18. Jh. mit Schaufassade, geschweiften Giebeln und einem kleinen Türmchen. Vor dem Portal steht der Rathausbrunnen aus dem Jahr 1936, dessen Relieftafeln Szenen aus der Stadtgeschichte zeigen. Das alte Speicherhaus rechts hinter dem Rathaus wird *Kaffeemühle* genannt und beherbergt heute das Stadtmuseum, etwas oberhalb überragt die wuchtige Kirche St. Petri die Dächer der Altstadt. Der Altstadt vorgelagert ist die Schlossinsel, auf der heute aber kein Schloss mehr steht. Von hier aus reicht die **Wolgaster Brücke** über den Peenestrom nach Usedom. Das in sattem Blauton gehaltene imposante Bauwerk, das aussieht wie ein zu groß geratenes Spielzeug, ist das jüngste Wahrzeichen der Stadt.

Information Wolgast-Information, im historischen Rathaus, freundlich und gut ausgestattet. Juni bis Aug. Mo–Fr 10–18 Uhr, Sa/So 10–14 Uhr (im Juni nicht So); Sept. bis Mai Mo–Fr 9–17 Uhr (Mai und Sept. auch Sa 10–14 Uhr). Rathausplatz 10, 17438 Wolgast, ✆ 03836-600118, www.stadt-wolgast.de.

Verbindungen Bahn: Mit der **Usedomer Bäderbahn** (→ S. 287) vom Bahnhof Wolgast (Hafen) etwa halbstündl. (im Winter stündl.) nach Usedom bis zu den Kaiserbädern Bansin, Heringsdorf und Ahlbeck und weiter nach Swinemünde (Polen), in anderer Richtung mehrmals tägl. direkt nach Greifswald und Stralsund (bzw. stündlich mit Umsteigen in Züssow).

Bus: Die *Linie 272* fährt 4-mal tägl. via Trassenheide nach Karlshagen; mit der *Linie 274* gelangt man werktags etwa alle zwei Stunden ins nördliche Hinterland (Kröslin – Freest – Spandowerhagen – Lubmin).

Ausflugsfahrten Die **Wolgaster Personenschifffahrt** veranstaltet von Mai bis Mitte Okt. an 4 Tagen in der Woche (zuletzt Di–Do und Sa) u. a. Hafenrundfahrten sowie Peenestrom- und Achterwasserfahrten. Abfahrt jeweils Wolgast/Stadthafen. Wolgaster Personenschifffahrt, Burgstr. 13, ✆ 0170-5206380, www.schiff-usedom.de.

Brückenöffnungszeiten **Wolgaster Brücke (B 111)**, zuletzt 5.45 Uhr, 7.45 Uhr (nur im Sommer, im Winter 8.45 Uhr), 12.45 Uhr, 17.45 Uhr und 20.45 Uhr sowie im Sommer bei Bedarf auch 23.45 Uhr (nur Berufsschifffahrt). Die Brücke öffnet für etwa 15 Min. (max. 30 Min.).

Übernachten/Essen & Trinken Postel, in der ehemaligen Post, einem prächtigen neogotischen Backsteingebäude, hat sich ein sympathisches Hostel (eigentlich eher ein legeres, junges Hotel) eingerichtet. Die Zimmer und Ferienwohnungen sind mit viel Liebe zum Detail individuell thematisch eingerichtet (das Mädchenzimmer *Jenny* z. B. in Rosa, das Jägerzimmer *Friedrich* verspielt rustikal). Dazu Sauna, Indoor-Sportbereich, Mehrzweckraum, Bar und Küche (Frühstück und freie Nutzung). DZ 70 €, Frühstück 8 €/Pers. Breite Str. 26, 17438 Wolgast, ✆ 03836-2374383, www.post-aus-wolgast.de.

Speicher, üppig maritim eingerichtete Gaststätte im alten Speicher am Hafen. Aus der Kombüse kommt natürlich Fisch, daneben gibt es aber auch Burger (auch Veggie-Burger), Ofenkartoffeln und gutbürgerliche Fleischküche. Auch Zimmer (DZ mit Frühstück 98 €). Hafenstr. 22, ✆ 03836-2338550 (Pension ✆ 03836-231891), www.speicher-wolgast.de.

»» Lesertipp: **Fischer Klaus**, ebenfalls auf der Schlossinsel gelegenes Fischrestaurant mit Blick auf den Museumshafen (neben dem Alten Speicher). Leser schreiben begeistert von der Spezialität des Fischrestaurants, der „Wolgaster Fischsuppe". Günstig. Zuletzt im Winter geschlossen. Hafenstr. 6, ✆ 03836-234272. **«**

Sehenswertes

St. Petri: Die etwas erhöht stehende, dreischiffige Basilika, die den Herzögen von Pommern-Wolgast als Begräbniskirche diente, wurde ab Mitte des 14. Jh. errichtet und war um 1415 vollendet. Ihre wuchtige Gestalt verdankt sie dem massigen Turm und den vergleichsweise hohen Seitenschiffen, deren Bedachung sich noch ein Stück über die Giebel der Altstadt erhebt. 1920 kamen bei Bauarbeiten im Chor einige alte Wandmalereien wieder zum Vorschein, darunter diverse Heiligenabbildungen. Bemerkenswert ist vor allem der *Wolgaster Totentanz*. Der um 1700 entstandene Bilderzyklus beharrt mit holprigen Reimen und drastischen Bildern darauf, dass der Tod einen jeden einholt.

Mai bis Okt. Mo–Fr 10–17 Uhr, Sa/So 11–14 Uhr; im Winterhalbjahr im Gemeindebüro (Kirchplatz 7) melden. Turmbesteigung (letzter Einlass 16.30 Uhr) 2 €, erm. 1 €.

Stadtgeschichtliches Museum in der Kaffeemühle: Das Museum ist in einem Mitte des 17. Jh. gebauten Kornspeicher untergebracht. Seinen originellen Namen verdankt das Fachwerkgebäude der ungewöhnlichen Dachkonstruktion, die ihm vage das Aussehen einer Kaffeemühle verleiht. Im ersten Stock kann man sich über die Geschichte der Stadt informieren. Im ehemaligen Kornboden geben historische Werkstätten Einblick in Handwerke und Gewerbe; außerdem wechselnde Sonderausstellungen. Der alte Kornspeicher ist an sich schon einen Besuch wert und voller sehenswerter Details – von der Kasse beim Eingang, die ausstaffiert ist wie ein alter Kaufmannsladen, bis zum Lastenrad unter dem Dach.

Ostern bis Okt. Di–Fr 11–18 Uhr, Sa/So 11–16 Uhr. Erw. 4 €, erm. 3 €, Kinder 6–14 J. 2 €. Rathausplatz 6, ✆ 03836-203041, www.museum.wolgast.de.

Rungehaus: Das Geburtshaus *Philipp Otto Runges* widmet sich Leben und Werk des neben *Caspar David Friedrich* bedeutendsten Malers der norddeutschen Romantik. Wer hier allerdings einen „echten Runge" sucht, und sei es nur eine Skizze,

In Richtung Usedom → Karte S. 288/289

der sucht vergeblich, man muss sich mit Reproduktionen und Grafiken zufriedengeben. Diese aber geben einen Überblick über die künstlerische Entwicklung des Malers, seine berühmte Farbenlehre, usw. Das Rungehaus wurde zuletzt renoviert und die Ausstellung umgestaltet. Das Rungehaus wurde zuletzt renoviert und im Juli 2017 wiedereröffnet.

April bis Okt. Di–Fr 11–18 Uhr, Sa/So 11–16 Uhr. Erw. 3 €, erm. 2 €, Kinder 6–14 J. 1 €. Kronwiekstr. 45, ℡ 03836-202000, www.museum.wolgast.de.

Anklam

ca. 12.700 Einwohner

Das beschauliche, teils kopfsteingepflasterte Zentrum des Städtchens lohnt einen Spaziergang, auch wenn die ansehnlichen historischen Baudenkmäler in einem eher verhalten ästhetischen Stadtbildkontext stehen, sprich inmitten lieblos-zweckdienlicher Nachkriegsarchitektur.

Das bemerkenswerteste Gebäude aus alter Anklamer Zeit ist wohl das recht windschiefe gotische Giebelhaus aus dem 13. Jh. Die Stadtsilhouette prägen die Türme der Marienkirche und der Nikolaikirche sowie das Steintor. Während St. Marien zwar in Teilen restaurierungsbedürftig, aber (gottes)diensttauglich ist, ist in der Nikolaikirche, die in den letzten Tagen des Zweiten Weltkrieges bis auf die Außenmauern zerstört wurde, heute das *Ikareum* (Außenstelle des Otto-Lilienthal-Museums → unten, zuletzt im Sommer Mo–So 16–17 Uhr) untergebracht. Das aus dem 13. Jh. stammende, imposante Steintor war eines von einstmals vier Stadttoren und beherbergt heute das **Stadtmuseum**. Die Ausstellungsräume verteilen sich auf fünf Stockwerke, insgesamt sind 111 Stufen bis ganz oben zu erklimmen, wofür man dann mit einem schönen Rundblick über Anklam belohnt wird.

Museum im Steintor: Mai bis Sept. Di–Fr 10–17 Uhr, Sa/So 13–17 Uhr; Okt. bis April Mi–Fr 11–15.30 Uhr, So 13–15.30 Uhr. Erw. 4,50 €, Kinder 3,50 €. Schulstr. 1, ℡ 03971-245503, www.museum-im-steintor.de.

Das zweite **Museum** der Stadt ist ihrem bedeutendsten Sohn gewidmet, dem Flugpionier **Otto Lilienthal**. Im etwas außerhalb der Altstadt gelegenen ehemaligen Heimatmuseum sind neben Modellen der abenteuerlichen Gleitfluggeräte Lilienthals auch detailgenaue, materialgetreue und teils flugfähige Nachbauten zu besichtigen. Weitere Exponate zu Leben und Werk Lilienthals sowie Ausstellungen rund um die Geschichte des Fliegens ergänzen das Angebot. Unterdrücken Sie Ihre Flugangst und besuchen Sie dieses sehenswerte Museum!

Eines von Lilienthals Fluggeräten

Eine Außenstelle des Museums, das *Ikareum*, befindet sich in der Nikolaikirche (→ oben). Voraussichtlich 2020 soll das Otto-Lilienthal-Museum gänzlich in die altehrwürdige Kirche umziehen.

Otto-Lilienthal-Museum: Juni bis Sept. tägl. 10–17 Uhr; Mai und Okt. Di–Fr 10–17 Uhr, Sa/So 13–17 Uhr; Nov. bis April Mi–Fr 11–15.30 Uhr, So 13–15.30 Uhr. Erw. 4,50 €, erm. 3,50 €. Ellbogenstr. 1 (Bahnhofsnähe), ℡ 03971-245500, www.lilienthal-museum.de.

Information Anklam Information, im Rathaus am Marktplatz, freundlich und hilfsbereit, auch Stadtführungen. Geöffnet Mitte Mai bis Mitte Sept. Mo–Fr 9–18 Uhr, Sa 10–

12 Uhr; während des restlichen Jahres Mo–Fr 9–16.30 Uhr. Am Markt 3, 17389 Anklam, ℘ 03971-835154, www.anklam.de.

Verbindungen Etwa alle 2 Std. mit der **Bahn** (RE, 2-mal tägl. zusätzlich IC/EC) nach Greifswald und weiter nach Stralsund bzw. in anderer Richtung nach Berlin. Mit **Bus 201** nach Usedom/Stadt (von dort weiter zu den Kaiserbädern mit der Linie 201A).

Brückenöffnungszeiten Zecheriner **Brücke (B 110)**, geöffnet 5.45 Uhr (nur im Sommer), 8.45 Uhr, 12.45 Uhr, 16.45 Uhr, 20.45 Uhr (nur im Sommer). Die Brücke öffnet für etwa 15 Min.

Kanutouren/Bootsverleih Kanustation, unter sehr freundlicher Leitung, angeboten werden geführte Kanutouren, Bootsverleih, Bootscharter. Die Kanustation befindet sich zentrumsnah am nördlichen Peeneufer, entweder über die Fußgängerbrücke oder mit dem Auto nach Norden, dann jeweils rechts, ausgeschildert. Werftstr. 6, ℘ 03971-242839, www.abenteuer-flusslandschaft.de.

Peenetal

Das Peenetal ist ein kleines Naturparadies und wird zuweilen auch „Europäische Everglades" genannt, denn entlang des mäandernden Flusses erstrecken sich weite Wälder, Moore und Feuchtwiesen sowie breite Schilfgürtel. Teile des Peenetals stehen unter Naturschutz, so das östlich von Anklam gelegene Peenetalmoor. Eine interessante Möglichkeit der Erkundung bieten geführte Kanutouren, bei denen man mit etwas Glück auch ein paar der scheuen Biber oder zumindest ihre Bauten zu Gesicht bekommt. Die Peene ist für Kanuten ein dankbares Revier, denn wegen ihres geringen Gefälles ist sie recht strömungsarm und ihre Ufer sind kaum verbaut.

Knapp 10 km westlich von Anklam, am südlichen Ufer der Peene liegt das kleine Dorf **Stolpe**, einst Standort eines bedeutenden Benediktinerklosters, das im Dreißigjährigen Krieg niederbrannte. An gleicher Stelle wurde später die prächtige Gutsanlage errichtet, die nunmehr, sorgfältig renoviert, ein nobles Hotel beherbergt. Nahebei und direkt an der Peene empfängt der *Fährkrug* seine Gäste, eine vor über 300 Jahren aus den Steinen der Klosterruine errichtete Kneipe, deren Vorgänger bereits im 12. Jh. in Betrieb war. Neben der Gaststätte befinden sich ein Wasserwanderplatz sowie die traditionsreiche kleine *Personenfähre*, mit der man sich (samt Fahrrad) ans andere Ufer der Peene bringen lassen kann.

In Richtung Usedom → Karte S. 288/289

Information Besucherzentrum und Naturparkausstellung des Naturparks Flusslandschaft Peenetal, in Stolpe, geöffnet März bis Okt. Mo–Fr 9–16 Uhr, Ende Juni bis Mitte Sept. auch Sa/So 10–16 Uhr. Peeneblick 1, 17391 Stolpe, ℘ 039721-569290, www.naturpark-flusslandschaft-peenetal.de.

Übernachten/Essen Hotel/Restaurant **Gutshaus Stolpe**, in der prächtigen Anlage ist dieses noble, von einem schönen Park umgebene Hotel untergebracht. Freundliche Atmosphäre, stilvolle Zimmer, Bar mit Bibliothek, Salon, Kaminecke in der Lounge, Wellnessbereich. Hunde nur in den Nebengebäuden gestattet. Das edle Restaurant, von Michelin mit einem Stern bedacht, bietet feine Küche in kultiviertem Ambiente, seit Anfang 2017 hat der Sterne-Koch Björn Kapelke (ehemals Scheels, Stralsund) die Leitung in der Küche übernommen (abends geöffnet, Reservierung erforderlich; Mo Ruhetag, Sept. bis Mai auch So). EZ ab 99 €, DZ 145–260 €, Suite 350 €, jeweils inkl. Frühstück. Peenestr. 33, 17391 Stolpe bei Anklam, ℘ 039721-5500, www.gutshaus-stolpe.de.

》》 Unser Tipp: Stolper Fährkrug, das traditionsreiche Gasthaus ist in einem wunderschönen, denkmalgeschützten Backstein-Fachwerk-Gebäude mit tief hinabreichendem Rohrdach untergebracht. Gemütlich kann man im liebevoll hergerichteten Innenraum oder auf der hinten gelegenen Terrasse sitzen. Auf der Karte findet sich sowohl Bodenständiges als auch Raffiniertes zu angemessenen Preisen, wechselnde Tagesempfehlungen, auch Kaffee und Kuchen. Zuvorkommender, wirklich sehr freundlicher Service. Tägl. ab 11.30 Uhr geöffnet, Sept. bis April Di/Mi Ruhetag. Peenestr. 28, ℘ 039721-52225, www.gutshaus-stolpe.de. 《《

Strandleben bei Zinnowitz

Usedom

40 Kilometer Sandstrand, über dem so häufig wie sonst nirgends in Deutschland die Sonne scheint, machen die zweitgrößte Insel der Republik zum vielbesuchten Badeparadies. Doch abseits der Ostseeküste zeigt Usedom auch eine stille, idyllische Seite.

Schneeweiße Holzbalkone, verspielte Fassaden mit filigranen Ornamenten, darunter eine ausladende Veranda zur Strandpromenade hin: Herausragendes Fotomotiv der Insel Usedom ist die im 19. Jh. vor allem in Ahlbeck, Heringsdorf und Bansin entstandene Bäderarchitektur. Noch heute ziehen die drei *Kaiserbäder* die Mehrzahl der Usedombesucher an. Doch auch im Norden der Insel gibt es mit Zinnowitz ein Seebad, das sich hinter der Pracht der südöstlichen Nachbarorte kaum zu verstecken braucht – natürlich auch hier inklusive ausladender Strandpromenade und angeschlossener Seebrücke. Das schönste Exemplar dieser „Flaniermeilen ins Meer" findet sich übrigens in Ahlbeck.

Die gesamte Außenküste der lang gestreckten Insel präsentiert sich als einziger feinsandiger, flach ins Meer abfallender Strand. Hier dürfte nahezu jeder auf seine Kosten kommen: ob bequem in einem Strandkorb oder sportlich-aktiv beim Beachvolleyball, ob mit Freunden oder mit Familie und Kindern, ob in voller Bademode oder textilfrei, ob mit oder ohne Hund, ob hotelnah oder abseits der Seebäder – der Strand ist lang genug für alle Wünsche.

Hinter den Dünen, oft nur einen Steinwurf vom Badetrubel entfernt, beginnt ein anderes, ein ländliches Usedom. Parallel zum Strand erstreckt sich ein langer Waldstreifen, der nur von den zehn Seebädern Usedoms unterbrochen wird. Im Rücken der Kaiserbäder erhebt sich die Usedomer Schweiz, ein sanftes Hügelland mit einer Handvoll hübscher Seen. Vielgliedrig gestaltete sich die schilfbestandene Binnenküste entlang des Peenestroms, der die Insel vom Festland trennt. Abgeschieden und ruhig ragen die Halbinseln Gnitz im Norden und Lieper Winkel im Süden in das Achterwasser. Kleine idyllische Dörfer verstecken sich in dieser ruhigen Landschaft; besonders sehenswert sind Mellenthin mit seinem Wasserschloss und Usedom, das so traditionsreiche wie beschauliche Städtchen im Süden, dem die Insel ihren Namen verdankt. Ganz im Norden befindet sich dagegen ein Ort, der, obwohl winzig klein, weit über die Region hinaus zum Begriff geworden ist: Peenemünde mit seiner Heeresversuchsanstalt, in der während der NS-Diktatur Raketenforschung betrieben wurde. Heute erinnert ein bemerkenswerter Museumskomplex, das Historisch-Technische Informationszentrum (HTI), an dieses dunkle Kapitel deutscher Geschichte.

UBB – Unterwegs mit der Usedomer Bäderbahn

Die Usedomer Bäderbahn (UBB) verkehrt im Sommer mindestens stündlich, von 9 bis 19 Uhr sogar halbstündlich von Swinemünde (Polen) über Ahlbeck, Heringsdorf, Bansin, Kölpinsee, Koserow, Zinnowitz (hier Umsteigen nach Peenemünde) und Trassenheide nach Wolgast und retour. Fahrtdauer von Heringsdorf nach Wolgast etwa 1 Std. Alle 2 Std. fährt der Zug weiter via Greifswald nach Stralsund (Gesamtdauer Swinemünde – Stralsund ca. 2:30 Std.). Von Zinnowitz bestehen ca. stündlich Verbindungen nach Peenemünde und retour (**Achtung**: Trassenheide hat zwei Bahnhöfe, einen an der Strecke nach Wolgast und einen an der Strecke nach Peenemünde, Umsteigen also in Zinnowitz).

Im Winter ist der Verkehr der UBB eingeschränkt. Fahrplanauskunft unter ✆ 038378-27132, www.ubb-online.de.

→ Karte S. 288/289   Usedom

Usedoms Norden

Langer Sandstrand und das traditionsreiche Seebad Zinnowitz, dazu das beschauliche Hinterland an Peenestrom und Achterwasser. Außergewöhnliche historische Bedeutung erlangte der Inselnorden durch die Einrichtung der Raketenforschungsanstalt Peenemünde.

Zinnowitz   ca. 4000 Einwohner

Einstmals „Perle der Ostsee" genannt, arbeitet das von Mischwald umgebene Seebad daran, an vergangenen Ruhm anzuknüpfen. Zinnowitz ist das größte Seebad im Norden und das einzige, das mit den glanzvollen Kaiserbädern im Süden mithalten kann.

Bäderflair schlägt dem Besucher vor allem an der Strandpromenade entgegen: auf der einen Seite die teils prächtigen Fassaden der Hotels, auf der anderen der herrliche, 40 m breite Sandstrand. Genau in der Mitte der Promenade reicht die 1993 erbaute Vineta-Brücke über 300 m ins Meer hinaus, an deren Ende sich eine Tauchgondel befindet. Der Brückenvorplatz, das an die Ostsee verlagerte „Zentrum" des Ortes, steht mittlerweile ästhetisch enorm unter Spannung: Auf der einen Seite steht der *Preußenhof* samt hübschem Museumscafé in altehrwürdiger Bäderpracht.

Das Gebäude gegenüber aber ist, mit Verlaub, eine architektonische Zumutung. Wohl gedacht als eine Art Gegenstück zur Tauchgondel, quält sich ein (gebührenpflichtiges) Hebecafé in 10 m Höhe und beleidigt das Auge.

Im Rücken des strandnahen, „touristischen" Zinnowitz erstreckt sich der Ort bis zur Bundesstraße. Von dort führt eine hübsche Kopfsteinpflasterallee zum kleinen Hafen am Achterwasser.

Basis-Infos

Information   Kurverwaltung Zinnowitz, auch Zimmervermittlung, Ortsrundgänge und Ticketvorverkauf. April/Mai Mo–Fr 9–17 Uhr, Sa 10–15 Uhr; Juni bis Okt. Mo–Fr 9–18 Uhr (Juli/Aug. bis 20 Uhr, Okt. nur bis 17 Uhr), Sa/So 10–15 Uhr (Juli/Aug. bis 18 Uhr); Nov. bis März Mo–Fr 9–16 Uhr, Sa 10–15 Uhr (Nov./Dez. Sa nur 10–12 Uhr). Nahe der Seebrücke. Neue Strandstr. 30, 17454 Zinnowitz, ✆ 038377-4920, www.zinnowitz.de.

Verbindungen   Hier Umsteigebahnhof der **UBB**, → S. 287.

Baden   Breit und feinsandig, steinfrei, flach ins Meer abfallend und geadelt von der **Blauen Flagge** – der Strand von Zinnowitz lässt fast keine Wünsche offen. Der Hauptstrand rechts und links der Seebrücke wird von der DLRG überwacht, FKK-Abschnitt im Westen, Hundestrand im Osten.

Einkaufen   Fisch (frisch oder geräuchert, auf dem Brötchen, in der Suppe oder als Salat) kauft man in der **Fischkiste**, Natur- und Feinkost gibt es im **Bio-Markt**, beides → Essen.

Strandbuchhandlung, freundliche Buchhandlung, in der man neben der richtigen Strandlektüre auch eine Auswahl an Regionalia findet. Gut sortiert und kenntnisreich geführt. Neue Strandstr. 29, ✆ 038377-42276.

Fahrradverleih   Zahlreiche Fahrradverleiher vor Ort, bei allen auch E-Bikes, Kinderfahrräder, Zubehör, Nachläufer etc.; z. B. bei **Kruggel**, Dr.-Wachsmannstr. 5, ✆ 038377-42869, www.fahrradverleih-usedom.de (Filiale auch in Bansin und Wolgast); bei **Russow** in der Bergstr. 7, ✆ 0173-4785926; oder bei **Krüger**, Möskenweg 4, ✆ 038377-42668.

Ostsee

Pommersche Bucht

Ostseebad
Zinnowitz
Zempin
Lüttenort/
Damerow
Ostseebad
Koserow
Kölpinsee
Kölpin
see
Loddin
Stubben-
felde
Netzelkow
Insel
Görmitz
Ückeritz
Naturpark Insel Usedom
Stagnieß
Insel
Grüssower
Ort
Forsthaus
Pudagla
B 111
Warthe
Reestow
Grüssow
Ostseebad Bansin
Lieper Winkel
Grüssow
Pudagla
Schmolliensee
Gr.
Krebs-
see
Ostseebad Heringsdorf
DREIKAISERBÄDER
Liepe
Cosim
Sellin
Neu
Sallenthin
Neuhof
Ostseebad Ahlbeck
Quilitz
Balmer
See
Sallenthin
Świnoujście
(Swinemünde)
Dewichow
Balm
Benz
Gothen
Rankwitz
Neppermin
Reetzow
Seehof
Gothen-
see
Moder-
ort
Krienke
Morgenitz
Labömitz
Kors-
wandt
Wolgast-
see
Große
Heide
Mellenthin
Katschow
Kachliner
See
Ulrichshorst
Zerninsee
Suckow
Thur-
bruch
Usedomer
Kachlin
Zirchow
POLEN
Raths-
ort
Stadt-
forst
Mellenthiner
Heide
B 110
Kutzow
Garz
Golm
Dargen
Flughafen
Heringsdorf
Kamminke
Usedom
Stolpe
auf Usedom
Winkel
Wilhelmshof
Usedomer
See
Welzin
West-
klüne
Ostklüne
Stettiner Haff

Achterwasser

Usedom

Wolin

Usedom
2 km

Tauchgondel   Zuletzt war die Gondel außer Betrieb, Leser berichteten aber, dass man schon bei geringem Wellengang ohnehin nichts sieht.

Theater   die blechbüchse, das gelbe Theater. Schauspiel, Konzerte, Varieté und Lesungen in einer ehemaligen, knallgelben Lagerstatt für Strandkörbe (oberhalb der Freilichtbühne). Seestr. 8, zentraler Kartenservice: ℅ 03971-2688800,   www.blech-buechse.de.

Therme   Auch bei schlechtem Wetter kann man genüsslich im Meerwasser baden – in der **Bernsteintherme**, dank des 800-qm-Meerwasserbads, Thermalbad mit Außenbecken, Sauna, römischem Dampf-

Vineta-Festspiele
Theaterspektakel rund um das sagenhafte versunkene Vineta im Juli und August auf der Freilichtbühne. Karten und Infos → Theater/*die blechbüchse* bzw. www.vineta-festspiele.de.

bad, diversen Massagen usw. Ganzjährig tägl. 10–22 Uhr geöffnet. Am westlichen Ende der Dünenstraße (Parallelstraße zur Strandpromenade), ℅ 038377-35500, www.bernsteintherme.de.

Übernachten/Essen & Trinken

Übernachten   **Strandhotel Preußenhof**, traditionsreiches Hotel in bester Lage über der Seebrücke. Stilvolles *Museumscafé* (tägl. ab 11.30 Uhr, auch Restaurant) und große Wellnesslandschaft. Sehr freundlich. DZ inkl. Frühstück ab 175 €, in der Nebensaison deutlich günstiger, auch Ferienwohnungen, diverse Arrangements. Dünenstr. 10, 17454 Zinnowitz, ℅ 038377-390, www.schoener-inseln.de.

≫ Unser Tipp: Aparthotel Seeschlösschen, schöne, großzügige und gut ausge-

stattete Appartements (teils mit Seeblick), direkt oberhalb der Promenade. Sollte das Aparthotel ausgebucht sein, kann man es im *Hotel Asgard* (mit Restaurant, Café und Bar) nebenan versuchen, zu dem das Seeschlösschen gehört. Appartement ab 125 € (2 Pers., ein Raum) bis 180 € (4 Pers., drei Räume) und 250 € (2 Pers., zwei Räume und ein Türmchen), Frühstücksbuffet 12 €/ Pers., Hund 12 €. Dünenstr. 15, 17454 Zinnowitz, ℅ 038377-4800, www.seeschloesschen-zinnowitz.de. ≪

Am Strand von Zinnowitz

Pension Lachmöwe, sympathisch, günstig, im Zentrum von Zinnowitz, aber ruhig in einem Hinterhof gelegen. Nur neun Zimmer, Reservierung ratsam. EZ 42 €, DZ 74–79 €, Familienzimmer 100 €, jeweils mit Frühstück, keine Hunde. Waldstr. 2, 17454 Zinnowitz, ☎ 038377-35440, www.pension-lachmoewe.de.

Camping **Campingplatz Pommernland**, schöner Waldcamping am Weststrand von Zinnowitz, unweit vom Strand, auch Pensionszimmer und Blockhäuser. Mit Restaurant, Imbiss, kleinem Laden, Waschmaschinen, Fahrradverleih. Stellplatz und 2 Pers. 26–30,50 €; Blockhäuser (für 2–6 Pers. 131–161 €/Tag); Dr.-Wachsmann-Str. 40, 17454 Zinnowitz, ☎ 038377-40348, www.camping-pommernland.m-vp.de.

Essen & Trinken **⟫ Unser Tipp: Zum Smutje**, viel und zu Recht gelobtes Fischrestaurant (es gibt hier auch kaum etwas anderes als Fisch). Gilt als eines der besten Fischrestaurants der Insel. Ein paar Tische auch draußen. Zur Saison mittags und abends geöffnet (abends unbedingt reservieren), in der Nebensaison nur Sa/So mit-

tags, Di Ruhetag. Etwas abseitige Lage: die Dünenstraße Richtung Bernsteintherme und dann links in die Vinetastraße abbiegen. Vinetastr. 5 a, ☎ 038377-41548, www.zum-smutje.de. ⟪

Museumscafé, im Hotel Preußenhof am Vorplatz der Seebrücke. Ein bisschen gute alte Zeit in Zinnowitz, ob zum Mittag- oder Abendessen oder einfach nur zum Kaffee in stilvollem historischem Ambiente. Nicht zu teuer. Dünenstr. 10, ☎ 038377-39450.

Fischkiste, ausgezeichnete Fischbrötchen gibt es in der Fischkiste im Zentrum von Zinnowitz, auch Räucher- und Frischfisch, köstliche Fischsuppen und -salate (auch zum Mitnehmen). Neue Strandstr. 22, ☎ 038377-37567.

🌿 **Biomarkt & Bistro Unter den Linden**, Bioladen mit Feinkost und regionalen Produkten, auch Café und Bistro, etwas abseits auf dem Weg zum Zinnowitzer Hafen gelegen. Juni bis Mitte Sept. Mo–Sa 8–18 Uhr, in den Wintermonaten geschl. Hafenstr. 11, ☎ 038377-379990. ◼

Umgebung von Zinnowitz: Weißer Berg und Krummin

Halbinsel Gnitz/Weißer Berg: Unbedingt lohnenswert ist ein Ausflug zum gerade einmal 32 m hohen Weißen Berg. Die unter Naturschutz stehende Südspitze der Halbinsel Gnitz mit schilfreicher Binnen- und hoher Steilküste samt herrlicher Aussicht über das Achterwasser gehört zu den idyllischsten Ecken Usedoms.

Anfahrt/Wanderung Von Zinnowitz in südliche Richtung nach Neuendorf auf der Halbinsel Gnitz und weiter nach Lütow. Am Ortseide (hier parken) beginnt das *Naturschutzgebiet Südspitze Gnitz*. Ein Wanderweg führt ca. 2 km am Achterwasser entlang zum unübersehbaren Weißen Berg.

Camping **Naturcamping Usedom**, mitten im Wald und nahe der Steilküste am Weißen Berg, etwa 1 km westlich von Lütow (im Ort rechts ab). Mit Gaststätte und kleinem Laden, auf dem Platz auch Surfschule mit Verleih (www.wassersport-usedom.com). Stellplatz und 2 Per. 24,40–31,40 €. Auch kleine Bungalows und Ferienhäuser. Ostern bis Okt. Zeltplatzstraße 20, 17440 Lütow, ☎ 038377-40581, www.natur-camping-usedom.de.

Essen & Trinken/Einkaufen **Galeriegarten Café**, ein kleines Idyll in Lütow, herrlicher Biergarten, rundum nett und gemüt-

lich, dabei günstig. Ostern bis Sept. tägl. 11–19 Uhr. ☎ 038377-40190.

⟫ Unser Tipp: Gnitzer Seelchen, ein Traum von einem Café. Hübsch eingerichtet, idyllischer Garten, köstliche, hausgemachte Kuchenkreationen, aber auch Herzhaftes wie Quiche. Zur Saison tägl. 12–18 Uhr, Mo Ruhetag. In Neuendorf. Zinnowitzer Str. 2, ☎ 038377-36439, www.gnitzer-seelchen.de. ⟪

🌿 **Villa Kunterbunt**, sehr schöner, kleiner Hofladen in Neuendorf. Alles, was ein Hof mit Schafherde so hergibt: vor allem Wolle, Felle, Seife aus Schafsmilch, Fleisch. Dazu etwas Gemüse und Obst, Marmelade, Holzofenbrot und Obstsäfte von der eigenen Streuobstwiese. In der Saison Mo–Fr 10–17 Uhr, Sa 10–12 Uhr geöffnet. Zinnowitzer Str. 6, ☎ 038377-43018, www.hofladen-usedom.de. ◼

→ Karte S. 288/289

Usedom

Krummin: Von der B 111 Richtung Wolgast führt eine der schönsten Lindenalleen der Insel hinab nach Krummin (ca. 240 Einwohner), einem idyllischen Dorf mit hübschem Hafen und einer sehenswerten Kirche. *St. Michael* ist der einzig nennenswerte Überrest mittelalterlichen Klosterlebens auf Usedom: Das Kloster *Crominio* wurde 1302 gegründet, entwickelte sich schnell zu einem der wichtigsten Klöster der Gegend und wurde im Dreißigjährigen Krieg zerstört. Geblieben ist *St. Michael zu Krummin*, Ende des 13. Jh. auf den heute noch sichtbaren Grundmauern einer älteren Feldsteinkirche aus Backstein errichtet.

Im Nachbarort **Neeberg** empfiehlt sich ein Zwischenstopp in der *Galerie im Hühnerstall* – ein zauberhafter Ort. Die Galerie befindet sich in einem Gehöft aus rohrgedeckten Backsteinhäusern, zu dem auch ein malerischer Feng-Shui-Garten gehört.

Galerie im Hühnerstall/Feng-Shui-Garten, zur Saison tägl. 10–18 Uhr geöffnet, neben Bildern gibt es in der Galerie auch Keramiken, Fotos und Postkarten. Außerdem werden Malkurse angeboten und es steht ein Ferienhaus zur Verfügung (50 €/2 Pers.). Neeberger Straße 9, 17440 Neeberg, ☎ 03836-200658, www.neeberg-galerie-fengshui.de.

Essen & Trinken

Jagdstübchen, das waidmännische Interieur begegnet einem bereits an der Eingangstür, dementsprechend natürlich viele Wildgerichte, nicht teuer, freundlicher Service. Mai bis Okt. mittags und abends geöffnet (Nov. geschlossen, im Winter eingeschränkt). Im Am Ortsrand von Krummin Richtung Neeberg. Schwarzer Weg 4 a, ☎ 03836-206574, www.jagdstuebchenkrummin.de.

Fischstübchen, urgemütliche Gaststube mit dunklem Gebälk in einem reetgedeckten Haus im Nachbarort Neeberg. Sehr beliebtes Restaurant, oft bis auf den letzten Platz besetzt (also besser reservieren), große Portionen, moderate Preise, im Sommer auch Terrasse. Auch Zimmer und Appartements. Neeberger Str. 17, 17440 Krummin/Neeberg, ☎ 03836-603322, www.fischstuebchen.de.

Naschkatze, sehr idyllischer Gartenimbiss bei der Krummier Kirche. Kaffee und Kuchen, Snacks und ein paar warme Gerichte, sympathisch und beliebt, zur Saison tägl. 11–20 Uhr geöffnet. Dorfstr. 25, ☎ 03836-602213.

Zur Pferdetränke, kleiner Hofladen samt Café, vorwiegend regionale Bioprodukte und Inselspezialitäten wie Wild aus Pudagla oder Käse aus Melzin. Hausgemachte Kuchen und Steinofenbrote. Schöner Garten, innen urig-gemütlich. Ostern bis Okt. tägl. etwa 11–20 Uhr geöffnet. Dorfstr. 31, ☎ 03836-231023, www.pferdetraenke-krummin.de.

Malerische Ansichten: Die Galerie im Hühnerstall in Neeberg, der Garten ...

Trassenheide

ca. 900 Einwohner

Durch das abgelegene, stille Seebad führt zwar die Straße nach Peenemünde, das touristische Angebot aber findet sich etwa 1 km vom Ortskern entfernt auf der anderen Seite des Kiefernwaldes am Strand. Hier gelangt man vom großen Parkplatz an einer Kreuzung zum neu angelegten Strandvorplatz, dem Park samt Konzertmuschel und zum zentralen Strandzugang. Die Abgeschiedenheit und natürlich der fast 4 km lange, steinfreie, flach ins Meer abfallende Strandabschnitt sind das große Plus des kleinen Ortes.

Information Kurverwaltung des Seebades Trassenheide, im Haus des Gastes an der Kreuzung im Ort, freundlicher Service, auch Zimmervermittlung, geöffnet im Sommerhalbjahr Mo–Fr 9–18 Uhr, Sa 10–15 Uhr; im Winterhalbjahr eingeschränkt, meist Mo–Fr 9–16 Uhr. Strandstr. 36, 17449 Trassenheide, ✆ 038371-20928, www.seebad-trassenheide.de.

Verbindungen UBB, → S. 287.

Baden Der fast 4 km lange, stein- und buhnenfreie Sandstrand fällt flach in die Ostsee ab. In Ortsnähe überwacht, FKK-Bereich Richtung Karlshagen, Hundestrand Richtung Zinnowitz (auf Höhe des Campingplatzes). Auch über dem Strand von Trassenheide weht die **Blaue Flagge**.

Übernachten/Essen *** **Kaliebe**, strandnahes Haus auf halbem Weg zum Campingplatz. Auf dem riesigen, baumbestandenen Grundstück gibt es auch Ferienwohnungen in finnischen Blockhäusern. Im Restaurant große Auswahl, viel Fisch, viele regionale Spezialitäten, auch Wild, Hauptgerichte 12–21 €. Ganzjährig geöffnet. EZ 95 €, DZ 115–130 €, Suite 150 €, jeweils mit Frühstück; Blockhaus (4 Pers.) 160 €, Ferienwohnungen. Außerdem finnische Blockhaus-Sauna, Wellness, Fahrradverleih. Zeltplatzstr. 5, 17449 Trassenheide, ✆ 038371-520, www.kaliebe.de.

»» Lesertipp: Leser empfehlen die **Strandbar**, sehr freundlicher und sympathischer Service und kleine Preise. Strandallee 22. **««**

Camping Campingplatz Ostseeblick, schöner Waldcamping direkt hinter den Dünen, etwa 300 Stellplätze, neue Sanitäreinrichtungen, kleiner Laden und Gaststätte. April bis Okt. geöffnet. Stellplatz und 2 Pers. 18–27 €. Zeltplatzstr. 20, 17499 Trassenheide, ✆ 038371-20949, www.seebad-trassenheide.de (Seite der Kurverwaltung, hier weiter über Gastgeber/Campingplatz).

↓ Karte S. 288/289

Usedom

... der Naschkatze sowie die Pferdetränke in Krummin

Sehenswertes

Die Sehenswürdigkeiten befinden sich etwas außerhalb (Richtung Zinnowitz). Hier liegen die nach eigenen Angaben größte *Schmetterlingsfarm* Europas und das *auf dem Kopf stehende* Haus – **„Die Welt steht Kopf"**. Das ist nicht im übertragenen Sinne gemeint, vielmehr ruht das komplett eingerichtete Einfamilienhaus auf seinem Giebel und beschert einen recht eigentümlichen Perspektivenwechsel. Mehrere Leser waren davon begeistert.

Schmetterlingsfarm: tägl. 10–19 Uhr, maximal bis Sonnenuntergang. Erw. 7,50 €, erm. 6 €. Wiesenweg 5, ☎ 038371-28218, www.schmetterlingsfarm.de.

„Die Welt steht Kopf": April bis Okt. tägl. 10–18 Uhr, Nov. bis März tägl. 10–16 Uhr. Erw. 7 €, erm. 6 €, Familien ab 16 €. Wiesenweg 2, ☎ 03837-126344, www.weltstehtkopf.de.

Karlshagen ca. 3200 Einwohner

Der Ort, der erst 2001 und als voraussichtlich letzter in den Kreis der Seebäder Usedoms aufgenommen wurde, erstreckt sich zwischen dem ehemaligen Militärhafen (heute Fischer- und Sporthafen) am Peenestrom und dem herausgeputzten Kurplatz am Hauptzugang zum Strand. Obwohl dreimal so groß, hat Karlshagen viel mit dem Nachbarort Trassenheide gemein: Die Hauptstraße führt durch den eigentlichen Ort, die Strandstraße (wenngleich etwas bebauter als in Trassenheide) durch den Kiefernwald zum herrlichen Sandstrand und in Strandnähe geht rechter Hand eine Zeltplatzstraße zu einem Waldcamping ab.

Information Touristinformation Karlshagen, im Haus des Gastes an der Hauptstraße, nett und hilfsbereit. Juni bis Aug. Mo–Fr 9–18 Uhr, Sa/So 10–15 Uhr; April/Mai und Sept./ Okt. Mo–Fr 9–17 Uhr, (Mai und Sept. bis 18 Uhr), Sa 10–12 Uhr; Nov. bis März Mo–Fr 9–17 Uhr, Do bis 18 Uhr. Hauptstr. 4, 17449 Karlshagen, ☎ 038371-55490, www.karlshagen.de.

Verbindungen UBB, → S. 287.

Baden Der herrliche, breite Sandstrand fällt familienfreundlich flach in die Ostsee ab, am Hauptstrand überwacht, FKK-Bereich und Hundestrand Richtung Trassenheide. Auch das Ostseebad Karlshagen darf die **Blaue Flagge** über dem Strand hissen.

Zwischen Karlshagen und der Abzweigung zum Flugplatz Peenemünde befindet sich unweit der Straße (man muss nur durch ein Wäldchen) ein weiterer schier endloser, feinsandiger, sehr ruhiger **Naturstrand**. Es gibt zwei größere (gebührenpflichtige) Parkplätze, der erste am nördlichen Ortsausgang von Karlshagen, der zweite auf halber Strecke im Wald; mehrere Übergänge von der Straße. Im Sommer mit Imbisswagen, FKK mischt sich mit Textil, es gibt auch einen Hundeabschnitt.

Fahrradverleih Holtz, auch Zubehör sowie Strandkorbvermietung. Im Sommer 9–13 Uhr und 17–18 Uhr. Peenestr. 3, ☎ 038371-21985, www.fahrradverleih-holtz.de.

Übernachten/Essen **** Strandhotel, direkt an der Strandpromenade und dennoch ruhig gelegen. Stilvolle Einrichtung, auch im Restaurant *Die Auster* (nur abends, Reservierung empfehlenswert), nachmittags Cafébetrieb. Nobler Wellnessbereich. März bis Okt. geöffnet. DZ 100–130 € inkl. Frühstück. Strandpromenade 1, 17449 Karlshagen, ☎ 038371-2690, www.strandhotel-usedom.de.

VeerMaster, das Restaurant befindet sich am Yacht- und Fischereihafen (etwa 1 km von der Durchgangsstraße entfernt). Unaufdringlich maritimes Interieur, auch teuer, im Sommer tägl. ab Mittag durchgängig geöffnet, im Winter eingeschränkt (zuletzt Mo bis Fr nur abends). Am Hafen 2, ☎ 038371-21012.

Camping Dünencamp, schöner Waldcampingplatz, lang gestreckt hinter den Dünen, neue Sanitäreinrichtungen, auch barrierefreie, rund 340 meist schattige Stellplätze, Spielplatz und -zimmer, Kiosk, Waschmaschinen, Fahrradverleih. Wohlorganisierte Anlage, gemischte Stellplätze von Zelten, Wohnwagen und Wohnmobilen. Ganzjährig geöffnet. Stellplatz und 2 Pers. 23–32,50 €. Zeltplatzstr. 11, 17449 Karlshagen, ☎ 038371-20291, www.karlshagen.de.

Peenemünde

**Weit über die Grenzen Mecklenburg-Vorpommerns bekannt, steht Peene-
münde gleichermaßen für Pionierleistungen der Raumfahrtgeschichte und
für menschenverachtendes Unrecht.**

Bevor der Bädertourismus auf Usedom Einzug hielt, war Peenemünde mit gerade
einmal 500 Einwohnern der drittgrößte Ort auf der Insel – nach Swinemünde und
Usedom/Stadt. Doch während Ahlbeck und Heringsdorf im Süden bald zu mondänen Kaiserbädern erblühten, blieb Peenemünde ein ruhiges Fischerdorf, in das sich
kaum ein Berliner verirrte. Die abge-
schiedene Lage wurde Peenemünde
schließlich zum Verhängnis. Ab 1936
wurde hier die *Heeresversuchsstelle*
(später *Heeresversuchsanstalt*) *Peenemünde* eingerichtet, Ziel war die Entwicklung, Erprobung und Produktion
von Raketen für den militärischen Einsatz als Massenvernichtungswaffen. Die
Bewohner mussten den Ort verlassen,
ihre Häuser wurden abgerissen und der
gesamte Norden Usedoms zum militärischen Sperrgebiet erklärt.

In kürzester Zeit entstanden unter
strengster Geheimhaltung ein Kraftwerk, Entwicklungsfabriken, eine Anlage zur Herstellung von flüssigem Sauer-
stoff, Prüfstände und Abschussrampen,
neue Hafenanlagen, ein Flugplatz, ein
Überschall-Windkanal sowie Wehr-
machtskasernen und Wohnungen für
die Wissenschaftler, Techniker und Of-
fiziere – sowie Baracken für die etwa
10.000–15.000 unter unmenschlichen
Bedingungen an der Raketenproduk-
tion beteiligten Kriegsgefangenen, KZ-
Häftlinge und sonstigen Zwangsarbeiter. Im Mai 1937 nahm die Raketenfor-
schungsabteilung der Wehrmacht unter
Walter Dornberger und *Wernher von
Braun* (→ S. 297) ihren Betrieb auf. Sie
bildeten die militärische und technische

Aggregat 4 –
als V 2 berühmt und berüchtigt

Leitung der *Heeresversuchsanstalt Peenemünde Ost*, während der Luftwaffe *Peenemünde West* unterstand – zusammen eine der größten und die modernste For-
schungseinrichtung ihrer Zeit. Die berüchtigtste Rakete, die in Peenemünde entwickelt und produziert wurde, war die sog. *Vergeltungswaffe 2 (V 2)*, die eigentlich
schlicht *Aggregat 4* hieß, aber aus propagandistischen Gründen umbenannt wurde.
Die V 2 war eine ballistische Rakete mit großer Reichweite und bis dato ungekann-
ter Flughöhe, die erste Rakete überhaupt, die an den Rand des Weltalls kratzte.

Ihren ersten militärischen Einsatz erlebte sie am 8. September 1944, als sie auf Paris abgeschossen wurde. Danach wurde sie vorrangig als Terrorwaffe gegen die britische Zivilbevölkerung eingesetzt. Die kriegsentscheidende Wunderwaffe aber wurde sie, u. a. wegen ihrer geringen Treffgenauigkeit, nicht.

Nachdem die Alliierten auf Peenemünde aufmerksam geworden waren, wurde das Areal ab 1943 wiederholt zum Ziel von Bombenangriffen. Der schwerste erfolgte in der Nacht zum 18. August 1943, als 600 Flugzeuge der Royal Air Force 1800 Tonnen Bomben über Peenemünde abwarfen: 733 Menschen starben, vor allem Kriegsgefangene, Zwangsarbeiter und KZ-Häftlinge, die Wissenschaftler blieben zum größten Teil verschont.

Auch nach Ende des Krieges wurde das Gebiet weiter militärisch genutzt. Nachdem die Sowjets gemäß dem Potsdamer Abkommen weite Teile der Heeresversuchsanstalt demontiert hatten, bezog in den 1950er-Jahren die Flotte der DDR den Hafen und die Luftstreitkräfte den Flugplatz von Peenemünde. Die meisten Gebäude des heutigen Peenemünde stammen aus dieser Zeit. Der Peenemünder Haken samt Dorf blieb Sperrgebiet bis zur Übernahme der NVA durch die Bundeswehr (1990) und der Auflösung des Marinestützpunktes (1996). Seither hat der (Tages-)Tourismus Fuß gefasst und ist nach fast fünfundsiebzigjähriger militärischer Präsenz einer der wenigen Arbeitgeber der Gegend.

Verbindungen UBB, → S. 287.

Die **Personenfähre** zum Festland legt Juli/Aug. 10–18 Uhr stündl. nach Freest ab (alle 2 Std. weiter bis Kröslin), Mai/Juni und Sept./Okt. bis 16 Uhr. Apollo Fahrgastschifffahrt, Zum Hafen 1, 17449 Peenemünde, ✆ 038371-20829, www.schifffahrt-apollo.de.

Sehenswertes

Historisch-Technisches Museum (HTM): Nach dem Ende des Krieges, der Demontage durch die Sowjets und der Auflösung des Marine- respektive NVA-Stützpunktes sind von der einstigen Heeresversuchsanstalt heute v. a. noch das Kraftwerk, der Bunker sowie die Ruine der Sauerstofffabrik erhalten. Ein Rundgang durch das Informationszentrum beginnt in der Bunkerwarte und führt über ein großes Freigelände, auf dem u. a. auch ein originalgetreues Modell der V 2 sowie ein Modell der Flügelbombe Fi 103 (V 1) mit Schleuder zu sehen sind. Im Anbau des Kraftwerks ist die gelungene und informative Ausstellung zu sehen. Als leitendes Motiv vorangestellt ist ihr der deutsche Titel von *Thomas Pynchon's* Roman *Gravity's Rainbow* (1973): *Die Enden der Parabel*. Wie in dem großen Roman steht hier die Flugbahn der V 2 symbolisch für die Spannung zwischen sensationellem technologischem Fortschritt und dem Sieg über die Schwerkraft einerseits und dem Absturz in die Barbarei durch die Produktion und den Einsatz der Massenvernichtungswaffen andererseits. Dementsprechend widmet sich die Ausstellung zunächst den Anfängen der Raumfahrt, um dann den Bogen zu schlagen zur rein militärischen Nutzung der Technologie und speziell zur Raketenforschung in Peenemünde. Schließlich informiert eine weitere Sektion über die Entwicklung der Raketenforschung nach dem Zweiten Weltkrieg. Eine neue Ausstellung ist eindrucksvoll im gewaltigen Kesselhaus, das selbst ein bedeutendes technisches Denkmal darstellt, untergebracht. Hier haben informative Schautafeln die Geschichte Peenemündes und des Kraftwerks zum Thema. Regelmäßig sind auch Sonderausstellungen zu sehen.

April bis Sept. tägl. 10–18 Uhr, Okt. bis März 10–16 Uhr (Nov. bis März Mo Ruhetag). Erw. 8 €, erm. 5 €, Familien 20 €. Sehr gut sortierter Museumsshop. Im Kraftwerk, 17449 Peenemünde, ✆ 038371-5050, www.peenemuende.de.

Die Enden der Parabel – Wernher von Braun

Genialer Forscher oder gewissenloser Karrierist? Oder beides? Bis heute tun sich die Forschung und eine interessierte Öffentlichkeit schwer, Leben und Werk *Wernher von Brauns* zu verorten. Die von ihm entwickelte Rakete *Aggregat 4* besiegte die Schwerkraft, flog eine perfekte Parabel und reichte als erste an den Weltraum heran. Doch nicht nur bei den Einschlägen (z. B. in London) starben Tausende von Menschen, sondern auch während der Produktion der vermeintlichen Wunderwaffe, deren Konstruktion später dazu beitragen sollte, den ersten Menschen auf den Mond zu transportieren.

Wernher Magnus Maximilian von Braun, geboren am 23. März 1912 bei Posen, hatte sich schon früh mit dem Raketenfieber infiziert. Bereits mit 15 entwarf er die detaillierte Skizze eines bemannten Raumschiffes, mit 20 wurde er ziviler Angestellter des Heereswaffenamtes, mit 25 stand er der *Heeresversuchsanstalt Peenemünde* als technischer Direktor vor (ab 1937). Im gleichen Jahr trat von Braun in die NSDAP ein, ab 1940 war er SS-Offizier. 1942 gelang in Peenemünde der erste Start der unter seiner Regie entwickelten A-4-Rakete. Wenige Monate später war von Braun maßgeblich daran beteiligt, Hitler von der A-4, die bald V 2 („Vergeltungswaffe") heißen sollte, zu überzeugen. Das Forschungsprogramm erhielt höchste Priorität, die V 2 war auserkoren, die Kriegswende einzuleiten. Um die Arbeit voranzutreiben, wurde das *KZ Peenemünde* eingerichtet. Nach Bombenangriffen der Alliierten musste die Produktion 1943 in einen unterirdischen Stollen bei Nordhausen im Harz verlegt werden, wo das berüchtigte *KZ Dora*, später *Mittelbau*, entstand. Um die Massenvernichtungswaffen in Serie herstellen zu können, arbeiteten Tausende von KZ-Häftlingen, Kriegsgefangenen und sonstigen Zwangsarbeitern unter unmenschlichen Bedingungen, viele verloren dabei ihr Leben. Dass von Braun von den barbarischen Praktiken während des Baus seiner Raketen nichts gewusst haben soll, ist nicht nur unglaubwürdig, sondern nachweislich falsch. Dass er nicht zur Verantwortung gezogen wurde, verdankte er den Amerikanern.

Nach Kriegsende traten von Braun und ein Großteil der wissenschaftlichen Mannschaft aus Peenemünde in die Dienste der US-Armee ein, die bereits mehrere V-2-Raketen erbeutet hatte. Nach zwei verlorenen Kriegen, sollte von Braun später sagen, wolle er nun auf der Seite der Sieger stehen. Seine Karriere in Amerika knüpfte nahtlos an seine alte an – bald war er wieder technischer Direktor eines Raketenforschungszentrums. Seinem Traum von der Erforschung des Weltalls hingegen kam er erst mit dem Sputnik-Schock näher. Denn nicht nur die Amerikaner hatten sich in Peenemünde an Mensch und Material bedient, sondern auch die Sowjets, denen es mit einer Weiterentwicklung der V 2 1957 gelungen war, den ersten Satelliten ins All zu schießen. Damit war von Braun wieder im Rennen. Nur wenige Monate später gelang es ihm, den ersten amerikanischen Satelliten, den *Explorer 1*, ins All zu befördern. Im Auftrag der NASA entwickelte er Trägerraketen für das forcierte Weltraumprogramm der USA. Die *Saturn-V-Rakete*, von Brauns größter Triumph, beförderte schließlich das Raumschiff *Apollo 11* in den Weltraum und mit ihm die Astronauten *Neil Armstrong* und *Edwin Aldrin* als erste Menschen auf den Mond. Von Braun hatte eines seiner Lebensziele erreicht. Sein darauf aufbauendes Projekt aber, der bemannte Flug zum Mars, wurde bis heute nicht in Angriff genommen. Am 16. Juni 1977 starb Wernher von Braun in den USA.

Phänomenta: Physik zum Anfassen und Ausprobieren. Anhand diverser Versuchsanordnungen werden physikalische Phänomene anschaulich gemacht. Wie man mit ein wenig Muskelkraft einen Trabi hochheben kann; wie man mit einem Trommelschlag aus 2 m Entfernung eine Kerze zum Erlöschen bringt; wie man mit seinen Fingern Blitze schleudern kann und vieles mehr. Insgesamt mehr als 250 Experimente und Ausstellungsstücke erwarten den Besucher.

Mitte März bis Ende Okt. (sowie zum Jahreswechsel) tägl. 10–18 Uhr. Erw. 8,50 €, erm. 7,50 €, Kinder bis 18 J. 6,50 €. Museumsstr. 12, ☎ 038371-26066, www.phaenomenta-peenemuende.de.

Maritim Museum (U 461): Das (nach eigenen Angaben) größte U-Boot-Museum der Welt liegt im Hafen von Peenemünde vor Anker. Das Unterseeboot der Juliett-Klasse war 1962 vom Stapel gelaufen und stand bis 1993 als Teil der 58. U-Boot-Brigade in sowjetischen Diensten. Nur das obere Deck ist zugänglich: Man zwängt sich durch den knapp 86 m langen U-Boot-Schlauch und gelangt dabei durch Torpedoraum, Mannschafts- und Offiziersquartiere (luxuriös die Kabine des Kapitäns), Kontrollzentrale und Navigationsraum sowie Kombüse und Maschinenraum.

Ganzjährig tägl. geöffnet, Juli bis Mitte Sept. 9–19 Uhr, Mitte Sept. bis Mitte Okt. und Mai bis Juni 10–18 Uhr, Mitte Okt. bis April 10–15 Uhr. Erw. 7 €, Familien 14–15 €. ☎ 038371-89054, www.u-461.de.

Die Inselmitte

Usedoms Landenge: auf der einen Seite das vom offenen Meer abgeschnittene und teils von einem recht breiten Schilfgürtel flankierte Achterwasser, auf der anderen die Ostsee mit weiten Sandstränden und Dünen und dahinter liegendem Waldstreifen. Die beiden schönsten Orte auf dem schmalen Landstreifen sind das Seebad Koserow mit dem knapp 60 m hohen Streckelsberg und die Doppelortschaft Loddin-Kölpinsee mit Hafen am Achterwasser und kleinem Seebad am Meer.

Inspiration im Inselidyll: Lüttenort

Lüttenort/Damerow

Die Taille Usedoms, von einem schmalen Wasserarm namens Riek so ordentlich eingeschnürt, dass zwischen dem Achterwasser und der Pommerschen Bucht gerade noch 300 m flaches Land der Ostsee trotzen. Früher gab es hier ein kleines Fischerdorf namens *Damerow,* das von der verheerenden Sturmflut 1872 (→ S. 37) nahezu völlig zerstört und von seinen Bewohnern schließlich aufgegeben wurde. Heute erinnert nur noch das hübsch am Waldrand gelegene alte *Forsthaus Damerow* (heute Hotel) an die untergegangene Ansiedlung. *Lüttenort* hingegen ist keine Ortschaft, sondern war Wohnhaus und Atelier des Malers *Otto Niemeyer-Holstein* (1896–1984). Direkt an der schmalsten Stelle Usedoms gelegen, verdankt das Anwesen seinen Namen dem Segelboot des Künstlers, dem „Lütten", mit dem Niemeyer-Holstein bereits in den 1930er-Jahren über das Achterwasser gekreuzt war.

Otto Niemeyer-Holstein (1896–1984)

Zur Malerei kam der gebürtige Kieler Otto Niemeyer (den Namenszusatz Holstein legte er sich 1917 auf Anraten eines Künstlerfreundes zu) durch den Krieg, genauer gesagt durch eine schwere Verwundung, die er sich 1915 als Kriegsfreiwilliger im Ersten Weltkrieg zuzog. Bei einem Erholungsaufenthalt in der Schweiz griff er 1917 erstmals zum Pinsel, und bereits 1918 begab sich Niemeyer-Holstein nach Ascona, seinerzeit ein bedeutendes kulturelles Zentrum, wo er nicht nur Bekanntschaft mit Alexej von Jawlensky und Arthur Segal machte, sondern wo ihm schon 1919 auch eine erste eigene Ausstellung ermöglicht wurde.

Es folgten weitere Reisen, u. a. nach Paris und Florenz, und weitere Ausstellungen. 1925 ließ sich die Familie Niemeyer-Holstein zunächst in Berlin nieder, 1933 dann an der Landenge zwischen Koserow und Zempin, dem *Lüttenort.* Während der Zeit des Nationalsozialismus lebte Otto Niemeyer-Holstein zurückgezogen hier auf der Insel in seinem Lüttenort, wo ab 1942 auch die jüdische Schwiegermutter des Künstlers versteckt gehalten wurde. Die künstlerische Laufbahn Niemeyer-Holsteins war unterdessen durch das NS-Regime unterbrochen, ab 1943 wurde der Maler zum Dienst bei der Reichsbahn auf Usedom verpflichtet.

Nach Kriegsende verlief die Karriere Niemeyer-Holsteins zunächst schleppend. Zwar konnte er seinen Beruf wieder frei ausüben, musste sich aber mit Nebenerwerbstätigkeiten über Wasser halten – u. a. mit Ausflugsfahrten auf seinem Segelschiff *Orion.* Diverse Ausstellungen im In- und Ausland brachten ab Ende der 1950er Jahre endlich ein größeres Renommee. 1961 wurde Niemeyer-Holstein eine große Ausstellung in der Berliner Nationalgalerie ermöglicht, 1964 erkannte man ihm den Professorentitel zu, später wurde er Präsident der Ostsee-Biennale und sammelte in den 1960er Jahren neue Inspirationen bei Reisen u. a. nach China und nach Usbekistan. Der SED-Parteiprominenz war Niemeyer-Holstein allerdings bald ein Dorn im Auge, die Staatssicherheit observierte ihn, und 1969 wurde der Künstler von seiner Position als Biennale-Präsident zum funktionslosen Ehrenpräsidenten weggelobt. Am 20. Februar 1984 starb Otto Niemeyer-Holstein in Lüttenort. Sein Grab befindet sich auf dem Friedhof in Benz.

→ Karte S. 288/289 Usedom

Heute kann man sich im Museum **Atelier Otto Niemeyer-Holstein**, das das ehemalige Wohnhaus und Atelier sowie den Ausstellungsraum Neue Galerie umfasst, einen guten Einblick in das Leben und das stark von der Küste und Landschaft Usedoms inspirierte Werk des Künstlers verschaffen. Malerisch ist auch der das Anwesen umgebende Skulpturengarten mit Werken von Freunden und Kollegen Niemeyer-Holsteins.

Öffnungszeiten Mitte April bis Mitte Okt. tägl. 10–18 Uhr, Mitte Okt. bis Mitte April nur Mi/Do, Sa/So 10–16 Uhr. Eintritt 4 €, erm. 2 €, nur Garten 1,50 €. Führungen durch Wohnhaus und Atelier tägl. 11, 12, 14 und 15 Uhr (Letztere nur im Sommer), Dauer ca. 1 Std., max. 15 Pers., Erw. 7 €, erm. 3,50 € (Gartenführung Do 16 Uhr, 5 €). ✆ 038375-20213 oder 22004, www.atelier-otto-niemeyer-holstein.de.

Übernachten/Essen Forsthaus Damerow/Hotel Vineta, in Alleinlage am Waldrand (direkt bei der Landenge). Hübscher Wintergarten, tagsüber Lobby, abends Cocktailbar, Restaurant im Forsthausstil, mittlere bis gehobene Preisklasse. Wellnessbereich mit Hallenschwimmbad und Sauna, außerdem Tennisplatz, Kanuverleih am Achterwasser und Fahrradverleih, geführte Touren usw. EZ 81 €, DZ ab 139 €, Appartement für 3–4 Pers. 185–232 €, jeweils inkl. Frühstück. 17459 Koserow/Damerow, ✆ 038375-560, www.urlaub-auf-usedom.de.

Geänderte Anfahrt: Mit dem Pkw erreicht man den Lüttenort von Zempin aus (Ortsmitte), zum Forsthaus führt beim Kreisverkehr in Koserow die Straße über die Bahngleise.

Koserow

ca. 1700 Einwohner

Das größte Seebad der Inselmitte nimmt fast die gesamte Breite der Landenge ein und liegt am Fuß einer für Usedom beträchtlichen Erhebung. Der fast 60 m hohe Streckelsberg mit seinem schönen Mischwald bricht zur Ostsee hin an einer imposanten Steilküste ab.

Nur die B 111 und ein schmaler Streifen Wiese trennen den alten Ortskern Koserows vom Achterwasser, während die Häuser an der Seeseite teils nahe an die Steilküste rücken. Von der Hauptstraße gehen die kleinen, teils ungepflasterten

Die Bernsteinhexe

Unter dem Chorgestühl der kleinen Dorfkirche von Koserow will der ehemalige Pfarrer Johann Wilhelm Meinhold Mitte des 19. Jh. einen spektakulären Fund gemacht haben: Die Chronik eines erschütternden Hexenprozesses, geschrieben zur Zeit des Dreißigjährigen Krieges von dem damaligen Pfarrer von Koserow. Dessen eigene Tochter Maria Schweidler findet einen Bernsteinschatz, der die dringendste Not zwar lindert, aber auch ein missgünstiges Komplott auf den Plan ruft. Maria wird als Hexe denunziert, ihr wird der Prozess gemacht. Unter der Folter gesteht sie, entgeht aber im letzten Moment dem Scheiterhaufen.

Eine literarische Sensation! Und ein Schwindel. Der 1797 auf der Halbinsel Gnitz geborene Meinold, der als „Herausgeber" des aufsehenerregenden Buches fungierte, war zwar tatsächlich Pfarrer von Koserow gewesen, aber eben auch der durchaus geschickte Autor des vermeintlich authentischen Berichtes.

Bei den Salzhütten von Koserow

Seitenstraßen ab, die sich bis an den Strand mit Seebrücke und zum **Streckelsberg** hin erstrecken, um den sich übrigens allerlei Sagenhaftes rankt: Das prächtige *Vineta* soll hier aufgeblüht und untergegangen sein (→ S. 32) und auch der legendäre Freibeuter *Klaus Störtebeker* soll sich hier vor seinen hanseatischen Häschern versteckt haben.

Beim Zugang zum Hauptstrand im lichten Waldstreifen befinden sich die **Salzhütten** von Koserow, in denen die Fischer einst ihren Fang, vornehmlich Heringe, einlegten und haltbar machten. Bei den viel besuchten Wahrzeichen des Seebads handelt es sich allerdings um Rekonstruktionen, die Originale aus der Zeit um 1820 fielen der Sturmflut von 1872 zum Opfer. Zweite Sehenswürdigkeit des Ortes ist die aus dem 13. Jh. stammende **Feldsteinkirche** im alten Ortskern.

Kirche Koserow: Juni bis Sept. Mo–Fr 9–12 Uhr geöffnet, Führung Do 11 Uhr.

Information Kurverwaltung Koserow, Mai bis Sept. Mo–Fr 9–18 Uhr, Sa 9–12 Uhr (Juli/Aug. auch So); April und Okt. Mo–Fr 9–16 Uhr, Sa 9–12 Uhr; Nov. bis März nur Mo–Fr 9–12.30 und 13–16 Uhr. Hauptstr. 31, 17459 Koserow, ✆ 038375-20415, www.see bad-koserow.de.

Essen & Trinken Koserower Salzhütte, beliebtes Fischrestaurant, urig und eng, oft bis auf den letzten Platz besetzt, Biergarten davor. Mit eigener Räucherei und Verkauf. Di–So 12–20 Uhr geöffnet, Mo Ruhetag, im Winter eingeschränkt. An der Seebrücke, ✆ 03875-20680, www.koserower-salzhuette.de.

Verbindungen UBB, → S. 287.

Loddin-Kölpinsee

ca. 800 Einwohner

Drei Gewässer prägen Loddin-Kölpinsee: die Ostsee auf der einen, das Achterwasser auf der anderen Seite und dazwischen ein bei Touristen und Schwänen beliebter Binnensee. Ein idyllischer Weg führt um den von Schilf und Wald umrahmten Kölpinsee herum. Die kleine zersiedelte Gemeinde besteht außerdem aus dem winzigen

→ Karte S. 288/289 Usedom

Ortsteil *Stubbenfelde* und dem Haupt der Gemeinde, dem am Achterwasser gelegenen Ort *Loddin*. Letzterer befindet sich oberhalb des *Loddiner Höft*, einer Halbinsel, die ins Achterwasser ragt. Ein einladender Spaziergang verspricht hübsche Ausblicke über das Binnengewässer.

Information   Kurverwaltung Loddin, im Haus des Gastes an der B 111, Ecke Strandstraße. Mai bis Sept. Mo–Fr 9–18 Uhr, Sa 9–12 Uhr (Juli/Aug. auch So); Okt. bis Mai Mo–Fr 9–16 Uhr (Di bis 18 Uhr). Strandstr. 23, 17459 Loddin, ✆ 038375-22780, www.seebad-loddin.de.

Verbindungen   UBB, → S. 287.

Baden   Herrlicher Sandstrand (am Hauptstrandzugang überwacht), nach Koserow hin unterhalb einer Steilküste, dort auch Hundestrand. Ein weiterer Hundestrand befindet sich auf Höhe des Campingplatzes Stubbenfelde.

Fahrradverleih   U. a. bei **Fam. Hengstler**, auch Strandkorbverleih, Strandstr. 34 und am Strand, ✆ 038375-21167.

Übernachten/Essen   Strandhotel Seerose, großes, modernes Haus mit über 100 Zimmern nahe am Strand. Wellness- und Beauty-Angebot, Badelandschaft mit Hallenbad, Sauna und Dampfbad. Restaurant und Bistro mit nettem Biergarten. EZ ab 88 €, DZ 170–196 €, Suite ab 250 €, jeweils mit Frühstück. Strandstr. 1, 17459 Loddin-Kölpinsee, ✆ 038375-540, www.strandhotel-seerose.de.

»» Unser Tipp: Waterblick, sehr gutes Fischrestaurant am südlichen Ende von Loddin (Richtung Loddiner Höft), eine Institution. Herrlicher Blick über das Achterwasser. Maritim eingerichtete Gaststube, auf der Karte findet sich natürlich vor allem Fisch aus den heimischen Gewässern. Köstlicher Klassiker: die Loddiner Fischsuppe. Hauptgericht ab 15 €. Für abends besser reservieren. Tägl. ab 11.30 Uhr geöffnet (Mi Ruhetag), durchgehend warme Küche, mit angeschlossenem Delikatessenladen *Anna & Paul*. Am Mühlenberg 5, 17459 Loddin, ✆ 038375-20294, www.waterblick.de. **«**

»» Lesertipp: „Das **Bricklebrit** in Loddin hat ebenfalls den angesagten Achterwassersonnenuntergangsblick und gute Fischgerichte. Im Ort nicht zu verfehlen." Mit Terrasse, tägl. mittags und abends geöffnet, im Winter Mo/Di Ruhetag. Am Achterwasser 10, ✆ 038375-20280, www.bricklebrit.info. **«**

Camping   Campingplatz Stubbenfelde, großer, gut ausgestatteter Waldcamping, südöstlich des Kölpinsees gelegen. Kleiner Laden, Restaurant, Saunalandschaft, Fahrradverleih. Stellplatz (inkl. 2 Pers.) je nach Größe 29–39 €, unparzelliert ab 23 €. Auch Ferien- und Blockhäuser (ab 75 € für 3 Pers. bis 140 € für 7 Pers.) sowie Pensionszimmer. Geöffnet April bis Okt. Waldstr. 12, 17459 Loddin-Kölpinsee/Stubbenfelde, ✆ 038375-20606, www.stubbenfelde.de.

Überitz

ca. 1000 Einwohner

Freundliches, kleines Seebad ohne Ostseeblick auf der meerabgewandten Seite der Landenge. Lediglich ein kleiner Ortsableger samt Restaurant und Campingplatz verfügt über unmittelbare Strandnähe.

Vom langen Sandstrand wird der eigentliche Ort durch einen schmalen Waldstreifen getrennt, in südöstlicher Richtung und zum Kölpinsee hin erstrecken sich weitere Waldgebiete. In der DDR breitete sich hier der mit 8 km längste Campingplatz Europas aus, eine im Wald verborgene Zeltstadt, die jeden Sommer von Tausenden Urlaubern bevölkert wurde. Noch immer gibt es diesen lang gestreckten Campingplatz hinter den Dünen, nur deutlich verkleinert und modernisiert. Hübsche moderne Holzhäuser, in denen Ferienwohnungen, Cafés, Imbissbuden und Souvenirläden untergebracht sind, schmücken den Zugang zum Hauptstrand. Der Ort Überitz ist dagegen eher beschaulich und ruhig. Er erstreckt sich beidseitig der B 111 und ist auf der strandzugewandten Seite überwiegend von nüchternen Neubauten geprägt. Auf der Boddenseite befindet sich der ältere, durchaus charmante Ortskern. Recht hübsch ist der kleine **Hafen**, bei dem sich eine Surfschule und Cafés befinden.

Information   Kurverwaltung Ückeritz, freundlich und hilfsbereit. Juni bis Sept. Mo–Fr 9–18 Uhr, Sa 9–17 Uhr (Juli/Aug. auch So 9–12 Uhr; März bis Mai und Okt. Mo–Fr 9–16 Uhr, Nov. bis Febr. Mo–Fr 10–15 Uhr (Mi ganzjährig nur bis 12 Uhr!). Bäderstr. 5, 17459 Ückeritz, ☎ 038375-2520, www.ueckeritz.de.

Verbindungen UBB, → S. 287.

Baden   Da Ückeritz auf der meerabgewandten Seite der Landenge liegt, muss man auf dem Weg zum herrlichen, feinsandigen, flach ins Meer abfallenden Strand erst den Waldstreifen durchqueren. Überwacht auf Höhe des Hauptstrandzugangs, Hundestrand 300 m Richtung Kölpinsee, 200 m weiter FKK-Strand. Außerdem erstrecken sich mehrere ausgewiesene Hundestrand- und FKK-Bereiche entlang des Campingplatzes.

Fahrradverleih   Awe, an der Strandpromenade und in der Hauptstraße im Ort. Rad ab 7 €/Tag. Strandpromenade, ☎ 0172-5616598.

Wassersport   Windsport Usedom, großes Angebot, Segeln, Wind- und Kitesurfen. Außerdem Bootsverleih. Direkt beim Hafen am Achterwasser, mit *Café Knatter*, auch Pension. Hauptstr. 36, ☎ 038375-20641, www.kitesurfusedom.de.

Übernachten   Pension/Café Knatter, beliebte Pension samt Restaurant/Café am Hafen. Gehört zur Segel- und Surfschule *Windsport Usedom*. Restaurant Mo–Fr ab 14 Uhr, Sa/So ab 12 Uhr geöffnet, Hauptgerichte um 13 €. DZ mit Frühstück 109–112 €. Hauptstr. 36, 17459 Ückeritz, ☎ 038375-22966, www.cafe-knatter.de.

Pension Achteridyll, sehr freundliche, ruhig gelegene Frühstückspension mit elf geräumigen Zimmern, darunter auch barrierefreie, überwiegend Achterwasserblick. DZ 88–103 €. Fischerstr. 15a, 17459 Ückeritz, ☎ 038375-24333, www.achteridyll.de.

Camping   Naturcamping Am Strand, traditionsreicher Zeltplatz, etwa 700 Stellplätze auf einem schmalen Streifen hinter den Dünen von über 4 km Länge. Fahrradverleih, zwei Läden und Gaststätten, neue bzw. renovierte Sanitäreinrichtungen. Geöffnet April bis Okt. Stellplatz und 2 Pers. 18–24,50 €, auch Bungalows (ab 45 €). Auf dem Campingplatz 1, 17459 Ückeritz, ☎ 038375-20923 (Rezeption; im Winter über die Kurverwaltung ☎ 038375-2520), www.campingplatz-ueckeritz.de.

Essen & Trinken   Restaurant/Strandcafé Utkiek, sehr beliebtes Lokal in schöner Lage über dem Strand, große Terrasse mit herrlichem Ausblick, auf der Speisekarte vor allem Fisch, auch Kaffee und Kuchen. Ganzjährig durchgehend geöffnet, kein Ruhetag. Beim Hauptstrandzugang links auf den Dünen. ☎ 038375-20408.

↓ Karte S. 288/289

Usedom

Südlich von Ückeritz

Usedomer Gesteinsgarten: Hinter dem schön und einsam am Waldrand gelegenen Forsthaus *Neu Pudagla* ist eine gewichtige Ausstellung zu bestaunen. In dem schön angelegten Garten sind etwa 140 teilweise recht massige Findlinge zu einer Gesteinssammlung zusammengetragen worden. Im Gehöft um das Forsthaus ist zudem eine kleine naturkundliche Ausstellung untergebracht.

Waldkabinett: tägl. 8–18 Uhr. Eintritt frei.

Kletterwald Usedom: Jüngste Attraktion Usedoms ist der schöne Kletterwald unweit des Forsthauses *Neu Pudagla*. Neben den Einweisungsstrecken warten sechs Kletterparcours unterschiedlicher Schwierigkeitsgrade und Höhen (von einem bis zu 13 m) darauf, erklommen und gemeistert zu werden.

Juli/Aug. tägl. 9.30–19 Uhr, Mai/Juni und Sept. Di–So 10–18 Uhr, April und Okt. Di–So 10–17 Uhr. Ticketverkauf bis 2 Std. vor Schließung. Erw. 18 €, erm. 10–13 €, auch Familientickets. Nutzungsdauer 2 Std. Am Forstamt Neu Pudagla, 17459 Ückeritz, ☎ 038375-22677 oder 0160-90361641 (mobil), www.kletterwald-usedom.de.

Am Strand vor Ahlbecks prächtiger Seebrücke

Die drei Kaiserbäder

Usedoms Aushängeschild – über zwölf Kilometer erstreckt sich der flach abfallende, schneeweiße Strand entlang der drei Kaiserbäder Ahlbeck, Heringsdorf und Bansin, die durch eine 8 km lange Flanierpromenade miteinander verbunden sind.

Ohnehin sind die ehemaligen Fischerdörfer – einst kaum mehr als ein paar Katen – mittlerweile fast zu einem einzigen Ort zusammengewachsen, was sich in der bisweilen gebrauchten Bezeichnung *Dreikaiserbäder* auch sprachlich niederschlägt. Wer die Promenade entlanggeht, stößt in allen drei Seebädern auf prestigereiche Villen, die dem mondänsten der drei Orte, Heringsdorf, schon früh den Beinamen „Nizza des Ostens" eingebracht haben. Das Markenzeichen „Kaiserbäder" hat sich dagegen erst in wilhelminischer Zeit entwickelt, als der Bädertourismus seinem ersten Höhepunkt entgegensteuerte. Als letzter Beiname sei noch „Badewanne Berlins" erwähnt, eine Bezeichnung, die im letzten Viertel des 19. Jh. entstand, als der Ausbau des Bahnnetzes dafür sorgte, dass Badegäste aus der Hauptstadt nur noch gut drei Stunden brauchten, um die hiesigen Badefreuden genießen zu können, und entsprechend zahlreich anreisten.

Ahlbeck
ca. 3400 Einwohner

Eines der bekanntesten deutschen Ostseebäder und Usedoms Aushängeschild. Ähnlich exklusiv wie das benachbarte Heringsdorf, trumpft Ahlbeck zusätzlich noch mit der schönsten Seebrücke der gesamten Ostseeküste auf.

Das sorgfältig restaurierte Bauwerk und Wahrzeichen des Ortes ist wohl das meistfotografierte Motiv Usedoms. Feierlich eingeweiht wurde die **Seebrücke** des Ostseebades bereits 1898, nach der Zerstörung durch die Last gewaltiger Eismassen im Winter 1940/1941 ließ die Rekonstruktion nach historischem Vorbild aber bis 1994 auf sich warten. Das Gebäude auf der Plattform aus den 1930er-

Jahren blieb allerdings erhalten und diente schon in der DDR als Restaurant. Die schmiedeeiserne Jugendstiluhr vor der Seebrücke wurde 1911 von einem vermögenden Badegast gestiftet.

Um den Seebrückenplatz spielt sich das Leben von Ahlbeck ab, hier und an der endlosen Strandpromenade Richtung Heringsdorf reihen sich die Hotels und Restaurants fast nahtlos aneinander. In zweiter Reihe wird es etwas ruhiger. Zwar sind auch hier am Hügel noch immer viele ansehnliche Villen im Bäderstil zu finden, aber von den touristischen Hauptrouten werden sie kaum berührt. Ein netter Spaziergang führt von der Strandpromenade über die Bismarckstraße hinauf zur villengeschmückten Kaiserstraße, an deren Ende sich die **Ahlbecker Backsteinkirche** im neugotischen Stil aus dem Jahr 1895 befindet. Wichtigste Einkaufsstraße in zweiter Reihe ist die Seestraße. Hier und in den umliegenden kleinen Sträßchen findet man noch am ehesten ein Stück „normales" Ahlbeck ohne aufwendig und kostspielig renovierte Bädervillen, die fast ausnahmslos als Nobelappartements für betuchte Badegäste hergerichtet wurden.

Basis-Infos

Information Touristinformation, an der Seebrücke. April bis Okt. Mo–Fr 9–18 Uhr, Sa/So 10–15 Uhr, Nov. bis März Mo–Fr 9–16 Uhr, Sa 10–15 Uhr, So 10–12 Uhr. Dünenstr. 45, 17419 Ahlbeck, ✆ 038378-499350, www.kaiserbaeder-auf-usedom.de.

Verbindungen UBB, → S. 287.

Bus: Mit der **Linie 201 A** mehrmals tägl. über Stolpe nach Usedom-Stadt. Die **Linie 286** fährt werktags 5-mal tägl. nach Garz und Kamminke und weiter (als **285**, **284** und **287**) die Haffküste entlang bis Usedom/Stadt und Karnim. In anderer Richtung fährt die **286** nach Heringsdorf, dann weiter als **281** nach Mellenthin, schließlich als **283** über den Lieper Winkel. Die **Europa-Linie 290/291** verkehrt zwischen 9 und 17 Uhr etwa stündlich auf der Strecke Bansin–Heringsdorf–Ahlbeck (Grenze). Genaue Fahrpläne unter: www.ubb-online.com.

Schiff: Mit den **Personenfähren** der *Adler-Reederei* während der Saison tägl. über Heringsdorf und Bansin nach Swinemünde. Tickets bei Uhrturm an der Seebrücke. Ende März bis ca. 20. Okt. ✆ 01805-123344, www.adler-schiffe.de.

Baden Endloser, feiner Sandstrand, die Wasserqualität mit der **Blauen Flagge** geadelt, Dünen schützen vor neugierigen Blicken. Rund um die Seebrücke diverse Strandkorbvermietungen und ein Bootsverleih. Von der Reha-Klinik in Richtung Swinemünde folgen ein unbewachter FKK-Abschnitt und ein Hundestrand.

Fahrradverleih Diverse Verleiher im Ort, Tourenrad ab 5 €/Tag, i. d. R. im Sommer tägl. 9–18 Uhr geöffnet.

↓ Karte S. 288/289

Usedom

Übernachten/Essen & Trinken   → Karte S. 306/307

Übernachten ***** **Ahlbecker Hof** 🔢, traditionsreiches Haus (1890) an der Strandpromenade, sorgfältig ausgewählte Einrichtung, nostalgisch und stilvoll, Kaminzimmer und Bibliothek. Vier Restaurants, darunter das Gourmet-Restaurant *Blauer Salon* (nur abends, Mo/So Ruhetag, Reservierung erforderlich), Wellnessbereich. 91 Zimmer und Suiten in historischem Ambiente, DZ mit Frühstück ab 188 €. Dünenstr. 47, 17419 Ahlbeck, ✆ 038378-620, www.seetel.de.

Pension Carlsburg 🔢, Empfehlung in zweiter Reihe: gepflegte, schneeweiße Villa, komfortable Zimmer, außerdem einige Appartements und zwei Ferienwohnungen, alles durchaus bezahlbar: EZ 45–60 €, DZ 87–100 €, Frühstück inkl. Appartement/Ferienwohnung 70–100 €. Geöffnet April bis Okt. Stresemannstr. 2, 17419 Ahlbeck, ✆ 038378-22570, www.pension-carlsburg-usedom.de.

»» Lesertipp: Villa **Seeschlößchen** 🔢, freundliches, kleines Hotel: „Der Service ist

Essen & Trinken

E		
1	Rest. Seebrücke	19 Usedomer Brauhaus
3	O'Room	20 Ingelotte
4	Bernstein	21 Kaiserseck
7	Lutter & Wegner	22 Fisch Domke
9	Essbar	23 Fischkopp
11	Weinbar	24 Carl's Kneipe
13	Auszeit	26 Schloon-Idyll

Cafés
6 Café Asgard
8 Eis-Villa Ste...

Nachtleben
5 Atlantic Pub...

sehr herzlich, die Zimmer sind hell und freundlich, die Lage ist ruhig und doch zentral am autofreien Ende der Promenade. Empfehlenswert sind die Zimmer mit Meerblick." EZ ca. 100 €, DZ ab 130 €, jeweils mit Frühstück, kostenloser Parkplatz. Dünenstr. 17, 17419 Ahlbeck, ☎ 038378-32389, www.villa-seeschloesschen.de. «

Essen & Trinken Carl's Kneipe 24, dem Namen zum Trotz ein sehr beliebtes Restaurant abseits des Promenadenrummels (von der Seestraße etwas zurückgesetzt).

Viel Fisch (fangfrisch, versteht sich), auch Tagesangebote, Hauptgericht ab 15 €, günstige Kindergerichte. Tägl. ab 17 Uhr geöffnet, Mi Ruhetag, zur Saison auch Fr–So ab 11 Uhr. Seestraße 6b, ☎ 038378-30437.

» **Lesertipp:** Kaiserseck 21, Leser schrieben begeistert von diesem „kleinen, feinen Restaurant", das sich vis-à-vis der Ahlbecker Kirche befindet. Sehr gute, regionale Küche, 3-Gang-Menü 34 € bis 5-Gang-Menü 51 €, auch à la carte. Reservierung unbedingt ratsam. Tägl. ab 17 Uhr geöffnet,

Die drei Kaiserbäder

250 m

Di Ruhetag. Kaiserstr. 1, ☎ 038378-30058, www.kaiserseck.de. «

Restaurant-Café Seebrücke 1, das Besondere ist natürlich die herrliche Lage auf der Seebrücke, von der schattigen Terrasse bietet sich ein endloser Strandblick bis nach Heringsdorf. Gutbürgerliche Küche. Ab 18 Uhr werden in der Bar „Kogge" Aperitifs und Cocktails kredenzt. Restaurant tägl. ab 11 Uhr. ☎ 038378-28320, www.seebruecke-ahlbeck.de.

Fisch Domke 22, zunächst ein Fischladen mit großer Auswahl an fangfrischem und geräuchertem (Ostsee-)Fisch. Daneben aber auch ein Fischrestaurant, das – nimmt man die Selbstbedienung in Kauf – köstliche Fischgerichte günstig auf den Teller bringt! Für das gemütliche Abendessen zu zweit stehen vor der Tür ein paar Strandkörbe, geselliger geht es hinter dem Haus im Biergarten zu. Seestr. 24, ☎ 03878-801750, www.fischdomke.de.

Weinbar **11**, das kleine Café/Restaurant links neben der Kurverwaltung gehört zum Weinladen am Anfang der Seestraße. Neben guten Weinen (guter Musik und guten Whiskys) gibt es auch kleine Speisen wie italienische Antipasti und Quiche sowie Kuchen und Schokoladenspezialitäten zum Kaffee. Sitzplätze auch draußen. Zur Saison 10–22 Uhr geöffnet (in der Nebensaison eingeschränkt). Dünenstr. 45, ☎ 038378-470670.

Heringsdorf
ca. 4000 Einwohner

Das größte, mondänste und berühmteste der drei Kaiserbäder. Und dank bestem Klima und Jodsole-Quelle darüber hinaus ein bedeutender Kurort mit entsprechend großem Angebot.

An der Promenade reihen sich die prachtvollen Bädervillen aneinander, alle sorgsam restauriert und von parkähnlichen Gärten umgeben. Noch heute kann man hier als Badegast nobel Quartier beziehen. In zweiter Reihe wird man jedoch nicht ganz so verwöhnt mit optischen Eindrücken: Den zentralen Platz des Friedens zieren das modern-funktionale *Forum Usedom* und das Doppelhochhaus mit Kurhotel und Kurklinik, dazwischen klemmt sich ein nicht minder nüchterner Flachbau. Auch die moderne Seebrücke aus dem Jahr 1995 weckt nicht unbedingt nostalgische Gefühle, wer darin schwelgen möchte, sollte sich doch lieber in die Gegend um die noble Delbrückstraße mit ihren imposanten Villen begeben. Anfang des 20. Jh. gaben sich hier die prominenten Badegäste aus der nahen Hauptstadt quasi die Klinke in die Hand: Walzerkönig *Johann Strauss* logierte bereits 1889 in der *Villa Ada*, der Maler und Grafiker *Lyonel Feininger* machte zwischen 1908 und 1912 mehrfach Urlaub in der *Villa Oppenheim*, *Kurt Tucholsky* war 1920 und 1921 in Heringsdorf Sommergast und *Heinrich Mann* quartierte sich nebst Familie 1923 im *Heringsdorfer Strandhotel* ein.

In der Kulmstraße

Einem weiteren berühmten Gast des Seebades ist sogar eine Gedenkstätte gewidmet: *Maxim Gorki*, russischer Schriftsteller und enger Weggefährte Lenins. Von Mai bis September 1922 weilte er zur Kur in Heringsdorf und es heißt, Lenin selbst habe ihm geraten, an die See zu reisen, um dort seine Tuberkulose behandeln zu lassen. Tatsächlich waren es wohl die schon länger schwelenden ideologischen Auseinandersetzungen, die Lenin auf die Idee gebracht hatten, seinen Mitstreiter auf diese elegante Weise loszuwerden. Gewohnt hat Gorki in der neoklassizistischen *Villa Irmgard* aus dem Jahr 1906, in der heute ein Museum eingerichtet ist. Im Erdgeschoss sind Salon, Arbeits- und Schlafzimmer Gorkis noch im originalgetreuen Stil erhalten, zahlreiche Zeitdokumente runden das Bild ab. Sehenswert ist das *Arabische Zimmer*, der Salon zur Straße hin. Dazu werden wechselnde Ausstellungen gezeigt. In der Villa finden auch Lesungen, Vorträge und andere kulturelle Veranstaltungen statt.

Mai bis Sept. Di–So 12–18 Uhr, Okt. bis April Di–So 12–16 Uhr. Erw. 4 €, erm. 3 €, Studenten 2 €. Maxim-Gorki-Str. 13, ☏ 038378-22361.

An der Strandpromenade steht der **Kunstpavillon Heringsdorf**. Der traditionsreiche Ausstellungsraum – kreisrund, licht und mit charakteristischem gezacktem Dach – wurde 1970 nach Plänen *Ulrich Müthers* (→ S. 160) gebaut. Im Pavillon stellt der Usedomer Kunstverein im Wechsel zeitgenössische Kunst aus und veranstaltet Lesungen, Konzerte sowie Anfang August eine Kunstauktion.

Geöffnet in der Regel Mi–So 15–18 Uhr, in den Sommermonaten bis 19 Uhr, im Winter geschl. Am Rosengarten, ☏ 038378-22877, www.kunstpavillon-ostseebad-heringsdorf.de.

Basis-Infos → Karte S. 306/307

Information Kurverwaltung, im Rathaus, hier starten auch die Stadtführungen. April bis Okt. Mo–Fr 9–18 Uhr, Sa/So 10–15 Uhr, Nov. bis März Mo–Fr 9–16 Uhr, Sa 10–15 Uhr, So 10–12 Uhr. Kulmstr. 33, 17424 Heringsdorf, ☏ 038378-2451, www.kaiserbaeder-auf-usedom.de.

Verbindungen UBB, → S. 287.

Bus: Mit der Linie 201A werktags 7-mal tägl. nach Usedom-Stadt. Die Linie 281 fährt werktags bis zu bis 5-mal tägl. durch Heringsdorf, dann als 286 nach Garz und Kamminke und weiter (als 285, 284 und 287) die Haffküste entlang bis Usedom/Stadt und Karnim. In anderer Richtung fährt die 281 etwa alle zwei Std. über Bansin und Benz nach Mellenthin und schließlich als 283 über den Lieper Winkel. Die Europa-Linie 290 verkehrt etwa halbstündlich auf der Strecke Bansin–Heringsdorf–Ahlbeck (Grenze), www.ubb-online.com.

Schiff: Von Ostern bis Ende Okt. ab Seebrücke tägl. über Ahlbeck nach Swinemünde. Infos und Tickets an der Seebrücke, ☏ 01805-123344, www.adler-schiffe.de.

Baden Langer und feiner Sandstrand mit Blauer Flagge, durch Dünen von der belebten Strandpromenade getrennt. Bootsverleih und Kiosk/Café nahe der Seebrücke. Einen FKK-Strand findet man am unbewachten Strandabschnitt zwischen Heringsdorf und Ahlbeck, der nächste Hundestrand liegt an der Strandpromenade Richtung Bansin.

Einkaufen Lutter & Wegner 🔢, Weine, Feinkost und Restaurant, eher teuer. Tägl. ab 11 Uhr. Kulmstr. 3, ☏ 038378-22125.

Strandkorbfabrik Heringsdorf, den eigenen Strandkorb und dazugehörige Accessoires bekommen Sie hier im Laden am Eck zur Brunnenstraße. Ist zwar nicht eben billig, dafür wird deutschlandweit geliefert (Strandkorb ab ca. 800–1000 € plus 89 € Lieferkosten). Geöffnet Mo–Fr 10–16 Uhr. Brunnenstr. 10, ☏ 038378-33559, www.strandkorbfabrik-heringsdorf.de.

Theater Chapeau Rouge, Theaterzelt an der Strandpromenade, von Anfang Juni bis Anfang Sept. Buntes Programm, neben der klassischen Theateraufführung auch Kabarett, Kindertheater, Lesungen, Konzerte usw. Infos und Programme bei der Touristinformation, www.chapeau-rouge.de.

Veranstaltungen Usedomer Musikfestival, zwischen Ende 20. Sept. und Mitte Okt., die Konzerte finden z. T. im Kursaal statt. Weitere Infos und Tickets unter ☏ 038378-34647, www.usedomer-musikfestival.de.

Übernachten → Karte S. 306/307

Hotels/Pensionen Angeführt vom Flagschiff *Steigenberger Grandhotel* versammelt sich eine sternestrotzende Armada an Luxusherbergen in Heringsdorf: *Strandhotel Ostseeblick*, *Strandhotel Heringsdorf*, *Esplanade*, *Maritim* etc. Wir empfehlen das

→ Karte S. 288/289 Usedom

Hotel Oasis 🔟 auf halbem Weg zwischen Heringsdorf und Ahlbeck. Eine wunderschöne Bädervilla, sorgsam und mit viel Liebe zum Detail renoviert, umgeben von einem kleinen Park. Zwei Restaurants: unten Thai, oben gehoben Italienisch (Hauptgericht um 23 €). Stilvoll-gemütlich Lounge. DZ ab 163 € (Parkseite), bzw. 204 € (Meerblick), Suite ab 294 €, in der Dependance *Jagdschlößchen* DZ ab 119 €. Puschkinstr. 10, 17424 Heringsdorf, ☎ 038378-2650, www.villa-oasis.de.

Weißes Schloss 🔟, geschichtsträchtige Villa ganz oben auf dem Kulmberg, in der schon Kaiser Wilhelm I. untergebracht war. Im Haus befindet sich das sehr gute Restaurant Auszeit (auch Cafébetrieb, schöne, große Terrasse). 18 Zimmer, EZ 76 €, DZ 110–130 €, Familienappartement ab 154 €, Frühstück inkl., Hund 10 €/Tag. Rudolf-Breitscheid-Str. 3, 17424 Heringsdorf, ☎ 038378-31984, www.urlaub-auf-usedom.de.

Pension Erdmann und **Hotel Wald & See** 🔟, oben bei der Kirche, freundliches Garni-Haus (25 Zimmer z. T. mit Balkon/Terrasse) und solides Mittelklassehotel (43 Zimmer). Zu Fuß ca. 10 Min. zum Strand. Im Hotel befinden sich eine Sauna und eine (Sports-) Bar, freundlicher Service. EZ 79–89 €, DZ 106–132 €, inkl. Frühstück (in der Nebensaison deutlich günstiger). Rudolf-Breitscheid-Str. 7/8, 17424 Heringsdorf, ☎ 038378-31678, www.urlaub-bei-erdmanns.de.

Jugendherberge JH Heringsdorf 🔟, direkt an der Strandpromenade, großer, schattiger Garten, die Zimmer z. T. in schönen Fachwerkhäusern. Beliebte Herberge, man sollte frühzeitig buchen. Übernachtung ab 25 €, Senioren (über 27 J.) ab 31,90 € Frühstück und Bettwäsche inkl. Puschkinstr. 7–9, 17424 Heringsdorf, ☎ 038378-22325, www.jugendherbergen-mv.de.

Essen & Trinken

→ Karte S. 306/307

Restaurants The O'Room 🔟, das neue Restaurant des bekannte Rostocker Gourmet- und Sternekochs Tom Wickboldt befindet sich im ehemaligen Strandcasino, heute „Marc O`Polo Concept Store" und wurde auch umgehend mit einem neuen Michelin-Stern bedacht. Elegantes Ambiente, vom 3-Gänge-Menü zu 80 € (mit Weinbegleitung 105 €) bis zum 6-Gänge-Menü zu 110 € (160 €), auch offene Weine. Mi–Sa ab 18 Uhr geöffnet, Reservierung erforderlich. Kulmstr. 33, Reservierungen unter ☎ 038378-183912, www.strandcasino-marc-o-polo.com/de/oroom.

Bernstein 🔟, Spitzenrestaurant im Strandhotel Ostseeblick (15 Punkte und zwei Hauben im Gault Millau), helle und freundliche Einrichtung, toller Blick, gehobenes Preisniveau, 3-Gänge-Menü 49 € bis fünf Gänge 72 €. Mittags und abends geöffnet. Kulmstr. 28, ☎ 038378-54297, www.strandhotel-ostseeblick.de.

»» Unser Tipp: Auszeit 🔟, sehr gutes Restaurant mit österreichischem Einschlag im Hotel Weißes Schloss. Besonders einladend ist die herrliche Terrasse mit Panoramablick, aber auch innen sitzt man gemütlich in stilvoll rot-weißem Ambiente. Eine schmackhafte Abwechslung bieten Frittatensuppe oder „Original Wiener Schnitzel",

aber auch die raffinierte, ostseetypische Fischsuppe überzeugt. Hauptgerichte 17–24 €. Ab 13 Uhr durchgehend geöffnet, Di Ruhetag, im Winter Mo und Di. Rudolf-Breitscheid-Str. 3, ☎ 038378-805525, www.auszeit-kulm.de. «

»» Lesertipp: Essbar 🔟, „kleines und feines Bio-Restaurant" und Café, „alles sehr liebevoll bis ins Detail", saisonale Küche aus regionale Produkten, „das Angebot richtet sich auch an Vegetarier", wenige Tische auch draußen. Geöffnet 10–18 Uhr, So Ruhetag, Juni bis Aug. länger, kein Ruhetag. Delbrückstr. 1–4, ☎ 0172-4775160. «

Usedomer Brauhaus 🔟, zentrale Lage. Im Brauhaus gibt es überwiegend Deftiges zu guten Preisen, außerdem verschiedene selbst gebraute Biere. Großes Lokal, uriges Ambiente. Tägl. ab mittags bis ca. Mitternacht geöffnet (draußen nur bis 22 Uhr). Platz des Friedens, ☎ 038378-61421.

Cafés Eis-Villa Stein 🔟, bekannt für hervorragendes Eis aus eigener Herstellung, das man auf der wirklich einladenden Terrasse an der Kulmstraße genießt – an schönen Sommertagen meist bis auf den letzten Platz besetzt. Auch Kuchen und andere Süßspeisen. Mai bis Okt. tägl. ab 10 Uhr geöffnet. Kulmstr. 4, ☎ 038378-28452.

Am Strand von Bansin

Bansin

ca. 2500 Einwohner

↓ Karte S. 288/289

Usedom

Bansin ist die jüngste und die kleinste der drei Seebad-Schwestern. Dabei reicht der Ursprung des heutigen Badeortes, das Dorf Bansin am Gothensee, bis ins Mittelalter zurück.

Flaniert wird natürlich entlang der Strandpromenade, wo prächtige Bädervillen ihre schnörkelreichen Fassaden präsentieren. Am meisten Trubel herrscht zwischen dem Strandzugang an der Seestraße und der Seebrücke. Am Ende der Seestraße befindet sich die flache hölzerne Konzertmuschel aus dem Jahr 1930, die von historischen Badekarren flankiert wird. Von hier sind es knapp 400 m bis zur 285 m langen, 1994 erbauten Seebrücke. Sie wirft sich ausnahmsweise schnörkellos hinaus in die Ostsee, Aufbauten wie auf den Seebrücken der Nachbarbäder fehlen. Neben der Seebrücke sind in alten Fischerhütten Imbisse und Fischräuchereien eingezogen, zum Teil mit angeschlossenem Biergarten. Die Strandpromenade führt von der Seebrücke aus nur noch ein paar hundert Meter weiter bis zum Ortsrand. Nach Südosten hin reicht die Promenade über Heringsdorf bis hinunter nach Ahlbeck.

Basis-Infos

Information Touristinformation, Haus des Gastes an der Seebrücke, April bis Okt. Mo–Fr 9–18 Uhr, Sa/So 10–15 Uhr, Nov. bis März Mo–Fr 9–16 Uhr, Sa 10–15 Uhr, So 10–12 Uhr. An der Seebrücke, 17429 Bansin, ℅ 038378-47050, www.kaiserbaeder-auf-usedom.de.
Verbindungen UBB, → S. 287.

Bus: Linie 281 fährt werktags 5-mal tägl. nach Heringsdorf, als 286 weiter über Ahlbeck und Garz ans Haff und noch weiter (als 285, 284 und 287) die Haffküste entlang bis Usedom/Stadt und Karnim. In anderer Richtung fährt die 281 etwa alle zwei Std. über Benz nach Mellenthin, schließlich als **283** über den Lieper Winkel. Die **Europa-Linie 290** verkehrt halbstündlich auf der Strecke Bansin–Heringsdorf–Ahlbeck (Grenze). Genaue Fahrpläne unter: www.ubb-online.com.

Schiff: Von Ostern bis Ende Okt. tägl. über Heringsdorf und Ahlbeck nach Swinemünde. Aktuelle Fahrzeiten und weitere Ausflugsfahrten bei der Ticketverkaufsstelle an

Taxistand in Bansin

der Seebrücke, ☎ 01805-123344, www.adlerschiffe.de.

Baden Auch in Bansin ist die Wasserqualität einwandfrei und seit vielen Jahren mit der **Blauen Flagge** ausgezeichnet. Im Bereich um den Strandzugang bei der Seestraße und der Seebrücke ist der Strand überwacht. Ein Hundestrand liegt etwas südlich des Schloonsees, einen FKK-Strand findet man etwas weiter an einem unbewachten Strandabschnitt Richtung Heringsdorf sowie in entgegengesetzter Richtung jenseits der Strandpromenade.

Einkaufen **Bansiner Buchhandlung**, die kleine, aber bestens sortierte und sympathische Buchhandlung befindet sich in der Villa Paula in der Seestr. 68, ☎ 038378-29293.

Fahrradverleih U. a. gegenüber vom Hans-Werner-Richter-Haus in der Waldstr. 33. Fahrrad 6 €/Tag. ☎ 038378-33321.

Tropenhaus Bansin Inmitten einer großen Feriensiedlung findet sich dieser Minizoo, in dem etwa 150 exotische Tiere zu sehen sind: Leguane und Warane, Sittiche und Papageien, Pfeilgiftfrosch und Königspython, Goldkopflöwenäffchen und Weißgesichtsseidenäffchen. Im Außenbereich findet sich ein Spielplatz, nebenan das *Tropenhauscafé*. Tägl. ab 10 Uhr geöffnet, Mai bis Sept. bis 18 Uhr, April/Okt. bis 17 Uhr, Nov. bis März bis 16 Uhr, Erw. 7 €, Kinder 3–14 J. 3 €. Goethestr. 10, ☎ 038378-472080, www.tropenhaus-bansin.de.

Veranstaltungen Das **Bansiner Seebrückenfest** findet Anfang/Mitte Juli statt.

Übernachten/Essen & Trinken   → Karte S. 306/307

Übernachten **》》Unser Tipp:** Villa Glaeser **10**, sehr schöne, gut ausgestattete Doppelzimmer und Appartements mitten in Bansin. DZ 79 €, Appartement 99–110 € (bei Aufenthalt unter vier Nächten Aufschlag von 10 €), jeweils ohne Frühstück, Hunde 6 €, Parkplätze vorhanden. Seestr. 3, 17429 Bansin, ☎ 038378-33590, www.villa-glaeser.de. **《《**

Pension Elsbeth 14, kleine, nette Pension mitten in Bansin, aber ruhig gelegen. Nur sechs Zimmer, also früh buchen. Die kleine Villa umgibt ein schöner, schattiger Garten. DZ 70 €, inkl. Frühstück. Keine Hunde. Waldstr. 31, 17429 Bansin, ☎ 038378-29231, www.elsbeth.auf-usedom.info.

**** Kaiser SPA Hotel zur Post 15, großer Familienbetrieb in mehreren Bädervillen entlang der Seestraße und rückwärtigen Neubauten, großer Wellnessbereich und Pool, außerdem Restaurants und Bar. EZ ab 158 €, DZ ab 178 €, Frühstück jeweils inkl. Ganzjährig geöffnet. Seestraße 5, 17429 Bansin, ☎ 038378-560, www.hzp-usedom.de.

Germania 2, familiengeführtes Haus an der Strandpromenade, freundliche Atmosphäre, dem Hotelnamen zum Trotz beherbergt das Hotel ein italienisches Restaurant (auch Pizza). Nur 21 Zimmer. DZ 114–138 €, Frühstück inkl. Im Januar geschl. Strandpromenade 25, 17429 Bansin, ☎ 038378-2390, www.germania-bansin.de.

Essen & Trinken ≫ Unsere Tipps: **Fischkopp** 23, hervorragende Fischküche, zubereitet werden vor allem heimische, frisch gefangene Fische. Eingerichtet wie ein kleines Fischereimuseum (natürlich ohne das Muffige), alles etwas eng, aber urgemütlich. Sehr freundlich. Hauptgericht ab 15 €. Tägl. ab 12 Uhr geöffnet. Seestr. 66, ☎ 038378-80623, www.fischkopp-bansin.de.

Ingelotte 20, in dem gemütlichen Restaurant wird feine Hausmannskost serviert. Freundlicher, zuvorkommender Service. Vergleichsweise günstig (Hauptgericht ab 9 €). Zur Saison tägl. ab Mittag, in der Nebensaison auch mal eingeschränkt. Seestr. 71, ☎ 038378-31762, www.ingelotte-bansin.de. ≪

≫ **Lesertipp:** Schloon-Idyll 26, etwas abseits des Bädertrubels am Schloonsee gelegen. „In der sehr idyllisch gelegenen Gaststätte gibt es nicht nur leckeren Fisch zu annehmbaren Preisen, sondern nachmittags auch sehr leckere Torten und Kuchen." Tägl. ab mittags geöffnet. Auch Pension. Bergstr. 60a, ☎ 038378-33840, www. schloon-idyll.de. ≪

Café Asgard 6, traditionsreiches Café an der Strandpromenade in einer schönen Bädervilla aus dem Jahr 1898. Elegantes Interieur, freundliche Atmosphäre. Herrliche, schattige Terrasse zur Strandpromenade hin. Variantenreiche und köstliche Backwaren aus eigener Konditorei, sehr beliebt und zu Recht berühmt. Di–So 12–18 Uhr. Strandpromenade 15, ☎ 038378-29488.

Atlantic Pub 5, ein wenig Nachtleben mit nautischem Flair und einem Hauch English Pub. Nette Atmosphäre, gutes Bier, ein Platz zum Länger bleiben. Strandpromenade 18, ☎ 038378-60655.

Hans-Werner Richter: Nachkriegsliteratur aus Bansin

Der berühmteste Sohn des Seebads ist Hans Werner Richter, einer der bedeutendsten Schriftsteller der deutschen Nachkriegszeit. Richter wurde am 12. November 1908 als Sohn eines Fischers in Bansin geboren. Nach einer Buchhändlerlehre in Swinemünde ging er nach Berlin. 1940 in die Wehrmacht einberufen, geriet Richter, der in der Weimarer Republik der KPD nahe stand, später in amerikanische Kriegsgefangenschaft. Seine Erlebnisse verarbeitete er in dem 1949 erschienenen Roman *Die Geschlagenen*. Richter gehörte zu den Gründern der *Gruppe 47* und war lange Zeit die treibende Kraft dieses bedeutendsten literarischen Zirkels der deutschen Nachkriegszeit.

In seinen autobiografisch geprägten Romanen und Erzählungen beschäftigte er sich immer wieder mit zeitgeschichtlichen Themen. Für literarisch interessierte Usedom-Reisende sind die *Geschichten aus Bansin* unbedingt empfehlenswert. In dem Erzählband zeichnet Richter leicht und augenzwinkernd ein Bild vom Leben der einfachen Leute zu einer Zeit, als Bansin begann, ein Seebad zu werden. Seinem Vater und gleichermaßen den Menschen aus dem „alten" Bansin setzt Richter mit diesen Erzählungen ein literarisches Denkmal.

Dem 1993 verstorbenen Schriftsteller ist in Bansin die Gemeindebibliothek im *Hans-Werner-Richter-Haus* gewidmet, in der man sich – nicht nur an einem verregneten Tag – in das Werk des Autors einlesen kann. Neben der öffentlichen Bibliothek und einer kleinen Ausstellung zur 2006 verstorbenen Journalistin *Carola Stern* sind das nachgestellte Arbeitszimmer sowie Dokumente aus dem Nachlass Richters zu besichtigen. Regelmäßig finden im Günter-Grass-Zimmer des Hans-Werner-Richter-Hauses Lesungen statt.

Di–Fr 10–16 Uhr, Sa/So 12–16 Uhr, Juli/Aug. bis 18 Uhr, Mo geschl., 3 €/Pers. (mit Kurkarte 2 €). Waldstr. 1a, 17429 Seebad Bansin, ☎ 038378-47801. **Literaturtipp:** Hans Werner Richter: *Geschichten aus Bansin*. Berlin 2008 (Wagenbach).

→ Karte S. 288/289

Usedom

Malerisches Usedom – bei Benz

Usedoms Süden

Abseits des langen Sandstrandes wird es stiller auf Usedom. Direkt im Rücken der Kaiserbäder beginnt die Usedomer Schweiz: sanfte Hügel mit schönen Wäldern und Wiesen inmitten einer kleinen, reizenden Seenlandschaft um *Schmollensee* und *Gothensee*. Sehr abgeschieden sind die Boddenküstenlinien im Norden mit dem *Lieper Winkel*, einer Halbinsel, die weit in das Achterwasser hineinreicht, und im Süden entlang des *Stettiner Haffs*. Das „Zentrum" ist Usedom, das altehrwürdige Städtchen, das der Insel ihren Namen gab.

Usedomer Schweiz

Wolgastsee: Dieser romantische kleine See 3 km südwestlich von Ahlbeck ist ein beliebtes Ausflugsziel. Seine Ufer sind überwiegend dicht mit Buchen bestanden, nur am Nordwestufer, gegenüber dem Hotel *Idyll am Wolgastsee*, befindet sich ein Stück Badestrand mit Steg und Bootsverleih. Den knapp einen halben Quadratkilometer großen und maximal ca. 15 m tiefen See kann man in einem Spaziergang umrunden (ca. 4 km).

Verbindungen Mit dem **Bus Linie 201** 285 und 286 werktags mehrmals tägl. in die Kaiserbäder, in Gegenrichtung mit der 201A nach Usedom/Stadt (Sa/So eingeschränkt).

Übernachten/Essen   Hotel-Restaurant **Idyll am Wolgastsee**, der Name des in Korswandt gelegenen Hotels verspricht nicht zu viel, empfehlenswert ist es, ein Zimmer zur Seeseite zu nehmen – nicht nur wegen des schönen Blicks, sondern auch wegen der Hauptstraße, die hinter dem Hotel vorbei-führt. Komfortable Zimmer, Sauna im Haus. Restaurant in hellem, eleganten Gastraum, freundlicher Service. Neben Fisch aus Ostsee und Wolgastsee auch diverse Wildgerichte. Auch Café, im Sommer mit Gartenbetrieb. Mittags und abends geöffnet. EZ 75 €, DZ 90–125 €, Frühstück inkl., Hund 15 €/Tag. Ganzjährig geöffnet. Hauptstr. 9, 17419 Korswandt, ☎ 038378-22116, www. urlaub-auf-usedom.de.

Gothensee: Der größte Binnensee Usedoms (600 Hektar) steht samt seines nicht zugänglichen schilfreichen Ufers unter Naturschutz. Die nördliche Ausbuchtung des hakenförmigen Sees reicht bis an die Ortsgrenzen der Kaiserbäder Bansin und Heringsdorf heran. Nach Süden hin biegt sich der See in einem weiten Bogen bis zum Rand des Thurbruchs. Viele Vogelarten, darunter Wildgänse, Graureiher, Eisvögel und Milane, finden hier Zuflucht, auch Fischotter. Die einzigen ufernahen Siedlungen sind Bansin-Dorf, Sallenthin und Gothen.

Sellin: Schöner Wohnen auf Usedom – das abgelegene Sellin ist ein malerisches, altes Fischer- und Bauerndorf aus bildhübschen, reetgedeckten Häusern zwischen Pferdekoppeln, Wiesen und dem schilfbestandenen Ufer des Schmollensees. Hier scheint die Zeit in einem ungemein idyllischen Moment stehengeblieben zu sein. Etwas außerhalb (Richtung Bansin und Großem Krebssee) stößt man mitten im Wald auf das freundliche und entsprechend beliebte Café Fangel.

Essen & Trinken Café Fangel, idyllisches Café in einem ehemaligen Forsthaus, Alleinlage mitten im Wald (nahe dem Großen Krebssee). Köstliche Kuchen, Eis, gemütliche Terrasse, freundlicher Service, sehr beliebt und oft bis auf den letzten Platz gefüllt. Mai bis Okt. Di–So 14–18 Uhr. Am Großen Krebssee, 17429 Neu-Sallenthin, ✆ 038378-32253. *Anfahrt*: Von Bansin aus durch Neu-Sallenthin Richtung Sellin, dann nach ca. 500 m rechts und noch ein paar hundert Meter weiter auf einem Waldweg.

Benz: Die ländliche Stille des in sanfte Hügel gebetteten 300-Einwohner-Dorfes wird nur durch die gut befahrene Durchgangsstraße gestört. Mittelpunkt des Ortes ist die sehenswerte Dorfkirche St. Petri, die in ihrem Kern auf das frühe 13. Jh. zurückgeht. Restauriert und umgestaltet wurde St. Petri nach dem Dreißigjährigen Krieg und erneut Mitte des 18. Jh., als der Turm sein heutiges Aussehen erhielt. Das Kircheninnere stammt von Renovierungen um 1836, als anstelle der alten Decke das eigenwillige Tonnengewölbe eingezogen wurde, das mit farbenfrohen Kassetten versehen ist. Neben der Kirche liegt das *Kunst-Kabinett Usedom*, eine sehenswerte Galerie, die sich vor allem dem Thema Lyonel Feininger auf Usedom widmet. Zur Sammlung gehören Zeichnungen, Aquarelle, Kunstdrucke und Fotografien, zahlreiche Kunstdrucke stehen auch zum Verkauf. Ein weiterer Schwerpunkt sind Werke von Armin Müller-Stahl, zuletzt war auch eine Skulptur von Jo Jastram zu sehen.

Kunst-Kabinett Usedom: geöffnet Juni bis Okt. Fr–So 11–16 Uhr (oftmals aber auch unter der Woche). Kirchstr. 14a, 17429 Benz, ✆ 038379-20184, www.kunstkabinett.de.

↓ Karte S. 288/289   Usedom

Über dem Ort wacht eine auf einer Hügelkuppe thronende, 16 m hohe Holländermühle, eines der letzten noch existierenden Exemplare an der Ostseeküste. Um 1830 erbaut, wurde dort bis 1971 gemahlen. Danach erwarb der Maler *Otto Niemeyer-Holstein* (→ S. 299) die alte Mühle, rettete sie vor dem Verfall und verfügte schließlich testamentarisch ihre Verwendung als *Kulturmühle*. Neben der Holländermühle gibt es im Backhaus Kaffee und hausgemachten Kuchen.

Kulturmühle Benz: April bis Okt. Di–So 10–17 Uhr, in der Nebensaison nur nach Voranmeldung, im Winter geschlossen. Eintritt 3 €, Kinder 1 €. ✆ 038378-3650.

Verbindungen Der Bus Linie 281 fährt Mo–Fr etwa alle zwei Stunden ab Bahnhof Heringsdorf und Bansin nach Benz und weiter nach Mellenthin.

Essen & Trinken ⟫ Lesertipp: Kaffeegarten Alte Feuerwehr, hübsches, helles Café im ehemaligen Feuerwehrhaus neben der Kirche von Benz. Malerischer Garten. Ostern bis Ende Okt. tägl. 12–17 Uhr (im Sommer bis 18 Uhr). ✆ 038379-289880. ⟪

Pudagla: Wenige Kilometer von Benz entfernt steht die zweite Usedomer Mühle. Sie ist keine Holländerwindmühle wie die Mühle in Benz, sondern eine sehenswerte *Bockwindmühle*. Im Gegensatz zur Holländerwindmühle ruht die Bockwindmühle nicht auf einem gemauerten Fundament, sondern ist auf ein hölzernes Gestell „aufgebockt". Einstmals war der Ort Pudagla ein bedeutendes kulturelles Zentrum Usedoms, als die Prämonstratensermönche ihren vormaligen Standort bei Usedom/Stadt verlassen und den kleinen Ort als neuen Sitz ihres mächtigen Klosters gewählt hatten. Nach Auflösung des Klosters fiel das Land an die pommerschen Herzöge, die hier Ende des 16. Jh. ein Schloss errichteten, in dem heute ein Café untergebracht ist.

Die Bockwindmühle liegt südlich von Pudagla oberhalb der Straße (Richtung Neppermin) und ist nicht zu übersehen. Geöffnet Mai bis Sept. Mo–Fr 10–16 Uhr und Sa/So 13–16 Uhr. Im Winter geschl. Erw. 2 €, Kinder 1 €. Infos unter ☏ 038378-34872.

Mühlenmechanik

Neppermin und **Balm**: Verlässt man die viel befahrene Verbindungsstraße zwischen B 111 und B 110 ein Stück südlich von Pudagla, gelangt man in das hübsche, kleine Dorf Neppermin, am Rand des gleichnamigen Sees (der südlichen Bucht des Balmer Sees). Hier wird es schnell ländlich idyllisch. Der Weiler Balm ist bekannt für den traumhaft gelegenen Golfplatz.

Essen & Trinken Nepperminer Fischpalast, Frischfischverkauf, Fischbrötchen und Fischgerichte (Selbstbedienung), herrliche Terrasse über dem Nepperminer See. Überaus beliebt. Lyonel-Feininger-Str. 6, ☏ 038379-287244, www.nepperminer-fischpalast.de.

Tante Wally, freundliches Café mit idyllischem Garten zwischen zwei Fachwerkhäusern, bei schlechtem Wetter kann man in die urgemütliche Stube ausweichen.

Hausgemachter Kuchen, aber auch Herzhaftes. Zur Saison Di–So 13–22 Uhr geöffnet. Schulstr. 21, ☏ 038379-18440.

Golf Golfpark Balmer See, zwei 18-Loch-Plätze sowie Driving-Range. Außerdem Hotel mit Restaurant, großem Wellnessbereich und 70 Ferienwohnungen. Am Achterwasser im kleinen Weiler Balm gelegen. Drewinscher Weg 1, 17429 Balm, ☏ 038379-280, www.golfhotel-usedom.de.

Mellenthin: Bekannt ist das hübsche 200-Seelen-Dorf vor allem für sein Ende des 16. Jh. erbautes und in der zweiten Hälfte des 18. Jh. teilweise umgestaltetes *Wasserschloss*. Flankiert wird der herrschaftliche Bau von einem gelungen restaurierten barocken Gutshof, in dem ein Hotel mit Restaurant und Café untergebracht ist. Auch das Wasserschloss selbst wurde renoviert, bereits fertig sind Restaurant und Café mit Biergarten im Schlosshof. Teile des Schlosses und der Schlosspark sind zu besichtigen. Vom Schloss zieht sich eine schmucke Lindenallee zur *Dorfkirche*, deren Altarraum aus Feldsteinen bereits um 1330 entstand. Das backsteinerne Langhaus und der Turm stammen aus dem 15. Jh.

Verbindungen Mit den **Bus-Linien 201A** und **281** werktags alle zwei Stunden in die Kaiserbäder, die Haltestelle befindet sich allerdings an der Abzweigung von der Hauptstraße ein gutes Stück außerhalb (Sa/So etwa 3-mal).

Übernachten/Essen **Wasserschloss Mellenthin**, stattliches Schloss, weitgehend saniert, mit Restaurant und Café. Stilvolles Ambiente im restaurierten Erdgeschoss, schöne Terrasse und Biergarten im Schlosshof. Gutbürgerliche Küche, auch Wildgerichte (Hauptgerichte ab 14 €). Zudem hauseigene Brauerei sowie Kaffeerösterei.

Das EZ im Schlosshotel kostet im Sommer ab 87 €, das DZ 118–192 €, inkl. Frühstück. In der Nebensaison deutlich günstiger. Dorfstr. 25, 17429 Mellenthin, ✆ 038379-28780, www.wasserschloss-mellenthin.de.

Gutshof Mellenthin, nahe dem Wasserschloss, Bio-Hotel, Restaurant (auch vegetarisch und vegan), Waffelbäckerei (Vollkornwaffeln) und Gartencafé. Tägl. 12–22 Uhr. 20 im modernen Landhausstil eingerichtete Zimmer. EZ 85 €, DZ 129–139 €, inkl. Frühstück. Dorfstr. 24, 17429 Mellenthin, ✆ 038379-20700, www.gutshof-usedom.de. ■

Morgenitz: Ein fotogenes 150-Einwohner-Dorf mit holprigen Straßen, rohrgedeckten Häusern mit bunten Blumen an den Fenstern und hübsch gestrichenen Fensterläden, umgeben von lauschigen Gärten, in denen man sich sofort in einen Liegestuhl fallen lassen möchte.

Einkaufen **Dannegger**, hochwertige Keramiken vom idyllischen Hof, nicht ganz billig. Im Sommer Mo/Di/Sa 16–17 Uhr geöffnet,

im Winter Mo/Di/Sa 12–13 Uhr. Dorfstr. 8, ✆ 038372-70910, www.astriddannegger.de.

Lieper Winkel

Mittendrin und doch so abgeschieden wie kaum eine andere Gegend auf Usedom. Wie eine Glühbirne ragt die vollkommen flache Halbinsel ins Achterwasser hinein. Über eine herrliche Allee erreicht man zunächst **Rankwitz**, den „Hauptort" der Halbinsel und bald darauf das Dorf, dem der Winkel seinen Namen verdankt. In **Liepe** befindet sich die älteste *Kirche* Usedoms. Erstmals erwähnt wurde das romanische Gotteshaus im Jahr 1216. Im Inneren findet man Fresken aus dem späten

Das Blaue Haus in Warthe

Mittelalter, aber auch barocke Stilelemente wie z. B. beim Chorgestühl und dem Kanzelaltar. Im Norden liegt die winzige Ansiedlung **Grüssow** direkt am Achterwasser: ein Idyll mit reetgedeckten Häuschen, viel Grün und praktisch ohne Autoverkehr. Herrlich abgeschieden liegt auch das hübsche **Reestow** und in **Warthe** schließlich, am Nordwestzipfel des Lieper Winkels, liegt versteckt das *Blaue Haus*, ein sehr malerisches, reetgedecktes Häuschen mit blühendem Vorgarten.

Verbindungen Mit den **Bussen 281** und **283** an Schultagen 3-mal tägl. von den Kaiserbädern bzw. Usedom/Stadt über Mellenthin in den Lieper Winkel bis Warthe, Sa/So keine Verbindung.

Essen & Trinken Hafenküche Rankwitz, am Rankwitzer Hafen gelegen, viele Tische draußen direkt am Wasser, innen helle, angenehme Bistro-Atmosphäre, sehr freundlich. Vor allem Fisch (ab 14 €), etwas Fleisch, aber auch vegetarische Gerichte. Sehr schön auch zum Kaffeetrinken (hausgemachter

Kuchen). Tägl. ab 11 Uhr geöffnet (in der Nebensaison ab 12 Uhr). Am Hafen 2, ☎ 0160-2411309, www.hafenrankwitz.de.

≫ Lesertipp: Zur Alten Fischräucherei, Gaststätte, Räucherei und Fischverkauf am Hafen von *Rankwitz*. „Hervorragender Matjes und raffinierter Matjessalat!", „fangfrischer Zander". Die Gaststätte ist von Mai bis Anfang Okt. tägl. 11–19.30 Uhr, im Winterhalbjahr tägl. 11–16 Uhr (Küchenschluss 15 Uhr) geöffnet. Zweite bis vierte Januarwoche geschl. ☎ 038372-70521. ≪

Usedom/Stadt

ca. 1800 Einwohner

Namensgebend und geschichtsträchtig, steinalt und doch beschaulich. Die Kirche scheint ein wenig zu wuchtig, das Tor ein wenig zu städtisch, und dennoch passt sich das kleinstädtische Bild idyllisch in die liebliche Landschaft ein.

Wahrscheinlich war die Gegend um den Schlossberg bereits in vorslawischer Zeit besiedelt. Im 12. Jh. stand auf der Anhöhe über dem kleinen Hafen eine slawische Burg, die als Residenz pommerscher Fürsten diente und im Jahr 1128 zum Schauplatz großer Geschichte wurde. In *Uznam*, so der slawische Name Usedoms, trafen sich westpommersche Adlige und bekannten sich in Anwesenheit *Ottos von Bamberg* zum Christentum. Bald entwickelte sich die Ansiedlung zu einem schmucken mittelalterlichen Ort, der rasch der bedeutendste der Insel wurde und 1298 die Stadtrechte erhielt. Nahebei befand sich auch das geistige Zentrum der Insel, das um 1150 gegründete Kloster Grobe.

Aus der großen Zeit der Stadt ist kaum etwas erhalten geblieben, da Ende des 15. Jh. ein Brand die meisten Gebäude vernichtet hat, auch die 1337 erstmals erwähnte **Marienkirche**, die aber nach der Brandkatastrophe als dreischiffige spätgotische Hallenkirche wiederaufgebaut wurde. Ihr heutiges Erscheinungsbild verdankt sie einem Umbau vom Ende des 19. Jh. Gänzlich verschont vom Stadtbrand blieb das **Anklamer Tor**, ein sehenswerter, klar gegliederter Backsteinbau, der Mitte des 15. Jh. als Teil einer stadtumschließenden Befestigung errichtet worden war. Heute wird der Torbau als **Heimatmuseum** genutzt.

Marienkirche: tägl. 10–15 Uhr geöffnet, Turmbesteigung 1 €. **Heimatmuseum**: Mai bis Sept. Mo–Fr 10–16 Uhr geöffnet, Eintritt frei (Spende willkommen!), ☎ 038372-70890.

Information Stadtinformation Usedom, etwas außerhalb auf der stadtabgewandten Seite der B 110. Mai/Juni und Sept. Mo–Fr 10–16 Uhr, Sa 10–12 Uhr; Juli/Aug. Mo–Fr 10–18 Uhr, Sa 10–14 Uhr (Mi immer nur bis 16 Uhr), Okt. und April Mo–Fr 10–16 Uhr;

Nov. bis März Mo–Fr 10–15 Uhr. Auch Fahrradverleih. Bäderstr. 5, 17406 Usedom, ☎ 038372-70890, www.stadtinfo-usedom.de. Nebenan befindet sich ein Besucherzentrum des Naturparks (gleiche Öffnungszeiten).

→ Karte S. 288/289

Usedom

Verbindungen Bus 201A werktags etwa alle zwei Stunden (Sa/So 3-mal) zu den Kaiserbädern Ahlbeck und Heringsdorf (auf der B 110). Die **283** fährt an Schultagen 2-mal täglich zum Lieper Winkel.

Einkaufen/Café Alter Hof Usedom, Restaurant, Café und Galerie. Salate, Pasta und Flammkuchen, aber auch ein paar Fleisch- und Fischgerichte sowie Tagesangebote. Innen urig-gemütlich, schön sitzt man auch draußen im Innenhof. Wechselnde Ausstel-lungen zeitgenössischer Künstler. Zur Saison tägl. ab 12–20 Uhr geöffnet, Mi/Do Ruhetag. Swinemünder Str. 68, ☎ 038372-779468, www.alter-hof-usedom.de.

De Spinndönz, hübscher kleiner Wollladen mit angeschlossener Spinnwerkstatt und Weberei. Schafswolle, Strickwaren (auch irisch und isländisch), Decken, Felle etc. Es werden auch Kurse am alten Webstuhl sowie Spinnkurse angeboten. Markt 16, ☎ 038372-76390, www.spinndoenz.de.

Entlang der Südküste: Wenzlin, Stolpe und Dargen

Auch entlang der ländlichen Haffküste lassen sich kleine Highlights erkunden: In **Wenzlin** kann man der Inselkäserei einen Besuch abstatten. Im idyllischen Dorf **Stolpe** kann das gleichnamige, weitgehend renovierte *Schloss* besichtigt werden: Von der repräsentativen Eingangshalle geht es durch den Grünen Salon mit alter Möblierung in den Gelben Salon, wo heute auch Veranstaltungen stattfinden. Im Obergeschoss sind u. a. die ehemaligen Schlafgemächer (mit Bad) zu sehen, von den Türmen aus kann man schöne Ausblicke genießen. Kurz vor **Dargen** schließlich, beim Weiler Prätenow, kann man majestätische Rindviecher beobachten: im *Wisentgehege Usedom*, in dem seit seiner Eröffnung 2004 auch immer wieder Kälber geboren werden. Wer ein wenig in Ostalgie schwelgen will, ist im *DDR-Museum Dargen* richtig. Hier findet sich ein gewaltiges Arsenal von Konsumgütern und technischem Gerät aus DDR-Zeiten, vor allem aber jede Menge Fahrzeuge (samt alter Minol-Tankstelle).

Öffnungszeiten Schloss Stolpe: Mo–Fr 11–18 Uhr, Sa/So 14–18 Uhr, Führungen möglich, Anmeldung unter ☎ 038372-71873, www.schloss-stolpe.de.

Wisentgehege Usedom: Ostern bis Okt. 10–17 Uhr, Rest des Jahres 10.30–15.30 Uhr, Fütterungszeiten 10 und 14.30 Uhr, *Anfahrt*: ca. 1 km westlich von Dargen, auf eine Sandpiste abbiegen, dann etwa 200 m, dort parken und dann noch etwa 150 m zu Fuß. 17419 Präterow, ☎ 0162-1637779, www.wisentgehege-usedom.de.

DDR-Museum Dargen: Tägl. 10–18 Uhr (Nov. bis März nur bis 15 Uhr), Erw. 7,50 €, erm. 5 €, Bahnhofsstr. 7, ☎ 038376-20290, www.museumdargen.de.

Einkaufen Inselkäserei Usedom, im kleinen Weiler Wenzlin, süd-östlich von Usedom können die köstlichen Käsesorten, die auf vielen Speisekarten der Usedomer Restaurants zu finden sind, erworben werden. Produziert wird der Käse aus der Milch glücklicher Usedomer Kühe. Für 100 g muss man etwa 2–3 € rechnen. Geöffnet Mo–Sa 10–18 Uhr, So 13–18 Uhr (im Winter nur bis 17 Uhr). Dorfstr. 30, 17406 Welzin, ☎ 038372-76139, www.inselkaese.de. ∎

Essen & Trinken Remise, angenehmes Restaurant im ehemaligen Wirtschaftsgebäude des Schlosses Stolpe. Stilvolles Ambiente, gute Küche mit Tendenz zur Raffinesse, abwechslungsreich lecker die *Pommern-Tapas*, auch vegetarische Gerichte (Hauptgericht ab 15 €). Di–So ab 12 Uhr. Alte Dorfstr. 7, ☎ 038372-778080, www.remise-stolpe.de.

Übernachten Schloss am Haff, im Westflügel und in der Remise des Schlosses Stolpe ist jüngst ein schickes Apartment-Hotel eröffnet worden. Auch DZ ab 120 €, ab der zweiten Nacht günstiger (kein Frühstück). Am Schloss 3–4, 1706 Stolpe auf Usedom, ☎ 0171-5833084, www.schlossamhaff.de.

Stolperhof, ökologisch geführter Hof bei Stolpe (östlich von Usedom/Stadt, beschildert). Schönes Anwesen, 16 nostalgisch-schlichte Zimmer („Kammern"). Für Hausgäste werden diverse Aktivitäten angeboten wie Brotbacken oder Korbflechten. Auf dem Hof leben außerdem Pferde, Kühe, Schafe, Federvieh sowie jede Menge Katzen. DZ 116 €, Frühstück inkl., Halbpension 12 €/Pers. Landweg 1 17406 Stolpe auf Usedom, ☎ 038372-71081, www.stolperhof.de. ∎

Mecklenburgische Seenplatte

1000 Seen und ein kleines Meer. Nicht zu vergessen die sehenswerten Residenzstädte und malerischen Dörfer, der Müritz-Nationalpark mit seinen intakten Naturräumen und die weit verzweigten Wasserwege. Und sogar eine Schweiz gibt es hier. Die zauberhaften Landschaften rund um die Mecklenburgische Seenplatte sind mehr als nur eine Reise wert.

Vom Schweriner See im Westen (→ S. 86) bis zur Feldberger Seenlandschaft, von der gewundenen Warnow bis zur verzweigten Havel, vom weitläufigen Kummerower See am Rand der Mecklenburgischen Schweiz bis zur vielgestaltigen Kleinseenplatte an der Grenze zu Brandenburg – zahllose Flüsse und Kanäle verbinden die mecklenburgischen Seen zu einem dichten Netz von Wasserwegen. In dessen Mitte erstreckt sich die Müritz, „das kleine Meer", Deutschlands größter Binnensee, mit dem herrlichen *Müritz-Nationalpark*. Entlang der gewundenen Flussläufe und zergliederten Seen finden sich versteckte Badebuchten und viel unberührte Natur ebenso wie lebhafte kleine Häfen und idyllische Anlegestellen, tiefe Wälder und sanfte Hügel, prächtige Schlösser und malerische Dörfer ... Kurz: Mecklenburg bietet eine Seenlandschaft von faszinierender Schönheit, die in Deutschland ihresgleichen sucht.

Im Westen der Seenplatte

Östlich von Schwerin öffnet sich eine typisch mecklenburgische Landschaft: ein paar versteckte Bauerndörfer inmitten eines lieblichen Landstrichs, ein, zwei Kleinstädte, Felder und Wiesen, durchzogen von Waldstücken und Flüssen, sanfte Hügel und hin und wieder ein blau leuchtender See.

Zuallererst sind da natürlich der Sternberger See, der Goldberger See und der Krakower See zu nennen, die ein wenig vereinzelt und abseits der touristischen Hauptrouten liegen. Kultureller Höhepunkt im Westen ist zweifellos das schöne Güstrow mit seinem sehenswerten Schloss, der Altstadt und nicht zuletzt den Spuren, die sein berühmtester Sohn hinterlassen hat: der Bildhauer und Schriftsteller Ernst Barlach. Rund um Sternberg erstreckt sich der 540 km² große *Naturpark Sternberger Seenland* (→ S. 327), der bei Goldberg nahtlos in den 365 km² großen *Naturpark Nossentiner/Schwinzer Heide* (→ S. 342) übergeht. Geprägt wird das Gebiet von mehreren Endmoränen aus der letzten Eiszeit – unzählige Seen, Moore und Wälder bieten vielen seltenen Vogelarten (darunter See- und Fischadler) einen idealen Lebensraum.

Im *Naturpark Sternberger Seenland* finden Freizeitkanuten auf der Warnow und dem kleinen Nebenfluss Mildenitz ein herrliches Revier. Am Plauer See beginnen dann die langen und verzweigten Wasserwege der Mecklenburgischen Seenplatte. Von hier aus gelangen die Wasserwanderer via Kanal und stromgleichen Seen über Fleesensee und Kölpinsee zur Müritz.

Neukloster
ca. 3800 Einwohner

Im Jahr 1219 gründete *Heinrich Borwin I.* hier ein Kloster für Benediktinerinnen, die im Lauf des 13. Jh. ein blühendes Gemeinwesen schufen. Von der einst mächtigen Klosteranlage sind die Kirche, der Glockenturm und die Propstei erhalten. Im Zuge der Reformation wurde das Kloster 1555 säkularisiert. Nach dem Dreißigjäh-

Im Westen der Seenplatte und um die Müritz

rigen Krieg fiel Neukloster mit Wismar an Schweden und blieb bis 1803 (de jure bis 1903) unter der Herrschaft der Drei Kronen (zuerst auf 100 Jahre an Mecklenburg verpachtet, dann von den Schweden nicht zurückgefordert).

Mit dem Bau der spätromanischen **Klosterkirche** wurde 1219/1220 begonnen. 1865 wurde die Kirche restauriert und teilweise umgestaltet. Einzigartig sind die Glasmalereien der Klosterkirche – es sind die ältesten in Mecklenburg: Schon 1240 wurde die Kirche mit kunstvoll bemalten, schlanken Fenstern geschmückt, von denen drei (restauriert und ergänzt) noch erhalten sind. Dargestellt sind u. a. die heilige Elisabeth von Thüringen und die heilige Katharina.

Klosterkirche St. Maria und Johannes Ev.: Im Sommer Mo–Fr 10–12 und 14–16 Uhr, im Winterhalbjahr eingeschränkt, Führungen nach Anmeldung unter ☎ 038422-25451.

Die um 1400 erbaute **Propstei**, ein langes Backsteingebäude mit schöner Staffelgiebelfront, dient heute als Kindertagesstätte. Der **Glockenturm** (um 1500) brannte 1989 aus, wurde aber wieder instand gesetzt. Um den ehemaligen Klosterhof gruppieren sich neben Glockenturm und Propstei in schön restaurierten Backstein-Fachwerkhäusern ein Schullandheim und das kleine **Museum**. Hier kann man sich in drei Räumen über Stadtgeschichte, Arbeitswelt und Alltag der Handwerker und Bauern informieren (Di–Sa 10–16 Uhr, Spende erwünscht).

Rund um den **Neuklostersee** führt ein 9,4 km langer **Wanderweg** vornehmlich am schilfreichen Seeufer entlang. Mit 4 km deutlich kürzer ist der Spaziergang rund um die in den See ragende Halbinsel (beide Touren lassen sich kombinieren).

Information Touristinformation Neukloster, Di und Do/Fr 9–12 Uhr geöffnet, Di auch 15–18 Uhr. Hauptstr. 25, 23992 Neukloster, ☎ 038422-44030, www.neukloster.de.

Übernachten/Essen 〉〉〉 **Unser Tipp:** **Seehotel**, herrliche Anlage 2 km südlich von Neukloster am Ufer des Neuklostersees. Stilvoll eingerichtete Zimmer, die sich auf mehrere Gebäude des Anwesens verteilen, Restaurant mit Wintergarten und Terrasse zum See (tägl. mittags und abends geöff-net, abends reservieren), Badescheune mit Spa-Bereich, am See Badestrand samt Steg, Strandkorb und Liegewiese, außerdem gibt es eine Bar und die Kunstscheune mit Raum für Veranstaltungen, Konzerte, Seminare etc. EZ 90–115 €, DZ 155–195 €, Suite 195–235 €, Frühstück inkl., Halbpension 33–35 €/Tag; Hund 12 €/Tag. Im Ortsteil Nakenstorf südlich von Neukloster (beschildert). Seestr. 1, 23992 Neukloster, ☎ 038422-4570, www.seehotel-neuklostersee.de. 〈〈〈

Warin
ca. 3300 Einwohner

Eingebettet in eine zauberhafte Landschaft aus sanften Hügeln, Weiden, Feldern, Wäldern und blau funkelnden Seen, liegt Warin im nordwestlichen Eck des *Naturparks Sternberger Seenland*. Schon im 13. Jh. hatte es die Bischöfe aus Schwerin nach Warin gezogen, die den Ort zu ihrem Sommerquartier machten. Im Ortskern des beschaulichen Ortes residiert vor der neugotischen Kirche das *Naturparkzentrum Sternberger Seenland* (→ S. 327). Ein schönes Strandbad mit grüner Wiese und Spielplatz liegt am *Großen Wariner See* (beschildert).

Information Wariner Fremdenverkehrsverein, April bis Okt. Mo–Fr 9.30–12 und 14–16 Uhr, Sa 9.30–12 Uhr: Nov. bis März Mo/Di und Fr 9.30–12 Uhr, Mo/Di auch 14–16 Uhr. Am Markt 4 a, 19417 Warin, ☎ 038482-60431, www.stadt-warin.eu.

Sternberger See

Zentrum des 2004 ausgewiesenen *Naturparks Sternberger Seenland* ist der Große Sternberger See, der mit nur 2,5 km^2 allerdings recht klein ausfällt. Überdies ermöglichen seine überwiegend bewachsenen Ufer kaum eine touristische Nutzung. Kulturhistorischer Höhepunkt der Gegend ist die slawische Tempelanlage des *Archäologischen Landesmuseums Groß Raden* etwas nordöstlich des Sees.

Sternberg
ca. 4300 Einwohner

Das ruhige kleine Städtchen geht auf eine alte slawische Siedlung zurück, die 1248 erstmals erwähnt wurde, als ihr das Stadtrecht verliehen wurde. Heute rühmt sich der Ort als „staatlich anerkannter Erholungsort", nicht zuletzt dank der schönen Lage oberhalb des Großen Sternberger Sees auf einem Hügel, umgeben von einer Stadtmauer (mit gotischem **Stadttor**). Gleich beim beschaulichen Marktplatz mit seinen ansehnlichen Fachwerkhäusern und dem tudor-gotischen **Rathaus** steht am höchsten Punkt des Ortes die sehenswerte gotische **Backsteinkirche** (um 1320), in deren Rücken befindet sich das hübsche kleine **Heimatmuseum** von Sternberg.

Stadtkirche Sternberg: Zur Saison Mo–Sa 10–12 und 14–17 Uhr geöffnet. **Heimatmuseum**: April bis Okt. Di/Do 10–15 Uhr (Juli bis Okt. auch Mi) oder nach Voranmeldung, Eintritt 3 €, Mühlenstr. 6, ☎ 03847-2162.

In die Chroniken ging Sternberg im Oktober 1492 ein, als es bei einem Hochzeits-fest zu einer „Hostienschändung" gekommen sein soll – der Legende nach durch-stach ein jüdischer Hochzeitsgast die Hostien mit seinem Schwert, die daraufhin geblutet haben sollen. Infolge dieses Vorfalls wurden in Sternberg 27 Juden auf dem Scheiterhaufen verbrannt, alle anderen Juden des Landes verwiesen. Die Hostien selbst wurden daraufhin in einer eigens an die Stadtkirche angebauten Kapelle als Reliquie verehrt, Sternberg avancierte kurzzeitig zum Wallfahrtsort. Heute erinnert in der Heilig-Blut-Kapelle eine Kunstinstallation (ein hängendes Kreuz und dessen Abdruck in einem darunterliegenden Tuch) als Mahnmal an das Pogrom.

Ein halbes Jahrhundert später, am 20. Juni 1549, bekannte sich der *Landtag von Sternberg* (eine von den Herzögen verfügte Ständeversammlung) zur Lehre Martin

Luthers und öffnete damit ganz Mecklenburg für die Reformation. Ein großforma-tiges Wandgemälde (1896) in der Turmhalle der Stadtkirche und ein Gedenkstein am Ort des Geschehens, der **Sagsdorfer Brücke** über die Warnow, etwa 3 km nord-westlich von Sternberg, erinnern an dieses Ereignis.

Basis-Infos

Information   Touristinformation Stern-berg, am Marktplatz. Sehr freundlich, kennt-nisreich und hilfsbereit. Mai bis Sept. Mo–Fr 9–12 und 13–17 Uhr, im Juli/Aug. auch Sa 10–16 Uhr; Okt. bis April Mo–Do 9–12 und 13–16 Uhr, Fr nur 9–12 Uhr. Am Markt 3, 19406 Sternberg, ℘ 03847-444535, www.tourismus.stadt-sternberg.de.

Verbindungen   Busse fahren mehrmals tägl. nach Groß Raden und Schwerin, www.vlp-lup.de.

Einkaufen   Wer sich für Kunsthandwerk interessiert, dem sei die informative, von der Touristinformation Sternberg herausge-geben Broschüre *seenkunstland* empfoh-len. Hierin sind zahlreiche Ateliers, Werk-stätten und Markttage zusammengetragen und vorgestellt.

Sport   Kanu- und Kajakverleih, die Kanu-tour durch das Warnow-Durchbruchstal (→ „An der unteren Warnow") zählt zu den aufregendsten Wassertouren in der Gegend, Anfänger finden auf der Warnow aber auch ruhigeres Fahrwasser. Infos, Tourenvor-schläge und Kanuverleih bei **Kanu Warnow**

am *Camping Sternberger Seenlandschaft* (→ Camping). Einsteigertouren (2 Pers., 2:30 Std.) und Tagestouren ab 30 €. Kontakt über den Camping, weitere Infos zu Touren etc. unter www.kanu-warnow.de.

Übernachten/außerhalb Schloss Kaarz, das schmucke Schloss beherbergt ein sehr sympathisches Hotel. Ein ruhiger, idylli-scher Ort zum Entspannen. Im Haus ste-hen den Gästen eine Bibliothek und zwei Salons (einer davon mit Kamin) zur Verfü-gung. Im *Roten Salon* ist das Restaurant untergebracht (saisonale und regionale Küche). Nachmittags Cafébetrieb, bei schö-nem Wetter auf der Terrasse. Vermietet werden 22 großzügige DZ, Suiten und Appartements, die zuletzt nach und nach sehr stilvoll renoviert wurden. DZ je nach Größe 135–165 €/Tag, EZ 115–130 €, Suite/ Appartement 160–210 €, jeweils inkl. Früh-stücksbüfett, Hunde 10 €. 19412 Kaarz, ℘ 038483-3080, www.schlosskaarz.de.

Camping   Camping Sternberger Seen-land, direkt am Luckower See (ausgeschil-dert), gut ausgestatteter Platz, Bade- und

Über dem Ausgrabungsgelände wieder aufgebaut: die altslawische Siedlung

Naturpark Sternberger Seenland

Der 2004 eingerichtete Naturpark erstreckt sich über knapp 540 km². Er reicht von Neukloster hinunter bis fast an das Ostufer des Schweriner Sees, nördlich schließt er von Goldberg an den *Naturpark Nossentiner/Schwinzer Heide* an. Landschaftlich geprägt wird der Naturpark Sternberger Seenland von zwei Endmoränen, Hinterlassenschaften der letzten Eiszeit, sowie von über 80 Seen, deren Entstehung zumeist auf Toteisblöcke und Schmelzwasserrinnen zurückgeht. Die größten Seen sind der Neuklostersee, der Große Wariner See, der Großlabenzer See und der Große Sternberger See. An den schilfreichen Seeufern, in gewundenen Flussniederungen, abgelegenen Mooren und zahlreichen sog. *Söllen* (von Toteisblöcken hinterlassene Feuchtgebiete → S. 21), aber auch auf großen Weideflächen und in ausgedehnten Wäldern finden zahllose Tierarten einen intakten Lebensraum. Bemerkenswert sind vor allem die Biberbestände und die See- und Fischadler. Zuletzt wurden über zwölf Seeadler-Paare rund um Warin gezählt. Eine geologische Besonderheit der Gegend stellt der *Sternberger Kuchen* dar, ein geologisches „Gebäck" aus Sandsteinschmirgel, Muscheln, Schnecken und anderen Fossilien, das schon Tausende von Jahren alt ist.

Mit dem **Naturparkzentrum Sternberger Seenland** in Warin ist neben einer Informationsstelle auch eine kleine Ausstellung entstanden. Interessant und kindgerecht aufbereitet, kann man sich hier in drei Räumen über den hiesigen Naturraum informieren. Auch geführte Wanderungen, Rad- und Kanutouren im Naturpark werden angeboten.

Mai bis Sept. Mo–Fr 10–18 Uhr, Okt. bis April Mo–Fr 10–16 Uhr geöffnet. Am Markt 1, 19417 Warin, ✆ 038482-235270, www.naturpark-sternberger-seenland.de.

Anlegestelle, 150 Stellplätze, einige am Wasser, außerdem Blockhütten und Bungalows. Kanu- und Kajakvermietung (→ oben), Angeln, Bootstouren, Tischtennis, Volleyball usw. Gaststätte mit Terrasse, Mini-Market und Restaurant *Sambuca* (Pizza, Pasta, Burger; an der Einfahrt des Platzes gelegen). Hunde sind willkommen (separater Hundestrand). Stellplatz mit Wohnmobil/Caravan/Zelt für 2 Pers. 30 €, Camp & Bike (1 Pers., Zelt) 14 €, Hund 6,50 €, Stellplatz am See plus 5 €. Blockhaus/Bungalow für 2–4 Pers. 70–115 €. Geöffnet April bis Okt. Maikamp 11, 19406 Sternberg, ✆ 03847-2534, www.camping-sternberg.de.

Im Westen der Seenplatte → Karte S. 324/325

Sternberg/Umgebung

Archäologisches Landesmuseum Groß Raden (Freilichtmuseum): Die weitläufige obotritisch-altslawische Siedlung samt Tempelanlage aus dem 9./10. Jh. ist die bekannteste und sicherlich eine der bedeutendsten Ausgrabungsstätten in Mecklenburg-Vorpommern. 1973 begannen die Grabungen auf dem rund 7000 km² großen Areal (gerade einmal die Hälfte des ehemals besiedelten Gebiets), bei denen an die 100.000 Fundstücke zutage kamen, teilweise bestens erhalten, da über die Jahrhunderte luftdicht im Wasser und Moor verborgen. Die Funde deuten auf eine Besiedlung durch die Warnower (eine Seitenlinie der Obotriten) im 9. Jh. wie auch auf eine zweite Besiedlungsphase im 10. Jh. hin, wobei davon auszugehen ist, dass die erste Siedlung komplett zerstört und einige Jahrzehnte später wieder aufgebaut wurde. Ebenso fand man heraus, dass der Ringwall vor der Halbinsel vor rund 1000 Jahren noch vom Festland abgeschnitten war, der einzige Zugang führte über eine

Brücke. Auch die Siedlung selbst war mit tiefen Gräben und Palisaden geschützt und nur über ein Eingangstor zu betreten. Die rekonstruierte Anlage (Block- und Flechtwandhäuser, Schmiede und Backofen, Tempel und Befestigungsanlage samt Ringburg und Brücke) ist als überaus sehenswertes Freilichtmuseum zugänglich. Im Sommer wird das Slawendorf von historischem Handwerk belebt (auch zum Mitmachen). Im Haupthaus schließlich ist eine Ausstellung über Kunst und Kultur, Handwerk und Handel der Slawen zu sehen.

Öffnungszeiten April bis Okt. tägl. 10–17.30 Uhr, Nov. bis März Di–So 10–16.30 Uhr. Eintritt 3,50 €, erm. 2 €, Kinder unter 6 J. frei, Familien 7 €. Kastanienallee, 19406 Groß Raden, ☎ 03847-2252, www.freilichtmuseum-gross-raden.de.

Anfahrt Von Sternberg ca. 4 km nordöstlich nach Groß Raden (hier einige Cafés).

Der **Parkplatz** des Museums befindet sich in Groß Raden, von diesem aus geht es noch ein Stück durch den Ort, dann oberhalb des Sees entlang zum Hauptgebäude (knapp 1,5 km) und schließlich durch den Wald – nochmals knapp 1,5 km zu Fuß bis zum Freilichtmuseum (ausgeschildert).

An der unteren Warnow

Warnow-Durchbruchstal: Etwa 8 km nördlich von Sternberg bei Groß Raden befindet sich das Warnow-Durchbruchstal, heute ein idyllisches Naturschutzgebiet. Während der letzten Eiszeit wurde hier durch die Gletscher ein gigantischer Wall aufgehäuft, der beim Abschmelzen dem mächtigen Druck der Wassermassen nachgab und der Warnow den Weg ebnete – daher auch der Name Durchbruchstal. Geblieben ist ein tiefer Einschnitt mit bis zu 30 m hohen Steilhängen und einer stellenweise recht wilden Warnow, die sich als Kanurevier großer Beliebtheit erfreut (Wasserrastplatz bei Klein Raden). Beliebt ist das geschützte Tal aber auch bei Bibern und Eisvögeln.

Bützow (ca. 7800 Einwohner): Das Städtchen ist der nächste größere Ort in Richtung Norden. In seinem Zentrum liegen die wuchtige, ehemalige *Stiftskirche*, die in ihrem Kern aus dem 13. Jh. stammt, das neogotische *Rathaus* mit zierlichen Türmchen und der weitläufige *Marktplatz* mit dem Gänsebrunnen. Ein literarisches Denkmal setzte der große, heute leider ein wenig in Vergessenheit geratene Erzähler *Wilhelm Raabe* der Stadt dank seiner Novelle *Die Gänse von Bützow* (1866). Fragt man in der freundlichen Buchhandlung von Bützow nach der Novelle, wird man enttäuscht. Doch das ist keine Nachlässigkeit im Sortiment der bezüglich Regionalia sehr gut sortierten Buchhandlung, sondern dem bedauerlichen Umstand geschuldet, dass die Novelle heute keinen Verleger mehr findet. Am südlichen Ortsausgang von Bützow befindet sich der Schlossplatz mit dem sanierten *Schloss* (Privatbesitz) und dem sorgsam renovierten *Krummen Haus* (15. Jh.), das einst Teil des Schlosses war und heute das Heimatmuseum beherbergt. Das *Kunsthaus* schließlich ist in Dauer- und Wechselausstellungen Künstlern aus Mecklenburg-Vorpommern gewidmet.

Information Touristinformation Bützow, Mo und Mi/Do 8.30–16 Uhr, Di bis 17.30 Uhr, Fr 8.30–13 Uhr. Am Markt 1, 18246 Bützow, ☎ 038461-50120, www.buetzow.eu.

Öffnungszeiten Das „Krumme Haus": Heimatmuseum und Stadtbibliothek, Mo/Di/Mi/Fr 10–12 Uhr, Mo auch 13–17 Uhr, Di 13–18 Uhr, Fr 13–16 Uhr. Schlossplatz 2,

☎ 038461-4051 oder 038461-66915, www. krummes-haus-buetzow.de.

Kunsthaus: Di–Fr 10–15 Uhr und Sa/So 13–16 Uhr, Lange Str. 20, ☎ 038461-91822, www. kunsthaus-buetzow.de.

Einkaufen Buchhandlung Am Markt, gut sortiertes Regionalia-Regal, freundlich. Lange Str. 34, ☎ 038461-2608.

Das neogotische Rathaus von Bützow

Südlich von Bützow befindet sich versteckt in einem kleinen Waldstück der sog. **Steintanz von Boitin**. Dabei handelt es sich um vier prähistorische Steinkreise, drei nahe beieinander und einer etwas abseitig. Der „Tanz der Menhire" hatte sicherlich kultische Bedeutung und diente nachweislich auch als Begräbnisstätte, ob er auch – quasi als mecklenburgisches Stonehenge – eine astrologische Funktion hatte, konnte bislang nicht eindeutig belegt werden.

Von Bützow kommend Richtung Süden nach Tarnow, im Ort rechts Richtung Boitin und nach knapp 1 km wieder rechts ab (beschildert: Boitiner Steintanz), noch mal etwa 1 km auf schmaler Asphaltstraße, dann ab Parkplatz am Waldrand etwa 2 km zu laufen.

Schwaan: Das 5000-Einwohner-Städtchen ist der letzte größere Ort an der Warnow vor Rostock (20 km). Schwaan ist eine verschlafene kleine Ackerbürgerstadt mit vergleichsweise stattlicher Kirche aus dem 13. Jh. und einer alten restaurierten Wassermühle an der Durchgangsstraße, die heute die Touristinformation beherbergt und seit 2002 als *Kunstmühle* dient. In den Jahren um 1885–1890 entstand nämlich auch in Schwaan eine kleine **Künstlerkolonie**, gegründet vom hiesigen Maler *Franz Bunke*, der seinerzeit in Weimar Landschaftsmalerei lehrte und seine Schüler mit in die Heimatstadt brachte. Und Landschaft gab es hier wahrlich genug zu malen: In den drei Stockwerken der Mühle sind Fluss- und Stadtansichten von Schwaan zur Genüge zu sehen, dazu diverse Landschaftsszenen. Neben dem Kunstprofessor Bunke ließen sich auch die gebürtigen Schwaaner *Rudolf Bartels* und *Peter Paul Draewing* sowie der Hamburger *Alfred Heinsohn* von der mecklenburgischen Landschaft inspirieren. Mit Beginn des Ersten Weltkrieges ging es mit der Künstlerkolonie Schwaan jedoch bergab. Neben der sehenswerten Dauerausstellung werden in der Kunstmühle auch wechselnde Ausstellungen gezeigt.

Touristinformation Schwaan und **Kunstmuseum**: April bis Okt. Di–Fr 10–17 Uhr, Sa 13–17 Uhr, So 11–17 Uhr; Nov. bis März Di–Fr 10–16 Uhr, Sa geschlossen, So 11–17 Uhr (feiertags stets 13–17 Uhr). Eintritt Kunst- museum 4 €, erm. 3 €. Mühlenstr. 12, 18258 Schwaan, ☎ 03844-891792, www.kunst museum-schwaan.de (offizielle Seite der Stadt: www.schwaan.de).

Im Westen der Seenplatte → Karte S. 324/325

Güstrows prächtiges Schloss

Güstrow

ca. 29.800 Einwohner

Berühmt geworden ist Güstrow dank Ernst Barlach, der hier zeichnete und lithografierte, schnitzte und in Bronze goss – kurz: der hier sein Hauptwerk schuf. Doch die Stadt an der Nebel, die sich heute stolz Barlachstadt nennt, ist auch eine altehrwürdige Residenzstadt mit schönem historischen Zentrum und vor allem einem prächtigen Renaissanceschloss.

Güstrows Altstadt präsentiert sich als ein kompaktes, fast kreisrundes Zentrum, das anstatt einer früheren Stadtmauer heute von einem schmalen, grünen Gürtel umgeben ist. Einen Stadtrundgang beginnt man am besten bei der nicht nur in ihren Ausmaßen größten Sehenswürdigkeit, dem **Schloss** (was sich auch deshalb anbietet, da sich neben dem weitläufigen Park ein ebenso weitläufiger Parkplatz befindet). Vom Torhaus des Schlosses ist es nicht weit bis zum Franz-Parr-Platz – *Parr* war übrigens einer der Architekten der exklusiven Immobilie. Hier befinden sich die Touristinformation und das sehenswerte **Stadtmuseum**.

Seltsam zurückgesetzt liegt am südwestlichen Altstadtrand der altehrwürdige **Dom**. Vom Parr-Platz aus verläuft die Domstraße (allerdings ohne am Dom entlangzuführen) zur **Marienkirche** und zum **Rathaus** am Markt, dem lebhaften Zentrum Güstrows. Vom autofreien Marktplatz führt die Fußgängerzone, eine kleine Einkaufsmeile mit Geschäften, Restaurants und Cafés, vorbei am martialischen Borwin-Brunnen, der den mecklenburgischen Fürsten als stolzen Recken zeigt, zum Pferdemarkt. Schon etwas außerhalb der Altstadt, aber nur wenige Schritte vom Pferdemarkt entfernt, befindet sich in der Gertrudenkapelle das **Barlachmuseum**.

Doch nicht nur Güstrows Altstadt ist einen Besuch wert. In südöstlicher Richtung um den Inselsee finden sich weitere Publikumsmagneten: der **Natur- und Umweltpark Güstrow (NUP)**, das **Barlachatelier** und schließlich der See selbst.

Stadtgeschichte

Aus einem kleinen slawischen Weiler im sumpfigen Tal des Flusses *Nebel* entwickelte sich dank seiner Lage an der Kreuzung zweier Handelstraßen ein blühendes Gemeinwesen mitsamt einer Burg. Der mecklenburgische Fürst *Heinrich Borwin II.* gründete 1226 ein Kollegiatsstift und initiierte damit den Baubeginn des Güstrower Doms. 1228 erhielt Güstrow das Schweriner Stadtrecht. Nördlich der alten Siedlung um Burg und Dombaustelle entwickelte sich ein jüngerer Stadtteil um den heutigen Marktplatz, an dem im frühen 14. Jh. eine zweite Kirche, St. Marien, sowie das Rathaus entstanden. Anfang des 16. Jh. legten innerhalb von neun Jahren drei schwere Feuer die Stadt in Schutt und Asche.

Dass Güstrow zur Residenzstadt wurde, verdankt die Stadt einem Bruderzwist. Nicht eben ungewöhnlich, ging es bei diesem Streit ursprünglich um die Aufteilung eines Erbes. 1547, nach dem Tod Herzog *Albrechts VII.*, stritten sich seine Söhne *Johann Albrecht I.* und *Ulrich* um die Vorherrschaft über die Hinterlassenschaften des Vaters. Nach einem Machtwort des brandenburgischen Kurfürsten wurde schließlich brüderlich geteilt: Johann Albrecht bekam das westliche Gebiet mit Schwerin und Wismar als blühende Zentren, Ulrich den östlichen Teil um Güstrow. Damit wurde im Prinzip die Teilung Mecklenburgs schon vorweggenommen, sie manifestierte sich jedoch erst 1621. Mit der Landesteilung entstanden zwei Mecklenburgs, näher definiert durch ihre Residenzstädte: Mecklenburg-Schwerin und eben Mecklenburg-Güstrow.

Das neue Schloss von Güstrow gefiel auch dem Generalissimus. 1628 erklärte es *Wallenstein*, nunmehr Herzog von Mecklenburg, zu seiner Residenz, wohl mit der Absicht, länger zu bleiben. Unverzüglich ließ er größere Umbaumaßnahmen in Angriff nehmen, doch die Wirren des Dreißigjährigen Krieges machten auch vor dem Größten der Generäle nicht Halt. Wallenstein wurde weitergetrieben und die alten Mecklenburger Herzöge kehrten zurück. Nach dem Tod *Gustav Adolphs von Mecklenburg-Güstrow* 1695 endete die Güstrower Herzogslinie. Der Herzog hatte zwar elf Töchter, aber keinen männlichen Thronfolger. Der Name der Mutter, die darob unter enormem Druck gestanden haben muss, soll hier nicht verschwiegen werden: Sie hieß *Magdalene Sibylle von Holstein-Gottorp.* In der Folge stand Güstrow, nunmehr wieder Teil des Herzogtums Mecklenburg-Schwerin, noch ein wenig mehr im Schatten Schwerins.

↓ Güstrow Karte S. 333

Schließlich, im Jahr 1910, kam *er*: *Ernst Barlach*, der sich hier niederließ, sein Atelier aufbaute, sein künstlerisches Hauptwerk schuf und damit das Selbstbewusstsein der Stadt bis heute prägen sollte – Güstrow ist stolz auf seinen begnadeten Bürger und nennt sich entsprechend Barlachstadt. Aber dem war nicht immer so. Eines der berühmtesten Werke, der *Güstrower Domengel*, besser bekannt als *Der Schwebende*, der schon bei seiner Einweihung 1927 in nationalen Kreisen für Unmut gesorgt hatte, wurde 1937 von den Nationalsozialisten als „entartete Kunst" diffamiert, aus dem Dom entfernt und schließlich eingeschmolzen. Bei der eindrucksvollen Skulptur, die heute wieder im Dom schwebt, handelt es sich um einen Nachguss aus dem Jahr 1953.

Basis-Infos

Information   Güstrow-Information, im Stadtmuseum am Franz-Parr-Platz, freundlich; auch Stadtführungen und Tickets. Außerdem Zeitungen und Zeitschriften sowie Bücher zu Mecklenburg, Güstrow, Barlach etc. Mai bis Sept. Mo–Fr 9–19 Uhr, Sa 10–17 Uhr, So 11–17 Uhr; Okt. bis April Mo–Fr 9–18 Uhr, Sa 10–16 Uhr, So 11–16 Uhr. Franz-Parr-Platz 10, 18273 Güstrow, ✆ 03843-681023, www.guestrow-tourismus.de.

Verbindungen Bahn: mindestens stündl. nach Rostock; alle 2 Std. nach Waren, etwa stündl. via Teterow, Malchin und Stavenhagen nach Neubrandenburg sowie ca. stündl. nach Wismar (mit Umsteigen in Bad Kleinen oder Rostock) und Schwerin (meist mit Umsteigen in Bützow).

Bus: Gute Anbindung an Krakow (auch weiter nach Teterow), über Dobbertin nach Goldberg sowie nach Sternberg. Der **Stadtbusse 252** fährt zum *Inselsee* und zum Barlach-Atelier, www.rebus.de.

Baden   Freibad am Inselsee (zwischen Hotel Kurhaus und Barlach-Atelierhaus).

Stadtführungen   Thematische Stadtführungen, z. B. im Sommer tägl. 11 Uhr (im Winter nur Sa) durch die **Altstadt** (4,50 €/Pers., erm. 2,25 €); Fr auch **Nachtwächterführungen** (Mai bis Aug. um 21 Uhr; im Winterhalbjahr früher, 6,50 €/Pers., Kinder 5 €). Infos in der Güstrow-Information, ✆ 03843-681023.

Übernachten/Essen & Trinken

Übernachten   ** Kurhaus am Inselsee 3**, idyllisch und ruhig am Ufer des Inselsees gelegen. Restaurant und Café (schöne Terrasse/Garten zum See), Wellnessbereich und diverse -angebote, auch Badestrand und Bootsverleih. EZ ab 85 €, DZ 130 € (zum Wald), 140–150 € (zum See), Suite ab 180 €. Heidberg 1, 18273 Güstrow, ✆ 03843-8500, www.kurhaus-guestrow.de. Etwas günstiger übernachtet man im dazugehörigen, nahe gelegenen 3-Sterne-Hotel *Strandhaus* (www.strandhaus-guestrow.de).

Hotel am Schlosspark 6, relativ zentral gelegenes, großes Hotel mit Blick auf das Schloss. Außen sachlich, innen funktional, günstig. EZ 60–80 €, DZ 70–90 €, auch Familienzimmer (130 €), Frühstück 12,50 €/Pers., Hund 15 €/Tag. Neuwieder Weg 1, 18273 Güstrow, ✆ 03843-277960, www.gaestehaus-guestrow.de.

Jugendherberge Jugendherberge Güstrow 4, ein gutes Stück außerhalb der Altstadt, ruhig am Waldrand und unweit des Inselsees. Übernachtung ab 22,50 €/Pers., auch DZ und Familienunterbringung möglich. Schabernack 70, 18273 Güstrow, ✆ 03843-840044, www.guestrow-jugendherbergen.de. *Anfahrt*: 5 km Richtung Inselsee, zunächst zum Barlach-Atelierhaus, dann geradeaus weiter, im Ortsteil *Mühl Rosin*.

🌿 **Übernachten/Essen außerhalb** Gut Gremmelin, in einem alten Gutshof etwa 16 km östlich von Güstrow Richtung Teterow. Mit Restaurant *Landlieb* (abends geöffnet, So nur für Hausgäste). Es werden auch diverse Kurse rund ums Wohlfühlen angeboten, Kochkurse, Yoga, Tai Chi etc. Außerdem Kunstausstellungen, Theater und Konzerte. EZ 65–129 €, DZ 89–125 €. Am Hofsee 33, 18279 Gremmelin, ✆ 038452-5110, www.gutgremmelin.de. ■

Essen & Trinken   Barlach Stuben 5, in dem gediegenen Restaurant wird gute mecklenburgische Küche geboten, Hauptgericht ab 14 €, mittwochs gibt es „Schnitzel satt", also all-you-can-eat (allerdings sind die gereichten Portionen wirklich ausreichend), außerdem saisonale Angebote. Freundlicher, zuvorkommender Service. Mittags und abends geöffnet. Plauer Str. 7, ✆ 03843-684881.

Wunderbar 1, Restaurant, Café und gemütliche Bar, günstiger Mittagstisch, auch kleine (und größere) Gerichte aus aller Welt. Tägl. ab 11 Uhr (Küche bis 22 Uhr). Krönchenhagen 10, ✆ 03843-776927, www.wunderbar-guestrow.de.

Café Küpper 2, nettes, kleines Café in der Domstraße, in dem schmalen Raum ist neben dem mächtigen Ofen glücklicherweise noch Platz für eine Tortenvitrine, die meist randvoll ist mit kunstvollen, natürlich hausgemachten Backkreationen. Hinten schließt sich ein idyllischer Garten an, freundlicher Service. Mo–Fr 9–18 Uhr, So 13–18 Uhr geöffnet. Domstraße 15, ✆ 03843-682485.

Güstrow
Karte S. 333

Sehenswertes

Schloss Güstrow und Museum

Wohl schon im 12. Jh. stand an dieser Stelle eine Burganlage. Zum schmucken Renaissanceschloss wurde sie erst, als *Herzog Ulrich* seinem baufreudigen Bruder, der Prachtvolles in Schwerin und Wismar entstehen ließ, in nichts nachstehen wollte und dafür 1558 den aus der Lombardei stammenden Architekten *Franz Parr* engagierte – später sollten dessen Bruder *Christoph* und schließlich der niederländische Baumeister *Philipp Brandin* die Leitung der Großbaustelle übernehmen. Bis 1599 entstand eine prächtige, ursprünglich vierflügelige (1795 wurde der mittlerweile ramponierte Ostflügel abgetragen) und fünfstöckige Renaissance-Anlage, die italienische, niederländische und deutsche Stilelemente in sich vereint. Entgegen dem ersten Eindruck ist das Güstrower Schloss ein Backsteinbau, dessen Verputz den (für die Gegend allzu teuren) Sandstein lediglich imitiert. Repräsentativ wuchtig wirkt die Hauptfassade dank des von Türmchen gekrönten massigen Risalits, während sich der Südflügel mit seinen schlanken Mitteltürmen mit einer gewissen Eleganz und Leichtigkeit über den Garten erhebt.

Heute wird das Güstrower Schloss vom Staatlichen Museum Schwerin genutzt. Dabei sind nicht nur die gezeigten Exponate und Gemälde sehenswert, sondern auch die Innenausstattung. In jedem Fall aber sollte man sich Zeit nehmen oder aber vorher gut auswählen, was man ansehen möchte: Das Schloss ist groß, und es mangelt weder an Ausstellungsfläche noch an -stücken.

Der Unbeugsame – Ernst Barlach (1870–1938)

Am 2. Januar 1870 in Wedel bei Hamburg geboren, begann Ernst Barlach seine Ausbildung 1888 an der Gewerbeschule in Hamburg, ab 1891 besuchte er die Dresdener Kunstakademie. 1895 ging der Künstler nach Paris, kehrte aber nach gut einem Jahr wieder zurück. Die Karriere wollte nicht so richtig in Schwung kommen, er bewegte sich von Misserfolg zu Misserfolg – mit bereits 35 Jahren konnte Barlach noch auf keine nennenswerten künstlerischen Erfolge blicken. Die Wende brachte erst ein Russlandaufenthalt im Sommer 1906. Voller Eindrücke von der Weite des Landes und der stolzen Einfachheit seiner Menschen kehrte Barlach zurück, die von der Reise inspirierten Skulpturen fertigte er aus Holz (später auch in Gips und Bronze) – und endlich stellte sich auch der ersehnte Erfolg ein. 1908 wurde er als Mitglied in die Künstlergruppe „Berliner Secession" aufgenommen, zu der u. a. auch *Käthe Kollwitz* und *Max Liebermann* gehörten. 1910 zog es Barlach nach Güstrow, wo er bis zu seinem Tod lebte.

Barlachs Flötenspieler
in der Gertrudenkapelle

Als Soldat erlebte Barlach den Ersten Weltkrieg nur in einem kurzen Einsatz im Winter 1915/1916, lange genug aber, um einen überzeugten Pazifisten aus ihm zu machen. 1920 erhielt er den ersten Großauftrag für das *Ehrenmal* der Nikolaikirche in Kiel, es folgten ähnliche Projekte mit großen Skulpturen für Güstrow (*Dom-Engel/Der Schwebende*, 1927), Kiel (*Geistkämpfer*, 1928) und Magdeburg (*Ehrenmal*, 1929). Und auch als Dramatiker waren die 1920er-Jahre für ihn durchaus erfolgreich.

1931 zog Barlach mit seiner Lebensgefährtin Marga Böhmer in das Atelierhaus am Inselsee. Schon damals war der nunmehr bekannteste deutsche Bildhauer seiner Zeit zahlreichen Anfeindungen der politisch Rechten ausgesetzt, der seine Werke nicht vaterländisch genug waren. Seine Skulpturen wurden beschmiert, er selbst beschimpft und bedroht. Nach der Machtergreifung der NSDAP bekam Barlach, der sich offen gegen Intoleranz und Rassenhass ausgesprochen hatte, überhaupt keine Aufträge mehr, seine Stücke wurden nicht mehr aufgeführt, seine Ehrenmäler wurden aus den Kirchen demontiert – Barlachs Werke galten als „Entartete Kunst".

Ernst Barlach, seit frühester Jugend herzkrank, starb am 24. Oktober 1938 in Rostock, beigesetzt wurde er neben dem Grab seines Vaters in Ratzeburg. Dass sein *Güstrower Dom-Engel* 1941 eingeschmolzen und als Kriegsmaterial Verwendung fand, musste Barlach nicht mehr miterleben. Marga Böhmer erwirkte, dass einige seiner Werke in der von dem Künstler geliebten Güstrower *Gertrudenkapelle* ausgestellt wurden. 1953 entstand hier das erste Barlachmuseum.

In repräsentativen Festsälen, prachtvollen Verbindungsräumen und geradezu gemütlichen Turmzimmern finden sich Wandmalereien, reich verzierte Kassettendecken und aufwendig gestaltete Stuckarbeiten. Die Wände schmücken zahlreiche Teppiche und Gemälde – Porträts der herzoglichen Familie, aber auch italienische Malerei der Renaissance. Zu sehen sind außerdem eine bemerkenswerte Sammlung mittelalterlicher Kirchenkunst aus Mecklenburg, ein beträchtliches Arsenal von Jagd- und Prunkwaffen aus dem 16. Jh. bis ins 19. Jh., aufwendig gestaltetes Mobiliar sowie mehrere Jahrhunderte umspannende Sektionen mit kostbaren Majoliken, Glasarbeiten, Münzen und so fort. Zu den kunsthistorischen Highlights gehören neben den berühmten Tierporträts von Marten de Vos (*Einhorn, Dromedar, Elefant* und *Leopard*, 1572) und dem Gemälde *Venus und Amor als Honigdieb* (1527) von Lucas Cranach d. Ä. (im Erdgeschoss) auch Werke von Bernardo Strozzi (Porträt von *Giulio Strozzi*, 1635) und Tintoretto (*Bildnis eines venezianischen Edelmanns*, um 1550), die den ohnehin schon prächtigen Piano Nobile, die Gemächer des Herzogs im Obergeschoss, schmücken. Unbedingt sollte man auch einen Blick in den Festsaal im ersten Obergeschoss werfen. Die Kassettendecke ist prachtvoll stuckiert und zeigt u. a. detailreiche Jagdszenen. Unterhalb der Decke verläuft das berühmte, von *Christoph Parr* (Bruder des Baumeisters) geschaffene Rotwildfries, das derart plastisch gearbeitet ist, dass sich das Wild aus der Wand herauszubewegen scheint und die „echten" Geweihe der Hirsche in den Raum hereinragen. Kurzum: ein würdiger Rahmen für höfische Tanzveranstaltungen.

Schloss und Museum: ganzjährig Di–So 11–17 Uhr. Erw. 6,50 €, erm. 4,50 €, mit Sonderausstellung 10,50 € bzw. 8,50 €. Sa und So um 14 Uhr öffentliche Führung, 3 €/Pers., erm. 2 €. Franz-Parr-Platz 1, ✆ 03843-7520, www.museum-schwerin.de.

Stadtmuseum Güstrow

Unweit des Schlosses ist in einem klassizistischen Bau, dem ehemaligen Spital, das Güstrower Stadtmuseum untergebracht. Den Mittelpunkt der überaus ansprechend gestalteten Ausstellung bildet natürlich die Stadtgeschichte. Nach einer kleinen, fünf Gemälde umfassenden Expressionismus-Sektion steigt man auch gleich ein in die Geschichte Güstrows. Die Räume im Erdgeschoss sind noch dem Mittelalter gewidmet. Im Obergeschoss gelangt man dann Raum für Raum von der frühen Neuzeit über die Entwicklung Güstrows zur Residenzstadt und das 18. Jh. bis hinein in den bürgerlichen Alltag des 19. Jh. Weitere Abteilungen widmen sich dem Leben und Werk berühmter regionaler Künstler wie dem romantischen Maler *Georg Friedrich Kersting*, dem niederdeutschen Schriftsteller *John Brinckmann* und natürlich dem allgegenwärtigen *Ernst Barlach*. Abschließend befasst sich ein Raum mit der Geschichte Güstrows im 20. Jh. Stimmungsvoll in Szene gesetzte Exponate und informative Tafeln, flankiert von Zeichnungen und Gemälden, machen die Ausstellung zu einer gelungenen Mischung aus Stadtmuseum und Galerie.

Mo–Fr 9–18 Uhr, Sa 10–16 Uhr, So 11–16 Uhr, im Sommer abends jeweils eine Stunde länger. Eintritt frei. Franz-Parr-Platz 10, ✆ 03843-769120.

→ Karte S. 333 Güstrow

Dom

Gestiftet wurde der Dom 1226 vom mecklenburgischen Fürsten *Heinrich Borwin II.* im Zuge der Gründung eines Kollegiatsstifts. Bis die Kirche fertiggestellt war, sollte es aber über hundert Jahre dauern. Erst 1335 weihte der Camminer Bischof den Dom, der 1552 erweitert und Mitte des 19. Jh. renoviert wurde. Entstanden ist eine prächtige Backsteinkirche mit hohem Querschiff und wuchtigem

Turm. Im Inneren sind neben gotischem Triumphkreuz, Taufstein und Chorgestühl vor allem zwei Kunstwerke bemerkenswert: der aufklappbare kostbare Flügelaltar und der 1953 angefertigte Nachguss von Barlachs einprägsamer Skulptur *Der Schwebende*, der die Gesichtszüge der mit Barlach befreundeten Künstlerin *Käthe Kollwitz* trägt.

Mitte Mai bis Mitte Okt. Mo–Sa 10–17 Uhr, So nach dem Gottesdienst bis 12 Uhr sowie 14–16 Uhr; April bis Mitte Mai und Mitte Okt. bis Mitte Nov. Di–Sa 10–12 und 14–16 Uhr, So wie im Sommer; Mitte Nov. bis März Di–So 11–12 und 14–15 Uhr, So nach dem Gottesdienst bis 12 Uhr sowie 14–15 Uhr.

Marienkirche

Noch während am Dom gebaut wurde, begann man in Güstrows „neuem" Stadtteil – heute die Altstadt um den Markt – mit der Errichtung der Marienkirche. Von dem mittelalterlichen Bestand ist nicht mehr allzu viel erhalten, da das Gotteshaus beim Stadtbrand von 1503 stark beschädigt und Ende des 19. Jh. großflächig saniert wurde. Heute präsentiert sich die Marienkirche als prächtige dreischiffige Hallenkirche, deren wuchtiger Turm von einem etwas überraschend eleganten Helm aus dem 18. Jh. gekrönt ist. Von der Innenausstattung ist v. a. der berühmte, detailreich und filigran geschnitzte *Güstrower Altar* bemerkenswert.

Der Schwebende im Dom

Juni bis Sept. Mo–Sa 10–17 Uhr, So 13–15 Uhr; April/Mai und Okt. Di–Sa 10–12 und 14–16 Uhr, So 13–15 Uhr (Mai auch Mo); im Winter tägl. 13–15 Uhr. Der Turm kann besichtigt werden.

Ernst-Barlach-Museum I: die Gertrudenkapelle

Ein wenig abseits der gängigen Routen, doch in jedem Fall einen Abstecher wert ist die **Gertrudenkapelle** aus dem 15. Jh. Hier befindet sich schon seit 1953 ein erstes Barlach-Museum. Damit entsprach Marga Böhmer, Barlachs Lebensgefährtin von 1927 bis zu dessen Tod 1938, seinem Wunsch, in dem kleinen gotischen Backsteinbau einige seiner Werke auszustellen. Sie selbst lebte bis zu ihrem Tod 1969 in einer Wohnung über der Kapelle. Zu sehen sind einige seiner bedeutenden Skulpturen aus Holz, wie z. B. der *Wanderer im Wind*, der *Zweifler* oder auch der *Lesende Klosterschüler*.

April bis Okt. Di–So 10–17 Uhr, im Winter 11–16 Uhr. Eintritt 4 €, erm. 2,50 €, Kombiticket mit Atelierhaus 9 € (6,50 €), Fotografieren 2,50 €. Gertrudenplatz 1, ✆ 03843-683001, www.ernst-barlach-stiftung.de.

Ernst-Barlach-Museum II: das Atelierhaus am Inselsee

Das Ausstellungsforum und das Atelierhaus des Barlach-Museums am Ostufer des Inselsees liegt gut 3 km südlich von Güstrow (ausgeschildert). Das in kühlem Beton mit großer Glaswand gestaltete Museum aus dem Jahr 1998 zeigt im lichtdurchfluteten Souterrainraum eine bemerkenswerte Sammlung von Barlach-Skulpturen. Im hinteren Bereich des Museums, dem Grafikkabinett, wird (auch in wechselnden Ausstellungen) das grafische Werk Barlachs anhand von Zeichnungen und Skizzen, Druckgrafiken, Handschriften etc. beleuchtet. Im Garten gleich neben dem neuen Museum stößt man auf eine riesige Skulptur des Künstlers, bevor man schließlich zum Atelierhaus gelangt. Auch hier sind zahlreiche Skulpturen zu sehen, darüber hinaus werden die wichtigsten Stationen in Barlachs Leben dokumentiert, u. a. mit Briefwechseln, historischen Fotos und Auszügen aus seiner Autobiografie.

April bis Okt. Di–So 10–17 Uhr, Nov. bis März 11–16 Uhr. Eintritt 6 € (erm. 4 €), Kombiticket mit Gertrudenkapelle 9 € (6,50 €), Fotografieren 2,50 €. Heidberg 15, ☎ 03843-844000, www.ernst-barlach-stiftung.de. *Anfahrt:* Mit dem Auto (ausgeschildert) oder mit dem **Bus 252** und **205**.

Natur- und Umweltpark Güstrow (NUP)

Kein Zoo, eher ein moderner, gelungen konzipierter Tierpark im besten Sinn des Wortes. Die Stars des Natur- und Umweltparks sind natürlich die beiden Braunbären und das Wolfsrudel, die durch große Freigehege streunen. Daneben tummeln sich im Park Luchse und Wildkatzen, Damwild und Wildschweine, Seeadler, Eulen u. v. m. Auch die Unterwasserwelt wird nicht ausgelassen, eine Aquarienwand und ein Aquatunnel erlauben einen Einblick in die heimischen Gewässer. Zum Angebot gehören u. a. geführte Abend-/Nachtwanderungen zu den Wölfen. Dank Spielplatz und Streichelzoo ist der NUP besonders für Kinder ein lohnendes Ausflugsziel.

April bis Okt. tägl. 9–19 Uhr, Nov. bis Febr. 9–16 Uhr, im März 9–18 Uhr. Eintritt 11 €, erm. 10 €, Kinder 3–16 J. 6 €, Familien 29 €, Hunde 5 €. Wenige Kilometer außerhalb, östlich der Güstrower Altstadt, ☎ 03843-24680, www.nup-guestrow.de.

Auch Besucher behält die Alpha-Wölfin sicherheitshalber im Blick

→ Güstrow Karte S. 333

Krakower See

Der mit 16 km² Wasserfläche siebtgrößte See Mecklenburg-Vorpommerns, übrigens einer der saubersten und fischreichsten der Region, unterteilt sich in den Unter- und den Obersee, dazwischen verläuft ein Straßendamm. Hauptort ist Krakow am Nordwestufer des Untersees, außerdem gibt es den Ort Serrahn am Nordostufer. Der südlich gelegene Obersee ist Naturschutzgebiet. Mehrere Fahrradrouten führen mehr oder minder am Ufer entlang um den Krakower See.

Krakow am See   ca. 3500 Einwohner

Ein ruhiger Ort mit beschaulicher Seepromenade und wenig spektakulärem Zentrum. Seit 1998 wird der Krakower See jedes Jahr mit der Blauen Flagge für besonders gute Wasserqualität ausgezeichnet.

Krakow am See liegt 22 km südlich von Güstrow an der B 103. Eine gewisse Randlage bleibt dem Besucher kaum verborgen. Dabei hat Krakow am See durchaus seine Reize, vor allem die Seepromenade mit ihren malerischen **Fischerhüden** (reetgedeckte Bootsschuppen) aus den 1930er-Jahren. Nüchterner gibt sich dagegen der

Marktplatz mit seinem neugotischen Rathaus und den Bürgerhäusern aus dem 18. und 19. Jh. Die Kirche am Markt geht zwar auf das 13. Jh. zurück, wurde bei mehreren Bränden aber komplett zerstört und ist heute in der Version von 1762 zu sehen. Ein Spaziergang durch Krakow am See könnte vom Markt zur Seepromenade und dort in nördliche Richtung – vorbei an der denkmalgeschützten Badeanstalt – zum **Aussichtsturm** am Jörnberg führen

Aussichtsturm: Juni bis Sept. tägl. 9–20 Uhr geöffnet, April/Mai 9–18 Uhr, Okt. bis März 9–16 Uhr, Eintritt frei.

Erstmals urkundlich erwähnt wird Krakow am See im Jahr 1298. Abgesehen von mehreren verheerenden Stadtbränden gibt es recht wenig über Krakows Geschichte (seit 1935: Krakow am See) zu berichten. 1956 wurde der Ort zum Kurort ernannt, im Jahr 2000 zum „staatlich anerkannten Luftkurort". Südlich von Krakow bilden der *Krakower Obersee* und seine Ufer ein 1200 Hektar großes **Naturschutzgebiet**, in dem zahlreiche Wasservögel ein Refugium finden. Der Krakower Obersee gehört zum *Naturpark Nossentiner/Schwinzer Heide* (→ S. 342).

Der Brunnen am Markt

Basis-Infos

Information Touristinformation Krakow am See, am Markt. Geöffnet Mo–Fr 9–12 und 13–17 Uhr (Juni bis Aug. bis 18 Uhr) sowie Sa 10–14 Uhr (Okt. bis April Mi und Sa geschl.). Markt 21, 18292 Krakow am See, ✆ 038457-22258, www.krakow-am-see.de.

Verbindungen Bus: mehrmals tägl. nach Güstrow (Linie 250/251), www.rebus.de. Alle 2 Std. mit der Linie 735 nach Plau am See, www.vlp-lup.de.

Baden Badeanstalt am Jörnberg, denkmalgeschütztes Fachwerkhaus mit Rohrdach, gepflegte Liegewiese, langer Steg mit Rutsche und Sprungbrett, Imbiss vorhanden, Blaue Flagge. 15. Mai bis 31. Aug. (bei gutem Wetter auch im Sept.) tägl. 10–18 Uhr, bei besonders schönem Wetter bis 20 Uhr. Eintritt 1 €. Zu Fuß ca. 1 km nördlich vom Zentrum, der Promenade Richtung Jörnberg folgen. Jörnbergweg 23, ☎ 038457-519660.

Fahrrad-/Bootsverleih Mehrere Verleiher im Ort, auch Kanus, u. a. am Campingplatz.

Übernachten/Essen & Trinken

Übernachten/Essen Ich weiß ein Haus am See ..., berühmt hauptsächlich für sein Sternerestaurant (→ Essen), doch auch als Hotel eines der empfehlenswertesten Häuser in der Umgebung: herrliches Seegrundstück mit Bade- und Anlegestelle, die Zimmer geschmackvoll im Landhausstil, teils mit Loggia zum See. DZ mit Halbpension (4 Gänge) 270–310 €. Hunde auf Anfrage erlaubt (10 €/Tag). Ganzjährig geöffnet, im Winter eingeschränkt. Paradiesweg 3, 18292 Krakow am See, ☎ 038457-23273, www.haus amsee.de. *Anfahrt:* am Nordufer des Krakower Sees, auf der B 103 Richtung Güstrow, dann rechts ab zum Campingplatz, von dort geradeaus weiter zum Hotel.

Seehotel, schöne Lage nahe der Anlegestelle am östlichen Ende der Seepromenade. Jüngst renovierte, großzügige Zimmer, freundlich geführt. Restaurant mit herrlicher Seeterrasse, gutbürgerliche Küche mit ein paar Variationen, viel Fisch (ab 16 €), auch Kaffee und Kuchen auf der Terrasse, tägl. 11–21 Uhr geöffnet (im Winter Mi/Do Ruhetag). EZ 50 €, DZ 80 €, Dreibett-Zimmer 90 €. Nov. und Jan. geschlossen. Goetheallee 7, 18292 Krakow am See, ☎ 038457-519997, www.seehotel-krakow.de.

Übernachten außerhalb Gutshotel Groß Breesen, mitten in der lieblichen mecklenburgischen Landschaft findet sich in einem umgebauten Gutshaus ein Bücherhotel. Soll heißen: Groß Breesen ist zuallererst ein Hotel. Und gleichzeitig ein Bücherbasar: Aus dem reichen Fundus kann 2:1 gegen mitgebrachte Bücher eingetauscht werden. Urgemütlich präsentiert sich das Restaurant im alten, backsteinernen Gewölbe. Hier wird verfeinerte mecklenburgische Küche zu angemessenen Preisen serviert (tägl. geöffnet), auch die Weinkarte kann sich sehen lassen. EZ 68 €, DZ 106 €, inkl. Frühstück, Halbpension 23,50 €/Pers., Hund 12 €. 18276 Groß Breesen bei Zehna, ☎ 038458-500, www.guts hotel.de. *Anfahrt:* von Krakow zunächst Richtung Güstrow (B 103), dann links Richtung Bellin, hinter Groß Tessin geht es links ab Richtung Lohmen. Kurz vor dem Ort Reimershagen rechts ab zum Gutshotel Groß Breesen.

Camping Am Krakower See, am nordwestlichen Zipfel des Sees, schöne Lage an Wasser und Waldrand. Strand und Liegewiese (und Hundebadestelle), Bootsanleger, Gaststätte, Kiosk, Fahrradverleih. Auch einige Bungalows und Ferienwohnungen sind zu mieten. Stellplatz für 2 Pers. und Wohnwagen/-mobil 24,50 € (in 1. Reihe 29,50 €), auf der Zeltwiese 5,50 € pro Pers., Zelt 4–6 €, Hund 2,50 €, WoMo-Stellplatz 14 €. Ganzjährig geöffnet. Windfang 1, 18292 Krakow am See, ☎ 038457-50774, www. campingplatz-krakower-see.de. *Anfahrt:* von Krakow auf der B 103 Richtung Güstrow, kurz nach dem nördlichen Ortsausgang rechts ab, ausgeschildert.

Essen & Trinken Ich weiß ein Haus am See ..., das weithin bekannte Gourmetrestaurant (auch Hotel, → oben) gibt es seit 1994, seit 1996 mit Michelin-Stern (der erste in Mecklenburg überhaupt). Sehr einladendes Ambiente in einem hellen Rundbau mit Blick auf den See. Freundlicher Service, umfangreiche Weinkarte. Menü 90 € (für Hausgäste 80 €, Reservierung empfohlen. Di–Sa ab 18.30 Uhr geöffnet, im Winter eingeschränkt. Paradiesweg 3, ☎ 038457-23273, www.hausamsee.de.

Restaurant im Seehotel → Übernachten.

Sehr gute Fischbrötchen und kleine Fischgerichte bietet **Dat Hüdenhus** an der Strandpromenade, die Fischerei (auch Räucherei und Fischverkauf) gehört zu den Müritzfischern. Herrlich sitzt man auch auf der Terrasse am See. Goethestr. 11, ☎ 038457-22204, www.muertitzfischer.de.

Im Westen der Seenplatte → Karte S. 324/325

Sehenswertes

Alte Schule/Buchdruckmuseum: Das strahlend weiße alte Schulgebäude am Eingang zur Krakower Altstadt ist kaum zu übersehen. Neben einer kleinen Heimatstube lohnt vor allem das *Museum der Buchdruckkunst* den Besuch: alte Setzkästen, Druckpressen und Maschinen, dazu eine historische Schauwerkstatt mit komplett eingerichteter Buchdruckerei aus den 1920er-Jahren.
Heimatstube: Mo/Mi 13–17 Uhr, Di 10–12 und 13-18 Uhr, Fr 10–12 Uhr; **Buchdruckmuseum**: Di–Fr 10–12 und 13–17 Uhr. Schulplatz 2, ✆ 038457-23872.

Synagoge: Die ehemalige Synagoge schräg gegenüber der Alten Schule wurde 1866 erbaut und 1920 an die Gemeinde verkauft. Durch Auswanderung und mangelnden Nachwuchs erlosch die jüdische Gemeinde von Krakow im Jahr 1930 ganz. Heute finden in dem noch fast original erhaltenen Bau wechselnde Ausstellungen, Konzerte und andere Veranstaltungen statt, Infotafeln erinnern an das jüdische Leben im Krakow des 19. und frühen 20. Jh.
Di–Sa 10–12 und 13–17 Uhr, im Winter Di–Fr 10–12 und 13–16 Uhr. Eintritt frei. Schulplatz 1, ✆ 038457-23647.

Ein schöner Spaziergang führt vom Nordostufer des Krakower Sees (bei Serrahn) durch das **Nebeldurchbruchstal** zur *Kuchelmißer Wassermühle* mit Mühlenmuseum (April–Okt. Di–So 11–18 Uhr, Eintritt 2 €, erm. 1 €) und Café/Gastwirtschaft (gleiche Öffnungszeiten). Der markierte Weg führt von der Straße in nördliche Richtung durch den Wald und am Fluss entlang (beschildert, einfache Strecke ca. 45 Min.).

Goldberger See

Mit einer Größe von 7,7 km^2 ist der abgelegene Goldberger See immerhin der zehntgrößte der Mecklenburgischen Seenplatte. An seinem Westufer liegt Goldberg, der einzige größere Ort in relativer Nähe zum See; das überwiegend bewaldete Ostufer gehört zum *Naturpark Nossentiner/Schwinzer Heide* und ist militärisches Sperrgebiet. Als Badesee ist er nur an wenigen Stellen geeignet, das sumpfige und kaum zugängliche Südufer ist Naturschutzgebiet.

Goldberg   ca. 3700 Einwohner

Der zwar nicht ganz ruhige, aber völlig unspektakuläre Ort (gegründet 1248) erstreckt sich heute beidseits der B 192 und ein gutes Stück östlich des gleichnamigen Sees, von Promenadenflair also keine Spur. Auf der Seeseite der Bundesstraße steht die gotische **Backsteinkirche** aus dem 14. Jh., auf der anderen Seite, etwas versteckt im Müllerweg, finden sich Rathaus und **Naturmuseum**. Letzteres ist im denkmalgeschützten Fachwerkhaus einer alten Wassermühle untergebracht und beherbergt neben einer Ausstellung zu Flora, Fauna und Geologie der Gegend auch ein kleines Heimatmuseum. Im Museumsgarten ist ein alter Bauerngarten zu sehen.
Naturmuseum: zuletzt wegen Sanierung geschlossen. Müllerweg 2, ✆ 038736-41416.

Etwa 5 km westlich von Goldberg erstreckt sich das *Naturschutzgebiet Langenhägener Seewiesen*, wo sich im Herbst vor Einbruch der Dämmerung Hunderte von Kranichen und Wildgänsen zur Rast einfinden (Straße Richtung Schwerin). Von einem Beobachtungsposten kann man das Treiben aus der Ferne mitverfolgen.

Information Tourismusverein Goldberg-Mildenitz, Lange Str. 63, 19399 Goldberg, ☎ 038736-4113, www.waelder-seen-mehr.de.

Verbindungen Bus: ca. 3-mal tägl. nach Parchim und Schwerin; mehrmals tägl. nach Güstrow und Lübz.

Kloster Dobbertin

Das zwischen 1219 und 1225 gegründete Mönchskloster der Benediktiner liegt idyllisch auf einer Halbinsel am Nordufer des **Dobbertiner Sees**, nur wenige Kilometer nördlich von Goldberg. Die Anlage wurde in ein Nonnenkloster umgewandelt, im Jahr 1572 dann in ein evangelisches Damenstift. Nach 1947 wurde das Kloster als Altenheim genutzt, 1961 richtete die Nervenklinik Schwerin hier eine Außenstelle ein. Seit 1992 betreibt die Diakonie ein Zentrum für etwa 300 Menschen mit Behinderung, u. a. Werkstätten, Klosterladen/-café sowie mehrere Wohnbereiche.

Blickfang des aus mehreren Backsteingebäuden bestehenden Anwesens ist die doppeltürmige **Klosterkirche**, deren Ursprungsbau auf 1340 zurückgeht. *Karl Friedrich Schinkel* zeichnete in den 1820er-Jahren die Pläne für den neugotischen Umbau der Kirche, die von *Georg Adolph Demmler*, dem späteren Hofbaumeister des Großherzogs von Mecklenburg-Schwerin zwischen 1828 und 1837 umgesetzt wurden.

Um die Kirche gruppieren sich die historischen Gebäude des **Klosterdorfs**, u. a. das Klausurgebäude mit seinem kreuzrippengewölbten Kreuzgang aus dem 13./14. Jh., mehrere Wohnhäuser im neugotischen Stil und das sog. Küchenmeisterhaus aus dem Jahr 1846, einst das Verwaltungsgebäude des Klosters. Im alten Brauhaus am See (ursprünglich 16. Jh.) befindet sich heute das Klostercafé.

Kirche und Kreuzgang: Mai bis Sept. Di–So   11–17 Uhr;   4 €/Pers.,   Anmeldung ☎ 038736-86121, Infos unter www.kloster-dobbertin.de.

Das **Klostercafé** im Brauhaus serviert Kaffee, Kuchen und bodenständige, günstige Küche. Mai bis Okt. Di–Fr 11–17.30 Uhr, Sa/So 11–18 Uhr; Nov. bis April Di–Fr 11–16.30 Uhr, Sa/So 11–17 Uhr. ☎ 038736-86198.

Der Dobbertiner See beim Kloster

Im Westen der Seenplatte → Karte S. 324/325

Um den Plauer See

Der Plauer See ist nach der Müritz und dem Schweriner See der drittgrößte See Mecklenburg-Vorpommerns. Das beschauliche Städtchen Plau am See liegt an der Müritz-Elde-Wasserstraße, die in die Elbe mündet bzw. über einen Kanal mit dem Schweriner See verbunden ist. Vom Ostufer des Plauer Sees führt eine Wasserstraße über Petersdorfer See, Malchower See, Fleesensee und Kölpinsee in die Müritz.

Im Norden des Plauer Sees

Karow/Karower Meiler: Der 950-Einwohner-Ort an der B 192, der zurückgeht auf eine Gründung im 13. Jh., wäre an sich kaum der Rede wert, gäbe es nicht das *Kultur- und Informationszentrum Karower Meiler* des *Naturparks Nossentiner/Schwinzer Heide*. In dem mächtigen Holzmeiler ist eine recht informative Ausstellung untergebracht. Sie zeigt die Entstehung der Landschaft von der eiszeitlichen Formierung über die Waldentwicklung bis zum Eingreifen des Menschen und der Schaffung der Kulturlandschaft. Entsprechend geht es auch um die Lebensräume im Naturpark und ihre Bewohner, die man mittels anschaulichen Infotafeln oder etwa den Nachbau eines Fuchsbaus, einen Tierstimmenraum u. ä. näher gebracht bekommt. Draußen auf dem Freigelände sind unter anderem Spielplatz, Picknickbänke und Kräutergarten zu finden. Desweiteren werden wechselnde Ausstellungen und Vorträge veranstaltet. Unweit des Karower Meilers bietet der Aussichtsturm „Moorochse" einen herrlichen Blick auf das *Naturschutzgebiet Nordufer Plauer See*. Kultur- und Informationszentrum Karower Meiler, Mai bis Sept. tägl. 10–17 Uhr, April und Okt. tägl. 10–16 Uhr, Nov. und Febr./März nur Mo–Fr 10–16 Uhr, Dez./Jan. geschlossen. Ziegenhorn 1, 19395 Karow, ✆ 038738-70292, www.naturpark-nossentiner-schwinzer-heide.de.

Ausflug mit der Draisine Mecklenburger Draisinenbahn: 23 Schienenkilometer durch herrliche Landschaft (kaum Steigungen), Start zwischen 9 und 11 Uhr an der *Kaserne Damerow* (westlich von Karow), ab hier via *Goldberg* bis *Borkow*. Ab 13 Uhr wird die Strecke dann in entgegengesetzter Richtung befahren, Rückgabe der Draisinen zwischen 15 und 17.30 Uhr. Reservierung erforderlich. Von April bis Okt. tägl., pro Draisine (max. 4 Pers.) 49 € (ganzer Tag, es gibt auch günstigere Mittags- und Abendfahrten zu 35 €). Mecklenburger Draisinenbahn, Röbeler Str. 49, 17207 Bollewick, ✆ 039931-54506 oder 0172-3260694 (mobil), www.draisine-mecklenburg.de.

Alt Schwerin: Dem viel versprechenden Namen zum Trotz wäre der Ort am nordöstlichen Ufer des Plauer Sees nur ein kleiner Flecken rund um ein altes Gutshaus, gäbe es nicht das 1963 gegründete *Agrarhistorische Museum*, das mittlerweile *Agroneum* heißt. Auf einem weitläufigen Areal erhält man einen umfassenden Einblick in die Kulturgeschichte der Landwirtschaft in Mecklenburg. Mehrere historische Landwirtschaftsgebäude wurden an ihren ehemaligen Standorten ab- und auf dem Museumsareal wieder aufgebaut, wobei man sie mit den originalen Werkstätten einrichtete, darunter eine Guts- und eine Reifenschmiede, eine Stellmacherei und ein Wiegehaus. Im Lokschuppen illustriert eine alte Dampfmaschine den Einzug der Motorisierung in die Geschichte der Landwirtschaft. In der Alten Seilerei befindet sich eine Ausstellung zu historischem Handwerk, die sehenswerte Hauptausstellung zur Agrargeschichte ist in der modernen Halle hinter der Windmühle (ein weithin sichtbarer Erdholländer) untergebracht und schließlich führt der Rundgang vorbei an der Flugzeughalle zurück zum Eingangsgebäude. Zwischen den agrarhistorischen Attraktionen befinden sich über das Freigelände verteilt diverse Spielplätze.

Plauer See und rund um Malchow

3 km

Mit dem großen Freigelände muss der Museumsbesuch aber noch nicht beendet sein, denn auf der anderen Seite der Straße kann man den Museumsgärten sowie mehreren historischen Wohnanlagen wie Tagelöhnerkaten, Landarbeiterwohnungen und der Wohnung des Genossenschaftsbauern einen Besuch abstatten. Eine Besonderheit findet man schließlich gegenüber in der Schnitterkaserne. Hier ist eine weitere agrarhistorische Ausstellung untergebracht, nämlich eine bis heute nahezu unveränderte Ausstellung aus dem Jahr 1988. Es handelt sich also um ein agrarhistorisches DDR-Museum, ein Museum im Museum sozusagen. Unbedingt sehenswert!

Agroneum: April bis Okt. tägl. 10–18 Uhr, im Winter auf Anfrage. Erw. 7 €, Kinder 4–14 J. 3 €, Familien 17 €. Achter de Isenbahn 1, 17214 Alt Schwerin, ✆ 039932-47450, www. museum-alt-schwerin.de.

Übernachten/Essen   Altes Pfarrhaus, stilvolles Landhotel in sorgsam restauriertem Gebäude, das tatsächlich einst als Pfarrhaus diente. Großer Garten. Neun hübsche Zimmer. DZ 94–99 € (als EZ 54–59 €), Frühstück inkl. Mit Restaurant (abends geöffnet, So Ruhetag). Außerdem Wellness. Kastanienallee 14, 17214 Alt Schwerin, ✆ 039932-417081, www.landhotel-altes-pfarrhaus.de.

Übernachten/Essen außerhalb **** Hotel Gutshof Sparow, elegantes Hotel auf weitläufigem Gelände rund um das Gutshaus aus dem späten 18. Jh., mit Sportareal (Tennishalle), Hallenbad, Sauna, Beautysalon, Erlebnisspielplatz für Kinder, Hundepark, Boxen für Gastpferde und für Jäger ein gutseigenes Revier. Gutes Restaurant, man sitzt entweder in der rustikale Jäger-stube oder im hellen Wintergarten mit Terrasse. EZ 69–79 €, DZ 89–99 €, Suite ab 180 €, Frühstück inkl., Halbpension 23 €/ Pers.; Hund 12 €, auch Appartements für 2– 4 Pers. 109–186 €. Ganzjährig geöffnet. Allerdings gab es Mitte 2017 ein Eigentümerwechsel, sodass Änderungen in Angebot und Preisgestaltung möglich sind. Sparow 8, 17214 Sparow, ✆ 039927-7620, www. gutshof-sparow.de.

Camping Camping am See, westlich von Alt Schwerin am Nordufer des Plauer Sees. Stellplatz für 2 Erw. und Kinder 29–32 €, jede weitere Pers. ab 15 J. 5 € extra, Hund 4 €. April bis Okt. geöffnet. An den Schaftannen 1, 17214 Alt Schwerin, ✆ 039932-42073, www.camping-alt-schwerin.de.

Der **Plauer Werder** südlich von Alt Schwerin reicht weit in den See hinein. Die waldbestandene Halbinsel ist nur durch eine schmale Landenge mit dem Nordufer verbunden. Am Westufer befindet sich ein (Dauer-)Campingplatz.

Übernachten/Essen Zur Forelle, beliebtes Fischrestaurant der örtlichen Fischerei, an der Landenge; schöne Terrasse am See. Ganzjährig mittags und abends geöffnet, im Winter nur bis 18 Uhr. Auch Ferienwohnungen, Angeltouren, Fischverkauf. Wendorf 4, 17214 Alt Schwerin, ✆ 039932-49905, www. fischerei-alt-schwerin.de.

Plau am See   ca. 5800 Einwohner

Ein schmuckes Städtchen mit sehenswerten Fachwerkhäusern, das aber – der Name trügt – gar nicht am See liegt, sondern ein Stück landeinwärts. Wasser gibt es dennoch genug, die Elde plätschert durch den Ort, und auch eine noch recht neue, kleine Marina hat Plau zu bieten.

Das idyllische Flair des Luftkurorts genießt man am besten bei einem Spaziergang durch die Altstadt, z. B. vom alten **Burgturm** durch die Steinstraße und zum Markt mit seinen teilweise recht schön hergerichteten Gebäuden (die meisten der bunten Fachwerkhäuser aus dem 18. Jh.) und dem Rathaus im Stil der niederländischen Renaissance (1888/89). Auf der anderen Seite wird der lang gestreckte Markt von der evangelischen **Marienkirche** aus dem 13. Jh. begrenzt. Nur wenige Schritte sind es von hier zur Strandstraße an der Elde. Bei der Eldeschleuse von 1834 führt eine markante Holzbrücke mit dem schönen Namen „Hühnerleiter" über das Wasser. Linker Hand kann man dann herrlich zur Anfang der 1990er Jahre komplett sanierten, hellblauen Hubbrücke flanieren.

Hier geht's von der Marienkirche hinunter zur Elde

Trotz touristischer Erschließung – nicht zuletzt dank der Wasserwanderer, Hausboot-Mannschaften und Freizeit-Skipper (Liegeplätze finden sich in der Marina und an der Elde) – wirkt der Ort recht verschlafen, vor allem abends. Restaurants im Zentrum sind eher rar, allerdings versteckt sich in Plau ein kulinarisches Highlight. Die Unterkünfte der Stadt finden sich mehrheitlich in den umliegenden Buchten, z. B. in den Ortsteilen *Plötzenhöhe* (etwa 2 km südlich von Plau) oder in der *Seeluster Bucht* (ca. 3,5 km südlich). Hier hat der Gast den Badestrand dann auch direkt vor der Haustür.

Der Name Plau geht auf das slawische *Plawe* zurück und bedeutet so viel wie „Flößerort". Erstmals erwähnt wird Plawe 1235, damals lag die Siedlung an einer wichtigen Handelsstraße zwischen Brandenburg und Güstrow bzw. Rostock. Die Burg wurde ab 1285 errichtet, um den hiesigen Übergang über die Elde zu sichern, von ihr steht bis heute der weithin sichtbare Burgturm. Wirtschaftlich spielte die Stadt vor allem im 19. Jh. eine Rolle als kleiner Industriestandort (Maschinenbau). Die Plauer Kalkbrennereien, Sägewerke und Ziegeleien des frühen 20. Jh. nutzte die DDR später für eine Möbelfabrik und ein Ziegelwerk, außerdem entstand ein VEB für industrielle Nerzproduktion (einer der größten in Mitteleuropa).

Um den Plauer See → Karte S. 343

Basis-Infos

Information Touristinformation, im Zentrum in der Marktstraße. Freundlicher Service, Unterkunftsvermittlung, Fahrradverleih, Verkauf von Angelscheinen. Mai bis Sept. Mo–Sa 9–18 Uhr, So 10–16 Uhr; Okt. und April Mo–Fr 10–17 Uhr, Sa 10–14 Uhr; Nov. bis März Mo/Di/Do/Fr 10–16 Uhr, Mi 10–12 Sa 10–14 Uhr, So geschlossen. Marktstr. 20, 19395 Plau am See, ☎ 038735-45678, www.plau-am-see.de. Von Mai bis Aug. werden Mi 15 Uhr und So um 11 Uhr 2-stündige *Stadtführungen* angeboten, April und Sept./Okt. Sa 11 Uhr, Treffpunkt an der Touristinfo, 4 €/Pers. Auch Fahrradverleih (7-Gang-Rad 10 €/Tag).

Früh am Morgen schon wird der Räucherofen angeworfen

Verbindungen Bus: Abfahrt der Busse ab Plau Bahnhof oder Lange Straße: u. a. mehrmals tägl. über Lübz nach Parchim, bzw. in anderer Richtung nach Malchow (Linie 77).

Schiff: zwei Anbieter, das Angebot ist ähnlich, auch im Preis. Die etwa 2-stündige Rundfahrt kostet 15–16 €.

Die *Fahrgastschifffahrt Wichmann* fährt in der Hauptsaison 5-mal tägl. über Plauer See und Lenzer Kanal nach Malchow (und zurück); Mo, Mi und Sa Ganztagesfahrten bis nach Waren, in der Nebensaison eingeschränkt, im Winter auf Anfrage. Abfahrt an der 1. Anlegestelle, gleich unterhalb der B-103-Brücke. Ticketbude am Anleger. ℡ 038735-44449, www.fahrgastschifffahrt-wichmann.de.

Die *Plauer Fahrgastschifffahrt Salewski* fährt in der Saison 2-mal tägl. außer Di und Do über den Plauer See und Lenzer Kanal nach Malchow, Di und Do Tagesfahrten nach Waren und retour. In der Nebensaison eingeschränkt, im Winter auf Anfrage. Abfahrt an 3. Steg am Anleger, Tickets an Bord. ℡ 038735-42872, www.fahrgastschifffahrt-plau.de.

Baden Mehrere **Badestellen** in der direkten Umgebung, u. a. in Quetzin und Hei-

denholz (nördlich) und in Plötzenhöhe und an der *Seeluster Bucht*. Das **Strandbad** befindet sich Richtung Plötzenhöhe in der Seestraße, mit Kiosk und Bootsverleih. Besonders schön finden wir die Seeluster Bucht mit Rasen und Anlegestelle, Kinderspielplatz, Kiosk und WC am See.

Bootsverleih Kanu-Team Plau am See, Verleih von Kanus und Kajaks, Touren, Abhol- und Bringservice, angeschlossene Pension *Zur Scheune* (→ Übernachten). Kajak/Kanu 6–9 €/Std. (20–30 €/Tag), Stand-up-Paddelboard 8 €/Std. (20 €/Tag). Direkt an der Elde (Lübzer Chaussee 17b), ℡ 038735-14883 oder 0172-3076514 (mobil), www.kanuteam-plauamsee.de.

Klettern Kletterpark Plau am See, Hochseilparcours mit Tauen, Brücken und Balken zwischen Bäumen. 15 €/Pers., bis 16 J. 13 €, Familien je nach Kinderzahl 38–60 € (Kinder müssen über 1,40 m sein). Mai bis Okt. tägl. 10–18 Uhr, im März Sa/So 11–18 Uhr, im April Mi–So 11–18 Uhr, nur bei gutem Wetter geöffnet, im Winter geschlossen. Ziegeleiweg (am Fuß des Klüschenbergs), ℡ 038735-819738 oder 0171-9977497, www.hochseilgarten-plau.de.

Übernachten/Essen & Trinken

Übernachten Fackelgarten, die zentralste Unterkunft in Plau, an der Hubbrücke und nur wenige Minuten vom Markt. Schöne Lage am Fluss, mit Restaurant/Café, im Haus auch ein Laden für Mode

und Wohnaccessoires. Nur Zimmer, EZ ab 59 €, DZ ab 85 €, Frühstück inkl., Halbpension möglich. Ganzjährig geöffnet. Dammstr. 1, 19395 Plau am See, ℡ 038735-8530, www.fackelgarten.de.

**** Parkhotel Klüschenberg, gediegenes Hotel auf einer Anhöhe inmitten eines parkartigen Gartens. Mit gehobenem Restaurant und Wellnessbereich. Großzügige Zimmer, z. T. mit Balkon, ein rollstuhlgerechtes Zimmer ist vorhanden. EZ ab 69 €, kleines DZ ab 89 €, geräumigeres DZ mit Terrasse/Balkon ab 109 €, Frühstück inkl., Halbpension 25 €/Tag. Ganzjährig geöffnet. Klüschenberg 14, 19395 Plau am See, ✆ 038735-49210, www.klueschenberg.de.

Pension Zur Scheune, günstige Unterkunft mit Garten und angeschlossenem Kanuverleih (→ oben), ca. 500 m vom Zentrum. Rustikale Einrichtung. EZ 40–45 €, DZ 65–72,50 €, Frühstück inkl. Ganzjährig geöffnet. Lübzer Chaussee 12, 19395 Plau am See, ✆ 038735-8550, www.zur-scheune-plau.m-vp.de.

Camping Campingpark Zuruf, im Ortsteil *Plötzenhöhe*; großzügiger Platz am See, nicht überall schattig. Mit Badestrand, Anlegesteg, Fahrradverleih und Laden, Sanitäranlagen z. T. rollstuhlgerecht. Pers. 6,20 €, Kind 3–14 J. 3,10 €, Zelt 3,50 € (auf der Radwanderwiese, Stellplatz Zelt/Wohnmobil 6,50–9,50 €; WoMo-Stellplatz inkl. 2 Pers. (vor der Schranke) 13 €. Es gibt auch einige kleine Hütten ab 30 € (2–4 Pers.) sowie einen Mietwohnwagen. Ganzjährig geöffnet. Seestr. 38 d, 19395 Plau am See, ✆ 038735-45878, www.campingpark-zuruf.de.

Essen & Trinken   ⟫⟫ Unser Tipp: zeislers esszimmer, das junge, engagiert geführte Restaurant an der Elde bietet raffinierte Küche auf hohem Niveau. Die kulinarischen Köstlichkeiten, deren Zutaten vornehmlich aus der Region kommen, orientieren sich an der mecklenburgischen Küche, ohne darauf beschränkt zu bleiben, ein leicht österreichischer Einschlag beispielsweise ist unverkennbar (auch im Weinangebot oder bei den Obstbränden). Auf der Karte finden sich auch vegetarische/vegane Gerichte. Hauptgericht 15–26 €. Terrasse zur Elde hin, nachmittags auch Kaffee und Kuchen. Außerdem werden auch Kochkurse angeboten. Tägl. 11.30–22 Uhr geöffnet, Mi Ruhetag. Strandstr. 4, ✆ 038735-497000, www.zeislers.de. ⟪⟪

Fackelgarten, besonders nett die Lage am Fluss, mit wintergarten-hellem Gastraum und schöner Terrasse/Biergarten direkt am Wasser. Angenehmes Ambiente, aufmerksamer Service, die Küche bereichert mecklenburgische Tradition mit mediterranen und fernöstlichen Einflüssen. Viel Fisch und Pasta, Vorspeisen und Nudeln um 16–21 €, Hauptgerichte 14–21 €. Im Sommer tägl. 8–23 Uhr geöffnet, Mo Ruhetag, im Winter nur Mi–So. Dammstr. 1, ✆ 038735-8530.

Sehenswertes

Burgturm und Museum: Von der einst trutzigen Burg steht immerhin noch der Turm. Die ursprüngliche, im späten 13. Jh. an strategisch günstiger Lage errichtete Anlage wurde im 15. und 16. Jh. ausgebaut. Im Dreißigjährigen Krieg noch heiß umkämpft, verfiel die Burg in Friedenszeiten zusehends, bis die Mauern 1660 schließlich geschleift und die Gebäude aufgegeben wurden. Auf dem Rundgang gelangt man nach der Einführung (inklusive Blick in das 11 m tiefe Verließ) über teils sehr niedrige und steile Wendeltreppen zu den darüber liegenden Stockwerken. In der Scheune des Burghofs befindet sich das hiesige Heimatmuseum mit zahlreichen Exponaten, vor allem zu den Themen historisches Handwerk und Plau als Industriestandort

Ostern bis Okt. tägl. 10–17 Uhr. Eintritt Museum 2,50 €, Kinder 0,50 €; Burgturm 1,50 €, bzw. 0,50 €. Am Burgplatz, ✆ 038735-44375 (Museum).

Marienkirche: Die backsteinerne Hallenkirche mit dem sich über einem quadratischen Grundriss erhebenden Turm wurde im 13. Jh. errichtet. Die Innenausstattung des Gotteshauses stammt aus dem späten 19. Jh. Über 120 Stufen gelangt man auf den Turm, bei gutem Wetter wird man mit schöner Aussicht belohnt. Im Rahmen des „Plauer Musiksommers" finden im Juli und August in der Kirche vornehmlich klassische Konzerte statt.

Mai bis Sept. tägl. 9–18 Uhr, www.kirche-plau.de.

Um den Plauer See → Karte S. 343

Westlich von Plau am See: Lübz und Parchim

Von Plau am See aus führt die bei Wasserwanderern beliebte **Müritz-Elde-Wasser-straße** weiter nach Westen: vorbei an Lübz und Parchim zum Eldedreieck (von hier aus geht der Störkanal zum Schweriner See, S. 86) und weiter an Neustadt-Glewe (S. 91) vorbei bis zu ihrer Mündung in die Elbe bei Dömitz (S. 95).

Lübz: Der Ort wird den meisten ein Begriff sein. Das „Lübzer" – Pils nämlich – wird auf zahllosen Bierdeckeln und Trikots regionaler Sportvereine beworben und überall im Land ausgeschenkt. Neben der Brauerei, die besichtigt werden kann, verfügt das 6300-Einwohner-Städtchen über ein schmuckes kleines Zentrum mit Kopfsteinpflaster, backsteinernen Fachwerkhäuern, einem kleinen Park und dem hoch aufragenden *Amtsturm*. Einstmals stand hier die mächtige, im frühen 14. Jh. erbaute Eldenburg. Aus der Burg wurde ein Schloss, das Schloss zerfiel – und nur der eine, 1509 errichtete Burgturm blieb erhalten. Auf den Grundmauern des Torhauses entstand Mitte des 18. Jh. das Amtshaus und der kreisrunde Backstein-turm mit spitzer Haube wurde zum Amtsturm. Heute beherbergen sie das hübsche *Heimatmuseum* und ein Restaurant/Café mit nettem Biergarten, in dem man gemütlich ein – was wohl? – Lübzer genießen kann.

Stadtmuseum Amtsturm: Mai bis Sept. Di–Fr 10–12 und 13–17 Uhr, Sa/So 10–12 und 13–16 Uhr; Okt. bis April Di–Fr 10–12 und 13–16 Uhr. Erw. 4 €, Kinder 1,50 €, unter 6 J. frei. Am Markt 25, ☎ 038731-471839.

Brauereibesichtigung Nur nach vorheri-ger Anmeldung, Dauer ca. 2 Std., 5 €/Pers. (einschließlich Bierchen, versteht sich). Vor-anmeldung bei Fr. Fürchow, Mecklenburgi-sche Brauerei Lübz, Eisenbeisstr. 1, 19386 Lübz, ☎ 038731-36204 oder 0173-3401422, www.luebzer.de.

Essen & Trinken   Alter   Amtsturm, bodenständige Gaststätte, Eiscafé, schö-ner Biergarten, eigene Fischräucherei. Im Sommer tägl. 11–23 Uhr geöffnet, im Win-ter nachmittags (14–17 Uhr) geschlossen. Am Markt 23, ☎ 038731-20385.

Kurz hinter Lübz gelangt man in einen kleinen Weiler mit Namen **Lutheran**. Das wäre im protestantischen Mecklenburg vielleicht nicht weiter erwähnenswert, folg-te nicht 3 km weiter – geradezu trotzig – ein kleines Dorf namens **Rom** ...

Mecklenburgische Gegenreformation

Parchim (ca. 18.000 Einwohner): eine verschlafene Kreisstadt an der Elde. Um eine ehemals slawische Burg entwickel-te sich eine blühende Siedlung, der An-fang des 13. Jh. das Stadtrecht verliehen wurde. Die beiden Zentren, die in kur-zer Folge entstanden, prägen auch heu-te noch den Grundriss der Stadt: Im Westen liegt die Neustadt mit der *Ma-rien-Kirche* (14. Jh.). Im Osten erheben sich um den Alten Markt die prächtige Hallenkirche *St. Georgen* (13./14. Jh.) und das bemerkenswerte *Rathaus* von Parchim mit der ungewöhnlichen Fas-sadengestaltung, das in seiner Bausub-stanz aus dem 14. Jh. stammt und im 19. Jh. umgestaltet wurde. Zwischen diesen architektonischen Leuchttürmen ergänzen ein paar Fachwerkhäuser das schmucke Stadtbild. Eigenwillig präsentiert sich die *Brunnenskulptur* auf dem zentralen Schuhmarkt: eine nackte Frau, sitzend auf einem Stier-Totenkopf. Unweit des Zentrums befindet sich in der Lindenstraße das *Heimatmuseum* der Stadt.

Museum der Stadt Parchim: Di–Fr 10–12 und 14–16 Uhr, So 14–16 Uhr, Eintritt 2,50 €, Kinder 1 €. Lindenstr. 38, 19370 Parchim, ✆ 03871-213210.

Am Süd- und Ostufer des Plauer Sees

Bad Stuer: Der kleine Weiler am sich verjüngenden, südlichen Ausläufer des Plauer Sees, ein Ortsteil des südlich gelegenen Stuer, liegt mitten im Wald und doch am See. Durch das idyllische Naturschutzgebiet *Tal der Eisvögel* führt von Bad Stuer aus ein beliebter Wanderweg zum **Bärenwald Müritz**. In dem 16 Hektar großen Gehege im Wald tummeln sich im Rahmen eines Tierschutzprojektes zurzeit 16 Braunbären, zweifellos eine Attraktion und bei Besuchern entsprechend beliebt.

Bärenwald: Mitte März bis Ende Okt. tägl. 9–18 Uhr, Nov. bis Mitte März 10–16 Uhr. Erw. 11 €, erm. 9 €, Kinder bis 14 J. 5 €, Familien 26 €, Hund 2 € (Leine). Am Bärenwald 1, ✆ 039924-79118, www.baerenwald-mueritz.de.

Café Pfarrhof Stuer, zauberhaftes Café im alten Pfarrhof. Schattige Plätze im weitläufigen Garten unter hohen Kastanien, bei unserem letzten Besuch grasten auf der angrenzenden Wiese mit Schafe mit ihren Lämmern. Innen stilvoll und landhausgemütlich. Köstliche selbst gebackene Kuchen, auch mal etwas ungewöhnlichere – uns hatte es der Aprikosenkuchen mit Thymian angetan. Sehr freundlich. 14–18 Uhr geöffnet, Juli/Aug. tägl., Mai/Juni und Sept./Okt. Do–Mo, Nov. bis April Sa/So 14–18 Uhr. Pfarrhof Stuer, 17209 Stuer, ✆ 039924-750075, www.pfarrhof-stuer.de.

Am Ostufer des Plauer Sees liegen verstreut eine Handvoll Dörfer in idyllischer Landschaft – darunter beispielsweise das von Wiesen, Wald und See umrahmte **Zislow**. Der kleine hübsche Flecken **Lenz** befindet sich an der Mündung der Wasserstraße, die den Plauer See mit dem Fleesensee und damit mit der Müritz verbindet.

Reiten Pferdehof Zislow, das Leben ist eben doch ein Ponyhof, zumindest hier am Ortsrand von Zislow, wo sich Scharen von Kindern und Jugendlichen (meist Mädchen) hingebungsvoll um *ihre* Ferienponys und -pferde kümmern. Unterricht für Anfänger (auch Kinder) und Fortgeschrittene; Pensionsboxen, Reithalle, Wassersportangebot, Kinderhotel. Es werden auch Ferienwohnungen (mehrere im Dorf verteilt) vermietet. Am Ortsausgang von Zislow Richtung Suckow, nicht zu übersehen. Dorfstr. 50/51, 17209 Zislow, ✆ 039924-2561, www.pferdehof-zislow.de.

Übernachten/Essen Lenzer Krug, schönes, reetgedecktes Fachwerkhaus in idyllischer Lage. Beliebte Pension, großes, elegant-maritim eingerichtetes Restaurant, Tische auch draußen am Kanal. EZ 69 €, DZ 99 €, inkl. Frühstück. Auch Fahrradverleih. Am Lenz 1, 17213 Lenz über Malchow, ✆ 039932-1670, www.falk-seehotels.de.

Camping Nördlich von Zislow liegen zwischen dem Plauer See und dem (ziemlich kleinen) Großen Pätschsee zwei Campingplätze nahe beieinander. Beide in herrlich abseitiger Lage direkt am Plauer See mit schönen, schattigen Stellplätzen am See oder mit eher schattenlosen Plätzen etwas höher am Hügel; beide mit Kiosk (und Gaststätte nebenan), Strand, Fahrrad- und Bootsverleih und beide ganzjährig geöffnet.

Naturcamping Zwei Seen, Erw. 6,70 €, Kinder (6–15 J.) 3,70 €, Zelt/Wohnwagen 4,50–8,50 €, Wohnmobil 9,20 €, Hund 3,90 €. Auch Blockhäuser, Safarizelt, Schlaffass oder Miet-Caravan. Waldchaussee 2, 17209 Zislow, ✆ 039924-29018, www.zwei-seen-natur camping.de.

Wald- und Seeblick Camp, Stellplatz 18,40–28 € (inkl. 2 Pers.), Hund 3 €. Ganzjährig geöffnet. Waldchaussee 1, 17209 Zislow, ✆ 039924-2002, www.wald-und-seeblick-camp.de.

Um den Plauer See → Karte S. 343

Malchow

Malerisch präsentiert sich nicht nur die historische Altstadt mit ihrer exklusiven Insellage. Malerisch ist auch der Blick von der Altstadtinsel auf das alte Kloster am Ostufer des Malchower Sees.

Von alters her waren die Insel und das gegenüberliegende Ostufer Siedlungsgebiet. Ausgehend von einem slawischen Siedlungskern auf der Insel, entwickelte sich nach der (wie üblich gewaltsamen) Christianisierung ein ansehnlicher, auf Pfählen ruhender Marktflecken, der 1235 Stadtrechte erhielt. An das Ostufer dagegen zog 1298 das Nonnenkloster aus dem nahen Röbel und errichtete seine Gebäude auf den Resten eines zerstörten slawischen Heiligtums. Die junge Stadt selbst lag damals tatsächlich auf einer Insel. Das Gebiet am westlichen Ufer wurde erst 1721 erschlossen, eine befestigte Brücke führte über einen Graben auf die Insel. Der Damm wurde schließlich 1846 aufgeschüttet. Gleichzeitig wurde der Graben auf der anderen Seite zu einem Kanal erweitert, um den Wasserweg schiffbar zu halten. Über den Kanal wurde eine Brücke zum Westufer gebaut, deren Nachfolgekonstrukt die heute als technisches Denkmal zu bewundernde **Drehbrücke** ist. Der von der Altstadt und dem Damm geteilte **Malchower See**, der eher wie ein breiter Flussarm wirkt, mündet im Norden in den Fleesensee (der mit dem Kölpinsee und schließlich der Müritz verbunden ist). Nach Süden hin geht er in den ebenfalls lang gestreckten Petersdorfer See über, der wiederum über den Lenzer Kanal mit dem Plauer See verbunden ist.

Die Altstadt stammt vornehmlich aus dem 18. Jh. – nachdem 1697 und 1721 zwei schwere Brände Malchow in Trümmer gelegt hatten, musste weitgehend neu wiederaufgebaut werden. Eigentlich gibt es nur zwei Straßen, die über die Insel führen und die simplen Namen „Lange Straße" und „Kurze Straße" tragen. Fast in der Mitte der Altstadtinsel befindet sich der *Alte Markt* mit dem Malchower *Rathaus*. Der respektable Bau stammt aus dem 19. Jh., die Fachwerkfassade wurde erst 1904 vorgesetzt. Die nach dem Brand von 1721 entstandene Neustadt erschöpft sich

Blick von der Insel auf das Malchower „Festland"

weitgehend in der Güstrower Straße, die von der Brücke zum *Neuen Markt* führt. Etwas zurückversetzt von der Güstrower Straße erhebt sich die 1870–1873 erbaute Malchower *Stadtkirche* mit einem ungewöhnlichen hölzernen Tonnengewölbe.
Zur Saison Mo–Fr 10.30–16 Uhr, Sa 11.30–12 Uhr geöffnet.

Basis-Infos

Information Touristinformation, im Sommer Mo–Fr 10–18 Uhr, Sa/So 10–16 Uhr (im Mai/Juni und Sept. Sa/So nur bis 14 Uhr); im Okt. Mo–Fr 10–17 Uhr, Sa/So 10–14 Uhr; Nov. bis April nur Mo–Fr 10–16 Uhr. Kirchenstraße 11, 17213 Malchow, ☏ 039932-83186, www.tourismus-malchow.de.

Verbindungen **Bahn**: Mit der Regionalbahn etwa 2-stündl. nach Waren.

Bus: mehrmals tägl. über Plau am See und Lübz nach Parchim (Linie 77), www.vlp-lup.de.

Schiff: Die *Reederei Pickran* (Kirchenstr. 2, ☏ 039932-81735, www.pickran.de) und die Blau-Weisse-Flotte (Kirchenstraße 3, ☏ 039932-83256, www.blau-weisse-flotte.de) bietet diverse **Bootsausflüge** an, z. B. die 5-Seen-Tour: in der Saison 1-mal tägl. nach Waren und zurück, Erw. 21 €, Kinder 10,50 €.

Oder die 3-Seen-Tour via Lenz bis nach Plau (und zurück), Erw. 13–16 €, Kinder 6,50–8 €.

Brückenöffnungszeiten Die Drehbrücke wird in der Saison von 9 bis 20 Uhr zu jeder vollen Stunde für den Schiffsverkehr geöffnet, je nach Bedarf ca. 10–15 Min.

Fahrradverleih Köhn, auf der Insel, Fahrräder ab 8 €/Tag, Kinderanhänger 4 €. Geöffnet Mo–Fr 9–18 Uhr, Sa 9–12 Uhr. Lange Str. 36, ☏ 039932-81947 (Notdienst: ☏ 0152-04158316), www.fahrrad-koehn.de.

Wassersport Kanustation Malchow, Kanu- und Kajakvermietung, vom Einer-Kajak bis zum Vierer-Kanu 5–9 €/Std., 15–27 €/4 Std., 20–36 €/Tag. Lange Str. 11, Güstrower Str. 13, ☏ 039932-81960, www.kanu-malchow.de.

Übernachten/Essen & Trinken

Übernachten/Essen Rosendomizil, schönes Hotel mit gelungen modernem Ambiente, direkt bei der Brücke, sehr stilvoll eingerichtete Zimmer mit Seeblick. Dependance (Hofgarten) in der Kirchenstraße unweit der Drehbrücke, mit einladenden, gemütlichen Studios, Terrasse zum Wasser hinaus, Badestelle, Sauna/Wellness etc. Im Haupthaus auf der Insel befinden sich das Restaurant und Café: Man sitzt im halbrunden Anbau oder auf der Terrasse direkt am Wasser, in jedem Fall aber mit herrlichem Blick auf See und Kloster. Die Küche serviert international inspirierte Gerichte, nachmittags auch Kaffee und Kuchen. Gehobenes Preisniveau (Hauptgericht ab 18 €). In der Saison tägl. ab 8 Uhr im Winterhalbjahr eingeschränkt. EZ 109–129 €, DZ 119–139 €, Frühstück inkl. Lange Str. 2–6, 17213 Malchow, ☏ 039932-18065, www.rosendomizil.de.

Jugendherberge JH Malchow, renoviertes Backsteingebäude (Zufahrt durch einen Torbogen) am Ortsrand von Malchow in der Westsiedlung, etwa 1,5 km von der Drehbrücke entfernt, beschildert. Große Wiese am Haus, Beachvolleyball. Übernachtung im Mehrbettzimmer (mit Frühstück) ab

19,50 €/Pers. Platz der Freiheit 3, 17213 Malchow, ☏ 039932-14590, www.malchow.jugendherberge.de.

Camping Naturcamping Malchow, gut ausgestatteter Platz am Ostufer des Plauer Sees, 4,5 km nordwestlich vom Zentrum. Badestrand (auch Hundestrand), Fahrradverleih, Bootsliegeplätze, Gaststätte und Biergarten, kleiner Laden, Angelkarten und -zubehör sowie Räuchermöglichkeit für selbst geangelte Fische. Erw. und Jugendliche 6,10 €, Kinder (2–13 J.) 3,45 €, Stellplatz für Zelt/Wohnmobil/Pkw 8,95 €, Stellplatz Zelt und Fahrrad 5,30 €, Hund 3,45 €. Wohnmobilhafen vor der Schranke ab 12 €/Nacht. Ganzjährig geöffnet. Zum Plauer See 1, 17213 Malchow, ☏ 039932-49907, www.campingtour-mv.de/malchow. *Anfahrt*: von Malchow Richtung Autobahn, unter dieser hindurch und gleich danach links ab (Campingsymbol), dann noch einige hundert Meter auf schmaler Asphaltstraße durch den Wald.

Fisch-Imbiss Ausgezeichnete frische Fischbrötchen gibt es in der Langen Straße (von der Brücke kommend rechter Hand, auf das „Fisch"-Schild achten). Mo–Fr 9–18 Uhr, Sa 9–12 Uhr.

Um den Plauer See
→ Karte S. 343

Sehenswertes

Kloster, Klosterkirche und Mecklenburgisches Orgelmuseum: Das 1298 von Röbel nach Malchow verlegte Nonnenkloster wurde im Zuge der Reformation in ein Stift für unverheiratete adelige Damen umgewandelt, das bis 1918 Bestand hatte. Die Klosterkirche wurde 1888 auf den ausgebrannten Ruinen eines Vorgängerbaus errichtet und präsentiert sich in schönster Backstein-Neugotik: mit schlanken Streben und Pfeilern, verspieltem Giebelschmuck und einem sich elegant verjüngenden Turm. Im Innern beherbergt das Gotteshaus heute einen Teil des Orgelmuseums. 16 Historische Orgeln sind hier ausgestellt, viele davon bespielbar. Im gelben Pfarrhaus auf der anderen Straßenseite befindet sich der zweite Teil des Orgelmuseums mit weiteren Ausstellungsstücken. Vor allem aber informieren hier Schautafeln über die Geschichte des Orgelbaus und über den mecklenburgischen Orgelbau im Besonderen.

Des Weiteren befindet sich im Klosterhof neben Galerien auch das **Kunstmuseum**, das sich regionalen Künstlern widmet. Darüber hinaus werden wechselnde Sonderausstellungen gezeigt.

Kirche und Orgelmuseum: April bis Sept. tägl. außer Mo 10–17 Uhr, Okt. tägl. außer Mo 11–16 Uhr, Nov. bis März Sa/So 11–15 Uhr. Führungen: Mai bis Sept. Di/Mi/Fr/Sa 11.30 Uhr, Do 12 Uhr „Orgel live", Juli bis Sept. So 11.30 Uhr Orgelmatinee. Eintritt 3,50 €, erm. 2,50 €, Führung 2 €. Kloster 26, ☏ 039932-12537, www.orgelmuseum-malchow.de.

DDR-Museum: Das überaus beliebte Museum ist im ehemaligen Film-Palast unweit der Stadtkirche untergebracht. Seit 1999 wird hier über Alltag, Kultur und Technik aus 40 Jahren DDR informiert, die „Sibylle" liegt auf dem Beistelltischchen, NVA-Uniformen an der Wand, in den Vitrinen allerlei Alltagsgegenstände aus Küche und Haushalt, außerdem jede Menge Kinderspielzeug. Die Sammlung wird ständig ausgebaut.

April bis Okt. Di–So 10–16 Uhr, Mai bis Sept. bis 17 Uhr. Erw. 3,50 €, erm. 2,50 €, Familien 9 €, Fotoerlaubnis 1 €. Führungen nach tel. Anmeldungen (25 €). Kirchenstr. 25, 17213 Malchow, ☏ 039932-18000.

Sehenswertes/Umgebung

Wisentreservat Damerower Werder: Das Gelände befindet sich auf der Halbinsel *Damerower Werder* (Naturschutzgebiet), südlich des eher unspektakulären Ortes Damerow am Westufer des Jabelschen Sees. Auf über 300 Hektar Fläche leben drei Herden der seltenen Wildrinder. Zum Wisentreservat gehören eine kleine Ausstellung, eine Gaststätte, Schaugatter und ein Rotwildgehege.

April bis Mai 10–18 Uhr, Juni bis Sept. tägl. 10–20 Uhr, Okt./Nov. 10–17 Uhr geöffnet, Dez nur Sa/So 10–17 Uhr. Fütterung 11 und 15 Uhr. Erw. 4 €, Kinder unter 12 J. frei. Zum Werder 5 a, 17194 Jabel, ☏ 039929-76711.

Land Fleesensee: Die verschlafenen mecklenburgischen Dörfer Göhren-Lebbin und Untergöhren (wenige Kilometer östlich von Malchow) haben sich innerhalb weniger Jahre zu einer gigantischen Ferienanlage entwickelt, laut eigenen Angaben die größte in Deutschland. Entsprechend nennt sich das Anwesen nicht „Resort", sondern *Land Fleesensee*. Erwähnt sei an dieser Stelle zumindest die Golfanlage mit drei 18-Loch- und zwei 9-Loch-Plätzen sowie riesiger Driving-Range, das komplette touristische Angebot des „Landes" ist kaum zu überblicken, daher verweisen wir auf: www.fleesensee.de.

Die Müritz im Nationalpark (beim Müritzhof)

Um die Müritz

Das „Kleine Meer" ist das Herz der Mecklenburgischen Seenplatte. An seinem Nordufer liegt Waren, das touristische Zentrum der Region, südöstlich schließt sich der herrliche Müritz-Nationalpark mit zahllosen (Rad-)Wanderwegen und vielen Aussichtspunkten an.

„Kleines Meer" ist nicht nur ein gleichermaßen passender wie liebevoller Spitzname für den größten See der Mecklenburgischen Seenplatte – der Name *Müritz* leitet sich vom Slawischen *morcze* ab, was tatsächlich soviel heißt wie „kleines Meer". Mit 117 km² ist die Müritz der mit Abstand größte See des Landes und der größte Binnensee Deutschlands. Besonders tief ist er allerdings nicht, im Schnitt kaum 6 m, an seiner tiefsten Stelle in der Binnenmüritz bei Waren misst er 31 m, am Ostufer nur 1–2 m. Doch gerade dieses flache, häufig schilfbewachsene Ufer ist heute als Teil des **Müritz-Nationalparks** die besondere Attraktion: An Land frei von Autos, im Wasser ohne Schiffsverkehr, sind das Ostufer und die flachen Seen und Moorlandschaften dahinter ein Paradies für Wasservögel. Am Westufer dagegen finden sich weite Felder, unterbrochen von kleinen Bauern- und Gutsdörfern.

Wer die sportliche Herausforderung sucht, ist an der Müritz genau richtig. Radfahrer versuchen sich an der großen Rundtour um den See (gut 80 km, beschildert), Wanderer können zwischen zahlreichen gut ausgewiesen und oft einsamen Wegen durch die herrliche Natur im Nationalpark Müritz wählen und auch Paddler finden auf den abgelegenen Kanälen und Seen (süd-)östlich der Müritz ein grandioses Revier. Touristischer Hauptort ist das lebendige Städtchen Waren an der Müritz, das sich auch hervorragend als Ausgangspunkt für Wanderungen und Radtouren eignet, gefolgt von Röbel an der Westseite, dem zweiten Urlaubszentrum der Gegend. Wer mehr Ruhe sucht, kann sich in einer der Unterkünfte im Nationalpark einmieten.

→ Karte S. 364/365

Stadtpanorama am „Kleinen Meer"...

Waren an der Müritz

ca. 21.000 Einwohner

Ideallage am Nordufer der Müritz, kleinere Seen in der Umgebung, der Nationalpark vor der Haustür – der Luftkurort zieht die Gäste in Scharen an.

Zwar bietet Waren nur einen Blick auf die Binnenmüritz, das weite Panorama des „Kleinen Meers" eröffnet sich erst weiter südlich; doch reicht schon diese bescheidene Aussicht, um maritime Stimmung aufkommen zu lassen. An der Hafenpromenade ankern zahllose Yachten und Ausflugsschiffe, am gegenüberliegenden Ufer der Bucht, dem Villenviertel Ecktannen, fällt der Blick auf die typischen Bootsschuppen, dahinter erstreckt sich das üppige Grün des Müritz-Nationalparks. Wanderungen oder Radtouren ins Grüne sind von Waren aus problemlos möglich und auch auf dem Wasser bieten sich zahlreiche Ausflugsmöglichkeiten. Populär ist Waren aber nicht nur bei Aktivtouristen, sondern insbesondere auch bei Busgruppen im fortgeschrittenen Alter, die in den hiesigen Restaurants verköstigt und anschließend auf die zahllosen Ausflugsschiffe verfrachtet werden.

Ein Spaziergang durch die Altstadt führt durch die Fußgängerzone Lange Straße bergan zum **Neuen Markt**, dem zentralen Platz am höchsten Punkt der Stadt. Schön herausgeputzte Fachwerkhäuser, allen voran das „Haus des Gastes" mit der traditionsreichen Löwenapotheke nebenan, fallen immer wieder ins Auge, auf dem Marktplatz sticht besonders das **Rathaus** im Stil der sog. Tudorgotik hervor. Die beiden sehenswerten Kirchen der Stadt liegen quasi auf einer Achse der Altstadt (der Kirchenstraße), in deren Mitte sich der heutige Marktplatz ausdehnt. Lohnend ist in jedem Fall ein Besuch der **Marienkirche**, von deren Turm sich ein herrlicher Rundblick auf Waren und die Umgebung bietet, wogegen die **Georgenkirche** am Alten Markt inmitten der ältesten Gebäude der Stadt zu finden ist. Vom Neuen Markt führt die breite Marktstraße hinunter zum **Yachthafen** mit zahlreichen Cafés und Restaurants. Hier entlang der Mole spielt sich ein großer Teil des touristischen Lebens der Stadt ab.

Stadtgeschichte

Erstmals urkundlich erwähnt wird die Siedlung 1218 unter dem Namen „Warne". Durch *Nikolaus I. von Werle* erhielt sie 1260 das Stadtrecht, eine zweite Siedlung

Waren an der Müritz

entstand etwa zur gleichen Zeit um die Georgenkirche (1273 erstmals erwähnt). 1325 wurden die beiden Siedlungen auf der langen Anhöhe zwischen Binnenmüritz und Tiefwarensee zu einer zusammengelegt – die heutige Warener Altstadt.

Im 14. und frühen 15. Jh. war Waren die Residenz der Herzöge von Werle, 1436 wird es Besitz des Herzogtums Mecklenburg, bei der Landesteilung von 1621 fällt Waren an das Herzogtum Mecklenburg-Schwerin. Im 17. Jh. zerstören mehrere Brände weite Teile der Stadt. Erst seit Anfang des 19. Jh. geht es mit Waren langsam, aber stetig wirtschaftlich bergauf, zunächst durch den Bau des Elde-Kanals (1798–1834) und der damit deutlich vereinfachten Schifffahrt im Müritzgebiet; Ende des 19. Jh. dann durch den Bau der Eisenbahnlinie bis nach Parchim, Neubrandenburg, Berlin und Rostock – die Stadt wird ein wichtiger Verkehrsknotenpunkt. Ab Mitte des 19. Jh. setzt ein bescheidener Tourismus in Waren und rund um die Müritz ein, deren berühmtester Gast *Theodor Fontane* war (1896).

Bis zum Ersten Weltkrieg und erneut in den 1920er-Jahren erfreute sich Waren großer Beliebtheit als Kur- und Badestadt. In den 1950er-Jahren begann die Warener Gießerei als *VEB Metallguss* für die Werftindustrie zu produzieren. Heute ist das Unternehmen als *Mecklenburger Metallguss GmbH* (an der B 108 Richtung Teterow) Weltmarktführer für Schiffspropeller für Containerschiffe. Ansonsten lebt Waren hauptsächlich von Touristen und Kurgästen – seit 1999 darf man sich offiziell „Luftkurort" nennen, dank der Solevorkommen seit 2012 sogar „Heilbad".

Basis-Infos

Information Haus des Gastes, am Neuen Markt im Zentrum. Umfangreiches Infomaterial, Unterkunftsverzeichnis, Zimmervermittlung. Mai bis Sept. tägl. 9–20 Uhr, sonst Mo–Fr 9–18 Uhr, Sa 10–15 Uhr. Neuer Markt 21, 17192 Waren, ✆ 03991-747790, www.waren-mueritz.de. Mai bis Sept. tägl. 11 Uhr **Stadtführungen**, auch geführte Wanderungen und Radtouren.

Verbindungen Bus: Stadtbusse stündl. zwischen Bahnhof, Altstadt und Ecktannen (Linie 3), halbstündl., zuweilen auch stündl.

zwischen Altstadt, Bahnhof und Klink (Linie 12 oder 3). Werktags etwa stündl. nach *Röbel* und *Neubrandenburg* (Sa/So alle 2 Std., Linie 11), 1-mal direkt nach *Ankershagen*. ✆ 03991-6450, www.mvvg-bus.de.

Nationalpark-Bus Die Linie 9, der sog. Nationalpark-Bus, fährt von Ende April bis Ende Sept. tägl. außer So (So und feiertags nur wenige Fahrten) von 9–16.30 Uhr etwa stündl. ab Waren Steinmole. Route: Federow, Schwarzenhof, Speck, Boek, Bolter Kanal und retour. Die Busse um 9, 11 u.

15.30 Uhr fahren zudem vom Bolter Kanal weiter nach Rechlin. Im Okt. nur 4-mal tägl. bis zum Boltener Kanal, 2-mal weiter bis Rechlin. Fahrradtransport möglich, auch Bus-Schiff-Kombination. Infos: ℡ 03991-6450, www.nationalparkticket.de.

Bahn: Etwa alle 2 Std. Regionalexpress nach Rostock (Dauer ca. 50 Min.), Berlin (1:40 Std.) und nach Güstrow (30 Min.). Etwa stündl. nach Neustrelitz (ca. 25 Min.) und direkt nach Neubrandenburg (65 Min.). Etwa alle 2 Std. mit Umsteigen in Güstrow nach Schwerin (1:40 Std.), ebenso alle 2 Std. nach Malchow (25 Min.).

Schiff: Mehrere Reedereien, Abfahrt von der Steinmole, Tickets an Bord. Z. B. mit der *Weißen Flotte* zwischen Ostern und Anfang Okt. ca. 6-mal tägl. nach Klink und Röbel, 3-mal zum Bolter Kanal und zum Hafendorf Müritz/Rechlin Nord. Zudem diverse **Halb- und Ganztagesfahrten**. Infos und Buchung ℡ 03991-122668, www.weisse-flotte-mueritz.de.

Die *Blau-Weiße Flotte* der Warener Schifffahrtsgesellschaft bietet zusätzlich die **Sieben-Seenfahrt** (mit Stopover in Plau) die Fünf-Seenfahrt nach Malchow (21 €) sowie z. T. geführte Schiff-Bus-Kombitouren, u. a.

> Für kombinierte **Bus- und Schiffsreisen** rund um die und auf der Müritz empfiehlt sich das Nationalparkticket (→ S. 371).

zum Bärenwald, Agroneum oder als Kranichtour. ℡ 03991-663034, www.blau-weisse-flotte.de.

Bootsverleih U. a. bei der **Müritz-Marina Waren**, Motorboot für bis zu 5 Pers. ab 110 €/Tag inkl. Sprit (ohne Führerschein). Am Campingpark Kamerun und Am Seeufer 73, ℡ 03991-666513, www.mueritzbootswelt.de.

Draisinentour Mit der **Draisine Mecklenburg** ab Güterbahnhof Waren in nördliche Richtung in die Mecklenburgische Schweiz nach Schwinkendorf, einfache Strecke 13 km. Fahrten von April bis Okt., Abfahrt morgens 9–10 Uhr und mittags 13.30–14.30. Um 11 Uhr bzw. 15.30 Uhr muss gewendet werden. Die Draisine für 2–4 Pers. kostet 35 € pro Tour, als „E-Draisine" 50 €. Anmeldung erforderlich unter ℡ 0172-3260694 oder unter www.draisine-mecklenburg.de.

Fahrradverleih In der Hochsaison sind die Räder teilweise schnell weg, daher besser einen Tag vorher reservieren.

Zweirad Karberg, in der Fußgängerzone im Zentrum, gleich ums Eck vom Neuen Markt. Auch Reparaturwerkstatt und Radwanderkarten. Mo–Fr 9–18 Uhr, Sa 8–13 Uhr, im Sommer auch So bis 11.30 Uhr. Lange Str. 46, ℡ 03991-666080, www.zweirad-karberg.de.

Fahrradvermietung Harry Hurtig, an der Straße Richtung Nationalpark und Ecktannen. Auch E-Bikes. Kundenparkplätze vorhanden. Tägl. 9–14 und 15–19 Uhr geöffnet. Am Seeufer 24, Filliale in der Strandstr. 3 b (Steinmole), ℡ 03991-668003, www.harry hurtig.de.

Die Blau-Weiße Flotte im Hafen von Waren

Tipp für Radfahrer: Der **dat Bus** und der **Nationalparkbus** (→ Verbindungen) bieten die Möglichkeit der Fahrradmitnahme. Somit sind Touren möglich, bei denen der Endpunkt nicht mit dem Startpunkt identisch sein muss.

Klettern Kletterwald Müritz, zwischen Volksbad und Campingplatz Kamerun unweit der Müritz. 3 ha großes Gelände, neun Parcours verschiedener Schwierigkeitsgrade. April bis Okt. tägl. ab 10 Uhr, Juli/Aug. ab 9 Uhr (bei entsprechendem Wetter), letzter Einlass ca. 3 Std. vor Sonnenuntergang. Kameruner Weg 14 (ab Röbeler Chaussee beschildert), ✆ 0172-631226, www.kletterwald-mueritz.de.

Veranstaltungen Müritz Sail, alljährlich an einem Wochenende im Mai – großes Volksfest am Hafen, Fischbuden und Live-Musik, Festumzug und Feuerwerk, Fischerstechen, diverse Regatten und Drachenbootrennen, www.mueritzsail.net.

Müritz-Saga, Anfang Juli bis Ende Aug. auf der Naturbühne Mühlenberg (am Tiefwarensee). Kostümspektakel. Tickets im Haus des Gastes oder unter www.freiluftspiele.de.

Sport mal ohne Wasser ...

Wassersport Surf- und Segelschule „fun müritz", am Campingpark Kamerun (→ S. 258). Vom 2-stündigen Surf-Schnupperkurs bis zum Segel- bzw. Katamarankurs, auch SUP sowie Verleih (Surf-Ausrüstung, Cat, Jolle, Kanu, SUP). April bis Ende Sept. Wiesenweg 17, ✆ 0157-76080874, www.fun-mueritz.de.

Übernachten   → Karte S. 358/359

Im Zentrum **** Kleines Meer **9**, in ruhiger Lage am alten Marktplatz; einladendes Hotel mit 28 Zimmern, stilvoll in modernem Design. Bar und Sauna. Feinschmeckerrestaurant im Haus (→ Essen). Schöne Terrasse, Tiefgarage. EZ ab 105 €, DZ 131–149 €, Studio 160 €, Frühstück inkl. Alter Markt 17, 17192 Waren, ✆ 03991-6480, www.kleines meer.com.

Am Yachthafen 10, zentraler geht es nicht: direkt am Stadthafen und mitten im Geschehen, inklusive allabendlichem Flanieren vor der Haustür. Die Zimmer sind großzügig geschnitten, komfortabel und je nach Stadtseite vergleichsweise günstig. Sauna im Haus. Freundliche Hotelleitung. Nachmittags dient der Wintergarten (im Sommer mit Terrasse) als Café, abends Restaurant. Parkplätze am Haus. EZ 65 €, DZ ohne Seeblick 89 €, mit Seeblick 109–139 €, jeweils inkl. Frühstück, keine Haustiere. Strandstr. 2, 17192 Waren, ✆ 03991-67250, www.am-yachthafen.de.

radlon **1**, (Radfahrer-)Hotel in zentraler Lage beim Müritzeum und mit jugendlichem Ambiente, Restaurant/Café, Fahrradverleih im Haus. 22 Zimmer mit Balkon (zwei davon barrierefrei), EZ 75–99 €, DZ 99–119 €, Frühstück inkl., Parken kostenlos. Kietzstr. 13a, 17192 Waren, ✆ 03991-1805000, www.radlon.de.

Hotel am Müritz-Nationalpark 15, Drei-Sterne-Superior-Hotel mit 17 angenehmen Zimmern in ganz ruhiger Lage ein Stück abseits direkt an den Feisneck-Wiesen, schöner und weiter Blick, mit Garten. Mit Restaurant. Zu Fuß ein gutes Stück (2 km) zum Zentrum. EZ 75 €, DZ 105 €, Suite ab 125 €, Frühstück inkl.; Ferienwohnung (2 Pers.) 80–950 €; Hund 9 €/Tag. Specker Str. 71, 17192 Waren, ✆ 03991-62190, www.hotel-nationalpark.de. *Anfahrt:* vom Zentrum Richtung Parkplatz Specker Straße, diesen rechts liegen lassen, nach 350 m auf der linken Seite liegt das Hotel.

Waren an der Müritz
→ Karte S. 358/359

Weit Meer 🄬, in Traumlage direkt an der Müritz, vom jugendherbergsartigen Design der Rezeption sollte man sich nicht täuschen lassen. Unbedingt eines der Zimmer zur Seeseite mit Balkon oder Terrasse buchen, von denen im Erdgeschoss kann man in wenigen Schritten vom eigenen Zimmer aus direkt in die Müritz springen. Zu dem freundlichen Familienbetrieb gehört auch ein Restaurant (Terrasse mit Blick auf die Müritz) und die Kulturkneipe FloMaLa. EZ ab 67 €, DZ landseitig ab 107 €, zur Müritz hin ab 127 €, Haustiere auf Anfrage (10 €/Nacht). Am Seeufer 54, 17192 Waren, ℘ 03991-633054, www.hotel-weitmeer.de.

Pension Warener Hof 🄰, in ruhiger Altstadtlage. Hinter der rotweinfarbenen Fassade gibt es acht behagliche Zimmer mit Kiefernholzmobiliar und einen gemütlichen Frühstücksraum. Eigene Parkplätze (5 €/Nacht). EZ 54 €, DZ 78 €, jeweils inkl. Frühstück, ab zwei Nächten billiger. Keine Haustiere. Mühlenstr. 6, 17192 Waren, ℘ 03991-122448, www.pensionwarenerhof.m-vp.de.

Im Villenviertel Ecktannen **** Seehotel Ecktannen 🄳, dieses gediegene Hotel in der schönen Fontanestraße gibt es schon seit 1906. Klassische Villa, nur wenig oberhalb der Strandpromenade gelegen, Bar, schöne Terrasse, Garten und eigener Bootsanleger; Sauna, zudem Massage- und Kosmetikangebote. Das gehobene *Restaurant Moritz* ist ganztägig geöffnet. EZ 80 €, DZ 115 €, Suite mit Balkon 135 €, Frühstück inkl. Hunde willkommen. Fontanestr. 51, 17192 Waren, ℘ 03991-6290, www.see hotel-ecktannen.de.

Jugendherberge Jugendherberge Waren 🄴, ca. 10 Gehminuten südlich des Zentrums (zwischen Binnenmüritz und Feisneck), Badestelle etwa 700 m entfernt. 30 Zimmer, zwei davon rollstuhlgerecht. Übernachtung ab 23,50 pro Pers., DZ ab 49 €. Frühzeitige Buchung ist ratsam. An der Feisneck 1 a, 17192 Waren, ℘ 03991-186900, www.waren.jugendherberge.de.

Camping Camping Ecktannen 🄸, bestens durchorganisiertes (manche Leser finden auch: zu streng organisiertes) Gelände direkt an der Müritz, mit schöner Badestelle. 450 Stellplätze in Wald und Wiese, teilweise nur mäßig schattig. Moderne sanitäre Einrichtungen, Kiosk und Bistro, Bolzplatz und Spielplatz. 3 km vom Zentrum entfernt, dafür Bushaltestelle am Eingang. Fahrrad- und Ruderbootverleih nahebei. 2

E ssen & Trinken
3　Leddermann
4　Fischers Küche
5　Fischerhof Waren
8　Klabautermann
9　Kleines Meer
13　Seehotel Ecktannen
16　Waldschänke

C afés
7　dat Tortenhaus

N achtleben
12　Kulturkneipe FloMaLa

Ü bernachten
1　radlon
2　Campingpark Kamerun
6　Pension Warener Hof
9　Kleines Meer
10　Am Yachthafen
11　Jugendherberge Waren
12　Weit Meer
13　Seehotel Ecktannen
14　Campingplatz Ecktannen
15　Hotel am Müritz-Nationalpark

Pers mit Wohnmobil und Strom in der HS 21 € am Wohnmobilhafen, auf dem Camping 26,50 €. Auch schlichte Blockhütten ab 24 €/Nacht (max. 2 Pers.), auch Ferienwohnungen. Ganzjährig geöffnet. Fontanestr. 66, 17192 Waren, ℘ 03991-668513, www.camping-ecktannen.de.

Campingpark Kamerun 🄱, auf der Westseite der Binnenmüritz (ab Hauptstraße Röbeler Chaussee beschildert, zu Fuß ca. 3 km ins Zentrum), direkt am See. Riesiger Platz, die meisten campen auf einer schattenlosen Wiese. Mit Badestelle und Surfschule (→ oben), Fahrrad- und Bootsverleih, außerdem Liegeplätze für Boote, Kiosk und Biergarten, Angelteich, Hundewiese und Hun-

Waren an der Müritz

200 m

Essen & Trinken

Leddermann ■3, die hervorragende Küche, für die Koch Carsten Leddermann in der Gegend bekannt ist, genießt man im neuen Restaurant am Hafen von Waren. Sehr gute, raffinierte Fischgerichte, für das Gebotene preiswert (Hauptgericht ab 16 €). Auch Café. Tägl. ganztägig geöffnet Müritzstr. 16, ✆ 03991-7796240, www.restaurant-leddermann.de.

Kleines Meer ■9, Feinschmeckerlokal des gleichnamigen Hotels. In hellem, modernem Ambiente wird feine regionale Küche serviert, u. a. Müritzfisch und Wild, dazu eine recht große Auswahl an Weinen. Schöne Terrasse mit Seeblick. Hauptgerichte um 18–29 €, Drei-Gänge-Menü 39 €. Tägl. ab 17.30 Uhr geöffnet, im Winter So/Mo geschl. Alter Markt 7, ✆ 03991-6480, www.kleinesmeer.de.

destrand. Sehr gute Sanitäranlagen. 2 Pers. mit Wohnmobil und Strom 30 €, im Wohnmobilhafen vor der Schranke ca. 23 €, auch Ferienwohnungen. Ganzjährig geöffnet. Zur Stillen Bucht 3, 17192 Waren, ✆ 03991-122406, www.campingtour-mv.de/waren.

Fischers Küche , das neueste (seit 2017) Kind des Fischereibetriebs *Müritzfischer*, im Müritzeum und schon fast verboten stylish. In dem lichten Lokal mit breiter Fensterfront, offener Küche und Terrasse kann man z. B. Sashimi vom Saibling, Filet vom Ostseesteinbutt auf Zuckerschoten-Orangen-Gemüse oder Schollenroulade mit Pfirsichchutney kosten. Fazit: fein! Hauptge-

Start zur großen Müritzrundfahrt

richt 10–18 €. Tägl. 8–18 Uhr, Fr/Sa bis 22 Uhr. Zur Steinmole 1, ℘ 03991-6745119, www.fischers-kueche.de.

Fischerhof Waren 5, ein einfaches *Müritzfischer*-Lokal. Fischbrötchen, Fischsuppe, Räucherfisch etc. Mit netter Holzterrasse am See, Bootsvermietung und kleinem Fischereimuseum (mit einem präparierten, 2,15 m großen Wels, gefangen 2004) nebenan. Ostern bis Ende Okt. tägl. 8–18 Uhr geöffnet. Seeufer 73, ℘ 03991-633110, www.mueritzfischer.de.

Klabautermann 8, ein rustikal-stilvolles Lokal mit gerade einmal fünf Tischen. Ebenso klein ist die Karte, darauf recht innovativ zubereitete Fischgerichte, aber auch Deftiges wie der Schweinebraten mit Altbiersauce, Sauerkraut und Knödel. Hauptgerichte 13–20 €. Di Ruhetag, Mi nur abends, sonst tägl. mittags und abends. Marktstr. 1, ℘ 0174-9258729, www.klabautermann-waren.com.

Café dat Tortenhus 7, das Café in der alten, restaurierten Feuerwache am beschaulichen Alten Markt (vis a vis zur Georgenkirche) bietet Kuchen und Torten der Extraklasse – hausgemacht, mit saisonalen und regionalen (Sanddorn!) Früchten, riesig und unglaublich lecker. Mit kleiner Terrasse am Platz, innen großzügig und modern. Hunde nur draußen. April bis Okt. 11–18 Uhr geöffnet, Nov. bis März Sa 11–18 Uhr, sonst 13–18 Uhr, Di stets Ruhetag. Kirchenstr. 16, ℘ 0170-5486588, www.dat-tortenhus.de.

Außerhalb Waldschänke 16, ein schöner Waldspaziergang führt vom Villenviertel Ecktannen an der Müritz entlang zur Waldschänke (auch mit dem Auto erreichbar, beschildert). Schöne, ruhige Waldlage, mit Terrasse und Garten (Spielplatz). Deftige Küche, auch Snacks, außerdem leckere selbst gebackene Kuchenstücke; günstig. Mai, Juni u. Sept. Mi–So 11–17 Uhr, Juli u. Aug. tägl. Strandpromenade 4, ℘ 03991-631830.

Gaststätte Müritzhof, → S. 371.

Sehenswertes

Müritzeum: Hinter dem Rundbau mit seiner eigenwilligen Fassade (aus angesengten Holzbohlen, die auf die hiesige Teerschwelertradition verweisen) verbirgt sich Deutschlands größtes Aquarium für Süßwasserfische – 100.000 Liter Wasser und über 40 Fischarten. Darüber hinaus bietet das Müritzeum eine Vielfalt von „Themenräumen", die dem Besucher die geografischen und geologischen Charakteristika der Müritzregion ebenso nahebringen wie deren Flora und Fauna. Ein Schwerpunkt liegt dabei auf dem Natur- und Umweltschutz. Hinzu kommt der Außenbereich um den Herrensee und die *Naturhistorische Landessammlung* („Natur im Sammlungsschrank") im alten Museumsbau, der in die Anlage integriert wurde.

Beim *Rundgang* kann man auf Zeitreise in die Steinzeit gehen, den verschiedensten Vogelstimmen lauschen, die besondere Anatomie des Spechts bewundern, das Innenleben eines Ameisenhügels begutachten, Waldboden unter dem Mikroskop erforschen, Fußspuren der Waldbewohner erraten, das berühmte Adlerauge im Fernglas simulieren und die etwas unheimliche Geräuschkulisse des nächtlichen Waldes erleben. Besondere Beachtung schenkt die Ausstellung dem Kranichzug, dem Müritz-Nationalpark und den uralten Eichen von Ivenack (→ S. 443). Das *Untergeschoss* widmet sich der Wasser- und Unterwasserwelt der Müritz und beherbergt neben dem großen, über zwei Etagen reichenden Aquarium eine ganze Reihe an kleineren Aquarien, zudem Erläuterungen zum Lebensraum Wasser. Über eine Rampe kann man schließlich auf das Dach des Müritzeums steigen und den herrlichen Blick genießen. Oder man spaziert im „Erlebnisgarten" um den Herrensee herum. Im überaus anschaulich und mit Liebe zum Detail gestalteten Müritzeum kann man Stunden verbringen. Vor allem für Kinder ist der Besuch ein Erlebnis.

Das Müritzeum

April bis Okt. tägl. 10–19 Uhr, sonst tägl. 10–18 Uhr, letzter Einlass jeweils eine Stunde vor Schließung. Erw. 12 €, erm. 9 €, Kinder 6–16 J. 5 €, unter 6 J. frei, Familien 28 €. Barrierefreie Anlage. Hunde erlaubt (3 €). *Shop* beim Eingang, hier befindet sich auch das empfehlenswerte Restaurant *Fischers Küche* (→ Essen und Trinken). Steinmole 1, ☏ 03991-633680, www.mueritzeum.de.

Georgenkirche: Die Kirche am Alten Markt wird 1273 erstmals erwähnt. Vom Ursprungsbau ist nach vielen verheerenden Stadtbränden allerdings fast nichts mehr zu sehen; der Wiederaufbau erfolgte ab dem 18. Jh., Mitte des 19. Jh. wurde die Backsteinkirche dann überwiegend im neugotischen Stil umgestaltet. Sehenswert sind neben dem Ziegelfußboden (einer der ältesten Teile des Gotteshauses) vor allem die bunten Glasfenster. Auf einem ist der Ritter St. Georg dargestellt. Von kunsthistorischem Interesse ist auch die holzgeschnitzte Kreuzigungsgruppe aus dem 14. Jh. Im Sommer finden in St. Georg regelmäßig Orgelkonzerte statt.
Mai bis Okt. Mo–Sa 10–16 Uhr (Okt. ab 12 Uhr). Im Winter geschlossen.

Marienkirche: In Warens ansehnlicher Silhouette bildet die Marienkirche mit ihrem eleganten Turm das Gegengewicht zur wuchtigen Georgenkirche. Der „schlanke" Eindruck von St. Marien ergibt sich unter anderem dadurch, dass der Turm zum großen Teil in die Hallenkirche integriert ist. Hier erhob sich einst eine Burg. Auf den Fundamenten der dazugehörigen Kapelle entstand in der ersten Hälfte des 14. Jh. das heutige Gotteshaus. Nach einem Brand stand die Kirche lange Zeit in Ruinen. Ende des 18. Jh. wurde der Innenraum komplett im klassizistischen Stil umgestaltet. Die Turmbesteigung ermöglicht einen herrlichen Blick über Altstadt, Hafen und Müritz.
Mai bis Sept. Mo–Fr 10–18 Uhr, Sa 10–16 Uhr, So 11–16 Uhr, im Winterhalbjahr geschlossen. Turmbesteigung, Erw. 1 €, Kinder 0,50 €.

Waren an der Müritz
→ Karte S. 358/359

Neuer Markt und Stadtgeschichtliches Museum: Rund um den Neuen Markt erstreckt sich ein schmuckes Fassaden-Ensemble, aus dem vor allem die *Löwenapotheke* und das *Neue Rathaus* herausstechen (beide um 1800). Erstere ist ein farbenfroher Fachwerkbau, der heute die Touristinformation beherbergt. Letzterem wurde bei einem Umbau Mitte des 19. Jh. eine neogotische, an den Tudorstil angelehnte Fassade verliehen.

In den beiden obersten Stockwerken des Neuen Rathauses befindet sich das *Stadtgeschichtliche Museum* von Waren. Zahlreiche gut erhaltene Ausstellungsstücke geben einen Einblick in das einstige Alltagsleben der mecklenburgischen Kleinstadt. Zu sehen sind u. a zahlreiche Handwerksgerätschaften sowie historische Zimmereinrichtungen und Amtsstuben. Schautafeln informieren über die Stadtgeschichte, die historische Arbeitswelt usw.

Museum: Mo–Fr 9–16 Uhr, Sa/So 14–17 Uhr. Erw. 2 € (mit Kurkarte 0,50 €), erm. 1 € (mit Kurkarte 0,50 €). Neuer Markt 1, ℡ 03991-177137.

Baden

Größter zentrumsnaher Müritzstrand ist das **Warener Volksbad** im Kameruner Weg (zweigt von der Röbeler Chaussee ab, ca. 1,5 km vom Altstadtzentrum) mit Liegewiese und sandigem Badestrand, großer Rutsche und Steg sowie Beachvolleyball-Feld. Die Gaststätte *Strandkorb* versorgt die Gäste (tägl. ab 11 Uhr), der Eintritt ist frei (℡ 03991-122177). Eine weitere große Badestelle gibt es an der **Feisneck** nahe der Jugendherberge (im Sommer DLRG-überwacht); die Badestelle **Ecktannen** beim gleichnamigen Campingplatz bietet einen kleinen Sandstrand, Liegewiese und Hundestrand. Wer textilfrei baden möchte oder mit Vierbeiner unterwegs ist, kann eine der vielen kleinen und teilweise auch recht versteckt gelegenen Badestellen rund um die Feisneck aufsuchen. Kanu- und sonstige Bootsverleiher befinden sich bei den beiden Campingplätzen, eine Surfschule beim Campingplatz Kamerun (→ S. 358).

Eine besonders schöne **Wanderung** führt in etwa 2–2:30 Std. vom Waldparkplatz Specker Straße (südlich vom Zentrum, hier beginnt der Nationalpark) zur Ausflugsgaststätte *Müritzhof* (→ S. 371). Herrliche Landschaft mit diversen Vogelbeobachtungspunkten, es geht durch Wald und an Moorseen entlang. Auch mit dem Fahrrad machbar. Markierung: zunächst lila Blume, dann oranges Bambi, Gesamtdauer ca. 4:30 Std. Gehzeit, gleicher Weg zurück (insgesamt 14,5 km).

Nordöstlich von Waren

Nördlich und nordöstlich von Waren stehen hier und da alte Kirchen sowie Schlösser und Herrenhäuser, manche verfallen, manche in alter Pracht und als Hotel genutzt. In **Groß Plasten**, etwa 10 km von Waren entfernt, findet sich das gleichnamige prächtige *Schloss* (am Klein Plastener See gelegen) aus der Mitte des 18. Jh., in dem heute ein schickes Hotel residiert.

Übernachten/Essen Schlosshotel Groß Plasten, nobles Hotel im prächtigen Schloss aus dem 18. Jh. Gehobenes Restaurant, in dessen Küche bevorzugt regionale und saisonale Produkte veredelt werden, auch vegetarische Gerichte (Hauptgerichte 16,50–22,50 €). Feudale Terrasse über dem See, freundlicher Service. Stilsicher eingerichtete Zimmer, teils im Schloss, teils im früheren Kutscherhaus (mit Schlossblick).

Diverse Arrangements und Wellnessangebote. Ganzjährig geöffnet. EZ 85–110 €, DZ
139–195 €, Suite 165–195 €, Frühstück inkl.

Parkallee 36, 17192 Groß Plasten, ☎ 039934-
8020, www.schlosshotel-grossplasten.de.

Das im Tudorstil errichtete neugotische Schloss des Dorfes **Varchentin** entstand
Mitte des 19. Jh.; Architekt war der Schweizer *Auguste de Meuro*n. Den weitläufigen Park drum herum gestaltete *Peter Joseph Lenné*. Bis 1994 wurde der Herrensitz
als Schule für Forsttechnik genutzt, seitdem steht er leer. Nur wie lange noch? 2016
erwarb der Verein *Varchentiner Schloss e.V.* das stolze Gebäude und will es nach
und nach zu sozialen, kulturellen und touristischen Zwecken ausbauen.

Etwa 3 km östlich von Varchentin liegt **Lehsten**, in dessen *Büdnerei* bislang mehr
Leben ist als im benachbarten *Schloss*. Das ehemalige, sorgsam renovierte Anwe-
sen – Büdner wurden in Mecklenburg Kleinbauern genannt, zur deren Besitz, der
„Bude", auch etwas Land gehörte – beherbergt heute ein beliebtes Galeriecafé.

Büdnerei Lehsten, urgemütliches Galeriecafé mit wechselnden Ausstellungen; Klein-
kunst- und Konzertbühne, Workshops (vom
Koch- über den Schmuck- bis zum Malkurs).
Außerdem stehen Zimmer und Ferienwohnungen zur Verfügung. Das Café ist März
bis Okt. tägl. 14–18 Uhr geöffnet. Friedrich-
Giese-Str. 1, 17219 Lehsten, ☎ 039928-5639,
www.buednerei-lehsten.de.

In **Kittendorf**, nur 5 km nördlich von *Varchentin*, befindet sich ein *Schloss*, das Mitte
des 19. Jh. im gepflegten Tudorstil der Neugotik errichtet wurde und ebenso wie Varchentin in einem schönen, weitläufigen Park (samt idyllischem Teich) eingebettet
liegt, der von *Peter Joseph Lenné* entworfen wurde. Schloss Kittendorf, als dessen Architekt der Schinkelschüler *Friedrich Hitzig* verantwortlich zeichnet, wirkt aber viel
leichter und verspielter als Schloss Varchentin. Der schmucke Herrensitz mit der
verspielten Fassade und dem eleganten Türmchen wird heute als Hotel genutzt.

Übernachten/Essen Schlosshotel Kittendorf, prachtvolles Hotel, umgeben von
einem weitläufigen Park. Gehobenes Restaurant, hübsches Café in der „Orangerie"
(tägl. ab 14 Uhr geöffnet). Wellness-Bereich
mit Saunen, Dampfbad und Massagen/Kos-
metik. Gepflegte Zimmer. Hier und da täte
ein kleines Facelifting gut, dennoch toll. EZ
ab 69 €, DZ 99–144 €. 17153 Kittendorf,
☎ 039955-500, www.schloss-kittendorf.de.

Abseits der B 194, fern von den beliebten Seen, aber noch nicht in der Mecklenburgischen Schweiz gelegen, erstreckt sich eine liebliche, ruhige Landschaft, durch die
sich die noch junge Peene schlängelt. So friedlich erscheint dem flüchtigen Besucher
die Gegend, dass es nicht wundert, wenn man bei der Tour über enge Landstraßen
und durch kleine Dörfer einen winzigen Weiler namens *Sorgenlos* passiert.

Weiter nach Norden gelangt man am *Rittermannshagener See* entlang nach **Faulenrost**. Ein beliebtes Ausflugsziel ist Faulenrost dank des idyllischen Welshofs, einer
Traditionsfischerei mit angeschlossenem, empfehlenswertem Restaurant. Enge
Landstraßen führen von hier aus weiter zu den fotogenen wie grandiosen Schlössern von Basedow im Norden (→ S. 450) und Ulrichshusen im Westen (→ S. 451).

Übernachten/Essen   ›› Unser Tipp:
Welshof und **Restaurant Zum Fischer
Fritz**, Familienunternehmen und beliebtes
Ausflugsziel. Idyllisch an der Peene gelegene Fischerei, hier wird alles gefangen, was
Seen und Peene hergeben: Aal und Zander, Forelle und Schleie und natürlich Wel-
se. Die Fische werden frisch oder geräuchert verkauft oder im Restaurant veredelt.
Schon mal *Pulled Wels Burger* mit Wasabi-
sauce gegessen oder Wels-Gyros mit Zazi-
ki? Urgemütlicher Gastraum, schöne Terrasse, freundlicher Service, mittleres Preisniveau (Fischgerichte 12–19 €). Es werden
auch kleine Bungalows und Ferienwohnungen vermietet. Das Restaurant ist tägl. 11–
22 Uhr geöffnet. Dorfstr. 2, 17139 Faulenrost,
☎ 039951-2135, www.welshof.de. ‹‹‹

→ Um die Müritz
Karte S. 364/365

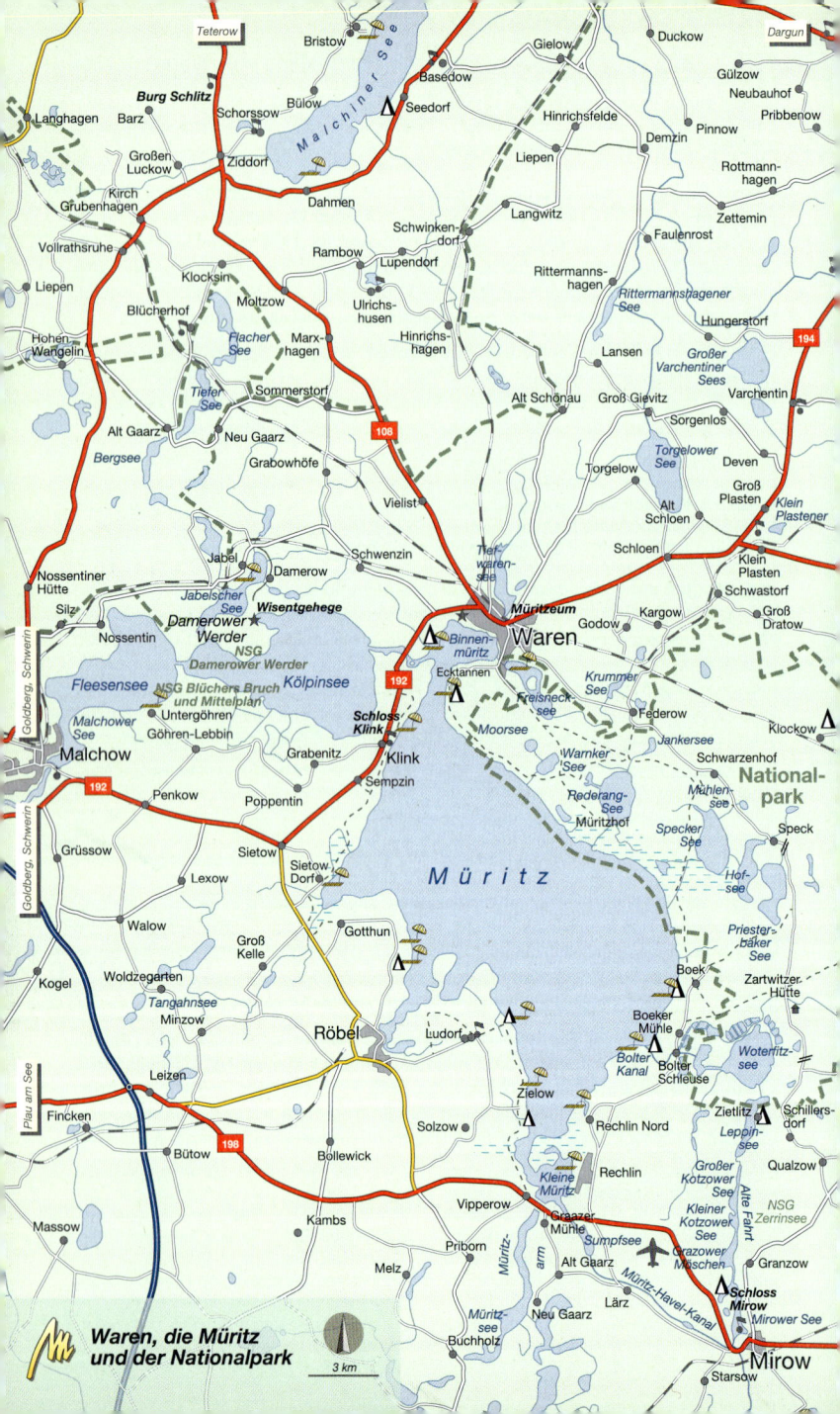

Waren, die Müritz und der Nationalpark

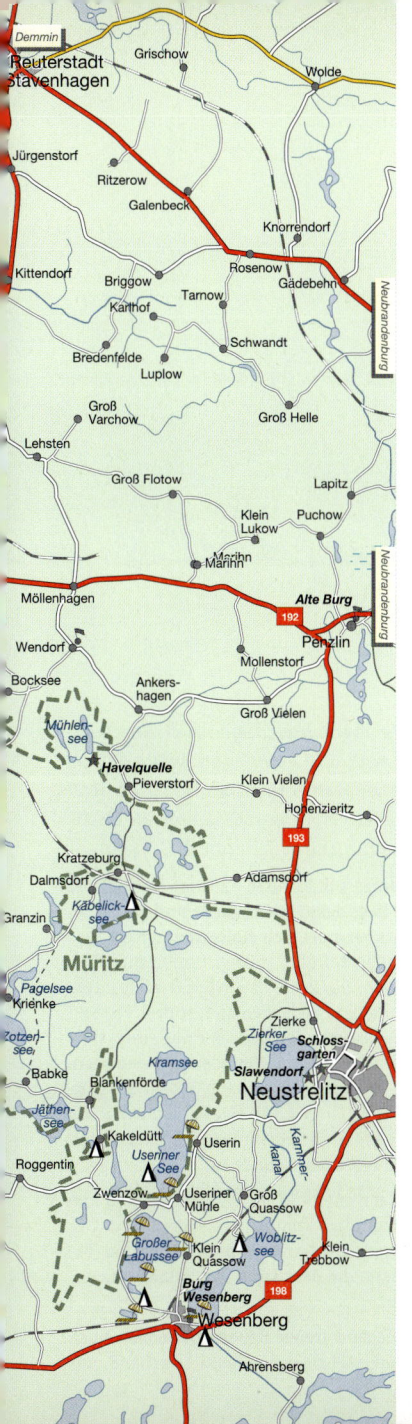

Südlich von Waren

Am Westufer der Müritz ist es zwischen Waren und Röbel vor allem der 9 km südlich der Warener Altstadt gelegene Ort **Klink**, der zu einem Zwischenstopp einlädt. Hier steht direkt am See das fotogene und deshalb recht bekannte *Schloss Klink*. Mit weißem Verputz, backsteinroten Fensterfassungen und Giebeln sowie schwarz gedecktem Dach und Turmhauben zeigt es sich schon in der Farbgebung märchenhaft. Dabei stammen die verspielten Erker, Türmchen und Portale keineswegs aus märchenhafter Zeit, nicht einmal aus der deutschen Romantik: Schloss Klink wurde 1898 gebaut und nimmt sich unverkennbar die französischen Loire-Schlösser zum Vorbild. Heute beherbergt das Schloss ein Hotel.

Verbindungen Bus: halbstündlich bis stündlich verkehrt entweder Linie 012 oder Linie 3 von Waren nach Klink.

Schiff: Mit der *Weißen Flotte* oder der *Blau-Weißen Flotte* zwischen Anfang April und Anfang Okt. ca. 6-mal tägl. nach Waren und Röbel. Tickets an Bord, Infos und Buchungen unter ☎ 03991-663034, www.blau-weisse-flotte.de oder 03991-122668, www.weisse-flotte-mueritz.de.

Übernachten/Essen Schlosshotel Klink, noble Herberge im Schloss, mit modernem Anbau (nennt sich „Orangerie"). Direkt am See, mit Wellness, Sauna und Schwimmbad, außerdem Kegelbahn und Fahrradverleih. Mehrere Restaurants und Bars. Übernachtung im Schloss: EZ 79–139 €, DZ 109–169 €, im Nebengebäude günstiger, Frühstück inkl.; Hunde 15 €. Schlossstr. 6, 17192 Klink, ☎ 03991-7470, www.schlosshotel-klink.de.

Der kleine Weiler **Sietow Dorf** liegt auf halbem Weg zwischen Waren und Röbel an der Sietower Bucht. Von der wuchtigen *Kirche* (um 1300) führt ein kurzer Weg hinunter zum kleinen Hafen. Die Restaurants und Imbisse servieren fangfrischen Fisch.

→ Um die Müritz Karte S. 364/365

Der Warnker See im Nationalpark

Müritz-Nationalpark

Grün und blau – die inoffiziellen Farben Mecklenburgs prägen auch den herrlichen Nationalpark: dichte Wälder und verwunschene Seen, weite Schilfgürtel entlang des „Kleines Meeres", unwegsame Moorlandschaften und versteckte Wiesen und Weiden. Über diesem Naturparadies kreisen Fisch- und Seeadler und im Herbst kommen die Kraniche in Scharen zu Besuch.

Der 1990 gegründete Müritz-Nationalpark umfasst mit seinen 320 km² Fläche zwei Teilgebiete: Der überwiegende Teil (260 km²) liegt östlich der Müritz und grenzt an deren Ufer. Ein kleineres Waldgebiet (62 km²) befindet sich südöstlich davon zwischen Neustrelitz und Feldberg um den Weiler Serrahn, dessen umliegende Buchenwälder zu den fünf alten Wäldern gehören, die 2011 als **UNESCO-Weltnaturerbe** ausgewiesen wurden. Den Müritz-Nationalpark bedecken zu fast drei Vierteln (72 %) weitflächige Waldgebiete, von denen die besagten Buchen aber nur einen kleinen Anteil ausmachen: Drei Viertel der Waldflächen sind von Kiefern bestanden. Berühmt ist das Gebiet – vor allem der große Nationalpark-Bereich östlich der Müritz – jedoch für seine zahllosen Seen (davon 107 mit einer Größe von mehr als einem Hektar) und Tümpel, dazu die vielen Moore, die eine unvergleichliche Vielfalt an Wasservögeln und eine ganz besondere Flora hervorbringen.

Die Landschaft des Nationalparks mit ihren Seen entstand am Ende der letzten Eiszeit, als sich Gletscher aus Skandinavien über den Kontinent schoben und Gesteinsmassen, „Endmoränen", vor sich auftürmten. In ihren Absenkungen und Tälern bildeten sich die heutigen Seen und Flüsse, die das „Land der Tausend Seen" zum wasserreichsten in ganz Europa machten.

Im Mittelalter wurde die Gegend von vorwiegend freien Bauern besiedelt. Nach dem Dreißigjährigen Krieg gewann die Gutsherrschaft weitgehend Überhand, aus den Bauerndörfern wurden vermehrt Gutswirtschaften. Neben den Fischern und Bauern ernährten Wald und Heide östlich der Müritz auch Köhler und Teerschweler, Torfstecher und Schäfer. Letztere betreiben auch heute noch extensive Viehwirtschaft im Nationalpark. Das heutige Naturparadies hat seine Entstehung zum Teil auch dem Eingriff durch Menschenhand zu verdanken: Mit der Schiffbarmachung von Elde und Havel in den Jahren 1798 bis 1834 und der so entstandenen Elde-Havel-Wasserstraße sank der Wasserspiegel der Müritz um 1,5–2 m und hinterließ an deren Ostufer eine beeindruckende, oft unzugängliche Moorlandschaft und einige kleinere Seen – heute der Lebensraum für seltene Pflanzen- und Vogelarten.

Während das ausgedehnte Waldgebiet von Serrahn 1833 von den Großherzögen des nahen Neustrelitz zur Privatjagd erklärt und zu diesem Zweck sogar eingezäunt wurde, erfuhr das Gebiet am Ostufer der Müritz eine wirtschaftliche Nutzung: zunächst durch eine Ziegelei, dann als großflächiges Weideland. Nachdem Teile des Gebietes wieder aufgeforstet waren, ging man auch hier der Jagd nach. Erst war es ein Leipziger Unternehmer, ab den 1950er Jahren waren es hohe Parteifunktionäre, 1969 wurde das Gebiet dann zur Staatsjagd erklärt. Auf einem 2000 Hektar großen Teilstück errichtete die sowjetische Armee einen Truppenübungsplatz.

Regeln im Nationalpark

Dem Naturliebhaber sind die meisten Regeln ohnehin klar, trotzdem hier der vom Nationalparkamt herausgegebene Kodex, um die Natur möglichst wenig zu stören:

- Verlassen Sie nicht die ausgewiesenen Wege.
- Verhalten Sie sich an den Beobachtungsständen möglichst leise.
- Nehmen Sie keine Pflanzen oder Steine aus dem Nationalpark mit.
- Hinterlassen Sie keinen Müll; Raucher sollten die erhöhte Waldbrandgefahr beachten und ihre ausgedrückten Kippen wieder mitnehmen.
- Hunde sind im gesamten Nationalpark-Gebiet an der Leine zu führen.
- Parken Sie nur an den vorgesehenen Parkplätzen, zelten Sie nur auf den ausgewiesenen Campingplätzen des Nationalparks.

Trotz aller Jagdleidenschaft auf der einen und dem heute veröden Militärgebiet auf der anderen Seite spielte der Naturschutz in einigen Gebieten des heutigen Nationalparks seit Jahrzehnten eine Rolle. Schon 1931 entstand ein erstes, wenn auch recht kleines Schutzgebiet um den Müritzhof, nach dem Zweiten Weltkrieg wurden rund 5000 Hektar am Ostufer der Müritz unter Schutz gestellt. Doch ausgerechnet dies wirkte sich negativ auf die Fauna des Gebietes aus: Das Areal wurde von Büschen zugewuchert, die Brutvögel fanden keine Nistplätze mehr und blieben weg. So ging man dazu über, das Gebiet wieder als Weideland zu nutzen. Die Natur „sich selbst zu überlassen" funktionierte dagegen im Serrahner Teil des Nationalparks umso besser: Seit über 40 Jahren wächst hier ein regelrechter Urwald aus Buchen, dem 2011 zusammen mit vier weiteren Buchenwäldern in Deutschland der Rang eines *UNESCO-Weltnaturerbes* zuerkannt wurde. Rund 7 % des Müritz-Gebiets werden heute landwirtschaftlich genutzt und alljährlich zählt man über eine halbe Million Besucher – der Nationalpark ist einer der größten Touristenmagnete der Region. Insgesamt erschließen 600 km Wander- und Radwege Deutschlands größten Binnen-Nationalpark für Besucher.

→ Um die Müritz Karte S. 364/365

Flora und Fauna im Müritz-Nationalpark

Der Wechsel zwischen ausgedehnten Wäldern, vielen großen und kleineren Seen, Mooren und Sumpfgebieten bringt im Müritz-Nationalpark eine ganz eigene Flora und Fauna hervor. Dank der Unzugänglichkeit von Seeufern und Moor- bzw. Sumpfgebieten bietet er vor allem Wasservögeln einen besonders geschützten Lebensraum.

Die Wälder im Nationalpark werden von Kiefern, den schnell wachsenden, anspruchslosen Birken und den hier ursprünglich beheimateten Rotbuchen dominiert, Letztere vor allem im Osten um Serrahn. Die Moore des Nationalparks entstanden entweder durch die Verlandung „alter" und flacher Seen (u. a. durch die künstliche Absenkung des Wasserspiegels mit dem Bau des Elde-Havel-Kanals), an manchen Stellen aber auch durch das Ansteigen des Grundwasserspiegels. Als nährstoff- und sauerstoffarmes Biotop eignen sie sich nur für bestimmte Pflanzenarten, darunter Torfmoos und Wollgras, den fleischfressenden Sonnentau und das seltene Moor-Greiskraut. Vor allem in der Gegend südlich des Müritzhofs finden sich noch einige ausgedehnte Riedflächen. Die zahlreichen Seen sind oft von einem dichten Röhricht- und Schilfgürtel gesäumt, manche von ihnen ganz klar, andere trüb und bräunlich. Im Sommer blühen hier Weiße Seerosen und die gelben Teichrosen. An die 1000 verschiedene Pflanzenarten sprießen im Müritz-Nationalpark, zudem fast 300 Moos- und Flechtenarten und fast 600 verschiedene Pilze.

Das größte Säugetier im Park ist der Rothirsch, der, um den Bestand zu begrenzen, als einziges Tier hier noch heute gejagt wird. Darüber hinaus tummeln sich in den Wäldern Wildschweine und Füchse. In der wasserreichen Gegend fühlen sich Biber und Fischotter zu Hause, ebenso der Moorfrosch, dessen männliche Vertreter sich zur Laichzeit leuchtend hellblau verfärben.

Rauhwolliges Pommersches Landschaf

Berühmt ist der Nationalpark jedoch für seine Vielfalt an (Wasser-)Vögeln, die vom majestätischen Kranich bis zum farbenfrohen Eisvogel reicht. Von den Raubvögeln zählen natürlich die beiden Adlerarten zu den größten Attraktionen: Der Fischadler ist nur im Sommerhalbjahr anzutreffen (überwintert wird im Mittelmeerraum oder Westafrika) – das aber so häufig wie nirgendwo sonst in Europa. Über hundert Brutpaare zählte man zuletzt in Mecklenburg-Vorpommern, und wer den Greifvogel mit dem charakteristischen weißen Kopf mit dunkler Maske beobachten will, kann ihn, mit etwas Glück, von den Beobachtungspunkten bei den Fischteichen bei Boek oder am Rederang-See (bei Federow) erspähen, zudem befinden sich einige Horste auf Strommasten südlich von Federow. Während sich der Fischadler fast ausschließlich von Fisch ernährt, greift der deutlich größere Seeadler (mit einer Spannweite bis 2,5 m der größte Greifvogel Europas) auch nach Wasservögeln, Mäusen und sogar nach Füchsen, notfalls aber auch zu Aas. Das erscheint vielleicht nicht gerade majestätisch, ermöglicht es dem Seeadler aber in unseren Breitegraden zu überwintern. In Mecklenburg-Vorpommern ist der Bestand am dichtesten, von etwa 600 Brutpaaren in Deutschland jagen und brüten etwa die Hälfte zwischen Schwerin und Usedom, Müritz und Hiddensee. Erkennbar ist der Seeadler am mächtigen Schnabel und durchgehend braunen Federkleid, wer ihn im Nationalpark zu Gesicht bekommen will, sollte es am besten an den Beobachtungsständen bei den Boeker Fischteichen oder am Warnker See (Richtung Müritzhof) versuchen. Seine Horste befinden sich meist auf hohen Bäumen, Fischadler dagegen nisten heute vermehrt auf Strommasten. In den Röhrichten und Schilfgürteln der Seen nisten u. a. die seltene Rohrweihe und die gefährdete Große Rohrdommel: Vor allem im Frühjahr sind in der Dämmerung ihre dumpfen, dröhnenden Balzrufe zu hören, die ihr den Beinamen „Moorochse" eingebracht haben. Zu sehen bekommt man diesen extrem scheuen Vogel jedoch fast nie: Sein braunes Federkleid ist vom umgebenden Schilf kaum zu unterscheiden. Auch der seltene Schwarzstorch, Eisvögel, Fischreiher und Wildgänse fühlen sich hier – zumindest saisonal – wohl.

Kranichbeobachtungen im Nationalpark

Nicht nur an der Ostseeküste, auch hier im Müritz-Nationalpark treffen sich die Grauen Kraniche (*Grus grus*) im Frühjahr und Herbst zu Tausenden, Schätzungen zufolge sollen es bis zu 8000 pro Tag sein, die vor allem am Nordufer des Rederang-Sees (bei Federow, → S. 372) gemeinsam Rast machen, um sich auf ihrer anstrengenden Reise zwischen Schweden und Spanien (teilweise auch Nordafrika) zu erholen. Etwa 60 Paare bleiben ganzjährig im Nationalpark. Aus der Nähe wird man die überaus scheuen Vögel nicht zu sehen bekommen, bessere Chancen hat man vom Beobachtungsturm am Rederang-See. Dennoch: Ein Fernglas sollte man auf alle Fälle dabeihaben. Näheres zu den Kranichen → S. 194/195.

Führungen: Der Beobachtungsturm am Nordufer des Rederang-Sees bzw. der Weg dorthin (Markierung: *rotes Eichhörnchen*) von Federow und Schwarzenhof aus ist während des Kranichzugs von ca. Mitte/Ende Aug. bis Ende Okt. tägl. ab 16 Uhr gesperrt, allerdings im Rahmen einer Führung des Informationszentrums Federow zu begehen. Wer daran teilnimmt, sollte sich warm und in gedeckter Kleidung anziehen und nur ohne Blitz fotografieren. Reservierung (ratsam!) unter ☏ 03991-668849 (Federow) und unter www.nationalparkservice.de. Führung 9,50 €, Kinder 7–15 J. 5 €, unter 7 J. frei.

Um die Müritz → Karte S. 364/365

Basis-Infos

Information Es gibt mehrere, mehr oder weniger große Nationalpark-Informationsbüros. Eines der wichtigsten ist das in **Federow** (→ S. 372), hier gibt es auch die Fischadler-Live-Kamera. Kleinere Infostellen befinden sich u. a. in **Schwarzenhof** (mit kleiner historischer Ausstellung, → S. 373), im Gutshaus von **Boek** (→ S. 379) sowie in **Ankershagen-Friedrichsfelde**. Eine Live-Übertragung aus einem Storchennest gibt es in der unbesetzten **Ankershagen-Friedrichsfelde** (→ S. 375). In der Nationalpark-Information in **Kratzeburg** (→ S. 376) widmet sich eine Ausstellung der Fledermaus. Im Info-Zentrum **Blankenförde** (→ S. 378) gibt es eine kleine Ausstellung zu Flora und Fauna (und eine Hörprobe der *Großen Rohrdommel*) und in **Serrahn** natürlich zum Thema *Welterbe alter Buchenwald* (→ S. 409). In **Neustrelitz** schließlich ist der Stadtinformation eine Nationalpark-Infostelle angeschlossen (→ S. 405). Weitere Infos auf www.nationalpark-mueritz.de oder www.nationalpark-service.de.

Verbindungen Da der Nationalpark für den privaten Autoverkehr fast vollständig gesperrt ist, ist man auf das Fahrrad, die Füße oder aber den **Nationalpark-Bus** angewiesen. Dieser verkehrt von Ende April bis Anfang Okt. tägl. zwischen 9 und 16.30 Uhr stündl. ab *Waren* (Steinmole) über *Federow*, *Schwarzenhof*, *Speck*, *Am Käflingsberg*, *Priesterbäker See*, *Zartwitzer Kreuzung*, *Amalienhofer Kreuz* nach *Boek* und weiter bis zum *Bolter Kanal*, 3-mal am Tag auch über Bolter Schleuse bis Rechlin. Der erste Bus in entgegengesetzter Richtung startet am Bolter Kanal um 10.10 Uhr, der letzte um 17.40 Uhr. Im Okt. verkehrt der Bus nur 4-mal tägl. bis zum Bolter Kanal, zwei Busse davon fahren weiter bis Rechlin. Fahrräder können mitgenommen werden, solange Platz im Anhänger ist. Tickets im Bus, Infos unter ☏ 03991–6450, www.nationalparkticket.de.

Mit dem Schiff: Waren tuckert über Klink, Röbel und Bolter Kanal 4-mal tägl. ein Schiff der *Weißen Flotte* nach Rechlin. Fahrtdauer Waren – Bolter Kanal etwa 2:30 Std., Röbel – Bolter Kanal 1 Std. Das Nationalparkticket (Bus und Schiff) ist nur für diese Strecke gültig (ansonsten nach Waren 12 € bzw. Röbel 10 €). Infos unter ☏ 03991-122668 oder www.mueritzschiffahrt.de. Weitere Schifffahrten auf der Müritz → Waren, S. 356.

Führungen und Touren im Nationalpark Naturkundliche und vogelkundliche Wanderungen, geführte Radtouren, histori-

Der Müritzhof

sche Rundgänge. Am beliebtesten sind natürlich die Führungen zu den gefiederten Attraktionen des Nationalparks: Jährlicher Höhepunkt sind die Wanderungen zum Kra-nicheinflug, nicht minder gefragt ist die Adlersafari (ab Federow, → S. 372). Das gesamte Angebot erfährt man in den Infobüros oder unter www.nationalpark-service.de.

Nationalpark-Ticket (für Bus und Schiff)

Lohnend vor allem, wenn man mehr als einen Tag im Nationalpark unterwegs sein will und/oder den Ausflug mit einer Schiffsfahrt verbinden möchte.

- *Tagesticket Bus* 9 €, Kinder 6–14 J. 4 €, Familien mit bis zu 4 Kindern 18 €.
- *Kombiticket Bus & Schiff* 18 €, Kinder 8 €, Familien 36 €.
- *3-Tages-Ticket Bus* 20 € (erm. 8 €).
- *3 Tage Bus & Schiff* 39 € (erm. 16 €).
- *Wochenticket Bus* 36 € (erm. 15 €).
- *Wochenticket Bus & Schiff* 58 € (erm. 26 €).

Tickets in den Bussen sowie an Bord der Fahrgastschiffe (Weiße Flotte), im Haus des Gastes in Waren und den Touristinformationen im Nationalpark. Infos unter www.nationalparkticket.de.

Essen & Trinken

Neben den zahlreichen Hotels, Restaurants und Cafés in den Dörfer in und um den Nationalpark (→ jeweils unten) sind zwei besonders hervorzuheben:

≫ Unser Tipp: **Müritzhof**, der vom Lebenshilfewerk bewirtschaftete Landschaftspflegehof liegt in herrlicher Alleinlage inmitten der traumhaften Nationalparklandschaft. Von April bis Okt. ist die dazugehörige Gaststätte (sehr schöne Terrasse) tägl. 10–16 Uhr geöffnet, Mai bis Sept. bis 18 Uhr. Dieses mecklenburgische Idyll ist aber nicht allein wegen der Lage beliebt und gerühmt. Hier laben sich Wanderer und Radler entweder an Kaffee und Kuchen oder an der deftigen mecklenburgischen Küche. Schaf und Rind stammen aus der eigenen extensiven Viehhaltung des Hofes, das Wild aus dem Nationalpark, der Fisch aus der Müritz. Und der Streuselkuchen vom Blech ist wie ein Streuselkuchen vom Blech sein soll. Dabei nicht teuer. ☎ 03991-611540, www.müritzhof.de. *Lage*: Der Müritzhof liegt etwa 7 km südlich von Waren und ist nur zu Fuß oder mit dem Fahrrad zu erreichen (Wander-/Radweg ab Parkplatz Specker Straße). **≪**

Ortschaften im und am Rand des Müritz-Nationalparks

Einstmals lagen die Dörfer Federow, Schwarzenhof, Speck und Boek – alles kleine Weiler rund um ein Gutshaus – an der für die Region wichtigen Verbindungsstraße von Waren nach Mirow. Mit der Einrichtung des Nationalparks wurde die Strecke zwischen Speck und Boek aber für den Durchgangsverkehr gesperrt. Nur der Nationalparkbus bzw. etwas nostalgischer, die Kutsche, halten weiter die Nord-Süd-Verbindung aufrecht.

Die meisten Besucher kommen über **Federow** in den Nationalpark. Mitten im Müritz-Nationalpark befinden sich die kleinen Weiler **Schwarzenhof** und **Speck**. Im Osten gelangt man über die sehenswerten Dörfer **Ankershagen** (mit Museum für den Troja-Entdecker Schliemann), **Kratzeburg** am Käbelicksee oder das versteckte **Granzin** in den Nationalpark; etwas weiter südlich über **Blankenförde/Kakeldütt**. Der südliche Nationalparkeingang schließlich ist **Boek**.

Um die Müritz
→ Karte S. 364/365

Federow

Der hübsche alte Gutshof ist das nördliche Tor in den Nationalpark. Hier befindet sich auch das größte **Informationszentrum** des Parks und von hier starten auch naturkundliche Führungen, darunter zu den Adlern und Kranichen. Neben dem schmucken **Gutshaus** aus dem 19. Jh. (heute Hotel mit Restaurant) ist es vor allem die gotische **Feldsteinkirche** von Federow, die von sich reden macht: Das kleine, altehrwürdige Gotteshaus dient nämlich als *Hörspielkirche* – Kino für die Ohren: Von Juli bis September werden in der Kirche Hörspiele aufgeführt (d. h. abgespielt), das Programm reicht vom Kinderhörspiel über den Krimi bis zur Klassik. Daneben ist auch (Kirchen-)Musik zu hören. Über das Programm (Hörspiele i. d. R. Mo/Di/ Mi) informiert die Seite www.hoerspielkirche-federow.de.

Information   Nationalpark-Information Federow, mitten im Ort; freundlich und kompetent, umfangreiches Infomaterial, Buch- und Souvenirladen, Fischadler-live-Übertragung, geführte Touren (→ unten); Fahrradverleih, Wohnmobilstellplatz (5 €/ Nacht, aber nicht schön, zudem laut wegen der vielen Busse). April bis Ende Okt. tägl. 9–18 Uhr geöffnet, im Winter geschlossen. 17192 Federow, ✆ 03991-668849, www. nationalpark-service.de.

Fischadler live

In der Nationalpark-Information Federow kann man den Fischadlern ins Nest schauen! Eine Kamera überträgt live von einem der Adlerhorste, die in der Umgebung auf den Strommasten zu finden sind. So werden einzigartige Einblicke in die Aufzucht der Jungtiere vom Schlüpfen über den ersten Flugversuch bis zum Abflug im Herbst möglich.

Geführte Touren   U. a. Adlersafari, April bis Sept. tägl. 11.15 Uhr; **Wälder – Moore – Adler**, Fahrradtour durch den Park, Juli bis Mitte Aug. Mi 18 Uhr; **Kranichtour** – das Highlight: Ende Aug. bis Mitte Okt. 1-mal tägl. am späten Nachmittag/frühen Abend. Dauer je 3 Std., Erw. 9,50 €, Kinder 5 €. Start für alle Touren ist die Nationalpark-Information Federow, hier auch Infos und Anmeldung (ratsam).

Beobachtungsstände   Um Federow gibt es mehrere Möglichkeiten, Fischadler zu beobachten, zahlreiche Brutpaare haben ihre Nistplätze auf den Strommasten um den Ort.

Eine der schönsten Beobachtungsplattformen liegt südlich von Federow am einsamen **Rederang-See** (knapp 2 km, Wandermarkierung *Rotes Eichhörnchen* folgen).

Achtung: Der beliebte, sowohl von Federow als auch von Schwarzenhof viel begangene Wanderweg zum Rederang-See und dessen Beobachtungsturm am Nordufer (Markierung Rotes Eichhörnchen) ist zwischen Mitte/Ende Aug. bis Ende Okt. (je nachdem, wann die Kraniche abfliegen) tägl. ab 16 Uhr gesperrt. Zu diesen Zeiten kommt man nur mit einer Führung dorthin (→ „Kranichbeobachtungen im Nationalpark", S. 369).

Einkaufen   Ein kleiner Lebensmittelladen (Fr. Müller) befindet sich zwischen Kirche und Nationalpark-Information.

Übernachten/Essen   Gutshaus Federow, eine charmante Bleibe, wenn auch mit ein paar Flecken, Falten und Stilbrüchen. Herrenhaus aus der Mitte des 19. Jh., dahinter der kleine Hofsee. 16 Zimmer, Restaurant mit gutbürgerlicher Küche, auch Café, nette Terrasse, sehr freundlich. DZ 89 € (Seeseite 94 €), mit Balkon 100 € (Seeseite 105 €), Frühstück inkl., Halbpension möglich. Am Park 1, 17192 Federow, ✆ 03991-674980, www.gutshaus-federow.de.

Die bunte Kuh, beliebte Gaststätte und einfache Pension auf einem Bauerhof gegenüber der Nationalpark-Information (DZ 70 € inkl. Frühstück), schöner Garten, nebenan Streichelzoo. Damerower Str. 8, ✆ 03991-670038, www.diebuntekuh.com.

Anlegestelle im Nationalpark

Schwarzenhof

Auch in Schwarzenhof stand einst ein Gutshaus, das aber um 1900 abbrannte und nicht wieder aufgebaut wurde. Der kleine, aus wenigen Häusern bestehende Ort ist vielleicht nicht der spektakulärste rund um den Nationalpark. Dafür eignet er sich – auf halbem Weg zwischen Federow und Speck sowie unweit des Specker und des Rederang-Sees gelegen – hervorragend als Ausgangsort für Radtouren und Wanderungen.

Information Infopoint mit ein paar Broschüren und einer kleinen Seeadler-Ausstellung. Um Ostern und von Mai bis Okt. tägl. 8.30–17 Uhr. Schwarzenhof 15, 17192 Kargow.

Übernachten/Essen Nationalparkhotel **Kranichrast**, zweistöckiges Haus am Ortsausgang (Richtung Speck); freundlicher Service. Sauna, Kegelbahn und Fahrradverleih; großes und beliebtes *Restaurant* mit Panoramafenstern (überschaubare Karte, Hauptgerichte 17,50–19,50 €), Terrasse vor dem Haus (auch Café). EZ 65 €, DZ 95 €, inkl. Früh-

stück, Hunde 6 €. Im Winter nicht durchgehend geöffnet (telefonisch nachfragen). Dorfstr. 15, 17192 Schwarzenhof, ✆ 03991-67260, www.nationalparkhotel-kranichrast.de.

Reisemobilstellplatz „Ziegenwiese", schräg gegenüber der Information, etwa ein Dutzend Stellplätze (keine Duschen und Toiletten, dafür Stromanschluss), 9 €/Nacht, Strom 1,50 €. Schwarzenhof 7, ✆ 03991-633842.

Üdis Imbiss mit nettem Garten, ebenfalls am Ortsausgang (Richtung Federow), rechter Hand.

→ Karte S. 364/365   Um die Müritz

Speck

In Speck befindet man sich nun mitten im Müritz-Nationalpark – weit und breit nichts als Seen und Moore, Wiesen und Wald. Das **Gutshaus** aus den 1930er-Jahren ist heute in Privatbesitz. Nahebei erhebt sich die kleine **Kirche** von Speck aus der zweiten Hälfte des 19. Jh. mit farbenfroher Kassettendecke. Der Name des kleinen Dorfes weist übrigens weder auf Schweinezucht hin, noch will er uns etwas über die Leibesfülle der Bewohner erzählen. Vielmehr soll er aus dem Slawischen stammen und soviel wie „Befestigter Deich" oder „Weg über sumpfiges Gelände" bedeuten.

Etwa 2 km südöstlich von Speck erhebt sich ein beliebter, da aussichtsreicher **Turm** auf dem *Käflingsberg*. Zunächst geht man hinter Speck (ab hier für Autos gesperrt) auf der Straße in südliche Richtung, um nach etwa 1 km kurz hinter der Bushaltestelle links in einen Waldweg abzuzweigen. Auf diesem Fußweg erklimmt man den Käflingsberg genannten, für hiesige Verhältnisse geradezu steilen Hügel und erreicht nach einem weiteren knappen Kilometer das schlanke, 55 m hohe Stahlgerippe. Hinauf zur Besucherplattform auf 31 m steigt man über 167 schweißtreibende Stufen. Bei gutem Wetter ist die Aussicht über den Nationalpark den Abstecher wert.

Beobachtungsstand Westlich von Speck führt ein Fußpfad zu einem Beobachtungsstand am **Hofsee**; dafür folgt man zunächst der Straße Richtung Schwarzenhof, dann dem rot markierten Weg nach links, dann ausgeschildert.

≫ Lesertipp: „Sehr schön ist auch der ausgeschilderte kurze Umweg zu einem Aussichtspunkt am Priesterbäker See. Bei ruhigem Verhalten kann man dort sowohl Fischadler im Flug als auch Rotwild im Wald beobachten, wenn es sich dem See nähert." **≪**

Ankershagen
ca. 550 Einwohner

Das abgeschiedene Dorf am nordöstlichen Rand des Müritz-Nationalparks ist in zweifacher Weise mit dem sagenhaften Troja verbunden. Zum einen war Homer-Übersetzer *Johann Heinrich Voß* im 18. Jh. Hauslehrer hier im Gutshaus. Zum anderen verbrachte Troja-Entdecker *Heinrich Schliemann* acht Jahre seiner Kindheit in Ankershagen. Entsprechend ist dem später weitgereisten Pastorensohn auch das *Schliemann-Museum* im ehemaligen Pfarrhaus gewidmet. Vor dem Museum steht ein riesiges hölzernes Pferd, in dessen Bauch sich Kinder wie Odysseus fühlen und über eine Rutsche Troja erobern können. Im Hof steht eine mächtige, über 150 Jahre alte Esche, in deren Schatten die Tische und Stühle des Museumscafés stehen, einen Steinwurf entfernt erhebt sich die schmucke kleine **Kirche** von Ankershagen – idyllisch.

Im Ortsteil **Friedrichsfelde** befindet sich in einem Gutshaus aus dem 19. Jh. die **Informationsstelle des Müritz-Nationalparks**.

Equo ne credite, Teucri! Quidquid id est, timeo Danaos et dona ferentes

Information Im Gutshaus Friedrichsfelde kann man ein paar Flyer einpacken, zudem ist eine Live-Beobachtungskamera (Storchennest) installiert. Dazu eine kleine Ausstellung zu Ankershagen und *Johann Heinrich Voß*, dem Dichter und Übersetzer (u. a. der „Ilias" von Homer), der hier Ende des 18. Jh. als Privatlehrer am Gutshaus tätig war. Mitarbeiter des Nationalparks sind nicht vor Ort. Auf der Rückseite des Gutshauses das Café *Storchennest*.

Essen & Trinken Nettes **Café** beim Schliemann-Museum; Tische und Stühle auf der Wiese vor dem Haus, schön zum Sitzen. Kaffee, Kuchen und Kleinigkeiten, gleiche Öffnungszeiten wie das Museum (→ unten).

Heinrich-Schliemann-Museum: Im Pfarrhaus gegenüber der Kirche verbrachte Heinrich Schliemann acht Jahre seiner Kindheit, bevor er auf die höhere Schule in die Stadt geschickt wurde. Das denkmalgeschützte Haus aus dem frühen 18. Jh. beherbergt seit 1980 das Museum, das den abenteuerlichen Werdegang des Archäologen mit zahlreichen Dokumenten und Exponaten erläutert. Dazu zählen u. a. zeit-

Heinrich Schliemann – Kaufmann und Selfmade-Archäologe

Zwar erblickte er nicht hier, sondern in Neubukow bei Wismar (→ S. 127) am 6. Januar 1822 das Licht der Welt, doch schon im zarten Alter von eineinhalb Jahren kam der wohl berühmteste deutsche Altertumsforscher nach Ankershagen, wo sein Vater eine Anstellung als Dorfpfarrer gefunden hatte. In Schliemanns Erinnerungen werden seine acht Kindheitsjahre in Ankershagen als besonders glücklich geschildert und das, obwohl der Vater wegen einer außerehelichen Liebschaft mehr und mehr in Verruf geriet, besonders nach dem frühen Tod der Mutter im Jahr 1831. Ein Jahr später wurde der junge Heinrich zu Verwandten nach Kalkhorst gegeben und 1833 auf das Gymnasium nach Neustrelitz geschickt. Im Rückblick erscheint Schliemanns Ankershagen mit seinen frühzeitlichen Besiedlungsspuren fast schon als mythischer Ort, an dem seine Lust am Entdecken erstmals geweckt wurde.

Schliemanns Karriere begann zunächst als Handelsgehilfe in Rostock und Amsterdam. Für seinen holländischen Arbeitgeber gründete er eine Niederlassung in St. Petersburg und machte sich schließlich mit einem eigenen Handelshaus erfolgreich selbstständig. Besonders üppig rollte der Rubel für den geschickten Geschäftsmann während des Krimkrieges (1853–1856), bei dem Schliemann sein damals schon beträchtliches Vermögen vervielfachte. 1864 zählte der Millionär sein Geld zusammen, löste sein Geschäft in St. Petersburg auf und zog einen Strich unter seine bisherigen Unternehmungen. Das Sprachgenie Schliemann ging auf Weltreise, entdeckte sein Faible für die klassische Altertumsforschung und wurde 1869 auf diesem Gebiet von der Universität Rostock sogar promoviert (wenn auch in Abwesenheit). Dabei gingen seine Theorien zur klassischen Antike von einem simplen – und oft belächelten – Ansatz aus: Die Werke Homers hielt er nicht nur für mythenschwere Erzählungen, er benutzte sie vielmehr als detaillierte historische Quellen, die ihm auf der Suche nach Troja und Mykene wie geografische Wegweiser zur Seite standen – und dank derer er tatsächlich fündig wurde. Zu seinen berühmtesten Ausgrabungen zählen Troja (u. a. der „Schatz des Priamos") sowie die Burg und die Königsgräber von Mykene. Schliemann starb am 26. Dezember 1890 in Neapel, sein Grab befindet sich auf dem Zentralfriedhof in Athen, wo er zuletzt mit seiner griechischen Frau gelebt hatte.

→ Um die Müritz Karte S. 364/365

genössische Bücher zu Troja, Ithaka und dem Peloponnes, die Nachbildungen der Goldschätze von Troja („Schatz des Priamos") und von Mykene, Modelle der Burganlagen von Mykene und Tyrins, Fotografien diverser Grabungsarbeiten, ein Modell von Schliemanns Wohnhaus „Iliou Melathron" in Athen sowie Erläuterungen zur „Methode Schliemann" für das Erlernen fremder Sprachen (Schliemann beherrschte 20 Fremdsprachen!). Ein kleiner Teil der Ausstellung ist Schliemanns Kindheit in Ankershagen gewidmet. Das obere Stockwerk des Museums ist wechselnden Ausstellungen vorbehalten.

Ein Stück hinter dem Museum befindet sich ein winzig kleiner Teich namens „Silberschälchen", dem um Mitternacht (aber nur bei Mondschein) sowie an Johannis (24. Juni) eine geheimnisvolle Jungfrau mit einer silbernen Schale entsteigen soll. Über sie berichtet Schliemann in seiner Autobiografie.

April bis Okt. Di–So 10–17 Uhr, Nov. bis März Di–Fr 10–16 Uhr, Sa 13–16 Uhr, So/Mo geschlossen. Letzter Einlass 30 Min. vor Schließung. Eintritt 4 €, erm. 3 €, Schüler bis 16 J. 2 €, Kinder unter 6 J. frei, Familien 9 €. Lindenallee 1, ✆ 039921-3252, www.schliemann-museum.de.

Feldsteinkirche: Die frühgotische Kirche gegenüber dem heutigen Schliemann-Museum wurde 1266 geweiht und zählt damit zu den ältesten Feldsteinkirchen in Mecklenburg. Im ältesten Teil der Kirche, dem Chorraum, sind einfache, teils recht eigentümliche Wandmalereien zu sehen, die den Teufel und den Drachentöter darstellen. Der Kirchturm kann über eine sehr steile Treppe bestiegen werden. Nach der ersten Stiege zum Dachstuhl führt linker Hand eine Art „Geheimgang" hinunter, der ist zwar recht eng, erleichtert aber den Abstieg.
Ostern bis Okt. tägl. 8–18 Uhr geöffnet.

Kratzeburg   ca. 540 Einwohner

Südlich von Ankershagen und der Havelquelle verstecken sich – eingebettet in eine sanft hügelige, teils bewaldete Landschaft zwischen einer Handvoll kleiner Seen – einige kleine Dörfer, wie der malerische Flecken **Pieverstorf** an der noch sehr jungen Havel. Hauptort der Gemeinde ist **Kratzeburg** am Nordufer des Käbelicksees. Der Ort erstreckt sich um eine kleine *Fachwerkkirche*. Mitten in Kratzeburg liegt auch das *Flatterhus*, eine Nationalpark-Information, die sich den Fledermäusen widmet.

Ab dem *Käbelicksee* ist die Obere Havel für Wasserwanderer befahrbar. Der See ist damit der nördlichste Punkt des weitverzweigten Wasserwanderreviers der Kleinseenplatte. Die Strecke von Kratzeburg die Havel hinab gehört zu den schönsten Paddelstrecken der Gegend.

Information   Nationalpark-Infozentrum Kratzeburg, kleine Infostelle unweit der Kirche, neben üblichen Infos widmet sich das *Flatterhus* vor allem den Fledermäusen (interessante Erläuterungen bis hin zu Vampiren und der Fledermaus in Film und Literatur). Mai bis Okt. tägl. 10–17 Uhr geöffnet, im Winter geschlossen. Dorfstr. 31, 17237 Kratzeburg, ✆ 039822-29665, www.mueritz-nationalpark.de.

Verbindungen   Kratzeburg liegt an der Bahnlinie Waren–Neustrelitz, ein Regionalexpress hält alle 2 Std. im Dorfbahnhof.

Essen & Trinken/Einkaufen   Café Piccolino, am östlichen Ortsrand von Kratzeburg (Richtung Neustrelitz). Das Café wird von freundlichen Damen betrieben, die gerne bei der Auswahl der köstlichen Kuchen und Torten behilflich sind. Ein paar Plätze auch außen. Auch B & B. April bis Okt. tägl. ab 10 Uhr, Dorfstr. 2, ✆ 039822-29642.

Lütte Meierie, Hofcafé und -laden nahe dem Infozentrum. Sehr, sehr nett, einem kleinen Bauernhof angeschlossen. Hier gibt es hausgebackene Kuchen, Leberwurst und Schmalz von den eigenen Schweinen,

Käse aus der eigenen Käserei und Softeis von der eigenen Milch. Kälber zum Streicheln, die Kühe weiden etwas weiter. Mai bis Sept. tägl. 14–18 Uhr. Dorfstr. 5, ✆ 039822-20202, www.luette-meierie.

Fischimbiss gibt es bei der **Havelquellfischerei Berkholz**, mit eigener Räucherei und kleinem Hofladen. Unregelmäßig geöffnet. Dorfstr. 34, ✆ 039822-29966.

Glasmanufaktur Dalmsdorf, im südöstlichen OT Dalmsdorf. Glaswaren und Schmuck, das eine etwas kitschig, das andere sehr stilvoll, insgesamt aber auf jeden Fall einen Besuch wert. Ostern bis Ende Okt. tägl. 11–18 Uhr. Dalmsdorf 1, www.glasmanufaktur-dalmsdorf.de.

Camping   Campingplatz **Naturfreund**, sympathischer Platz auf einer abgelegenen Lichtung direkt am See. Unkompliziert und nicht parzelliert, ruhig gelegen und sehr freundlich geführt. Mit Kanuverleih, Badestelle und kleinem Laden. 2 Pers. mit Wohnmobil und Strom 25,50 €, Hund 3 €. Dorfstr. 3, 17237 Kratzeburg, ✆ 039822-20285, www.campingplatz-naturfreund.de. *Anfahrt*: Am östlichen Ortsausgang von Kratzeburg (Richtung Neustrelitz) rechts, etwa 700 m auf Asphalt (unter den Bahngleisen durch) und die letzten 700 m auf Piste, beschildert.

Fast im Formationsflug

Kanuverleih   Kanu-Hecht, Bootsvermietung im OT Dalmsdorf am Ufer des Käbelicksees. Auch geführte Wanderungen und Kanutouren. ✆ 039822-17983 (Kanuverleih), www.kanu-hecht.de.

Granzin und Krienke

Südwestlich von Kratzeburg liegen abgeschieden am Rand des Nationalparks die charmanten Dörfer Granzin und Krienke. **Granzin**, über dem gleichnamigen See gelegen, besteht nur aus ein paar Häusern rund um die *neugotische Kirche*. An der Abzweigung zum Dorf liegen der sympathische Havelkrug und schräg gegenüber ein nicht minder sympathischer Kanuverleih.

Hier befindet sich auch die Abzweigung nach **Krienke**, einem entzückenden kleinen Dorf nördlich des *Naturschutzgebietes Zotzensee*. Die Zotzenseeniederung mit ihren breiten Schilfrändern ist die Heimat der seltenen Rohrdommel. Zu Gesicht bekommen wird man den scheuen Vogel vielleicht nicht, unter Umständen aber ist das charakteristische muhende Rufen des „Moorochsen" zu hören.

Um die Müritz
Karte S. 364/365

Verbindungen   Für Autofahrer ist **Krienke** eine Sackgasse, mit dem Fahrrad oder zu Fuß kommt man zum Zartwitzer Kreuz (und weiter nach Boek oder Speck) bzw. zur Zartwitzer Hütte.

Baden   Eine lauschige Badestelle liegt zwischen Granzin und Krienke am kleinen **Pagelsee**, hier auch Parkplätze und Picknickbänke.

Beobachtungsstände   Ein großer Beobachtungsturm erhebt sich etwa 1 km südlich von Krienke mit Blick auf den Zotzen-

see (Markierung: *grüne Rohrdommel*). Zwei weitere Stände liegen an der Landstraße zwischen Granzin und Blankenförde-Kakeldütt.

Kanuverleih   Kormoran-Kanutouring, sehr freundlicher und hilfsbereiter Kanuverleih schräg gegenüber dem Havelkrug, der Betreiber hilft auch gern bei der Tourenplanung (und denkt dabei auch über den eigenen Havelabschnitt hinaus). Zur Saison tägl. ab 9.30 Uhr geöffnet. An der Havelbrücke Granzin, ✆ 039822-29888, www.kormorankanutouring.de.

Essen & Trinken >>> Unser Tipp: **Havelkrug**, italienische Küche an der Havel, sympathisches Gasthaus. Draußen gastliche Terrasse, innen großer Saal, aber nicht ungemütlich. In der Küche werden regionale Produkte zu mediterranen Gerichten verarbeitet. Pizza und Pasta um die 10 €, Fisch und Fleisch von der Tageskarte 15–17 €. Kleine, interessante Weinkarte. Mit Anlegestelle für Wasserwanderer. April bis Sept. tägl. ab 12 Uhr geöffnet (Frühstück auf Vorbestellung), im Winterhalbjahr nur Fr–So. Granzin Nr. 1, ✆ 039822-20232, www.havelkrug.de. **<<<**

Hinweis für Wasserwanderer: Südlich von Granzin ist ein Stück der Havel nicht befahrbar. Mit einer Lorenbahn können die Boote zum Pagelsee gebracht werden.

Die unter Naturschutz stehenden Seen Zotzensee und Jäthensee (westlich von Blankenförde) dürfen nur innerhalb der Betonnung befahren werden. **Routentipp**: Sehr schön ist die Tour nach Blankenförde, an einem Tag zu machen (10 km). Komoran-Kanutouring bietet gegen Aufpreis und nach Vereinbarung einen Rückholservice.

Blankenförde-Kakeldütt

In einer recht idyllischen Ecke mitten im mecklenburgischen Nirgendwo liegt der Doppelort mit dem wohlklingenden Namen Blankenförde-Kakeldütt (auch wenn „Kakeldütt" mittlerweile von den Ortsschildern verschwunden ist). Auch hier, am südöstlichen Eingang zum Müritz-Nationalpark gibt es ein **Nationalpark-Zentrum** (im Ortsteil Blankenförde). Oberhalb der Nationalpark-Information erhebt sich die schmucke, 1702 errichtete **St.-Nikolai-Kirche**, ein backsteinerner Fachwerkbau mit holzverschaltem Turm. Auch die Innenausstattung stammt noch weitgehend aus dem 18. Jh.
Den Schlüssel zur Kirche erhält man in der Nationalpark-Information.

Information   Nationalpark-Information Blankenförde, unterhalb der Kirche von Blankenförde mit einer kleinen Ausstellung zu Flora und Fauna, inkl. Hörproben der *Großen Rohrdommel*. Geöffnet Mai bis Okt. tägl. 10–17 Uhr. Blankenförde 30, 17252 Roggentin, ✆ 039829–22585, www.mueritz-nationalpark.de.

Kanuverleih/Geführte Touren/Fahrradverleih   Raus ins Grüne, sympathischer Kanuverleih an der Havel. Es werden auch zahlreiche Touren angeboten: Kanu- und Radtouren, Fotosafaris, Wanderungen und Tierbeobachtungen. Auch eigene Imkerei, kleiner Laden und Ferienwohnungen. Zudem Fahrradverleih. Blankenförde 21, 17252 Mirow, www.raus-ins-gruene.de.

Übernachten/Camping   Radlerscheune Blankenförde, Schlafen im Heu, urgemütlich und freundlich. In einer alten, sorgsam renovierten Holzscheune stehen zwei Kammern mit je zwei Einzelbetten, WC, Dusche und Gemeinschaftsküche (unten) sowie drei Kojen im Heu (oben). Übernachtung im Zimmer 12,50 €/Pers., im Heu 6 €/Pers., Frühstück 5 €/Pers. Blankenförde 10 a, 17252 Roggentin/OT Blankenförde, ✆ 0160-97745679, www.kakelduett@freenet.de.

Zum Hexenwäldchen, sympathisch unsortierter Platz mit entsprechend alternativem Flair, direkt am kleinen Jamelsee; viele Kinder, viele Hunde, viele Kanuten; Sanitäreinrichtungen nicht mehr ganz taufrisch, aber okay. Kleiner Laden, kleiner Streichelzoo, kleine Badestelle mit Steg und Kanuverleih (*Kanubasis Blankenförde*, www.kanubasis-blankenfoerde.de). Restaurant in Laufnähe. 2 Pers. mit Camper und Strom 23,30 €. Dorfstr. 1a, 17252 Blankenförde-Kakeldütt, ✆ 039829-20215, www.hexenwaeldchen.de.

Essen & Trinken   Gaststätte Räucherkaten, an der Durchgangsstraße. Verspielt überladen eingerichtetes Wirtshaus, draußen eine nette Terrasse. Freundliche Bewirtung und ordentliche Hausmannskost wie Gulasch, Matjes oder Aufläufe in Normalesser- und Vielfraßportionen. „Normale" Hauptgerichte 10–16 €. Im Sommer tägl. ab 11.30 Uhr. Blankenförde 2a, ✆ 039829–20215.

Südlich des Nationalparks: Boek und Bolter Kanal

Boek: Der kleine Ort am südlichen Rand des Nationalparks wird von seinem respektablen Gutshaus dominiert. 2017 wurde mit der längst überfälligen Sanierung des Gebäudes begonnen, die sich voraussichtlich bis 2020 hinziehen wird. Neben dem Gutshaus lädt das nette *Kutschercafé* auf eine Pause ein. Unweit vom Gutshaus steht die *Backsteinkirche* aus der Mitte des 19. Jh., zwei Hotels mit Restaurant, ein Campingplatz – und das war's auch schon.

Boeker Mühle und Bolter Schleuse: Von beidem existiert nur noch der Name: Einstmals gab es in Boek eine Reihe von Mühlen, erst Wasser-, dann Windmühlen, doch sind heute selbst die Überreste dieser Bauwerke längst abgetragen. Und auch die Bolter Schleuse existiert nicht mehr. Seit der Mitte des 19. Jh. war die Schleuse das Herzstück der Wasserstraße, die die Müritz mit der Havel verband, bis sie in den 1930er-Jahren vom Müritz-Havel-Kanal abgelöst wurde. Heute ist die *Alte Fahrt* (also der alte, für den Schiffsverkehr stillgelegte Wasserweg), die vom Bolter Kanal über eine Kette von idyllischen Seen bis zum Mirower See führt, ein beliebtes Paddelrevier – nur an der Stelle, an der früher die verbindende Schleuse stand, müssen die Boote über die Straße getragen werden – die Schleuse ist heute zugeschüttet.

Information Nationalpark-Information **Boek**, ab 2020 wieder im Gutshaus, für die Zeit der Sanierung soll vor dem Gutshaus ein provisorischer Pavillon errichtet werden; sehr freundlich und hilfsbereit, Infos zum Nationalpark und Tourenangebote. Mai bis Okt. tägl. 10–17 Uhr. Gutshaus Boek, 17284 Boek, ☎ 039823-21810.

Geführte Touren Dreistündige Führung, *den Fischjägern auf der Spur* – gemeint sind Kormorane, Graureiher und natürlich der Fischadler. Während der Wanderung zu den Boeker Fischteichen erfährt man jede Menge zur Geschichte Boeks und der

Wasserfarben – an der Müritz

Fischteiche, zum Nationalpark und den „Fischjägern", allen voran dem eleganten Fischadler. Sichtungen sind nicht unwahrscheinlich, Fernglas nicht vergessen. Zuletzt Juni bis Mitte Okt. immer Do 10 Uhr.

Kanuverleih Surf-Hecht (Surf- und Kanubasis Boek), Surfschule und Kanuverleih auf dem Campingplatz Boek, der „Surf-Hecht" ist ein Ableger vom „Kanu-Hecht" in Kratzeburg. Zudem Materialverleih. Auch SUP. ☎ 0172-3832587, www.surf-hecht.de.

Katamaran- & Surfmühle, Surf- und Segelschule auf dem Campingplatz Bolter Ufer. Surf- und Segelkurse (Jolle und Catamaran), Sportbootführerscheine. Zudem Materialverleih, darunter auch Kanus und Kajaks. Geöffnet Mitte April bis Mitte Okt. tägl. 10–18 Uhr. Am Müritzufer 2a, ☎ 038923-21380, www.surfmuehle.de.

MüritzKanu, Kanubasis bei der Umtragestelle an der Bolter Schleuse (im Feriendorf *Alte Fahrt*); große Auswahl. Neben Kanus auch führerscheinfreie Motorboote und Fahrradverleih. Geöffnet Ostern bis Okt. Am Bolter Kanal, ☎ 0160-2900218, www.mueritzkanu.de.

Wandern Auch Boek eignet sich als Ausgangspunkt für Wanderungen. Hier beginnen beispielsweise die Rundwanderung zum Specker Hofsee (nordöstlich von Boek, Markierung *roter Hirsch*, ca. 8 km) und eine Rundwanderung, die zunächst am Müritzufer entlang und dann zu den Fischteichen führt (südlich von Boek, Markierung *gelber Falke*, ca. 9 km).

Übernachten/Essen Hotel Müritz-Park, freundliches Hotel in Boek, Restaurant mit Terrasse vor dem Haus. Wellnessangebote. EZ 75–85 €, DZ 89–110 € (ohne oder mit Balkon/Terrasse), Frühstück inkl.; Ferienwohnungen ab 85 €. Boekerstr. 3 b, 17248 Rechlin/OT Boek, ☎ 039823-2700, www.hotel-mueritz-park.de.

Fischers Land Boek, in Bolter Schleuse an den Fischteichen. Was für ein schönes Fleckchen! Das Imbisslokal, ein hölzerner Pavillon, bietet einen angenehmen Innenbereich und draußen Sitzmöglichkeiten an den Teichen, dazu Snacks von erster Kajüte. In der Fischsuppe möchte man schwimmen, dazu Wahnsinns-Fischbrötchen, eigene Räucherei. Geöffnet Mitte April bis Okt. tägl. 10–15 Uhr (Sa/So ab 17 Uhr). Boeker Mühle 4, ☎ 039823-27754, www.mueritzfischer.de.

Camping Bolter Ufer, beim Ortsteil Boeker Mühle direkt an der Müritz. Stellplätze in einem kleinen Wäldchen, teils schön schattig, mit Badestrand und Anleger für die Fahrgastschiffe, Gaststätte und kleinem Laden. Auf dem Campingplatz befindet sich auch die *Katamaran- & Surfmühle* (→ oben). 2 Pers. mit Camper und Strom 21,90 €. Auch kleine Blockhütten. Geöffnet April bis Okt. Am Müritzufer 1, 17248 Rechlin/OT Boek, ☎ 039823-21211, www.camping-bolter-ufer.de.

Fischteiche bei Bolter Schleuse

Röbel

ca. 5000 Einwohner

Farbenfrohe Fachwerkhäuser, zwei schmucke Kirchen und eine kleine, belebte Hafenpromenade: Röbel ist neben Waren das zweite, jedoch deutlich kleinere touristische Zentrum an der Müritz.

Schmucke Häuserfassaden werden von farbigem Verputz und kontrastreichem Fachwerk geziert. Im Zentrum von Neu-Röbel steht die wuchtige **Nikolaikirche** am malerischen Marktplatz, die ungleich elegantere **Marienkirche** erhebt sich am Rand von Alt-Röbel über die Binnenmüritz. Von deren ufernahem, hoch aufragendem Turm kann man herrliche Ausblicke über die Umgebung genießen. Auf dem **Ziegenmarkt**, in etwa an der Schnittstelle zwischen Neu- und Alt-Röbel, steht die Skulptur einer Ziege, die unverkennbar aus der Werkstatt des mecklenburgischen Bildhauers *Jo Jastram* stammt. Eine weitere Skulptur, das Pferd am Pferdemarkt, stammt von seinem Neffen *Thomas Jastram*. Das fachwerkfassadefüllende Gemälde etwa zwischen Marienkirche und Hafen an der Straße der Deutschen Einheit ist ein Werk des Künstlers *Werner Schinko*. Um das weite Hafenbecken, von dem aus im Sommer die Ausflugsdampfer auf Müritz-Rundtour starten, führt die lange Strandpromenade. Und auf dem Hügel über der Stadt, auf dem einst eine Burg thronte, erhebt sich eine renovierte Windmühle.

Werner Schinko

„Mecklenburg ist meine Heimat geworden und mein Thema geblieben." Der 2016 verstorbene Maler und Graphiker Werner Schinko wurde 1929 in Nordböhmen geboren. „Unfreiwillig", wie er schreibt, wurde der Siebzehnjährige 1946 mit seiner Familie nach Röbel umgesiedelt, wo er sich nach dem Studium an der Kunsthochschule Berlin-Weißensee (1950–55) als freischaffender Künstler wieder niederließ. Seine Diplomarbeit, die Illustration von Fritz Reuters „Kein Hüsung" mit Holzstichen, brachte ihn zum Hinstorff-Verlag. 1960, zum 150. Geburtstag des berühmten niederdeutschen Schriftstellers, erschien „Kein Hüsung" mit Schinkos Holzstichen. Dies war der Beginn einer bemerkenswerten Karriere als Buchillustrator für Hinstorff und andere Verlage. Aus Schinkos Atelier stammen zahlreiche Titelbilder für niederdeutsche Romane, zeitgenössische Literatur und Kinderbücher, aber auch für die Zeitschrift „Die Unterstufe" (nach 1990 „Grundschulunterricht"). Neben den Buchillustrationen und Titelgestaltungen entstanden zahlreiche andere Werke, Holzschnitte, Lithographien, Radierungen, Zeichnungen, Aquarelle. Werner Schinko blieb Röbel bis an sein Lebensende treu. Vielgestaltig und treffend porträtierte er auch die Mecklenburger Landschaften, Tiere, Menschen und Geschichten, manchmal mit sprödem Strich, oft amüsant, meist hintersinnig.

In Röbel lässt sich ein Blick auf Schinkos Kunst werfen, großformatig an einer Fassade in der Straße der Deutschen Einheit, vor allem aber in der Galerie *radius röbel* (→ unten). Wer sich intensiver mit dem Schaffen Werner Schinkos auseinandersetzen will, dem sei die Werkschau „Werner Schinko. Bilder des Nordens", erschienen 2011 in der edition Morizaner, empfohlen.

Um die Müritz → Karte S. 364/365

Am Ziegenmarkt

Dabei sollte die Beschaulichkeit nicht darüber hinwegtäuschen, dass es sich bei Röbel um eine altehrwürdige Stadt handelt, schließlich erhielt der Ort schon in der ersten Hälfte des 13. Jh. das Stadtrecht (bestätigt und urkundlich verbürgt 1261). Erste Besiedlungsspuren gehen sogar auf prähistorische Zeit zurück. Mit der Völkerwanderung ließen sich wendische Stämme an dem tief eingeschnittenen Müritzarm nieder und errichteten an dem Ort, über dem sich heute die Marienkirche erhebt, eine Tempelburg. Nach dem Sieg Heinrichs des Löwen über die Slawen zogen westfälische Siedler nach Röbel und gründeten Ende des 12. Jh. Neu-Röbel unweit des alten Röbel.

Doch anders als in den meisten Orten Mecklenburgs, in denen sich Neusiedler und Alteingesessene bald zu einer Gemeinschaft vermischten, kamen Alt- und Neu-Röbeler nicht zusammen, sondern lebten in getrennten Gemeinden. So bauten die wendischstämmigen Alt-Röbeler (weitgehend Bauern und Fischer) ihre Marienkirche fast zeitgleich mit der Nikolaikirche, die sich die Neu-Röbeler (vor allem Handwerker und Händler) in die Mitte ihres Gemeinwesens stellten. Der Grund: Alt-Röbel gehörte zum Bistum Schwerin, während Neu-Röbel dem Bistum Havelberg zugeteilt war. Die kirchliche Trennung der beiden Röbels blieb bis ins 19. Jh. bestehen, auch wenn sie als Nachbarn ein ähnliches Schicksal teilten (schwere Stadtbrände im frühen 16. Jh., der Dreißigjährige Krieg, die große Sturmflut 1714) – eine Trennung, die bis heute im Stadtbild zu sehen ist: hier die hafennahe, lang gezogene Altstadt zwischen Wünnow, Müritz und Mönchteich, dort die kompakte Neustadt rund um den Marktplatz.

Basis-Infos

Information Touristinformation Röbel, im Haus des Gastes neben der Marienkirche . Infos, Karten, Tickets usw. Auch Stadtführungen. Im Haus des Gastes befindet sich zudem das stadtgeschichtliche Museum „Heimatstuben" (→ „Sehenswertes"). Mai/ Juni und Sept. Mo–Fr 9–17 Uhr und Sa 10– 15 Uhr, Juli/Aug. Mo–Fr 9–18 Uhr und Sa/So 10–16 Uhr, Okt. bis April Mo–Fr 10–15 Uhr. Straße der Deutschen Einheit 7, 17207 Röbel/Müritz, ☎ 039931-80114, www.stadt-roebel.de.

Verbindungen Bus: Mit der Linie 11 etwa stündl. Verbindung nach *Waren* (und weiter nach Penzlin und Neubrandenburg), spärliche Anbindung dagegen nach *Malchow* sowie zu den umliegenden Dörfern, www.mvvg-bus.de.

Schiff: Mit der *Weißen Flotte* von Ende April bis Anfang Okt. ca. 6-mal tägl. nach Klink und Waren, 4-mal zum Bolter Kanal. Zudem Halb- und Ganztagesfahrten auf der Müritz und zum Kölpinsee. Abfahrt am Stadthafen, Tickets an Bord. Infos und Buchung unter ☎ 03991-51234, www.weisse-flotte-mueritz.de.

Baden Müritzbad, Freibad etwas mehr als 1 km nördlich des Stadthafens. Gebadet wird natürlich in der Müritz, bewachter Badestrand, große Liegewiesen, diverse Sportmöglichkeiten. Geöffnet Mitte Mai bis Mitte Sept. Strandbadstr., ✆ 039931-87819.

MüritzTherme, Schwimm- und Spaßbad am westlichen Rand der Altstadt. Erw. 6 €/Std. bis 16 €/Tag, Kinder 4–8 €; . Tägl. 9.30–21 Uhr. Gotthunskamp 14, ✆ 039931-87819, www.mueritztherme.de.

Fahrradverleih U. a. **Fahrradverleih am Ziegenmarkt**, Straße des Friedens 1, ✆ 039931-141146, www.radverleih-roebel.de, sowie beim **Wasser-Service-Center Röbel** (→ unten).

Galerie ≫ Unser Tipp: radius röbel, wer sich für die Kunst von Werner Schinko (→ oben) interessiert, sollte unbedingt einen Blick diese sympathische Galerie werfen. In der Autoren-Galerie werden vornehmlich Werke regionaler Künstler ausgestellt (und natürlich zum Kauf angeboten), zuletzt auch kunstvolle Fotografien (Luftaufnahmen aus Mecklenburg). Do–Sa 15–17 Uhr. Straße des Friedens 26, ✆ 0176-63248772. ≪

Segeln **Wasser-Service-Center Röbel,** Bootsverleih, Yachtcharter. Seebadstr. 37, ✆ 039931-51123, www.wsc-roebel.de.

Bootsvermietung Stolschewski, Verleih von Ruder-, Segel- und Motorbooten. Straße der Deutschen Einheit 2, ✆ 039931-52317.

Blick vom Turm der Marienkirche auf das „Kleine Meer"

Um die Müritz → Karte S. 364/365

Übernachten/Essen & Trinken

Übernachten/Essen *** **Seestern,** gepflegtes Hotel in herrlicher Lage an der Strandpromenade, großzügige Zimmer, fast alle mit Blick auf die Binnenmüritz und Röbel, einige mit Balkon direkt über dem Wasser. Empfehlenswertes Restaurant (→ Essen), kleiner Garten samt Anlegestelle. EZ 74 €, DZ 79–107 €, jeweils mit üppigem Frühstücksbuffet. Müritzpromenade 12, 17207 Röbel, ✆ 039931-58030, www.hotel-seestern-roebel.de.

Seglerheim, gleich neben dem Seestern, etwas einfacher und günstiger. Hübsches, reetgedecktes Haus, das auf Pfählen zur Hälfte ins Wasser reicht, idyllische Terrasse. EZ 60 €, DZ 86–120 €, Suite 140 €, Frühstück inkl. Müritzpromenade 11, 17207 Röbel, ✆ 039931-59181, www.seglerheim.de.

Landhaus Perle, ganz im Norden von Röbel (OT Marienfelde) in idyllischer Waldrandlage, ca. 250 m vom See entfernt. Sehr freundlich geführtes Haus mit 18 kunterbunt, individuell dekorierten Ferienwohnungen und Zimmern, dazu zwei Ferienhäuser nahebei. Der Hit ist die angeschlossene Gartenterrasse (nur Snacks) unter alten Bäumen. Hunde dürfen mit. Ferienwohnung für 2 Pers. 75 €, für 4 Pers. 105 € zzgl. Endreinigung, Frühstück 9,50 €/Pers. extra. Marienfelder Str. 53–57, 17207 Röbel /Müritz, ✆ 039931-59280, www.mueritz-landhausperle.de.

Übernachten außerhalb **Kavaliershaus Fincken,** im sorgfältig restaurierten Kavaliershaus neben dem Schloss Fincken. Zwölf helle, moderne Appartements, die meisten mit kleiner Küche. Außerdem Sauna,

Garten mit Liegewiese und eigener Bade-stelle. Im dazugehörigen Restaurant *Klas-senzimmer* (Küchenschluss 20.30 Uhr, Mo Ruhetag!) gibt es tagsüber leckere Pasta und Flammkuchen, abends wird ein Drei-Gänge-Menü gekocht (31 €) oder im Garten gegrillt (Externe sollten dafür reservieren). DZ für 2 Pers. 135 €, Suite für 2–4 Pers. 170 €, inkl. Frühstück, Hund 15 €/Tag. Hof-straße 12, 17209 Fincken, ✆ 039922-82700, www.kavaliershaus-finckenersee.de. *An-fahrt*: zunächst von Röbel Richtung Auto-bahn, diese überqueren und dann links ab über Kaeselin nach Fincken.

》》》 Unser Tipp: Gutshof Woldzegarten, der 12 km nordwestlich von Röbel gelegene Gutshof zählt zu den schönsten Unterkünf-ten der Seenplatte. Das Anwesen strahlt in frisch renoviertem Backstein wie aus dem Bilderbuch, innen mit Geschmack und Lie-be zum Detail renoviert. Wellnessbereich mit Schwimmbad, Sauna, Fitness und kos-metischen Anwendungen; parkartiger Gar-ten und Liegewiese. Fahrrad- und Bootsver-leih. 20 stilvoll eingerichtete Zimmer, DZ ab 79 €, Frühstück inkl. Günstige Unterkunft im Mehrbettzimmer gibt es im „Scheunen-quartier" (ab 20 €/Pers.). Vom *Restaurant* mit Terrasse schweift der Blick über Wie-sen und Weiden, dahinter der Waldsaum des Sees. Restaurant mittags (kleine Mit-tagskarte) und abends geöffnet, ganztägig auch Café; Abendmenü 38–42 € (Externe für abends reservieren). Walower Str. 30, 17209 Woldzegarten, ✆ 039922-8220, www.woldze garten.de. *Anfahrt*: Von Röbel die Straße Richtung Autobahn A 19 nehmen, kurz vor der Auffahrt bei Dambeck rechts abbiegen nach Minzow; von dort weiter nach Woldzegarten. 《《《

Camping **Camping Pappelbucht**, einfa-cher, aber netter Platz im Norden von Röbel, nur durch den Uferweg und einen Grün-streifen von der Müritz getrennt. Kiosk, Fahrrad- und Kanuverleih. 2 Pers. mit Wohn-mobil und Strom 26 €. Ganzjährig geöffnet, ✆ 039931-59113. In der Nebensaison Kontakt über die MüritzTherme: ✆ 039931-87819, www.mueritztherme.de.

Essen und Trinken **Seestern**, das Res-taurant des gleichnamigen Hotels (→ Über-nachten) bietet eine kleine, ausgesuchte Karte, auf der sich neben Fischgerichten auch Wild findet (sehr gut das Wildgulasch zu 16,30 €). Zuvorkommender Service. Mit Wintergarten und schöner Terrasse. Mittle-res bis gehobenes Preisniveau. Zur Saison tägl. ab mittags, in der Nebensaison meist nur abends geöffnet. Müritzprome-nade 12, 17207 Röbel, ✆ 039931-58030, www. hotel-seestern-roebel.de.

》》》 Unser Tipp: Regattahaus, wirkt ein wenig wie ein maritimes Vereinshaus, was nicht wundert, im Prinzip ist es das auch. Nichtsdestotrotz werden auch Nichtsegler mit viel Charme und Freundlichkeit bewir-tet. Das Regattahaus ist für seine boden-ständige Fischküche bekannt, auf der um-fangreichen Karte finden sich entsprechend vor allem Variationen heimischer Fische (Hauptgericht 10,50–16,50 €). Wir waren vom gebratenen Müritzbarsch wie auch vom Wels überaus angetan. Tägl. ab 11 Uhr ge-öffnet. Das Regattahaus liegt ein Stück (et-wa 5 Min. zu Fuß) nördlich des Hafens. Mü-ritzpromenade 20, ✆ 039931-53536, www. raeucherkahn.de. 《《《.

Fischhaus Meyl, nahe dem Hafen. Fisch-verkauf und beliebter Imbiss, köstliche Fischbrötchen, auch warme Mittagsgerich-te, ein paar Tische im Hof. Straße der Deut-schen Einheit 48, ✆ 039931-50184, www. fischhaus-meyl.de.

Sehenswertes

Marienkirche: Das Gotteshaus ist deutlich älter, als es auf den ersten Blick wirkt. Seine vermeintliche Jugend ist dem hoch aufragenden Kirchturm geschuldet, für den ein dem neugotischen Stil zugetaner Architekt aus dem 19. Jh. verantwortlich war. Dabei wurde die Marienkirche bereits in der ersten Hälfte des 13. Jh., wahr-scheinlich über den Resten eines heidnischen Tempels, begonnen (und im 15. Jh. vollendet). Die schöne Hallenkirche zeigt sich damit als ein frühes Beispiel der Norddeutschen Backsteingotik, was zumal für den ländlichen Raum bemerkens-wert ist. Die Kirche erhebt sich zwischen Altstadt und Müritzufer. Bei der Sturmflut 1714 wurden ihre Fundamente unterspült, knapp 150 Jahre später musste St. Marien generalsaniert werden. Aus dieser Renovierungsphase stammt nicht nur die Innenausstattung, sondern auch der 58 m hohe Turm samt Aussichtsplattform. Eine Turmbesteigung lohnt den 148 Stufen zum Trotz, da sie einen herrlichen Ausblick über Röbel und die Müritz bietet. Ein wenig schwindelfrei sollte man allerdings sein, nicht zuletzt wegen des recht niedrigen Geländers.

Mai bis Sept. tägl. 10–18 Uhr (So ab 11.30 Uhr). Turmbesteigung 1 €, erm. 0,50 €.

Nikolaikirche: Kurz nach Baubeginn der Marienkirche ließen es sich die Neu-Röbeler nicht nehmen, in ihrer jungen Gemeinde ebenfalls ein Gotteshaus zu errichten. Wie bei der Marienkirche dauerte es bis ins 15. Jh., bis das Langhaus eingewölbt und der Bau vollendet war. Auch St. Nikolai wurde im 19. Jh. restauriert und erhielt dabei seine weitgehend neugotische Innenausstattung. Doch nicht nur in ihrer Entstehungsgeschichte, auch in ihrer architektonischen Konzeption sind sich die beiden Kirchen ähnlich. Wie bei der Schwesterkirche handelt es sich bei St. Nikolai um eine dreischiffige Hallenkirche mit geradem Chorschluss. Deutlich eleganter aber zeigen sich die schlanken Pfeilerbündel (statt der eher stämmigen, rechteckigen Säulen von St. Marien), die in das sehenswerte Kreuzrippengewölbe übergehen.

Mai bis Sept. Mo–Sa 10–18 Uhr.

Heimatstube: Im ersten Stock des Haus des Gastes ist das stadtgeschichtliche Museum von Röbel untergebracht. Zu sehen sind zahlreiche Exponate aus der Arbeitswelt der Bauern und Fischer, aber auch der Handwerker. Teils sind die Ausstellungsstücke etwas willkürlich zusammengestellt, teils von erläuternden Schautafeln und historischen Fotos und Karten flankiert. So einfach wie gelungen ist die Idee, historische Anekdoten und Hintergründe über Kopien der „Röbeler Zeitung" näherzubringen.

Mai bis Sept. Mi–Fr 10–15 Uhr, Sa 11–15 Uhr; Okt. und April Di–Fr 10–15 Uhr; Nov. bis März geschlossen.

Fachwerk in Röbel

Umgebung von Röbel

Bollewick: Deutschlands größte Scheune befindet sich knapp 3 km südlich von Röbel – ein monumentales Gebäude aus Feld- und Backstein, das bei einer Länge von 125 und einer Breite von 34 m auf zwei Stockwerken fast einen Hektar Nutzfläche überdacht. Heute wird *die Scheune*, wie das Bauwerk selbstbewusst genannt wird, in gewisser Weise als rustikale, mecklenburgische Shopping-Mall genutzt: Hier sind Handwerker und Läden, Hotel, Café und Gaststätte, Veranstaltungsort und Regionalmärkte unter einem Dach untergebracht.

Einkaufen Die Scheune, Bauernladen, Bäckerei, Café sowie die Dorfschänke, Kunsthandwerk, jede Menge Souvenir-Schnickschnack, aber auch traditionelle Handwerksbetriebe wie Drechsler, Kürschner und Kerzenmacher. Viele Veranstaltungen – vom Kunstevent über das Kräuterseminar bis zum Kinderfest mit Maislabyrinth. Die Scheune ist tägl. 10–18 Uhr geöffnet. Dudel 1, 17297 Bollewick, www.diescheune.de.

Übernachten/Essen   Landhotel zur **Scheune**, 28 Zimmer, außerdem der *Gutsherrenkeller* (eher für Veranstaltungen) und die *Dorfschenke* (bodenständige, regionale Gerichte), beide auf ihre Weise urig. EZ 69 €, DZ 88–98 €, inkl. Frühstück. Dudel 1, 17207 Bollewick, ✆ 039931-58070, www.reschke-hotels.de.

Ludorf: Kaum 4 km östlich von Röbel findet sich im beschaulichen Ludorf eine bemerkenswerte *Kirche*. Der gotische Backsteinbau erhebt sich über einen im Kern achteckigen Grundriss. Daran schließen an: ein rechteckiger Vorbau, zwei sechseckige Seitenanbauten und eine Art halbrunder Chor. Kurzum: Auf engstem Raum, denn sonderlich groß ist das Kirchlein nicht, scheint ein Höchstmaß von Verwinkelung realisiert. Im Innern zeigt sich die Kirche mit einem gleichmäßigen, tief hinab greifenden Rippengewölbe. Neben der Kirche prägt das prächtige *Gutshaus* das Ortsbild von Ludorf. Der Herrensitz wurde Ende des 17. Jh. errichtet und beherbergt heute ein gehobenes Hotel mit Restaurant.

Kirche: Mai bis Sept. Mo–Fr14–17 Uhr geöffnet, in der Nebensaison Aushang beachten.

Übernachten/Essen **》》 Unser Tipp:** **Gutshaus Ludorf**, schickes Ambiente im herrschaftlichen Herrenhaus, 22 geschmackvoll eingerichtete Zimmer (samt Suite); hinter dem Haus erstreckt sich ein kleiner Park. Freundliche Hotelleitung. Das gehobene *Restaurant Morizaner* bringt feine (auch vegetarische) Gerichte vor allem aus regionalen Produkten (Slow Food) auf den Tisch (Hauptgericht 27–37 €, tagsüber auch Brotzeiten). EZ 86–86 €, DZ 110–160 €, Suite 180 €, Hunde 15 €, Fahrradverleih. Guts-haus Ludorf, 17207 Ludorf/Müritz, ✆ 039931-8400, www.gutshaus-ludorf.de. 《《

Camping **Müritzpark Ludorf**, sympathischer, einfacher Platz direkt an der Müritz. Ein paar Stellplätze im Schatten von Bäumen direkt am Wasser; kleiner Imbiss und Anlegestelle (Wasserwanderrastplatz). Sanitäranlagen schon älter, aber ausreichend. Liegewiese und Kinderspielplatz. 2 Pers. mit Wohnmobil und Strom 20 €, Hund 2 €. Müritzpark Ludorf, 17207 Ludorf/Müritz, ✆ 039931-51640, www.mueritzpark-ludorf.de.

Gutshaus Solzow: ein weiteres Herrenhaus südlich von Ludorf. Das idyllisch in die Landschaft eingebettete Anwesen aus dem 19. Jh. beherbergt heute ein Hotel.

Zielow: Auf halbem Weg von Ludorf und Solzow zweigt die Straße in das hübsche Dorf nahe dem Müritzufer ab. Im Ort gibt es eine schöne, backsteinerne *Fachwerk-Kirche* aus der ersten Hälfte des 19. Jh. (Mai bis Sept. tägl. 10–17 Uhr).

Übernachten/Essen **Gutshaus Solzow**, in dem renovierten Herrenhaus aus dem 19. Jh. mit großem Garten gibt es sieben hübsch eingerichtete Zimmer (und im angrenzenden Gebäude drei Ferienwohnungen); für Hausgäste abends Restaurant/

Bei Zielow

Schänke, das Café ist auch für non-residents geöffnet (im Sommer von 14–18 Uhr) . DZ ab 92 €, Frühstück inkl.; Ferienwohnung ab 79 €, keine Hunde. Lange Str. 21, 17207 Ludorf/Müritz (OT Solzow), ℡ 039923-2517, www.gutshaus-solzow.de.

Seehotel Zielow, große, hufeisenförmige Anlage nahe der Müritz. Hotel und Restaurant mit schöner Terrasse (von Lesern empfohlen „vor allem was das Preis-Leistungs-Verhältnis sowie den exzellenten Service angeht"), Reiterhof (auch Reitstunden, Kutschfahrten, Pensionsboxen), Hallenbad, Wellness, Billardraum, Fahrradverleih. EZ ab 63 €, DZ ab 99 €, Suite 149 €, Hunde 7 €, Frühstück inkl. Seeufer 11, 17207 Ludorf/Müritz (OT Zielow), ℡ 039923-7020, www.seehotel-zielow.de.

Vipperow: Den kleinen Ort am Ufer der *Kleinen Müritz*, dem südlichen Müritz-Ausläufer, kennen die meisten nur als Straßendorf an der B 198. Abseits der Durchgangsstraße entfaltet sich jedoch ein ländliches Idyll.

Essen und Trinken Wiepeldorn Restaurant & Café, sehr freundlich und stilsicher kommt dieses junge Lokal samt Außenbestuhlung im Hof daher. Mecklenburgisch-internationale Küche mit Überraschungen, wie wäre es z. B. mit Hirschkalbsbraten, Wiepeldorn-Burger oder Straußencurrywurst? Auch an Vegetarier wird gedacht. Hauptgericht 10,50–19,50 €. Tägl. 11.30–21 Uhr. Mirower Str. 1b (am westlichen Ortseingang), ℡ 039923-718023, www. wiepeldorn.de.

Fischerhof Vipperow, direkt am kleinen Hafen liegt der Imbiss (leckerer Räucherfisch) mit ein paar rustikalen Bänken davor. Auch Angelbootverleih. April bis Okt tägl. 10–16 Uhr. Mirower Str. 11, ℡ 039923-2534, www. mueritzfischer.de.

→ Um die Müritz Karte S. 364/365

Rechlin auf der anderen Seite des südlichen Müritzausläufers wäre eigentlich nicht groß der Rede wert, fänden sich hier nicht gleich zwei *Marinas* (eine im Ort und die Müritz-Marina bei Rechlin Nord im Hafendorf Müritz) und ein *Luftfahrttechnisches Museum*. Schautafeln informieren hier über die Vergangenheit von Rechlin: 1918 wurde die „Flieger-Versuchs- und Lehranstalt am Müritzsee" gegründet; später wurde das Gelände ausgebaut und zuerst von den Nationalsozialisten, dann von den Sowjets in Beschlag genommen, bis friedlichere Zeiten die Kasernen überflüssig und die Rollbahn zu einem zivilen Landeplatz für Kleinflugzeuge machten. Der *Müritzflughafen* befindet sich übrigens etwas südlich von Rechlin (www. mueritzflugplatz.de).

Luftfahrttechnisches Museum: April bis Okt. tägl. 10–17 Uhr; Febr. bis März Mo–Do 10–16 Uhr, Fr 10–15 Uhr; Nov. bis Jan. geschlossen. Erw. 7 €, Kinder (6–15 J.) 3 €. ℡ 039823-20424, www.luftfahrttechnisches-museum-rechlin.de.

Kanuten auf Mirows Haussee | Versteckte Badestelle

Die Kleinseenplatte

Traumhafte Landschaften erstrecken sich im Schatten des berühmten und nur wenige kulturelle Highlights. Dafür aber findet man Stille, Natur und natürlich jede Menge Wasser.

In keiner Gegend gilt mehr als hier: Die Mecklenburgische Seenplatte muss man vom Wasser aus erleben, am besten mit dem Paddel in der Hand oder auf dem Hausboot. Ist man nur mit dem Auto unterwegs, sieht man zwar eine recht hübsche waldreiche Gegend, möglicherweise aber keinen See. Also raus aufs Wasser oder zumindest aufs Fahrrad! Wer keine Lust hat auf ein eigenes Boot oder Wasserwandern (organisiert oder auf eigene Faust), für den empfiehlt sich zumindest eine Fahrt auf dem Ausflugsboot. Die Touren, vornehmlich von Mirow aus, dauern zwischen zwei Stunden und einem ganzen Tag.

Die Mecklenburgischen Kleinseen erstrecken sich nördlich und südlich der Achse Mirow–Wesenberg–Neustrelitz. **Mirow** mit seiner Schlossinsel und den malerischen Bootshäusern am See leidet leider sehr unter dem Durchgangsverkehr und ist gleichermaßen ein Knotenpunkt der Wasserwege. Von hier führt der Mirower Kanal direkt zur Müritz, während die *Alte Fahrt*, die historische Wasserstraße über die Seen nördlich von Mirow und durch den Bolter Kanal, zu den attraktivsten Wasserwanderrouten zählt. **Wesenberg** ist die stille Mitte der kleinen Seen. Kultureller Höhepunkt und kleine Metropole ist die sehenswerte Residenzstadt **Neustrelitz**. Nördlich dieser Linie reichen die größeren der kleinen Seen bis an den Müritz-Nationalpark heran. Südlich davon öffnet sich Nationalparks. Hier gibt es keine Superlative eine gestaltreiche, stille Seenlandschaft, die zu den reizvollsten des Landes gehört.

Doch nicht nur Wasserwanderer, auch Camper finden hier ihr kleines, grünes mecklenburgisches Paradies. Die Campingplatzdichte ist enorm, das Angebot reicht vom großen Pfadfinder-Camp bis zum kleinen, familiären Platz.

Mirow

ca. 3500 Einwohner

Einstmals Nebenresidenz der Herzöge von Mecklenburg-Strelitz, ist das auf halbem Weg zwischen Röbel und Neustrelitz gelegene Städtchen vor allem dank seiner Lage an der Müritz-Havel-Wasserstraße beliebt und gut besucht.

Wer mit dem Auto durch Mirow hindurchfährt, wird weder von der herrschaftlichen Vergangenheit noch von der heutigen Attraktivität etwas mitbekommen. Viel Verkehr wälzt sich über die Hauptdurchgangsstraße, am zentralen Platz baut sich ein nicht gerade gepflegtes, etwas graues, altes und zum Verkauf stehendes Schloss auf, Mirows Unteres Schloss. Hier wurde Sophie Charlotte geboren, die Prinzessin, die 1761 an der Seite von Georg III. den englischen Königsthron bestieg. Vom eigentlichen **Mirower Schloss** ist auf der Durchreise nichts zu sehen. Deshalb lohnt es unbedingt, sich zu Fuß zur autofreien Schlossinsel aufzumachen: Die barocke Anlage mit hübschem Garten und Brücke zur romantischen „Liebesinsel" lädt nicht nur zu einem Spaziergang ein. Im Kavaliershaus (auch: „3-Königinnen-Palais") ist eine überaus sehenswerte Ausstellung zu den drei höchstadlig vermählten Damen aus Mirow und dem hiesigen Herzogtum, dem sie entstammen, zu sehen. Auch das gegenüberliegende Mirower Schloss ist jüngst restauriert und zugänglich gemacht worden. Die Mirower Schlosskirche und das Torhaus vervollkommnen das Schlossinsel-Ensemble. Von der Liebesinsel genießt man einen schönen Blick auf den Mirower See und die charakteristischen Bootsschuppen am gegenüberliegenden Ufer.

Mirows Ursprünge gehen auf die heutige Schlossinsel zurück. Im Jahr 1226 schenkte der Rostocker Fürst *Borwin* die Insel dem Johanniterorden, der hier eine Ordensniederlassung (Komturei) gründete. Nach dem Dreißigjährigen Krieg wurde die Niederlassung säkularisiert und fiel zunächst an das Herzogtum Mecklenburg-Schwerin, 1701 dann an das Haus Mecklenburg-Strelitz, das 1704 in der Johanniterkirche seine Fürstengruft einrichtete. Nach dem Tod von *Adolf Friedrich II.* (dem ersten Herzog von Mecklenburg-Strelitz) diente das Mirower Schloss ab 1709 als Witwensitz. 1742 brannte das alte Schloss auf der Insel komplett nieder, 1749–1752 entstand ein barocker Neubau. Schon 1737 war unterhalb der Schlossinsel

Die Kleinseenplatte, Mirow und Wesenberg

3 km

das „untere Schloss" gebaut worden, in dem 1744 bereits erwähnte *Sophie Charlotte,* die spätere Königin von England, geboren wurde. Doch in dem Maße, wie die Residenzstadt Neustrelitz an Anziehungskraft gewann, verlor Mirow an Attraktivität. 1761 war es mit der herrschaftlichen Hofhaltung schließlich vorbei; immerhin wurden in den folgenden Jahrhunderten alle Mecklenburgisch-Strelitzer Herzöge hier in der Fürstengruft zur letzten Ruhe gebettet, zuletzt der 1996 verstorbene Herzog *Georg Alexander zu Mecklenburg.*

Basis-Infos

Information Tourist-Information im Kavaliershaus (3-Königinnen-Palais) auf der Schlossinsel, freundlich und hilfsbereit. April bis Okt. tägl. 10–18 Uhr, im Winter nur Fr–Mo 10–16 Uhr geöffnet. Schlossinsel 2a, 17252 Mirow, ☎ 039833-269955, www. 3koeniginnen.de.

Verbindungen Bahn, Bahnhof am südöstlichen Rand des Zentrums. Mit der Hanseatischen Eisenbahn alle 2 Std. über Wesenberg und Groß Quassow nach Neustrelitz. Aktueller Fahrplan unter www.egp-spnv.de.

Bus: Abfahrt am Bahnhof, 4- bis 6-mal tägl. nach *Rechlin*, an Schultagen Mo–Fr 7-mal tägl. über Wesenberg und 5-mal weiter nach *Neustrelitz*, 5-mal über Userin und Roggentin nach Neustrelitz, www.mvvg-bus.de.

Schiff: Die *Blau-Weisse-Flotte* fährt von Mai bis Sept. ab Mirower Stadthafen (Rotdornstraße): 5-Seen-Fahrt zum Seerosenparadies, 4-Seen-Fahrt zur Diemitzer Schleuse sowie Ganztagesfahrten nach Rheinsberg. Infos und Reservierung unter ✆ 039833-22270 und www.blau-weisse-flotte.de.

Baden   Öffentliches **Strandbad** beim „Strandrestaurant" in der Strandstraße 20 nördlich vom Zentrum; auch Bootsanleger, Zeltplatz, Bootsverleih und Restaurant.

Weitere Badestrände bei der Jugendherberge und beim Camping (beide außerhalb an der Straße Richtung Röbel).

Kanuverleih/Fahrradverleih   Mehrere Anbieter am Ort, kein Wunder, schließlich ist Mirow das Verbindungsglied zwischen der „Alten Fahrt" vom Bolter Kanal und der Kleinseenplatte.

MüritzKanu, beim Hotel Alte Schlossbrauereiauf der Schlossinsel. Verleih von 1er-Kajaks, 2er-Wanderkajaks, 4er-Kanadier usw. Auch geführte Abendtouren und Ganztagestouren, Verleih von führerscheinfreien Motorbooten sowie Fahrradverleih. Geöffnet Mai bis Okt. ✆ 039833-2900218, www.mueritzkanu.de.

Kanustation Mirow, am Mirower Campingplatz (→ Camping). Ähnliches Angebot wie MüritzKanu, zudem Angelboote und Tretboote. Auch geführte Kanutouren. Geöffnet April bis Okt. An der Clön 1, 17252 Mirow, ✆ 039833-22098, www.kanustation.de.

Kanu Basis Mirow, auf dem Gelände der Jugendherberge Mirow (→ Übernachten). Neben Verleih auch geführte Tagestouren im Juli/Aug. jeden Di und Do. An der Clön 2 (Jugendherberge), 17252 Mirow, ✆ 039923-7160, www.kanubasis.de.

Kanustation Granzow, in Granzow am gleichnamigen See (beschildert), auch Biwakplatz (6,50 €/Nacht) und Badestrand. Geöffnet von April bis Okt. tägl. 9–19 Uhr. Am Badestrand, 17252 Mirow (OT Granzow), ✆ 039833-21800, www.kanustation-granzow.de.

Paddel Paul, neben dem Camping am Leppinsee in Zietlitz, einem Ortsteil von Schillersdorf, ca. 12 km nördlich von Mirow (Anfahrt über Granzow, Qualzow und Schillerdorf). Auch Boots- und Personentransfer. Schillersdorf 1, 17252 Mirow, ✆ 039829-20324, www.paddel-paul.de.

Veranstaltungen Fusion Festival, immer am letzten Juniwochenende am Flugplatz Lärz (ehem. Militärgelände südl. der B 198 zwischen Vipperow und Mirow). Alle möglichen Musikrichtungen, Theater, Performances usw. Alljährlich rund 60.000 Besucher, die Nachfrage ist aber deutlich höher, so dass die Tickets nur im Losverfahren unter www.fusion-festival.de zu ergattern sind. Sponsorenfrei.

Übernachten

Übernachten   Alte Schlossbrauerei, in Bestlage auf der Mirower Schlossinsel, Ruhe ist garantiert; gediegenes, renoviertes Haus mit Restaurant; zum Haus gehört auch der *Ritterkeller* (→ Essen). Fahrradverleih. 16 Zimmer und ein Appartement. EZ 57 €, DZ 84 €, inkl. Ganzjährig geöffnet. Schlossinsel 3 a, 17252 Mirow, ✆ 039833-20346, www.mirower-seehotel.de.

Strandhotel Mirow, angenehmes, freundliches Hotel neben dem Strandbad, also direkt am Wasser. 27 DZ, auch Appartements und Ferienhäuser, außerdem Bootsverleih und Zeltplatz. Natürlich gibt es auch ein Restaurant, heller Gastraum mit großer Glasfront und schöne Terrasse über dem Strand (viel Zander und Klassiker wie Schnitzel Wiener Art, Hauptgerichte 12–18 €). EZ ab 75 €, DZ ab 95 €, jeweils inkl. Frühstück (super). Hunde willkommen (5 €/Tag). Strandstr. 20, 17252 Mirow, ✆ 039833-22019, www.strandhotel-mirow.de.

Übernachten außerhalb Ferienpark Mirow, in Granzow (am See), ca. 3 km nördlich von Mirow. Großes Gelände mit zahllosen skandinavischen Holz-Ferienhäusern mit Terrasse und kleinem Garten, manchmal recht eng gestellt; Preis für die

Die Kleinseenplatte → Karte S. 390

4- bis 8-Pers.-Häuser 110–249 €/Tag, Mindestaufenthalt zwei Tage, in der Hochsaison nur wochenweise. Noch mehr Komfort bietet das *Aparthotel Seepanorama* mit 47 bestens ausgestatteten Appartements für 2–4 Pers. (85–105 €/Tag). Großes Freizeitangebot, Badestrand, Bootsverleih, Kanustation, Fahrradverleih usw., zwei Restaurants. Fazit: Für Familien mit Kindern der ideale Urlaubsort. Ganzjährig geöffnet. Walter-Gotsmann-Str. 2, 17252 Mirow/Granzow, ✆ 039833-600, www.allseasonparks.de.

🌿 **Jugendherberge**   Jugendherberge **Mirow**, knapp 3 km außerhalb an der Straße Richtung Vipperow/Röbel (B 198) auf der rechten Seite. Modernes, nach ökologischen Grundsätzen gebautes und geführtes Gebäude wenige Meter vom See. Badesteg, Wiese davor, Beachvolleyball, Basketball, die Kanu Basis Mirow befindet sich gegenüber (→ Kanuverleih). Insgesamt 138 Betten in 2- bis 6-Bett-Zimmern, z. T. in Bun-

galows, z. T. behindertengerecht. Übernachtung pro Pers. ab 23,40 €. DZ mit Frühstück 61,80 €. An der Clön 2, 17252 Mirow, ✆ 039833-26100, www.mirow.jugendherberge.de. ∎

Camping   Camping **Mirow**, gleiche Anfahrt wie zur Jugendherberge (ausgeschildert). Gehört zur Kanustation Mirow (→ Kanuverleih). Sympathischer, unparzellierter Platz, die Zelte stehen im Wald. Kleiner Sandstrand, Imbiss, Klettergarten nebenan, nette Atmosphäre. Fahrradverleih. 2 Pers. mit Wohnmobil 22,50 € zzgl. Strom. Geöffnet April bis Okt. An der Clön 1, 17252 Mirow, ✆ 039833-22098, www.kanustation.de.

Wohnmobilstellplatz   Am Parkplatz vor der Schlossinsel im hinteren Bereich fünf Wohnmobilstellplätze (kostenlos). Schöner aber steht man auf der Schlossinsel (ganz durchfahren) beim Kiosk und Bootsservice *Rick & Rick*. Recht idyllisch. Kostenpunkt 14 €. Duschen und Toiletten vorhanden.

(Essen & Trinken

Alte Schlossbrauerei, Restaurant des gleichnamigen Hotels auf der Schlossinsel, gemütlich-stylisches Gewölbe innen, draußen große, schöne Seeterrasse. Während der Saison tägl. 11–21 Uhr geöffnet. Dazu gehört auch der **Ritterkeller** (Erlebnisgastronomie in urigem Gewölbe; "Mittelalteressen" mit Rahmenprogramm, in der HS nur Fr, in der NS Fr/Sa, Reservierung erforderlich). Schlossinsel 3 a, ✆ 039833-20346, www.mirower-seehotel.de.

Blaue Maus, an der Durchgangsstraße Richtung Neustrelitz auf der rechten Seite. Das Lokal gibt es hier schon seit Urzeiten. Uriger Gastraum und netter, kleiner Biergarten im Innenhof, deftige Küche (auch Wild) zu mittleren Preisen. Auch Pension, Di–So ab 17 Uhr geöffnet, Mo Ruhetag. Schlossstr. 11, ✆ 039833-21734, www.gasthof-blaue-maus.m-vp.de.

Fischereihof Mirow, an der Brücke Richtung Rechlin. Netter Imbiss mit Bänken am Wasser. Im Sommer tägl. 9–19 Uhr, sonst verkürzt. Mühlenstr. 21, ✆ 039833, www.fischerei-wesenberg.de.

Café   Café im 3-Königinnen-Palais, schönes Café beim Museum auf der Schlossinsel, sehr freundlich. Behaglicher Landhausstil, im Sommer sitzt man auf der Terrasse am See. Eine kleine, ausgesuchte Bibliothek lädt zum Schmökern über das Fürstenhaus Mecklenburg-Strelitz, die englischen Könige oder die herrliche mecklenburgische Landschaft ein. Einen Besuch wert sind aber vor allem die angebotenen Süßwaren, darunter raffinierte, den drei Königinnen gewidmete Tortenkreationen und köstliche Pralinen. April bis Okt. Mi–So 10–18 Uhr geöffnet (Nov. bis März Fr–Mo 10–16 Uhr). Schlossinsel 2a, ✆ 039833-269955.

Sehenswertes

Schloss und Schlosspark: Das barocke Ensemble aus der Zeit von 1749–1752 mit Schloss und dem gegenüberliegenden Kavaliershaus (Küchen- und Dienstgebäude) wird von der etwas abseits gelegenen Remise (Stallungen und Schuppen, ursprünglich 1385), der Johanniterkirche (→ unten) und dem Torhaus umrahmt. Das Torhaus aus dem Jahr 1588, quasi der Eingang zur Schlossinsel hinter der Brücke, gilt als das älteste Gebäude der Stadt, hier befand sich zeitweise auch eine Münzpräge.

Mirows Schloss

Der *Schlossneubau* (das alte Schloss war 1742 abgebrannt) wurde von den Mecklenburg-Strelitzern nur bis zum Tod der Herzogswitwe *Elisabeth Albertine* im Jahr 1761 bewohnt, danach traf man sich hier nur noch zu Beerdigungen (die Gruft der Herzöge von Mecklenburg-Strelitz befindet sich in der Johanniterkirche gleich gegenüber). Nach 1918 befand sich hier ein Offiziersheim, im Zweiten Weltkrieg ein Lazarett, bis 1979 wurde das Schloss dann als Altersheim genutzt. Ab 2005 wurde das Schloss restauriert und im Frühjahr 2014 der Öffentlichkeit zugänglich gemacht. Das *Kavaliershaus,* auch *3-Königinnen-Palais* genannt, beherbergt die Tourist-Information Mirows, ein schönes Café und eine ebenso informative wie kinderfreundliche Ausstellung über gleich drei Königinnen.

Die hiesigen Herzöge hatten ein Händchen für gute Partien. Gleich drei Töchter aus Mecklenburg-Strelitzschem Hause wurden lukrativ zu Königinnen vermählt. Berühmt sind natürlich *Luise*, die legendäre Königin von Preußen (→ S. 437), und ihre Schwester *Friedericke*, Königin von Hannover. Doch trug bereits ihre Tante, die in Mirow geborene *Sophie-Charlotte*, als Gattin *Georgs III.* Königin von Großbritannien, ein Krönchen auf der Perücke. In der gelungenen Ausstellung nehmen die drei natürlich einen zentralen Platz ein. Darüber hinaus wird aber auch die Geschichte des Landes und des Herzogtums insbesondere beleuchtet. Die Ausstellung ist teils interaktiv (z. B. Karte des Herzogtums zu Anfang oder die Ahnengalerie in Friederickes Raum), gegen Ende gibt es noch einen Film über das Haus Mecklenburg-Strelitz zu sehen, dessen Mitglieder der große Preußenkönig *Friedrich II.* ob der wilden Abgeschiedenheit ihrer Residenz „Mirowkesen" nannte ...

Um die „Mirowkesen" im Allgemeinen und die lukrativ vermählten Herzogstöchter im Besonderen dreht es sich auch im *Schloss.* Großformatige, ansprechend gestaltete Wandtafeln informieren am Eingang über die ehemaligen Bewohner und über die Geschichte des sorgfältig restaurierten Schlosses. Danach lenkt nichts mehr ab vom eigentlichen Ausstellungsgegenstand: den Räumlichkeiten selbst. Ob im Gartensaal, im Audienzzimmer, im Großen Kabinett (mit Alkoven für ein Mittags-

Die Kleinseenplatte
→ Karte S. 390

schläfchen) oder im Schlafzimmer mit Kuriositätenkabinett, überall sind hübsche Details zu bewundern. Besonders schön ist natürlich das repräsentative Audienzzimmer mit Intarsienparkett, roter Textiltapete und stuckverzierter Decke. Schließlich erreicht man im ersten Stock das Prunkstück des Schlosses: den prachtvollen Festsaal mit seinen detailreichen Stuckverzierungen.

3-Königinnen-Palais: April bis Okt. tägl. 10–18 Uhr, Nov. bis März Fr–Mo 10–16 Uhr. Tourist-Information, Ausstellung, Museumsshop und **Café** (→ oben). Eintritt 5 €, Kinder 2 €, Familien 12 €, Audioguide 3 €. **Schloss**: Mai bis Aug. tägl. 10–18 Uhr, April und Okt. Di–So 10–17 Uhr, Sept. Di–So 10–18 Uhr. Nov. bis März geschl. Erw. 6 €, erm. 4 €, Familienticket 12 €. *Kombiticket*: 3-Königinnen-Palais, Schloss und Kirchturm 9 €, Familien-Kombi 18 €. Schlossinsel 2 a, ✆ 039833-269955, www.3königinnen.de.

Adolf Friedrich VI. – Spion oder einfach unglücklich verliebt?

Am 23. Februar 1918 nahm sich *Adolf Friedrich VI.*, der letzte regierende Großherzog von Mecklenburg-Strelitz, im Alter von 35 Jahren das Leben. Das heißt, man vermutet, dass er sich das Leben nahm, denn schlussendlich geklärt wurden die Umstände seines Todes nie – auch ein Mord ist wohl nicht auszuschließen.

Seine Leiche mit tödlicher Schussverletzung fand man in einem Kanal bei Neustrelitz. Ob die Indizien auf Suizid hindeuteten, blieb bis auf weiteres zwischen den geheimen Aktendeckeln der Neustrelitzer Polizei verborgen. Vorausgegangen war jedenfalls eine unglückliche Liebe des Großherzogs zu einer englischen Fürstin namens *Daisy Pleß*. Sie habe seine Gefühle nicht

erwidert, sagen die einen Quellen, deshalb habe er den Freitod gewählt. Eine andere Version zu seinem Tod berichtet jedoch von Briefen, die der Fürst über Umwege an das englische Königshaus geschickt haben soll – keine Liebesbriefe, sondern militärisch brisante Informationen zur Lage im Kriegsjahr 1918. Demnach war Adolf Friedrich nicht der unglücklich Verliebte, der seinem Leben ein Ende setzte, sondern ein Verräter, der aus dem Weg geräumt wurde.

Begraben ist Adolf Friedrich in einem schlichten Grab hier auf der Liebesinsel. Über seinem Grab thront eine Säule, Sinnbild für das abgebrochene Leben des Herzogs, umwunden von einer Schlange, die als Anspielung auf die Verführung verstanden werden soll. Welche Art von Verführung das aber tatsächlich war, bleibt das Geheimnis des Herzogs.

Adolf Friedrichs Grab auf der Liebesinsel

Der *Schlossgarten* wurde erst zwischen 1820 und 1860 angelegt, Vorbild waren die englischen Landschaftsgärten des 19. Jh. Ein netter, kleiner Spaziergang führt über eine kleine Brücke zur Liebesinsel (→ unten).

Johanniterkirche und Museum: Die Kirche auf der Schlossinsel wurde nicht mit der Ankunft der Johanniter im 13. Jh., sondern erst Mitte des 14. Jh. als einschiffige Hallenkirche errichtet. Der ursprünglich hölzerne Turm wurde nach dem Brand 1742 durch den heutigen Turm ersetzt, der mit einer barocken Turmhaube abgeschlossen ist. Diese wurde 1945 zerstört und konnte erst 1993 wiederaufgebaut werden. Während des Aufstiegs auf den Turm gelangt man zu einer kleinen Johanniter-Ausstellung, Schautafeln informieren über die Geschichte des Ordens. Über eine Wendeltreppe erreicht man die kleine Aussichtsplattform im Turmhelm. In der Kirche befindet sich die Fürstengruft, in der 40 Mitglieder der herzoglichen Familie begraben liegen.

Mai bis Okt. tägl. 10–18 Uhr, im Winter geschlossen. Turmaufstieg und Museum 2 €, erm. 1 € (6–18 J.), Familien 4 €. ☎ 039833-26357, www.johanniterkirche-mirow.de.

Liebesinsel: Die winzige Insel ist vom Schlosspark über eine ebenso winzige Brücke zu erreichen. Schöne alte Bäume spenden Schatten und auf den steinernen Bänken mit Aussicht auf den See lässt es sich aushalten. Auf der Liebesinsel fällt die halb abgebrochene Säule über dem Grab des letzten Strelitzer Großherzogs *Adolf Friedrich VI.* ins Auge, der als Einziger nicht in der Familiengruft in der Johanniterkirche beigesetzt wurde.

Die Kleinseenplatte südlich von Mirow

Schmale Kanäle und mäandernde Flussläufe, kleine und kleinste Seen, ausladende Buchten und verwachsene Seitenarme sind hier zu einem labyrinthischen Gewirr aus Wasserwegen verbunden.

Südlich von Mirow am westlichen Rand der Kleinseenplatte erstreckt sich der *Schwarzer See*, benannt nach dem kleinen Örtchen **Schwarz**. Die äußerlich eher unscheinbare, innen barocke *Kirche* von Schwarz stammt aus der zweiten Hälfte des 18. Jh. Am Seeufer gibt es ein nettes Strandbad mit Liegewiese, Beachvolleyballfeld und Bootsverleih. Im Süden geht der Schwarzer See, der übrigens für Motorboote gesperrt ist, in den *Zethner See* über.

Camping Waldcamping Zethner See, kleiner, sympathischer Platz gut 1 km südlich von Schwarz, nur durch die wenig befahrene Landstraße vom See getrennt (mit eigener Badestelle, Liegewiese und Kanuverleih). Geöffnet April bis Mitte Okt. 2 Pers. mit Camper und Strom 18,50 €.

17252 Schwarz, ☎ 039827-79610, www.wald camping-zethner-see.de.

Die anderen Plätze südlich von Schwarz gehören zum Forsthof Schwarz (www.forst hof-schwarz.de) und dienen als Jugendbegegnungsstätte, Pfadfinderlager, Dauercamperplatz etc.

Der **Vilzsee** ist eine Art „Verteiler" unter den Seen: Gen Westen schließt der *Zethner See* an und an diesen der für Motorboote gesperrte *Schwarzer See*. Nach Norden geht es über den lang gezogenen *Mössensee* in den *Zotzensee* und weiter über den Kanal auf der *Müritz-Havel-Wasserstraße* nach Mirow. Richtung Nordost führt ein Kanal zur **Fleether Mühle** (hier auch ein Wasserwanderrastplatz). Die Fleether Mühle selbst ist ausgebrannt, neben den Brandruinen aber lädt ein schöner Biergarten am Wasser zur Pause ein. Hier können Kanus und Kanadier über eine kurze Umtragestelle in den für Motorboote ebenfalls gesperrten *Rätzsee* gehoben werden.

Die Kleinseenplatte ↓ Karte S. 390

Direkt Richtung Osten schließlich muss man die **Diemitzer Schleuse** überwinden, um zum *Labussee* zu gelangen (→ unten). Für Paddler heißt es auch hier, das Boot um die Diemitzer Schleuse herumzutragen, während Motor- und Hausbootkapitäne möglicherweise etwas Geduld mitbringen müssen, um die stauanfällige Schleusenkammer zu passieren. **Diemitz** selbst ist recht unspektakulärer. Die barocke *Kirche* (zweite Hälfte 18. Jh.) zeigt in ihrem Inneren eine ansatzweise gewölbte, bemalte Holzdecke.

Kanu-/Bootsverleih   Kanus und andere Boote wie originelle Floße zum Übernachten werden u. a. am **Biber Ferienhof** und am **Campingplatz C 24** (→ Übernachten) verliehen.

Pack & Paddel, freundlicher Kanuverleih an der Fleether Mühle. April bis Okt. 10–19 Uhr (Juli/Aug. ab 9 Uhr) geöffnet. Fleether Mühle 4, ✆ 039833-26727, www.packund paddel.de.

Die Rätzseerunde

Die Rätzseerunde, auch als 3-Seen-Rundfahrt bekannt, ist eine wunderschöne und abwechslungsreiche Tagesrundfahrt mit dem Kanu oder Kajak. Wer an der Fleether Mühle startet, passiert zunächst den Rätzsee, gelangt über den Drosedower Bek in den Gobenowsee, über den Dollbek in den Labussee und über die Diemitzer Schleuse und den Vilzsee (der nur gestreift wird) wieder zurück zur Fleether Mühle. Länge der Tour insgesamt: 17 km.

Übernachten/Camping Biber Ferienhof, an der Diemitzer Schleuse am Kleinen Peetschsee gelegen. Vermietet werden diverse Ferienwohnungen, teilweise direkt am See gelegene Ferienhäuser (für bis zu 16 Pers.) und drei einfache Zimmer. Preisbeispiele: DZ (mit Etagenbad) 45 €, Ferienwohnung für 2 Pers. ca. 69 €, Ferienhaus für 6 Pers. ca. 150 €. Mitte Juni bis Anfang Sept. nur wochenweise. Hund 15 € pro Aufenthalt. Zum Ferienhof gehören auch ein einfacher Zeltplatz (2 Pers. mit Zelt 14 €), außerdem gibt es ein *Restaurant* und den „Outdoorshop" (→ unten). Jung und freundlich geführt. Lockeres, mittelaltes, nicht selten hippes Publikum. Ganzjährig geöffnet. Diemitz Schleuse 5, 17252 Diemitz, ✆ 039827-7998888, www.biberferienhof.de.

Biber-Tours, hinter dem Namen (nicht mit dem Ferienhof verwechseln!) verbirgt sich ein schöner, schattiger *Naturcampingplatz* mit dem schlichten Namen **C 24** und zugleich ein **Outdoorhotel** mit Übernachtungsmöglichkeiten im Zelt, im Holzwagen und auf dem Floß. Der Campingplatz liegt schön am nördlichen Ufer des Labussees im Schatten von Erlen, Birken und Kiefern (etwa anderthalb holprige Kilometer von der Diemitzer Schleuse entfernt, von der Straße zwischen Diemitz und Fleether Mühle ausgeschildert). Mit Laden, Badesteg und kleinem Biergarten. Campen für 2 Pers. mit Wohnmobil 16 €, Strom nach Verbrauch. Wigwam-DZ (mit Bett, aber ohne Schlafsack!) 40 €, Floßhütte für bis zu 4 Pers. 60 €, Holzwagen für bis zu 4 Pers. 55 €. Mai bis Okt. Diemitz Schleuse 1, 17252 Mirow/OT Diemitz, ✆ 039827-30599, www.bibertours.com.

Naturcamping am Mössensee, teils schattiger, eher schlichter, aber schöner Wald- und Wiesencamping bei *Fleeth*. Auch Holzhütten. Liegewiese und Badestelle, Kanu- und Fahrradverleih, kleiner Bootsanleger und Kiosk mit Imbiss, separater FKK-Bereich. 2 Pers mit Wohnmobil und Strom 21 €, Holzhütte für 4 Pers. 28 €. Ganzjährig geöffnet. Dorfstr. 12, 17252 Mirow/Fleeth, ✆ 039833-22030, www.naturcamp-moessen see.de. *Anfahrt*: bei der Fleether Mühle nach Fleeth abbiegen, durch den kleinen Ort hindurch, dann noch etwa 1,5 km auf Schotterpiste.

Ferienidyll am Rätzsee, großer Wald-und-Wiesen-FKK-Camping hinter hohem Bretterzaun unweit der *Fleether Mühle*; mit Zugang zum Rätzsee, Gaststätte und Laden. 2 Pers. mit Wohnmobil und Strom 24,50 €. Separater Wasserwanderrastplatz (6,50 €/Pers.). Fleether Mühle 4, 17252 Mirow/Diemitz, ✆ 039833-22095, www.ferienidyll-am-raetzsee.de.

Essen & Trinken   Zur Scheune, die Gaststätte gehört zum Bieber Ferienhof (→ Übernachten), mit schönem Biergarten direkt an der Diemitzer Schleuse. Das Fleisch für Burger oder Gulasch entstammt den hausgezüchteten Galloway-Rindern (Biolandwirtschaft), auch sonst versucht man weitestgehend, Bioprodukte zu verwenden. Der Fisch kommt aus der Müritz. Die Gerichte sind bodenständig mit Tendenz zur Raffinesse, auch Vegetarier kommen voll auf ihre Kosten. Hauptgerichte 10–17 €. Tägl. ab 12 Uhr, um 21 Uhr ist Küchenschluss. ✆ 039827-799888. Im dazugehörigen **Shop** kann man sich komplett ausstatten: vom Paddel über Gummistiefel bis zu Müsliriegeln und Zeitschriften. Mai bis Sept. tägl. geöffnet. ■

Biergarten Fleether Mühle, weitläufiger, hübscher Biergarten hinter der Fleether Mühle, direkt an der Umsetzstelle (also am Wasser). Gerichte zwischen Soljanka, Currywurst und Croque Monsieur. April bis Okt. 11–20 Uhr, vorher gibt's Frühstück, ✆ 039833-277286, www.fleether-muehle.de.

Canow ist ein stiller Verkehrsknotenpunkt in der idyllischen Mitte von mecklenburgisch Nirgendwo. Hier trifft die Mirower Landstraße auf die Straße nach Wustrow und Wesenberg und führt weiter als Rheinsberger Landstraße nach Süden. Auch weite Wasserwanderwege laufen an der Canower Schleuse zusammen. Im Norden liegt der *Labussee* (nicht zu verwechseln mit dem Großen bzw. Kleinen Labussee bei Wesenberg), durch den die *Müritz-Havel-Wasserstraße* Richtung Mirow und

Im Stau –
an der Diemitzer Schleuse

weiter in die Müritz führt. Nach Süden reicht die Wasserstraße sowohl zur *Havel* hin (und somit weiter nach Wesenberg) als auch nach Süden durch viele kleine Kanäle und Seen bis zum *Grienericksee* bei Rheinsberg. Canow selbst ist kein besonders aufregender Ort. Gleiches gilt für den südlich von Canow und bereits in Brandenburg gelegenen Ort **Kleinzerlang** am Hüttenkanal.

Bootsverleih Canu-Center Canow, zentral in Canow, von der Durchgangsstraße zu sehen (auch Bootszubehör- und Angelshop). Neben Kanus und Kajaks; auch führerscheinfreie Motorboote für 65 €/halber Tag. Am Canower See 2, 17255 Canow, ✆ 039828-20249, www.bootsverleih-canow.de.

Essen & Trinken Boot & Mehr, am Hafen von Kleinzerlang. Die sympathische Mischung aus Imbiss und Biergarten liegt in herrlicher Natur am Wasser. Auf den derben Holzgarnituren trinkt man Zwickelbier und isst geräucherten Saibling, Backfisch oder Bioschnitzel. Ostern bis Okt. tägl. 9–22 Uhr. Am Kleinen Pälitzsee, ✆ 033921-70445, www.bootundmehr.com.

Camping Camp am Labussee, knapp 1 km westl. von Canow (Richtung Mirow); lang gestreckter, einfacher Campingplatz am See, mit Liegewiese, kleiner Badestelle und Bootsanleger. 2 Pers. mit Wohnmobil 17 € zzgl. Strom. Mirower Landstr. 4, 17255 Wustrow/Canow, ✆ 039828-20272, www.camp-am-labussee.de.

Die Kleinseenplatte
→ Karte S. 390

Wesenberg ca. 3000 Einwohner

Inmitten der lieblichen Kleinseenplatte liegt Wesenberg, ein sympathisches Städtchen mit schmuck hergerichteter Altstadt samt Burg.

In Wesenberg geht es ruhig zu. Kleinstädtisches Flair verbreitet das kompakte Zentrum, das von der Ringstraße fast umschlossen wird. Vom weitläufigen Markt sind es nur ein paar Schritte zur beschaulichen *Burg*. Unterhalb davon erstreckt sich eine schöne, große Grünanlage (mit Spielplatz) bis zum kleinen Hafen für Wasserwanderer am *Woblitzsee*. Wesenberg liegt an der Oberen Havel-Wasserstraße, der Woblitzsee ist einer der großen Havelseen, die sich nördlich des Städtchens ausdehnen und teilweise bereits in den Müritz-Nationalpark hineinreichen.

Um 1250 ließ *Fürst Nikolaus I. von Werle* hier eine Burg an der wichtigen Handelsstraße errichten. Im Schatten der Burg entstand eine Siedlung, die bald das Stadtrecht erhielt (1278). Wie für so viele Städte war auch für Wesenberg das 17. Jh. kein gutes Jahrhundert. Die Schrecken des Dreißigjährigen Krieges, die Pest und schließlich mehrere schwere Stadtbrände suchten den Ort heim. Die vielleicht größte Feuersbrunst tobte 1706 und soll nur ein einziges Haus verschont haben, auch Kirche, Kirchturm und Burg wurden schwer in Mitleidenschaft gezogen. Auch am Ende des Zweiten Weltkriegs nahmen Burg und Häuser durch Brände schweren Schaden, wurden aber sorgsam mit viel Aufwand wiederhergestellt und ergeben heute ein sehenswertes kleinstädtisches Ensemble.

Sympathisches Café in Wesenberg

Basis-Infos

Information   Touristinformation, in der Burg, freundlich und hilfsbereit. Von hier geht es ins Heimatmuseum und auf den Turm der Burg. Mai bis Sept. Mo–Fr 10–18 Uhr, Sa 9–15 Uhr (Juni bis Aug. auch So 9–15 Uhr); Okt. bis April Mo–Fr 9–16 Uhr. Burg 1, 17255 Wesenberg, ☎ 039832-20621, www.klein-seenplatte.de.

Verbindungen   Bus: Mit der Hanseatischen Eisenbahn alle zwei Stunden nach Neustrelitz und in die andere Richtung nach Mirow, www.epp-spnv.de.

Baden   Strandbad Weißer See, mit riesiger Liegewiese, Fußball- und Beachvolleyballfeld, Strandrestaurant oberhalb (→ Essen außerhalb). *Anfahrt:* von Wesenberg Richtung Zwenzow und der Beschilderung zum Campingpark am Weißen See folgen. Dann das Sträßlein links der Schranke zum Camping nehmen und kurz darauf vor den Gleisen rechts halten.

Boots-/Kanuverleih   》》 Unser Tipp: Kanu-Mühle, an der Straße Richtung Neustrelitz, über die Brücke, dann rechts und sogleich wieder rechts. Kajaks und Kanadier; zudem geführte Paddeltouren im Angebot und Kurse. Auch **Wasserwanderrastplatz**: Übernachtungsmöglichkeiten im

10-Seen-Rundtour

Von Wesenberg bietet sich eine Tour über die Havel zum Drewensee, Wangnitzsee, Großen Priepertsee, Ellbogensee, Pälitzsee, Canower See, Labussee, Gobenowsee, Klenzsee, Plätlinsee und über die Schwaanhavel zurück nach Wesenberg an (ca. 43 km, Dauer etwa 3 Tage).

Zelt auf der Campinginsel (6 €/Pers.), in den Mini-Zimmern und -hütten (DZ 20–35 €), in der Ferienwohnung (50–70 € für 2 Pers.) oder im schönen Bootshaus am See (90 € für 2 Pers.). Auch Imbiss mit Frühstück, Kaffee, Kuchen, Snacks. Kinderfreundlich. Havelmühle 1, 17255 Wesenberg, ☏ 039832-20350, www.kanu-muehle.de. «

Fahrradverleih Es gibt mehrere, z. B. **Fahrradservice Wesenberg**, nicht zu verpassen an der Durchgangsstraße. 10 €/Tag. Mo–Fr 9–13 und 15–18 Uhr, Sa 9–12 Uhr. Vor dem Mühlentor 1, ☏ 0173-1980815, www.fahrradservice-wesenberg.de.

Wasserwanderrastplätze Unweit von Burg und Villa Pusteblume, netter Biergarten nebenan (→ Essen) am Hafen. Ein weiterer Platz bei der Kanu-Mühle (→ oben).

Übernachten/Essen & Trinken

Es sind vor allem die Campingplätze der Umgebung, die Wesenberg als Standort interessant machen. Mit Hotels ist der Ort dagegen nicht gerade gesegnet.

Übernachten B & B-Pension Wesenberg, nicht zentral, aber in Wesenberg. Fünf DZ, Sauna im Haus, Parkplätze, Fahrradverleih für Hausgäste; freundliche Leitung. Bei Radwanderern beliebt. DZ 62 €, Frühstück inkl., keine Hunde. Bahnhofstr. 15, 17255 Wesenberg, ☏ 039832-20043, www.pension-wesenberg.de. *Anfahrt:* Zwenzower Weg Richtung Bahnhof, das B & B liegt noch vor dem Bahnhof auf der rechten Seite.

Übernachten außerhalb Familotel Borchard's Rookhus, Familien-Hotel 3 km nördlich von Wesenberg (Richtung Zwenzow), am Westufer des Großen Labussees. Liegewiese mit Sandstrand und Bootssteg, schöne Terrasse mit Seeblick, ruhige Lage zwischen Wald und See. Kinderbetreuung, Familienprogramm, Ausflüge, Sauna, Boots- und Fahrradverleih. Ganzjährig geöffnet. Im Sommer 2 Erw. und 2 Kinder eine Woche all incl. etwa 2500 €. Am Großen Labussee 12, 17255 Wesenberg, ☏ 039832-500, www.rookhus.de.

Ferienwohnungen/Ferienhäuser Villa Pusteblume (→ „Cafés"); Kanu-Mühle (→ „Boots-/Kanuverleih"); Camping und Ferienpark Havelberge (→ „Nördlich von Wesenberg", S. 402).

Camping Mehrere Plätze rund um Wesenberg, Wasserwanderer können ihre Zelte auch an den beiden Wasserwanderrastplätzen aufstellen (→ Boots-/Kanuverleih).

Einen **Wohnmobilstellplatz** (16 €) bietet die **Marina Wesenberg** (→ Bootsverleih), dazu Übernachtungsmöglichkeiten in Pfahlhäusern (Isomatte und Schlafsack mitbringen), für 2 Pers. 26 €.

Ihr Familienpark – Am Kleinen Labussee, der einzige „independent" Platz rund um Wesenberg, recht überschaubar, eine Lichtung am See, Verleih von Ruderbooten, Tretbooten und Kajaks; Kiosk und Imbiss, kleine Badestelle mit Bootsanleger, auch einfache Bungalows und DZ im Haupthaus (dort auch die blitzblanken Sanitäranlagen). Restaurant in Laufnähe. 2 Pers. mit Camper und Strom ab 20 €. Bungalow für 4 Pers. 61–66 €, EZ 40 €, DZ 50–65 €. Geöffnet Mai bis Sept. Am Kleinen Labussee 1 B, 17255 Wesenberg, ☏ 039832-20525, www.ihr-familienpark.de. *Anfahrt:* etwa 2 km vom Zentrum Wesenberg entfernt, von der Straße nach Zwenzow ausgeschildert.

Campingpark am Weißen See, schöne, schattige Waldplätze über dem Großen Weißen Sees, das Strandbad mit Gaststätte (→ unten) ist in wenigen Minuten zu Fuß zu erreichen. Shop bei der Rezeption. Kanu- und Fahrradverleih, hundefreundlich. Ganzjährig geöffnet. 2 Pers. mit Camper und Strom ab 23,20 €. Kontakt über: Havel-tourist, ☏ 03981-24790, www.haveltourist.de. *Anfahrt:* entweder über die Verbindungsstraße von Wesenberg nach Zwenzow

Die Kleinseenplatte → Karte S. 390

(dann links, ausgeschildert) oder von Mirow auf der Landstraße kommend vor Wesenberg links ab und am Kleinen Weißen See vorbei (Achtung: unbeschrankter Bahnübergang).

Essen & Trinken/Cafés Am Hafen, schöner, beliebter und gemütlicher Biergarten bei der Grünanlage zwischen Hafen (gleich beim Wasserwanderplatz) und Burg, Getränke und Kleinigkeiten. Nur zur Saison tägl. ab 12 Uhr geöffnet.

Villa Pusteblume, sehr nettes Gartencafé nur wenige Schritte vom Marktplatz (Richtung Burg und Hafen) – man sitzt gemütlich zwischen Obstbäumen; köstliche hausgemachte Kuchen, netter Service. In der schönen, alten Villa werden vier Ferienwohnung (70 €/2 Pers.) und zwei DZ (40 €) angeboten. Ein kleines *Spielzeugmuseum* ist angeschlossen (Eingang Rückseite). Das Café ist während der Saison Mi–So 14–17 Uhr geöffnet. Burgweg 1, 17255 Wesenberg, ☏ 039832-21305, www.villa-pusteblume-wesenberg.de.

Essen & Trinken außerhalb Strandrestaurant Weißer See, direkt oberhalb des Strandbads, Treppen führen von hier auch hinauf zum Camping am Weißen See. Sehr beliebt, herzhafte (Fisch-)Küche, mit Terrasse. Zur Saison tägl. ab 12 Uhr durchgehend geöffnet. ☏ 039832-20405. Anfahrt wie zum Strandbad (→ Baden).

Sehenswertes

Burg Wesenberg und Heimatmuseum: Die Burg wurde erstmals um 1250 errichtet. Immer wieder nahm sie mehr oder weniger Schaden durch Kriege und Stadtbrände. Ein letztes Mal brannte sie in den letzten Monaten des Zweiten Weltkriegs aus. Heute sind hier die Touristinformation, die Stadtbibliothek und das *Heimatmuseum* untergebracht.

Das Wesenberger *Heimatmuseum* befindet sich in den Räumlichkeiten hinter der Touristinformation (und im Stockwerk darüber). Neben einer Fotoausstellung und Schautafeln mit Wissenswertem rund um den Kranich (zwei Brutpaare leben ganzjährig nicht weit von hier im Naturschutzgebiet „Rotes Moor") gibt es eine historische Schusterwerkstatt und eine forstwirtschaftliche Abteilung zu sehen. Im Nebengebäude befindet sich eine Ausstellung über die Geschichte der regionalen Fischerei. Im Eintrittpreis des Heimatmuseums ist auch die Besteigung des Burgturms enthalten, die man sich nicht entgehen lassen sollte – herrliche Aussicht über Stadt und See.

Heimatmuseum/Burgturm: Mai bis Sept. Mo–Fr 10–18 Uhr, Sa 10–14 Uhr, Juli/Aug. auch So 10–14 Uhr, Okt. und April Mo–Fr 10–17 Uhr, Nov. bis März Mo–Fr 10–16 Uhr. Eintritt 2 €, erm. 1 €. Auf der Burg, ☏ 039832-20621, www.wesenberg-mecklenburg.de.

Marienkirche: Die auf einem Feldsteinfundament errichtete Backsteinkirche entstand weitgehend im 14. Jh. Dem fast quadratischen, dreischiffigen Langhaus wurde ein langer Chorraum angefügt, der von einem sehenswerten Netzgewölbe abgeschlossen wird. An der Südseite der Kirche verdeckt eine uralte Linde den Blick auf den gotischen Stufengiebel über dem Seitenportal. Der Turm wirkt recht gedrungen – bei einem Brand im frühen 18. Jh. wurde er derart in Mitleidenschaft gezogen, dass man sich nicht mehr die Mühe machte, die oberen Teile wieder aufzubauen. Der Brand verwüstete auch das Innere des Gotteshauses, weite Teile der Ausstattung stammen deshalb aus der Mitte des 19. Jhs.

Im Sommer ganztägig, außerhalb der Saison erhält man den Schlüssel im Pfarrhaus. Hohe Str. 22, ☏ 039832-20431.

Skulpturenpark Wesenberg: Kunstfreunde sollten sich den auf Initiative der *Peter Wilmot Thompson Stiftung* 2016 eröffneten Skulpturenpark nicht entgehen lassen. Die Stiftung arbeitet mit der *National Art School Australia* zusammen. Ausgestellt wird im lauschigen, namengebenden Waldpark, durch den ein beschilderter Rundgang führt, und in einem restaurierten Kinderheim aus DDR-Zeiten. Die Ausstellungen wechseln etwa jährlich. Eine Stunde kann man sich hier locker die Zeit vertreiben.

Mai bis Okt. tägl. 10–16 Uhr. Eintritt frei, Spende erwünscht. Am Weißen See 3 (ortsauswärts, an der Straße nach Zwenzow ausgeschildert), ☎ 039832-262466, www.kuenstlerbeiwu.com.

Südlich von Wesenberg

Der östliche Teil der Kleinseenplatte, südlich von Wesenberg, ist weniger waldreich als die Gegend südlich von Mirow, doch öffnet sich hier eine nicht minder liebliche Landschaft: sanfte Hügel, überzogen von Feldern und kleinen Waldstücken, Wiesen in den Niederungen und Schilfgürtel an den Ufern der Seen und Flussläufe.

Weithin sichtbar ist die neugotische *Kirche* von **Wustrow**. Das typische mecklenburgische Straßendorf liegt am *Plätlinsee*, der für Motorboote komplett gesperrt ist. Das wenige Kilometer entfernte **Strasen** ist ein unaufgeregtes Dorf mit Gasthaus und eigentümlicher *Kirche* (ein turmloser, in der zweiten Hälfte des 18. Jh. erbauter Backsteinbau mit Fachwerkflanke – oder ein Fachwerkbau mit Backsteinfront, je nach

Die Hausbrücke bei Ahrensberg

Blickwinkel). Quasi am Ellbogen des Ellbogensees schließlich liegt das unspektakuläre **Priepert**. Ein fotogenes kleines Highlight ist die hölzerne Hausbrücke von **Ahrensberg** (4 km südöstlich von Wesenberg auf einer schönen langen Chaussee zu erreichen), hier befindet sich auch ein beliebter Wasserwanderrastplatz unterhalb der Brücke mit Imbiss (Straße von Ahrensberg Richtung Hartenland).

Camping/Kanuverleih Kanuhof Wustrow, sympathischer und freundlicher Kanuverleih und Zeltplatz, nicht nur für Wasserwanderer; sehr schöner Platz auf grüner Wiese mit Obstbäumen. 2 Pers. mit Zelt 14 €, keine Wohnmobile. Vermietet werden Kajaks und Kanadier. Geöffnet Ostern bis Anfang Okt. tägl. 9–18 Uhr, im Sommer bis 19 Uhr. Dorfstr. 57 a, 17255 Wustrow, ☎ 039828-20083, www.kanuhof-wustrow.de.

Naturcamping am Ellbogensee, erhöht über dem See. Der etwas unübersichtliche Platz unter holländischer Leitung erfreut sich vor allem bei jungen Berliner Familien größter Beliebtheit, nicht zuletzt wegen des Bio-Ladens und des Cafés mit Terrasse

über dem See. Riesiger Kinderspielplatz, auch Wasserwanderplatz und Kanuverleih. 2 Pers. mit Wohnmobil und Strom 25 €. Keine Hunde! Camp am Ellbogensee 1, 17255 Wesenberg/Strasen, ☎ 033093-32173, www.ellbogensee.de. *Anfahrt*: von Strasen 3,5 km in südöstliche Richtung durch den Wald nach Großmenow, hier noch vor dem Ort auf der linken Seite.

Essen & Trinken Rast beim Fischer, unterhalb der Hausbrücke von Ahrensberg, Fischimbiss mit sehr idyllisch gelegenem Gastgarten am Wasser. Köstliche Fischbrötchen und kleine Gerichte, auch Räucherfisch und natürlich Getränke, entsprechend beliebt. Auch viele Wasserwanderer

Die Kleinseenplatte → Karte S. 390

legen hier auf ein Fischbrötchen an. April bis Sept. tägl. 10–18 Uhr (Juni bis Aug. 10–19 Uhr) geöffnet. Fischereihof Ahrensberg, Wildhof 14, ☎ 039832-20230, www.fischerei-wesenberg.de.

Nördlich von Wesenberg: Rund um den Großen Labussee

Hinter den Quassower Tannen erstrecken sich der *Kleine Labussee* und der *Große Labussee*, an deren Ufern sich jeweils ein Campingplatz befindet. Die Orte Zwenzow und Klein Quassow am Ostufer des Großen Labussees sind nicht weiter der Rede wert. Klein Quassow besitzt immerhin eine Badestelle und eine Dorfgaststätte, Zwenzow einen *Wasserwanderrastplatz*.

Übernachten/Essen Amy's Wohlfühlvilla, am südlichen Ortseingang von Zwenzow auf der rechten Seite, direkt in herrlicher Lage am See. Ideal für Hundebesitzer. „Wohlfühlurlaub für Mensch & Hund" lautet der Slogan des Hauses mit großem Garten, Bade- und Anlegesteg, Hundestrand, Wellnessangebot mit Sauna, Dampfbad, Massagen, Kosmetik etc., es gibt auch ein abgegrenztes Doggy Spa. Übrigens: Der Hund übernachtet kostenlos. Nur zehn komfortable Zimmer sowie zwei Ferienhäuser im Garten (mit Seeblick). Ganzjährig geöffnet. EZ 75 €, DZ 95–110 €, jeweils inkl. Frühstück. Die Ferienhäuser (2–3 Pers.) sind wochenweise für 800 € zu haben. Zwenzow 50, 17237 Userin/Zwenzow, ☎ 039832-28100, www.villa-mv.de.

Camping Zu den Plätzen am Kleinen Labussee und am Großen Weißen See → auch Wesenberg/Camping.

Die folgenden Campingplätze gehören alle zur Haveltourist-Kette, Kontakt über: **Camping- und Ferienpark Havelberge**, 17237 Groß Quassow/Userin, ☎ 03981-24790, www.haveltourist.de.

Am Kleinen Labussee

Camping Zwenzower Ufer, in Zwenzow, lang gezogen, direkt am Großen Labussee gelegen. Hohe Bäume spenden einigermaßen Schatten. Minimarket an der Straße, Imbiss, Badestelle und Wasserwanderrastplatz, sehr freundlich. 2 Pers. mit Camper und Strom ab 26,20 €. April bis Okt. 17237 Zwenzow.

Camping- und Ferienpark Havelberge, direkt am Wesenberger Haussee, dem Woblitzsee zwischen Wesenberg und Groß Quassow gelegen. Riesige Anlage mit zahllosen parzellierten und nicht parzellierten Plätzen, mehr als 70 Ferienhäuschen, Restaurant, Badestelle, Plätze für Wasserwanderer, mehrere Bootsstege. Kanu- und Bootsverleih, Fahrradverleih und Hochseilgarten. 2 Pers. mit Camper und Strom ab 29,40 €. April bis Dez. geöffnet, 17237 Groß Quassow.

FKK-Camping am Useriner See, relativ kleiner, schöner Platz etwas nördlich von Zwenzow, mitten im Wald, völlig abseits und bereits im Müritz-Nationalpark gelegen. Schatten unter hohen Kiefern. Textil ist erlaubt, nur nicht an der Badestelle am Useriner See; Bootsverleih und kleiner Laden. April bis Sept. 2 Pers. mit Camper und Strom ab 27,20 €. 17237 Zwenzow, *Anfahrt*: von Useriner Mühle kommend direkt nach dem Ortsschild Zwenzow in den Waldweg nach rechts einbiegen und 1,3 km auf holpriger, aber planierter Waldstraße.

Am südlichen Ufer des **Useriner Sees** liegt die gleichnamige *Mühle* (mit Kanuverleih, Badestelle und Kiosk). Der unspektakuläre Ort **Userin** befindet sich ein paar Kilometer nördlich am Ostufer des Sees. Der Useriner See ist einer der Großseen der Havel. Er gehört (wie der restliche Oberlauf der Havel) bereits zum Müritz-Nationalpark und ist für Motorboote gesperrt.

Der Hebetempel im Schlossgarten Neustrelitz

Neustrelitz

ca. 21.200 Einwohner

Die gewissermaßen am Reißbrett geplante Residenzstadt präsentiert sich bis heute als beeindruckendes Gesamtkunstwerk. Das zur Residenz gehörende Schloss gibt es zwar nicht mehr, doch die einzigartige Stadtanlage und der schöne Schlosspark sind den Besuch unbedingt wert.

Wie bei barocken Planstädten üblich, ist der Grundriss der Stadt streng symmetrisch angelegt. Und so ist auch ihre Mitte symmetrisch, nämlich quadratisch gestaltet (mit einem kreisrunden Rondell im Zentrum), allerdings leicht abschüssig, dabei weitläufig und von klassizistischen Prachtbauten gesäumt. Acht Straßen erstrecken sich sternförmig vom Marktplatz aus, darunter die *Strelitzer Straße* neben dem Rathaus, die als Fußgängerzone und kleine Einkaufsmeile dient. Die *Seestraße* führt natürlich zum **Hafen**, und, wenig überraschend, trifft die *Schlossstraße* bald auf **Orangerie** und **Schlossgarten**. Letzterer ist alljährlich der Spielort für Deutschlands größtes Operettenschauspiel, die Schlossgartenfestspiele. Für einen relativ kleinen See wie den angrenzenden *Zierker See* erscheint der Stadthafen von Neustrelitz recht groß und modern. Durch den Kammer-Kanal ist der See mit dem Woblitzsee verbunden und damit mit der Oberen Havel-Wasserstraße.

Die Geschichte von Neustrelitz begann mit dem Brand des alten Strelitzer Schlosses 1712. Seitdem der „Hamburger Vergleich" 1701 den Erbfolgestreit beendet und das Herzogtum Mecklenburg-Strelitz geschaffen hatte, regierte der neue Herzog vom alten Strelitz aus und stand nach dem Brand nun ohne Residenz da. Nach einigem Zögern beschloss er, das alte Schloss nicht wiederzuerrichten, sondern das Jagdschloss am Zierker See zu seiner neuen Residenz um- und ausbauen zu lassen und dem neuen Schloss auch eine neue Stadt zur Seite zu stellen. Der federführende

Neustrelitz
→ Karte S. 407

Baumeister war *Christian Julius Löwe*, er schuf eine schmucke, spätbarocke Planstadt, die in ihren Grundzügen bis heute zu bewundern ist. Nur die Bürger blieben weg, sodass sich der Herzog genötigt sah, großzügig zu sein: kostenloser Baugrund, zehn Jahre Steuerfreiheit, kostenloses Bauholz – ein Paradies für alle, die unweit des Schlosses ein Eigenheim zu errichten gedachten. Und damals nicht minder bedeutend: Seinen Untertanen gewährte der Herzog Zunft- und Religionsfreiheit. Dennoch dauerte es mehrere Generationen und erforderte diverse architektonische Veränderungen, bis aus dem spätbarocken Dorf neben dem Schloss eine veritable Residenzstadt wurde.

Nach Löwe war es Baumeister *Friedrich Wilhelm Buttel* (1796–1869), der das Gesicht der Stadt prägte. Buttel war im zarten Alter von 24 Jahren zum Architekten von Mecklenburg-Strelitz berufen worden. Vorher hatte er u. a. bei keinem Geringeren als Schinkel gelernt und Preußens größter Baumeister war es auch, der den jungen Buttel für den Posten in Neustrelitz empfohlen hatte. Bis zu seinem Tod 1869 blieb Buttel im Dienst der Mecklenburg-Strelitzschen Herzöge. Seine Bautätigkeit begann er mit einem Wäschehaus am See, bald baute er am Schloss an, prägte zahl-

Die Blume von Neustrelitz

Dass sich Neustrelitz mit einer exotischen Blume schmückt, hat einen weit gereisten Grund: Der schottische Botaniker *Francis Masson* entdeckte während seiner langjährigen Südafrika-Expedition eine hoch aufragende Blume, deren Blüte sich wie ein orangefarbener Kamm auffächert. Mit zahlreichen anderen Stauden sandte er sie 1773 zurück nach England, wo ihr *Joseph Banks*, Chef der Königlichen Botanischen Gärten, einen Namen gab. Um seine Königin Charlotte, die geborene Sophie Charlotte von Mecklenburg-Strelitz und Gattin Georgs III., zu ehren, taufte er die bemerkenswerte Blume nach dem Mädchennamen der Königin. Seither trägt die südafrikanische Schönheit den Namen *strelitzia reginae* (auch Paradiesvogelblume oder Kranichblume), während die ganze Gattung *Strelitzie* genannt wird.

Die so Geehrte ließ es sich nicht nehmen, ihrer Familie einige Jahre später eine Strelitzienstaude zu übersenden. So kam die erste *strelitzia reginae* 1818 in die Orangerie von Neustrelitz. Seit

Stählerne Strelitzie

1995 ist sie die offizielle Stadtblume von Neustrelitz, und eine markante Skulptur gibt es auch: Auf dem Rondell am unteren Ende der Seestraße erhebt sich eine Edelstahl-Strelitzie über einen Globus.

reiche Gebäude der Stadt (wie das von ihm umgestaltete Rathaus) und rund um den Schlossgarten – und er errichtete oder renovierte zahlreiche Kirchen wie z. B. die neugotische **Schlosskirche** in Neustrelitz, die als eines seiner Hauptwerke gilt.

Das Neustrelitzer Schloss brannte in den letzten Tagen des Zweiten Weltkriegs ab und wurde abgetragen. Der schöne, teils von Buttel, teils von Lennè geplante Schlossgarten aber erstreckt sich nach wie vor unterhalb des Schlosshügels.

Basis-Infos

Information Touristinformation, um die Ecke vom Rathaus; Infomaterial, (Wasser-) Wander- und Radkarten, Stadtführungen. Mai bis Sept. Mo–Fr 9–18 Uhr, Sa/So 9.30–13 Uhr; Okt. bis April Mo–Fr 9–12 Uhr, Mo–Do 13–16 Uhr, Fr 9–12 Uhr, Sa/So geschlossen. Strelitzer Str. 1, 17235 Neustrelitz, ✆ 03981-253119, www.neustrelitz.de.

Nationalpark-Information Neustrelitz, angeschlossen an die Touristinformation, Mai bis Okt. geöffnet, gleiche Öffnungszeiten wie die Touristinformation, sehr freundlich, hilfsbereit und sachkundig. ✆ 03981-253106, www.mueritz-nationalpark.de.

Am Hafen befindet sich ein **Infopavillon** (Hafenmeisterei). Mai bis Sept. tägl. 8–20 Uhr, April und Okt. tägl. 9–18 Uhr. Stadthafen, ✆ 03981-262996.

Verbindungen Bahn: Neustrelitz ist an die nähere und weitere Umgebung hervorragend angebunden: Mit dem **RE** stündl. nach *Berlin (Hbf)* sowie halbstündl. nach *Stralsund* via *Neubrandenburg*; alle 2 Std. nach *Rostock* via *Waren*. Mit der **Hanseatischen Eisenbahn** (www.egp-spny.de) alle 2 Std. via *Wesenberg* nach *Mirow*. Bus: Stadtbusse starten am ZOB am Bahnhof, die **Linie 2** fährt zum Hafen.

Baden Das **Neustrelitzer Strandbad** befindet sich nicht, wie man meinen möchte, am großen Zierker See, sondern am kleinen Stadtsee, dem *Glambecker See*. Mit Sandstrand, Steg und Sprungturm, Liegewiese und sehr nettes Terrassen-Restaurant *Am Glammi*. Im Sommer tägl. 10–20 Uhr. Adolf-Friedrich-Str., ✆ 03981-256988.

Die Stadtkirche

Fahrgastschifffahrt Die **Mirower Schifffahrtsgesellschaft** bietet im Sommer tägl. außer Mo/Fr diverse Rundfahrten ab Stadthafen an, Infos und genaue Zeiten vor Ort. ✆ 039833-22270, www.blau-weisse-flotte.de.

Fahrradverleih Im **Infopavillon** am Stadthafen (Hafenmeisterei), Öffnungszeiten → Information, ✆ 03981-262996.

Stadtführungen/Radtouren Führung durch die **Residenzstadt** mit Besteigung des Kirchturms von Mai bis Sept. jeden Sa um 10.30 Uhr, Juli auch So 11 Uhr. Start bei der Touristinformation.

Neustrelitz bei Nacht jeden Do: im Juni/Juli 21 Uhr, Aug. 20 Uhr. Start bei der Stadtkirche.

Veranstaltungen Europas größte Operettenfestspiele, die **Schlossgartenfestspiele** von Mitte/Ende Juni bis Mitte Juli. Infos und Tickets in der Touristinformation oder unter ✆ 03981-23930 bzw. www.theater-und-orchester.de.

Neustrelitz → Karte S. 407

Das kulturelle Angebot der Stadt beschränkt sich nicht auf die Festspiele. Gemeinsam mit Neubrandenburg unterhält Neustrelitz ein **Theaterensemble** und eine **Philharmonie** (Infos unter www.theater-und-orchester.de).

Immer am letzten Maiwochenende findet in Neustrelitz das bedeutende Indie-Festival **Immergut** statt. Infos und Line-ups unter www.immergutrocken.de.

Übernachten/Essen & Trinken/Nachtleben

Übernachten *** Hotel Schlossgarten ▣, stilvolles Hotel in einem hübschen klassizistischen Haus, ruhig, aber zentral in der Tiergartenstraße, nur 24 freundliche Zimmer. Gehobenes *Restaurant*. EZ 72 €, DZ 108 €, inkl. Frühstück. Tiergartenstr. 15, 17235 Neustrelitz, ☎ 03981-24500, www.hotel-schlossgarten.de.

Alter Kornspeicher ▣, neues Hotel am Stadthafen, in einem, wie der Name schon sagt, umgebauten Speicher. Familienbetrieb mit nur 14 Zimmern unterschiedlicher Größe, eingerichtet im Landhausstil mit maritimen Elementen. Sehr behaglich. Parkplätze. Mit dabei das Restaurant *Wild Wasser* (spezialisiert auf Wildgerichte) und die *Kaffeerösterei Bohn Aparte* (→ unten). Keine Haustiere. DZ ab 85 €, Frühstück 12 €/Pers. extra. Am Stadthafen 5, ☎ 03981-2629646, www.alterkornspeicher.de.

》》》 Unser Tipp: Öko Hotel ▣, helle, zweckmäßig eingerichtete Zimmer, Ferienhäuser und Appartements in rot gestrichenen Holz-/Lehmhäusern hinter dem *Kulturzentrum Alte Kachelofenfabrik* (zu der das Hotel auch gehört), dort auch ein schöner Biergarten samt Kneipe sowie Programmkino (→ Nachtleben). EZ 54 €, DZ 69 €, Appartement 89 €, Ferienhaus (4 Pers.) 195 €, Frühstück 8,50 €/Pers. Zudem gibt es „für Familien, Backpacker und junge Menschen" günstige Appartements und Ferienwohnungen im Gästehaus nahebei (ab 44 €/2 Pers.). Sandberg 3 a, 17235 Neustrelitz, ☎ 03981-203145, www.basiskulturfabrik.de. 《《《

Wohnmobilstellplatz Am Stadthafen. Strom gibt es gegen Gebühr, sanitäre Einrichtungen etwa 200 m entfernt beim Hafenmeister (Öffnungszeiten und Kontakt → Information). Saubere Duschen gebührenpflichtig. 8 €/Tag (Parkschein) zzgl. Strom und Duschen.

Essen & Trinken 》》》 Unser Tipp: Restaurant **Fürstenhof** ▣, hervorragendes, sympathisches Restaurant direkt am Markt-

platz. Draußen sehr schöne Terrasse, windgeschützt und mit Blick auf den Platz, innen unaufgeregt stilvoll. Rundum überzeugende Küche, es gibt u. a. Zweierlei vom Strelitzer Gockel, Lamm aus dem Ofen und „Mecklenburger Surf & Turf" (Ostsee-Schnäpel mit Königsberger Klops). Hauptgerichte 18–20 €, 4-Gänge-Menü 44,90 €. D Di–Fr ab 17.30 Uhr, Sa/So mittags und abends geöffnet, Mo Ruhetag. Markt 3, ☎ 03981-204774, www.fürstenhof-neustrelitz.de. 《《《

》》》 Unser Tipp: fabrik. ▣, gemütliche Kneipe, der Garten lauschig und sehr schön. Hier kann man richtig gut und günstig essen, entweder von der Tageskarte (köstliche Suppen), aber auch die ständige Karte überzeugt voll und ganz: Pasta, Burger, Flammkuchen, Fisch, vegetarische und vegane Gerichte usw. Hauptgericht 8–15 €. Hohes Niveau, viele Bioprodukte, zu günstigen Preisen. Zum Kulturprogramm → Nachtleben. Sandberg 3 a, ☎ 03981-203145, www.basiskulturfabrik.de. 《《《

🍃 **QuerBeet** ▣, das Restaurant mit großer Gartenterrasse serviert regionale Küche mit mediterranem Einschlag (alles bio) zu fairen Preisen (Hauptgerichte 9–13 €), lediglich das Rindersteak mit Bärlauch-Parmesan-Risotto fällt preislich erheblich aus der Reihe (24,90 €). Di–So 11–22 Uhr geöffnet, Okt. bis Mai Di–Fr ab 16 Uhr. Useriner Str. 9, ☎ 03981-4980457, www.querbeet-neustrelitz.de. ∎

🍃 **Imbiss** Fischerhof ▣, Bistro und Verkauf der örtlichen Fischerei – wo sollte der Fisch fangfrisch sein, wenn nicht hier? Im Bistro gibt es alles vom Fischbrötchen bis zum einfachen, aber reichhaltigen (und köstlichen) Fischgericht, zudem hervorragende Fischsuppe. Günstig. Hauseigene Räucherei. Innen schlicht, außen schöner Garten mit ein paar Strandkörben direkt am Zierker See. Tägl. geöffnet 11–21 Uhr (die Räucherei ab 8 Uhr). Seestr. 15 a, ☎ 03981-200842, www.fischerei-neustrelitz.de. ∎

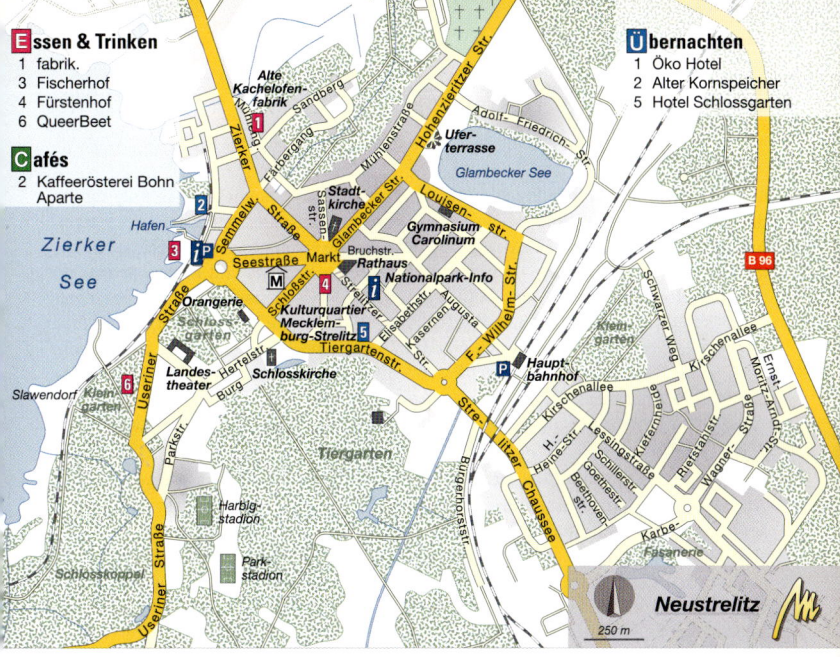

Neustrelitz
→ Karte S. 407

On the map:

Essen & Trinken
1 fabrik.
3 Fischerhof
4 Fürstenhof
6 QueerBeet

Cafés
2 Kaffeerösterei Bohn Aparte

Übernachten
1 Öko Hotel
2 Alter Kornspeicher
5 Hotel Schlossgarten

Café Kaffeerösterei Bohn Aparte **2**, nettes, kleines Café am Stadthafen. Hier gibt es allerbesten, selbst gerösteten Kaffee und dazu hausgebackene Kuchen. Mit Gartenterrasse. Di–So 9–18 Uhr geöffnet, Mo Ruhetag. Am Stadthafen 5, ☎ 03981-2629646, www.alterkornspeicher.de.

Nachtleben Programmkino, Galerie und Kleinkunst, Kneipe und gemütlicher Biergarten, das alternative kulturelle Leben der Stadt findet im *Kulturzentrum Alte Kachelofenfabrik*, kurz: in der **fabrik. 1** statt. Sandberg 3a, ☎ 03981-203145, www.basiskulturfabrik.de.

Sehenswertes

Schlossgarten mit Orangerie: Über den *Schlossgarten* verteilt finden sich zahlreiche Bauten, Brunnen, Büsten und Skulpturen. Im unteren Teil erhebt sich der zierliche Rundtempel, der der juvenilen Göttin Hebe geweiht ist: Der *Hebetempel* ist eine frühe Arbeit *Buttels* (um 1825) und bildete mit dem ehemaligen Schloss die zentrale Achse des Schlossgartens. Rechts davon liegt etwas erhöht die *Gedächtnishalle* für Königin Luise (→ S. 437). Auf der anderen Seite der Achse führt die Götterallee (flankiert von einer Handvoll Götterstatuen von Jupiter bis Mars) vom Zierker See zur *Orangerie*. Am augenfälligsten ist natürlich die klassizistische Orangerie selbst, die, 1755 erbaut, ab 1842 von Buttel umgestaltet wurde und derzeit renoviert wird (bis voraussichtlich 2019). Oberhalb des Schlossgartens erhob sich auf dem Hügel einst das Schloss. Nur die erhaltenen Fundamentreste des zuletzt umzäunten und verwilderten Areals lassen die Ausmaße des Schlosses erahnen.

Schlosskirche: Eines der Hauptwerke von *Friedrich Wilhelm Buttel*. Die neugotische Kirche auf dem Schlosshügel entstand 1855–1859. Die reich verzierte Fassade schmücken schlanke Türmchen, Terrakotta-Ornamente und eine prächtige Rosette über dem Portal, flankiert von den vier Evangelisten. Heute wird die

Schlosskirche als Skulpturengalerie mit wechselnden Ausstellungen und für Konzerte genutzt.

Geöffnet meist Mai bis Sept. Di–So 11–18 Uhr, bei Ausstellungswechsel (1- bis 2-mal im Jahr) eingeschränkt, die Eintrittspreise schwanken je nach Ausstellung.

Marktplatz, Rathaus und Stadtkirche: Das schöne städtebauliche Ensemble säumt den weitläufigen Marktplatz. Die Anlage des quadratischen, spätbarocken Platzes mit einem Rondell in der Mitte und acht Straßen, die symmetrisch in den Platz münden, stammt von *Löwe*. Die dominanten Gebäude – Rathaus und Kirche – wurden von *Buttel* errichtet bzw. von ihm geprägt: Das klassizistische Rathaus entstand 1841–1843 nach seinen Plänen; die Kirche war zwar bereits 1778 weitgehend fertiggestellt, ihr Turm wurde jedoch erst 1827–1831 von Buttel angefügt. Eine Turmbesteigung führt über 207 Stufen hinauf zur Aussichtsplattform, die einen herrlichen Blick über die Stadt und den Zierker See ermöglicht.

Stadtkirche/Turmbesteigung: Mitte Juni bis Anfang Sept. Mo–Fr 10–17.30 Uhr (oder im Rahmen einer Stadtführung). 1,50 €/Pers. Aufstieg teils über enge und vor allem steile Holzstiege.

Kulturquartier Mecklenburg-Strelitz: Das Kulturquartier mit dem Karbe-Wagner-Archiv – temporäre Ausstellungen, Dauerausstellung, Stadtbibliothek und Café – befindet sich in der alten Post und der alten Münze (rückwärtig). Beide Gebäude sind heute durch einen modernen Anbau miteinander verbunden. Die Dauerausstellung zur Geschichte des Herzogtums Mecklenburg-Strelitz und der Residenzstadt präsentiert rund 800 Exponate, darunter Porträts, Möbel, Fotografien, Zunftbücher, das Edikt zur Einführung der Schulpflicht, herzogliche Gemmen, die sagenumwobenen Prillwitzer Idole, das Huldigungsgedicht zur Vermählung Georgs III. mit Sophie Charlotte u. v. m.

Tägl. 10–18 Uhr, Erw. 6 €, erm. 3 €, Schlossstr. 12/13, 17235 Neustrelitz, ✆ 03981-2390999, www.kulturquartier-neustrelitz.de.

Slawendorf: Am Ufer des Zierker Sees kann man eintauchen in die Welt der vorchristlichen Slawen. Hier kann man selber schmieden, töpfern, weben, filzen, flechten, Speckstein bearbeiten usw. Am Ufer liegt der weitgehend originalgetreue und fahrtüchtige Nachbau eines Slawenbootes.

Mai bis Sept. Mo–Fr 10–17 Uhr (Sa/So geschlossen). Erw. 4 €, Kinder 6–14 J. 2 €, Familien 10 €. Halbstündige Fahrt mit dem Slawenboot von 10–16 Uhr, Erw. 2,50 €, Kinder 1,50 € (nur bei gutem Wetter). ✆ 03981-237545, www.slawendorf-neustrelitz.de.

Schlosskoppel: Ein urwüchsigeres Naherholungsgebiet als der Schlossgarten ist die Schlosskoppel, die sich im Rücken des Slawendorfes unweit des Zierker Sees ausdehnt. Ursprünglich eine Parkanlage des 19. Jh., hat sich das Waldgebiet über die Jahrzehnte renaturiert. Durch den schönen Mischwald mit seinem vielfältigen Baumbestand führen mehrere Wanderwege.

Tiergarten: An den Schlossberg angrenzend, doch der Eingang befindet sich am oberen Ende der Tiergartenstraße (ausgeschildert). Hier sind vor allem heimische (oder wieder heimische) Tiere wie Rotwild oder Luchse, aber auch ein paar Exoten wie Berberaffen oder Pumas zu bestaunen. Spielplatz und Gaststätte vorhanden.

Mai und Sept. 9–18 Uhr, Juni bis Aug. 9–19 Uhr, Okt. bis April 9–16 Uhr. Erw. 5,50 €, erm. 4 €, Kinder 3–14 J. 3 €, Hunde 1,50 €. ✆ 03981-2560025, www.tiergarten-neustrelitz.de.

Zierker See: Der 3,9 km^2 große Haussee von Neustrelitz grenzt westlich an die Innenstadt. Vom Stadthafen starten die Bootsrundfahrten, hier beginnen auch beschilderte Rundwege, einer davon um den Zierker See (knapp 12 km). Die Rundwege verlaufen meist ein gutes Stück vom überwiegend sumpfigen Ufer entfernt.

Nationalpark Müritz – Teilgebiet Serrahn

Östlich von Neustrelitz erstreckt sich das 62 km² kleine Serrahner Teilgebiet des Müritz-Nationalparks . Als der Großherzog von Mecklenburg-Strelitz 1833 hier bei Serrahn ein Jagdschloss bauen ließ (1945 abgebrannt), wurde das gesamte Gebiet umzäunt und zur Privatjagd erklärt. Die Unterkünfte der herzoglichen Forstaufseher („Heckenwärterhäuschen") aus der Zeit um 1850 an den Rändern des Parkgebiets sind noch erhalten. Der Baumbestand interessierte die Großherzöge dabei

weniger, man ließ einfach wild wachsen. So blieb der berühmte *Serrahner Buchenwald* erhalten, der am 25. Juni 2011 geadelt wurde. Die UNESCO erklärte fünf alte deutsche Buchenwälder zum *Weltnaturerbe* und stellte sie damit auf eine Stufe mit den bedeutendsten Naturschätzen der Welt. Zwei der neuen Schutzgebiete liegen in Mecklenburg-Vorpommern: der Buchenwald des Nationalparks Jasmund (Rügen) und der Serrahner Buchenwald des Müritz-Nationalparks. Eingebettet sind die wilden Buchenwälder in die Hügel einer Endmoränenlandschaft, umgeben von Feldern, Mooren und glasklaren Seen.

Am Großen Serrahnsee

Inmitten des Naturschutzgebiets gelegen, besteht die Siedlung Serrahn, die nur zu Fuß oder mit dem Fahrrad zu erreichen ist, aus gerade sechs Häusern, darunter das Forsthaus aus dem Jahr 1887 (heute die Nationalpark-Information), eine Scheune mit Galerie und ein Gartencafé.

Information/Ausstellung Nationalpark-Information und die kleine Ausstellung („Im Reich der Buchen") in der Häuseransammlung Serrahn, gibt Aufschluss über Flora und Fauna im Serrahner Buchenwald. April bis Okt. tägl. 10–17 Uhr. ✆ 039821-41500. Nebenan befindet sich in der alten Scheune eine private **Fotoausstellung** (ganztägig geöffnet, Spende erbeten).

Essen & Trinken In Serrahn gibt es eine kleine Imkerei mit Honigverkauf und (im Sommer) einem idyllischen, kleinen **Gartencafé** mit netter Terrasse, leckere hausgebackene Kuchen, im Sommer tägl. (außer Do) ab 13 Uhr geöffnet. Die Betreiberin, die hier auch wohnt, arbeitet übrigens ohne Festpreise – man gibt, was man möchte. Serrahn, 17237 Carpin, ✆ 039821-40204.

Anfahrt Von Neustrelitz auf der B 198 Richtung Woldegk (parallel dazu verläuft ein Radweg); Zinow und Carpin liegen an der Strecke. Bei Zinow beginnt eine schöne Wanderung durch den Wald nach Serrahn. Der kürzeste Weg führt vom Dianenhof (auf der B 198 kommend etwa 1 km vor Carpin) nach Serrahn (einfach etwa 2,5 km), auch mit Kinderwagen machbar. **Busverbindungen** etwa alle 2 Std. mit der Linie 619 von Neustrelitz über Zinow nach Carpin.

Wandern Das Serrahner Teilgebiet (wie auch das Kernland des Nationalparks) ist als Wandergebiet geradezu prädestiniert. Zu den interessantesten Touren zählt die **Wanderung von Zinow nach Serrahn** (Markierung *grünes Blatt*).

Romantische Seenlandschaft

Feldberger Seenlandschaft

Die Feldberger Seenlandschaft (mit dem gleichnamigen Naturpark) ganz im Südosten der Mecklenburgischen Seenplatte präsentiert sich landschaftlich wunderschön: Große und kleinere, oftmals geradezu „verwunschene" Seen, uralte Buchenwälder, weite Felder und gleich mehrere Aussichtsberge, die herrliche Blicke auf die Landschaft erlauben, prägen das Bild. Die Gegend ist nicht nur durch Wanderwege bestens erschlossen, sondern auch ein wirkliches Paddelparadies – viele der glasklaren Seen sind durch Kanäle miteinander verbunden und ermöglichen damit auch größere Touren. Hauptort und touristisches Zentrum ist Feldberg.

Feldberg · ca. 4500 Einwohner

Der staatlich anerkannte Erholungsort liegt in Bestlage eingebettet zwischen grünen Wäldern am Südufer des *Haussees*, in den die Halbinsel *Amtswerder* wie eine Glühbirne hineinragt. Hier ist das Wasser nie weit – nur wenige hundert Meter südöstlich vom Zentrum liegt z. B. der *Schmale Luzin*, ein maximal 300 m breiter, sehr idyllischer eiszeitlicher Rinnensee mit bewaldeter Steilküste. Oder der weiter nördlich gelegene *Breite Luzin* – einer der tiefsten Seen Mecklenburgs. Alle drei Seen sind durch Kanäle miteinander verbunden und damit ein Eldorado für Kanufahrer. Wer sich lieber an Land bewegt, kann mit dem Fahrrad auf schmalen Straßen und Radwegen rund um den Haussee fahren und vom 143 m hohen Reiherberg an seinem Nordufer den Blick genießen.

Der von einer **Backsteinkirche** aus dem Jahr 1875 überragte Ort zeigt sich schmuck und nett herausgeputzt, doch sind es sicher mehr die umliegenden Naturschönheiten, die die Besucher anziehen. Feldberg ist heute das touristische Zentrum der

Gegend. Gemeinsam mit den umliegenden Ortsteilen (Conow, Cantnitz, Carwitz, Fürstenhagen, Krumbeck, Lüttenhagen, Wittenhagen u. a.) bildet es die Großgemeinde Feldberger Seenlandschaft mit insgesamt rund 4500 Einwohnern. Etwa die Hälfte davon lebt in Feldberg.

Die Gegend um Feldberg war vermutlich schon in der Bronzezeit besiedelt. Als gesichert gilt, dass im 8. Jh. auf dem heutigen Schlossberg (am Südwestufer des Breiten Luzin) eine große slawische Burg entstand. Erste Besiedlungsspuren auf dem Amtswerder reichen bis ins 13. Jh. zurück; erstmals urkundlich erwähnt wird Feldberg im Jahr 1256. Mitte des 19. Jh. erlebte Feldberg einen ersten Aufschwung als Wasserheilanstalt, die ersten Badegäste – zumeist aus Berlin – entdeckten die Sommerfrische. Es folgten Straßenbau (1869) und Anschluss an das Bahnnetz (1910), die Besucherzahlen stiegen mit Ausnahme der beiden Weltkriege kontinuierlich an. 1965 zählte man schon 12.000 Gäste, 1972 kam schließlich die Ernennung zum „staatlich anerkannten Erholungsort".

Basis-Infos

Information Haus des Gastes, Touristinformation und Kurverwaltung, im Zentrum an der Hauptstraße (Strelitzer Straße). Juli/Aug. Mo–Fr 9–18 Uhr, Sa 10–15 Uhr, So 10–13 Uhr; sonst Mo–Fr 9–18 Uhr, Sa 10–12.30 Uhr, So geschlossen. Strelitzer Str. 42, 17258 Feldberg, ℡ 039831-2700, www.feldberger-seenlandschaft.de.

Verbindungen Bus: Haltestellen im Zentrum an der Strelitzer Straße. Etwa alle 2 Std. tägl. nach Neustrelitz (Linie 619), 4-mal über Burg Stargard nach Neubrandenburg (am Wochenende 2-mal) und 6-mal *Carwitz* (an Schultagen, sonst nur 2-mal), www.mvvgbus.de. Nächster Bahnhof in Neustrelitz.

Luzinfähre: Nur ein Katzensprung ist es von Feldberg zum Schmalen Luzin, wo man mit der handbetriebenen Fähre zum Hullerbusch (Hotel und Fußweg nach Carwitz) übersetzen kann. Das Boot verkehrt jede volle und jede halbe Stunde, von Mai bis Okt. ab 10 Uhr bis mind. 17 Uhr, Okt. (nur bei schönem Wetter) tägl. ab 12 Uhr, von Nov. bis April nur nach Absprache. Aber Achtung: Mai, Juni, Sept. u. Okt. Mi/Do keine Fahrten! Pro Pers. 2 €, Kinder 0,50 €, Fahrrad 1 €. ℡ 0170-3070128, www.luzinfaehre.de.

Baden Badestelle am Westufer des Amtswerders, weitere kleine und größere Badestellen am **Schmalen Luzin** östlich von Feldberg sowie am Südwestufer des **Breiten Luzin** unterhalb des Hüttenberges (nördlich von Feldberg) und am Nordufer des Breiten Luzins.

Bootstouren Mit der **Feldberger Fahrgastschifffahrt** Rundfahrten auf dem Haussee, dem Breiten Luzin und dem Lütter See. In der HS bis zu 3-mal tägl., in der NS deutlich eingeschränkt. Strelitzer Str. 40, ℡ 039831-20940, www.feldberger-fahrgastschifffahrt.de.

Kanu- und Fahrradverleih Ruhepuls Sporttouristik, auf der Halbinsel Amtswerder am Haussee, mit herrlicher kleiner Seeterrasse (→ Cafés). Verleih von Kanus und Ruderbooten sowie Vermittlung von Flößen für bis zu 3 Pers. (von Tom Sawyer Tours aus Neustrelitz, www.worldoftomsawyer.de). Juli und Aug. tägl. 9.30–18 Uhr, sonst Mai bis Sept. nur bei schönem Wetter. Amtsplatz 50, ℡ 039831-22909, www.ruhepuls.com.

Bootsverleih am Schmalen Luzin, an der Feldberger Seite der Luzinfähre. Kanus, Ruder- und Elektroboote, auch Fahrradverleih. Öffnungszeiten → oben (Luzinfähre). ℡ 039831-52877, www.luzinfaehre.de.

Boots-Berg, im Zentrum von Feldberg, auch Fahrradverleih (auch E-Bikes). Zudem werden *geführte Touren* mit dem Elektroboot angeboten. Strelitzer Str. 36, ℡ 039831-20554 oder 0171-3880726, www.boots-berg.de.

Naturkundliche Führungen Ranger Tours, naturkundliche Touren und Wanderungen sowie ganztägige Kanutouren, Touren für Naturfotografen; auch Bootsverleih. Infos und Anmeldung: Ranger Tours, Fred Bollmann, Erfurthstr. 7, ℡ 039831-22174, www.ranger-tours.de.

Tauchen Tauchcenter Feldberg im Hotel Deutsches Haus. Schnuppertauchen, Anfänger- und Fortgeschrittenenkurse, auch für Kinder. Ausrüstungsverleih, Flaschenfül-

Feldberger Seenlandschaft → Karte S. 412/413

lung. Strelitzer Str. 18, 17258 Feldberg, ✆ 0176-66602393, www.tauchcenter-feldberg.de.

Veranstaltungen   3000 Grad Festival, Mitte August (Fr–So) auf dem Gelände der Kiesgrube am Ortsrand (Straße Richtung Neuhof/Carwitz linke Seite), Electro-Dance-Club-World-Reggae-Dub-und-sonstiges-Festival, alljährlich etwa 4000 Partygäste. www.3000-festival.de.

Übernachten

Hotels   ≫ Unser Tipp: Altes Zollhaus, knapp 2 km nordöstlich von Feldberg am Damm zwischen Breitem und Schmalem Luzin, Restaurant und Café mit Seeterrasse. 36 Zimmer und ein separates Saunahaus am See. Schicke Zimmer im Haupthaus, EZ 99 €, DZ 140–189 €; im deutlich einfacheren Gästehaus EZ 67 €, DZ 99 €, Frühstück inkl. Hund 15 €/Tag. Nov. bis Mitte April geschlossen. Am Erddamm 31, 17258 Feldberger Seenlandschaft, ✆ 039831-500, www.romantik-am-see.de. ≪

Landhaus Stöcker, exklusivste Adresse in Feldberg, historische Villa im Zentrum; traumhafter baumbestandener Garten am See, mit Badesteg. Nur acht Zimmer, vier davon im Neubau nebenan, dort auch ein kleines Hallenbad und Wellnessbereich. Im hauseigenen Restaurant serviert man leichte, raffinierte, gerne auch vegane Küche. EZ 99–104 €, DZ 134–169 €, inkl. Frühstück. Strelitzer Str. 8 und 10, 17258 Feldberg, ✆ 039831-2710, www.landhaus-stoecker.de.

Appartements   Haus Seenland, herrliche Lage im Zentrum *und* direkt am See; mit großer Liegewiese und Badesteg. Sorgsam restauriertes, altes Stadthaus, neu dagegen die Balkone zum See, im Inneren viel Holz. Komfortable Ausstattung, geschmackvolle Einrichtung, Appartements mit Küchenecke. Im UG (zur Seeseite hin) befindet sich das *Café Abendsegler* (auch Kneipe). Appartement für 2 Pers. je nach Größe und Ausstattung 59–95 €/Tag, 4 Pers. 99–115 €. Rezeption im Laden im gleichen Haus. Strelitzer Str. 4, 17258 Feldberg, ✆ 039831-2222, www.haus-seenland.de.

Drostenhaus, als der Amtswerder noch eine Insel war, befand sich hier das fürstliche Schloss. Zu sehen sind noch die mittelalterlichen Fundamente eines Rundturmes. Das Drostenhaus stammt aus dem späten 18. Jh.,

heute sind hier komfortable Ferienappartements untergebracht. Sauna am See, Liegewiese, Badestelle und Bootsanleger, Fahrrad- und Bootsverleih. App. für 2 Pers. 93 €/Tag, 4 Pers. 116 €, Frühstück 8 €/Pers., DZ mit Frühstück 85 €. Amtsplatz 4, 17258 Feldberg, ✆ 039831-528940, www.drostenhaus.de.

Neustrelitz und
die Feldberger Seenlandschaft

3 km

Jugendherberge JH Feldberg, oberhalb des Feldberger Haussees in einem Waldstück gelegen, gut 1 km nördlich vom Zentrum (beschildert). Nicht mehr ganz neu, sehr ruhig, idyllischer Blick auf den See. Übernachtung ab 20,50 € inkl. Frühstück. Robert-Kahn-Weg 1, 17258 Feldberg, ☎ 039831-20520, www.jh-feldberg.de.

Camping Camping am Bauernhof, relativ großer Platz ca. 2 km nordöstlich von Feldberg (Richtung Kunsthalle Wittenhagen fahren, dann ausgeschildert), auf der Landenge zwischen dem Breiten Luzin und dem Haussee; sehr kinderfreundlich. Eigene Badestelle und dazugehörige Liegewiese am Breiten Luzin sowie eine Hundebadestelle, auch

Bootsverleih. Ganzjährig geöffnet. 2 Pers. mit Wohnmobil und Strom je nach Stellplatz 25–32 €. Außerdem „Campingfässer", Ferienhäuser und Ferienwohnungen. Hof Eichholz, 17258 Feldberg, ℘ 039831-21084, www.campingplatz-am-bauernhof.de.

Weiterer Campingplatz in **Carwitz** → S. 416 sowie am Südufer des **Dreetzsees** → S. 420.

Übernachten außerhalb Alte Schule in Fürstenhagen, → „Um den Carwitzer See", S. 420. **Hotel Hullerbusch**, → „Carwitz/Übernachten", S. 416.

≫ Unser Tipp: Seehotel Lichtenberg, das ruhig und idyllisch am Lütter See (Seitenarm des Breiten Luzin) gelegene, holz-

verkleidete Gebäude (ehemals „Forsthaus am See") beherbergt seit seiner jüngsten Restaurierung ein sehr charmantes Hotel. 13 Zimmer und eine Suite im Landhausstil. Das dazugehörige Café mit herrlicher Terrasse ist Mi–Mo von 14–18 Uhr jedermann zugänglich. Im Restaurant (Mi–Mo von 18–21 Uhr) gibt es neben ein paar Standards täglich zwei Menüs, externe Gäste müssen vorbestellen. DZ 129–149 €, Suite 159 €. Frühstück inkl., Hund 6 €/Tag. Anfahrt: knapp 7 km vom Feldberger Ortszentrum Richtung Fürstenwerder, dann links ab. Forsthaus am See 1, 17258 Feldberger Seenlandschaft, ℘ 039831-2222, www.seehotel-lichtenberg.de. **≪**

Essen & Trinken

Altes Zollhaus, beliebtes Restaurant in herrlicher Lage am Breiten Luzin, auch Café, idyllische Seeterrasse; innen gemütliche Holzromantik. Mecklenburger Gerichte bester Qualität, leicht gehobenes Preisniveau. Ostern bis Ende Okt. tägl. mittags und abends geöffnet. Auch Hotel (→ Übernachten). Am Erddamm 31, ℘ 039831-500, www.romantik-am-see.de. *Anfahrt*: vom Kreisel im Ortszentrum gut 2 km Richtung Fürstenwerder.

Fischereihütte, auf dem Amtswerder, einfaches und beliebtes Gasthaus in einer kleinen Hütte mit Terrasse zum See und Blick

auf Feldberg; nur wenige Tische (abends besser reservieren). Fischspezialitäten aus eigenem Fang, eigene Räucherei (auch Verkauf); Hauptgerichte 10–15 €. Di–So 12–15 und 17–20.30 Uhr. Fischereihof 2, ℘ 039831-20205, www.fischerei-feldberg.de.

Mecklenburger Fischstübchen, noch ein Stück vor dem Fischereihof und ähnliche Preise. Fisch gekocht, gebraten oder geräuchert, alles sehr lecker. Wir probierten hier u. a. die fantastische *Mecklenburger Fischsuppe*. Auch Ferienwohnungen und häuser (55–80 €). Geöffnet 11–14 und 17–20.30 Uhr, dazwischen nur Imbiss, Di Ruhe-

Das Alte Zollhaus am Breiten Luzin

tag (im Winter Di und Mi). Amtsplatz 33, ✆ 039831-20876, www.fischstuebchen-feld berg.de.

Cafés/Snacks Bistro am See „Ruhe-puls", die Traumplätzchen gehört zum gleichnamigen Boots- und Fahrradverleih (→ Kanu- und Fahrradverleih). An der West-seite des Amtswerders (wenige Gehminuten vom Parkplatz); Kaffee und Kuchen auf dem Holzsteg, herrlich zum Sitzen. Auch kleine Gerichte. Im Sommer immer wieder Konzer-te. Öffnungszeiten (grob) von Mai bis Sept./Okt. tägl. 9.30–18 Uhr, bei Abendveranstal-tungen länger, insgesamt aber stark wetter-abhängig. Amtsplatz 50, ✆ 039831-22909.

SchokoStube, was für ein nettes Café-chen! An den wenigen Tischen wird man verwöhnt mit grandiosen, hausgemachten Trinkschokoladen und fantastischen Ku-chen. Sa/So wird auch Frühstück serviert. Mi–Fr 13–17 Uhr, Sa/So 9–12 und 13.30–17 Uhr geöffnet. Strelitzer Str. 2, ✆ 039831-529988, www.feldberger-schokostube.de.

Abendsegler, sehr schöne Terrasse zum See hin. Kaffee und tägl. frischer Kuchen, abends Kneipe mit guter Auswahl an Cocktails, Wein und Whisky, zu essen gibt es Flammkuchen, Salate, u. Ä. Tägl. ab 14 Uhr geöffnet. Strelitzer Str. 4, ✆ 039831-22234, www.abendsegler.com.

Luzinfähre, Kaffee und Kuchen sowie Snacks gibt es im Kiosk an der Feldberger Seite der Luzinfähre. Hier auch Boots- und Fahr-radverleih. Öffnungszeiten → Verbindungen/Luzinfähre S. 411. ✆ 039831-52877, www.luzin faehre.de.

Sehenswertes

Mit spektakulären Sehenswürdigkeiten ist Feldberg nicht gerade gesegnet, hervor-zuheben ist aber die **Stadtkirche**, die quasi als Wahrzeichen über dem Ort thront. Ursprünglich befand sich hier eine Fachwerkkirche, die aber 1870 niederbrannte und von 1872–1875 als kreuzförmiger Backsteinbau im neugotischen Stil an glei-cher Stelle wiedererrichtet wurde.
Mo–Fr 14–17 Uhr und zu Veranstaltungen.

Heimatstube Feldberg: Das winzige Museum auf dem Amtswerder widmet sich der Geologie und Geschichte der Stadt Feldberg von der Bronzezeit bis zu den Anfängen des Erholungstourismus; weitere Schwerpunkte sind der Naturpark Feldberger Seenlandschaft sowie *Hans Fallada*, der im benachbarten Carwitz lebte und kurzzeitig Bürgermeister von Feldberg war.
Mai bis Sept. Mo, Mi, Fr 14–16 Uhr, Sa/So 10–12 und 14–16 Uhr; im Winter geschlossen. Amtsplatz 36, ✆ 039831-20676.

Sehenswertes Feldberg/Umgebung

Waldmuseum „Lütt Holthus" in Lüttenhagen: Das Museum im knapp 3 km west-lich von Feldberg gelegenen Ort bietet neben zahlreichen Präparaten der heimi-schen Fauna auch einen begehbaren Fuchsbau, für Ohr und Nase Geräusche und Gerüche aus dem Wald, dazu Dokumentationen zum Lebensraum Wald in den ver-schiedenen Jahreszeiten. Alles kindgerecht und didaktisch gut aufbereitet. Sonder-ausstellungen auch in der Scheune nebenan.

Naturschutzgebiet Heilige Hallen: Der vermutlich älteste Buchenwald Deutsch-lands, südlich des Waldmuseums gelegen, ist seit 1938 Naturschutzgebiet. Einige der fast 50 m hohen Riesen stehen noch und sind teilweise über 350 Jahre alt. Wegen Abbruchgefahr alter Äste darf das Gebiet nicht betreten werden, ein be-schilderter Lehrpfad führt um das Kerngebiet herum.

Museum: Di–So 10–16 Uhr, Erw. 2 €, Kinder 1 €. **Führungen zu den Heiligen Hallen** Juni bis Aug. jeden Do 9.30–12.30 Uhr, Erw. 3 €, Kinder 1,50 €. Anmeldung beim Waldmu-seum. Forsthof 2, ✆ 039831-59125. *Anfahrt:*

Von Feldberg nach Lüttenhagen und weiter Richtung Lychen, das Museum steht rechts der Hauptstraße am Ortsrand von Lüttenhagen.

Feldberger Seenlandschaft
→ Karte S. 412/413

Lenné-Park in Krumbeck: Der Park wurde 1832 nach Plänen von *Peter Joseph Lenné* (1789–1866) angelegt, einem der bedeutendsten Gartenarchitekten seiner Zeit – eines seiner herausragendsten Werke ist der Park von Schloss Sanssouci in Potsdam. In Mecklenburg plante er u. a. die Parkanlagen Schloss Basedow und Schloss Kittendorf sowie Teile des Schlossgartens von Neustrelitz.

Ein Spaziergang durch den verwunschenen Park führt durch hohen alten Baumbestand und über kleine Brücken, die die Teiche mit ihren schilfbestandenen Ufern überspannen. Der Fußweg zweigt beim renovierten Gutshaus ab, eine Tafel mit dem Lageplan des Parks findet sich an der einzigen Straße in Krumbeck.

Von Feldberg nach Möllenbeck, dort rechts ab auf die B 198 Richtung Woldegk; bei Bredenfelde wieder rechts, ab hier noch 2 km, beschildert. Die kürzere Strecke von Feldberg über Schlicht ist nur teilweise asphaltiert bzw. voller Schlaglöcher.

Carwitz
ca. 300 Einwohner

Ein idyllisches Dorf, auf einem Hügelrücken zwischen vier miteinander verbundenen Seen gelegen. Hübsche, alte Bauernhäuser ziehen sich an der kopfsteingepflasterten Dorfstraße entlang, gleich am Ortseingang liegt eine alte Windmühle, gegenüber die Badestrand am *Schmalen Luzin*. Das Dorfende markiert das unbedingt sehenswerte **Fallada-Museum** mit der Halbinsel Bohnenwerder dahinter.

Berühmt wurde der Ort, einst nur ein uraltes kleines Fischerdorf, durch den Schriftsteller *Hans Fallada*, der Carwitz von 1933 bis 1945 zu seinem Zuhause gemacht hatte und hier einige seiner bedeutendsten Werke schrieb. Falladas Urne ruht seit 1981 auf dem Carwitzer Dorffriedhof – ein stiller und wunderschöner Platz mit schöner Aussicht über den See. Die benachbarte Kirche, ein Backsteinbau aus dem frühen 18. Jh., ist tagsüber leider meist geschlossen. Zwischen Mai und September finden hier die **Carwitzer Sommerkonzerte** statt.

Verbindungen Bus an Schultagen etwa 6-mal tägl. von und nach Feldberg, ansonsten Mo–Fr nur 2-mal (Linie 629).

Luzinfähre → S. 411.

Baden Große **Badestelle** mit Bootsanleger am westlichen Ortsrand von Carwitz am Südufer des Schmalen Luzin.

Einkaufen **Schäferei Hullerbusch**, hier gibt es im Prinzip alles vom Schaf: Lammkeule, Wurst und Käse, Rohwolle zum Selberspinnen oder auch fertige Socken und Hüttenschuhe. Nicht vom Schaf sind Kaffee, Tee und Kuchen (ein paar Bänke vor dem Haus) und die selbst gemachten Marmeladen. Ostern bis Ende Okt. Mi–So 11–17 Uhr geöffnet, Mo/Di und im Winter geschlossen. Von Carwitz Richtung Hotel Hullerbusch, kurz davor auf der rechten Seite ist die Schäferei (ca. 1,5 km von Carwitz). Hullerbusch 2, www.schaeferei-hullerbusch.de. ■

Ferien beim Fischer, hier kann man nicht nur leckeren Räucherfisch einkaufen, sondern auch Angelkarten erstehen, auch einige Ferienwohnungen für Angler anbietet. Mai bis Sept. tägl. (außer Mi) 10–12 und 15–17 Uhr. Jägerwörde 31 (am Carwitz Eck die Straße hinein und dieser ca. 300 m folgen), www.ferien-beim-fischer.de.

Übernachten Hotel Hullerbusch, das abgelegene, charmante Hotel im Gutshaus gehört zwar zu Feldberg, ist aber mit dem Auto ausschließlich über Carwitz (2 km südlich gelegen), zu Fuß auch mit der Luzinfähre zu erreichen. Ruhige Waldlage (mit parkartigem Garten) und historisches Ambiente sowie eine besonders nette Terrasse. Acht Zimmer und zwei Suiten mit zum Haus passender Atmosphäre. Sauna. Freundlicher Service. Restaurant (→ unten). Ostern bis Ende Okt. geöffnet. DZ 65–100 €, Suite ab 120 €, Frühstück inkl. Hullerbusch 12, 17258 Feldberger Seenlandschaft/OT Carwitz, ☎ 039831-20243, www.hotel-hullerbusch.de.

Camping Klein & Fein, am Carwitzer See, netter, einfacher Wiesencamping am Ortseingang auf der rechten Seite; freundlich, eigene Badestelle und Liegewiese, Bäckerwagen. 2 Pers. mit Camper und Strom 21,50 €. Geöffnet Mitte April bis Anfang Okt. Carwitzer Str. 80, 17258 Feldberger Seenlandschaft, ☏ 039831-21160, www.campingplatz-carwitz.de.

Camping am Dreetzsee → „Um den Carwitzer See", S. 420.

Essen & Trinken   Restaurant **Hullerbusch**, im gleichnamigen Hotel (→ Übernachten). Nette Terrasse, innen mehrere gediegene Speiseräume (mal schlossähnlich mit Messingleuchtern, mal im Jägerstubenstil). Mecklenburgisch-internationale Küche, kleine Karte: Wildbraten, Forelle, aber auch Pasta und Polenta-Walnuss-Küchlein. Hauptgerichte 10–16 €. Tägl. 11.30–20 Uhr, nachmittags Kaffee und Kuchen.

Mehrere Cafés und Restaurants reihen sich entlang der Carwitzer Hauptstraße aneinander.

Carwitz Eck, Kaffee, Kuchen und Eis, Restaurant (Deftiges und Pasta) mit Terrasse, auch Übernachtungsmöglichkeiten. Im Sommer tägl. ab 12 Uhr, im Winter geschl. Carwitzer Str. 83, ☏ 039831-22198, www.carwitzeck.de.

Café Sommerliebe, ein süßes, nostalgisch gestyltes Café mit mehreren Räumen, auch draußen sitzt man herrlich – der Rasen hat Golfplatzniveau. Tolle, ja tollste Kuchen und Torten. Di–So 13–18 Uhr, Mo Ruhetag. Carwitzer Str. 37, ☏ 039831-59109.

Idyllisches Carwitz

Hans-Fallada-Museum

Hier hat er sich 1933 niedergelassen, der Schriftsteller *Rudolf Ditzen* alias *Hans Fallada*. Angesichts der Idylle, die der kleine Bauernhof mit seinem herrlichen Seegrundstück bis heute ausstrahlt, wird man fast ein wenig neidisch auf das wunderschöne Domizil, in dem Fallada die produktivste Zeit seines Lebens verbracht haben soll. Das Anwesen kaufte Fallada von den Einnahmen seines Romans *Kleiner Mann – was nun?* im Jahr 1933 und siedelte mit seiner Frau und den Kindern hierher um. Es folgten mehrere Umbauten, auch die Scheune wurde ausgebaut. Die Ditzens unterhielten hier eine kleine Landwirtschaft mit Hühnern, Obst- und Gemüseanbau sowie eigener Imkerei, dazu Kutschpferd, Hund und Katze.

Nach massiven baulichen Veränderungen entstand hier in den 1960er-Jahren ein Ferienheim für Kinder. Ab 1996 wurde das Wohnhaus unter Mithilfe von Ditzens Söhnen und der 1983 gegründeten Hans-Fallada-Gesellschaft originalgetreu rekonstruiert und stellt heute den Zustand der Jahre zwischen 1933 und 1944 dar. Die Scheune beherbergt das Archiv und den Sitz der Hans-Fallada-Gesellschaft.

Der **Rundgang** durch das Museum führt in die Wohnräume der Familie: das Wohn- und Arbeitszimmer von 1938 mit Falladas Schreibtisch, das Esszimmer, in dem in einer Vitrine Falladas Totenmaske aufbewahrt wird, die seinerzeit überaus moderne Küche und der helle Wintergarten. Im Schlafzimmer sind die Werke Falladas

Feldberger Seenlandschaft
→ Karte S. 412/413

Hans Fallada (1893–1947)

Ein bewegtes Leben lebte der am 21. Juli 1893 in Greifswald geborene *Rudolf Ditzen*, besser bekannt unter seinem Pseudonym *Hans Fallada*, mit dem er weltberühmt wurde. (Zwangs-)Aufenthalte in Nervenheilanstalten sowie diverse Entziehungskuren und Gefängnisstrafen prägten Ditzens Leben von Jugend an. Zu exzessivem Alkoholkonsum kamen Drogen- und Tablettensucht. Finanziert hat Ditzen seine Sucht immer wieder durch Unterschlagung, was ihn in den 1920er-Jahren mehrfach ins Zuchthaus brachte. Die Wende führten erst die geordneten Verhältnisse einer Anstellung als Lokalredakteur in Neumünster und die Heirat mit Anna „Suse" Issel im Jahr 1929 herbei. Ein Jahr später fand er eine Anstellung bei dem Verleger Ernst Rowohlt in Berlin, am Puls des damaligen literarischen Lebens in Deutschland.

Mit seinem 1932 erschienenen Erfolgsroman *Kleiner Mann – was nun?* (der Geschichte eines kleinbürgerlichen Arbeitslosen) traf Ditzen den Nerv der Zeit mit ihren politischen Wirren und explodierenden Arbeitslosenzahlen am Vorabend der nationalsozialistischen Machtergreifung. Das Buch wurde zum Bestseller und in mehrere Sprachen übersetzt. Nach einigen unerfreulichen Begegnungen mit der SA entschloss sich die Familie, den Großraum Berlin zu verlassen und fand bald das Anwesen im mecklenburgischen Carwitz.

In der selbst gewählten Abgeschiedenheit auf dem Land erlebte Ditzen zunächst eine produktive Schaffensperiode. Außerdem konnte er sich seinen lang gehegten Traum vom eigenen kleinen Bauernhof erfüllen. 1934 erschien dann der Gefängnisroman *Wer einmal aus dem Blechnapf frisst*. Sein Verhältnis zu den Nationalsozialisten lässt sich als eine Mischung aus innerer Emigration und anbiedernder Anpassung beschreiben. Doch bald drehte sich für Fallada der Wind, seine Bücher wurden aus öffentlichen Bibliotheken entfernt und häufig feindselig rezensiert. Ditzen verlegte daraufhin seine Erzählkunst auf Kinderbücher und Märchen, harmlos und unpolitisch, dazwischen litt er immer wieder unter Nervenzusammenbrüchen und Depressionen, gefolgt von mehr oder minder langen Sanatoriumsaufenthalten. An seinem *Wolf unter Wölfen* (1937), einem Roman über die Inflation 1923 in der Weimarer Republik, fand Reichspropagandaminister Goebbels Gefallen. Doch schon den Folgeroman (*Der Eiserne Gustav*, 1938) musste Ditzen regimekonform umschreiben – der Druck auf den Autor wuchs zusehends. Und auch im beschaulichen Carwitz wurde es für die Ditzens zunehmend ungemütlich, zahlreiche Denunziationen machten ihnen das Leben schwer.

Nach dem Einmarsch der Sowjets im April 1945 bestellten diese den politisch unauffälligen Ditzen zum Bürgermeister von Feldberg. Im Herbst des gleichen Jahren zog er nach Berlin und nahm sein letztes großes Werk in Angriff: *Jeder stirbt für sich allein* (1946), die Geschichte eines Ehepaars im Widerstand, seine persönliche Stellungnahme und der erste antifaschistische Roman in Deutschland nach 1945. Rudolf Ditzen starb am 5. Februar 1947 an Herzversagen.

in Erstausgabe zu sehen, im Esszimmer zudem zahlreiche Fotos von Familie und Freunden, die der Schriftsteller z. T. selbst aufgenommen hat. Im Obergeschoss sind die Originalmanuskripte Falladas und Szenenfotos aus den Verfilmungen seiner Romane ausgestellt; in einem Nebenraum laufen zwei Filme über Fallada. Wunderschön ist auch der Garten des Anwesens mit dreieckigem Blumenbeet, Obstbäumen und dem Sitzplatz am Seeufer – ein echtes Idyll! Ein Spaziergang führt vom Fallada-Haus in östlicher Richtung auf die Halbinsel Bohnenwerder.

Alljährlich am Wochenende um den 21. Juli finden hier die **Hans-Fallada-Tage** mit diversen Veranstaltungen (Lesungen, Konzerte, Ausstellungen etc.) statt, außerdem von Mitte Mai bis Mitte September immer am Freitag um 20 Uhr die Lesereihe „Freitags bei Fallada". Nähere Infos und Programm im Museum sowie in der Touristinformation Feldberg.

April bis Okt. Di–So 10–17 Uhr, Nov. bis März Di–So 13–16 Uhr. Eintritt 4 €, erm. 3 €, Kinder bis 6 J. frei, Audioguide 1,50 €. Zum Bohnenwerder 2, ☏ 039831-20359, www.fallada.de.

Um den Carwitzer See

Eine liebliche Landschaft erstreckt sich östlich und südlich von Feldberg und Carwitz. Rund um den Carwitzer See und den Dreetzsee verstecken sich zwischen einer Handvoll größerer und kleinerer Seen idyllische Dörfer in den Hügeln. **Fürstenhagen** ist beispielsweise so ein schmuckes Dorf mit schöner *Feld- und Backsteinkirche* (1868/69), eine der letzten Bauten des Neustrelitzer Architekten *Friedrich Wilhelm Buttel*. Das an sich wenig spektakuläre **Wittenhagen** lohnt den Weg wegen seiner erstaunlich großen Kunsthalle im Gutshof des Ortes (bestens ausgeschildert). Im Straßendorf **Thomsdorf** findet sich mit dem *Kunsthandwerkerhof* und den *Thomsdorfer Kunstkaten* ein wenig kulturelles Leben im abgeschiedenen ländlichen Idyll. Die heute turmlose *Kirche* von Thomsdorf stammt aus dem 13. Jh. und beherbergt einen spätgotischen Altar. Auf halbem Weg von Thomsdorf nach Carwitz findet sich am südlichen Ende des *Dreetzsees* ein großer Campingplatz. Noch weiter südlich und gänzlich ab vom Schuss liegt die beliebte Ausflugsgaststätte *Krüseliner Mühle* ungemein idyllisch am Ufer des gleichnamigen Sees.

Im Garten des Thomsdorfer Kunstkaten

Feldberger Seenlandschaft → Karte S. 412/413

Kunst/Einkaufen Kunsthalle Wittenhagen, Kunst würde man hier, im Obergeschoss des Gutshofs Conow, wahrlich nicht vermuten. Dabei sind in der tiefsten Provinz überaus interessante, wechselnde Ausstellungen meist norddeutscher Künstler zu sehen; mit kleinem Buch-/Kunstladen nebenan (u. a. Aquarelle und andere Bilder, Keramik, Postkarten, Fotos, Drucke, Schmuck etc.). Mi–Mo 11–18 Uhr, Di geschlossen, Eintritt 4 €. Zansenweg 4, ☏ 039831-22831, www.kunsthalle-wittenhagen.de.

Kunsthandwerkerhof Thomsdorf, Keramik-, Kerzen- und Filzwerkstätten, auch zum Mitbasteln. Brotbacken, Kunsthandwerkermarkt, Galerie, Malkurse usw. Café im Hof. Die Werkstätten haben von Mai bis Okt. zu unterschiedlichen Zeiten geöffnet, von Do–Sa hat man am meisten Glück. Thomsdorf 36 a, ☎ 039889-86241, www.kunsthandwerkerhof-thomsdorf.de.

⟫⟫ Unser Tipp: Thomsdorfer Kunstkaten, Gemälde, Lithographien, Grafiken, Zeichnungen, Skulpturen und Keramik regionaler Künstler, aber auch Schmuck sowie Bilderrahmenwerkstatt und nicht zuletzt eine ständige Verkaufsausstellung mit signierten Lithographien und Farbradierungen von Armin Mueller-Stahl. Besonders sehenswert ist der schöne Garten mit Teich, Skulpturen und Galeriehäuschen (Keramiken). April bis Okt. tägl. außer Mo 10–18 Uhr. Thomsdorf 42, ☎ 039889-4735, www.thomsdorfer-kunstkaten.de. ⟪⟪

Tauchen Luzin Diver, auf dem *Camping am Dreetzsee* (→ Camping), www.luzindiver.de.

Atlantis Tauchbasis, am nördlichen Ortsrand von Thomsdorf am Südufer des Carwitzer Sees. Im Sommer Mi–So ganztägig geöffnet, sonst nur am Wochenende. Dorfstr. 17 a, 17268 Thomsdorf, ☎ 039889-726, www.tauchbasis-thomsdorf.de.

Übernachten/Essen Alte Schule, hinter der Kirche von Fürstenhagen verbirgt sich das Feinschmecker-Restaurant *Klassenzimmer* von Daniel Schmidthaler, dessen Küche mit einem Michelin-Stern (seit 2011)

und 17 Punkten von Gault Millau geadelt ist. Saisonale Küche mit regionalen Gerichten, 4-Gänge-Menü 68 €, 5-Gänge-Menü 77 €, sieben Gänge 95 €. April bis Okt. Mi–So ab 18 Uhr geöffnet, Mo/Di Ruhetag (Juli/Aug. nur Mo), im Winter nur Fr–So ab 18 Uhr geöffnet. Die Alte Schule ist auch ein Hotel; EZ 70 €, DZ 90–105 €. Zur Alten Schule 5, 17258 Feldberger Seenlandschaft/OT Fürstenhagen, ☎ 039831-22023, www.hotelalteschule.de.

Krüseliner Seeschenke, beliebte Ausflugsgaststätte mit schöner Seeterrasse gegenüber gleichnamiger Mühle, am abgelegenen Südufer des idyllischen *Krüselinsees* (südlich von Carwitz) gelegen, eingebettet zwischen Wasser, Wald und Wiesen. Auf der Karte Matjes, Wildgeschnetzeltes oder Putenschnitzel (Hauptgerichte 8–15 €, lediglich die Steaks sind teurer). Nachmittags Kaffee und Kuchen. April bis Juni und Sept./Okt Mi–So (im Juli und Aug. tägl.) ab 12 Uhr geöffnet (Küche bis ca. 20 Uhr). Boots- und Fahrradverleih, auch Ferienwohnungen (ganzjährig). Krüseliner Mühle, 17258 Mechow, ☎ 039820-30441, www.krueseliner-muehle.de.

Camping Camping am Dreetzsee, großer, schattiger Waldplatz am südlichen Ufer des Dreetzsees. Badestelle und Liegewiese, *Tauchbasis* (www.luzindiver.de), Fahrrad- und Kanuverleih, Gaststätte, Shop, Sportmöglichkeiten. 2 Pers. mit Camper und Strom 24 €. Auch kleine Holzhäuser werden vermietet (75 €/Tag). Am Dreetzsee 1, OT Thomsdorf, 17268 Boitzenburger Land, ☎ 039889-746, www.dreetzseecamping.de.

Zwischen Mecklenburgs Seen und Stettiner Haff

Nordöstlich der Feldberger Seenlandschaft erstreckt sich eine liebliche, stille Landschaft. Kleine Wälder, Felder und Wiesen werden von schnurgeraden Straßen durchteilt. Überall finden sich Dörfer ohne Gasthaus, aber mit hübschen alten Kirchen, oft im 13. Jh. aus Feldstein errichtet und mit backsteinernen Fachwerktürmchen versehen. Und hier und da gibt es auch eine Sehenswürdigkeit: das idyllische Dorf Galenbeck, die Vogelwelt der Großen Friedländer Wiese, die Windmühlen von Woldegk oder auch ein Schloss samt Weinberg (!) in Rattey.

Woldegk (ca. 3800 Einwohner): die Mühlenstadt. Fünf historische Windmühlen gibt es noch in Woldegk. Drei der Mühlen stehen etwas erhöht über dem Ort pittoresk beieinander. In einer ist das *Mühlencafé* untergebracht (Mo Ruhetag), in einer anderen, ein schmucker, restaurierter Holländer aus dem Jahr 1883, das *Mühlen-*

museum. Auf der Wiese zwischen den Mühlen befindet sich ein großes Spielfeld. Doch hier wird natürlich nicht Gartenschach gespielt, sondern, klar, Mühle.

Museum in der Holländermühle: April bis Sept. Di–So 10–12 und 13–16 Uhr, Mo Ruhetag. Eintritt 5 €, erm. 2 €. ✆ 03963-211384.

Helpter Berge: die höchste Erhebung Mecklenburg-Vorpommerns! Mit 179 m Höhe über Normal Null. Damit ist die Attraktion der Hügelkette aber auch schon erschöpft. Erdgeschichtlich betrachtet handelt es sich um von Gletschern der letzten Eiszeit aufgeschüttete Endmoränen. Benannt sind die Hügel nach dem kleinen 400-Einwohner-Dörfchen **Helpt**, in dem eine schmucke *Kirche* aus dem 13. Jh. zu sehen ist.

Strasburg (ca. 5300 Einwohner): Nein, im uckermärkischen Städtchen wird keine europäische Politik gemacht und auch die Städtepartnerschaft reicht nicht ins Elsass, sondern verbindet Strasburg (in der Uckermark) mit Straßburg in Kärnten. Der Ort entstand im 13. Jh. und hatte im Laufe der Geschichte immer wieder unter seiner Grenzlage zwischen Mecklenburg, Brandenburg und Pommern zu leiden. 1479 wurde die Uckermark und mit ihr Strasburg brandenburgisch. Mit der Auflösung der Länder in der DDR 1952 gelangte der Ort zum Bezirk Neubrandenburg und so 1990 zum Bundesland Mecklenburg-Vorpommern. Heute ist Strasburg die einzige uckermärkische Stadt in Mecklenburg-Vorpommern.

Etwas zurückgesetzt vom weitläufigen Marktplatz erhebt sich die kompakte backsteinerne *Hallenkirche* aus der zweiten Hälfte des 13. Jh. Von den ursprünglich zwei geplanten Türmen wurde nur einer realisiert und dieser später umgestaltet, sodass sich heute eigenwillig positioniert auf einem hohen Feldsteinsockel ein Backstein-Fachwerk-Aufbau erhebt. Innen wird die Halle durch ein sehenswertes Sterngewölbe abgeschlossen, während sich über dem Chor ein hölzernes Tonnengewölbe befindet. Neben der Kirche liegt das kleine Heimatmuseum der Stadt Strasburg, hier ist auch die Stadtinformation untergebracht.

Museum und Stadtinformation: Di–Do 10–12 und 14–16 Uhr, Fr 10–12 Uhr (Mai bis Sept. auch So 15–17 Uhr) geöffnet. Pfarrstr. 22 a, 17335 Strasburg, ✆ 039753-20046 www.strasburg.de.

Rattey: Weinberge in Mecklenburg! Um das Schloss Rattey erstreckt sich das größte Weingut Norddeutschlands. Das eigentlich traditionsreiche Unternehmen, Wein in Mecklenburg zu keltern, haben die Winzer von Rattey seit 1999 wiederbelebt – mit beachtlichem Erfolg. Rund um das Schloss reifen u. a. Regent sowie Phönix und die junge Rebsorte Solaris.

Das dazugehörige *Schloss* ist ein prächtiges Herrenhaus aus dem frühen 19. Jh. und heute ein romantisches Hotel, umgeben von einem herrlichen Park mit uralten Eichen und Weinbergen.

Einkaufen Wein: Die Erzeugnisse der Ratteyer Winzer bekommt man im Gutsladen. Sollte der geschlossen sein, muss man klingeln oder sich im Restaurant des Schlosshotels melden. Der Winzer ist normalerweise im Weinberg, kommt aber zum Laden.

Übernachten/Essen Park Hotel Schloss **Rattey**, romantisches Schlosshotel mit stilvoller Einrichtung. Im Erdgeschoss befindet sich in schicken Salons das Restaurant *Weinblatt* (tägl. ab 15 Uhr, Sa/So ab 12 Uhr geöffnet). Im Haus auch Wellnessbereich

Am Stettiner Haff → Karte S. 425

mit Sauna, außerdem Fahrradverleih. EZ 75 €, DZ 99–135 €, Suite ab 150 €. Rattey 21, 17349 Rattey, ☎ 03968-255010, www.schloss rattey.de. *Anfahrt*: von der Ausfahrt Friedland/Woldegk der A 20 Richtung Friedland, in Schönbeck dann rechts ab nach Rattey.

Galenbeck: Mitten im Nirgendwo zwischen Strasburg und Friedland unweit des sumpfigen Ufers des *Galenbecker Sees* liegt das Dorf Galenbeck. In einer kleinen parkähnlichen Anlage neigt sich malerisch die schiefe Ruine eines Turms. Die dazugehörige Burg wurde als Grenzfeste im späten 13. Jh. errichtet und bereits 1453 zerstört. Übrig geblieben ist nur der halbe, krumme *Turm*. Sehenswert ist auch die nahe *Kirche*, eine rechteckige Halle aus dem 14. Jh., vorwiegend aus Feldstein errichtet, an deren Längsseite sich ein achteckiger backsteinerner Turm mit eleganter Haube anschmiegt.

Rund um den Galenbecker See erstreckt sich ein knapp zwei Hektar großes Naturschutzgebiet. Im Südwesten reichen die Hügel der Brohmer Berge, wie die Helpter Berge ein Endmoränenhöhenzug, an den See heran, im Nordosten schließt sich die Friedländer Große Wiese an.

Essen & Trinken Fischerhaus, freundliches, kleines Café, innen urgemütliche Wohnzimmeratmosphäre, draußen ein paar Tische, sowohl überdacht als auch auf dem Rasen. Ideal für Kaffee und Kuchen, auch Imbiss, sehr freundlich. April bis Okt. 11–18 Uhr, März und Nov./Dez. nur Sa/So, Jan./Febr. geschl. Zum Fischerhaus 12, ☎ 039607-269822, www.fischerhaus-galenbeck.de/.

Friedländer Große Wiese: Auch wenn sich Mecklenburg-Vorpommern nicht eben durch ein markantes Höhenprofil auszeichnet, die Friedländer Große Wiese ist bemerkenswert flach. Ursprünglich ein großflächiges Moor, wurden immer wieder Versuche unternommen, die Große Wiese zu entwässern und agrarisch nutzbaren Boden zu gewinnen. Die ersten Versuche starteten bereits im 18. Jh., weitgehend trockengelegt wurde das Moor unter enormen Aufwand letztendlich zwischen 1958 und 1962. Auch heute noch sind weite Flächen der Friedländer Großen Wiese von Kanälen durchzogene landwirtschaftliche Nutzflächen. Doch ist man nun eher daran interessiert, die verbliebenen Moorgebiete zu erhalten und zu schützen, so beispielsweise nordöstlich des Galenbecker Sees, um einen Zufluchtsort für zahlreiche Vogelarten (darunter auch der majestätische Seeadler) zu schaffen. Zwischen Klockow und Heinrichswalde führt eine Straße quer durch die Friedländer Große Wiese, von der aus man einen Eindruck von der Landschaft gewinnen kann (auf der einen Seite das Moor und auf der anderen die wirklich große Wiese). An dieser Straße befindet sich östlich des kleinen Weilers **Fleethof** ein Beobachtungsstand.

Friedland (ca. 6200 Einwohner): Das Zentrum der Kleinstadt zwischen Neubrandenburg und Anklam hat zwei Gesichter. Das Gebiet hinter dem Anklamer Tor und der zentrale Markt präsentieren sich im nüchternen, renovierten Charme der 1970er-Jahre. Am Neubrandenburger Tor dagegen finden sich noch ein, zwei historische Straßenzüge mit hübschen kleinen Häuschen. Insgesamt sind in der 1244 gegründeten Stadt folgende Bauwerke sehenswert: die Reste der Stadtbefestigung, darunter auch ein erhaltenes *Wiekhaus*, vor allem aber das bemerkenswerte *Anklamer Tor* (um 1300) sowie das *Neubrandenburger Tor* (15. Jh.), weiterhin die malerische *Ruine von St. Nikolai* (Ende 13. Jh.) und die *St. Marienkirche*, eine mächtige backsteinerne Hallenkirche aus dem 14. und 15. Jh. In einem der ältesten Wohnhäuser der Stadt, einem schmucken Fachwerkhaus aus dem 18. Jh., ist das örtliche *Museum* untergebracht.

Museum: Mo–Fr 10–12 und 13–17 Uhr, April bis Sept. auch Sa 14–17 Uhr. Eintritt 5 €, Kinder 2,50 €. Hier befindet sich auch die **Stadtinfo**: geöffnet wie das Museum. Mühlenstr. 1, 17098 Friedland, ☎ 039601-574149, www.friedland-mecklenburg.de.

Am Stettiner Haff

Die südöstlichste Ecke Mecklenburg-Vorpommerns ist eine dünn besiedelte und erstaunlich waldreiche Gegend. Größere Städte sind Ueckermünde und Pasewalk. Die **Ueckermünder Heide**, mit 663 km^2 das größte zusammenhängende Waldgebiet Vorpommerns, reicht vom *Galenbecker See* ($\rightarrow$ oben) im Westen bis weit nach Polen hinein: eine flach-wellige, von mehreren Flüssen durchzogene Landschaft, hauptsächlich Kiefernbestand, dazwischen Moore und kleine Seen, Binnendünen, Wiesen und Ackerland. Seit 2005 erstreckt sich hier der **Naturpark Am Stettiner Haff**.

Zu den sehenswertesten Orten am Stettiner Haff zählt das kleine Fischerdorf **Altwarp** mit seiner großen Binnendüne. Von hier starten im Sommer mehrmals tägl. (nicht Mo/Di) Ausflugsschiffe über den *Neuwarper See* nach **Nowe Warpno** (Neuwarp) in Polen (Infos unter www.luett-matten-altwarp.de).

Mönkebude: Der 800-Einwohner-Ort liegt rund 6 km nordwestlich von Ueckermünde am Stettiner Haff. Ein relativ neuer Sporthafen mit schönem Strand nebenan (und Wohnmobilstellplatz) sorgen für Attraktivität.

Information Fremdenverkehrsverein Mönkebude, Juni bis Sept. Mo–Fr 9–16 Uhr, Sa/So 10–12 und 14–16 Uhr (Sept. nicht So), April/Mai Mo–Fr 9–16 Uhr, Okt bis März Mo–Do 9–16 Uhr, Fr 9–13 Uhr. Am Kamp 13, 17375 Mönkebude, ✆ 039774-20323, www.tourismusverein-moenkebude.de.

Camping Campingpark Oderhaff, im benachbarten Grambin (ca. 3,5 km östlich von Mönkebude), direkt an der Haffküste, mit Strand, Kiosk. Lichter Baumbestand, neue sanitäre Anlagen. Erw. 5,20 €, Kinder 3 €, Stellplatz 7–8 €, Hund 2,50 €. Geöffnet 1. April bis 15. Okt. Dorfstr. 66a, 17375 Grambin, ✆ 039774-20420, www.campingpark-oderhaff.de.

Wohnmobilstellplatz In Mönkebude in Strandnähe, 10 €/Nacht, Strom 2 €.

Ueckermünde   ca. 8.900 Einwohner

Die einzige größere Stadt entlang der Oderhaffküste darf sich seit 2001 „staatlich anerkannter Erholungsort" nennen und wurde kürzlich erst offiziell zum Seebad geadelt. Hierzu trägt sicherlich der knapp 1 km lange, seichte Sandstrand (mit Strandbad und Imbiss) bei und auch die ca. 2 km landeinwärts gelegene Altstadt mit ihren vielen Fachwerkhäusern macht einen schmucken Eindruck. Bedeutendstes historisches Gebäude ist das ursprünglich aus dem 16. Jh. stammende **Schloss**, von dem zumindest ein Teil erhalten geblieben ist. Heute beherbergt es das **Haffmuseum**. Von hier ist es nur einen Steinwurf zum **Stadthafen**, von dem aus die Ausflugsschiffe zum Stettiner Haff starten.

Bereits im 12. Jh. gab es hier am Fluss eine slawische Burg. 1260 erhielt Ueckermünde das Lübische Stadtrecht. Im Dreißigjährigen Krieg wurde die Stadt fast vollständig zerstört. Seine Blütezeit erlebte Ueckermünde im späten 18. Jh. als Werftstandort, im 19. Jh. florierte die Stadt als Verladehafen für die nahen Ziegeleien und Eisengießereien. In der DDR blieben einige Ziegeleien und Gießereien als wichtige Arbeitgeber der Stadt erhalten, nach deren Abwicklung in den 1990er-Jahren stieg die Arbeitslosigkeit sprunghaft an. Ein wenig Aufschwung bringt der Tourismus – u. a. führen mehrere Radfernwege durch Ueckermünde, hinzu kommt die neue **Marina** („Lagunenstadt" genannt) an der Uecker.

Information Touristik-Information Ueckermünde, am Stadthafen. Geöffnet Mai bis Sept. Mo–Fr 9–18 Uhr, Sa 9–13 Uhr, So 10–13 Uhr; Okt. bis April Mo–Fr 9–16 Uhr. Altes Bollwerk 9, 17373 Ueckermünde, ✆ 039771-28484, 📠 039771-28487, www.ueckermünde.de.

Am Stettiner Haff
↓ → Karte S. 425

Einkaufen Friedrich-Wagner-Buchhand-
lung, sympathische, gut sortierte und auch
ausgezeichnete Buchhandlung (Deutscher
Buchhandlungspreis 2016), auch Veranstaltungen (Lesungen, Konzerte, Ausstellung).
Ueckerstraße 79, ✆ 039771-54626, www.
friedrich-wagner-buchhandlung.de.

Übernachten/Essen Hotel am Markt &
Brauhaus „Stadtkrug", direkt am Marktplatz im Zentrum. Mit Restaurant, im Sommer auch Terrasse auf dem Platz, Bier aus
der eigenen Brauerei, Sauna im Haus. 46
nette Zimmer, EZ 72–77 €, DZ 97–112 €,
Frühstück inkl. Ganzjährig geöffnet. Am
Markt 3–4, 17373 Ueckermünde, ✆ 039771-
800, www.hotel-ueckermuende.de.

Sehenswertes

Kirche St. Marien: Im Zentrum befindet sich diese barocke Kirche von 1766, der neugotische Backsteinturm wurde 1836 angefügt. Sehenswert im Inneren der Kirche ist vor allem der Rokoko-Kanzelaltar aus dem Jahr 1775. Ganztägig geöffnet.

Haffmuseum: Nur wenige Schritte von der Kirche St. Marien in Richtung Uecker befindet sich das *Renaissanceschloss* der Stadt – bzw. das, was davon übrig ist. Die ehemals vierflüglige Anlage aus dem Jahr 1546 besteht nur noch aus dem Südflügel und dem Schlossturm, heute sind hier Rathaus und Haffmuseum untergebracht. Zu sehen sind neben Funden aus der Vor- und Frühgeschichte auch zahlreiche Expo-nate und Erläuterungen zur Stadt- und Alltagsgeschichte Ueckermündes. Der pommersche Herzog *Philipp I.* ließ das Schloss Mitte des 16. Jh. an Stelle einer älteren Burg (13. Jh.) errichten. Auch wenn 1720 der größte Teil der Festung von den Preußen abgetragen wurde, gelten die Überreste der Renaissance-Anlage noch heute als eines der letzten Zeugnisse pommerscher Baukunst in Mecklenburg-Vorpommern. Vom Turm hat man einen schönen Blick.
Haffmuseum: Juni bis Aug. Di–So 10–17 Uhr; März bis Mai und Sept./Okt.Mi–Fr 10–12 und 13–17 Uhr, Sa 13–17 Uhr; Nov. bis Febr. Do und Fr 10–15.30 Uhr. Eintritt 3 €, erm. 2 €. Am Rathaus 3, ✆ 039771-28442.

Südlich von Ueckermünde

Torgelow: Etwa 13 km südlich von Ueckermünde und inmitten der Ueckermünder Heide liegt die Stadt Torgelow an der idyllisch dahinfließenden Uecker. Neben der weithin sichtbaren neogotischen *Backsteinkirche* (1885) und der *Burgruine* aus dem 14. Jh. lockt vor allem das *Slawendorf „Ukranenland"* am Fluss die Besucher.
Slawendorf: Mai bis Okt. tägl. 10–16 Uhr (Juli/Aug. bis 17 Uhr, Okt. nur Mo–Fr) geöffnet. Eintritt 6 €, erm. 5 €, Kinder 3 €. Südlich vom Zentrum gelegen, www.ukranenland.de.

Pasewalk: Die etwa 10.500 Einwohner zählende Kreisstadt liegt an der Uecker und ganz am südöstlichen Rand Mecklenburg-Vorpommerns. Nach Süden hin schließt die schon in Brandenburg liegende Uckermark an. Vor allem im Zweiten Weltkrieg wurde die Stadt stark zerstört. Entsprechend zeigt sie heute ein etwas tristes modernes Erscheinungsbild, erhalten blieben aber einige Reste der mittelalterlichen Stadt-befestigung, *Nikolaikirche* (13. Jh.) und *Marienkirche* (14. Jh.), die beide im 19. Jh. um-gestaltet wurden. Unweit der Marienkirche befindet sich am Prenzlauer Tor (15. Jh.) das **Museum der Stadt Pasewalk – Künstlergedenkstätte Paul Holz**, das neben der Stadtgeschichte auch dem hiesigen Zeichner Paul Holz (1883–1938) gewidmet ist.

Information Stadtinformation Pasewalk,
Geöffnet Mo–Fr 9–12 und 13–16 Uhr, im
Sommer bis 18 Uhr, Sa 10–12 Uhr. Am Markt
12, ✆ 03973-251232, www.pasewalk.de.

Museum Geöffnet Di–Fr 10–13 und 14–
16 Uhr, So 14–18 Uhr, Mo und Sa geschlossen.
Eintritt 2 €, erm. 1 €. Prenzlauer Str. 23 a, 17309
Pasewalk, ✆ 03973-251233.

Am Stettiner Haff

4,5 km

Backsteingotische Giebelkunst

Neubrandenburg

ca. 63.600 Einwohner

Die „Vier-Tore-Stadt". Neubrandenburg, eines der Wirtschaftszentren Mecklenburgs, ist vor allem innerhalb der Stadtmauern sehenswert – hier finden sich einige ansehnliche Beispiele Norddeutscher Backsteingotik.

Nach Rostock und Schwerin ist Neubrandenburg die drittgrößte Stadt Mecklenburg-Vorpommerns und verweist die traditionsreichen Hansestädte Wismar, Stralsund und Greifswald auf die Plätze. In puncto Attraktivität wird es für Neubrandenburg allerdings schwierig, einen Spitzenplatz zu erreichen – trostlose Plattenbauten an riesigen Zufahrtsstraßen prägen zumindest den ersten Eindruck.

Innerhalb der mittelalterlichen Stadtmauern zeigt die Stadt ihr zweites, schöneres Gesicht: Neben dem mächtigen, noch fast vollständig erhaltenen Stadtwall sind es vor allem die vier aufwändig gestalteten **Stadttore** aus dem 14. und 15. Jh., die die architektonischen Glanzpunkte in Neubrandenburg setzen – nicht ohne Stolz nennt man sich deshalb auch „Vier-Tore-Stadt". Ebenso sehenswert sind die pittoresken mittelalterlichen **Wiekhäuser**, in die Stadtmauer eingebaute Fachwerkhäuser (und ehemalige Wehrtürme). Ein Spaziergang entlang der Stadtmauer lohnt also in jedem Fall. Doch das Zentrum besteht auch aus geradlinigen Straßenzügen und eintönigen Nachkriegsbauten. Über drei Viertel der historischen Bausubstanz gingen beim Großbrand der Innenstadt im Frühling 1945 verloren, darunter das Rathaus (16. Jh.) und das herzogliche Palais (18. Jh.) am Markplatz. Aber auch so manche aus der DDR-Ära stammenden Gebäude segnen langsam das Zeitliche. Jüngst wurde das legendäre Vier-Tore-Hotel am Markt, ein 100 m langer Plattenbau, in dem schon Gorbatschow und Kohl nächtigten, abgerissen. Hier soll ein Geschäfts- und Einkaufszentrum entstehen. Es ist nicht die einzige Großbaustelle im Zentrum, einem Zentrum im Wandel.

Verlässt man das Zentrum in südwestlicher Richtung, gelangt man nach etwa 1 km zum Nordufer des *Tollensesees*, der einen Großteil der Freizeitqualität Neubrandenburgs ausmacht. Der schöne, weitläufige Kulturpark, zwei Strandbäder, Ausflugsschiffe, ein Wassersportzentrum und Bootsverleiher bieten Entspannung, besonders Sportliche können den See auch auf dem Fahrrad umrunden (37 km, ausgeschildert).

Stadtgeschichte

Die erste Ansiedlung am Nordufer des Tollensesees befand sich im heutigen Broda, als dort im Jahr 1170 das gleichnamige Kloster entstand. Die eigentliche, planmäßige Stadtgründung erfolgte aber erst 1248 durch den brandenburgischen Markgrafen *Johann I.*, dem Neubrandenburg seinen Namen verdankt: als „neues" Brandenburg. Es entstand ein typisches mittelalterliches Stadtgebilde mit Marktplatz, Stadtbrunnen, Zunfthäusern und Verkaufsbuden, mit etwas abseits gelegener Stadtkirche und dem Franziskanerkloster. Etwa ab 1300 wurde die Stadtmauer mit ihren Toren und Wiekhäusern sowie dem äußeren Wall gebaut – Schutz für eine wohlhabende Handelsstadt, die ihr Auskommen u. a. in der Tuchmacherei und Bierbrauerei hatte. 1298 fiel Neubrandenburg an das mecklenburgische Fürstenhaus. Im Zuge der Reformation wurde aus dem Franziskanerkloster ein Armenhaus; am Marktplatz entstand 1585–1588 das neue Rathaus im Renaissancestil.

Das 17. Jh. brachte für Neubrandenburg nichts Gutes, angefangen mit einem Stadtbrand im Jahr 1614 über die Pest bis hin zur Besetzung der Stadt im Dreißigjährigen Krieg. Ein weiterer großer Stadtbrand (1676), von dem gerade eine Handvoll Häuser verschont blieben, gab Neubrandenburg den Rest, ein drittes verheerendes Feuer folgte 1737. Einen Aufschwung erlebte die Stadt, als sich 1775 *Herzog Adolf Friedrich IV. von Mecklenburg-Strelitz* für Neubrandenburg als Sommerresidenz entschied und hier sein Palais bauen ließ. Zwar mussten dafür weite Teile des mittelalterlichen Marktplatzes weichen, doch schenkte der Herzog den Neubrandenburgern auch ein Schauspielhaus, heute das älteste Theater Mecklenburgs.

Der wohl bedeutendste norddeutsche Mundartdichter *Fritz Reuter* lebte und arbeitete von 1856 bis 1863 in Neubrandenburg. Gewohnt hat er u. a. in einem Eckhaus an der Stargarder Straße/Pfaffenstraße(heute das Café im Reuterhaus). 1864 wurde eine Bahnlinie von Güstrow nach Neubrandenburg gebaut, in den folgenden Jahrzehnten schaffte man den Schienenanschluss nach Berlin, Lübeck, Stettin und Stralsund. Ende des 19. Jh. setzte im Zuge der Industrialisierung eine rege Bautätigkeit ein.

Kriegswichtig wurde Neubrandenburg unter den Nationalsozialisten ab 1939. Im selben Jahr entstand südöstlich der Stadt das Kriegsgefangenenlager Fünfeichen (ab 1945 sowjetisches Internierungslager, 1948 abgerissen), zwei Jahre später richteten die NS-Militärs auf dem Tollensesee eine Torpedoversuchsanstalt ein (nach dem Zweiten Weltkrieg gesprengt). Seit 1943 befand sich in Neubrandenburg ein Außenlager des Frauen-Konzentrationslagers Ravensbrück, dessen Zwangsarbeiterinnen in der ansässigen Rüstungsindustrie arbeiten mussten. Bei der gewaltsamen Einnahme der Stadt durch die Rote Armee am 29. April 1945 wurden über 80 % der Altstadt durch einen Großbrand zerstört, darunter auch der Marktplatz mit Rathaus und herzoglichem Palais, in dem sich eine bis heute verschollene Kunstsammlung befand.

Von 1952 an war Neubrandenburg eine von 14 Bezirksstädten der DDR, womit eine schnell wachsende Industrie (Maschinenbau, Reifen, militärische Geräte) sowie der Neubau ganzer Stadtviertel (überwiegend „Platte") einhergingen; die Bevölkerungszahl stieg sprunghaft an und erreichte mit rund 90.000 Einwohnern im Jahr 1989 ihren Höhepunkt. Seitdem ist die Zahl der Bewohner um über 25.000 gesunken.

Neubrandenburg
→ Karte S. 429

Basis-Infos

Information Touristinfo Neubrandenburg, im HKB am Markt im Zentrum. Mo–Fr
10–19 Uhr, Sa bis 10–16 Uhr geöffnet.
Marktplatz 1, 17033 Neubrandenburg, ✆ 0395-
19433, www.neubrandenburg-touristinfo.de.
Stadtführungen von Juni bis Aug. jeden Mi
und Sa um 11 Uhr; *Nachtwächterführungen*
im Juli/Aug. jeden Fr um 21 Uhr ab Konzertkirche. Anmeldung in der Touristinfo, je 4 €/
Pers., Kinder bis 10 J. frei, Dauer ca. 1:30 Std.

Verbindungen Bahn: zwischen 6.30 und
20.30 Uhr stündl. über Burg Stargard nach
Neustrelitz, und weiter nach Berlin Hbf.
Stündl. mit dem RE über Demmin und
Grimmen nach Stralsund und über
Stavenhagen, Malchin und Teterow nach
Güstrow, alle 2 Std. über Strasburg und
Pasewalk nach Ueckermünde. Der Bahnhof
befindet sich am Nordrand der Altstadt.

Bus: zentrale Haltestelle (ZOB) beim Bahn-
hof. Verbindungen in die umliegenden
Orte, u. a. etwa stündl. über Klein Neme-
row und Groß Nemerow nach Neustrelitz
(Linie 600), häufig auch über Penzlin nach
Waren (Linie 012)sowie über Woldegk nach
Strasburg (Linie 540). Mehrmals tägl. nach
Burg Stargard (Linie 521), Alt Rehse (Linie
529), über Stavenhagen nach Malchin und
Teterow (Linie 400). Tickets am ZOB.

Schiff: von Mai bis Sept. mit dem *Linien-
schiff MS Rethra* 2-mal tägl. vom Badehaus
(ca. 1,5 km südlich der Altstadt) über den
Tollensesee mit Halt in Klein Nemerow, Alt-
Rehse und Nonnenhof. Zwischen Juli und
Sept. fährt das Schiff auch weiter nach

Prillwitz (durch das Naturschutzgebiet Nonnenhof). Rundfahrt 9,60 €€, ansonsten pro
Station 0,80 €, Fahrrad 2 €. Infos und Buchung
unter ✆ 0395-3500524, www.neu-sw.de.

Ausflugsschiffe Mit der **Mudder Schulten** im Sommer 3-mal tägl. Rundfahrten auf
dem Tollensesee mit Fahrt durch den Kanal
in die Lieps (Naturschutzgebiet), im Mai
und Okt. nur 2-mal tägl., am Mo und im
Winter keine Fahrten. Abfahrt ab Badehaus.
Preise etwas höher als bei obigem. Infos
und Buchung: ✆ 0395-5841218; www.
fahrgastschiff-mudderschulten.de.

Baden Strandbad Broda in der Seestraße; **Augustabad** ca. 3 km südlich des Zentrums in der Lindenstraße. Beide mit Sandstrand und Liegewiese.

Fahrrad- und Bootsverleih Bietet
Tobias Winter am Bootshafen beim Kulturpark. April bis Oktober. Neben Fahrrädern,
Kanus und Ruderbooten auch Elektroboote
(3 Std./35 €). Parkstr. 15, ✆ 0177-8396094.

Veranstaltungen Im Rahmen der **Festspiele Mecklenburg-Vorpommern** finden
im Sommer in der Konzertkirche Neubrandenburg (St. Marien) Konzerte statt. Programme unter www.festspiele-mv.de.

Vier-Tore-Fest am letzten Wochenende im
August, zahlreiche Konzerte, Shows etc.

Neubrandenburger Jazzfrühling im März/
April (Programm auf www.jazz-nb.de) und
dokumentART, ein Filmfestival im Oktober
(www.dokumentart.org).

Übernachten/Essen & Trinken/Nachtleben

Übernachten Badehaus **8**, schöne Lage
gleich bei der Anlegestelle und direkt am
See, mit Restaurant und einladendem Biergarten (→ Essen). 30 Zimmer und drei großzügige Suiten, farbenfroh eingerichtet, zumeist mit Balkon. EZ 65–75 €, DZ 93–98 €,
Suite 110–150 €, Frühstück inkl., Hunde erlaubt (10 €/Tag). Parkstr. 3 & 4, 17033 Neubrandenburg, ✆ 0395-5719240, www.bade
haus-am-see.de.

Hostel am Güterbahnhof **1**, günstig und
gut, wendet sich weniger an Backpacker,
sondern vielmehr an jedermann (vom Mon-
teur bis zu den Gästen einer Familienfeier).
Reduziert-zeitgemäß eingerichtete Zimmer

für bis zu 6 Pers., alle mit eigenem Bad.
Vermietet werden nur ganze Zimmer, keine
einzelnen Betten. Keine Rezeption, ein-
gecheckt wird in der Mohnblau Milchbar
gegenüber (aber erst ab 17 Uhr). EZ 39 €,
DZ 49 €, Vierer 89 €. Am Güterbahnhof 5,
17033 Neubrandenburg, ✆ 0395-56918577,
www.güterbahnhof.de.

Camping Camping Gatsch Eck, → „Rund
um den Tollensesee", S. 434.

Essen & Trinken Wiekhaus 45 **5**, in
einem der in die Stadtmauer eingefügten
Wiekhäuser, traditionsreiches Restaurant.
Im Sommer auch einige Tische draußen.
Traditionelle mecklenburgische Gerichte

Übernachten

1 Hostel am Güterbahnhof
8 Badehaus

Essen & Trinken

5 Wiekhaus 45
6 Das Bootshaus
7 Restaurant Lohmühle
8 Badehaus

Cafés

2 25 Grad

Nachtleben

3 Foyercafé im Schauspielhaus
4 Cocktailbar Winehouse

wie Rippenbraten, Kalbsrücken oder Rinderroulade (Hauptgerichte 13–21 €). Tägl. ab 11 Uhr durchgehend geöffnet. 4. Ringstr. 44 (am Ende der Pfaffenstraße), ℡ 0395-5667762, www.wiekhaus45.de.

Badehaus 8, Restaurant und Biergarten in herrlicher Lage direkt am Wasser, gute mecklenburgische Küche mit saisonalem Einschlag (Hauptgerichte 11–20 €). Tägl. ab 11.30 Uhr geöffnet. Parkstr. 3 & 4, ℡ 0395-5719240, www.badehaus-am-see.de.

Restaurant Lohmühle 7, im uralten Mühlenhaus am Stargarder Tor (erstmals 1354 erwähnt) befindet sich heute ein einladendes Restaurant in historischem Am-

biente. Auf der Karte viel Wild wie Rehkeule, Kaninchenleber oder Hirschrücken (Hauptgerichte 12–25 €). Im Sommer mit Biergarten. Tägl. 11.30–22 Uhr geöffnet, So nur mittags. Stargarder Tor 4, ℡ 0395-5442843, www.lohmuehle-gasthaus.de.

Das Bootshaus 6, beim Bootshafen am Rande des Kulturparks. Hier gibt es nicht nur Frischfisch- und Räucherfischverkauf, sondern auch Gerichte für den kleinen und größeren Hunger ab 6,50 €. Offene Küche, freundlicher Service, Terrassen nach vorne und hinten raus. Auch gut für einen Kaffee. Tägl. (außer Mo) ab 11 Uhr, Di–Sa bis 22 Uhr, So bis 16 Uhr. Schillerstr. 21, ℡ 0395-

Neubrandenburg → Karte S. 429

57081050, www.das-bootshaus-neubranden
burg.m-vp.de.

Cafés 25 Grad **2**, zeitgemäße, lichte Kaf-
feebar mit selbst gebackenem Kuchen und
dem besten Kaffee der Stadt (eigene Rösterei und auch Kaffeeseminare). Mo–Sa 7–19
Uhr, So Ruhetag. Stargarder Str. 5, ☎ 0395-
35175451, www.25graddiekaffeebar.de.

Übernachten/Essen außerhalb Seehotel **Heidehof** in Klein Nemerow → „Rund
um den Tollensesee" S. 433.

Nachtleben Foyercafé im Schauspielhaus **3**, sehr schöne Bar und Café. Kaffee, Cocktails und Snacks vor oder nach
dem Theater. Di–Sa ab 19 Uhr. Pfaffenstr.
22, ☎ 0176-63045348, www.foyercafe.de.

Cocktailbar Winehouse **4**, Cocktails auf
mehreren Etagen im historischen Wiekhaus, neben dem Wiekhaus 45, im Sommer
auch ein paar Tische draußen. Sehr netter
Service. Mo–So 18–2 Uhr. 4. Ringstr. 45,
☎ 0395-5683030, www.winehouse-nb.de.

Sehenswertes

In der **Stadt der vier Tore** sollte man zunächst einmal selbige besichtigen. Verbunden sind die mittelalterlichen Eingangspforten durch eine fast vollständig erhaltene
Stadtmauer aus der Zeit um etwa 1300. Beim Spaziergang entlang der Innenseite
der Stadtmauer von Tor zu Tor passiert man auch die berühmten mittelalterlichen
Wiekhäuser, die einst als Verteidigungsanlagen in regelmäßigen Abständen in die
Mauer eingebaut und später in Wohnraum umgewandelt wurden. Noch heute sind
24 der ursprünglich über 50 Häuser erhalten. Nach außen hin war die 2300 m lange

Repräsentativer Stadtzugang:
das Stardgarder Tor

und 7 m hohe Stadtmauer zusätzlich
von einem 60 m breiten Wall umgeben,
der bis heute als grüner Gürtel das
Zentrum umgibt.

Das älteste Tor der Stadt ist das **Friedländer Tor** an der Nordostecke der
Stadtmauer (um 1300). Zur Feldseite
hin ist es noch romanisch geprägt,
wohingegen die Stadtseite schon im gotischen Stil gestaltet ist. Nur wenige
Gehminuten in südliche Richtung stößt
man auf das **Neue Tor**: Tatsächlich ist
es das „neueste", also jüngste Tor der
Stadt (zweite Hälfte des 15. Jh.), von
dem aber – im Gegensatz zum noch
fast vollständig erhaltenen Friedländer
Tor – nur noch das Haupttor zu sehen
ist. Auffällig sind in den Blendnischen
die acht etwa lebensgroßen Terrakotta-
Backstein-Figuren mit erhobenen Armen (sog. „Adorantenhaltung"), deren
Bedeutung bis heute strittig ist. Sie findet man auch in den Blendnischen des
Stargarder Tors (ca. 1350) am Südende
der Stadtmauer. Ob es sich dabei um
Engel oder Jungfrauen oder aber einfach um die Ratsherren der Stadt handelt, lässt sich nicht feststellen, ebenso
wenig ist das Geschlecht der Figuren
unter wallendem Gewand zu erahnen.

Das **Treptower Tor** an der Westseite der Stadtmauer ist das repräsentativste und höchste der vier Tore. Es entstand Ende des 14./Anfang des 15. Jh. und beeindruckt nicht nur durch seine beachtliche Höhe von 32 m, sondern auch als besonders elegantes Beispiel Norddeutscher Backsteingotik. Heute präsentiert darin das **Regionalmuseum Neubrandenburg** die Ausstellung zur *Ur- und Frühgeschichte* – zuletzt jedoch wegen Sanierungsarbeiten geschlossen, Wiedereröffnung voraussichtlich im ersten Halbjahr 2018. Gezeigt werden dann wieder zahlreiche Funde aus der Bronze-, Germanen- und Slawenzeit; Schautafeln erläutern die Besiedlungsgeschichte der Region. Die Ausstellung zur *Stadt- und Regionalgeschichte* des Regionalmuseums befindet sich im Franziskanerkloster (→ unten).

Mi/Fr 10–17 Uhr, Do 10–19 Uhr, Sa/So 11–17 Uhr, Mo/Di geschlossen. Achtung: steile Stiegen! Eintritt 4 €, Familien 6 €, für Kombitickets → unten. Treptower Str. 38, ℅ 0395-5551270, www.museum-neubrandenburg.de.

Ganz am Nordende des Stadtrings – hier öffnet sich die Stadtmauer ohne Tor – stößt man etwa gegenüber vom Bahnhof auf das **Fritz-Reuter-Denkmal** von 1893. Mecklenburgs berühmtester Schriftsteller lebte von 1856 bis 1863 in Neubrandenburg. Gegenüber erinnert der **Mudder-Schulten-Brunnen** (1923) an Reuters literarische Satire „Dörchläuchting".

Mudder Schulten – Reuters resolute Bäckersfrau aus Neubrandenburg

Mudder-Schulten-Brunnen, Mudder-Schulten-Stuben und auch das Fahrgastschiff auf dem Tollensesee hört auf den Namen „Mudder Schulten" – der resoluten Dame begegnet man in Neubrandenburg quasi an jeder Straßenecke. Ihre Geschichte verdankt Neubrandenburg keinem Geringeren als Fritz Reuter, der die unerschrockene Bäckersfrau in seiner 1866 entstandenen Satire „Dörchläuchting" verewigte. Die Geschichte soll sich in den 1770er Jahren zugetragen haben, als Herzog *Adolf Friedrich IV.* hier seine Sommerresidenz bezog. Der Herzog kaufte bei Bäcker Schulze Brot in großen Mengen, dachte aber nicht daran, die dazugehörigen Rechnungen zu bezahlen, sondern ließ Jahr um Jahr anschreiben und reagierte auch auf schriftliche Zahlungserinnerungen nicht.

Schließlich kam es zum Showdown zwischen der Bäckersfrau und dem Herzog – auf der Straße und in aller Öffentlichkeit. Entschlossen baute sie sich vor ihm auf und präsentierte die offene Rechnung, der Herzog soll angesichts solcher Respektlosigkeit wutentbrannt „impertinentes Frauenzimmer" ausgerufen haben. Dargestellt ist eben jene Szene auf dem Mudder-Schulten-Brunnen (gegenüber dem Fritz-Reuter-Denkmal) am Platz zwischen Bahnhof und Innenstadt. 1923 stiftete ein Kaufmann den Brunnen für den Marktplatz, nach der Zerstörung der Innenstadt Ende des Zweiten Weltkriegs wurde er am Nordrand der Stadtmauer aufgestellt.

Neubrandenburg → Karte S. 429

Von Denkmal und Brunnen sind es nur wenige Schritte zum **Fangelturm** aus dem 15. Jh., einem 25 m hohen Wehrturm, der bestiegen werden kann. Sein Name rührt von den Gefangenen her, die hier bis ins 19. Jh. eingekerkert waren.

Den Turmschlüssel erhält man im Regionalmuseum an der Stargarder Str. 2 (→ unten).

Innerhalb der Stadtmauer stößt man unweit des Turms auf das ehemalige **Franziskanerkloster** (Mitte des 13. Jh.), von dessen ursprünglicher Bausubstanz jedoch nur wenig erhalten ist. Das heutige Gebäude stammt in weiten Teilen aus dem 14. Jh., im Lauf der Jahrhunderte diente es vor allem als Alten- und Armenhaus der Stadt. Hier residiert seit 2013 das überaus sehenswerte **Regionalmuseum Neubrandenburg** (Stadt- und Regionalgeschichte). In den an sich schon sehenswerten Räumlichkeiten des alten Klosters werden informative und kunstvolle Exponate eindrucksvoll in Szene gesetzt. Auch die diversen interaktiven Elemente der Ausstellungen sind sehr gelungen. Im Erdgeschoss geht es um das Franziskanerkloster und die Stadtgeschichte Neubrandenburgs bis zum Dreißigjährigen Krieg. Im Obergeschoss gelangt man in die jüngere Zeit, hier kann man sich u. a. über historisches Handwerk (z. B. Weberei oder Buchdruck) informieren, verschiedenen Zeitzeugen lauschen oder einen Blick in die Wohnkultur zu DDR-Zeiten werfen. Im Dachgeschoss sind wechselnde Ausstellungen untergebracht. Ein beeindruckendes Museum, spannend und informativ.

Mi/Fr 10–17 Uhr, Do 10–19 Uhr, Sa/So 11–17 Uhr, Mo/Di geschlossen, Eintritt 5 €, Familien 10 €, Stargarder Str. 2, 17033 Neubrandenburg, ✆ 0395-5551267, www.museum-neubrandenburg.de.

Für die Ausstellungen des Regionalmuseums im Franziskanerkloster und im Treptower Tor sowie für Konzertkirche und Kunstsammlung wird das Museumsmeilen-**Kombiticket** für 10 €/Pers. angeboten (einen Monat gültig).

Die nahe, ursprünglich zum Franziskanerkloster gehörige **Klosterkirche St. Johannis** entstand ebenfalls Mitte des 13. Jh. und wurde nach diversen Bränden im 14. Jh. erweitert, im 15. Jh. entstand der Chorraum im gotischen Stil. Eine Renovierung im neugotischen Stil fand Ende des 19. Jh. statt. St. Johannis ist heute die Hauptkirche Neubrandenburgs, von Juni bis September stehen hier stets mittwochs um 12 Uhr kostenlose Orgelkonzerte auf dem Programm (weitere Konzertveranstaltungen auf www.musik-an-sankt-johannis.de).

Zwischen Ostern und Weihnachten Di–Sa 10–16 Uhr geöffnet.

In südliche Richtung geht es zum weitläufigen **Marktplatz**, an dem u. a. der sog. „Kulturfinger" steht. Letzterer, mit offiziellem Namen **Haus der Kultur und Bildung** (HKB), stammt aus dem Jahr 1965 und ist mit 56 m eines der höchsten Gebäude der Stadt (mit Aussichtscafé und Aussichtsterrasse, Mo–Fr 8–18 Uhr, Sa/So ab 14 Uhr).

Nur ein Stück weiter südlich (Richtung Stargarder Tor) liegt rechter Hand die **Marienkirche**, ein mächtiger gotischer Hallenbau aus dem späten 13. Jh., der im 17. und 19. Jh. mehrfach umgebaut und bei dem verheerenden Stadtbrand 1945 stark beschädigt wurde. Mitte der 1970er-Jahre begann man mit dem Um- und Wiederaufbau des Gotteshauses, 2001 wurde die Eröffnung als **Konzertkirche Neubrandenburg** gefeiert. Im Sommer werden im Rahmen der *Festspiele Mecklenburg-Vorpommern* Konzerte gegeben, aber auch sonst finden hier regelmäßig Veranstaltungen statt – Konzerte, Oper, Ballett, Musical etc. Darüber hinaus hat man in der ehemaligen Kirche eine kleine Dauerausstellung zur Backsteingotik eingerichtet.

Veranstaltungsprogramm und Onlinetickets unter www.konzertkirche-nb.de; Infos/Tickets bei der Touristinformation am Marktplatz und unter ✆ 0395-5595127. Besichtigungszeiten an proben- und veranstaltungsfreien Tagen 10–17 Uhr, Eintritt 3 €.

Kunstsammlung Neubrandenburg: unweit der Konzertkirche in einem restaurierten Fachwerkgebäude in der Großen Wollweberstraße. Der Schwerpunkt der rund 6000 Werke umfassenden Sammlung (viele davon allerdings im Depot) liegt auf moderner und zeitgenössischer Kunst – überwiegend von nord- und ostdeutschen Künstlern. Im Erdgeschoss wechselnde Ausstellungen, im ersten Stock befindet sich die überaus sehenswerte Dauerausstellung mit Werken u. a. von *Otto Nieme-*

yer-Holstein und *Daniel Spoerri*. Darüber hinaus gibt es eine Fachbibliothek. Die markante Banane neben dem Eingang, eine effektvolle Warhol/Velvet-Underground-Reminiszenz, stammt vom „Bananensprayer" Thomas Baumgärtel (2007).

Mi/Fr 10–17 Uhr, Do 10–19 Uhr, Sa/So 11–17 Uhr, Mo/Di geschlossen. Eintritt 4 €, erm. 2 €, Familien 6 €. Führung 2,50 € (Termine auf Anfrage). Große Wollweberstr. 24, ✆ 0395-5551290, www.kunstsammlung-neu brandenburg.de.

Brigitte-Reimann-Literaturhaus: Unweit des Mauerrings in der Gartenstraße (zweigt vom Friedrich-Engels-Ring ab) befindet sich das kleine Literaturmuseum an Stelle des ehemaligen Wohnhauses der 1973 im Alter von nur 39 Jahren verstorbenen Schriftstellerin, zu deren bekanntesten Werken der unvollendete Roman *Franziska Linkerhand* (posthum, 1974) zählt. 1968 bis zu ihrem Tod lebte Brigitte Reimann in Neubrandenburg. Zu sehen sind Teile des Nachlasses der Schriftstellerin, darunter auch ihre Bibliothek.

Di 10–12 und 13–18 Uhr, Mi 10–12 und 13–16 Uhr sowie am ersten Sa im Monat 10–16 Uhr. Eintritt 2 €, Schüler und Stud. 1 €. Gartenstr. 6, ✆ 0395-5719180, www.literatur zentrum-nb.de.

Wiekhaus: ursprünglich Teil der Verteidigungsanlage, heute Bar

Rund um den Tollensesee

In sanften Hügeln rollt das Land südlich von Neubrandenburg zu den Ufern des lang gestreckten Tollensesees aus. Bei einer Breite von durchschnittlich 2 km und einer Länge von etwa 11 km ist der See mit einer mittleren Tiefe von 20 m (und maximal 33 m) vergleichsweise tief. Seine Entstehung wurde ursprünglich mit einer eiszeitlichen Gletscherzunge erklärt. Neuere Untersuchungen gehen jedoch davon aus, dass der See das Ergebnis eines riesigen Abflusskanals unter dem Gletscher ist, der das Becken des späteren Tollensesees ausgespült hatte.

Im Süden des Sees schließt die Lieps an, die als Teil des *Naturschutzgebiets Nonnenhof* für privaten Bootsverkehr gesperrt ist. Ein 800 m langer Kanal verbindet Tollensesee und Lieps.

Sport Golfclub Mecklenburg-Strelitz, 9-Loch-Platz am Südostufer des Tollensesees bei Groß Nemerow, etwa 10 km südlich von Neubrandenburg. Greenfee ab 35 €. An der Bornmühle 1 a, 17094 Groß Nemerow, ✆ 039605-27376, www.d-golf.de.

Übernachten/Essen Seehotel Heidehof, das Hotel in Klein Nemerow liegt idyllisch direkt über dem Ufer des Tollensesees. Restaurant mit guten Burgern, frischer vegetarischer Kost und aufgepepter neudeutscher Küche zu 10–18 €, geöffnet tägl. 12–

Rund um den Tollensesee ↓ Karte S. 435

21.30 Uhr. Von der Terrasse schöner Blick auf den See (Anlegestelle). Fahrradverleih und Wellnessangebote. 42 eher konventionelle Zimmer, manche mit Terrasse. EZ 65 €, DZ ab 89 €, Frühstück inkl., Hund 10–15 €/Tag. Seestr. 11, 17094 Klein Nemerow, ✆ 039605-2600, www.seehotel-heidehof.de.

Camping Camping Gatsch Eck, idyllisch am See gelegen, nur der Blick auf die Plattenbauten von Neubrandenburg in der Ferne am anderen Seeufer kratzt ein wenig am Charme, stört aber nicht wirklich. Kleiner Sandstrand, wunderbare Zeltwiese unter Bäumen, kleines Areal für Wohnmobile, großes für Dauercamper. Kiosk mit Terrasse am Wasser (nur in der Hauptsaison geöffnet). Sehr gepflegt. Älteres WC-Haus, modernes Duschhaus. 2 Pers. mit Camper und Strom 18 €. April bis Okt. geöffnet. Anfahrt nur über Neuendorf möglich, von dort ausgeschildert und noch 3,5 holprige Kilometer durch den Wald. 17039 Wulkenzin, ✆ 0171-9565112, www.camping-gatsch-eck.de.

Burg Stargard   ca. 5000 Einwohner

Die Wehr-Architektur auf dem Hügel gab der Kleinstadt östlich des Tollensesees nicht nur ihren wehrhaften Namen, sie beschert ihr auch eine gewisse Bekanntheit – die meisten Besucher kommen, um die mittelalterliche Burg zu besichtigen. Dabei ist das Siedlungsgebiet von Stargard ungleich älter. Schon 3000 v. Chr. lebten Menschen auf diesem Höhenzug. Nach der Völkerwanderung siedelten Slawen auf dem Burgberg, errichteten über vorgefundenen Ruinen eine Burganlage und gaben ihr den Namen *stari gard*, „alte Burg". Im 12. Jh. herrschten die Pommern über das stargardsche Land, Anfang des 13. Jh. nahmen die brandenburgischen Askanier die alte Burg, die nahe Siedlung und das umliegende Land in Besitz. Auf dem Hügel ließ der brandenburgische Markgraf zwischen 1236 und 1270 die (neue) Burg errichten, die im 13. und 14. Jh. zu den bedeutendsten Wehrbauten im Nordosten Deutschlands zählte und in ihrem Kern bis heute erhalten ist. Ende des 13. Jh. gelangte die Burg Stargard als Mitgift an *Heinrich den Löwen* und wurde mithin mecklenburgisch. Mitte des 16. Jh. wurde die Burg umgebaut und diente gut hundert Jahre später im Dreißigjährigen Krieg *General Tilly* zeitweilig als Hauptquartier. Danach wurde es still um die Burg. Teile der Anlage verfielen, andere werden bis heute genutzt. 1926 wurde die Burg von der Stadt Stargard aufgekauft (die sich seither Burg Stargard nennt). In den 1990ern wurde die Anlage gründlich saniert.

Weit schweift der Blick über das Land, die Stadt und den Turnierplatz

Neubrandenburg und rund um den Tollensesee

Die **Burg Stargard** ist die nördlichste Höhenburg Deutschlands. An mittelalterlicher Bausubstanz erhalten hat sich u. a. das *Untere Tor* (13. Jh.), über das man die Vorburg betritt, sowie die *Alte Münze* (13. Jh.) in der *Hauptburg* und schließlich die *Kapelle*. Das *Krumme Haus*, das wie die Alte Münze in die bis zu 4 m starke Außenmauer der Hauptburg integriert war (und wegen der Krümmung der Ringmauer seinen Namen erhielt), brannte 1919 ab und ist heute Ruine. Auch der *Bergfried* stammt ursprünglich aus dem 13. Jh., brannte aber nach einem Blitzschlag 1647 aus und verfiel. *Friedrich Wilhelm Buttel* ließ ihn 1821–1823 zu einem Aussichtsturm ausbauen, von dem man bis heute einen prächtigen Ausblick genießt. Um 1500 wurde in der Vorburg der *Marstall* errichtet, der heute das *Museum* beherbergt. Aus der Zeit der großen Umbauarbeiten im 16. Jh. stammt das *Obere Tor*, über das man in den *Burghof* der Hauptburg gelangt. Angesichts der atmosphärischen Burganlage, die direkt einem Ritterroman entsprungen sein könnte, wundert es nicht, dass hier einmal im Jahr ein Mittelalterfest stattfindet, bei dem es natürlich auch zu Lanzenstechen und Schwertkampf kommt.

März bis Okt. tägl. 10–17 Uhr, Nov. bis Febr. geschl. Burgturm 2 €, Museum 2 €, Kombiticket 3 €, das Areal selbst ist frei zugänglich. Im Burgshop kann man lokalen Wein erstehen (10 €/Flasche). Burgführungen zu 3 € Sa/So um 14.30 Uhr. Burg 1, 17094 Burg Stargard, ☏ 039603-25355, www.burg-stargard.de.

In der kleinen **Stadt** selbst erstrecken sich ein paar kopfsteingepflasterte Sträßchen rund um den zentralen **Markt**. Sein heutiges Aussehen bekam Burg Stargard vor allem in der zweiten Hälfte des 18. Jh., nachdem ein Brand 1758 große Teile des Städtchens zerstört hatte. Auch die Stadtkirche *St. Johannes*, im Kern aus dem 13. Jh., wurde in dieser Zeit wieder auf- und umgebaut.

Information Touristinformation Burg Stargard, im Zentrum. Mo/Mi/Fr 10–12 und 13–16 Uhr, Di/Do 13–18 Uhr. Bachstr. 10, 17094 Burg Stargard, ☏ 039603-25355, www.burg-stargard.de.

Verbindungen Bahn: mit dem Regionalexpress stündl. nach Neubrandenburg und Neustrelitz (alle 2 Std. weiter nach Berlin).

Veranstaltungen Burgfest, fröhliches Mittelalterspektakel auf der Burg mit Gauklern, Händlern, mittelalterlicher Musik, Falkenvorführungen und natürlich Ritterkämpfen und Lanzenstechen. Immer am zweiten Wochenende im August. Infos auch unter www.burgfest-stargard.de.

Übernachten/Essen Burghotel Stargard, am Eingang zum Burgareal im Gebäude des ehemaligen Gefängnisses (!). Keine Angst, keine Zellen, sondern rustikal-moderne, behagliche Zimmer, z. T. mit schönen Burgblicken. Man nennt sie „Hofstuben" oder „Gemächer". DZ 55–95 €. Burg 2, 17049 Burg Stargard, ☏ 039603-277477, www.burghotel-stargard.com.

Café Café im Wurz- und Krautgarten, in der Scheune am Vorhof befindet sich das kleine Café (hausgemachte Kuchen, Waffeln sowie Mitbringsel), schöne Plätze draußen im Kräutergarten. In den kalten Monaten zieht man um ins schwer-rustikale Ambiente der *Alten Münze* einen Hof weiter. Mo Ruhetag.

Hohenzieritz und Prillwitz

Strahlend weiß präsentiert sich das prächtige **Schloss Hohenzieritz** in der lieblichen Landschaft südlich des Tollensesees. Der Herzog von Mecklenburg-Strelitz ließ das barocke Herrenhaus in der zweiten Hälfte des 18. Jh. zu einem fortan beliebten Sommersitz umbauen. Außerdem wurde ein herrlicher englischer Landschaftspark angelegt. Untrennbar verbunden ist das Schloss Hohenzieritz mit dem Namen *Luise*, Prinzessin von Mecklenburg-Strelitz (da Tochter von Karl von Mecklenburg-Strelitz) sowie Königin von Preußen (da vermählt mit dem preußischen König *Friedrich Wilhelm III.*). Während eines Besuchs bei ihrem Vater hier auf Schloss Hohenzieritz nämlich verstarb Königin Luise 1810, gerade einmal 34 Jahre

Königin Luise von Preußen (1776–1810)

Lange vor Regenbogenpresse und Paparazzi hatte Preußen seine Königin der Herzen. Schön und anmutig wie Romy Schneider, volksnah wie Silvia von Schweden, früh verstorben wie Diana. So blieb sie jung und schön in Erinnerung, ideal für einen Mythos. Als Königin Luise 1810 in Hohenzieritz starb, trauerte ganz Preußen.

Wie keine andere Frau an der Seite eines preußischen Herrschers war Luise in den Blickpunkt der Öffentlichkeit gelangt, ganz ohne Skandale und Herrscher-Arroganz. Im Gegenteil. Ihr erster öffentlicher Auftritt mag dafür beispielhaft genannt sein: Zur Verlobung in Berlin angekommen, wird Luise unter großer Anteilnahme der Bevölkerung Unter den Linden ein Empfang bereitet, ein Mädchen trägt ihr dabei ein Gedicht vor. Allen Etiketten zum Trotz umarmt die Prinzessin das Kind in einer spontanen Geste. „Alle Herzen flogen ihr entgegen", berichtet der Dichter de la Motte Fouqué. Luise hatte in der Tat alles, um die Rolle als Volkes Liebling auszufüllen: Sie war hübsch und anmutig, dabei unprätentiös und warmherzig, liebenswürdig und bescheiden, nachgerade bürgerlich. Damit war sie genau die richtige Frau an der Seite des wohl bürgerlichsten unter den Herrschern der Hohenzollern. Ihr Ehemann *Friedrich Wilhelm III.* (1770–1840) fügte sich nur schwer in das Amt des preußischen Herrschers. Er war kein Soldatenkönig, kein Alter Fritz und schon gar kein moralisches Leichtgewicht wie sein Vater, *Friedrich Wilhelm II.* Vielmehr war er bescheiden, ein wenig bieder, aufrichtig und voller Zweifel ob der eigenen Fähigkeiten. Er zeigte sich selbst lieber als Familienvater denn als kraftstrotzender Souverän und er bemühte sich um die Sittlichkeit am Hofe, die sein Vater recht flexibel gehandhabt hatte.

Die 17-jährige Luise ehelichte den sechs Jahre älteren preußischen Kronprinzen am 24. Dezember 1793. 1795 wurde der Thronfolger, der spätere *Friedrich Wilhelm IV.*, geboren – zehn Kinder brachte Luise insgesamt zur Welt. Nachdem der „dicke Lüderjahn", wie Friedrich Wilhelm II. vom Volksmund genannt wurde, früh und verbraucht 1797 gestorben war, sah sich das Kronprinzenpaar, nunmehr in Amt und Würden, vor immensen Aufgaben. Der Staatshaushalt war zerrüttet, das Ansehen Preußens in Europa lädiert, die Verwaltung überfordert. Die neuen Herausforderungen schienen die Beziehung des Königspaars kaum zu verändern. Luise war Friedrich eine enge Vertraute. Ein Zeichen dafür war, dass sich König und Königin, in höfischen Kreisen kaum denkbar, duzten. Das Paar lebte außerdem bescheiden und gab sich in der Öffentlichkeit volksnah und bürgerlich.

Politisch spielte die eher überschaubar gebildete Luise nur eine indirekte Rolle. Sie setzte sich bei ihrem Gatten vehement für *Karl vom und zum Stein* und *Karl August von Hardenberg* ein und bereitete so ein Stück den Weg für die großen Reformer Preußens. Auch als Napoleon sich anschickte, die Grundfesten Europas zu erschüttern und Preußen in eine verheerende Niederlage stürzte, blieb Luise ihrer Linie treu. Zuerst begleitete sie ihren Gemahl in den Krieg, floh nach der Niederlage mit ihm zunächst nach Berlin, dann weiter nach Ostpreußen und reiste schließlich persönlich (und auf Betreiben Hardenbergs) zum verhassten Korsen nach Tilsit. Zwar beeindruckten sich die charismatische Luise und Bonaparte gegenseitig, doch nützen sollte der Bittgang wenig. Napoleons Friedensbedingungen gegenüber Preußen waren hart. Und es sollte zwei Jahre dauern, bis der französische Kaiser dem preußischen König gestattete, in die preußische Hauptstadt zurückzukehren. Im Winter 1809 erreichten Friedrich Wilhelm und Luise Berlin, ein halbes Jahr später reiste sie allein zu ihrem Vater nach Hohenzieritz, erkrankte schwer und starb überraschend am 19. Juli 1810. Schnell wurde die populäre Königin – nicht zuletzt geliebt wegen ihres so mutigen Tilsiter Canossagangs – zum Gegenstand fast mythischer Verehrung.

jung. Der trauernde Vater richtete drei Jahre nach ihrem frühen Tod in ihrem Sterbezimmer eine Gedenkstätte ein, die bis 1945 existierte und schließlich im Jahr 2000 wieder eröffnet wurde.

Das *Schloss* selbst ist heute Sitz des Amtes des Müritz-Nationalparks. Die Ausstellung im Schloss umfasst nur zwei Räume, einen Vorraum, in dem über Luises Leben informiert wird, und das Sterbezimmer mit der liegenden Büste der toten Königin. Sehr empfehlenswert ist ein Spaziergang durch den wunderbaren *Landschaftsgarten* mit Luisentempel. Im *Kastellanhaus* neben dem Schloss befindet sich eine Ausstellung zur Entstehung des Schlossparks.

Gedenkstätte: April/Mai und Okt. Sa/So 11–16.30 Uhr, Juni bis Sept. Di–Fr 10–17 Uhr, Sa/So 11–16.30 Uhr. Eintritt 3 €, erm. 2 €. Fotografieren verboten. ☎ 0172-2873931, www.mv-schloesser.de.

Nationalparkamt: Schlossplatz 3, 17237 Hohenzieritz, ☎ 039824-2520, www.nationalpark-mueritz.de.

Café Louisenstübchen, gegenüber dem Eingang in den Schlossbereich. Hausgebackene Kuchen und ein lauschiger Garten für die Kaffeepause. Di–Fr 11–17 Uhr, Sa/So 14–18 Uhr, Mo Ruhetag. Dorfstr. 41, ☎ 039824-21536, www.louisenstuebchen.de.

Idyllischer Zungenbrecher: das Tollenseseer Seeufer

Unweit von Hohenzieritz liegt am Südufer der Lieps der Weiler **Prillwitz** mit Bootsanlegestelle, kleinem Strandabschnitt und dem *Jagdschloss zu Prillwitz* (1888–1890, nicht zugänglich). Die Lieps, durch einen Kanal mit dem Tollensesee verbunden, ist Teil des *Naturschutzgebietes Nonnenhof* und daher für den privaten Bootsverkehr gesperrt.

Penzlin und die Alte Burg

Das kleine, beschauliche Städtchen **Penzlin** (ca. 4200 Einwohner), das im Jahr 1226 das Stadtrecht erhielt, entstand an einer einst wichtigen Handelsstraße. An der höchstgelegenen Stelle der Stadt steht die im Kern frühgotische Kirche *St. Marien*. Berühmtester Sohn der Stadt ist *Johann Heinrich Voß* (1751–1826), der, wenngleich in der Nähe von Waren geboren, hier aufwuchs. Der Dichter ist heute vor allem wegen seiner profunden Übersetzung antiker Texte in Erinnerung, darunter zuvorderst die kongeniale Übersetzung von Homers Ilias und der Odyssee.

Im Mittelalter entwickelte sich Penzlin im Schatten einer schmucken Burg. Bereits im 9. Jh. soll sich hier ein Wehrbau erhoben haben, ihre heutige Gestalt erhielt die **Alte Burg Penzlin** weitgehend im 16. Jh. Nach der Sanierung in den 1990ern erhebt sich hier heute eine Ritterburg wie aus dem Märchenbuch. Weniger märchenhaft ist, wofür die Burg Penzlin in der frühen Neuzeit stand: Hexenprozesse und Hexenbrennen. Hier fanden nicht nur Prozesse gegen „Hexen" statt, im Keller gibt es eigene Hexenverliese, in die Mauer eingelassene Nischen, in denen man die „Hexe" anketten konnte, ohne dass sie den Boden berührte. Das war laut dem „Hexenhammer", der inoffiziellen Gebrauchsanweisung für Hexenjäger aus dem Jahr 1486, notwendig, um zu verhindern, dass die Hexe über die Erde Kraft vom Teufel schöpfen konnte.

Das **Museum für Magie und Hexenverfolgung in Mecklenburg** präsentiert zwar nicht allzu viele Ausstellungsstücke, informiert aber mittels Schautafeln über die „Hexen", Hexenverfolgung und -prozesse in Mecklenburg. Allerweltsmagie, Hexerei in der Kunst und als Topos in den Werken von Barlach sind weitere Themen. Sehr interessant sind die Innenräume der Alten Burg selbst: die rußgeschwärzte Küche gleich am Eingang, der Rittersaal, natürlich der (Folter-)Keller und das Verlies der Burg.

Museum Museum Alte Burg Penzlin: Mai bis Aug. tägl. 10–18 Uhr, April und Sept./Okt. tägl. 10–17 Uhr, Nov. bis März nur Sa/So 13–16.30 Uhr. Eintritt 5 €, Kinder 3 €, Familien 12,50 €. Alte Burg 1, 17217 Penzlin, ✆ 03962-210494.

Veranstaltungen Das **Burgfest** findet jedes Jahr am vorletzten Augustwochenende statt.

Übernachten außerhalb ≫ **Lesertipp:** Schloss Marihn, „wunderschön restauriertes Schloss, umgeben von einem sehens-

Außen idyllisch: Burg Penzlin

werten Landschaftspark. Diese Unterkunft ist sehr persönlich geführt." Der Garten mit seinem Rosenbestand ist im Sommer ein Traum. Nur sieben Zimmer/Suiten; sehr freundliche Leitung. DZ 108–120 €, Frühstück inklusive. Flotower Str. 1, 17219 Marihn, ✆ 03962-221930, www.schlosshotel-marihn.de. *Anfahrt:* 8 km westlich von Penzlin Richtung Waren. ≪

Alt Rehse

Am südwestlichen Ufer des Tollensesees steht ein Dorf wie aus dem Bilderbuch: schmucke, backsteinerne Fachwerkhäuschen, rohrgedeckt, von Bäumen beschattet und von gepflegten Gärten umgeben – ein Musterdorf samt Gutshaus und idyllischem Park. Doch die Geschichte von Alt Rehse ist weniger idyllisch. 1934 wurden die Eigentümer des Gutshofs enteignet, das Gelände dem Hartmannbund, dem Berufsverband der Ärzte, übertragen, das alte Dorf abgerissen und als ein Musterdorf wiederaufgebaut, um hier schließlich 1935 die „Führerschule der Deutschen Ärzteschaft" zu eröffnen. Alt Rehse war zum medizinischen Zentrum der nationalsozialistischen Rassenlehre geworden: Hier wurden junge Ärzte, aber

Rund um den Tollensesee
→ Karte S. 435

In Alt Rehse

auch Apotheker, Hebammen und gesundheitspolitische Funktionäre in „Erbbio-logie" und „Rassenhygiene" geschult und die Grundlagen für Euthanasie, Zwangs-sterilisation und medizinische Menschenversuche in der NS-Diktatur gelegt. Eine vom gemeinnützigen Verein „Erinnerungs-, Bildungs- und Begegnungsstät-te Alt Rehse e. V." initiierte Ausstellung dokumentiert die nationalsozialistische Vergangenheit des Ortes. Die Ausstellung, bislang noch überschaubar, ist in einem noch recht unauffälligen Laborgebäude aus den 1990ern zu sehen. Doch das soll sich ändern: Bis 2020 soll das Gebäude eine moderne Ummantelung bekommen, außerdem soll eine neue, umfangreichere Ausstellung eingerichtet werden. Ein wei-teres Projekt vor Ort: Der Park von Alt Rehse samt Schloss und rund 20 anderen Gebäuden, der bis 2014 das alternative Wohnprojekt „Tollensesee-Lebenspark" be-herbergte, soll zu touristischen Zwecken umgebaut werden.

Ausstellung: April bis Sept. tägl. 10–18 Uhr, Okt. bis März tägl. 10–16 Uhr. Infolge der Umbauarbeiten am Haus und der Neuge-staltung der Ausstellung sind vorüberge-hende Schließungen wahrscheinlich. Ein-tritt frei (Spende erbeten). Am Gutshof 34, 17217 Alt Rehse, ✆ 03962-221123, www.ebb-alt-rehse.de.

Nördlich von Neubrandenburg

Altentreptow (ca. 5300 Einw.): Etwa 18 km nördlich von Neubrandenburg liegt die im 12. Jh. gegründete Kleinstadt Altentreptow am Ufer der Tollense. Erhöht steht die wuchtige *Stadtkirche St. Peter*, eine backsteingotische Hallenkirche aus der ers-ten Hälfte des 14. Jh. (meist Mo–Fr 10–12 und 14–16 Uhr geöffnet, Infos beim Pfarramt, Mühlenstr. 4, ✆ 03961-214745). Durch das Zentrum fließt malerisch die „Kleine Tollense", ein schmaler Seitenarm der Tollense. Vom gemütlichen Markt-platz führen enge Gassen, kopfsteingepflasterte Sträßchen und schmale Stege durch den Ort und an der „Kleinen Tollense" entlang. Von der ehemaligen Stadtbe-festigung sind abgesehen von der Ringstruktur des Altstadtgrundrisses vornehm-lich das stattliche *Brandenburger Tor* und das funktionale *Demminer Tor* (beide um 1450) erhalten.

Westlich von Neubrandenburg: Reuterstadt Stavenhagen

ca. 5600 Einwohner

Reuterplatz und Reuterstraße, ein Reutermuseum und davor eine Reuter-statue, Reuterschule, Reuterapotheke, Reuter-Eiche … ganz offensichtlich befindet man sich in einer Reuterstadt.

In Stavenhagen geboren, prägt er das Erscheinungsbild des Städtchens bis heute: **Fritz Reuter,** *der* Dichter Mecklenburgs. Natürlich gab es ein Stavenhagen vor Fritz Reuter – im Jahr 1230 wurde es erstmals erwähnt, 1264 mit dem Stadtrecht ausgestattet, im Dreißigjährigen Krieg zerstört. Tatsächlich aber ist die beschauliche Stadt, die seit 1949 offiziell den Namen Reuterstadt trägt, ohne ihren berühmten Sohn kaum denkbar. Ihm zu Ehren steht, genauer gesagt: thront seine Statue über dem Marktplatz und vor dem ehemaligen Rathaus, das (ihm zu Ehren) in ein Literaturmuseum umgewandelt wurde. Das **Fritz-Reuter-Literaturmuseum** ehrt den größten Sohn der Stadt, der (als Bürgermeistersohn) hier in diesem Gebäude geboren wurde. Im Obergeschoss sind in mehreren Räumen Reuters Handschriften, Möbel, Bilder und sonstige Zeitdokumente sowie Zeichnungen von Fritz Reuter selbst zu sehen; Schautafeln informieren über sein Leben und seine Zeit. Ein Teil der Ausstellung befasst sich auch mit der Franzosenzeit in Mecklenburg von 1806 bis 1813, zu sehen sind militärhistorisch interessante Exponate wie kolorierte Lithografien von Uniformen, eine umfangreiche Waffensammlung, aber auch Alltagsgegenstände, Zeichnungen, Gemälde und literarische Zeugnisse dieser Jahre. Im Nebengebäude ist in zwei Räumen eine sehenswerte Ausstellung zu Leben und Werk des mecklenburgischen Malers *Ernst Lübbert* (1879–1915) zu sehen. Lübbert verbrachte seine Jugend in Stavenhagen.

Mo–Fr 9–17 Uhr, Sa/So 10–17 Uhr. Eintritt 4 €, erm. 3 €, Kinder 1 €. Am Markt 1, ✆ 039954-21072, www.fritz-reuter-literaturmuseum.de.

Mecklenburgs großer Erzähler

Rund um den Tollensesee → Karte S. 435

Unweit davon befindet sich das schmucke **Schloss** aus dem 18. Jh., von einem kleinen Park umgeben. An der Stelle einer mittelalterlichen Burg wurde um 1740 das barocke Schloss errichtet, in dem heute die Stadtverwaltung untergebracht ist. Stavenhagen und seinem Schloss setzte Reuter ein Denkmal mit seiner Erzählung *Ut de Franzosentid* (Aus der Franzosenzeit, 1859), die sich die Zeit der napoleonischen Besatzung zum Thema nimmt.

Fritz Reuter – Mecklenburgs Dichter

Der Dichter, der mit seiner volksnahen, humorvollen Erzählstimme seine Zeitgenossen einnahm, hat bis heute überall in Mecklenburg Spuren hinterlassen. Kaum ein Ort im Land, den Reuter auch nur flüchtig bereiste, der nicht an den großen, niederdeutschen Erzähler erinnert. Fritz Reuter wurde am 7. November 1810 als Sohn des Bürgermeisters von Stavenhagen geboren. Ab 1824 besuchte er mit mäßigem Erfolg das Gymnasium, zunächst in Friedland, dann in Parchim. Es folgte ein lustlos betriebenes Studium der Rechte in Rostock, später in Jena – der Vater wollte den Sohn in seinen Fußstapfen sehen, der Sohn sah lieber in den Krug. Wegen der Mitgliedschaft in einer Burschenschaft wurde Reuter 1833 verhaftet, zum Tode verurteilt und sogleich zu 30 Jahren Festungshaft begnadigt. Es ist die Zeit der Reaktion, in der der Ruf nach (nationaler) Einigkeit und Recht und Freiheit als Hochverrat und Majestätsbeleidigung geahndet wird. Aus den 30 Jahren Festungshaft werden, dank der Begnadigung durch *Friedrich Wilhelm IV.*, sieben Jahre. Doch die waren hart genug, auch wenn Reuter (auf Betreiben des Vaters) die letzten davon unter erleichterten Haftbedingungen in der Festung Dömitz verbrachte.

Nach der Entlassung fiel es Reuter schwer, sich wieder einzugliedern. Die Wiederaufnahme des Studiums in Heidelberg scheiterte an schweren Alkoholproblemen. Reuter brach das Studium zum Leidwesen des Vaters ab und ging bei seinem Onkel, Pastor in Jabel bei Malchow, gewissermaßen in Reha. Nach einer Weile begann Reuter in Demzin als „Strom" (Volontär) in der Landwirtschaft zu arbeiten. In dieser Zeit traf er *Hoffmann von Fallersleben*, der ihm riet, seine humoristischen Anekdoten auch und gerade über die Festungshaft zu Papier zu bringen. Nach einem weiteren trunksuchtbedingten Zusammenbruch folgten ein erneuter Aufenthalt beim Onkel und später ein bescheidener Neuanfang als Lehrer in Treptow (heute Altentreptow). Reuter, inzwischen verheiratet, begann nun ernsthaft und mit zunehmendem Erfolg zu schreiben. 1856 zog das Paar nach Neubrandenburg, wo Reuter seine produktivsten Jahre erlebte. Mit dem Verleger *Dethloff Carl Hinstorff* in Wismar begann eine für beide Seiten lukrative Zusammenarbeit. Von nun an lebte Reuter nicht nur von seiner Schreiberei, er avancierte auch zu einem der meistgelesenen Schriftsteller seiner Zeit. In Neubrandenburg entstand zunächst das Poem *Kein Hüsung* (1856), dann seine erste längere Erzählung in niederdeutscher Sprache *Ut de Franzosentid* („Aus der Franzosenzeit", 1859). 1862 griff Reuter von Fallerslebens Anregung auf und schrieb über seine Festungszeit *(Ut mine Festungstid)*, kurz darauf folgte der erste Teil des autobiografisch gefärbten Gesellschaftsromans *Ut mine Stromtid*. Diesen Roman schloss er in Eisenach ab, wohin die Reuters 1864 gezogen waren. Mit dem distanzierten Blick von Eisenach nach Mecklenburg schuf er 1866 mit *Dörchläuchting* eine bissige Satire über seine Heimat.

Reuters Arbeit auf komödiantische Mundartdichtung zu reduzieren hieße jedoch, die politische und soziale Dimension seines Werks zu verkennen. Der volkstümliche Humor Reuters zeigt sich immer wieder durchsetzt von einem scharfsinnigen und kritischen Blick auf die gesellschaftlichen Verhältnisse des 19. Jh. Fritz Reuter starb am 12. Juli 1874 in Eisenach.

Ebenfalls aus dem 18. Jh. stammt die **Stadtkirche** von Stavenhagen, nur einen Steinwurf vom Markt entfernt. 2010 war übrigens ein Festjahr für das Städtchen, denn da feierte Stavenhagen und mithin ganz Mecklenburg Reuters 200. Geburtstag. Aber nach so viel Reuter hätte wohl auch Fritz selbst gesagt: Nu is auch man wieder gut!

Information Stadtinformation, im Literaturmuseum. Mo–Fr 9–17 Uhr. Markt 1, 17153 Stavenhagen, ☎ 039954-279835, www.stavenhagen.de.

Verbindungen Bahn: etwa stündl. nach Neubrandenburg und via Malchin und Teterow nach Güstrow.

Im Tierpark Ivenacker Eichen

Stavenhagen/Umgebung

Ivenack: Wenige Kilometer östlich von Stavenhagen findet sich in dem schmucken, komplett unter Denkmalschutz stehenden kleinen Ort ein weitläufiges Ensemble mit *Schloss, Marstall, Teehaus* und *Kirche*. Das Schloss selbst geht auf ein ehemaliges Nonnenkloster der Zisterzienser aus dem Jahr 1252 zurück, sein heutiges Aussehen erhielt es im 18. Jh. 2016 wurde mit seiner Sanierung begonnen. Zukünftig soll es ein Museum zur Geschichte der mecklenburgischen Rittergüter beherbergen, auch sind Ferienwohnungen geplant. Die eigentliche Attraktion sind aber die berühmten **Ivenacker Eichen** am Ortsrand: Schon Fritz Reuter schwärmte von dem lichten Wald und die Bäume in dem um 1800 angelegten Park sind in der Tat eindrucksvoll und altehrwürdig. So manche der Eichen bringt es auf 500 bis 1000 Jahre, manche haben einen Stammumfang von 9 m. Wenig scheu streunt Damwild durch dieses Waldidyll. 2016 wurden die Ivenacker Eichen als erstes in die noch recht kurze Liste der Nationalen Naturmonumente aufgenommen. Im Park finden sich auch ein Aussichtsturm samt Baumkronenpfad, ein Café und ein barocker Pavillon, in dem eine Ausstellung über Eichen zu sehen ist.

Park: Ganzjährig rund um die Uhr zugänglich. **Café**: April bis Okt. tägl. 10–18 Uhr (Kaffee, klasse Kuchen und Snacks). **Ausstellung**: April bis Okt. Mo–Fr 9–18 Uhr, Sa/So 10–18 Uhr. Eintritt für Park und Ausstellung 4 €, Schüler und Stud. 2 €, Kinder bis 12 J. frei, inkl. Baumkronenpfad 8 €, erm. 5 €, Kinder bis 12. J. 2 €. Gebührenpflichtiger Parkplatz am Eingang.

Zweiradmuseum Mecklenburg-Vorpommern: Etwa 5 km südlich von Stavenhagen liegt Jürgenstorf, ein Ziel für Liebhaber knatternder Zweiräder aus DDR- und osteuropäischer Produktion. Das kleine, vollgestopfte Museum zeigt rund 110 Maschinen, darunter alle *Simson*-Modelle, zudem Motorräder u. a. von *MZ, Panonia, IWL* oder *JAWA*. Die älteste Maschine ist eine *DKW ZL*, Baujahr 1922.

Mai bis Sept. Mi–So 11–16 Uhr, im Winter nur Sa 11–16 Uhr. Eintritt 3 €. Hofweg 10 (im „Radhaus), 17153 Jürgenstorf, www.zweiradmuseum-mv.de.

Rund um den Tollensesee ↓ Karte S. 435

Malerisch: Schloss Ulrichshusen | Windmühle bei Dargun

Mecklenburgische Schweiz

Sanfte Hügel, Felder und Weiden, uralte Bäume, stattliche Gutshäuser und Schlösser – und hier und da spiegelt die Oberfläche eines Sees das satte Grün der Wiesen und Wälder. Wer Ruhe in unmittelbarer Naturnähe sucht, ist hier genau richtig.

So hat also auch Mecklenburg seine Schweiz. Es heißt, die Bezeichnung ginge auf *Georg von Strelitz* zurück. Zur Zeit der Romantik und darüber hinaus war es schick, hügeligen Gegenden die Bezeichnung Schweiz anzuhängen. Besagter Georg von Strelitz soll sich daher bei einem Besuch auf Burg Schlitz angeblich zu dem Ausruf hinreißen lassen: So hat auch Mecklenburg seine Schweiz!

Das typisch Schweizerische an der Mecklenburgischen Schweiz fällt allerdings ziemlich reliefarm aus. Mehr als 110 m Höhenunterschied sind nirgendwo zu überwinden, jedenfalls nicht am Stück. Rund um die beiden großen Seen erstreckt sich der 1997 gegründete *Naturpark Mecklenburgische Schweiz und Kummerower See*. Geologisch gesehen gehören der Malchiner und der Kummerower See zusammen, sie entstanden durch einen eiszeitlichen Tunnel unter dem Gletscher. Der *Malchiner See* ist mit einer Wassertiefe von durchschnittlich kaum mehr als 2 m (maximal 11 m) ausgesprochen flach, während der deutliche größere *Kummerower See* im Schnitt 8 m und maximal etwa 25 m tief ist.

Um die Seen herum findet sich das Herzstück der Mecklenburgischen Schweiz. Über sanften Hügeln erstrecken sich Felder und Wiesen, Weiden und Mischwälder. Dazwischen liegen kleine Dörfer mit alten backsteinernen Kirchen – und immer wieder prächtige Schlösser mit alten Parkanlagen, so zum Beispiel Ulrichshusen, Burg Schlitz und Basedow, um nur die wichtigsten zu nennen, alle drei eindrucksvolle Zeugnisse aus vergangener gutsherrlicher Zeit. Die meisten dieser repräsentativen Bauten dienen heute als noble Schlosshotels.

Malchin

ca. 7600 Einwohner

Die Stadt zwischen Kummerower und Malchiner See ist neben Teterow eines der Zentren der Mecklenburgischen Schweiz. Der Ort geht auf eine slawische Siedlung zurück und erhielt 1236 das Stadtrecht. Bis 1918 traf sich im alten Rathaus – immer abwechselnd mit dem Rathaus von Sternberg – der mecklenburgische Landtag. Das heutige Rathaus aber ist nur noch im Kern, also im Keller, gotisch, der zeitgenössische Bau stammt aus der ersten Hälfte des 20. Jh. Im Zweiten Weltkrieg wurde das Städtchen gründlich zerstört. Den Krieg überdauert haben Teile der mittelalterlichen Stadtbefestigung, darunter auch zwei Stadttore und der Fangelturm aus dem 15. Jh., sowie die Kirche **St. Johannis**. Die backsteingotische dreischiffige Basilika wurde in der ersten Hälfte des 15. Jh. errichtet. Im Inneren ist vor allem der kostbare geschnitzte Marien-Altar aus dem 15. Jh. und die prächtige, zum Teil barocke Orgel bemerkenswert.

Die Kirche ist von Anfang bis Mitte Mai sowie Mitte bis Ende Sept. Mo–Sa von 11–15 Uhr geöffnet, von Mitte Mai bis Mitte Sept. Mo–Sa von 11–17 Uhr. Im Winter geschlossen. Turmbesteigung 1,50 €., www.st-johannis-malchin.de.

Information Touristinformation Malchin, in der Sakristei der St.-Johannis-Kirche, April bis Okt. Mo–Do 10–16 Uhr, Fr 10–13 Uhr, Juli u. Aug. auch Sa 10–12 Uhr, in der Nebensaison nur Mo–Do 10–12 und 13–15 Uhr, Fr 10–12 Uhr. Am Markt 1, 17139 Malchin, ☎ 03994-640111, www.malchin.de.

Vom nahen Dorf **Remplin** an der B 104 sollte man nicht zu viel erwarten – gäbe es da nicht dieses eigentümliche Türmchen – mit dem es folgende Bewandtnis hat: Ende des 18. Jh./Anfang des 19. Jh. herrschte mit *Friedrich II. Hahn* (nach 1802 Friedrich II. Graf von Hahn) ein aufgeklärter Fürst über das Land. Sein Interesse für Astronomie ließ ihn nahe seinem Gutshaus eine *Sternwarte* errichten. So kommt es, dass im beschaulichen Remplin heute die älteste erhaltene Sternwarte Deutschlands steht Ein Förderverein kümmert sich um deren Restaurierung und will sie der Öffentlichkeit zugänglich machen (www.sternwarte-remplin-ev.de).

Um den Kummerower See

Am Westufer des Kummerower Sees fallen die hügeligen Ausläufer der Mecklenburgischen Schweiz jäh in die Senke ab, die das Schmelzwasser eines eiszeitlichen

Tunnels unter den gigantischen Gletschern ausspülte. Mit seinen 32,5 km^2 ist er der viertgrößte See Mecklenburg-Vorpommerns. Während das Westufer stark versumpft und verschilft und somit kaum zugänglich ist (Ausnahme ist Salem am Süd-

westufer), finden sich in den Weilern am Ostufer einige Campingplätze und Hotels. Von den Orten am See besitzt **Verchen** am Nordufer einige touristische Relevanz. Etwa 1 km westlich von Verchen befindet sich die *Aalbude*, hier fließt die Peene

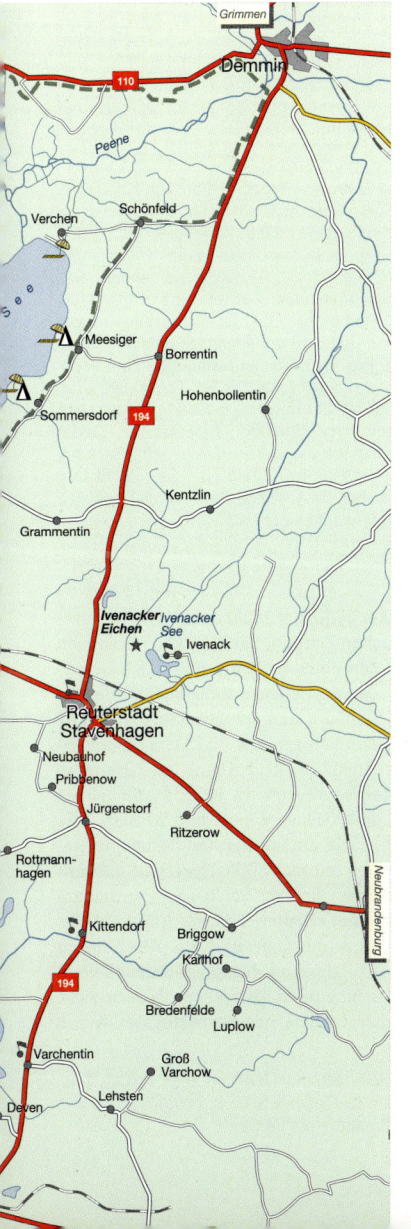

aus dem See und weiter nach Demmin, eine kleine Fähre (→ Verbindungen) führt übers Wasser – Wanderer und Fahrradfahrer ersparen sich so einen immensen Umweg.

Gravelotte und **Sommersdorf** am Ostufer sowie **Salem** am Westufer bieten ebenfalls einen direkten Seezugang und eine (bescheidene) touristische Infrastruktur. Größter Ort der Gegend ist **Neukalen** (2000 Einwohner) am Peenekanal, gut 2 km westlich des Sees mit seinen sumpfigen Ufern gelegen. Blickfang von Neukalen ist die *gotische Backsteinkirche* aus dem 14. Jh., aber auch die fotogenen Bootshäuschen an der Peene. Ein Fahrradweg führt von hier zur *Aalbude* (Fähre nach Verchen).

Das Schloss von *Kummerow* hat der Berliner Unternehmer Torsten Kunnert behutsam restaurieren lassen. Im Innern zeigt er Fotos aus seiner Sammlung, die zu den führenden fotografischen Privatsammlungen Deutschlands gehört – mehr als nur sehenswert. Zudem finden vier Sonderausstellungen pro Jahr statt.

Fotografische Sammlung Schloss Kummerow: April bis Mai und Okt. Fr–So 11–17 Uhr, Juni bis Sept. Mi–So 11–17 Uhr, Eintritt 5 €, erm. 2,50 €, www.schloss-kummerow.de.

Verbindungen Bus: von Malchin mehrmals tägl. nach *Kummerow* und über Salem und Neukalen nach *Dargun*, z. T. auch weiter nach *Demmin*. Von dort nach Verchen, Meesiger und Sommersdorf.

Fähre Aalbude: vom Ende bis Mitte April bis Ende und Sept. tägl. 10–18 Uhr, Mai bis Aug. tägl. 10–18 Uhr; alle 15 Min. bzw. nach Bedarf, im Winter nicht. Erw. 1,30 €, erm. 0,80 €, Fahrrad 0,70 €.

Übernachten/Camping Hotel Gravelotte, das einzige Hotel auf weiter Flur, direkt am See. Etwas altbacken eingerichtet und nur wenige Zimmer mit Seeblick, doch alles in allem sehr nett. Restaurant und

Wellness, Garten und Streichelzoo. EZ ab 60 €, DZ ab 78 €, Frühstück inkl. Am Kummerower See, 17111 Gravelotte, ✆ 039994-7210, www.hotel-gravelotte.de.

Camping Meesiger Gravelotte, herrlich gelegener Platz direkt am See, mit Sandstrand, Liegewiese unter alten Bäumen und eine kleine Marina vor der Nase; auch Wasserwanderrastplatz. Schattiges, nicht immer ebenes Gelände, Kiosk und Fischimbiss, Anlegestelle, Boots- und Fahrradverleih. Geöffnet Mitte April bis Mitte Okt. 2 Pers. mit Camper und Strom ca. 15 €. Haustiere wohnen kostenlos, auch gibt es eine Hundebadestelle. Am Kummerower See, 17111 Meesiger, ✆ 039994-10732, www.campingplatz-gravelotte.de.

》》Unser Tipp: Campingpark Sommersdorf, der Platz ist an Idylle kaum zu überbieten. Traumhafte Sonnenuntergänge! Etwa 1 km nordwestlich von Sommersdorf direkt am See. Mit Strand und Anlegestelle, Spielplatz, kleinem Laden, Imbiss. Ganzjährig geöffnet. 2 Pers. mit Wohnmobil und Strom 23,50 €, auf dem Wohnmobilhafen (auch schön) 18 €. 17111 Sommersdorf, ✆ 039952-2973, www.camping-sommersdorf.de. 《《

Wasserwanderrastplatz Aalbude, direkt bei der Fähre (am Ostufer), Zelt 3 €, Pers. 2 €, das „Ablegen eines muskelbetriebenen Wasserfahrzeugs an Land" 2,50 €.

Essen & Trinken   Gaststätte Aalbude, bei Verchen auf der anderen Seite der Peene, die hier den Kummerower See verlässt. Ausflugsrestaurant mit Terrasse, Fisch und Fischbrötchen. Von der Darguner Seite zu erreichen (von der Verchener Seite aus mit der Fähre). Mai bis Okt. 11–20 Uhr. Aalbude 2, ✆ 039959-27679.

》》Unser Tipp: Familien-Konditorei Komander, in Grammentin an der Durchgangsstraße. Eine Konditorei, so unauffällig, dass man glatt daran vorbeifahren könnte. Konditoreimeister Komander backt hier grandiose Kuchen und Torten (die „Fritz-Reuter-Torte" ist ein tortengewordenes Gedicht!) und kreiert zudem wunderbare Pralinen. Weithin bekannt ist der „Ivenacker Baumkuchen", rund 7 t im Jahr werden alleine davon gebacken. Bestellt wird bei Frau Komander. Biozertifiziert. Leider innen nur wenige Sitzplätze, dafür Gehwegterrasse. Di–Fr 10–18 Uhr, Sa 7.30–18 Uhr. Dorfstr. 7, ✆ 039952-23912, www.ivenacker-baumkuchen.com. 《《

Dargun
ca. 4900 Einwohner

An einem nordwestlichen Ausläufer der Senke, in die der Malchiner und der Kummerower See eingebettet sind, liegt das Städtchen Dargun, flankiert vom schlanken *Klostersee*. Dargun entwickelte sich im Schatten einer einst mächtigen Klosteranlage mit wechselvoller Geschichte. 1172 gründeten Mönche aus Dänemark hier ein Kloster, das sie aber schon 1199 wieder verließen, um sich den Gründern des Klosters von Eldena anzuschließen. Unter den Zisterziensern aus Bad Doberan entwickelte sich das Darguner Kloster dann zu einem der bedeutendsten Klöster in Mecklenburg. Nach der Reformation wurde das Kloster zu einer vierflügeligen Schlossanlage umgebaut (Mitte des 16. Jh.). 1945 fielen *Schloss* und *Klosterkirche* einem Großbrand zum Opfer. Übrig geblieben sind die imposanten Ruinen, umgeben von einem hübschen barocken *Schlossgarten* (einst der Klostergarten) mitsamt *Pavillon*. Von der Straße aus führt eine Kastanienallee am Schlosspark vorbei auf das *Gelbe Tor* (17. Jh.) zu, dahinter stehen die noch erhaltenen Wirtschaftsgebäude, so das Brau- und Kornhaus, in dem heute u. a. ein Café und ein Klosterladen (Verkauf von handgemachten Schokoladentrüffeln und handgesiedeten Seifen) untergebracht sind. Der Innenhof der Schlossruine dient als Spielort für Konzerte. Das einstige Gästehaus des Klosters beherbergt heute das **Heimatmuseum** von Dargun *(Uns Lütt Museum)*.

Der Innenhof der **Kloster- und Schlossanlage** und die **Klosterkirche** sind Mitte Mai bis Mitte Sept. Sa/So 13.30–16.30 Uhr geöffnet. **Uns Lütt Museum:** April bis Okt. Sa/So 13.30–16.30 Uhr (Juli/Aug. auch Mi/Do). Erw. 2,50 €, Kinder 0,50 €. ✆ 039959-20381, www.museum-dargun.de.

Noch als Ruine wuchtig: Dargun

Information Stadtinformation in der Kloster-/Schlossruine. Mitte Mai bis Mitte Sept. Di–Fr 10–12 und 13–17 Uhr, Sa/So 13.30–16.30 Uhr; Mitte Sept. bis Mitte Mai Di–Do 10–12 und 13–16 Uhr, Fr nur 10–12 Uhr, Sa/So geschlossen. Auch Führungen. Kloster- und Schlossanlage, 17159 Dargun, ☎ 039959-22381, www.dargun.de.

Aktivitäten Draisinenbahn, ab Bahnhof Dargun mit nettem Café (und Pension, www.pension-bahnhof-dargun.m-vp.de), auf den stillgelegten Bahngleisen führt die 17 km lange Tour von Dargun nach Salem am Kummerower See. Ausleihe 9–11 Uhr, Rückgabe 14–18 Uhr. Mitte April bis Okt. Pro Tag und Draisine 40 €. ☎ 039959-27804, www.naturparkdraisine.de.

Demmin

ca. 11.300 Einwohner

Etwa 12 km östlich von Dargun trifft man auf die alte Hansestadt Demmin, heute das Zentrum des vorpommerschen Landkreises Demmin. Hier münden die aus Südosten kommende Tollense und die aus Nordwesten kommende Trebel in die aus dem Kummerower See fließende Peene. Bereits im Frühmittelalter befand sich hier eine slawische Siedlung. Während seiner zweiten Missionsreise 1128 gelangte *Otto von Bamberg* auch nach Demmin, woran eine Ausstellung in der Kirche St. Bartholomaei erinnert. 1236 mit dem Stadtrecht ausgestattet, erlangte Demmin dank der Zugehörigkeit zur Hanse Reichtum und Einfluss. Mit dem Niedergang der Hanse aber büßte auch Demmin seine Bedeutung ein. Die dunkelste Stunde der Stadt schlug im Mai 1945. Der Vormarsch der Roten Armee kam bei Demmin ins Stocken, da alle Brücken gesprengt waren. Die Soldaten der Sowjetarmee zogen marodierend, plündernd und vergewaltigend durch die Stadt. Unter dem Eindruck der Gräuel kam es zu einem beispiellosen Massenselbstmord. Fast 900 Menschen, vornehmlich Frauen und Kinder, nahmen sich das Leben. Zur Zeit der DDR war dieses furchtbare Kapitel der Stadtgeschichte totgeschwiegen worden, war doch die Rote Armee als Befreier gekommen. Erst seit einigen Jahren kann der Freitod der Demminer Bürger thematisiert und der Opfer gedacht werden.

Mecklenburgische Schweiz → Karte S. 446/447

Bedeutendste Sehenswürdigkeit der Stadt ist die Kirche *St. Bartholomaei*, eine mächtige backsteingotische Hallenkirche aus dem 14. Jh., die im 19. Jh. umgebaut und umgeformt wurde, weithin sichtbar am schönen neugotischen Turm. Auch die Innenausstattung stammt weitgehend aus dem 19. Jh. Von der ehemaligen Stadtbefestigung ist das backsteingotische **Luisentor** aus dem 15. Jh. erhalten. Vor dem Rathaus erinnert ein Brunnen an die gute alte Hansezeit.

Die **Kirche** ist Mai bis Okt. Di–Fr 10–12 Uhr sowie Di 13–17 Uhr geöffnet.

Um den Malchiner See

Das Herz der Mecklenburgischen Schweiz. Viele der herrschaftlichen Schlösser in der Umgebung sind heute Nobelherbergen. Um den schilfgesäumten See stehen inmitten einer lieblichen Landschaft die stattlichen Schlösser Basedow und Schorssow sowie etwas weiter entfernt Ulrichshusen, Blücherhof und Burg Schlitz. Eine Radtour führt rund um den See.

Basedow

Das Dorf unweit des Malchiner Sees hat nicht nur angesichts seiner Größe (etwa 700 Einwohner) erstaunlich viel Sehenswertes zu bieten. Ins Auge fällt natürlich zuerst das fotogene Schloss mit seiner detailreichen Fassade, der klassizistische Marstall sowie der herrliche Lenné-Park. Auf der anderen Seite des Dorfteichs befindet sich die alte Schmiede, heute ein Café, ein weiteres Café hat sich im früheren Schafstall aus dem 18. Jh. eingerichtet. Und zu guter Letzt ist auch die Kirche von Basedow einen Besuch wert.

Erstmals urkundlich erwähnt wurde die Siedlung 1247. Von 1337 bis 1945 war Basedow im Besitz der Familie Hahn (seit 1802 Grafen). Sie machte Basedow zu

Märchenschloss Basedow

ihrem Stammsitz und sorgte für eine rege Bautätigkeit. Von der früheren Burg sind allerdings nur noch ein paar Ruinen übrig, die sich malerisch in den Landschaftsgarten einpassen. Die Ursprünge des heutigen **Schlosses** gehen auf die Zeit um 1550 zurück. In den folgenden Jahrhunderten wurde es immer wieder umgebaut und erweitert, zuletzt Ende des 19. Jh. im verspielten Stil der Neorenaissance. Das Schloss ist in Privatbesitz und wird seit Jahren umfangreich saniert. Angrenzend erstreckt sich der ebenso bemerkenswerte **Landschaftspark**, der ab 1825 von dem großen Gartenarchitekten *Peter Joseph Lenné* angelegt wurde.

Auch der **Kirche** ist die Jahrhunderte dauernde Bautätigkeit anzusehen. Ihr ältester Teil ist ein spätromanischer, feldsteinerner Chor aus dem 13. Jh., dem ein schmucker backsteingotischer Giebel aufgesetzt wurde. Auch der Sockel des Kirchturms stammt aus dem Mittelalter, der Turm selbst wurde Mitte des 19. Jh. gebaut und zeigt sich neugotisch verspielt. Bemerkenswert im Inneren sind der kostbare Renaissance-Altar und die reich verzierte, barocke Orgel.
Mai bis Okt., Di–Sa 13–16 Uhr, So 14–16 Uhr, im Hochsommer bis 17 Uhr.

Führungen Durch **Dorf** und **Schlosspark** veranstaltet Christel Müller von Mai bis Okt bis zu 2-mal tägl. Führungen. Anmeldung unter ☎ 039957-20150, www.gaestefuehrerin-mueller.de.

Essen & Trinken/Einkaufen   Marens Café-Schmiede, in der früheren Schmiede am Dorfteich (gegenüber vom Schloss); leckerer Kaffee und Kuchen, Eis und Imbiss. April bis Okt. tägl. ab 11 Uhr. ☎ 039957-29856.

Schloss Ulrichshusen

Ungemein idyllisch erhebt sich Schloss Ulrichshusen über die liebliche Landschaft, eingebettet in einen kleinen Landschaftspark und malerisch am Ufer eines kleinen Sees inmitten sanfter Hügel gelegen. Drumherum schmale Straßen mit Kopfsteinpflaster, weite Felder, verwachsene Waldstücke, Weiden und Wiesen und hie und da ein kleines Bauerndorf wie das nahe *Rambow*.

Der Name lässt richtig vermuten: **Ulrichshusen** war in der Tat „Ulrichs Haus" – Ulrich von Maltzans bescheidenes Eigenheim, das er 1562 als mit Wall und Graben befestigtes Herrenhaus errichten ließ. Mehrfach abgebrannt (zuerst im Dreißigjährigen Krieg, zuletzt 1987), erwarben ferne Nachkommen der von Maltzans das bis auf die Grundmauern zerstörte Anwesen und begannen mit dem Wiederaufbau. Der Bauherr holte namhafte Künstler, darunter bereits 1994 – noch am Anfang der Renovierungsphase – Yehudi Menuhin, samt Publikum nach Ulrichshusen und etablierte das Schloss und die zur Konzerthalle umgebaute Feldsteinscheune als ein Zentrum der *Festspiele Mecklenburg-Vorpommern* (www.festspiele-mv.de). Im Schloss entstand ein schmuckes Hotel und auch der umliegende Landschaftspark zeigt sich wieder gepflegt und belebt. Jenseits der Reste des Burggrabens ist in dem ehemaligen Pferdestall heute ein gemütliches Restaurant untergebracht.

Übernachten/Essen   »» Unser Tipp: Schloss Ulrichshusen, stilvolle und individuell eingerichtete Zimmer im Schloss selbst, im ehemaligen Pferdestall sowie in der Stellmacherei. Das Frühstück gibt es unter dem Dach des Schlosses und – wenn man ein Plätzchen ergattert – in der aussichtsreichen Spitze des Turmes. Zudem Appartements im nahe gelegenen Gut. Im empfehlenswerten Restaurant *Am Burggraben* regionale Küche in gemütli-

chem Ambiente (Hauptgerichte 12,50–22,50 €), schöne Terrasse, auch Cafébetrieb. Um das Schloss erstreckt sich ein herrlicher Park, am See liegt auch eine Badestelle. Im Schloss DZ 140–150 €, im Pferdestall oder der Stellmacherei EZ ab 70 €, DZ ab 120 €, jeweils inkl. Frühstück. Seestr. 14, 17194 Ulrichshusen, ☎ 039953-7900, www.ulrichshusen.de. **«**

Taubenhaus und Blücherhof

Blücherhof

Südlich des Weilers **Klocksin** (unweit der B 105, auf halbem Weg von Waren nach Teterow links ab) befindet sich der **Blücherhof**. Das ehemalige Rittergut aus dem späten 18. Jh. wurde Anfang des 20. Jh. im neobarocken Stil umgebaut. Zum Schloss (in Privatbesitz) gehören eine nahezu vollständig erhaltene Gutsanlage sowie ein sehenswerter Park, das Wirtschaftsgebäude beherbergt Ferienwohnungen. Inmitten der Gutsanlage steht ein bemerkenswertes kleines Türmchen, das **Dubenhus**, das ehemalige Taubenhaus, in dem ein nettes Café untergebracht ist (zur Saison tägl. 12–22 Uhr geöffnet, im Winter eingeschränkt, www.dubenhus.de). Hinter dem Blücherhof ließ der frühere Besitzer, der Zoologieprofessor Alexander König, Anfang des 20. Jh. einen außergewöhnlichen **dendrologischen Park** anlegen, in dem bis heute zahlreiche heimische und exotische Gehölze zu bewundern sind
Der Park ist zugänglich, wenn die Tür offen steht. Eintritt 2 €.

Übernachten Ferienwohnungen im Blücherhof, günstige Ferienwohnungen im Gutshaus des Blücherhofs sowie im nahen Bauernhaus. Freundlich und sehr ruhig. Herberge Wohnungen für 2–6 Pers., ab 30 €/ Nacht plus Endreinigung. Blücherhof, Parkstr. 3, 17194 Klocksin/OT Blücherhof, ☏ 039933-71908, www.herberge-bluecherhof.de.

Schloss Schorssow

Und noch ein Schloss, das als schickes Hotel inmitten der Mecklenburgischen Schweiz zum Entspannen einlädt. In **Ziddorf**, einem Straßendorf an der B 108, zweigt ein Sträßchen zum Weiler **Schorssow** ab. Noch vor dem Dorf trifft man auf das Schloss Schorssow, ursprünglich ein Herrenhaus aus der Mitte des 18. Jh., das ab 1808 im klassizistischen Stil umgebaut wurde. Malerisch liegt das Anwesen am Ufer des kleinen *Haussees*. In Schorssow selbst, das nur aus einer Handvoll Häuser besteht, gibt es einen Landgasthof und ihm gegenüber eine Badestelle am Haussee.

Folgt man der Straße am Westufer des Malchiner Sees weiter Richtung Norden, erreicht man zunächst **Bülow**, dann **Bristow**, dessen sehenswerte *Kirche* (Ende 16. Jh.) zu den ersten Kirchen Mecklenburgs gehört, die nach der Reformation gebaut wurden – eine der ältesten protestantischen Kirchen des Landes. Die für eine

Dorfkirche ungewöhnlich prächtige Renaissanceausstattung rund um den ca. 1600 geschaffenen Schnitzaltar stiftete die Familie Hahn (→ auch Basedow S. 450).

Kirche Bristow: keine regelmäßigen Öffnungszeiten, zuständig ist das Pfarramt Bülow, Infos unter ☏ 039933-70345, www.kg-buelow.de.

Übernachten/Essen Schloss Schorssow, stilvolles, aber nicht abgehobenes Hotel in klassizistischem Gebäude, herrliche Lage direkt am Haussee inmitten eines kleinen Landschaftsparks. Wellnessbereich. Die Zimmer befinden sich im Schloss selbst sowie, etwas günstiger, im Residenzgebäude nebenan. Im Schloss gehobenes Restaurant *von Moltke's* (mal Spargel-, mal Pilz-, mal Wild- oder Sonstwas-Wochen), nur am Abend geöffnet, Hauptgerichte 15,50–24,50 €. Tagsüber sitzt man im *Café Rose:* gute Kuchen, Snacks und herrliche Terrasse am See. EZ 122 €, DZ ab 158 €, Frühstück inkl. Am Haussee 3, 17166 Schorssow, ☏ 039933-790, www.schloss-schorssow.de.

Landhotel Schorssow, bodenständiges Hotel am Ortseingang von Schorssow rechter Hand. Mecklenburgische Küche, auch Cafébetrieb, mit Terrasse. Fahrradverleih. EZ 49,50 €, DZ ab 70 €, Frühstück 9,95 €. Am Haussee 4, 17166 Schorssow, ☏ 039933-70645, www.landhotel-schorssow.de.

Burg Schlitz

Mit Burg Schlitz erhebt sich inmitten eines grünen Landschaftsparks ein strahlend weißes, prachtvolles Schloss. *Graf Hans von Schlitz* ließ es ab 1806 errichten – und es sollte 18 Jahre dauern, bis der Bau vollendet war: eine dreiflügelige, klassizistische Anlage, die der Graf der romantischen Befindlichkeit der Zeit entsprechend „Burg" Schlitz nannte. In den 1990er-Jahren wurde das Schloss komplett saniert und beherbergt heute eines der nobelsten Hotels Mecklenburg-Vorpommerns samt Gourmetrestaurant im Rittersaal.

Von der Verbindungsstraße Waren – Teterow (B 108) erreicht man Burg Schlitz über eine herrschaftliche Allee; im weitläufigen **Landschaftspark** des Schlosses versteckt sich die ein oder andere sehenswerte Architektur, beispielsweise der elegante *Nymphenbrunnen,* der 1903 in Berlin entstanden war und in den 1930er-Jahren nach Burg Schlitz umzog. Unweit des Schlosses erhebt sich die hübsche kleine *Karolinenkapelle.*

Übernachten/Essen Schlosshotel Burg Schlitz, luxuriöse und exklusive Herberge mit eleganten und selbstverständlich individuell, teils mit Biedermeier-Mobiliar eingerichteten Räumlichkeiten. Schicke Salons, Spa-Lounge und stilvolle Bar. Das Schlosshotel beherbergt das edle *Gourmet-Restaurant Wappensaal* (nur abends, Mo/Di Ruhetag), das *Café/Brasserie Louise* (Bistrokarte 13–17 Uhr). DZ 198–270 €, Suite 290–500 €. Burg Schlitz, 17166 Hohen Demzin, ☏ 03996-12700, www.burg-schlitz.de.

Zimmer mit Aussicht

Teterow

„Urlaub im Mittelpunkt" – das touristische Motto von Teterow ist auch wörtlich zu verstehen. Das hübsche Städtchen gilt als geografischer Mittelpunkt des Landes. Womit die Teterower weniger gerne werben: Die Stadt am Teterower See gilt auch als das Schilda von Mecklenburg.

Teterow liegt am südlichen Rand des *Teterower Beckens*, einer von eiszeitlichen Gletschern ausgeschliffenen Senke, die heute weitgehend verlandet ist. Unmittelbar nördlich der Kleinstadt erstreckt sich der *Teterower See* mit seinem zergliederten, weitgehend sumpfigen Ufer. Teterow und die weitflächige Niederung markieren den nordwestlichen Rand der Mecklenburgischen Schweiz. Schon in slawischer Zeit gab es auf der Insel im Teterower See eine Burg, von der aber kaum mehr bekannt ist, als dass sie 1171 zerstört wurde. Eine Siedlung auf dem heutigen Stadtgebiet wird erstmals 1272 erwähnt, sie lag damals wie heute an der Straße von Rostock nach Malchin.

Motorsportfreunde: Hier lang!

Im Mittelalter war die Stadt befestigt, wie sich am Grundriss des Zentrums gut erkennen lässt: Der ehemaligen Stadtmauer folgend, führt die Ringstraße kreisrund um die Altstadt. Von der Verteidigungsanlage sind noch zwei der drei Stadttore erhalten: das **Rostocker** und das **Malchiner Tor** (beide 15. Jh., in Letzterem befindet sich heute das **Stadtmuseum**). Zwischen den Toren verläuft die Hauptstraße über den Marktplatz mit dem neubarocken **Rathaus** aus dem Jahr 1910. Heute ist Teterow eine muntere Kleinstadt mit einem sehenswerten, kompakten Zentrum. Motorsportfreunden ist der traditionsreiche *Teterower Bergring* ein Begriff: Die berühmte Grasbahn ist Austragungsort für international besetzte Motorradrennen.

Inmitten dieser übersichtlichen Straßenführung fällt der Standort der **Stadtkirche** auffallend aus dem Rahmen: Im Grundriss der Stadt steht sie ziemlich schief hinter dem Rathaus. Die Teterower haben dafür eine einleuchtende Erklärung: Ursprünglich sei die Kirche nicht *am*, sondern *auf* dem Marktplatz errichtet worden, also in der Stadtmitte, wie es sich gehört. Die Bürger aber, die schnell von Tor zu Tor wollten, waren nun gezwungen, um die Kirche herumzulaufen. Doch weil man eine Kirche, wenn sie im Weg steht, nicht einfach wieder abreißt, *verschob* man sie mit vereinten Kräften – und holte dabei aber etwas zu viel Schwung. Das gewichtige Bauwerk schlitterte weiter als geplant und kam so schief, wie es heute vorzufinden ist, zum Stehen. Und tatsächlich: Steht man vor dem Rathaus auf dem Marktplatz, kann man beide Tore sehen. Bei der Kirche erinnert eine kleine Skulptur an den übereifrigen Kraftakt der lauffaulen Bürger. Ein weiteres Denkmal, das Teterow auch nicht wirklich zur Ehre gereicht, steht auf dem Marktplatz: der *Hechtbrunnen*.

Die Geschichte vom Teterower Hecht

Vor vielen Jahren fing ein Teterower Fischer im Teterower See einen kapitalen Hecht. Der Fisch war für den Geburtstag der Bürgermeisterin bestimmt, doch für die Festgesellschaft war der Hecht viel zu gewaltig, wäre doch die ganze Stadt davon satt geworden. Also vereinbarten die Ratsherren mit dem Fischer, den opulenten Fang für das Schützenfest aufzuheben. Doch bis dahin waren es noch ein paar Tage. Wie aber sollte man den prächtigen Fisch frisch halten? Guter Rat war teuer, aber den findigen Teterowern kam eine wunderbare Idee, die das Problem lösen sollte: Sie beschlossen, dem Hecht eine Glocke um den Hals zu binden und ihn wieder in den See zu setzen. Und um die Stelle auch schnell wieder finden zu können, schnitzten sie eben dort eine Kerbe in ihr Boot.

Nach dem Hecht sucht man noch heute – es wird vermutet, dass er die Glocke abstreifen konnte ...

Information Tourist-Information neben dem Malchiner Tor, am Marktplatz, sehr freundlich und hilfsbereit. Mai bis Okt. Mo–Fr 9–17 Uhr, Nov. bis April Mo–Do 9–17 Uhr, Fr 9–17 Uhr. Markt 9, 17166 Teterow, ℰ 03996-172028, www.teterow.de.

Einkaufen Buchhandlung Steffen, gut sortierter, kleiner Buchladen in der Malchiner Str. 15, www.steffenbuch.de.

Golf Golfclub Schloss Teschow, etwa 4 km östlich von Teterow. Schöne 27-Loch-anlage in sanfter Hügellandschaft. Green-fee 9-Loch ab 15 €. Alte Dorfstr. 13, ℰ 03996-140454, www.gc-schloss-teschow.de.

Essen & Trinken Gasthaus Stadtmühle, ein Stück unterhalb der Kirche, schöne Lage am Stadtteich. Gemütlich-rustikales Gasthaus in Teterows ehemaliger Mühle. Hier gibt es u. a. einen schmackhaften Mecklenburger Rippenbraten (14,90 €). Tägl. außer Mi 11–22 Uhr geöffnet. Mühlenstr. 1, ℰ 03996-152300, www.stadtmuehle-teterow.de.

Moshack, gehoben-trendiges, lichtdurchflutetes Lokal im mit Bedacht restaurierten Bahnhofsgebäude (600 m südöstlich der Altstadt). Auf den Teller kommt fein abgewandelte mecklenburgische Küche wie Rinderroulade auf Spitzkohlgemüse oder Scholle mit Schmorgurke, dazu ein paar

Ausflüge in die internationale Küche. Ansprechendes Angebot auch für Vegetarier. Nette Sommerterrasse. Nebenan eine schicke Verkaufsgalerie. Hg. ab 13 €. Di–Sa 11.30–22 Uhr, Sa 11.30–15 Uhr. Bahnhof 1, ℡ 03996-1852346, www.restaurant-moshack-teterow.de.

Übernachten Jugendherberge Teterow, zwei Backsteingebäude nördlich der Altstadt auf dem Weg zum Teterower See, unweit der Badestelle. Übernachtung ab 20,50 €, auch Zeltmöglichkeit. Am Seebahnhof 7, 17166 Teterow, ℡ 03996-172668, www.jugendherberge-teterow.de.

Veranstaltungen Bergring-Rennen, traditionelles Motorradrennen am Bergring alljährlich zu Pfingsten. Infos unter ℡ 03996-172935, www.bergring-teterow.de.

Hechtfest, am Wochenende vor Pfingsten.

Sehenswertes

Kirche St. Peter und Paul: Die dreischiffige Backsteinkirche, in ihrem Kern spätromanisch, entstand weitgehend im 14. Jh. Mitte des 14. Jh. wurde der Chor eingewölbt, aus dieser Zeit stammen auch die verblassten Reste der Wandmalereien im Kreuzrippengewölbe. Über das Hauptschiff spannt sich ebenfalls ein schönes Kreuzrippengewölbe (vermutlich frühes 15. Jh.). Zur Zeit der Reformation verlor St. Peter und Paul vieles von seiner Innenausstattung. Erhalten geblieben ist u. a. der gotische Schnitzaltar aus dem frühen 15. Jh.

Mai bis Okt. Mo–Sa 10–16 Uhr geöffnet.

Teterower See, Burgwallinsel: Nördlich von Teterow erstreckt sich der buchtenreiche *Teterower See* mit seinem weitgehend schilfbestandenen Ufer. Im See liegt lang gestreckt die *Burgwallinsel*; ihren Namen verdankt sie einer slawischen Burg, die hier einstmals stand, von der aber nur noch Teile des Walls erhalten sind. Die Insel (mit *Restaurant Wendenkrug*, Mo Ruhetag) ist vom westlichen Ufer aus mit einer Fähre erreichbar.

Die **Fähre** verkehrt April bis Sept. tägl. 10–19 Uhr. Überfahrt zur Burgwallinsel Erw. 2 €, Kinder 1 €. ℡ 0157-54494322.

Umgebung von Teterow

Thünen-Museum Tellow: Die weitläufige Gutsanlage ca. 11 km nordwestlich von Teterow ist gewissermaßen das Flächenmonument eines wegweisenden Projekts aus dem 19. Jh. Der 1783 geborene *Johann Heinrich von Thünen* war ein sattelfester Agrar- und Wirtschaftswissenschaftler, der nicht nur als Landwirtschaftstheoretiker wirkte, sondern in Tellow ein Mustergut aufbaute und führte. Thünen gilt als Begründer der landwirtschaftlichen Betriebslehre, er forschte an Theorien zur landwirtschaftlichen Produktion und Raumstruktur. Außerdem setzte er sich für angemessene Löhne ein und machte sich als Sozialreformer einen Namen, als er für seine Gutsarbeiter 1848 beispielsweise eine Altersversicherung einführte.

Die Gutsanlage lädt zu einem Spaziergang ein. Im *Gutshaus* informiert eine Ausstellung über Johann Heinrich von Thünens Leben und Wirken. Hinter dem Gutshaus dehnt sich ein schöner, kleiner *Landschaftspark* rund um einen malerischen Teich aus. Am Eingang zur Anlage sind in einer ehemaligen Scheune ein Café und ein Laden untergebracht (Museumskasse); die *Speichergalerie* zeigt wechselnde Ausstellungen.

Museum: Mai bis Sept. tägl. 9–17 Uhr, Okt. bis April tägl. 9–16 Uhr. Erw. 3 €, erm. 1,50 €. Museumskasse im Gutsladen.

Das Thünengut ist nicht nur ein landwirtschaftliches Museum, hier gibt es auch einfache, günstige Ferienwohnungen, eine Jugendbegegnungsstätte, Tagungsräume, Veranstaltungen etc.

Landidyll im Thünen-Museum Tellow

Zum **Café** in der Thünenscheune gehört ein **Gutsladen**, der Marmeladen, Honig, Wurst, Kosmetika, Töpferwaren und andere Souvenirs verkauft. ℘ 039976-54122.

Thünen-Museum Tellow, 17168 Warnkenhagen/OT Tellow, ℘ 039976-5410, www.thuenen-museum-tellow.m-vp.de.

Zwischen Mecklenburgischer Schweiz und Ostsee

Bad Sülze   ca. 1700 Einwohner

Die schön an der Recknitz gelegene Stadt verdankte ihren Wohlstand über die Jahrhunderte einer Saline, die bereits Anfang des 13. Jh. urkundlich erwähnt wurde. Die Stadt selbst wurde 1243 erstmals genannt, 1298 wurde das Lübische Stadtrecht erteilt. 1620 entstand das erste Gradierwerk zur Salzgewinnung, im 18. und frühen 19. Jh. erlebte die Produktion ihren Höhepunkt, 1907 wurde der Salinenbetrieb eingestellt. Schon im 19. Jh. wurde Bad Sülze auch Kurort (Sol- und Moorbäder) und noch heute befindet sich hier eine Kurklinik mit Moorbad.

Über Geschichte und Technik der Salzgewinnung in Bad Sülze – wie auch über die Stadtgeschichte – informiert das sehenswerte **Salzmuseum** im Alten Salzamt am nördlichen Ortsausgang. Gegenüber davon befindet sich der Kurpark, ein Stück weiter das heute baufällige, einst aber prachtvolle Kurhaus aus dem Jahr 1828.

Information im **Museum** (→ Museum).

Verbindungen **Busse** nach *Tribsees* und *Grimmen* sowie über Marlow nach *Ribnitz-Damgarten*.

Café Café Wunder Bar, sympathisches Café im Zentrum, mit schönem Wintergarten. Tägl. 11–18 Uhr geöffnet (in den Wintermonaten bis 17 Uhr). Darüber Ferienwohnungen, daneben Feinkostladen (Wein).

Abends auch mal Konzerte. Am Markt 3, ℘ 038229-799181, www.cafe-wunder-bar.de.

Museum Di–Fr 10–12 und 14–16.30 Uhr sowie Sa/So 14–16.30 Uhr (im Winter So 14–16 Uhr, Sa geschl.). Eintritt 3 €, erm. 2,50 €, Kinder 1 €. Saline 9, 18334 Bad Sülze, ℘ 038229-80680, www.salzmuseum-bad suelze.de. Im Museum befindet sich auch die **Tourist-Information**.

Tribsees

Die kleine Stadt an der Trebel erhielt 1285 das Stadtrecht. Einstmals wegen ihrer Grenzlage zwischen Mecklenburg und Vorpommern von strategischem Interesse, beginnt die Bedeutung der Stadt in der zweiten Hälfte des 17. Jh., nunmehr mit Pommern ein Teil Schwedens, abzunehmen. 1702 brannte die Stadt fast vollständig nieder und wurde nur langsam wieder aufgebaut. Heute ist Tribsees ein gemütliches Städtchen, in dem es recht ruhig zugeht. Sehenswürdigkeit ist neben zwei erhaltenen gotischen Stadttoren (**Steintor** und **Mühlentor**, beide Ende 13. Jh.) vor allem die **Kirche St. Thomas**. Ursprünglich aus dem 14. Jh., nahm die Backsteinkirche während des großen Brandes 1702 erheblichen Schaden und wurde Mitte des 19. Jh. restauriert. Vor dem Feuer gerettet werden konnte der prächtige Schnitzaltar aus dem 15. Jh., der *Tribseeser Mühlenaltar* ist heute in der Kirche zu besichtigen.

Mai bis Okt. tägl. 10–12 und 14–16 Uhr, So nach dem Gottesdienst, im Winterhalbjahr gegenüber im Pfarramt melden (Mo–Fr 10–12 und 13–16 Uhr).

Vogelpark Marlow

Im Recknitztal liegt der kleine Ort **Marlow**, in dessen Nähe sich ein Vogelpark befindet. Auf dem gepflegten, weitläufigen Gelände kann man zahlreiche heimische und exotische Vögel beobachten: Wellensittiche und Waldrappen, Flamingos und Papageien, schwarze Schwäne und weiße Störche. Neben all dem Federvieh leben im Vogelpark auch neugierige Äffchen und aufmerksame Präriehunde, Kängurus, Alpakas, Ottern usw. Besonderes Highlight sind die Flugshows der Greifvögel und für Kinder diverse (Abenteuer-)Spielplätze. Auf dem Gelände gibt es zudem zwei Biergärten/Imbisse und ein SB-Restaurant.

Mitte März bis Okt. tägl. 10–19 Uhr (letzter Einlass 17 Uhr), Sept./Okt. bis Einbruch der Dunkelheit, Nov. bis Mitte März tägl. 10–16 Uhr (letzter Einlass 15 Uhr). Eintritt in der Hauptsaison 13,90 € (Nebensaison 8 €), Kind 3–16 J. 5 € (5 €), Hund 5 € (3 €). Kölzower Chaussee, 18337 Marlow, ☏ 038221-265, www.vogelpark-marlow.de.

Kirch Baggendorf

Eine bemerkenswert hübsche **Dorfkirche** findet sich wenige Kilometer westlich von Grimmen in Kirch Baggendorf. Die malerische Feldsteinkirche stammt aus der Mitte des 13. Jh., der Anbau für den Turm wurde wahrscheinlich im 15. Jh. angefügt. Im Inneren sind neben der barocken Ausstattung (Altar, Kanzel, Empore) v. a. die gotischen Wandmalereien (um 1390) und Ornamentierungen (um 1300) sehenswert.

Meist 9–16 Uhr geöffnet, wenn geschlossen, Aushang beachten.

Grimmen

An der Kreuzung der alten Handelstraßen von Greifswald nach Tribsees (und weiter nach Rostock) und von Stralsund nach Demmin liegt Grimmen günstig an einer Furt über die einstmals sumpfige und unwegsame Trebel. Im stillen, hübschen Zentrum von Grimmen haben sich ein paar sehenswerte backsteingotische Architekturen erhalten: so das **Rathaus**, erbaut um 1400, mit einer prächtigen Giebelfassade und einem eleganten Dachturm, drei verbliebene Stadttore, **Stralsunder** und **Tribseer Tor** (beide um 1320) sowie **Greifswalder Tor** (2. Hälfte des 14. Jh.), und vor allem etwas zurückgesetzt vom Marktplatz die **Kirche St. Marien**. Die frühgotische Halle (Mitte 13. Jh.) wurde um 1400 durch Chor und Turm ergänzt.

Stadtinformation: im Wasserturm, Di–Fr 10–15 Uhr, Lange Str. 21 A, ☏ 038326-469750, www.grimmen.de.

Abruzzen • Ägypten • Algarve • Allgäu • Allgäuer Alpen • Altmühltal & Fränk. Seenland • Amsterdam • Andalusien • Andalusien • Apulien • Australien – der Osten • Azoren • Bali & Lombok • Barcelona • Bayerischer Wald • Bayerischer Wald • Berlin • Bodensee • Bretagne • Brüssel • Budapest • Chalkidiki • Chiemgauer Alpen • Chios • Cilento • Cornwall & Devon • Comer See • Costa Brava • Costa de la Luz • Côte d'Azur • Cuba • Dolomiten – Südtirol Ost • Dominikanische Republik • Dresden • Dublin • Düsseldorf • Ecuador • Eifel • Elba • Elsass • Elsass • England • Fehmarn • Franken • Fränkische Schweiz • Fränkische Schweiz • Friaul-Julisch Venetien • Gardasee • Gardasee • Genferseeregion • Golf von Neapel • Gomera • Gomera • Gran Canaria • Graubünden • Hamburg • Harz • Haute-Provence • Havanna • Ibiza • Irland • Island • Istanbul • Istrien • Italien • Italienische Adriaküste • Kalabrien & Basilikata • Kanada – Atlantische Provinzen Karpathos • Kärnten • Katalonien • Kefalonia & Ithaka • Köln • Kopenhagen • Korfu • Korsika • Korsika Fernwanderwege • Korsika • Kos • Krakau • Kreta • Kreta • Kroatische Inseln & Küstenstädte • Kykladen • Lago Maggiore • Lago Maggiore • La Palma • La Palma • Languedoc-Roussillon • Lanzarote • Lesbos • Ligurien – Italienische Riviera, Genua, Cinque Terre • Ligurien & Cinque Terre • Limousin & Auvergne • Limnos • Liparische Inseln • Lissabon & Umgebung • Lissabon • London • Lübeck • Madeira • Madeira • Madrid • Mainfranken • Mainz • Mallorca • Mallorca • Malta, Gozo, Comino • Marken • Mecklenburgische Seenplatte • Mecklenburg-Vorpommern • Menorca • Midi-Pyrénées • Mittel- und Süddalmatien • Montenegro • Moskau • München • Münchner Ausflugsberge • Naxos • Neuseeland • New York • Niederlande • Niltal • Norddalmatien • Norderney • Nord- u. Mittelengland • Nord- u. Mittelgriechenland • Nordkroatien – Zagreb & Kvarner Bucht • Nördliche Sporaden – Skiathos, Skopelos, Alonnisos, Skyros • Nordportugal • Nordspanien • Normandie • Norwegen • Nürnberg, Fürth, Erlangen • Oberbayerische Seen • Oberitalien • Oberitalienische Seen • Odenwald • Ostfriesland & Ostfriesische Inseln • Ostseeküste – Mecklenburg-Vorpommern • Ostseeküste – von Lübeck bis Kiel • Östliche Allgäuer Alpen • Paris • Peloponnes • Pfalz • Pfälzer Wald • Piemont & Aostatal • Piemont • Polnische Ostseeküste • Portugal • Prag • Provence & Côte d'Azur • Provence • Rhodos • Rom • Rügen, Stralsund, Hiddensee • Rumänien • Rund um Meran • Sächsische Schweiz • Salzburg & Salzkammergut • Samos • Santorini • Sardinien • Sardinien • Schottland • Schwarzwald Mitte/Nord • Schwarzwald Süd • Schwäbische Alb • Schwäbische Alb • Shanghai • Sinai & Rotes Meer • Sizilien • Sizilien • Slowakei • Slowenien • Spanien • Span. Jakobsweg • St. Petersburg • Steiermark • Südböhmen • Südengland • Südfrankreich • Südmarokko • Südnorwegen • Südschwarzwald • Südschweden • Südtirol • Südtoscana • Südwestfrankreich • Sylt • Teneriffa • Teneriffa • Tessin • Thassos & Samothraki • Toscana • Toscana • Tschechien • Türkei • Türkei – Lykische Küste • Türkei – Mittelmeerküste • Türkei – Südägäis • Türkische Riviera – Kappadokien • USA – Südwesten • Umbrien • Usedom • Varadero & Havanna • Venedig • Venetien • Wachau, Wald- u. Weinviertel • Westböhmen & Bäderdreieck • Wales • Warschau • Westliche Allgäuer Alpen und Kleinwalsertal • Wien • Zakynthos • Zentrale Allgäuer Alpen • Zypern

Reisehandbuch   MM-City   MM-Wandern

Register

Blick über Wustrow (Fischland)